La
SANTÉ
par les
VITAMINES
et les
MINÉRAUX

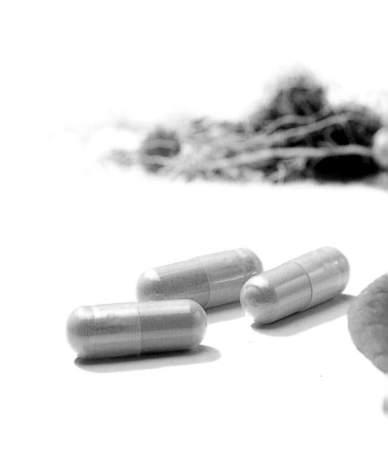

La SANTÉ
par les
VITAMINES
et les
MINÉRAUX

Sélection
Reader's Digest

MONTRÉAL

**LA SANTÉ PAR LES VITAMINES
ET LES MINÉRAUX**
publié par Sélection du Reader's Digest, est
l'adaptation en langue française pour le Canada de
THE HEALING POWER OF
VITAMINS, MINERALS AND HERBS
© 1999, The Reader's Digest Association (Canada) Ltd.
et de
GUIDE DES VITAMINES ET DES MINÉRAUX
POUR UNE BONNE SANTÉ
© 2002, Sélection du Reader's Digest, S.A.
212, boulevard Saint-Germain, 75007 Paris

Les crédits de la page 400 sont, par la présente,
incorporés à cette notice.

Pour obtenir notre catalogue ou des renseignements
sur d'autres produits de Sélection du Reader's Digest
(24 heures sur 24), composez le 1 800 465-0780.

Vous pouvez également nous rendre visite sur notre
site Web – http://www.selectionrd.ca

© 2003, Sélection du Reader's Digest
(Canada) Ltée
1100, boulevard René-Lévesque Ouest,
Montréal (Québec) H3B 5H5

ISBN 0-88850-760-7

*Tous droits de traduction, d'adaptation et de reproduction,
sous quelque forme que ce soit, réservés pour tous pays.*

*Sélection du Reader's Digest, Reader's Digest et le pégase sont
des marques déposées de The Reader's Digest Association, Inc.*

IMPRIMÉ AU CANADA

03 04 05 06 / 5 4 3 2 1

ÉQUIPE DE SÉLECTION DU READER'S DIGEST

LIVRES, MUSIQUE ET VIDÉOS
Vice-présidente : Deirdre Gilbert
Directeur artistique : John McGuffie
Coordonnatrice administrative : Elizabeth Eastman

RÉDACTION
Agnès Saint-Laurent

GRAPHISME
Cécile Germain

FABRICATION
Holger Lorenzen

COORDINATION
Susan Wong

**NOUS REMERCIONS TOUS CEUX
QUI ONT COLLABORÉ À CET OUVRAGE**

CONSEILLERS DE LA RÉDACTION
Judith Bourcier, Dt. P., nutritionniste,
directrice du Service alimentaire du
Centre hospitalier du Suroît
Joseph A. Schwarcz, Ph.D.,
directeur de l'organisation Chimie et société
de l'université McGill

TRADUCTION
Catherine Bodin-Godi, Dominique Burgaud,
Anne-Marie Hussein, Suzette Thiboutot-Belleau

LECTURE-CORRECTION
Louise Nadeau

INDEX
Suzanne Govaert-Gauthier

Code projet : SA 0205/IC

Préface

Vous voulez avoir plus d'énergie ? Vous craignez de développer les maladies qui affectent gravement la qualité de vie de vos parents ? Vous travaillez beaucoup et trouvez difficile de vous alimenter sainement ? Vous souffrez d'une maladie chronique et êtes dépendant de médicaments aux effets secondaires incommodants ? Peu importent les raisons pour lesquelles vous vous intéressez aux suppléments, vous trouverez dans cet ouvrage de référence des informations indispensables.

Ce livre vous explique comment les vitamines, les minéraux, les plantes médicinales et les suppléments nutritionnels vous gardent en bonne santé, les conditions pour lesquelles les suppléments peuvent vous aider et vous propose des traitements scientifiquement expérimentés ou prometteurs. Au même rythme que les découvertes sur le potentiel curatif des aliments et des plantes se sont succédées, l'utilisation des suppléments a connu une progression fulgurante. Le tiers des Québécois consomment des suppléments. Malheureusement, peu d'informations crédibles sont disponibles sur ces produits en vente libre, même si certains d'entre eux présentent de réels dangers de toxicité. Les lois existantes protégeant mal les consommateurs, le gouvernement canadien a créé le Bureau sur les produits de santé naturels. En attendant une meilleure législation qui permettra d'assurer la sécurité des Canadiens et de les guider vers des choix adaptés à leur condition, ce livre vous fournit les toutes dernières données de Santé Canada en matière d'apports nutritionnels recommandés (ANR). Il vous donne en outre les informations nécessaires pour comprendre comment prévenir ou soulager naturellement diverses affections afin que vous puissiez prendre en main ce que vous avez de plus précieux : votre santé.

La Rédaction

Table des matières

Première partie : SUPPLÉMENTS ET PLANTES MÉDICINALES

Signification des couleurs : ● Vitamines ● Minéraux ● Plantes ● Suppléments nutritionnels

Seconde partie : PROTÉGEZ VOTRE SANTÉ

Maladies et maux les plus courants : comment les prévenir et les soigner

Vous et votre professionnel de la santé

Des millions de gens, parmi lesquels des médecins, des pharmaciens et des chercheurs, croient que vitamines, minéraux et autres suppléments, associés à de bonnes habitudes alimentaires et à la pratique régulière d'exercices, contribuent à préserver la santé.

L'approche complémentaire pour le traitement des problèmes de santé a de plus en plus la faveur des médecins, des pharmaciens et des patients. En fonction des besoins spécifiques d'un patient, on peut élaborer des traitements qui combinent des méthodes alternatives et des méthodes conventionnelles. Ainsi, une personne qui souffre d'hypertension et supporte mal les effets secondaires de son traitement peut décider, avec son médecin, d'y ajouter des suppléments susceptibles d'éliminer les effets secondaires des médicaments.

L'exploration de méthodes alternatives de traitement, dont l'usage de suppléments, reflète une préférence populaire pour une médecine plus ouverte. Cependant, l'intérêt croissant que suscitent les suppléments a aussi pour origine les nombreuses preuves scientifiques de leurs bienfaits sur la santé.

Si aucun supplément ne saurait remplacer un régime équilibré, plusieurs personnes pourraient bénéficier de suppléments.

Si vous êtes affligé de l'une des maladies traitées dans le présent ouvrage, les suppléments qui y sont mentionnés pourront aider à soulager vos symptômes ou à ralentir les progrès de la maladie.

Au Canada, on trouve peu de renseignements sur les ingrédients, l'utilisation ou les effets secondaires possibles des suppléments vendus en pharmacie. Le présent ouvrage rassemble des informations générales sur les divers suppléments et leur action possible sur de nombreux problèmes de santé ainsi que des conseils pour une utilisation sécuritaire.

Même si le but de ce livre est de vous informer des nombreux avantages des suppléments pour la santé, il ne peut être qu'un complément à une consultation médicale et ne saurait en aucun cas la remplacer. Rappelez-vous ces principes simples :

Pas d'autodiagnostic

Ne faites pas le diagnostic vous-même. Si des symptômes vous alertent, consultez votre médecin ou un spécialiste, seules personnes habilitées à établir un diagnostic.

Parlez à votre médecin

Décrivez tous vos symptômes à votre médecin. Informez-le des suppléments que vous prenez déjà, car ils peuvent avoir une interaction médicamenteuse avec certains médicaments. Même si votre médecin n'est pas un adepte

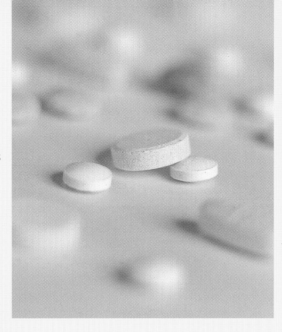

des remèdes nutritionnels ou à base de plantes médicinales, vous devez l'informer des suppléments que vous absorbez ou que vous envisagez de prendre, surtout si vous souffrez d'une pathologie chronique : asthme, cancer, diabète, cardiopathies ou hypertension.

Parlez à votre pharmacien

Un pharmacien est un professionnel de la santé accessible. Il reçoit une formation médicale sur les médicaments sanctionnée par un diplôme. Les publications spécialisées et les associations professionnelles renseignent de plus en plus les pharmaciens sur les suppléments. Ainsi, votre pharmacien peut vous apporter une aide précieuse, vous informer des thérapies nutritionnelles, des remèdes aux plantes médicinales, répondre à vos questions et vous donner des conseils quant aux propriétés, aux limites et aux effets secondaires des suppléments.

N'arrêtez pas le traitement

Certains suppléments peuvent avoir une action complémentaire à un médicament, mais vous ne devez jamais, sans l'avis de votre médecin, modifier le dosage ou cesser de prendre un médicament qui vous a été prescrit.

Acceptez les traitements conventionnels reconnus

Sachez reconnaître les traitements conventionnels éprouvés. Il serait dangereux d'essayer des traitements alternatifs pour guérir des pathologies que la médecine occidentale sait déjà parfaitement prévenir ou traiter : les urgences chirurgicales, les blessures physiques, les infections aiguës comme la pneumonie, les maladies transmises sexuellement (MTS), les néphrites, la chirurgie réparatrice, la vaccination contre des maladies graves comme la poliomyélite et la diphtérie.

Intégrez vos traitements dans un mode de vie amélioré

Rappelez-vous que votre mode de vie a une influence considérable sur votre santé. Traitements, médicaments et suppléments peuvent être nécessaires, mais de simples modifications de votre mode de vie aussi : surveiller votre alimentation, arrêter de fumer, faire de l'exercice régulièrement ou perdre du poids peuvent diminuer vos risques de maladie et accroître votre bien-être.

Attention

Le présent ouvrage ne s'adresse pas à certains groupes de personnes :

■ Les femmes enceintes et celles qui allaitent. Leurs besoins nutritionnels sont particuliers et les conséquences sur la santé d'un bébé de la plupart des plantes médicinales ou des suppléments ne sont pas connues.

■ Les enfants de 18 ans ou moins. Les rythmes de croissance et de développement varient. Même en fonction de l'âge, les recommandations peuvent ne pas être adaptées aux besoins des enfants et des adolescents.

Suppléments les plus courants

Il suffit de faire un tour au rayon des suppléments pour être dérouté par la diversité des produits offerts. Tant de marques et de combinaisons rendent le choix difficile.

Les fabricants de suppléments font en sorte que leurs produits se distinguent des autres en proposant des combinaisons originales. Et de nombreux produits naissent à la suite de recherches qui permettent de nouveaux procédés d'extraction, de synthèse et de fabrication des éléments nutritifs des plantes.

Pour effectuer un choix éclairé, il faut comprendre les termes utilisés sur les étiquettes des suppléments (voir p. 16) ainsi que leurs propriétés et caractéristiques (voir la première partie, « Suppléments nutritionnels »). Apprendre à reconnaître les principaux suppléments offerts et leur action bénéfique sur la santé constitue un bon départ.

VITAMINES

Les vitamines sont des substances organiques (leur structure moléculaire est constituée d'atomes de carbone) présentes dans de nombreux aliments en petites quantités et nécessaires au bon fonctionnement du métabolisme de l'organisme. L'absorption insuffisante de certaines vitamines peut déclencher des maladies de carence. En outre, on constate que certaines

vitamines agissent comme des antioxydants qui protègent les tissus des dommages cellulaires et pourraient endiguer l'apparition de plusieurs maladies dégénératives.

Le corps ne peut pas fabriquer les vitamines, sauf quelques-unes (les vitamines D et K en particulier), aussi doivent-elles être absorbées dans les aliments ou sous forme de suppléments nutritionnels. On a identifié 13 vitamines qui peuvent être regroupées en 2 catégories : liposolubles (A, D, E et K) ou hydrosolubles (8 vitamines B et la vitamine C). La distinction est importante, car le corps emmagasine les vitamines liposolubles pendant des périodes relativement longues (des mois ou même des années), mais il ne conserve les vitamines hydrosolubles (à part la vitamine B12) que peu de temps et doit refaire le plein plus fréquemment.

MINÉRAUX

Les minéraux sont présents dans le corps en petites quantités : ils ne représentent que 4 % du poids total ; pourtant, ces substances inorganiques que l'on retrouve dans la couche terrestre et dans de nombreux aliments jouent un rôle essentiel dans des fonctions vitales, telles l'activité cardiaque, l'ossification et la digestion.

Comme pour les vitamines, l'être humain doit faire le plein de minéraux dans son alimentation ou avec des suppléments. Plus de 60 minéraux sont présents dans le corps, mais on estime que

Présentés ici, à partir du haut en allant vers la droite : minéraux, extrait d'herbes médicinales, vitamines et autres suppléments nutritionnels.

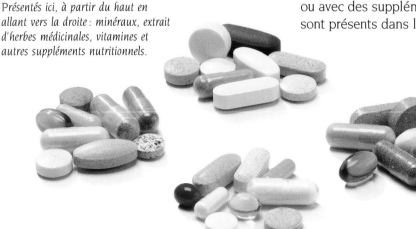

22 seulement sont essentiels. Parmi eux, 7 sont considérés comme des minéraux majeurs, ou macrominéraux : le calcium, le chlore, le magnésium, le phosphore, le potassium, le sodium et le soufre. Les 15 autres minéraux sont des oligoéléments, ou microminéraux, dont une infime quantité suffit à maintenir le corps en bonne santé.

PLANTES MÉDICINALES

Les produits dérivés des plantes utilisent souvent les feuilles, les tiges, les racines et les écorces, ainsi que les boutons et les fleurs. Les principes actifs de nombreuses plantes sont connus depuis des siècles, et on les utilise sous leur forme naturelle ou transformée en comprimés, en gélules, en poudres, en teintures, etc.

Plusieurs plantes médicinales contiennent des ingrédients actifs dont l'action simultanée produit un effet thérapeutique. Un produit à base de plantes médicinales peut contenir tous les ingrédients de la plante ou seulement certains éléments isolés dont on a réussi l'extraction. Dans le cas de certaines plantes médicinales, les principes actifs n'ont pas été clairement identifiés, et il est nécessaire d'utiliser toute la plante.

Les centaines de remèdes qui accompagnent la renaissance actuelle de la phytothérapie sont principalement destinés à traiter les troubles légers de la santé. On utilise aussi de plus en plus souvent les plantes médicinales pour préserver ou améliorer sa santé en renforçant le système immunitaire ou en abaissant les taux de cholestérol.

SUPPLÉMENTS NUTRITIONNELS

Ces nutriments sont classés en plusieurs groupes. Certains, comme les huiles de poisson, proviennent des aliments, et les scientifiques leur reconnaissent des propriétés immunitaires. Les flavonoïdes, les lignanes, les indoles et les caroténoïdes sont des éléments phytochimiques présents dans les fruits et les légumes, dont l'action diminue les risques de maladie et peut soulager les symptômes de certaines pathologies.

D'autres suppléments, comme la mélatonine – dont la vente est interdite au Canada – et la coenzyme Q10, sont des substances présentes dans le corps qui ont pu être recréées synthétiquement en laboratoire. L'acidophilus est un autre exemple de supplément nutritionnel : c'est une bactérie « compagne » qui peut aider à traiter les problèmes digestifs. Les acides aminés, pierres angulaires des protéines, ont peut-être une action sur le système immunitaire et sur d'autres fonctions contribuant à la santé. Les chercheurs les étudient depuis des années. On trouve des acides aminés dans tous les aliments, en particulier dans les légumineuses, les produits laitiers, la viande, le poisson et la volaille. Les acides aminés ne sont pas en vente libre au Canada ; on peut s'en procurer sur ordonnance.

Les capsules de ginseng contiennent des saponines, les principales substances actives de la racine de Panax ginseng.

Ce que les suppppléments peuvent vous apporter

Quels bénéfices l'absorption régulière de suppléments peut-elle apporter ? Un supplément pourra-t-il soulager une maladie spécifique ? Cette section résume des recherches sur les principaux avantages que les suppléments présentent pour la santé. Les effets thérapeutiques détaillés des suppléments se trouvent dans « Suppléments nutritionnels » (p. 24).

On ne saurait trop insister sur les bienfaits d'une alimentation saine et équilibrée, faisant la large part aux céréales complètes, aux fruits et aux légumes. Malheureusement, une grande partie de la population est loin d'avoir un régime alimentaire adéquat. Une étude récente indique que seulement 36 % de Canadiens déclarent manger 5 portions de fruits et de légumes par jour, quantité recommandée pour absorber le minimum d'éléments nutritifs nécessaires à la prévention des maladies.

La consommation moyenne de calcium au Canada, entre 25 et 49 ans, n'est que 50 % environ du niveau recommandé de 1 000 mg chez les adultes de ce groupe d'âge.

Selon une étude réalisée par des spécialistes de l'université Berkeley, les gens ont tendance à choisir des aliments pauvres en éléments nutritifs : des frites plutôt que du brocoli, une boisson gazeuse plutôt qu'un verre de lait écrémé. Non seulement ce type d'aliments apporte trop de gras et de sucre, mais il peut aussi entraver l'assimilation des vitamines, des minéraux et d'autres éléments phytochimiques qui combattent la maladie. Beaucoup de régimes alimentaires canadiens ne contiennent que la moitié des quantités recommandées de magnésium et d'acide folique. Le régime alimentaire canadien est souvent carencé en vitamines A, C et B6 ainsi qu'en fer et en zinc. Pour nombre de gens, il est difficile de s'astreindre à un régime alimentaire qui corresponde à l'ANR de tous les éléments nutritifs, même avec une planification rigoureuse.

Ainsi, les végétariens, généralement en meilleure santé que les carnivores (ils évitent les aliments pauvres en vitamines et minéraux), peuvent cependant souffrir de carences en fer, en calcium ou en vitamine B12. Quant aux personnes qui suivent un régime santé allégé en gras, leur alimentation risque de ne pas leur fournir la quantité nécessaire de vitamine E, celle-ci étant surtout présente dans des aliments riches en lipides. Même un régime

LE POUVOIR DES ANTIOXYDANTS

L'oxygène est indispensable à la vie. Il entraîne des modifications chimiques dans l'organisme qui peuvent créer des molécules instables appelées radicaux libres, parfois responsables de l'endommagement de cellules ou de structures cellulaires et même du matériel génétique (ADN). Les radicaux libres peuvent aussi se former en réaction à des facteurs comme la fumée de cigarette et l'alcool, des polluants comme l'oxyde de nitrogène et l'ozone, les rayons ultraviolets ou d'autres radiations comme les rayons X. Les cellules dont le matériel génétique est endommagé par des radicaux libres peuvent se reproduire avec des malformations, contribuant ainsi au cancer ou à d'autres problèmes de santé. Les radicaux libres peuvent aussi affaiblir les parois artérielles où des dépôts de graisse peuvent entraîner des maladies cardiovasculaires.

Les cellules disposent cependant d'agents antioxydants qui combattent les radicaux libres et réparent les dommages moléculaires. Des études récentes semblent indiquer que les antioxydants jouent un rôle essentiel dans la prévention ou le retardement des maladies cardiovasculaires, du cancer et d'autres affections et qu'ils peuvent même endiguer l'endommagement des cellules et ralentir les effets du vieillissement.

Les vitamines C et E, le sélénium, les caroténoïdes comme le bêta-carotène et le licopène sont aussi des antioxydants. Les cellules fabriquent des enzymes et certains autres éléments (comme le glutathion) qui agissent comme des antioxydants. Certains spécialistes reconnaissent maintenant des propriétés antioxydantes à d'autres substances, dont certaines plantes médicinales, comme le thé vert, l'extrait de pépins de raisin et le ginkgo biloba.

LES APPORTS NUTRITIONNELS DE RÉFÉRENCE

Santé Canada a établi les normes nutritionnelles des vitamines et minéraux qui servent de référence aux recommandations nutritionnelles, permettant aux Canadiens de choisir une alimentation saine et de réduire les risques de pathologies chroniques. Fondé sur des données scientifiques, qui s'appliquent à des populations en bonne santé, ce système a été établi récemment par des nutritionnistes et des chercheurs canadiens et américains. Il comprend différentes valeurs de référence :

APPORT NUTRITIONNEL RECOMMANDÉ (ANR)
L'apport nutritionnel recommandé est la « référence suprême » de l'apport quotidien en vitamines et minéraux. Il varie selon l'âge, le sexe et, pour les femmes, selon qu'elles sont enceintes ou allaitent.

APPORT SUFFISANT (AS)
L'apport suffisant est établi si on ne dispose pas de données scientifiques suffisantes pour fixer un apport nutritionnel recommandé. On se base habituellement sur des estimations d'apports nutritionnels de groupes de personnes apparemment en bonne santé qui maintiennent vraisemblablement un état nutritionnel adéquat. L'apport suffisant indique que des recherches plus poussées sont nécessaires avant de faire des recommandations.

APPORT MAXIMAL TOLÉRABLE (AMT)
L'apport maximal tolérable représente l'apport nutritionnel quotidien et continu le plus élevé (provenant des aliments, de l'eau et des suppléments) qui ne semble pas entraîner de risques d'effets indésirables chez la plupart des gens. Il n'y a pas lieu de croire qu'une personne en bonne santé obtienne des avantages à consommer des nutriments en quantités supérieures à l'apport nutritionnel recommandé ou à l'apport suffisant. Cela serait même risqué.

L'INFORMATION NUTRITIONNELLE SUR LES ÉTIQUETTES
Les étiquettes des suppléments indiquent la quantité de vitamines et minéraux contenue dans une capsule ou leur quantité mesurée en unités internationales (UI). Le tableau de la page 21 vous donne les apports nutritionnels recommandés (ANR) pour les adultes, les quantités minimales et maximales de nutriments que l'on retrouve habituellement dans une formule-type de vitamines et minéraux ainsi que l'apport maximal tolérable à ne pas dépasser. Dans la première partie, « Suppléments et plantes médicinales », l'ANR est indiqué pour chaque vitamine et chaque minéral. Pour les autres suppléments, il n'existe pas d'ANR.

Les aliments sont étiquetés différemment. Un carton de lait, par exemple, comporte l'information nutritionnelle (énergie, gras, protéines, glucides) ainsi que les quantités de vitamines et minéraux en pourcentage de l'apport quotidien recommandé (AQR), une autre norme. L'AQR, basé sur l'ANR, indique l'apport maximal recommandé pour chaque élément nutritif.

CES NORMES SONT-ELLES SUFFISANTES ?
Les quantités d'éléments nutritifs indiquées par les apports nutritionnels recommandés (ANR) répondent aux besoins de la plupart des gens, avec une marge confortable de sécurité. Toutefois, beaucoup de spécialistes estiment que l'ANR (surtout pour les vitamines) est encore trop bas pour prévenir ou pour traiter certaines maladies. De plus, ces chiffres ne tiennent pas compte des facteurs liés au mode de vie, comme fumer, qui peut entraver l'assimilation des éléments nutritifs.

RÈGLES DE SÉCURITÉ

Les suppléments et les plantes médicinales contiennent des principes actifs puissants qui peuvent avoir des effets secondaires. Voici quelques conseils :

■ **Évitez un usage prolongé.** Il vaut mieux prendre des suppléments pendant des périodes limitées (seconde partie, « Protégez votre santé »). Si le problème réapparaît, demandez conseil à votre médecin, à votre pharmacien ou à un autre professionnel de la santé.

■ **Évitez les risques.** Ne tentez pas de traiter des symptômes graves à l'aide de suppléments. Demandez conseil à votre médecin ou à votre pharmacien avant de choisir un supplément. Demandez-leur toujours quels sont les risques d'interaction avec tout autre médicament que vous prenez.

■ **Achetez avec discernement.** Il n'existe pas de garantie de pureté ou d'efficacité. Il appartient au consommateur de choisir des produits de qualité. Demandez conseil à votre pharmacien.

■ **Respectez la posologie.** Un surdosage de suppléments, comme un surdosage de médicaments, peut avoir des conséquences graves. Avec les plantes médicinales et les suppléments nutritionnels, commencez toujours par la plus petite dose conseillée.

■ **Surveillez vos réactions.** Arrêtez l'usage au moindre signe de réaction négative. Cessez également si le supplément ne semble pas avoir d'effet sur vous. Ce dernier conseil ne s'applique pas aux suppléments dont les effets ne se font sentir qu'après un certain temps.

équilibré peut manquer de certaines substances particulières qui, selon les chercheurs, seraient utiles à la santé : huiles de poisson ou isoflavones du soya. Pour une personne qui jouit d'une bonne santé générale, mais qui n'est pas en mesure de manger un régime équilibré chaque jour, un supplément peut compenser les carences ou améliorer l'assimilation des éléments nutritifs absorbés.

Plusieurs arguments prêchent en faveur de suppléments, même chez les personnes qui ont de bonnes habitudes alimentaires. Certains spécialistes estiment que les polluants, gaz d'échappement, produits chimiques et déchets toxiques, peuvent endommager les cellules de multiples manières, détruisant les tissus et épuisant les ressources nutritives du corps. Des chercheurs affirment que les suppléments, surtout ceux qui agissent comme des antioxydants, peuvent aider à endiguer l'endommagement des cellules et des tissus causé par une exposition à des produits toxiques (voir « Le pouvoir des antioxydants », p. 12). Des recherches récentes indiquent aussi que certains médicaments, l'excès d'alcool, la fumée ou le stress persistant peuvent entraver l'assimilation d'éléments nutritifs essentiels. Le meilleur des régimes alimentaires ne saurait suffire dans ces cas-là.

Prévenir la maladie, ralentir le vieillissement

On a longtemps pensé que les carences en éléments nutritifs ne se traduisaient que par des maladies spécifiques comme le scorbut, qui résulte d'une carence en vitamine C. Au cours des 30 dernières années, des milliers d'études ont montré l'importance du rôle que certains éléments nutritifs jouent contre les risques associés à des maladies chroniques ou dégénératives fréquentes dans nos sociétés.

Des études récentes portant sur le potentiel immunitaire de certains éléments nutritifs sont mentionnées dans cet ouvrage. Elles révèlent parfois que la quantité d'éléments nutritifs nécessaire à la prévention d'une maladie est généralement plus élevée que l'ANR actuel. Les participants ont alors eu recours à des suppléments pour atteindre les niveaux requis.

Certains spécialistes pensent que les éléments nutritifs, surtout les antioxydants, ne se contentent pas de ralentir ou de prévenir l'évolution d'une maladie, ils agissent aussi sur le vieillissement en ralentissant les dommages causés aux cellules. Cela ne signifie pas que la vitamine E ou la coenzyme Q10 soient « la fontaine de Jouvence ». Plusieurs études récentes indiquent cependant que la réponse immunitaire, chez les personnes âgées, bénéficie d'un apport en vitamine E ou d'un supplément en multivitamines et minéraux.

Les capsules molles de vitamine E permettent un apport qui serait difficile à atteindre par l'alimentation.

Ainsi, une étude sur 11 178 sujets âgés indique que l'usage de la vitamine E est associé à un abaissement du taux de risque de mortalité, surtout par cardiopathie. Les risques de cardiopathies ont diminué de moitié chez les personnes qui prenaient de la vitamine E par rapport à celles qui ne prenaient pas de supplément. De plus, les suppléments d'antioxydants sont efficaces dans la prévention de la cataracte et de la dégénérescence maculaire, deux causes de cécité chez les personnes âgées.

D'autres suppléments agissent comme des antioxydants puissants contre les problèmes du vieillissement : le sélénium, les caroténoïdes, les flavonoïdes, certains acides aminés et la coenzyme Q10. Et plusieurs plantes médicinales peuvent soulager de nombreux symptômes liés au vieillissement ou contribuer à la prévention de maladies.

Limites des suppléments

En dépit de leurs nombreux avantages, les effets prometteurs des suppléments sont limités et il ne faut pas attendre des miracles.

■ Comme leur nom l'indique, les suppléments ne remplacent pas les éléments nutritifs de l'alimentation. Les suppléments ne peuvent pas compenser un régime alimentaire appauvri : ils peuvent diminuer les effets négatifs d'un régime trop riche en gras saturés (qui aggravent les risques de maladie cardiovasculaire et de cancer), mais ils ne peuvent pas remplacer tous les éléments nutritifs des aliments que vous ne consommez pas.

■ Les suppléments ne peuvent pas compenser les habitudes qui contribuent à une mauvaise santé, comme fumer ou ne pas faire d'exercice.

■ Les effets bénéfiques des suppléments sont plausibles, même s'ils ne sont pas tous prouvés, mais ils ne sont pas miraculeux.

■ De même, l'amélioration des capacités physiques ou mentales est difficile à prouver. Au mieux peut-elle être légère chez une personne en bonne santé. Un supplément peut améliorer les fonctions mentales des personnes atteintes

de pertes de mémoire légères ou graves, mais n'a qu'un effet négligeable sur la mémoire et la concentration de la plupart des adultes.

■ Aucune guérison ne peut être attribuée à l'usage de suppléments : ni du cancer, ni d'une cardiopathie, ni du diabète, ni du sida. Un bon supplément peut, toutefois, soulager une pathologie chronique et des symptômes comme la douleur ou l'inflammation. Demandez conseil au préalable à un professionnel de la santé.

Achat des supppléments
comment lire l'étiquette

IDENTIFICATION Elle donne le nom courant ou le nom scientifique des dérivés de plantes.

CHAMP D'ACTION La partie ou la fonction du corps sur laquelle le produit agit.

LA FORCE « La force » n'est pas un terme défini par une réglementation canadienne. Son sens peut varier d'un produit à un autre.

MODE D'EMPLOI Il précise la dose de supplément conseillée par le fabricant, la fréquence et la manière de le prendre.

INGRÉDIENTS Tous les principes actifs doivent y figurer. Sans y être obligés, beaucoup de fabricants indiquent également la liste des substances inertes – liants, excipients, enrobages, agents de conservation et colorants.

CONSERVATION Les conditions d'une conservation optimale doivent être indiquées.

HORS DE PORTÉE DES ENFANTS Tous les suppléments doivent comporter un avertissement de les conserver en lieu sûr hors de portée des enfants.

NOM ET ADRESSE DU COMMERÇANT Le produit doit indiquer le nom et l'adresse du fabricant ou du distributeur du produit.

DATE LIMITE D'UTILISATION Date à partir de laquelle le supplément risque de perdre de son efficacité. La loi exige qu'elle apparaisse ; c'est la garantie « de fraîcheur » jusqu'à cette date du fabricant (dite date de péremption).

« POUR USAGE THÉRAPEUTIQUE SEULEMENT » Le produit contient une dose supérieure à celle d'un régime alimentaire sain. Il est destiné aux personnes qui souffrent d'une carence ou d'un problème métabolique. Demandez conseil à votre médecin ou à votre pharmacien à ce sujet.

ÉTIQUETTE TYPE DE SUPPLÉMENT

MODE D'EMPLOI : Quantités quotidiennes (comprimés, gélules, poudre, volume de liquide) accompagnées de conseils sur la fréquence et la manière de les prendre.

AUTRES INGRÉDIENTS : Liste des ingrédients non médicinaux.

DIN : Santé Canada exige que tous les médicaments vendus au Canada portent un numéro d'identification pharmaceutique (DIN). Dans le cas des vitamines et des minéraux, le DIN n'est accordé que si le produit a subi toute une série de tests ; les remèdes traditionnels aux plantes médicinales peuvent comporter un DIN si leur usage a fait la preuve de leur innocuité et de leur efficacité.

HUILE D'ONAGRE

- Sans sucre
- Sans amidon
- Sans levure
- Sans gluten
- Sans lactose

500 mg
10 % AGL

avec romarin et thym

DIN 02153793   90 Capsules

DATE LIMITE D'UTILISATION : Date à laquelle le produit risque de perdre de son efficacité.

POIDS UNITAIRE : Poids de chaque pilule ou capsule exprimé le plus souvent en mg.

INGRÉDIENTS ACTIFS : Ils sont exprimés en mg ou en mcg, ou en pourcentage d'une unité de poids, par exemple chaque capsule contient 10 % (ou 50 mg) d'AGL (acide gamma-linolénique). Ce dosage précis est normalisé, ce qui signifie que chaque dose contient exactement la même quantité d'ingrédients actifs. Les principes actifs de certaines vitamines sont parfois exprimés en unités internationales (UI).

préparation et présentation

La diversité des suppléments vous permet de choisir ceux qui ont fait la preuve de leur innocuité et de leur efficacité et dont la préparation facilite l'usage. Certaines « formules spéciales » ne valent pas ce qu'elles coûtent.

Préparations courantes

Comprimés et capsules ont la faveur de la plupart des gens, mais les suppléments se présentent aussi sous d'autres formes.

COMPRIMÉS Les suppléments se conservent mieux sous forme de comprimés. Ceux-ci contiennent souvent des substances inertes appelées excipients : ils servent à l'homogénéité, à la conservation, de même qu'à donner de la masse aux suppléments pour permettre une meilleure assimilation dans l'estomac.

CAPSULES ET GÉLULES Les vitamines liposolubles A, D et E sont généralement conditionnées sous forme de capsules molles. D'autres vitamines et minéraux se présentent comme des poudres encapsulées (gélules). Tout comme les comprimés, gélules et capsules se conservent bien. Elles contiennent souvent moins d'excipients que les comprimés et semblent se dissoudre plus rapidement.

À MÂCHER OU À CROQUER Ces suppléments, souvent aromatisés, conviennent aux personnes qui ont du mal à avaler des pilules. L'un des plus populaires, l'acide déglycyrhinaté (DGL), est une préparation à la réglisse. Ces comprimés ne doivent pas être avalés mais croqués, car c'est la salive qui active le DGL.

PASTILLES Des suppléments se présentent sous forme de pastilles ou de bonbons destinés à fondre dans la bouche, soit pour en faciliter l'absorption, soit parce qu'ils ont une action directe sur des symptômes comme le mal de gorge dans le cas des pastilles de zinc.

COMPRIMÉS SUBLINGUAUX Quelques suppléments sont destinés à se dissoudre sous la langue. Certains pensent que l'assimilation par le sang se fait ainsi plus directement sans intervention des enzymes et des acides digestifs, ce qui n'est pas prouvé.

POUDRES Pour ceux qui ont du mal à avaler un comprimé, les poudres sont faciles à mélanger à du jus, de l'eau ou des aliments. (Les graines de psyllium et de lin sont souvent en poudre.) Les poudres facilitent le dosage. Elles contiennent moins d'excipients et conviennent aux personnes susceptibles d'allergies. Enfin, les poudres sont souvent moins onéreuses que les comprimés ou les capsules.

LIQUIDES Les potions liquides sont faciles à avaler et leur goût peut être parfumé. Pour les enfants, les médicaments sont souvent sous forme liquide. Certains suppléments (comme la vitamine E) se présentent également sous forme de liquide topique, à appliquer sur la peau. Les gouttes pour les yeux sont également liquides.

Préparations spéciales

PRÉPARATIONS À LIBÉRATION PROLONGÉE

Ces préparations contiennent des microcapsules qui se décomposent progressivement et diffusent la vitamine régulièrement dans le flux sanguin pendant 2 à 10 heures selon le produit (on dit aussi « à libération lente »).

Aucune étude ne prouve que les préparations à libération prolongée soient plus efficaces que les capsules ou les comprimés ; en fait, la substance gélatineuse qui prolonge la diffusion pourrait entraver l'assimilation des vitamines liposolubles.

La niacine sous cette forme (souvent utilisée pour abaisser le cholestérol) perd certains effets secondaires désagréables, mais elle présente d'autres dangers et n'est donc pas conseillée.

CHÉLATES Un chélate est un minéral lié à une autre substance appelée « chélateur ». Le chélateur a pour fonction d'améliorer l'assimilation du minéral, mais, dans la plupart des cas, il n'existe aucune preuve que l'assimilation des chélates se fasse mieux ou plus rapidement que celle des minéraux sous une autre forme. Aucune étude ne permet d'affirmer que certaines méthodes ou certains excipients puissent faciliter l'assimilation des vitamines et de la plupart des minéraux. Il importe cependant que le temps de dissolution des suppléments soit conforme aux normes.

Plantes médicinales

Vous pouvez acheter des plantes, faire votre propre préparation ou demander conseil à un herboriste pour préparer un mélange adapté à votre cas. Contrairement aux mélanges pré-emballés, ces plantes ne comportent pas de DIN. Pour vous faciliter la vie, vous pouvez préférer des comprimés, des capsules ou tout autre conditionnement (y compris pour usage externe) mentionnés dans cet ouvrage et disponibles en pharmacie.

COMPRIMÉS ET GÉLULES On ne sent pas le goût de la plante en comprimés ou en gélules. Les deux sont préparés soit avec la plante entière, soit avec un extrait (une concentration des principes actifs de la plante).

Dans les deux cas, les ingrédients sont réduits en poudre qui peut être compressée en pilules ou encapsulée. Certaines capsules entérosolubles permettent de passer l'estomac pour se dissoudre dans l'intestin grêle, ce qui réduit les embarras gastriques et peut améliorer l'absorption dans le sang.

TEINTURES On obtient ces liquides concentrés en faisant macérer la plante ou certaines de ses parties dans de l'eau, de l'alcool éthylique ou de la vodka diluée. L'alcool extrait concentre les principes actifs de la plante. (On peut faire des concentrés non alcoolisés avec de la glycérine.) Les teintures se prennent généralement par petites quantités, environ 20 gouttes ou 1 ml 3 fois par jour, diluées dans de l'eau ou du jus.

TISANES, INFUSIONS, DÉCOCTIONS Tisanes et infusions donnent des extraits moins concentrés

Onguent

Huile essentielle

Vitamine en poudre

Teinture

Capsules molles

Vitamines à libération prolongée

Gélules

Comprimés de multivitamines

Vitamines à croquer

Comprimés sublinguaux

Tisane

de la plante, de ses racines, de ses feuilles, de ses fleurs séchées ou fraîches ; les plantes sont vendues en vrac ou en sachet. Si l'on prépare généralement le thé avec de l'eau bouillante, les tisanes et les infusions citées dans cet ouvrage se préparent avec de l'eau frémissante afin de ne pas perdre les huiles essentielles qui peuvent s'évaporer avec la vapeur d'eau. Dans le cas des décoctions, on laisse frémir pendant au moins une demi-heure les parties plus coriaces de la plante (tige ou écorce).

Ces remèdes sont à utiliser rapidement, dès qu'ils ont été préparés, car l'exposition à l'air leur fait perdre leurs propriétés en quelques heures. On peut les conserver trois jours au réfrigérateur dans un récipient hermétique.

HUILES Les huiles des plantes médicinales sont extraites et transformées en concentrés puissants destinés à l'usage externe. Ces « huiles essentielles » sont généralement mélangées à une huile « porteuse », l'huile d'amande par exemple, pour la peau. Les huiles essentielles sont à usage externe, à part l'essence de menthe (quelques gouttes sur la langue peuvent soulager la mauvaise haleine, l'indigestion, les gaz et les ballonnements).

GELS, ONGUENTS ET CRÈMES Les gels et les onguents, qui contiennent les huiles de plantes aromatiques, s'appliquent sur la peau pour calmer les rougeurs, enrayer les hématomes, cicatriser les blessures et pour d'autres usages thérapeutiques. Les crèmes sont des mélanges d'huile et d'eau partiellement absorbés par la peau qu'elles humidifient tout en la laissant respirer. Les crèmes peuvent assouplir les peaux sèches, nettoyer les peaux fragiles et soulager les irruptions cutanées, les morsures d'insectes ou les coups de soleil.

Extraits normalisés

Si vous devez prendre des remèdes aux plantes, nous vous conseillons les « extraits normalisés ». Cette dénomination désigne la régularité d'un produit. Lorsqu'ils produisent un supplément, les fabricants peuvent extraire les principes actifs de toute la plante. Ces principes actifs, par exemple les saponines du ginseng, sont ensuite concentrés sous forme de suppléments (comprimés, capsules ou teintures). Leur normalisation vous garantit que chaque dose est identique, mais la recherche semble indiquer que même parmi les extraits normalisés, les concentrations de principes actifs varient considérablement.

Parfois, au lieu d'extraits normalisés, c'est toute la plante qui est conditionnée. Elle est déshydratée à l'air ou cryogénée, pulvérisée et vendue sous forme de comprimés, de capsules, de teintures, ou autres.

Multisuppléments

Les multivitamines et les minéraux ne sont pas des produits nouveaux, et les plantes médicinales sont traditionnellement utilisées en associations qui optimisent leurs avantages. Les associations les plus fréquentes se font avec des plantes aux propriétés similaires, comme la valériane et la camomille, toutes deux sédatives. Certains mélanges sont destinés à agir sur différents symptômes d'une même maladie, un peu comme un remède contre le rhume contient à la fois des décongestionnants et des analgésiques. D'autres mélanges se présentent comme des « cocktails » d'antioxydants. Quelques fabricants proposent aussi des plantes médicinales enrichies de vitamines et de suppléments.

Certains de ces mélanges sont bénéfiques pour la santé et souvent économiques. Vous obtiendrez peut-être les effets désirés tout en prenant moins de pilules. Un mélange revient moins cher et il est plus pratique puisqu'il n'exige qu'une seule prise.

Dans quelques mélanges, cependant, la quantité des principes actifs est infinitésimale et ne peut avoir d'effets thérapeutiques. Leur présence ne servant que la promotion du produit, aussi faut-il vérifier les étiquettes.

Formule de base
pour une santé optimale

Une alimentation variée, choisie dans les quatre groupes du Guide alimentaire canadien (produits céréaliers, légumes et fruits, produits laitiers et viandes et substituts), devrait généralement vous apporter tous les éléments nutritifs dont vous avez besoin. Assurez-vous de manger chaque jour 5 à 12 portions de produits céréaliers à grains entiers ou enrichis, 5 à 10 portions de fruits et légumes (le plus souvent possible ceux qui sont vert foncé ou orange), 2 à 4 portions de produits laitiers écrémés et 2 à 3 portions de viandes, volailles, poissons maigres et légumineuses (incluant les produits à base de soya).

Les populations les plus à risque de carences nutritionnelles sont les enfants, les personnes âgées, les femmes enceintes et les personnes suivant des régimes amaigrissants. Vous trouverez dans la seconde partie du livre des recommandations spécifiques concernant les suppléments adaptés à ces groupes sous les thèmes croissance, grossesse, maigrir et troisième âge.

Il existe différents types de suppléments selon l'usage que l'on en fera. Les suppléments à doses prophylactiques (préventives) utilisés lorsqu'il y a risque d'apports inadéquats contiennent généralement de 0,5 à 4 fois les apports nutritionnels recommandés. Idéalement, les suppléments de vitamines et minéraux doivent être prescrits en fonction des besoins nutritionnels et des apports alimentaires de chaque individu. Aucun supplément ne peut remplacer une saine alimentation. Les personnes en bonne santé qui, pour toutes sortes de raisons, ne peuvent pas bien s'alimenter ou subissent un stress important pouvant augmenter les besoins nutritionnels de l'organisme pourront recourir à un supplément multivitamines et minéraux. Consultez un professionnel de la santé pour une évaluation.

Lorsque vous choisissez une formule multivitamines et minéraux à titre préventif, veillez à ne jamais dépasser l'apport maximal tolérable (AMT). Un complexe vous procurant 0,5 à 4 fois les ANR et les AS est tout à fait convenable. Quand aucun AMT n'est défini faute de données scientifiques valables, portez une attention particulière à ne pas dépasser l'ANR ou l'AS. Référez-vous au tableau de la page suivante pour évaluer les produits offerts sur le marché. Pour certaines affections bien spécifiques (vous trouverez les éléments nutritifs complémentaires adaptés à des problèmes de santé particuliers dans la seconde partie de ce livre, « Protégez votre santé »), on aura recours à des suppléments à doses thérapeutiques (4 à 20 fois les ANR). L'étiquette doit alors obligatoirement porter la mention « pour usage thérapeutique ».

Finalement, on ne devrait avoir recours aux suppléments à doses pharmacologiques (mégadoses), contenant de 20 à 600 fois les ANR, que sous surveillance médicale.

Comparez les étiquettes des suppléments que vous souhaitez acheter au tableau ci-contre.

APPORTS NUTRITIONNELS DE RÉFÉRENCE

CE TABLEAU INDIQUE les besoins quotidiens en vitamines et minéraux représentés par l'**ANR** (apport nutritionnel recommandé) ou l'**AS** (apport suffisant). L'**AMT** (apport maximal tolérable) représente la quantité quotidienne et continue provenant des aliments, de l'eau et des suppléments à ne pas dépasser.

	ANR		AS		AMT
	hommes	femmes	hommes	femmes	
VITAMINES					
Thiamine (B1)	1,2 mg	1,1 mg			ND
Riboflavine (B2)	1,3 mg	1,1 mg			ND
Niacine (B3)	16 mg	14 mg			35 µg
Acide panthoténique (B5)			5 mg	5 mg	ND
Pyridoxine (B6)					
âge 19-50 ans	1,3 mg	1,3 mg			100 mg
âge 51 ans et +	1,7 mg	1,5 mg			100 mg
Cobalamine (B12)	2,4 µg	2,4 µg			ND
Biotine			30 µg	30 µg	ND
Acide folique	400 µg	400 µg			1 000 µg
Vitamine A	900 µg ou 3 000 UI	700 µg ou 2 300 U!			3 000 µg ou 10 000 UI
Vitamine C	90 mg	75 mg			2 000 mg
Vitamine D					
âge 19-50 ans			5 µg ou 200 UI	5 µg ou 200 UI	50 µg ou 2 000 UI
âge 51-70 ans			10 µg ou 200 UI	10 µg ou 200 UI	50 µg ou 2 000 UI
âge 71 ans et +			15 µg ou 600 UI	15 µg ou 600 UI	50 µg ou 2 000 UI
Vitamine E	15 mg ou 20 UI	15 mg ou 20 UI			1 000 mg ou 1 200 UI
MINÉRAUX					
Calcium					
âge 19-50 ans			1 000 mg	1 000 mg	2 500 mg
âge 51 ans et +			1 200 mg	1 200 mg	2 500 mg
Chrome					
âge 19-50 ans			35 µg	25 µg	ND
âge 51 ans et +			30 µg	20 µg	ND
Cuivre	900 µg	900 µg			10 000 µg
Fer					
âge 19-50 ans	8 mg	18 mg			45 mg
âge 51 ans et +	8 mg	8 mg			45 mg
Fluor			4 mg	3 mg	10 mg
Iode	150 µg	150 µg			1 100 µg
Magnésium	400-420 mg	310-320 mg			350 mg *
Manganèse			2,3 mg	1,8 mg	11 mg
Molybdène	45 µg	45 µg			2 000 µg
Phosphore	700 mg	700 mg			3 000 mg
Sélénium	55 µg	55 µg			400 µg
Zinc	11 mg	8 mg			40 mg

* Représente la quantité provenant uniquement d'un supplément, sans inclure l'apport des aliments et de l'eau.
ND (non défini)

Praticiens et organismes

De nombreux spécialistes en soins de santé connaissent les suppléments vitaminiques et minéraux ainsi que les plantes médicinales et peuvent vous fournir renseignements et conseils après avoir évalué vos besoins.

Naturopathes, phytothérapeutes et certains chiropraticiens, tous adonnés à la pratique des médecines alternatives, sont généralement mieux informés que les médecins sur les plantes médicinales et les suppléments nutritionnels. Par contre, les médecins reçoivent une formation complète dans l'art de poser un diagnostic ; pour cette raison, avant d'opter pour une thérapie alternative, vous devriez vous adresser à eux, surtout quand vous souffrez de symptômes nouveaux.

Pour obtenir des noms de spécialistes en médecine alternative, adressez-vous d'abord à votre médecin traitant. Malheureusement, plusieurs d'entre eux hésitent à leur confier leurs patients ; vous devez alors vous débrouiller seul (voir p. 388) ou vous informer auprès de parents et d'amis qui en ont déjà consulté.

Sachez quels sont les permis et certifications nécessaires là où vous habitez : ils constituent une bonne sauvegarde, mais ils varient d'une province à une autre. Lorsque vous vous adressez à l'un de ces spécialistes, renseignez-vous sur sa formation et son expérience en matière de plantes médicinales et de suppléments nutritionnels. Méfiez-vous de ceux qui vous promettent une guérison facile et rapide ou qui vous proposent des cures dispendieuses.

MÉDECINS COMPLÉMENTARISTES (M. D.)

Les médecins complémentaristes (ou holistiques), comme tous les médecins ayant le droit de faire suivre leur nom des lettres M. D. (*Medicinae Doctor*, en latin), sont titulaires d'un doctorat en médecine qui exige quatre années d'études dans une faculté universitaire de médecine, suivies de deux ans de formation en médecine familiale ou de cinq ans d'études dans une spécialité, périodes qu'ils passent en milieu hospitalier à titre de résidents. Enfin, avant de pouvoir pratiquer au Québec, les médecins doivent subir avec succès les examens du Collège des médecins du Québec.

Un nombre croissant de médecins ont recours dans leur pratique aux plantes médicinales et aux suppléments nutritionnels et peuvent ainsi se dire médecins complémentaristes ; ce sont souvent des médecins de famille ou des omnipraticiens. Si vous ne connaissez aucun médecin complémentariste, renseignez-vous auprès du Collège des médecins du Québec, mais n'oubliez pas que plusieurs d'entre eux n'y sont pas inscrits sous ce titre.

DOCTEURS EN NATUROPATHIE (N. D.)

Les docteurs en naturopathie sont les généralistes de la médecine naturelle ; ils peuvent avoir recours à une grande variété de méthodes thérapeutiques : diététique, phytothérapie, manipulations, homéopathie, physiothérapie, médecine chinoise et mode de vie. Les naturopathes qui pratiquent dans les provinces où la naturopathie est soumise à des normes professionnelles doivent effectuer, à la fin du secondaire, quatre ans d'études à temps plein dans un institut accrédité et subir avec succès les examens d'accréditation. Un tel programme existe en Colombie-Britannique, au Manitoba, en Ontario et en Saskatchewan ; il sera prochainement implanté en Alberta, tandis qu'au Nouveau-Brunswick des démarches juridiques sont en cours. Au Québec, il existe des organismes qui décernent des diplômes en naturopathie après trois années d'études à temps partiel, mais aucun mécanisme officiel d'accréditation n'a encore été instauré.

Certains praticiens se disent naturopathes après avoir reçu un diplôme par la poste. Dans les provinces où la profession n'est pas réglementée, aucune norme minimale de formation n'est exigée. Soyez prudent ; vérifiez leurs certificats. Consultez de préférence un naturopathe diplômé d'un institut accrédité. Le naturopathe n'est pas autorisé à prescrire des médicaments vendus sur ordonnance.

PHYTOTHÉRAPEUTES

N'importe qui peut prendre le titre de phytothérapeute. Néanmoins, vous pouvez obtenir par l'entremise de la Canadian Association of Herbal Practitioners (voir p. 388) des noms de phytothérapeutes ayant fait des études dans un établissement reconnu. Avant de vous prescrire un remède pour les symptômes dont vous vous plaignez, le phytothérapeute professionnel étudie votre cas ; il effectue certains examens et vous interroge sur votre mode de vie et sur tout ce qui touche à votre santé, comme les allergies ou les médicaments.

DIÉTÉTISTES

Le diététiste professionnel – aussi appelé nutritionniste professionnel – consulte votre dossier médical ; il vous interroge sur votre alimentation, sur les exercices que vous faites et sur votre mode de vie de façon à bien vous conseiller. Il doit aussi s'y connaître en suppléments nutritionnels ; néanmoins, tous les diététistes ne leur accordent pas la même importance. La profession n'est pas réglementée partout au Canada.

Trois provinces seulement, la Colombie-Britannique, le Québec et la Nouvelle-Écosse, reconnaissent le terme de « diététiste professionnel » ; ailleurs, n'importe qui peut prendre ce titre.

Les dénominations professionnelles suivantes ont cours dans les provinces anglaises : R. D. ou *registered dietitian* et R. D. N., *registered dietitian-nutritionist*. On trouve également P. Dt. et R. Dt. Au Québec, la seule dénomination officielle est celle de Dt. P. ou diététiste professionnel ; elle signifie que la personne est membre de l'Ordre professionnel des diététistes du Québec. Pour obtenir de l'Ordre un permis de pratiquer, les candidats doivent effectuer quatre années d'études universitaires comportant un stage en milieu pertinent. Pour obtenir le nom d'un diététiste qualifié, adressez-vous à l'Ordre professionnel des diététistes du Québec (voir p. 388).

PHARMACIENS

Les pharmaciens sont bien souvent les professionnels de la santé les plus accessibles. Ils doivent effectuer quatre années et demie d'études universitaires menant au baccalauréat en pharmacie et un stage d'internat de 600 heures environ portant surtout sur les médicaments classiques. Néanmoins, les revues spécialisées et les associations professionnelles s'intéressent de plus en plus aux plantes médicinales et aux suppléments nutritionnels. Le pharmacien est donc en mesure de vous renseigner sur leurs avantages, leurs limites et leurs effets indésirables. Le pharmacien s'informe de votre état de santé avant de vous recommander un produit et il peut vous conseiller de consulter un médecin pour compléter votre dossier. (Au Québec, par exemple, après avoir effectué avec succès les études et les stages obligatoires, les pharmaciens sont accrédités par l'Ordre des pharmaciens du Québec.)

Première partie

Suppléments et plantes médicinales

Vous trouverez dans cette partie la présentation détaillée de plus de 80 suppléments courants, classés par ordre alphabétique. Chaque entrée s'accompagne d'un code couleur désignant la nature du supplément :

- ○ Vitamines
- ● Minéraux
- ● Plantes
- ● Suppléments nutritionnels

(Pour une explication générale concernant cette classification, reportez-vous aux pages 10 et 11.)

Chaque article définit la nature du supplément, les formes sous lesquelles il se présente, ainsi que son action bénéfique sur la santé et la prévention ou le traitement de maladies spécifiques. Des indications sur les doses à absorber ainsi que sur les effets secondaires éventuels complètent ces informations. Les principales sources alimentaires de vitamines et de minéraux sont également signalées.

De plus, cette partie comporte des rubriques consacrées aux aliments enrichis, aux antioxydants, aux combinaisons de suppléments et aux phytonutriments.

Pour en savoir davantage sur des troubles précis, reportez-vous à la seconde partie de cet ouvrage, « Protégez votre santé », p. 180 à 377. Néanmoins, si vous souffrez d'un trouble physiologique ou psychologique sérieux, consultez toujours votre médecin avant d'entreprendre un traitement à base de suppléments nutritionnels.

À PROPOS DES DOSES CONSEILLÉES

Avec chaque supplément nutritionnel présenté ici, des doses sont conseillées. Elles représentent l'apport quotidien utile pour traiter un problème de santé ou une maladie. Dans la pratique, il se peut que vous ayez à modifier ces doses en fonction de celles déjà fournies par les multivitamines ou suppléments que vous prenez par ailleurs.

Nous suggérons par exemple une prise de 400 UI de vitamine E en prévention du cancer. Cet apport supplémentaire est inutile si vous prenez déjà un comprimé de multivitamines contenant ces 400 UI de vitamine E. Si vous souffrez également d'angine de poitrine (pour laquelle, cette fois, 800 UI de vitamine E sont recommandés), il vous suffira de prendre 400 UI de cette vitamine chaque jour pour couvrir tous vos besoins.

Les doses indiquées ont été calculées avec autant de précision que possible, mais il faut tenir compte des cas individuels. Lisez toujours la notice d'un produit et ne dépassez pas les doses prescrites, même si vous avez plusieurs affections à traiter à la fois. En cas de troubles graves, consultez votre médecin avant de prendre un supplément.

En conclusion. Les doses proposées dans les pages suivantes ont été établies pour convenir au plus grand nombre, mais l'efficacité des suppléments peut varier selon les individus. Si les informations figurant sur le conditionnement d'un produit vous semblent manquer de clarté, faites appel aux professionnels de la santé – médecin ou pharmacien –, qui vous aideront à déterminer des doses adaptées à votre cas.

Abeille (produits de l')

La réputation flatteuse dont jouissent les produits fabriqués par les abeilles remonte à la nuit des temps. La gelée royale, le pollen et la propolis sont des suppléments fort appréciés, qui continuent à susciter l'intérêt des scientifiques.

Indications

- Soulagement possible du rhume des foins.
- Cicatrisation des écorchures et des petites plaies.

Présentation

- Comprimés
- Gélules
- Extrait (forme liquide)
- Poudre lyophilisée
- Crème
- Pastilles
- Gelée royale
- Pollen frais ou séché

Qu'est-ce que c'est ?

La gelée royale est une substance jaune pâle onctueuse, produite par les glandes salivaires des abeilles ouvrières pour nourrir leur reine. Elle est constituée de 65 à 70 % d'eau, de glucides et de protides à parts sensiblement égales (13 à 14 %) et d'un peu de lipides (4 %). Elle renferme aussi des vitamines du groupe B et de nombreux minéraux et oligo-éléments. Sa composition spécifique pourrait être à l'origine de la fertilité, de la taille imposante et de la longévité exceptionnelle de la reine.

Le pollen, la semence mâle des fleurs, constitue avec le nectar et le miellat l'alimentation de la colonie d'abeilles. Il est prélevé par les abeilles butineuses, puis aggloméré en minuscules boules, les pelotes. Celles-ci sont ensuite emmagasinées dans la ruche. Le pollen est riche en glucides (35 à 40 %) et en protides (20 à 35 %). Outre des vitamines et des oligo-éléments, il renferme de nombreux constituants spécifiques, notamment des enzymes et des substances dotées de propriétés antibiotiques.

La propolis est une résine collante récoltée par les abeilles ouvrières sur les bourgeons de certains arbres (résineux, peupliers...) pour consolider les rayons de leur ruche et en tapisser les parois internes. Elle se constitue d'environ 50 % de résine et 30 % de cire.

Leur rôle dans l'organisme

Les produits dérivés de la ruche, en particulier le pollen et la gelée royale, passent souvent pour des remèdes miracles. Leurs inconditionnels affirment, entre autres, qu'ils peuvent ralentir le vieillissement, améliorer les performances athlétiques ou sexuelles et atténuer les troubles dus à l'hypertrophie bénigne de la prostate ; le pollen renforcerait l'immunité grâce à sa richesse en sélénium. La propolis posséderait une action antibactérienne et favoriserait la cicatrisation.

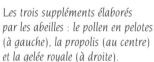

Les trois suppléments élaborés par les abeilles : le pollen en pelotes (à gauche), la propolis (au centre) et la gelée royale (à droite).

❃ **Principaux effets bénéfiques.** Le pollen d'abeille peut contribuer à prévenir les symptômes des allergies saisonnières causées par le pollen des fleurs : éternuements, nez qui coule, inflammations oculaires... Certains scientifiques pensent que l'absorption de quantités réduites de pollen désensibilise le malade à ses composants allergéniques, exactement à la façon d'un vaccin. Exposé à une dose de pollen, même infime, le système immunitaire humain produirait donc des anticorps protégeant de la réaction extrême responsable des symptômes classiques d'allergie. Cette théorie est à l'étude.

❃ **Autres effets bénéfiques.** La propolis pourrait servir de calmant ou de cicatrisant : introduite dans des pommades ou des baumes, elle est efficace en cas de brûlures légères (y compris les coups de soleil), de coupures et de petites plaies. Elle est employée dans certains pays en adjuvant du traitement des pharyngites ou des rhinites, ainsi que dans les affections bucco-dentaires.

L'influence de la gelée royale sur la croissance, la fertilité et la longévité des abeilles-reines a souvent conduit à en tirer des conclusions identiques pour l'espèce humaine.

Comment les prendre

🖉 **Doses.** La quantité de pollen d'abeille nécessaire pour soulager les symptômes d'allergie varie d'un individu à l'autre. Il est recommandé de commencer par quelques granules par jour et d'augmenter la quantité jusqu'à une dose quotidienne de 1 à 3 c. à thé bien pleines.

◑ **Conseils d'utilisation.** Avant la saison du rhume des foins, commencez par prendre de très petites quantités de pollen d'abeille tous les jours – quelques granules ou un morceau de comprimé. Si vous n'éprouvez pas d'effet secondaire (ci-dessous), augmentez lentement la dose jusqu'à ce que vous éprouviez un soulagement de vos symptômes d'allergie. Buvez beaucoup d'eau en prenant le pollen. Vous pouvez aussi le mélanger à du jus de fruits ou en saupoudrer de la nourriture.

Effets secondaires possibles

Le pollen d'abeille cause parfois des réactions allergiques chez des sujets sensibilisés aux piqûres d'abeille. Commencez toujours par en prendre une petite quantité afin de déterminer une éventuelle sensibilité. S'il s'ensuit une éruption, des rougeurs, des maux de tête ou une difficulté à respirer, interrompez aussitôt le traitement.

Le pollen d'abeille, frais ou séché, se trouve en comprimés ou en gélules.

Acide folique (vitamine B9)

Cette vitamine jouerait un rôle essentiel dans le développement du fœtus, la prévention de cancers et la diminution des décès par cardiopathie. Pourtant, nombre de personnes n'en reçoivent pas suffisamment par leur alimentation.

Indications

- *Protection contre les malformations fœtales.*
- *Diminution des risques de maladies cardiovasculaires.*
- *Diminution des risques de cancers.*

Présentation

- Comprimés
- Gélules
- Poudre
- Forme liquide

ATTENTION

Les suppléments d'acide folique peuvent masquer un type d'anémie dû à une carence en vitamine B12. Si elle n'est pas dépistée, cette anémie peut provoquer des lésions nerveuses irréversibles. En cas de carence mixte (vitamines B9 et B12), le traitement doit toujours commencer par la prise de vitamine B12.

Si vous suivez un traitement médical ou psychiatrique, consultez votre médecin avant de prendre des suppléments.

Qu'est-ce que c'est ?

Parfois désigné sous l'appellation générique de folates, l'acide folique (dont le nom vient du latin *folium*, feuille) est une vitamine du complexe B qui a été découverte dans les années 1940. L'organisme en stocke une partie dans le foie, mais un apport quotidien est nécessaire pour maintenir constant le taux sanguin. La cuisson des aliments, ou leur conservation prolongée, peut réduire de 50 % leur teneur en acide folique.

Son rôle dans l'organisme

L'acide folique participe à la formation des acides aminés, éléments constitutifs de toutes les cellules vivantes, et notamment à la synthèse de l'ADN et de l'ARN. Il permet le renouvellement des globules rouges, la bonne cicatrisation des tissus en cas de blessure ou de lésion, et intervient dans le fonctionnement immunitaire. Il joue un rôle essentiel dans le métabolisme cérébral et nerveux, en particulier dans la synthèse des neuromédiateurs chargés de transmettre l'influx nerveux. Enfin, sa présence est indispensable dans tous les processus qui requièrent une division cellulaire, et donc dans le développement du fœtus et la croissance de l'enfant.

Action préventive. Un apport adéquat d'acide folique au moment de la conception et pendant les 3 premiers mois de la grossesse réduit considérablement le risque de graves malformations fœtales, telles que le spina-bifida et la fente labiopalatine (bec-de-lièvre). Un supplément est donc recommandé aux femmes enceintes ou qui envisagent une grossesse. L'acide folique régule par ailleurs la production et l'utilisation par l'organisme de l'homocystéine, une substance apparentée à un acide aminé qui, lorsqu'elle est en excès dans le sang, favorise la formation de la plaque d'athérome et la survenue de pathologies cardiovasculaires. Il joue donc un rôle important dans la prévention de ces maladies.

Effets bénéfiques. Il semblerait que l'acide folique exerce une action préventive contre certains cancers (poumons, col de l'utérus, côlon...),

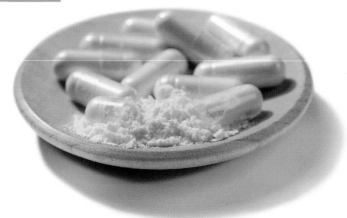

Un supplément d'acide folique est parfois conseillé en cas de dépression.

sans que cela soit confirmé. Les personnes dépressives souffrant souvent d'une carence en acide folique, il est reconnu qu'un complément en cette vitamine peut améliorer l'efficacité d'un traitement par antidépresseurs.

Vos besoins

L'apport nutritionnel recommandé est de 400 µg par jour chez l'adulte. Il atteint 600 µg pour la femme enceinte ou désireuse de l'être et passe à 500 µg pour la femme qui allaite. Chez les personnes âgées, en particulier, l'apport alimentaire peut en être insuffisant.

⊟ **En cas d'apport déficitaire.** Une carence sévère en acide folique provoque une forme particulière d'anémie – dite mégaloblastique –, entraînant anomalies sanguines, grande fatigue, anorexie, troubles de la croissance chez l'enfant, irritabilité et dépression. Ce type de carence, rare, touche en particulier les alcooliques et les personnes qui suivent certains traitements (anticancéreux ou antiépileptiques) ou qui présentent des troubles de l'assimilation tels que la maladie de Crohn ou la maladie cœliaque. Un léger déficit n'entraîne aucun symptôme immédiat mais augmente les risques de malformations fœtales et de maladies cardiovasculaires.

⊞ **En cas d'apport excédentaire.** De très fortes doses (5 000-10 000 µg par jour) n'ont aucun effet bénéfique et peuvent être toxiques chez les sujets atteints de cancers hormonodépendants, comme les cancers du sein et de la prostate, ainsi que de leucémie. Un apport excessif d'acide folique peut également provoquer des crises chez les épileptiques.

Comment le prendre

⊘ **Doses.** *Pour un effet sur la santé en général* ou *pour prévenir les maladies cardiovasculaires*, 400 µg d'acide folique par jour. *Pour la femme enceinte ou susceptible de le devenir*, 400 µg par jour ; cet apport est important car cette vitamine joue un rôle essentiel dans le développement du bébé dès sa conception. *Pour combattre la dépression*, 400 µg par jour, sous la forme d'un supplément associant plusieurs vitamines du complexe B.

◙ **Conseils d'utilisation.** L'acide folique peut être absorbé à tout moment de la journée, à jeun ou au cours d'un repas.

Sources alimentaires

Légumes verts, légumineuses, céréales complètes, jus d'orange, fromage, levure et, surtout, foie et pâté de foie sont d'excellentes sources d'acide folique.

Une douzaine de pointes d'asperge fournissent plus de la moitié des 400 µg d'acide folique recommandés par jour.

Acides aminés

Les acides aminés sont les éléments de base constitutifs des protéines. Certains d'entre eux – les acides aminés indispensables – doivent être fournis à l'organisme par l'alimentation. Les suppléments permettent de compenser des carences éventuelles.

Indications

- *Traitement des cardiopathies.*
- *Baisse de la tension artérielle.*
- *Stimulation de la fonction immunitaire.*
- *Amélioration de troubles nerveux.*

Présentation

- **Liquide**
- **Comprimés**
- **Gélules**
- **Poudre**

ATTENTION

■ **Les femmes enceintes ou qui allaitent, les diabétiques, les personnes souffrant d'hypertension, de maladies du foie ou des reins ne doivent prendre d'acides aminés qu'avec l'accord du médecin.**

Si vous suivez un traitement médical, consultez votre médecin avant de prendre des suppléments.

Qu'est-ce que c'est ?

Chaque cellule de l'organisme a besoin en permanence d'acides aminés. Lors de la digestion, les protéines des aliments sont scindées en molécules plus simples d'acides aminés. Ceux-ci se recombinent ensuite afin de fabriquer les protéines nécessaires à l'organisme : chaque cellule est programmée pour produire les protéines spécifiques répondant à ses besoins. Il existe deux grands types d'acides aminés : les acides aminés dits essentiels, et les acides aminés non essentiels. Les premiers ne peuvent être synthétisés par l'organisme et doivent être fournis par l'alimentation. On en compte neuf : l'histidine, l'isoleucine, la leucine, la lysine, la méthionine, la phénylalanine, la thréonine, le tryptophane et la valine. Les acides aminés non indispensables peuvent, eux, être produits dans l'organisme à partir de différents acides aminés recombinés. Ce sont l'alanine, l'arginine, l'asparagine, l'acide aspartique, la cystéine, l'acide glutamique, la glutamine, le glycocolle, la proline, la sérine, la taurine et la tyrosine.

Leur rôle dans l'organisme

Les acides aminés servent à fabriquer, entretenir et réparer les cellules des muscles, tendons et ligaments, de la peau, des différents organes, ainsi que des ongles et des cheveux. Ils interviennent dans la production d'hormones (comme l'insuline) et de médiateurs chimiques (qui transmettent les messages au cerveau), et participent à l'élaboration du sang et des enzymes. Dans l'organisme, les cellules se renouvellent continuellement : la synthèse protéique est donc permanente. Elle nécessite des apports suffisants en acides aminés, particulièrement en acides aminés indispensables : si l'un d'entre eux manque, ou est apporté en quantité insuffisante, la synthèse des protéines est perturbée, et le fonctionnement de l'organisme s'en trouve affecté.

Les carences en acides aminés, surtout liées à une dénutrition globale, sont rares dans nos pays. Mais un régime trop pauvre en protéines

Les gélules contiennent généralement plusieurs acides aminés.

(particulièrement d'origine animale) peut aussi être en cause, de même que les infections, les traumatismes, les brûlures étendues, l'âge ou le stress, qui majorent les besoins.

✪ **Principaux effets bénéfiques.** Les divers acides aminés s'avèrent très efficaces dans le traitement de certains types de cardiopathies. Fortement concentrée dans les cellules du muscle cardiaque, la carnitine fortifie le cœur, aide les personnes souffrant d'insuffisance cardiaque. Prise pendant une période de 4 à 12 semaines après un infarctus, la carnitine a réduit les lésions au cœur. Parce qu'elle joue également un rôle dans le métabolisme des graisses, la carnitine peut aider à abaisser les taux trop élevés de triglycérides. L'arginine, un acide aminé non essentiel, réduit le risque de cardiopathies et d'accident cérébrovasculaire (ACV) en dilatant les vaisseaux sanguins et en abaissant la tension artérielle. Elle apaise aussi les symptômes et les douleurs de l'angine. En équilibrant le rapport entre le sodium et le potassium et en normalisant l'activité excessive du système nerveux central, la taurine semble avoir un effet positif sur l'insuffisance cardiaque et l'hypertension.

La N-acétylcystéine (NAC), un sous-produit de l'acide aminé cystéine mieux absorbé que celle-ci, favorise la production d'antioxydants organiques et pourrait bien être un antioxydant. À ce titre, elle aide à réparer les lésions cellulaires et stimule le système immunitaire. Elle pourrait avoir une action bénéfique sur les dommages causés par les maladies du système nerveux comme la sclérose en plaques.

✪ **Autres effets bénéfiques.** Trouvée en concentration dans les cellules du système digestif, la glutamine peut aider à guérir les ulcères et apaiser le syndrome du côlon irritable et la diverticulite. En stimulant la production de certains récepteurs cérébraux, la taurine pourrait contribuer au traitement de l'épilepsie. Elle pourrait prévenir la formation des calculs biliaires. Les diabétiques pourraient aussi bénéficier de la taurine parce qu'elle favorise l'utilisation de l'insuline par l'organisme. La carnitine nourrit les muscles en leur permettant de transformer le gras en énergie. Le tryptophane aide à régler les troubles du sommeil et la dépression.

Comment les prendre

✅ **Doses.** Si vous prenez un acide aminé individuel pendant plus de 1 mois, prenez aussi un complexe d'acides aminés. Il s'agit d'un supplément contenant divers acides aminés ; vous absorbez ainsi des quantités équilibrées de tous les acides aminés.

◉ **Conseils d'utilisation.** Les suppléments d'acides aminés sont plus efficaces lorsqu'ils ne font pas concurrence aux acides aminés contenus dans les aliments riches en protéines. Prenez-les de préférence au lever et au coucher.

À moins qu'un médecin ne l'ait prescrit, vous ne devriez pas prendre un acide aminé individuel pendant plus de 3 mois. Si vous en prenez, prenez le complexe d'acides aminés l'estomac vide et à un autre moment de la journée que l'acide aminé individuel.

Effets secondaires possibles

Aux doses recommandées, les acides aminés n'ont pas d'effets secondaires. À haute dose, certains d'entre eux peuvent cependant provoquer nausées, vomissements ou diarrhée.

Acidophilus et autres ferments lactiques

Qu'il s'agisse d'acidophilus, de bifidus ou d'autres souches, les ferments lactiques vivants possèdent des propriétés biologiques remarquables, dites probiotiques, qui vont bien au-delà de leur rôle sur la microflore intestinale.

Indications

■ Traitement des dysfonctionnements intestinaux chroniques (colopathie fonctionnelle, diarrhée, constipation) et du syndrome du côlon irritable.

■ Diminution des mycoses vaginales.

Présentation

■ Forme liquide
■ Comprimés
■ Gélules
■ Poudre
■ Suppositoires
■ Douche vaginale

ATTENTION

Si vous suivez un traitement médical, consultez votre médecin avant de prendre des suppléments.

La chaleur détruisant les ferments lactiques, c'est pourquoi les fabricants de yogourt ajoutent des ferments actifs après la pasteurisation.

Qu'est-ce que c'est ?

Près de 500 espèces de bactéries sont naturellement présentes dans le système digestif, dont elles constituent la flore intestinale. Parmi celles-ci, deux souches ont une action particulièrement bénéfique : Lactobacillus acidophilus, et Bifidobacterium, ou bifidus.

Ces bactéries probiotiques maintiennent l'équilibre des bactéries utiles à la santé dans les intestins et agissent comme des antibiotiques en détruisant les microbes dangereux.

La médecine populaire utilise depuis des centaines d'années le yogourt, principale source d'acidophilus, comme remède. Déterminer le pourcentage d'acidophilus présent dans le yogourt reste difficile. Si vous prenez des suppléments, lisez les étiquettes avec soin : un conditionnement thérapeutique doit contenir au moins 1 milliard d'organismes par comprimé ; des doses plus faibles risquent d'être inefficaces. L'acidophilus est parvois vendu en combinaison avec le bifidus ou d'autres ingrédients bactériophiles appelés fructo-oligosaccharides.

Leur rôle dans l'organisme

Non seulement ces bactéries lactiques favorisent le développement équilibré dans l'intestin d'une flore efficace, mais elles ont la capacité de s'opposer au développement de micro-organismes pathogènes.

Elles aident aussi à lutter contre différents types de diarrhées. De nombreuses études ont en effet montré que la prise de ferments lactiques vivants (sous forme de yogourts ou de suppléments) avait une réelle action sur l'apparition ou la durée des diarrhées chez l'enfant et le voyageur, ainsi que celles qui sont dues à la prise d'antibiotiques.

✪ **Principaux effets bénéfiques.** Certaines études ont montré qu'un apport oral ou vaginal sous forme de suppositoire ou de douche d'acidophilus aurait un effet préventif contre la candidose et peut être bénéfique en adjuvant d'un traitement antibiotique.

De fait, l'acidophilus et les différents ferments lactiques créent un environnement inhospitalier pour les colibacilles Escherichia coli, ainsi que pour les salmonelles, streptocoques et de nombreuses autres souches de bactéries dangereuses. Ils permettent ainsi de prévenir ou de traiter différents troubles digestifs, ainsi que les mycoses vaginales causées par Candida albicans. C'est une propriété particulièrement appréciable lors de traitements antibiotiques, qui détruisent la flore intestinale et favorisent le développement de levures.

✜ **Autres effets bénéfiques.** L'acidophilus peut faire diminuer les symptômes du syndrome du côlon irritable, inflammation chronique des intestins. Associé à un régime riche en fibres, l'acidophilus contribue à la bonne santé générale du côlon. L'acidophilus peut aussi contrôler la diarrhée due au syndrome du côlon irritable et régénérer la flore intestinale, microorganismes éliminés par les diarrhées.

Administré à des patients en convalescence d'une chirurgie d'un cancer de la vessie, l'acidophilus a révélé des propriétés préventives des tumeurs récurrentes. L'acidophilus empêcherait la production de substances carcinogènes par les bactéries au cours de l'assimilation des aliments. L'acidophilus semble également avoir des propriétés hypocholestérolémiantes en absorbant le cholestérol dans les intestins.

Comment le prendre

⊘ **Doses.** *Pour une douche vaginale*, mélangez 2 c. à thé de poudre d'acidophilus et de bifidus dans 1 litre d'eau chaude ; utilisez 2 fois par jour pendant 10 jours si nécessaire pour repeupler la flore bactérienne. *Pour améliorer le fonctionnement intestinal*, mélangez la poudre d'acidophilus et de bifidus à de l'eau et buvez ; conformez-vous aux indications de l'étiquette pour le dosage. Sous forme de gélules, prenez-en une ou deux, dosées à 1 milliard de bactéries au minimum, de 1 à 3 fois par jour. Sous les autres formes, suivez les indications.

◉ **Conseils d'utilisation.** La douche vaginale est recommandée contre les candidoses ou lors d'un traitement antibiotique. Si vous prenez des ferments lactiques par voie orale, absorbez-les de préférence 30 min à 1 h avant le repas. Si vous êtes sous traitement antibiotique, ne prenez pas les ferments lactiques aux mêmes heures que ces médicaments. Continuez à prendre l'acidophilus même après la fin du traitement antibiotique.

Effets secondaires possibles

Absorbé à haute dose, l'acidophilus peut déclencher des diarrhées et d'autres difficultés gastro-intestinales. Trop de douches vaginales risquent d'irriter le vagin.

Ail

Allium sativum

Plante à la fois alimentaire, condimentaire et médicinale, l'ail a longtemps été jugé fortifiant et considéré comme une panacée. Les recherches actuelles portent sur les effets bénéfiques de l'ail contre les maladies cardiovasculaires et le cancer, dont il réduirait les risques.

Indications

- *Pour abaisser le taux de cholestérol.*
- *Pour fluidifier le sang.*
- *Contre les infections bactériennes et fongiques.*
- *Pour stimuler les défenses immunitaires.*
- *Prévention de certains cancers.*

Présentation

- Bulbe frais
- Capsules molles
- Comprimés
- Extrait (forme liquide)
- Gélules
- Huile essentielle
- Poudre

Qu'est-ce que c'est ?

L'ail appartient à une espèce voisine de l'oignon, de l'échalote et des autres végétaux du genre *Allium*. Il est apprécié depuis des milliers d'années pour ses vertus médicinales. Les ouvriers des pyramides d'Égypte en prenaient pour augmenter leur force. Au Moyen Âge, on le croyait capable de protéger contre la peste. Au XIXe siècle, Louis Pasteur découvrit ses propriétés antibactériennes et, pendant la Première Guerre mondiale, les médecins l'utilisèrent sur le front pour soigner certaines blessures.

Son rôle dans l'organisme

Les composés actifs de l'ail sont surtout concentrés dans le bulbe. Il s'agit pour l'essentiel de composés soufrés dont le plus important, l'alliine, se transforme rapidement en allicine lorsque l'on coupe ou écrase le bulbe. L'allicine, qui donne à l'ail son odeur, se transforme à son tour presque instantanément en d'autres substances telles que l'ajoène et l'allylcystéine, auxquelles on doit la plupart des propriétés pharmacologiques de l'ail. La cuisson empêche la formation de l'allicine et élimine certains des autres éléments chimiques thérapeutiques.

Action préventive. L'utilisation généreuse de l'ail dans la cuisine méditerranéenne expliquerait en partie la faible incidence de l'athérosclérose (durcissement des artères) dans des pays comme l'Espagne et l'Italie. Plusieurs études montrent que l'ail contribue, de différentes manières, à prévenir les maladies cardiovasculaires. Il freine notamment l'agrégation des plaquettes (les cellules impliquées dans la coagulation du sang) et leur dépôt sur les parois des artères, réduisant ainsi le risque de formation de caillots. De plus, il est établi que l'ail dissout les protéines associées à la formation de caillots et qui interviennent dans le développement de la plaque d'athérome. L'ail contribue aussi à faire légèrement baisser la tension artérielle, principalement grâce à ses facultés de dilatation des vaisseaux sanguins. Les résultats de travaux récents portant sur les effets de suppléments d'ail sur le cholestérol ne sont pas tous probants,

Les suppléments d'ail se présentent sous différentes formes : gélules (à gauche) capsules molles (à droite).

mais l'ail semble agir sur le métabolisme du cholestérol au niveau du foie, ce dernier libérant moins de cholestérol dans le sang.

✳ **Effets bénéfiques.** L'ail pourrait participer à la prévention de certains cancers de l'appareil digestif ainsi que des cancers du sein et de la prostate. On ne sait pas précisément comment il agit : différents processus pourraient être impliqués, notamment l'augmentation du taux d'enzymes inhibant le déclenchement de la maladie. L'ail réduirait également la formation des nitrites responsables du cancer de l'estomac et stimulerait le système immunitaire. Il possède en outre des propriétés antioxydantes et sait neutraliser les radicaux libres.

L'ail semble aussi être efficace contre les agents infectieux tels que virus ou bactéries, car l'allicine bloque la production des enzymes permettant à ces micro-organismes d'envahir et de léser les tissus. Cette plante, enfin, inhibe l'action des champignons responsables du pied d'athlète et de l'otite des piscines.

Comment le prendre

🖉 **Doses.** *Pour un effet sur l'état général, contre les rhumes et la grippe, ou en cas d'hypercholestérolémie* : comme la composition des suppléments varie et change avec le temps, il faut rechercher les suppléments qui fournissent au moins 2 mg d'allicine par jour, soit 3 à 4 gélules de 500 mg par jour (1 500-2 000 mg au total). E*n usage externe*, appliquez un peu d'huile essentielle sur la région concernée, 2 ou 3 fois par jour. Certaines affections de la peau comme les verrues, ou même les piqûres d'insectes, sont soulagées par l'application d'huile essentielle, voire d'une gousse d'ail écrasée.

◉ **Conseils d'utilisation.** L'ail peut être consommé sans limitation de durée. Si vous utilisez des suppléments d'ail pour faire baisser votre taux de cholestérol, sachez qu'il faut parfois plusieurs semaines de traitement avant d'observer un résultat.

Effets secondaires possibles

À haute dose, l'ail provoque chez certaines personnes des troubles de la digestion, des gaz intestinaux ou des diarrhées. De rares éruptions cutanées ont aussi été signalées. Durant l'allaitement, l'ail confère au lait maternel un goût et une odeur que le bébé n'apprécie pas toujours.

Pour bénéficier de tous les bienfaits de l'ail frais, il vaut mieux le consommer cru.

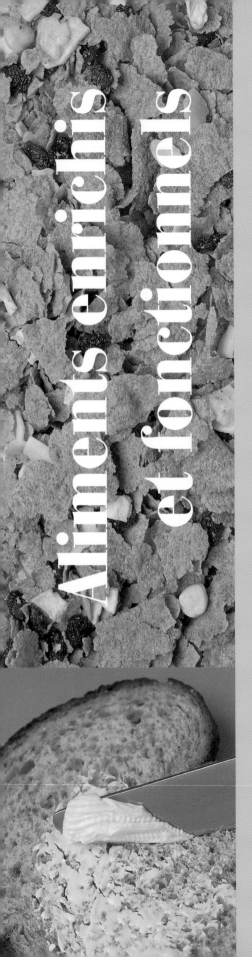

Aliments enrichis et fonctionnels

Les aliments enrichis et les aliments « fonctionnels » connaissent une popularité croissante. Les Canadiens s'intéressent à ce qui peut améliorer leur qualité de vie. Mais comme il est possible d'abuser des bonnes choses, des lois et des règlements encadrent l'ajout des vitamines et des minéraux dans les aliments et les allégations que l'on peut faire sur les aliments.

LES ALIMENTS ENRICHIS

Les aliments enrichis sont ceux auxquels on ajoute des vitamines ou des minéraux pour remplacer les éléments nutritifs qu'ils perdent en cours de transformation ou encore pour qu'ils aient une valeur nutritive équivalente aux aliments qu'ils remplacent. Par exemple, on enrichit le pain blanc et les céréales raffinées. Le lait de soya est enrichi de sorte que sa composition ressemble au lait de vache qu'il remplace.

Au Canada, l'enrichissement du lait en vitamine D a fait pratiquement disparaître les malformations osseuses dues au rachitisme chez les enfants. Le goitre endémique, une anomalie de la glande thyroïde, n'existe presque plus depuis que l'iodation du sel de table est obligatoire.

Les vitamines et minéraux ajoutés à des aliments doivent tous être indiqués dans la liste des ingrédients, et les quantités présentes dans l'aliment doivent être précisées, habituellement dans le tableau d'information nutritionnelle.

LES ALIMENTS FONCTIONNELS

Les aliments fonctionnels sont semblables aux aliments courants et font partie de l'alimentation normale. Ils apportent toutefois des effets bénéfiques sur la santé ou permettent de réduire le risque de maladies chroniques. L'ail, le thé vert, le soya, les graines de lin, les céréales complètes, les crucifères (brocoli, chou-fleur, choux de Bruxelles, chou vert), les agrumes (orange, pamplemousse, citron, tangerine) sont tous des aliments fonctionnels. Leurs effets protecteurs dans la prévention des maladies cardiovasculaires et de certains cancers sont scientifiquement prouvés. L'industrie alimentaire s'y intéresse de plus en plus, et on trouve maintenant sur le marché certains jus choisis en fonction de leur teneur élevée en nutriments.

Les aliments fonctionnels sont considérés comme des aliments et non comme des médicaments : la loi interdit donc de mentionner sur les étiquettes leurs propriétés préventives ou curatives.

UNE CONSOMMATION RÉGULIÈRE

Ces aliments doivent être consommés régulièrement pour être efficaces, d'autant plus qu'ils ne représentent qu'une fraction de l'alimentation et que les enrichissements sont faits à doses physiologiques et non thérapeutiques.

LES PROBIOTIQUES ET LES PRÉBIOTIQUES

Les probiotiques sont des suppléments alimentaires vivants qui améliorent l'équilibre de la flore intestinale. Ils se présentent sous forme de yogourts, laits fermentés et fromage frais ensemencés avec des bifidobactéries (bifidus) et des lactobacilles (acidophilus) vivants. On les retrouve aussi en capsules et en poudre. Pour être efficaces, ils doivent être ingérés chaque jour afin que leur effet salutaire sur la flore intestinale ne soit pas interrompu.

L'intestin renferme des milliards de bactéries aux rôles essentiels : bon fonctionnement digestif, processus immunitaires, protection contre les substances cancérigènes présentes dans le côlon, synthèse de certaines vitamines. Elles s'opposent aussi à la colonisation de l'intestin par des bactéries pathogènes, qui prolifèrent au détriment des bonnes bactéries à cause du stress, de certains médicaments comme les antibiotiques ou de déséquilibres alimentaires. L'équilibre de la flore intestinale peut donc être amélioré par la prise de probiotiques.

Les prébiotiques, utiles au bon fonctionnement de l'intestin, sont des oligo-fructo-saccharides (OFS) et autres fibres, qui traversent la première partie du système digestif sans être digérés et parviennent intacts jusqu'au gros intestin. Ils sont alors utilisés comme nutriments par les bactéries, y compris celles qui proviennent des probiotiques, ce qui permet à ces bonnes bactéries d'être encore plus bénéfiques pour l'organisme. On les trouve dans les fruits et les légumes, les céréales complètes, les graines de lin et aussi sous forme de capsules que l'on peut prendre comme suppléments.

LES PHYTO-ŒSTROGÈNES

Les isoflavones, les plus actifs des phyto-œstrogènes présents dans les aliments *(voir p. 137)*, pourraient, en apport élevé, diminuer les risques de maladies coronariennes et de certains cancers (sein, prostate, intestin...). Ils contribueraient aussi à réduire les symptômes de la ménopause et les risques d'ostéoporose. Le tofu, le lait de soya et les protéines de soya texturisées contiennent des isoflavones.

L'ACIDE FOLIQUE

Un déficit en acide folique (ou folates) pourrait avoir une incidence sur le cancer du côlon ou la maladie d'Alzheimer et augmenter les risques de maladies cardiovasculaires en élevant le taux sanguin d'homocystéine.

Au Canada, le pain et les céréales sont couramment enrichis en acide folique dans le but de diminuer la fréquence de ces maladies, mais aussi de prévenir le spina-bifida chez le fœtus (malformation relativement fréquente).

LES HUILES DE POISSON

Les huiles de poisson contenant des acides gras essentiels (AGE) oméga-3 réduisent l'incidence des maladies cardiovasculaires et les risques de décès dus à une crise cardiaque. Pourtant, les apports en AGE oméga-3 sont encore très inférieurs aux apports recommandés. L'industrie propose depuis peu des œufs « oméga-3 ». Ceci a été rendu possible en introduisant des graines de lin dans le régime des poules.

LE CAPITAL OSSEUX

Le calcium et la vitamine D sont indispensables à la santé des os. On trouve dans le commerce du lait et des yogourts enrichis en vitamine D et en calcium ainsi que du jus d'orange enrichi en calcium.

Aloe vera

Aloe vera
A. barbadensis
A. vulgaris

Indications

En application externe

- Soigne les coups de soleil, les brûlures, coupures et éraflures légères, les piqûres d'insectes, les engelures et les lésions bénignes de la peau.

- Calme les démangeaisons.

Par voie orale

- Combat la dyspepsie et d'autres affections digestives.

Présentation

- Crème, gel
- Plante fraîche
- Jus
- Gélules
- Capsules molles

ATTENTION

■ Ne pas confondre le gel d'aloe vera, provenant de la pulpe des feuilles de l'aloès, avec la résine extraite du suc de la plante, laquelle peut provoquer des diarrhées graves et des troubles rénaux et cardiaques en usage prolongé. La résine est contre-indiquée pour les femmes enceintes ou qui allaitent.

Si vous suivez un traitement médical, consultez votre médecin avant de prendre des suppléments.

L'Égypte ancienne connaissait déjà les vertus de l'aloès. Le gel apaisant extrait de ses feuilles a toujours servi, depuis l'Antiquité, à soigner les brûlures ou les blessures sans gravité et, consommé sous forme de jus, à apaiser les troubles digestifs.

Qu'est-ce que c'est ?

Plante grasse de la famille des liliacées, l'aloès *Aloe vera* est originaire d'Afrique. Il y pousse encore à l'état sauvage dans certaines contrées. Il est maintenant cultivé aux Antilles, dans les pays méditerranéens, au Japon et en Amérique du Nord. L'aloès possède des feuilles charnues à suc visqueux, fournissant le gel d'aloe vera, introduit dans différents produits diététiques et cosmétiques. Composé d'eau, d'acides aminés et de polysaccharides, ainsi que de faibles quantités de stérols, de lipides et d'enzymes, ce gel était traditionnellement employé en usage externe contre les problèmes de peau.

Son rôle dans l'organisme

Riche en substances anti-inflammatoires, le gel d'aloe vera contient un composé glucidique aux propriétés émollientes, l'acémannane, ainsi qu'une enzyme, la bradykinase – qui réduit la douleur et le gonflement – et divers composants antiprurigineux. Selon certaines recherches, ce gel pourrait détruire divers virus, bactéries et champignons, ou du moins empêcher leur propagation.

La feuille grasse de l'aloès produit un gel permettant de préparer du jus.

Principaux effets bénéfiques. Le gel d'aloe vera appliqué sur de petites lésions cutanées donne en général d'excellents résultats. Il favorise aussi la cicatrisation des brûlures légères et des coups de soleil, de même qu'il calme la douleur et atténue les démangeaisons liées au zona. Le gel forme également une barrière protectrice sur les lésions, qu'il protège de la déshydratation et des contaminations. On le dit capable d'accélérer la régénération de l'épiderme et de soulager les engelures bénignes. Efficace contre les petites coupures et écorchures, l'aloe vera n'est cependant pas recommandé dans le cas de blessures infectées plus sérieuses.

Autres effets bénéfiques. Le gel d'aloe vera sert à préparer un jus que l'on boit pour lutter contre les troubles digestifs et la dyspepsie. Les recherches sont cependant insuffisantes pour prouver son efficacité sous cette forme. Déshydraté, il est proposé en gélules. Un laboratoire pharmaceutique expérimente actuellement aux États-Unis un dérivé de l'aloe vera pour le traitement de la colite ulcéreuse, forme courante d'entérocolite. D'autres études sont également en cours pour explorer les possibilités d'utiliser l'aloe vera dans le traitement du diabète. On travaille aussi sur ses éventuelles propriétés antivirales et immunostimulantes, dans le cas en particulier de personnes atteintes du sida.

Comment le prendre

Doses. E*n usage externe*, appliquez généreusement le gel ou la crème à l'aloe vera sur la lésion cutanée, selon les besoins. E*n usage interne*, prenez de 100 à 150 ml de jus d'aloe vera 3 fois par jour, ou 1 ou 2 gélules, selon les indications portées sur le conditionnement.

Conseils d'utilisation. L'*application locale* du gel d'aloe vera peut être répétée à volonté, en particulier dans le cas de brûlures. Massez-en simplement la région atteinte, laissez sécher et renouvelez aussi souvent que nécessaire. E*n usage interne*, buvez le jus de la plante de préférence entre les repas. Les gélules peuvent se prendre pendant ou entre les repas.

Attention : la résine d'aloe vera, extraite du suc de la plante, est un laxatif puissant, à utiliser avec prudence et uniquement sur prescription médicale.

Effets secondaires possibles

L'application locale est sans danger. En cas d'éruption ou de démangeaisons (rares), cessez l'utilisation. Le jus d'aloe vera, s'il a été extrait sans précaution, peut parfois contenir un peu des composants laxatifs présents dans la résine. Si vous constatez l'apparition de crampes, de diarrhées ou de selles molles après avoir pris du jus, cessez aussitôt d'en boire et remplacez-le par un autre produit. Par précaution, ne prenez jamais de jus d'aloe vera si vous êtes enceinte ou si vous allaitez.

BIEN CHOISIR

■ Si vous achetez un produit à l'aloe vera, vérifiez que ce composant arrive en tête des ingrédients. Les crèmes et pommades doivent contenir au moins 20 % d'aloe vera. Pour un usage interne, choisissez une boisson composée à 98 % de pur jus d'aloe vera, et, si possible, garantie sans aloïne ni émodine (les composants actifs de la résine d'aloe vera).

■ Cherchez le sceau de l'IASC (International Aloe Science Council) sur les produits comme le jus : il certifie que les ingrédients sont naturels et ont été traités selon certaines normes de qualité.

QUOI DE NEUF ?

Le traitement du psoriasis (inflammation de la peau) par le gel d'aloe vera constitue un nouveau champ de recherche. Une étude faite sur 60 patients atteints depuis longtemps a montré que l'application de gel d'aloe vera sur les lésions 3 fois par jour pendant 8 mois entraînait une amélioration probante dans 83 % des cas, contre 6 % seulement dans le groupe traité par un placebo.

LE SAVIEZ-VOUS ?

Les bains à l'aloe vera sont particulièrement efficaces contre les brûlures des coups de soleil. Ajoutez environ 250 ml de jus à un bain d'eau tiède.

Antioxydants

Les antioxydants sont des composants des aliments utilisés par l'organisme pour se protéger des radicaux libres – molécules produites normalement lors du métabolisme, mais qui peuvent se multiplier de manière incontrôlable dans certaines circonstances.

LES RAVAGES DES RADICAUX LIBRES

Hautement instables, les radicaux libres se propagent rapidement vers les molécules voisines, déclenchant un processus nommé oxydation, aux conséquences parfois dangereuses pour l'organisme.

☐ Si les radicaux libres oxydent l'ADN (code génétique de l'organisme) dans le noyau d'une cellule, il peut se produire une mutation cellulaire, susceptible d'initier un cancer.

☐ L'oxydation du cholestérol dans le sang peut entraîner la formation dans les artères de dépôts de graisse, à l'origine de maladies cardiaques ou d'accidents cérébrovasculaires.

☐ Les radicaux libres en excès sont également impliqués dans la cataracte, les déficiences immunitaires, l'arthrite et le vieillissement cellulaire prématuré ; leur rôle dans ces maladies fait l'objet de recherches intensives.

LE RÔLE DES ANTIOXYDANTS

L'organisme produit ses propres antioxydants, qui neutralisent les effets des radicaux libres, mais les vitamines, les minéraux et les composés, dits phytonutriments, présents dans les aliments végétaux apportent un complément précieux pour la santé. Le tableau ci-contre établit la liste des vitamines et minéraux antioxydants ainsi que leurs sources alimentaires, et présente les apports nutritionnels recommandés, ou ANR (voir p. 17). Les doses recommandées peuvent être augmentées en cas de maladie.

☐ Les suppléments associant multivitamines et minéraux fournissent en général suffisamment d'antioxydants minéraux, mais des apports supplémentaires en vitamines C et E pourront s'avérer utiles pour obtenir une efficacité optimale.

☐ Des extraits antioxydants provenant de végétaux peuvent être utilisés comme suppléments. Selon certaines études, l'extrait de thé vert ou de pépins de raisin ainsi que différents flavonoïdes, telle la rutine, pourraient réduire les risques de cancer et de maladie cardiaque.

☐ Certains phytonutriments ont une action privilégiée sur des tissus ou des organes spécifiques. Ainsi, les extraits de myrtille, riches en anthocyanosides (pigments flavonoïdes), améliorent l'état de la rétine ; les antioxydants des extraits de ginseng agissent sur la circulation cérébrale...

VITAMINES ET MINÉRAUX ANTIOXYDANTS

VITAMINES	EFFETS ANTIOXYDANTS	SOURCES ALIMENTAIRES	APPORT NUTRITIONNEL RECOMMANDÉ (ANR) PAR JOUR		APPORT MAXIMAL TOLÉRABLE * (AMT) PAR JOUR
			Hommes	Femmes	
Vitamine A (sous forme de rétinol ou de caroténoïdes)	Un régime alimentaire riche en caroténoïdes (que l'organisme transforme partiellement en vitamine A) atténuerait le risque de certains cancers. Des études suggèrent que deux caroténoïdes, la lutéine et la zéaxanthine, protégeraient de la dégénérescence maculaire liée au vieillissement, cause fréquente de cécité.	**Rétinol :** aliments animaux tels que foie, jaune d'œuf, poisson gras, beurre, lait, fromage. **Caroténoïdes :** légumes et fruits bien colorés tels que carottes, brocoli, légumes à feuilles vert foncé, poivron rouge, courge, citrouille, mangue, melon, abricots secs.	900 µg	700 µg	3 000 µg
Vitamine C	Neutralise les radicaux libres et régénère le potentiel antioxydant de la vitamine E après sa réaction avec les radicaux libres.	Agrumes, kiwis, fraises, brocoli, choux de Bruxelles, cantaloup, poivrons vert et rouge, légumes verts à feuilles, pommes de terre nouvelles.	90 mg	75 mg	2 000 mg
Vitamine E	Aide à prévenir l'oxydation par les radicaux libres des acides gras polyinsaturés des membranes cellulaires. Plus vous consommez d'acides gras polyinsaturés, plus vous avez besoin de vitamine E pour les protéger de cette oxydation.	Huiles végétales, margarine végétale, noisettes, amandes, germes de blé, légumes verts à feuilles, avocat, poissons gras.	15 mg	15 mg	1 000 mg
MINÉRAUX					
Cuivre	Présent dans beaucoup d'enzymes protégeant des dégradations dues aux radicaux libres ; nécessaire à la croissance des os, à la formation du tissu conjonctif et à l'assimilation du fer.	Foie, coquillages, crustacés, cacao, noix, graines, champignons et céréales complètes.	900 µg	900 µg	10 000 µg
Manganèse	Présent dans de nombreuses enzymes permettant de lutter contre les dégradations dues aux excès de radicaux libres.	Noix, riz complet, pain complet, légumineuses et céréales complètes ; la richesse des plantes en manganèse dépend de la teneur en manganèse du sol où elles poussent.	2,3 mg	1,8 mg	11 mg
Sélénium	Présent dans l'enzyme qui protège l'ADN contre les dégradations dues aux radicaux libres. Sa déficience accroît les risques de cancer de la prostate.	Noix du Brésil, viande et abats, algues, poisson et fruits de mer, champignons, ail ; avocat, céréales complètes et légumineuses contiennent du sélénium, mais la teneur dépend de celle du sol où ils poussent.	55 µg	55 µg	400 µg
Zinc	Présent dans de nombreuses enzymes permettant de lutter contre les dégradations dues aux excès de radicaux libres.	Fruits de mer (en particulier les huîtres), viande, volaille, germes de blé, céréales complètes, noix, noisettes, œufs et produits laitiers.	11 mg	8 mg	40 mg

* L'apport maximal tolérable (AMT) représente l'apport nutritionnel provenant des aliments, de l'eau et des suppléments.

Astragale

Astragalus membranaceus

Indications

- *Renforcement immunitaire.*
- *Pour combattre les infections respiratoires.*
- *Soutien du système immunitaire chez les personnes traitées pour le cancer.*

Présentation

- Comprimé
- Capsule
- Teinture
- Herbe séchée / tisane

Depuis plus de 2 000 ans, la médecine traditionnelle chinoise utilise l'astragale ; elle équilibre, croit-on, l'énergie et la vitalité. En raison de son effet puissant sur le système immunitaire, cette plante médicinale serait particulièrement efficace pour combattre la maladie.

Qu'est-ce que c'est ?

L'astragale renferme divers composés qui stimulent le système immunitaire. En Chine, cette plante indigène sert depuis longtemps à traiter la maladie et à la prévenir. Du point de vue de la botanique, l'astragale est proche de la réglisse et du pois. Même si ses fleurs jaune pâle au parfum sucré et sa structure délicate lui confèrent une apparence de fragilité, la plante est très rustique. En médecine, sa partie la plus importante reste la racine. On la récolte lorsqu'elle atteint quatre à sept ans. Ses racines jaune pâle, plates, ressemblent à des abaisse-langues. (Son nom chinois, *huang qi*, signifie « chef jaune », ce qui témoigne autant de sa couleur que de son importance thérapeutique.) Elles sont riches en substances toniques dont les polysaccharides, une catégorie de glucides qui semblent responsables de l'effet stimulant sur le système immunitaire.

Son rôle dans l'organisme

Tonique au sens véritable du mot, l'astragale semble améliorer la santé en stimulant la résistance à la maladie, en accroissant l'énergie et la vitalité et en favorisant le bien-être général. Elle agit également comme antioxydant, en aidant l'organisme à corriger ou à prévenir les dommages causés par les radicaux libres. Elle pourrait avoir des propriétés antivirales et antibiotiques. Elle présente l'avantage de ne pas interagir avec la médication conventionnelle et de ne pas affecter les traitements.

☼ **Principaux effets bénéfiques.** Cette plante médicinale est particulièrement efficace pour guérir les rhumes, les grippes, les bronchites et les infections des sinus, parce qu'elle empêche les virus de s'installer dans le système respiratoire. Comme l'échinacée, l'astragale peut détruire les germes dès les premiers symptômes. Si la maladie se manifeste tout de même, l'astragale peut en raccourcir la durée et la gravité. Les personnes qui sont plus sensibles aux maladies respiratoires de-

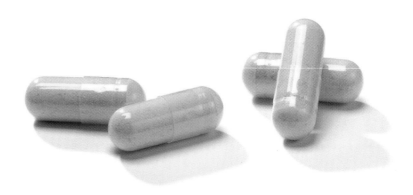

vraient penser à prendre régulièrement de l'astragale pour en prévenir la récurrence. Il semblerait qu'elle aide aussi à minimiser les effets du stress sur la santé.

✳ **Autres effets bénéfiques.** En Chine, pour rebâtir le système immunitaire des personnes en radiothérapie ou en chimiothérapie, on se sert abondamment de l'astragale. Cette habitude gagne en popularité en Occident aussi : cependant, ici, on ne l'utilise qu'après le traitement. Cette plante a aussi une propriété particulière : elle induit la production de lymphocytes T, de macrophages, de cellules tueuses, d'interférons et d'autres cellules immunitaires. L'astragale pourrait aussi protéger la moelle osseuse contre les effets immunosuppressants de la chimiothérapie, de la radiothérapie, des toxines et des virus.

En outre, l'astragale dilate les vaisseaux sanguins et accroît le flux sanguin, ce qui la rend utile pour atténuer la transpiration excessive (comme celle des suées nocturnes) et abaisser la tension artérielle. La recherche a également démontré son effet bénéfique pour le cœur.

Comment la prendre

▱ **Doses.** *Pour fortifier le système immunitaire* : prendre 200 mg d'astragale 1 ou 2 fois par jour pendant 3 semaines et puis alterner, par périodes de 3 semaines, avec l'échinacée et la griffe-du-chat.

◉ **Conseils d'utilisation.** On peut prendre l'astragale à n'importe quel moment de la journée, avant, pendant ou après les repas.

Effets secondaires possibles

Cette plante a un effet diurétique ; c'est son seul effet secondaire, les études n'en ont pas rapporté d'autres.

Pour la préparation en capsules, on fait sécher la racine de l'astragale.

Aubépine

Crataegus oxyacantha

Jadis utilisée comme diurétique et dans le traitement des calculs rénaux et biliaires, cette plante est aujourd'hui l'un des remèdes les plus souvent prescrits contre les troubles cardiovasculaires en Europe. Ce sont surtout ses fleurs qui possèdent des propriétés tonicardiaques.

Indications

- Soulagement des douleurs liées à l'angine de poitrine.
- Pour baisser la tension artérielle.
- Pour aider le cœur à se contracter en cas de cardiopathie.
- Régulation du rythme du cœur en cas d'arythmie cardiaque.
- Atténuation des manifestations liées à la nervosité et traitement des troubles mineurs du sommeil.

Présentation

- Comprimés
- Gélules
- Teinture-mère
- Poudre
- Plante séchée / tisane

ATTENTION

■ Chez les personnes qui n'ont pas de cardiopathie, des doses importantes d'aubépine peuvent entraîner de l'hypotension.

■ Les patients qui prennent de la digitaline ou des anticoagulants devraient discuter avec leur médecin avant de prendre de l'aubépine.

Si vous suivez un traitement médical, consultez votre médecin avant de prendre des suppléments.

Qu'est-ce que c'est ?

Pendant des siècles, l'aubépine, un arbuste pouvant atteindre 9 m de haut, a été taillée pour former des haies destinées à délimiter des champs ou des jardins. Elle présente en effet le double avantage d'être décorative et de décourager les indiscrets car, si elle produit de jolies fleurs blanches et des baies rouge vif, elle possède aussi de longues épines. On dit d'ailleurs que la couronne d'épines que le Christ portait lorsqu'il fut crucifié avait été tressée avec des branches d'aubépine. La plante est parfois surnommée épine blanche ou épine de mai.

Les vertus protectrices de l'aubépine pour le cœur étaient connues de nombreux peuples anciens, des Grecs aux Indiens d'Amérique, qui considéraient la plante comme un puissant tonicardiaque. Mais son utilisation médicamenteuse comme modérateur de l'éréthisme cardiaque (c'est-à-dire régulateur du rythme du cœur) ne date que de la fin du XIXe siècle.

Son rôle dans l'organisme

L'aubépine est utilisée traditionnellement pour soulager différents problèmes cardiovasculaires car elle exerce une action bénéfique directe sur le fonctionnement du cœur et des artères. Elle favorise la dilatation des vaisseaux sanguins, stimule les contractions du cœur et accroît ses apports énergétiques. Ces effets, légers mais néanmoins précieux, sont vraisemblablement dus à la forte teneur de cette plante en flavonoïdes, notamment en oligomères-proanthocyanidiques (OPC), qui sont de puissants antioxydants.

Les suppléments d'aubépine sont fabriqués à partir des feuilles et des fleurs de la plante, de ses baies rouges ou des trois à la fois.

Principaux effets bénéfiques. L'aubépine dilate les artères en entravant la production de l'enzyme appelée ACE (enzyme de conversion de l'angiotensine), qui rétrécit les vaisseaux. Il en résulte une amélioration de la circulation artérielle qui fait de cette plante un bon remède contre l'angine de poitrine. Sachant qu'un rétrécissement chronique des artères est également un facteur d'hypertension (car le cœur doit travailler davantage pour faire circuler le sang à travers des vaisseaux rigides), l'aubépine peut se révéler efficace aussi contre les hypertensions légères.

L'aubépine exercerait également une action inhibante sur les enzymes qui affaiblissent le muscle cardiaque, renforçant ainsi sa force de contraction. Elle est donc particulièrement recommandée aux malades atteints de troubles cardiaques modérés qui n'ont pas besoin de médicaments plus puissants, comme la digitaline. Les vertus antioxydantes de l'aubépine contribuent en outre à protéger les artères coronaires des dommages liés à la formation de la plaque d'athérome.

Autres effets bénéfiques. L'aubépine est également employée depuis fort longtemps pour soigner d'autres affections. Elle exerce notamment une action sédative qui permet de combattre les troubles du sommeil. De nombreux chercheurs ont par ailleurs observé que cette plante préservait le collagène (la protéine constituant le tissu conjonctif), souvent endommagé dans des maladies comme l'arthrite.

Comment la prendre ?

Doses. Selon la nature des troubles cardiovasculaires, on recommande une dose quotidienne comprise entre 300 et 450 mg d'extrait (gélules ou comprimés), ou de 1 à 3 c. à thé (5 à 15 ml) de teinture-mère. Si vous présentez un risque de maladie cardiovasculaire, vous pouvez prendre quotidiennement, à titre préventif, entre 100 et 150 mg d'extrait d'aubépine, ou 1 c. à thé de teinture-mère. *Contre la nervosité et les troubles du sommeil*, 1 gélule ou 1 comprimé 2 ou 3 fois par jour.

Conseils d'utilisation. Si vous absorbez de fortes doses d'aubépine, vous obtiendrez de meilleurs résultats en les répartissant en 3 prises distinctes au cours de la journée. Sachez qu'il faut parfois attendre quelques mois pour que les effets bénéfiques de la plante sur l'organisme se manifestent.

Effets secondaires possibles

L'aubépine est considérée comme l'un des remèdes phytothérapiques les plus sûrs qui soient. Ses effets secondaires sont très rares (néanmoins, quelques cas de nausées, de sueurs, de fatigue et d'éruptions cutanées ont été signalés). L'aubépine peut être associée en toute sécurité aux médicaments pour le cœur, amenant même parfois à diminuer les doses de ces produits. Consultez toutefois votre médecin avant de prendre de l'aubépine et n'interrompez ou ne modifiez jamais le traitement qu'il vous a prescrit sans son accord.

BIEN CHOISIR

Achetez de préférence des extraits d'aubépine qui précisent le taux de vitexine (ou vitexine-2-rhamnoside), principal constituant actif de la plante pour le cœur. Le taux de vitexine devrait être d'au moins 1,8 %.

QUOI DE NEUF ?

Une étude de 8 semaines menée en Allemagne sur 136 personnes souffrant de troubles cardiovasculaires légers a montré que les sujets ayant pris de l'extrait d'aubépine étaient moins essoufflés, avaient les chevilles moins enflées et étaient plus performants physiquement que ceux qui avaient absorbé un placebo. Des examens cliniques et des analyses effectuées en laboratoire ont ensuite confirmé que l'état du premier groupe s'était amélioré, tandis que celui du second s'était dégradé.

LE SAVIEZ-VOUS ?

Dans la mythologie scandinave, l'aubépine avait la réputation de protéger de la foudre et des esprits malins. En revanche, introduire des fleurs d'aubépine dans une maison était supposé porter malheur.

Biotine et acide pantothénique

Ces deux vitamines du groupe B ont un rôle vital pour la fonction métabolique. Leur carence est rare, mais les suppléments peuvent aider à compenser les déséquilibres dus à une consommation trop abondante de produits raffinés.

Indications

Biotine (ou vitamine B8 ou H)

- *Entretien des ongles et des cheveux.*

- *Permet la transformation des nutriments (glucides, lipides et protéines) en énergie dans l'organisme.*

- *Pour soigner la séborrhée du nourrisson (croûtes de lait).*

Acide pantothénique (ou vitamine B5)

- *Renforcement du système nerveux central.*

- *Permet l'utilisation par l'organisme des glucides, lipides et protéines, et est nécessaire à la synthèse des acides gras.*

- *Pour soulager migraines, syndrome de fatigue chronique, aigreurs d'estomac et allergies.*

Présentation (seules ou en association avec d'autres vitamines du complexe B)

- Comprimés
- Gélules
- Solution buvable

ATTENTION

Si vous suivez un traitement médical, consultez votre médecin avant de prendre des suppléments.

Qu'est-ce que c'est ?

De très nombreux aliments contiennent ces deux vitamines B, ce qui rend leur carence très rare. La biotine est également produite par les bactéries intestinales, mais on ignore dans quelle mesure l'organisme peut utiliser cette vitamine endogène. Les multivitamines et les complexes de vitamines B contiennent en général de la biotine et de la vitamine B5. La biotine est présente sous forme de D-biotine, la vitamine B5 sous forme de pantothénate de calcium ou de sodium, ou encore de panthénol, un dérivé qui se transforme en acide pantothénique dans l'organisme.

Leur rôle dans l'organisme

La vitamine B5 entre dans la composition de la coenzyme A, impliquée dans tous les métabolismes énergétiques (elle permet la transformation des glucides, lipides et protéines en énergie, lors de leur devenir métabolique au niveau cellulaire). La biotine (du grec *bios*, vie) permet le fonctionnement de quatre enzymes qui, dans l'organisme, jouent un rôle essentiel au niveau du métabolisme du glucose, des acides gras et de certains acides aminés. Elle intervient aussi dans la synthèse des acides gras et du cholestérol. Ces vitamines sont également nécessaires pour la transformation des glucides en graisses dans l'organisme, et pour le métabolisme du cholestérol. Enfin, comme les autres vitamines du groupe B, elles sont indispensables pour un bon fonctionnement neuro-musculaire.

⊕ **Principaux effets bénéfiques.** Ces deux vitamines favorisent l'activité cellulaire au niveau de la peau, des muqueuses, des ongles et des cheveux. C'est pour cette raison que l'on prend des suppléments de vitamine B5 et de biotine afin de renforcer les ongles fragiles et cassants, et pour aider à freiner la chute des cheveux lorsque celle-ci est due à une déficience vitaminique. Les suppléments de vitamine B5 semblent soulager le stress provoqué par les migraines, le syndrome de fatigue chronique ou encore la tension liée au sevrage du tabac. La vitamine B5 permettrait de lutter contre la dyspepsie ; elle apaiserait également la congestion nasale provoquée par certaines réactions allergiques, comme le rhume des foins.

La biotine (à gauche) et l'acide pantothénique (à droite) sont d'importantes vitamines du complexe B.

Vos besoins

L'apport suffisant (AS) pour la biotine est de 30 µg par jour pour les adultes et de 35 µg pour les femmes qui allaitent. L'apport suffisant (AS) en vitamine B5 est de 5 mg pour les adultes. Il a été fixé à 6 mg pendant la grossesse et à 7 mg pour les femmes qui allaitent : les 2 mg supplémentaires permettent de tenir compte de la vitamine B5 présente dans le lait maternel.

⊟ **En cas de carence.** Les carences pures sont en principe inexistantes. Pourtant, l'usage prolongé d'antibiotiques ou de médicaments contre l'épilepsie peut faire tomber le taux de biotine en dessous du niveau optimal.

⊞ **En cas d'excès.** Des doses élevées de vitamine B5 (jusqu'à 1 à 2 g par jour) et de biotine (jusqu'à 5 à 10 mg par jour) n'ont jamais entraîné d'effets nocifs notoires. Mais on a fait état de diarrhées consécutives à l'absorption de 10 g par jour ou plus de vitamine B5.

Comment les prendre

Pour la plupart des gens, l'alimentation comble largement les besoins en biotine et en vitamine B5. Il existe peu de données scientifiques sur les effets secondaires de ces vitamines. Une multivitamine ou un supplément de vitamines du complexe B suffira à s'assurer de leurs principaux effets bénéfiques pour les affections citées précédemment.

Sources alimentaires

Biotine : levure de bière, abats, œufs, champignons, légumineuses, viande, poisson, produits dérivés du soja, chou-fleur, céréales complètes.
Acide pantothénique : foie, viande, poisson, œufs, champignons, germes de blé, levure de bière, graines de tournesol, céréales complètes, légumineuses, produits laitiers, noix.

Le germe de blé est une source naturelle de vitamine B5.

Calcium

Connu pour son action contre l'ostéoporose, le calcium pourrait également abaisser la tension artérielle et prévenir le cancer du côlon. Malheureusement, les apports en calcium provenant de l'alimentation sont souvent insuffisants.

Indications

- Santé des os et des dents.
- Prévention de la déminéralisation osseuse (ostéomalacie) et de l'ostéoporose.
- Contraction cardiaque et musculaire, transmission de l'influx nerveux et coagulation du sang.
- Diminution possible de la tension artérielle des hypertendus et du risque de cancer du côlon et de la prostate.
- Soulagement des brûlures d'estomac.

Présentation

- Comprimés
- Gélules
- Capsules molles
- Poudre
- Solution buvable

ATTENTION

■ Si vous souffrez d'une maladie de la parathyroïde ou des reins, demandez l'avis de votre médecin avant de prendre du calcium.

■ Le calcium peut avoir des interactions avec certains médicaments, surtout avec les tétracyclines (antibiotiques), les dérivés de la digitaline (traitement des maladies cardiaques) et certains diurétiques.

Si vous suivez un traitement médical, consultez votre médecin avant de prendre des suppléments.

Qu'est-ce que c'est ?

Le corps humain contient de 1 000 à 1 200 g de calcium, dont pratiquement 99 % sont localisés dans les os et les dents (sous forme de phosphate de calcium). La faible fraction restante est présente dans l'organisme sous une forme ionisée libre, dans le sang et dans les espaces intra- et extra-cellulaires. Les apports calciques alimentaires doivent permettre, chez l'adulte, de couvrir les pertes obligatoires (les os étant en perpétuel renouvellement). Chez l'enfant et l'adolescent, il faut ajouter les besoins liés à la croissance du squelette ; et chez la femme enceinte ou qui allaite, ceux qui sont propres à son état (croissance du fœtus, calcium du lait maternel). Lorsque l'on ne consomme pas d'aliments riches en calcium (en particulier les produits laitiers) en quantité suffisante, les suppléments calciques permettent d'éviter d'éventuelles carences. Dans les suppléments, le calcium se présente le plus souvent sous forme de carbonate, parfois de citrate, de malate, de gluconate ou de lactate de calcium.

Son rôle dans l'organisme

Le calcium se concentre essentiellement dans les os et les dents, auxquels il donne leur structure et leur rigidité. Sous sa forme ionisée libre, il intervient dans de nombreuses fonctions de l'organisme : coagulation du sang et contraction musculaire, conduction nerveuse, perméabilité des membranes cellulaires, libération de certaines hormones, activation d'enzymes... Pour maintenir dans le sang un taux de calcium stable permettant d'assurer au mieux toutes ces fonctions vitales, l'organisme puise dans ses réserves osseuses. À long terme, si les apports calciques quotidiens sont insuffisants, ces ponctions risquent de rendre les os poreux et fragiles.

▼ **Action préventive.** Recevoir assez de calcium toute sa vie est le meilleur moyen de prévenir l'ostéoporose, cette maladie qui, en fragilisant les os, augmente les risques de fracture, de déformation et de tassement des vertèbres. C'est avant 30 ans (et probablement vers 20 ou 25 ans) que l'organisme est le mieux équipé pour absorber le calcium et constituer son capital osseux. Mais des études ont prouvé que, même au-delà de 65 ans, on peut préserver la densité osseuse en augmentant sa consommation d'aliments riches en calcium ou en prenant des suppléments calciques.

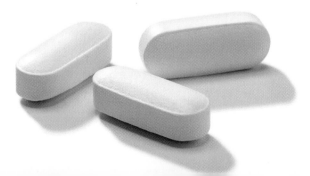

Effets bénéfiques. Le calcium pourrait avoir un rôle protecteur en piégeant les acides biliaires (dont certains sont toxiques) dans le côlon. Il limiterait ainsi les risques de cancer intestinal. Il est démontré qu'un régime alimentaire riche en calcium ainsi qu'en fruits et légumes est aussi efficace que certains médicaments pour abaisser la tension artérielle. Les hypertendus ne doivent pas, cependant, interrompre leur traitement médical quand ils prennent des suppléments de calcium : seul le médecin est habilité à modifier éventuellement la prescription.

Vos besoins

Au Canada, 1 000 mg par jour pour les adultes de 19 à 50 ans et 1 200 mg par jour au-dessus de 50 ans sont considérés comme des apports suffisants (AS).

En cas d'apport déficitaire. Un manque prolongé de calcium peut conduire à une fragilité osseuse et favoriser l'ostéoporose ; un taux sanguin de calcium trop bas peut provoquer des spasmes musculaires.

En cas d'apport excédentaire. Des apports très élevés de calcium (jusqu'à 2 500 mg par jour) ne semblent pas exercer d'effets défavorables chez les personnes en bonne santé. Cependant, un excès de calcium peut empêcher l'organisme de bien assimiler le zinc, le magnésium et surtout le fer. Il peut également provoquer des calculs rénaux chez certains sujets prédisposés. Le carbonate de calcium peut occasionner gaz ou constipation. Si c'est votre cas, prenez plutôt du citrate de calcium.

Comment le prendre

Doses. Faites en sorte d'atteindre les apports nutritionnels conseillés grâce à votre alimentation ou des suppléments. Il serait peut-être bon d'y ajouter un supplément de magnésium et de vitamine D.

Conseils d'utilisation. Pour bien assimiler le calcium, fractionnez votre ration de supplément en doses maximales de 500 à 600 mg, et prenez-le toujours au moment des repas, surtout s'il s'agit de carbonate de calcium.

Sources alimentaires

Les produits laitiers (lait, yogourt et fromage), même allégés en matières grasses, sont les meilleures sources de calcium. Autres aliments recommandés : les eaux minérales calciques, les agrumes et les choux, les sardines (consommées avec les arêtes !), les brocolis et les amandes.

Une tige et demie de brocoli fournit 10 % de l'apport quotidien recommandé en calcium.

Camomille

Matricaria recutita

Parfois considérée comme la plus sédative des plantes, la camomille sert depuis la nuit des temps à préparer une tisane qui calme les nerfs et facilite la digestion. On en fait aussi des crèmes et des lotions servant à soigner les plaies et les éruptions cutanées.

Indications

- *Pour favoriser la détente, apaiser l'anxiété et soulager l'insomnie.*
- *Aphtes et maladies des gencives.*
- *Pour aider la digestion en stimulant les sécrétions digestives.*
- *En cas de démangeaisons et de brûlures, y compris les coups de soleil.*
- *Yeux rouges et irrités.*
- *Soulagement des douleurs menstruelles.*
- *Irritations du côlon, embarras et aigreurs gastriques.*

Présentation

- Gélules
- Plante séchée / infusion
- Teinture-mère
- Huile essentielle
- Crème / onguent

ATTENTION

Si vous suivez un traitement médical, consultez votre médecin avant de prendre des suppléments.

Qu'est-ce que c'est ?

Il existe deux sortes de camomille. Celle dont il est question ici est la matricaire, dite aussi petite camomille. C'est une plante apparentée à la marguerite dont le nom latin de M*atricaria recutita* a remplacé ceux plus anciens de M*atricaria chamomilla* et de *Chamomilla recutita*. L'autre espèce, *Chamaemelum nobile* ou *Anthemis nobilis*, appelée camomille romaine, a sensiblement les mêmes propriétés.

La fleur séchée sert depuis longtemps à préparer une infusion dont l'effet calmant s'exerce en douceur. Son parfum agréable rappelle un peu celui de la pomme (camomille vient du grec *kama*, melon, pomme rampante), mais sa saveur est plus amère. La camomille doit ses propriétés à l'interaction de nombreux composants, présents notamment dans son huile essentielle riche en un flavonoïde particulier, l'apigénine.

Son rôle dans l'organisme

La camomille possède des propriétés anti-inflammatoires et antiœdémateuses dues pour l'essentiel à des flavonoïdes et à des composés aromatiques spécifiques (matricine, chamazulène, apigénine...). D'autres substances présentes dans la plante ont une action antibactérienne et antiseptique. Enfin, des études très récentes menées sur des animaux ont montré que l'apigénine de la camomille agissait sur les mêmes zones du cerveau et du système nerveux que les anxiolytiques, et se montrait capable, comme ces médicaments, de réduire les tensions psychiques.

✳ **Principaux effets bénéfiques.** La camomille possède un léger effet sédatif et, de plus, détend le corps et facilite l'endormissement. Elle peut soulager les crampes et aider à la décontraction musculaire.

Grâce à son amertume naturelle, la camomille est apéritive et capable d'activer les sécrétions digestives. Elle a en outre des propriétés antispasmodiques qui agissent sur les muscles lisses du tube digestif. Elle aide à soulager toutes sortes de maux gastro-intestinaux, dont les aigreurs, les troubles diverticulaires et les affections abdominales inflammatoires. Son action décontractante sur les muscles lisses la rend utile contre les douleurs menstruelles : son nom de matricaire est d'ailleurs dérivé de *matrix*, matrice.

✳ **Autres effets bénéfiques.** En usage externe, la camomille aide à soulager les inflammations cutanées. Appliquée sur la peau et sur les muqueuses, elle apaise en effet les démangeaisons et aide à la guérison des petites plaies et des inflammations cutanées. Ses composants antibactériens hâtent sans doute la disparition des infections.

La plante sert aussi à traiter les inflammations et les infections des yeux et de la bouche. Une infusion refroidie utilisée comme bain oculaire soulage les rougeurs et les irritations de toute nature. On peut aussi employer cette infusion pour se rincer la bouche : elle contribue à prévenir les gingivites et accélère la guérison des affections buccales.

Comment la prendre

☑ **Doses.** *Pour préparer une tasse d'infusion*, versez de l'eau frémissante dans une tasse sur 2 c. à thé de fleurs séchées. Laissez infuser 10 min et filtrez. Buvez-en 3 ou 4 tasses par jour, entre les repas, en cas de troubles digestifs ; ou 1 ou 2 tasses dans la journée, plus 1 tasse avant de vous coucher pour favoriser la détente et le sommeil. *Si vous utilisez l'infusion en application sur la peau ou sur les yeux*, laissez-la refroidir et versez-la dans un récipient stérile et hermétique. Cette infusion doit être conservée au frais et renouvelée chaque jour. *Pour la peau*, mélangez quelques gouttes d'huile essentielle de camomille à 3 c. à thé d'huile d'amande (ou de toute autre huile neutre), ou procurez-vous une crème à la camomille. La camomille existe aussi sous forme de gélules et de teinture, pour lesquelles vous suivrez la posologie indiquée sur l'étiquette. Une gélule ou 1 c. à thé de teinture-mère ont souvent le même effet thérapeutique qu'une tasse de tisane.

◐ **Conseils d'utilisation.** La camomille ayant une action douce, elle est utilisable pendant de longues périodes. Elle peut être associée à des traitements médicamenteux ainsi qu'à d'autres plantes et suppléments nutritionnels. Il n'est pas indiqué d'en prendre pendant la grossesse, car la camomille aurait des effets indésirables sur l'utérus.

Effets secondaires possibles

En usage tant externe qu'interne, la camomille n'a pratiquement aucun effet secondaire connu. Cependant, des personnes ayant dépassé les doses recommandées se sont plaintes de nausées et de vomissements. On a signalé aussi quelques cas, extrêmement rares, de réactions allergiques provoquant une éruption cutanée et des difficultés respiratoires.

Une tasse de tisane produit le même effet calmant qu'une gélule.

Canneberge

Vaccinium macrocarpon

Les canneberges sont des baies rouges au goût acidulé, qui permettent de préparer des plats et des desserts. Longtemps considérées comme un remède naturel en cas d'infection des voies urinaires, elles ont vu leur rôle confirmé par la science moderne.

Indications

- Aide au traitement des infections urinaires et des cystites.
- Prévention de ces infections.
- Pour atténuer l'odeur de l'urine.

Présentation

- Gélules
- Comprimés
- Jus / teinture-mère
- Fruits frais ou séchés
- Plante séchée / infusion

ATTENTION

La canneberge ne remplace pas les antibiotiques dans les cas graves d'infection urinaire. Consultez le médecin si vous pensez avoir ce type d'infection et si vous ne constatez aucune amélioration après vous être soigné avec des canneberges pendant 24 à 36 h.

Consultez le médecin immédiatement si vos symptômes s'accompagnent de fièvre, de frissons, de mal de dos et de la présence de sang dans les urines : ce peut être le signe d'une infection rénale

Si vous suivez un traitement médical, consultez votre médecin avant de prendre des suppléments.

Qu'est-ce que c'est ?

La canneberge, ou atoca, baie d'une plante voisine de la myrtille et originaire d'Amérique du Nord, est utilisée depuis des siècles à des fins tant médicinales que culinaires. On écrasait autrefois ces baies pour les appliquer en pansement sur les blessures et les plaies. On s'en servait également pour traiter le scorbut, une affection due à une carence en vitamine C et qui fait saigner les gencives. C'est néanmoins le rôle joué par la canneberge dans la prévention et la guérison d'infections des voies urinaires causées par diverses bactéries, parmi lesquelles *Escherichia coli*, qui retient de nos jours l'attention des médecins.

Son rôle dans l'organisme

On constata dans les années 1920 que les urines des personnes consommant beaucoup de canneberges étaient particulièrement acides et pures. On découvrit que ces baies avaient pour effet de stimuler la production d'acide hippurique, normalement présent dans les urines (c'est une

L'extrait de canneberge, en teinture ou en gélules, combat efficacement les infections des voies urinaires.

forme de dégradation d'un acide aminé, la phénylalanine) : on attribua cette stimulation au rôle bénéfique des canneberges sur les infections urinaires (on pensait que l'acide hippurique était capable de freiner la prolifération des bactéries). Des études plus récentes montrent que cette stimulation est due, en fait, à certains de leurs constituants, des phytonutriments connus sous le nom de composés proanthocyaniques, et qui sont des pigments pourpres spécifiques. Ces composants agissent en empêchant les micro-organismes nuisibles (*Escherichia coli*, notamment) d'adhérer aux parois internes des voies urinaires.

✪ **Principaux effets bénéfiques.** L'efficacité de la canneberge dans la prévention et le traitement des maladies des voies urinaires a fait l'objet d'une confirmation scientifique. Plusieurs études ont montré que la consommation quotidienne de cette baie sous forme de jus ou de gélules réduisait d'une manière spectaculaire l'apparition de ce genre de troubles. Ce sont les femmes, particulièrement vulnérables à ce type de désordre (25 % d'entre elles en souffrent au moins une fois entre 20 et 40 ans), qui y ont le plus souvent recours, mais elle est également bénéfique aux hommes.

On a constaté que la canneberge semblait diminuer la durée des maladies des voies urinaires, et même soulager les douleurs, les brûlures et les démangeaisons qui les accompagnent. Il est néanmoins important de rappeler que, pour éviter les complications, les infections de ce type doivent être traitées aussi rapidement que possible avec des antibiotiques lorsqu'elles sont récurrentes. Le jus de canneberges peut être associé sans danger aux médicaments classiques, voire contribuer à hâter la guérison.

✪ **Autres effets bénéfiques.** La canneberge a pour effet d'atténuer l'odeur de l'urine ; toutes les personnes souffrant d'incontinence devraient en consommer. Cette baie étant en outre très riche en vitamine C, elle joue le rôle de supplément vitaminique naturel.

Comment la prendre

☑ **Doses.** *Pour traiter les infections des voies urinaires*, prenez 800 mg d'extrait de canneberge par jour (2 gélules de 400 mg, par exemple) ou buvez au moins 500 ml de jus, pur ou sous forme de concentré, en vous conformant dans ce dernier cas aux indications figurant sur la notice. E*n traitement préventif*, la moitié de cette dose suffit, soit 400 mg d'extrait par jour ou environ 250 ml de jus.

◉ **Conseils d'utilisation.** Le jus de canneberges peut être absorbé en mangeant ou en dehors des repas. Vous guérirez plus vite en buvant beaucoup d'eau (de tisanes, jus...) tout au long de la journée. Aucune interaction n'a été constatée entre la canneberge et les antibiotiques ou tout autre médicament mais, comme son jus acidifie l'urine, il se peut qu'elle contrecarre l'action d'une autre plante, *Uva ursi* (aussi connue sous le nom de busserole), dont on fait parfois le même usage. Il vaut mieux éviter d'utiliser ces deux plantes ensemble.

Effets secondaires possibles

La canneberge n'a pas d'effets secondaires connus, ni à court terme ni à long terme, et ne semble présenter aucun danger pour les femmes enceintes et celles qui allaitent.

Caroténoïdes et vitamine A

Dans l'alimentation, la vitamine A existe sous deux formes : la vitamine A proprement dite, présente dans les aliments d'origine animale, et les caroténoïdes, des pigments orangés qui se transforment en vitamines dans l'organisme.

Indications

- *Pour renforcer l'immunité et aider l'organisme à lutter contre les agressions et les infections.*

- *Cicatrisation et entretien de la peau et des muqueuses digestives.*

- *La vitamine A améliore la vision crépusculaire ; les caroténoïdes ralentissent l'évolution de la dégénérescence maculaire.*

- *Les caroténoïdes réduiraient le risque de certains cancers.*

Présentation

- Comprimés
- Gélules
- Capsules molles

ATTENTION

- Même à dose relativement faible, la vitamine A peut être toxique : vérifiez soigneusement les quantités que vous prenez.

- Éviter les doses élevées de caroténoïdes pendant la grossesse.

- Les femmes enceintes, celles qui envisagent une grossesse ou qui allaitent ne doivent pas prendre plus de 5 000 UI de vitamine A par jour : des doses supérieures entraînent un risque de malformation du fœtus.

Si vous suivez un traitement médical, consultez votre médecin avant de prendre des suppléments.

Qu'est-ce que c'est ?

La vitamine A, ou rétinol (ainsi nommée en raison de son importance pour la rétine), stockée dans le foie et liposoluble, est apportée surtout par les graisses animales. L'organisme est également capable de transformer en vitamine A le bêta-carotène et d'autres caroténoïdes des fruits et légumes.

Plus de 700 pigments caroténoïdes ont été identifiés, mais seuls quelques-uns possèdent une activité vitaminique A : le bêta-carotène, le plus connu (dans la carotte, l'abricot, la mangue, le brocoli, les légumes verts), l'alpha-carotène (dans la carotte, le melon...) et la cryptoxanthine (dans le poivron rouge, la pastèque, l'orange...). Il faut 6 mg de bêta-carotène et 12 mg d'alpha-carotène ou de cryptoxanthine pour obtenir la même activité vitaminique que 1 mg de vitamine A. D'autres caroténoïdes sans activité vitaminique A semblent cependant jouer un rôle protecteur important : c'est le cas du lycopène (le pigment de la tomate, de la goyave et des agrumes très colorés), de la lutéine et de la zéaxanthine (dans les légumes vert foncé, le maïs, la citrouille et le poivron rouge).

Leur rôle dans l'organisme

La vitamine A joue un rôle essentiel – et reconnu tout récemment – dans la différenciation cellulaire et l'expression du génome, d'où son importance vitale pour la reproduction, la croissance et le développement. Elle est indispensable à la vision (c'est l'un des constituants du pourpre rétinien) et intervient directement dans les processus immunitaires. Les caroténoïdes sont des antioxydants précieux : ils protègent les cellules des détériorations provoquées par les radicaux libres en excès. Ils peuvent aussi avoir la même action que la vitamine A.

Principaux effets bénéfiques. La vitamine A aide l'œil à accommoder lors du passage de la lumière vive à l'obscurité. Elle soulage le syndrome de l'œil sec, fréquent en cas de carence sévère en vitamine A. Stimulant l'immunité, la vitamine A renforce la résistance aux infections, favorise la cicatrisation et est utilisée en cas d'infections oculaires et de kératites.

Les caroténoïdes (en particulier ceux qu'apportent les aliments) semblent avoir une action préventive majeure sur certains types de cancers. Le lycopène, par exemple, pourrait prévenir ou empêcher le développement

du cancer de la prostate (ce qui a été démontré par de nombreuses études sur des sujets consommant régulièrement des tomates). Des apports alimentaires élevés d'autres caroténoïdes pourraient également réduire les risques de cancer du poumon et du col de l'utérus. L'alpha-carotène et le lycopène auraient enfin une action bénéfique pour le système cardio-vasculaire, en bloquant la formation du mauvais cholestérol (LDL).

■ **Autres effets bénéfiques.** Des dérivés de vitamine A (notamment l'acide rétinoïque) et la vitamine A proprement dite sont prescrits pour traiter des maladies de la peau, mais uniquement sous contrôle médical. La lutéine et la zéaxanthine pourraient réduire les risques de dégénérescence maculaire, affection oculaire de la vieillesse, en neutralisant les radicaux libres dans la rétine. D'autres caroténoïdes protégeraient de la cataracte.

Vos besoins

L'apport nutritionnel recommandé de vitamine A est de 2 300 UI par jour pour les femmes et 3 000 UI pour les hommes, dont 60 % provenant des caroténoïdes (soit environ 2 mg de bêta-carotène).

■ **En cas d'apport déficitaire.** La carence en vitamine A, rarissime dans les pays riches, entraîne la cécité. Mais une déficience peut s'observer chez les femmes qui s'imposent des régimes trop restrictifs, et chez les personnes âgées. Elle provoque des troubles de la peau (sécheresse, acné), une moindre résistance aux infections et un ralentissement de la cicatrisation.

■ **En cas d'apport excédentaire.** La prise de suppléments de vitamine A devrait être suivie sur le plan médical. Si vous utilisez des mélanges multivitaminés, ne dépassez pas 5 000 UI par jour de vitamine A, et cela particulièrement pour les femmes enceintes, celles qui allaitent ou celles qui envisagent une grossesse, en raison des risques pour le bébé.

Comment les prendre

■ **Doses.** La vitamine A est parfois présente dans les multivitamines sous forme de bêta-carotène. Une dose de 10 000 UI par jour est généralement sans danger, même à long terme, pour certains problèmes.

■ **Conseils d'utilisation.** Prenez ces compléments durant les deux principaux repas. La vitamine E et le zinc facilitent l'assimilation de la vitamine A.

Sources alimentaires

La vitamine A est abondante dans le foie (75 g en apportent 9 000 UI), les poissons très gras, le beurre, la margarine, le jaune d'œuf, le fromage. Les caroténoïdes sont fournis par les fruits et légumes bien colorés.

Le melon est une bonne source de bêta-carotène.

Centella (gotu kola)

Connue pour être la nourriture préférée des éléphants, animaux réputés vivre très vieux, la centella est devenue synonyme de longévité. Les recherches n'ont pas démontré que cette plante pouvait prolonger la vie, mais elle est bénéfique pour la santé.

Centella asiatica

Indications

- Cicatrisation des brûlures et des blessures.
- Pour stimuler la synthèse du tissu conjonctif.
- Pour tonifier les parois veineuses.
- Amélioration possible de la mémoire.

Présentation

- Gélules
- Comprimés
- Teinture-mère
- Poudre
- Plante séchée / infusion

ATTENTION

- La centella est contre-indiquée chez la femme enceinte.

Si vous suivez un traitement médical, consultez votre médecin avant de prendre des suppléments.

Qu'est-ce que c'est ?

Plante herbacée vivace et rampante, à fleurs rouges, la centella affectionne les zones marécageuses des régions chaudes. Elle pousse à l'état spontané en Inde, au Sri Lanka, à Madagascar, en Afrique centrale et méridionale, en Australie, en Chine et dans le sud des États-Unis. Son aspect varie selon qu'elle vit dans l'eau (ses feuilles flottent comme celles d'un nénuphar) ou en pleine terre (ses feuilles, plus petites, s'arriment au sol). Ce sont les feuilles qui sont employées à des fins médicinales.

Son rôle dans l'organisme

Parmi ses constituants, la centella renferme des substances appelées triterpènes (principalement de l'asiaticoside), dont des dérivés stimulent la production de collagène au niveau des os, des cartilages et du tissu conjonctif. Ils protègent et renforcent les vaisseaux sanguins. Ils contribueraient en outre à régulariser l'action des neurotransmetteurs, les messagers chimiques du cerveau.

Principaux effets bénéfiques. En exerçant une action spécifique sur le tissu conjonctif, la centella possède une action thérapeutique reconnue sur les brûlures, les chéloïdes (bourrelets cicatriciels) et les blessures, notamment les plaies chirurgicales et les ulcérations de la peau. Par ailleurs, la centella est capable de tonifier les cellules des parois des vaisseaux sanguins (qui sont entourées d'une gaine de tissu conjonctif), améliorant ainsi la circulation. C'est pourquoi elle est parfois prescrite pour le traitement des varices, où elle donne des résultats souvent impressionnants : dans plus d'une douzaine de travaux consacrés à l'action de la centella sur les veines, 80 % des patients atteints de varices ou de problèmes du même type ont constaté une nette amélioration de leur état. Elle est aussi utilisée pour soulager les douleurs dues aux entorses et claquages musculaires. Des études enfin ont montré que des applications locales de centella sur des lésions dues au psoriasis pouvaient contribuer à soulager les malades.

Autres effets bénéfiques. Cette plante est également utilisée depuis la nuit des temps pour accroître les facultés mentales. Selon des études en cours, elle stimulerait la mémoire, améliorerait les capacités d'apprentissage et pourrait exercer un effet bénéfique sur certaines pertes de mémoire liées à la maladie d'Alzheimer. Lors d'une expérimentation portant sur 30 enfants présentant des difficultés d'apprentissage, on a pu noter chez chacun d'eux une augmentation de la concentration et de la capacité d'attention après la prise de centella pendant 12 semaines. Une étude récente a montré que des animaux auxquels on avait donné de la centella pendant 2 semaines ont été capables d'assimiler et de mémoriser de nouveaux comportements avec plus de facilité que les animaux n'ayant rien reçu.

Comment la prendre

☑ **Doses.** *Pour traiter les varices*, prenez 200 mg d'extrait de centella 3 fois par jour. *Pour soigner les brûlures*, utilisez 200 mg d'extrait 2 fois par jour jusqu'à complète guérison. *Pour améliorer la mémoire ou peut-être ralentir la progression de la maladie d'Alzheimer*, 200 mg 3 fois par jour.

◉ **Conseils d'utilisation.** *Par voie orale*, la centella se prend sous forme de comprimés ou de gélules, au cours ou en dehors des repas. Mais *en cas de psoriasis, de brûlures, d'entorses, de blessures, de coupures ou sur des cicatrices*, on utilise aussi la centella sous forme de teinture-mère ou d'infusion, en application locale. Vous pouvez cumuler la prise par voie orale et les applications externes.

En usage externe, imbibez une compresse d'infusion ou de teinture-mère de centella et appliquez-la directement sur les zones lésées. Commencez par une solution faiblement dosée et augmentez progressivement le dosage selon vos besoins. Pour les infusions, plongez 1 ou 2 c. à thé de feuilles séchées dans une tasse d'eau très chaude et laissez infuser 10 à 15 min. Vous pouvez aussi confectionner une pâte à appliquer sur la peau lésée par le psoriasis : videz le contenu de gélules jusqu'à ce que vous obteniez 1 c. à thé de centella séchée et mélangez avec un petit peu d'eau.

Effets secondaires possibles

L'utilisation de la centella par voie orale ou en application externe n'entraîne généralement pas de manifestations indésirables. On a signalé de rares cas d'éruptions cutanées (dermatites), de réactions de photosensibilisation et de maux de tête. Si vous présentez ces symptômes, réduisez les doses ou interrompez le traitement.

BIEN CHOISIR

■ Choisissez des produits normalisés à 10 % d'asiaticoside, un principe actif de la centella. Si vous n'en trouvez pas, remplacez chaque dose de 200 mg d'extrait par 1 g de plante fraîche.

LE SAVIEZ-VOUS ?

L'utilisation médicinale de la centella est traditionnelle en Inde (notamment en médecine ayurvédique), et sa réputation s'est propagée dans le monde.

INFOS PLUS

■ *Centella asiatica* porte aussi le nom d'hydrocotyle asiatique ou gotu kola. L'écuelle d'eau *(Hydrocotyle vulgaris)*, une espèce voisine originaire d'Europe, ne possède pas de propriétés thérapeutiques.

■ À haute dose, la centella agit plutôt comme un sédatif, d'où son emploi fréquent par les yogis, qui souhaitent ainsi atteindre plus facilement l'état de méditation.

La centella est disponible sous différentes formes.

Champignons asiatiques

Le maitake, le reishi et le shiitake appartiennent
à un groupe particulier de champignons médicinaux
utilisés en Asie depuis des siècles pour leurs vertus
toniques et leur action stimulante sur l'immunité.

Coriolus versicolor
Ganoderma lucidum (reishi)
Grifola frondosa (maitake)
Lentinus edodes (shiitake)

Indications

- *Pour renforcer l'immunité.*

- *Aide à la prévention de cancers. Et pour améliorer l'efficacité des traitements anticancéreux.*

- *Prévention possible des maladies cardiovasculaires.*

- *Soulagement de l'inflammation des voies respiratoires supérieures.*

- *Syndrome de fatigue chronique.*

Présentation

- Comprimés
- Gélules
- Infusion
- Liquide
- Poudre
- Champignons frais / séchés

ATTENTION

■ Si vous prenez des anti-coagulants, il est préférable d'éviter les suppléments de reishi, car ces champignons renferment des constituants qui contribuent aussi à fluidifier le sang.

Si vous suivez un traitement médical, consultez votre médecin avant de prendre des suppléments.

Qu'est-ce que c'est ?

Dans la médecine asiatique traditionnelle, certaines espèces de champignons, comme le maitake, le reishi et le shiitake (ou lentin du chêne), sont prisées depuis fort longtemps pour leurs vertus curatives. On a découvert récemment que l'extrait de *Coriolus versicolor*, ou polypore versicolore, est un puisssant anticancérigène.

On trouve ces champignons séchés en poudre, en gélules ou en infusions, ou sous forme d'extrait liquide. Les champignons reishi séchés et les champignons shiitake et maitake frais et séchés sont également vendus dans les supermarchés asiatiques et dans certains magasins de produits exotiques ; toutefois, pour bénéficier de leurs bienfaits, il est préférable de les consommer sous forme de suppléments nutritionnels.

Leur rôle dans l'organisme

Ces champignons renferment des polysaccharides spécifiques, les glucanes et protéoglycanes, dont un en particulier, le bêta-glucane (nommé lentinane pour le shiitake) stimule la production par l'organisme de lymphocytes T et d'autres substances du système immunitaire. Ils pourraient donc stimuler le système immunitaire de l'organisme et auraient un effet adjuvant dans les traitements anticancéreux. Ils sont capables d'abaisser le taux du cholestérol sanguin et exercent une action anticoagulante.

✪ **Principaux effets bénéfiques.** Ces champignons sont recommandés aux personnes dont l'immunité est défaillante, par exemple celles qui souffrent du syndrome de fatigue chronique. Au Japon, les champignons maitake et le *Coriolus versicolor* sont couramment donnés aux patients qui suivent une chimiothérapie. Des études ont montré que les extraits de ces champignons pouvaient améliorer l'efficacité du traitement, permettant ainsi de réduire les doses de médicaments tout en aidant les cellules saines à se protéger contre les effets néfastes de la cure. On manque encore de recherches cliniques rigoureuses chez l'homme, mais les recherches in vitro, comme celles sur l'animal, ainsi que plusieurs résultats cliniques indirects justifient l'utilisation de ce champignon en traitement adjuvant du cancer.

*De gauche à droite,
des suppléments de shiitake,
de reishi et de maitake en gélules.*

Selon certaines chercheurs, les champignons médicinaux pourraient être assez puissants pour stimuler le système immunitaire des personnes séropositives ou atteintes du sida, mais cela doit encore être prouvé par des études cliniques sur l'homme.

▣ **Autres effets bénéfiques.** Les champignons reishi (appelés par les Chinois « plantes de l'esprit ») sont traditionnellement utilisés dans le traitement du stress et de la fatigue pour leurs vertus sédatives. Ils contiennent en outre des composés anti-inflammatoires qui aident à combattre la bronchite et d'autres affections respiratoires. Dans une étude chinoise portant sur 2 000 personnes atteintes de bronchite, 60 à 90 % de celles ayant reçu des extraits de reishi ont vu leur état s'améliorer en 2 semaines. Les champignons maitake, reishi et shiitake pourraient également lutter contre les maladies cardiovasculaires en fluidifiant le sang, en faisant baisser la tension artérielle et en réduisant le taux de cholestérol.

Comment les prendre

▣ **Doses.** *Pour renforcer le système immunitaire,* prenez 200 mg de maitake, 500 mg de reishi et 400 mg de shiitake 3 fois par jour, ou 3 000 mg par jour en 2 prises de *Coriolus versicolor. Contre les maladies cardiovasculaires ou le sida,* 1 500 mg de reishi et 600 mg de maitake par jour. *Contre la bronchite ou la sinusite,* prenez 1 500 mg de reishi ou 600 mg de maitake chaque jour pendant la durée de la maladie.

▣ **Conseils d'utilisation.** Les effets de ces champignons n'apparaissent parfois qu'au bout de plusieurs mois. Pour obtenir de meilleurs résultats, répartissez les suppléments en 2 ou 3 doses quotidiennes. Les champignons médicinaux ayant également une valeur alimentaire, ils peuvent être introduits, sous forme séchée, dans les potages (2 à 9 g par jour) ou infusés dans de l'eau frémissante pour en faire des tisanes.

Effets secondaires possibles

Ces champignons ne présentent aucune toxicité lorsqu'ils sont pris aux doses adéquates. Les spores peuvent provoquer de rares réactions allergiques respiratoires. On a signalé, après un usage prolongé de reishi (3 à 6 mois) des troubles se manifestant par une sécheresse de la bouche, une éruption cutanée et des démangeaisons, des problèmes digestifs, des saignements de nez ou des traces de sang dans les selles. Si vous présentez l'un de ces symptômes, cessez de prendre du reishi.

Les femmes enceintes ou qui allaitent doivent consulter un médecin avant d'utiliser l'un de ces champignons à des fins médicinales.

Utiles pour combattre le stress, les champignons reishi séchés servent à préparer une tisane apaisante.

Chardon-Marie

Le chardon-Marie est une plante médicinale connue depuis l'Antiquité. Ses effets bénéfiques, en particulier dans le traitement des affections hépatiques, sont aujourd'hui confirmés par plus de 300 études scientifiques réalisées dans le monde entier.

Silybum marianum

Indications

- *Protection du foie contre les toxines, et notamment contre l'effet néfaste de certains médicaments et substances chimiques.*

- *Diminution des lésions au foie dues à l'alcoolisme.*

- *Soulagement des dysfonctionnements hépato-biliaires.*

- *Prévention des calculs biliaires.*

- *Traitement possible du psoriasis.*

Présentation

- Comprimés
- Gélules
- Capsules molles
- Teinture-mère

ATTENTION

■ Toute affection hépatique doit être diagnostiquée et traitée par un médecin.

■ Le chardon-Marie est déconseillé pendant la grossesse et l'allaitement.

Si vous suivez un traitement médical, consultez votre médecin avant de prendre des suppléments.

Qu'est-ce que c'est ?

Parfois appelé chardon argenté, chardon de Notre-Dame ou artichaut sauvage, le chardon-Marie pousse dans les lieux incultes du Canada et des États-Unis où il fut apporté par les premiers colons européens. Cette plante robuste peut atteindre 1,50 m de haut et possède de grandes feuilles pourvues de pointes acérées, portant des taches blanches caractéristiques situées surtout le long des nervures. Ses capitules floraux pourpres donnent de petits fruits noirs, des akènes, récoltés à la fin de l'été pour être utilisés à des fins médicinales.

Son rôle dans l'organisme

Cette plante doit son efficacité à un principe actif spécifique appartenant au groupe des flavonoïdes, la silymarine, qui représente 4 à 6 % des fruits mûrs. Il s'agit d'un mélange de trois substances proches qui possèdent des effets hépatoprotecteurs avérés. Ayant fait l'objet d'innombrables études, le chardon-Marie est une plante médicinale très bien connue aujourd'hui.

✪ **Principaux effets bénéfiques.** Le chardon-Marie a la propriété de protéger les cellules du foie (les hépatocytes) et de favoriser le processus de détoxication. On peut le considérer comme un garde-barrière régulant la quantité de toxines que le foie métabolise en permanence. Cette plante est en effet capable de prévenir la diminution du glutathion (une substance indispensable aux processus de détoxication de l'organisme), et même d'augmenter sa teneur de 35 %. Elle contribue ainsi à aider l'organisme à éliminer les toxines, différentes substances médicamenteuses et les

Généralement présenté en gélules, l'extrait en poudre des fruits du chardon-Marie renferme une puissante substance qui protège le foie : la silymarine.

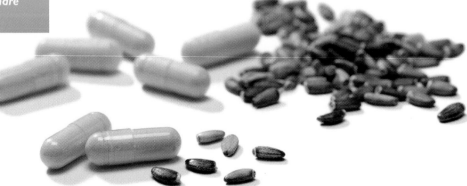

polluants chimiques de toute sorte. De plus, dans la mesure où l'abus d'alcool entraîne une diminution du taux de glutathion, le chardon-Marie contribue à protéger le foie des alcooliques et des personnes en cours de sevrage. C'est également un puissant antioxydant : tout aussi efficacement que les vitamines C et E, le chardon-Marie contribue à prévenir les dommages causés par l'excès de radicaux libres. Il aide les cellules du foie à se renouveler en facilitant le remplacement par des cellules saines des cellules usées ou abîmées. Enfin, des études cliniques auprès de patients atteints d'hépatites chroniques de type B et C ont montré que des extraits de chardon-Marie pouvaient réduire la nécrose des cellules hépatiques, diminuer la formation de tissu fibreux sclérosé et fait baisser le taux sanguin de transaminases (un marqueur des dommages hépatiques).

✳ **Autres effets bénéfiques.** Le chardon-Marie permettrait de protéger le foie contre les effets secondaires de certains médicaments, dits hépatotoxiques. Cette plante a également une action anti-inflammatoire et pourrait ralentir la prolifération des lésions cutanées érythémato-squameuses associées au psoriasis. Elle est parfois utilisée dans le traitement de l'endométriose (première cause d'infertilité chez la femme), car elle aide le foie à réguler le taux excessif d'œstrogènes – qui aggrave les symptômes de cette maladie, notamment la douleur. Enfin, le chardon-Marie est recommandé dans la prévention et le traitement des calculs biliaires, car il améliore l'évacuation de la bile sécrétée par le foie et accumulée dans la vésicule biliaire avant d'être déversée dans l'intestin pour participer à la digestion des graisses.

Comment le prendre

📄 **Doses.** La dose recommandée peut aller jusqu'à 250 mg d'extrait (normalisé à 70 à 80 % de silymarine) 3 fois par jour ; mais des doses plus légères (de 1 à 8 %) peuvent se révéler efficaces pour un traitement à moyen terme. Le chardon-Marie est souvent associé à d'autres plantes et nutriments, comme le pissenlit, la choline, la méthionine ou l'inositol, dans des suppléments dits hépatoprotecteurs ou facteurs lipotropes (le terme lipotrope se réfère à la capacité de ces substances de métaboliser les graisses et d'empêcher ainsi leur accumulation dans le foie). Pour connaître les doses adaptées à chaque situation, reportez-vous aux instructions figurant sur les conditionnements.

◉ **Conseils d'utilisation.** L'extrait de chardon-Marie semble plus efficace lorsqu'il est pris avant les repas. Les effets bénéfiques s'observent généralement au bout de 1 à 2 semaines, mais un traitement prolongé est souvent nécessaire en cas d'affection chronique.

Effets secondaires possibles

Considérée comme l'une des plantes les plus sûres qui soient, le chardon-Marie n'entraîne pratiquement aucun effet secondaire, si ce n'est, chez certaines personnes, un léger effet laxatif pendant 1 ou 2 jours. Cependant, une récente publication américaine signale une possible interférence de fortes doses de silymarine avec des antiviraux utilisés contre le sida.

QUOI DE NEUF ?

Le chardon-Marie pourrait avoir des effets bénéfiques contre le cancer de la peau. En étudiant des souris, des chercheurs américains de l'université de Cleveland, dans l'Ohio, ont constaté que l'apparition de tumeurs de la peau était réduite de 75 % chez celles qui avaient été enduites de silymarine, le principe actif du chardon-Marie, avant d'être exposées à des rayonnements ultraviolets. Des travaux complémentaires devront montrer si ces effets s'étendent à l'homme.

—◦◦◦—

L'action de la silymarine est si forte qu'on l'administre parfois en injection dans les salles de réanimation des hôpitaux pour lutter contre les effets toxiques sur le foie des champignons vénéneux.

LE SAVIEZ-VOUS ?

Les constituants du chardon-Marie sont peu solubles dans l'eau ; c'est pourquoi les infusions ne contiennent qu'une faible quantité des composants hépatoprotecteurs.

Chrome

On a fait tout un battage autour du chrome : il brûlerait les graisses, augmenterait la masse musculaire, traiterait le diabète et combattrait les cardiopathies. Même si on a besoin du chrome pour grandir et rester en santé, ses prétentions les plus populaires restent controversées.

Indications

- Indispensable à l'assimilation des glucides, des graisses et des protéines.
- Régulation du taux sanguin de glucose.
- Diminution possible du taux sanguin de mauvais cholestérol (LDL) et de triglycérides.

Présentation

- Comprimés
- Gélules
- Capsules molles
- Solution buvable

ATTENTION

- Les diabétiques doivent consulter leur médecin avant de prendre du chrome. Un tel traitement pourrait en effet nécessiter la modification des doses d'insuline ou celles d'autres médicaments destinés à soigner leur maladie.

Si vous suivez un traitement médical, consultez votre médecin avant de prendre des suppléments.

Qu'est-ce que c'est ?

Le chrome est un oligoélément qui se présente sous plusieurs formes. Dans les suppléments, il peut s'agir de chlorure, de picolinate ou de polynicotinate de chrome. On le trouve aussi dans la levure de bière sous une forme biologique bien assimilée : le FTG (facteur de tolérance au glucose) ou glutathion.

Son rôle dans l'organisme

Le chrome aide l'organisme à utiliser l'insuline, qui transfère le glucose aux cellules, où il sert de carburant. Quand il a suffisamment de chrome, l'organisme utilise efficacement l'insuline et maintient le glucose dans les valeurs normales. Le chrome aide aussi le corps à dégrader les protéines et les graisses.

Pour les personnes qui présentent une résistance à l'insuline, le chrome peut prévenir le diabète. Ce désordre rend l'organisme moins sensible aux effets de l'insuline, alors le pancréas doit en produire toujours davantage pour maintenir le taux de glucose. Quand l'organisme ne parvient plus à répondre à la demande en insuline, un diabète de type 2 se développe. Le chrome peut participer à la prévention de cette progression en aidant l'organisme à utiliser plus efficacement l'insuline. Comme il aide aussi à la dégradation des graisses, il peut réduire le LDL (mauvais cholestérol), et diminuer ainsi les risques de cardiopathies.

⬙ **Action préventive.** Le chrome peut soulager les maux de tête, l'irritabilité et les autres symptômes de l'hypoglycémie en empêchant le taux de glucose de chuter sous la normale. Il peut aider les diabétiques à contrôler leur taux de sucre. Les prétentions les plus controversées de ce minéral ont trait à son effet sur le poids et la musculation. Même si les résultats d'études révèlent qu'en grandes quantités le picolinate de chrome peut aider à réduire le poids ou à augmenter la masse musculaire, d'autres études n'ont trouvé aucun bénéfice. Au mieux, le chrome peut inciter légèrement à la perte de poids lorsque combiné à un régime alimentaire sensé

Le chrome est souvent présent dans des comprimés multiminéraux.

et à l'exercice. Il faudra davantage de recherches pour déterminer le rôle du chrome.

Vos besoins

Chez les femmes et les hommes âgés de 19 à 50 ans, les apports suffisants en chrome sont respectivement de 25 µg et 35 µg par jour. Pour le groupe d'âge des 51 ans et plus, les apports en chrome jugés suffisants passent à 20 µg pour la femme et à 30 µg pour l'homme. Ces apports augmentent à 30 µg par jour au cours de la grossesse et à 45 µg par jour chez la femme qui allaite. L'alimentation courante apporte rarement plus de 40 à 50 µg par jour.

⊟ **En cas d'apport déficitaire.** Une carence en chrome peut entraîner irritabilité, fatigue, prise de poids et troubles nerveux dans les extrémités ; chez les diabétiques, une difficulté à équilibrer le diabète.

⊞ **En cas d'apport excédentaire.** Le chrome pris en complément ne semble pas avoir d'effets indésirables, même à haute dose. Cependant, dans ce dernier cas, il peut faire obstacle à l'assimilation du fer et du zinc.

Comment le prendre

▢ **Doses.** Les suppléments de chrome se présentent généralement en doses de 200 µg. *Comme adjuvant à un programme d'amaigrissement*, 200 µg par jour. *Pour améliorer possiblement l'efficacité de l'insuline*, 200 µg 3 fois par jour.

◉ **Conseils d'utilisation.** Le chrome doit être absorbé au cours des repas, avec un grand verre d'eau, afin d'atténuer son effet irritant sur l'estomac. Il est préférable de l'associer à des aliments riches en vitamine C et d'éviter les suppléments de carbonate de calcium ou les antiacides, qui pourraient en gêner l'absorption.

Les différentes formes de chrome importent peu : les études n'ont pas démontré que l'une était mieux absorbée que les autres. En avril 1999 toutefois, un avertissement a été émis par Santé Canada : le picolinate de chrome serait un cancérigène potentiel.

Sources alimentaires

Parmi les aliments contenant du chrome, on peut citer les céréales complètes, les pommes de terre, le miel, le jaune d'œuf, les champignons, les fruits de mer, et bien sûr la levure, « champion » pour cet oligoélément.

Le pain de grains entiers est une bonne source de chrome. Les céréales raffinées que l'on retrouve dans le pain blanc en contiennent fort peu.

5-HTP

Aux États-Unis, les personnes qui souffrent de dépression, d'insomnie, de migraines ou d'obésité ont maintenant à leur disposition le 5-HTP. Au Canada, ce supplément n'a pas reçu l'agrément du gouvernement, mais les Canadiens peuvent en importer pour leur usage personnel (3 mois).

Indications

- *Soulagement de la dépression.*
- *Pour diminuer les insomnies.*
- *Pour aider à contrôler le poids.*
- *Traitement des migraines.*
- *Soulagement possible de la douleur de la fibromyalgie.*

Présentation

- Gélules
- Comprimés

ATTENTION

■ Consultez votre médecin si vous prenez un antidépresseur. L'association du 5-HTP à un antidépresseur peut accélérer le rythme cardiaque, déclencher de l'anxiété, de la confusion, des suées, de la diarrhée ou d'autres réactions indésirables.

■ Ne prenez pas le volant et n'entreprenez rien de dangereux tant que vous ne savez pas comment vous réagissez au 5-HTP. Il peut induire de la somnolence.

Si vous suivez un traitement médical, consultez votre médecin avant de prendre des suppléments.

Qu'est-ce que c'est ?

5-HTP est l'abréviation de 5-hydroxytryptophane, un dérivé de l'acide aminé tryptophane, présent dans les aliments à teneur protéinique élevée comme le bœuf, le poulet, le poisson et les produits laitiers. Le corps fabrique le 5-HTP à partir du tryptophane de notre alimentation. Il est aussi présent dans les graines d'une plante africaine appelée *Griffonia simplicifolia* à partir de laquelle sont fabriqués les suppléments de 5-HTP, vendus aux États-Unis.

Il suscite, depuis peu, beaucoup d'intérêt. Le 5-HTP, en agissant sur le cerveau, aide entre autres à améliorer l'humeur, à faciliter le sommeil et la perte de poids et à soulager les migraines. Contrairement à d'autres suppléments (et médicaments), les molécules du 5-HTP sont assez petites pour passer du sang au cerveau, où elles sont transformées en sérotonine, un neurotransmetteur chimique essentiel du système nerveux. La sérotonine a une action sur de nombreuses régions du corps, mais c'est dans le cerveau qu'elle assume ses fonctions les plus essentielles sur l'humeur, l'appétit et le sommeil.

La controverse sévit au sujet du 5-HTP parce qu'il est apparenté à l'acide aminé tryptophane. En 1989, la U.S. Food and Drug Administration (FDA) a interdit les suppléments de tryptophane, souvent vendus sous forme de L-tryptophane et utilisés dans les mêmes cas que le 5-HTP, parce qu'il y avait eu des décès chez ceux qui en prenaient. On a découvert plus tard que le supplément avait été contaminé lors de sa fabrication et que le tryptophane n'était pas responsable des décès. Le 5-HTP est apparu en vente libre en 1994 aux États-Unis en remplacement du tryptophane. Le 5-HTP soulève de nouveau la controverse parce qu'on a découvert un contaminant non identifié dans certains échantillons.

Son rôle dans l'organisme

Au cours des dernières années, le 5-HTP a été étudié pour le traitement des troubles de l'humeur comme la dépression, l'anxiété et les crises de panique parce qu'il peut élever les niveaux de sérotonine du cerveau. Des recherches se poursuivent pour vérifier son effet bénéfique sur divers

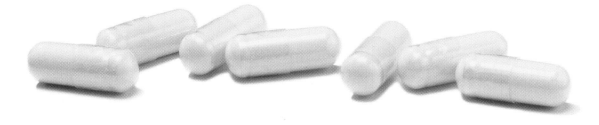

troubles liés à de faibles niveaux de sérotonine, comme les migraines, la fibromyalgie, l'obésité, les troubles de l'alimentation, les douleurs prémenstruelles et même les comportements violents.

◉ **Principaux effets bénéfiques.** En Europe, les médecins prescrivent le 5-HTP contre la dépression et l'insomnie depuis des décennies. Il semble plus efficace, dans certains cas, contre la dépression et déclenche moins d'effets secondaires que les antidépresseurs. Lors d'une étude, la moitié des patients atteints de dépression persistante et résistante à tous les antidépresseurs ont ressenti les effets bénéfiques du 5-HTP. On a montré qu'il favorisait le sommeil en augmentant la durée des phases clés : sommeil profond et paradoxal (stade du rêve). En rêvant plus longtemps, les patients sous 5-HTP se réveillent mieux reposés et régénérés.

◉ **Autres effets bénéfiques.** Le 5-HTP semble favoriser la perte de poids et soulager les migraines. L'étude de femmes en surcharge pondérale a montré que celles qui prenaient du 5-HTP consommaient moins de calories, perdaient plus de poids et se sentaient rassasiées plus vite que celles qui recevaient un placebo. Ce supplément semble aussi pouvoir soulager les maux de tête graves, y compris les migraines, dont il réduit la fréquence, l'intensité et la durée.

Le 5-HTP pourrait augmenter la tolérance à la douleur chez les personnes atteintes de fibromyalgie, une maladie chronique caractérisée par des douleurs et de la fatigue, en partie parce qu'il aide à soulager la dépression latente. Une étude italienne récente menée sur 200 patients souffrant de fibromyalgie a montré que le groupe qui prenait du 5-HTP en association à des antidépresseurs ressentait moins de douleur que les groupes qui recevaient soit du 5-HTP, soit des antidépresseurs. Si vous prenez des antidépresseurs, consultez votre médecin avant de prendre du 5-HTP.

Comment le prendre

◉ **Doses.** *Contre la dépression et la plupart des autres maux* : 50 à 100 mg 3 fois par jour. *Contre les migraines* : jusqu'à 100 mg 3 fois par jour si nécessaire. *Contre l'insomnie* : 100 mg 30 minutes avant le coucher. Commencez toujours par une petite dose (50 mg) et augmentez progressivement.

◉ **Conseils d'utilisation.** Pour une assimilation rapide, prenez le 5-HTP à jeun. Pour la perte de poids, prenez-le 30 minutes avant les repas. Ne dépassez pas une cure de trois mois de 5-HTP sans consulter votre médecin. Des médecins l'associent au millepertuis.

Effets secondaires possibles

Le 5-HTP peut avoir des effets secondaires légers : nausées, constipation, gaz, somnolence et diminution du désir sexuel. Les nausées disparaissent en quelques jours.

Coenzyme Q10

Qualifiée de supplément miracle, la coenzyme Q10 accroîtrait la résistance, aiderait à perdre du poids, combattrait le cancer et le sida, et conjurerait le vieillissement ! En tout cas, ce nutriment est prometteur dans le traitement des cardiopathies et des gingivites.

Indications

- *Amélioration de la fonction cardiaque et de la circulation chez ceux qui souffrent d'insuffisance, de cardiomyopathie, d'hypertension, de troubles du rythme, d'angine de poitrine ou de la maladie de Raynaud.*

- *Traitement des maladies des gencives et entretien des dents et des gencives.*

- *Ralentissement de la progression de la maladie d'Alzheimer ou de Parkinson.*

- *Prévention du cancer et des maladies cardiovasculaires, et ralentissement des troubles de dégénérescence liés au vieillissement.*

- *Ralentissement de la progression du sida ou du cancer.*

Présentation

- Gélules
- Capsules molles
- Comprimés
- Liquide

Qu'est-ce que c'est ?

La coenzyme Q10 est une substance naturelle produite par l'organisme ; elle appartient aux quinones, une famille de composés. Quand on l'a isolée en 1957, les chercheurs l'ont appelée ubiquinone, en raison de son omniprésence. On trouve la coenzyme Q10 dans tous les êtres vivants et dans de nombreux aliments, dont les huiles et les noix. Au cours de la dernière décennie, dans le monde entier, la coenzyme Q10 est devenue l'un des suppléments les plus populaires. Ses adeptes l'utilisent pour rester en bonne santé autant que pour traiter les cardiopathies et plusieurs autres affections graves. Certains cliniciens la croient si importante pour l'organisme qu'on devrait l'appeler la « vitamine Q ».

Son rôle dans l'organisme

La coenzyme Q10 a pour principale fonction de catalyser le métabolisme, la chaîne de réactions chimiques complexes au cours de laquelle la nourriture est dégradée en énergie que l'organisme peut ensuite utiliser. En conjonction avec les enzymes (d'où le nom de « coenzyme »), ce composé accélère le processus essentiel du métabolisme, en fournissant l'énergie dont les cellules ont besoin pour digérer les aliments, guérir les blessures, préserver la santé des muscles et accomplir nombre d'autres fonctions organiques. En raison de ce rôle de premier plan, il n'est pas étonnant de la trouver dans toutes les cellules du corps. Elle est particulièrement abondante dans les cellules du cœur qu'elle aide à battre plus de 100 000 fois chaque jour. En outre, comme les vitamines C et E, la coenzyme Q10 agit à la manière d'un antioxydant, en aidant à neutraliser les radicaux libres.

🖤 **Action préventive.** La coenzyme Q10 pourrait intervenir dans la prévention du cancer, des crises cardiaques et autres maladies reliées aux dommages causés par les radicaux libres. On l'utilise aussi pour stimuler

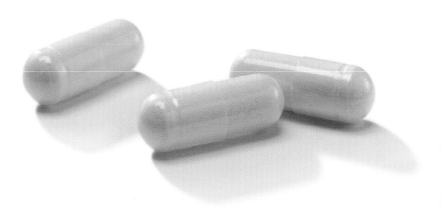

l'énergie générale et contrer le vieillissement. Parce que la concentration du composé diminue avec le temps (et certaines maladies), des médecins recommandent de commencer à prendre des suppléments vers 40 ans.

✦ **Principaux effets bénéfiques.** À titre de traitement potentiel des maladies du cœur, particulièrement l'insuffisance ou la faiblesse cardiaque, la coenzyme Q10 a généré beaucoup d'enthousiasme. Des patients au cœur très faible auraient vu leur état s'améliorer grandement après l'ajout du supplément à leur traitement conventionnel. Le cœur des personnes affectées par les maladies cardiovasculaires présenterait des concentrations plus faibles de coenzyme Q10. Elle pourrait même aider à prévenir les caillots sanguins, abaisser la tension artérielle, diminuer les battements erratiques, traiter le prolapsus de la valvule mitrale, atténuer les symptômes de la maladie de Raynaud et soulager l'angine. Si vous souffrez d'une cardiopathie, demandez à votre médecin ce qu'il pense de ce supplément. Et rappelez-vous : la coenzyme Q10 est un complément. N'en prenez pas à la place de médicaments pour le cœur ou d'autres médicaments d'ordonnance.

✦ **Autres effets bénéfiques.** Les résultats de quelques recherches de moindre importance laissent croire qu'elle pourrait prolonger la survie des personnes atteintes du cancer du sein ou de la prostate. Il semblerait également qu'elle aide à la guérison et à la diminution de la douleur et des saignements chez les personnes atteintes de maladies des gencives, qu'elle accélérerait la convalescence après une chirurgie buccale. Ce supplément se montre prometteur pour le traitement des maladies de Parkinson et d'Alzheimer, et contre la fibromyalgie ; il pourrait accroître la résistance chez les sidéens. On croit qu'il pourrait aider à stabiliser les taux de sucre chez les diabétiques. On dit aussi qu'il pourrait aider à perdre du poids, améliorer la performance athlétique, combattre le syndrome de fatigue chronique, soulager nombre d'allergies et stimuler le système immunitaire.

Comment la prendre

⬚ **Doses.** On recommande de prendre 50 mg 2 fois par jour. Des dosages de 100 mg 2 fois par jour pourraient être bénéfiques aux personnes atteintes de troubles cardiovasculaires ou circulatoires, de la maladie d'Alzheimer et d'autres maladies.

◉ **Conseils d'utilisation.** À long terme idéalement, prendre un supplément matin et soir, avec de la nourriture pour en faciliter l'assimilation. Les résultats mettent au moins huit semaines à apparaître.

Sources alimentaires

Poissons gras (saumon, thon, sardine, maquereau, truite), abats, bœuf, soya et arachides sont de bonnes sources de coenzyme Q10.

Combinaison de suppléments

Tout le monde n'a pas besoin des mêmes suppléments nutritionnels, et beaucoup de ces substances sont même interactives : c'est pourquoi il est préférable de les prendre sous forme de suppléments de minéraux et de vitamines, ou multisuppléments. Rappelez-vous toutefois que les suppléments peuvent améliorer la qualité de votre alimentation, mais non s'y substituer.

Les produits disponibles sur le marché sont très nombreux, et il est souvent difficile de s'y retrouver. En consultant le tableau ci-contre, vous pourrez repérer à quoi servent les différents suppléments, et choisir ceux qui vous conviennent le mieux.

DES BÉNÉFICES SUPPLÉMENTAIRES

Les phytonutriments tirés des plantes (flavonoïdes, isoflavones, polyphénols) sont maintenant incorporés à de nombreux suppléments, dont ils augmentent l'efficacité *(voir aussi p. 82-83 et 136-139)*. Par exemple, certains suppléments de vitamine C sont additionnés de flavonoïdes, beaucoup de suppléments d'antioxydants renferment de la rutine ou des extraits de thé vert, et des isoflavones sont introduits dans des préparations destinées aux femmes.

L'ASSIMILATION DES MINÉRAUX

Les minéraux devraient être fournis par des multisuppléments renfermant notamment du calcium, du fer, du magnésium, du manganèse, du sélénium et du zinc. L'assimilation de ces divers éléments ayant généralement lieu dans la même zone du tube digestif, toute préparation doit être conçue de manière à éviter que l'un ou l'autre d'entre eux ne prédomine, ce qui risquerait de nuire à leur assimilation et d'entraîner des carences. Dans certains cas (fatigue, arthrite...), il peut être nécessaire de prendre une quantité importante d'un minéral spécifique. Des conseils à ce sujet, ainsi que les mises en garde à propos des interactions

BIEN CHOISIR
Les suppléments nutritionnels ne se prennent pas à la légère, mais selon les besoins de chacun.

MINÉRAUX : FORMES ET INTERACTIONS

MINÉRAUX	FORMES LES MIEUX ASSIMILÉES	FACILITENT L'ASSIMILATION	ATTENTION : NUISENT À L'ASSIMILATION, AUGMENTENT L'ÉLIMINATION
Calcium	Gluconate, lactate, citrate, ascorbate	Vitamine D, lactose	Phytates (céréales complètes), caféine, fortes doses de zinc, oxalates (rhubarbe, épinards), excès de sel, de sulfates (certaines eaux minérales)
Magnésium	Formes organiques, citrate, acétate	Vitamine B6, vitamine D	Alcool, caféine, fortes doses de calcium, excès de graisses, de phosphore et de sucre, stress
Fer	Sulfate, gluconate, fumarate	Vitamine C, protéines animales	Oxalates, phytates, tanins, excès de fibres, de phosphore, fortes doses de zinc et de calcium
Zinc	Citrate, gluconate, acétate, sulfate	Certains acides gras et aminés, vitamine B6	Phytates, oxalates, fer et cuivre, fortes doses de calcium, excès de phosphore, tabac, stress
Manganèse	Non connues	Vitamine C	Polyphénols, fer, zinc, cuivre, excès de calcium et de phosphore
Sélénium	Sélénocystéine, sélénométhionine	Vitamine C	Excès de phosphore (boissons au cola, additifs alimentaires), fibres
Chrome	FTG ou nicotinate	Certains acides aminés, vitamine B3	Excès de sucre, phytates, fortes doses de calcium
Cuivre	Non connues	Certains acides aminés	Fortes doses de zinc et de vitamine C, fer, sulfates

possibles, sont donnés dans la seconde partie de cet ouvrage. Les formes sous lesquelles les minéraux sont les mieux assimilés sont l'ascorbate, le citrate et le gluconate, car ils sont aisément libérés pendant la digestion. Pour certains oligoéléments, les formes organiques apportées par les levures (FTG pour le chrome, sélénométhionine pour le sélénium) sont les plus efficaces. Les vitamines peuvent aussi être présentes sous diverses formes. La vitamine A, par exemple, est disponible dans le rétinol ou le bêta-carotène, son précurseur (que l'organisme convertit en vitamine A selon ses besoins, et qui ne présente pas les risques du rétinol, toxique en cas d'excès). On utilise même des mélanges de caroténoïdes à base de bêta-carotène associé à de petites quantités d'autres caroténoïdes protecteurs.

COMBINAISONS COURANTES

TYPE	INDICATIONS	CE QU'ELLES RENFERMENT HABITUELLEMENT
Supplément multi-vitamines et multi-minéraux	Apporte une bonne fraction (ou la totalité) de l'apport nutritionnel recommandé (ANR) pour la journée en vitamines et minéraux, afin d'assurer un état de santé optimal	Les principaux minéraux et vitamines (ou quelques-uns d'entre eux seulement)
Supplément « croissance »	Favorise le développement de l'enfant	Association de vitamines et de minéraux répondant aux besoins spécifiques de l'enfant (en particulier fer, calcium, vitamine C)
Formule « minceur »	Assure les suppléments nécessaires en cas de régime restrictif	Vitamines liposolubles, vitamines B, magnésium
Supplément antioxydant	Prévient les dommages liés à l'excès de radicaux libres	Bêta-carotène et autres caroténoïdes, vitamine C, vitamine E, sélénium. Parfois zinc, cuivre et différents phytonutriments (lutéine, lycopène, extraits de végétaux, extraits de thé vert, quercétine...)
Formule « peau, cheveux, ongles »	Aide au maintien d'une peau saine et à la santé des cheveux et des ongles	Vitamines B, vitamine E, zinc, magnésium, parfois huiles de poisson ou sélénium
Formule « femme »	Pour le bien-être et l'équilibre hormonal à partir de la cinquantaine	Vitamines B6, B9, E, zinc, magnésium, souvent isoflavones ou phyto-œstrogènes (soja)

Cuivre

Le cuivre est l'un des constituants de nombreuses protéines et enzymes du corps humain. Indispensable à beaucoup de processus vitaux, il permet la bonne utilisation des lipides. Son insuffisance pourrait augmenter les risques de maladies cardiovasculaires.

Indications

- Pour assurer la solidité des os et la qualité du cartilage et des tissus conjonctifs.
- Maintien de la fertilité.
- Pigmentation saine des cheveux et de la peau.
- Coagulation sanguine équilibrée.

Présentation

- Comprimés
- Gélules

ATTENTION

Si vous suivez un traitement médical, consultez votre médecin avant de prendre des suppléments.

Qu'est-ce que c'est ?

Métal malléable d'un brun rougeâtre utilisé en plomberie et pour fabriquer les batteries de cuisine, le cuivre est aussi présent dans le corps humain en tant qu'oligoélément : l'organisme d'un adulte en renferme 100 mg. Le cuivre est concentré dans le foie et se répartit également dans les cheveux, la peau et différents tissus. Il est fourni habituellement par l'alimentation. On le trouve intégré dans des suppléments nutritionnels, sous forme d'oxyde de cuivre, de sulfate, de chlorure, de picolinate et de gluconate de cuivre.

Son rôle dans l'organisme

Le cuivre est indispensable à la formation du collagène, une protéine présente dans les os, la peau et les tissus conjonctifs. C'est un catalyseur majeur de la formation des globules rouges. Présent dans de nombreuses enzymes, il participe au métabolisme des protéines et des lipides, et permet de maintenir en bon état la gaine de myéline des nerfs. Il contribue au maintien des défenses immunitaires et à la fertilité. Il permet la formation de la mélanine, responsable de la coloration des cheveux et de la peau, et garantit la constance de la pigmentation.

✪ **Principaux effets bénéfiques.** Le cuivre favorise le maintien de la masse osseuse. Il pourrait prévenir certaines arythmies grâce à son action dans le métabolisme oxydatif du glucose (le muscle cardiaque étant très sensible à un manque d'oxygène). Le cuivre participe à la synthèse de prostaglandines ayant une activité anti-inflammatoire et antiagrégation plaquettaire, ce qui évite une coagulation trop marquée du sang et la formation de caillots. Il aide au bon fonctionnement de la thyroïde et améliore l'équilibre de l'histamine, impliquée dans les mécanismes de l'allergie.

✪ **Autres effets bénéfiques.** Le cuivre est l'un des constituants de la superoxyde dismutase, enzyme aux puissantes propriétés antioxydantes. Il participe ainsi – indirectement – à la lutte contre l'excès de radicaux libres, cause de vieillissement cellulaire prématuré et facteur favorisant l'apparition de maladies cardiovasculaires et de certains cancers.

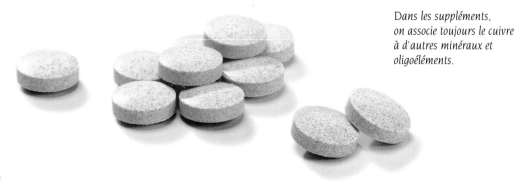

Dans les suppléments, on associe toujours le cuivre à d'autres minéraux et oligoéléments.

Vos besoins

Au Canada, un apport de 2 mg de cuivre par jour est jugé satisfaisant et sécuritaire chez l'adulte. L'alimentation habituelle fournit tout juste les quantités nécessaires, ce qui n'est probablement plus le cas lors d'une diminution des apports alimentaires (régime restrictif, baisse de l'appétit...).

⊟ **En cas d'apport déficitaire.** Les véritables carences en cuivre sont rares. Elles ne se produisent en général que chez les personnes souffrant de diarrhée chronique, de malabsorption intestinale, ou lors d'affections congénitales qui, tel l'albinisme, entraînent un défaut d'assimilation du cuivre. Cette carence engendre fatigue, arythmie cardiaque, fragilité et décoloration des cheveux, mais aussi de l'hypertension, une anémie, des malformations osseuse et l'infertilité.

Une déficience plus légère peut quand même avoir des conséquences préjudiciables pour la santé. Une étude préliminaire menée sur 24 hommes a montré qu'un régime trop pauvre en cuivre entraînait une augmentation significative du mauvais cholestérol (LDL) et une diminution du bon (HDL), ce qui accroît les risques de maladies cardiovasculaires.

⊞ **En cas d'apport excédentaire.** Le comité d'experts de la FAO/OMS a fixé la dose toxique de cuivre à 0,5 mg par kilo de poids corporel, soit environ 35 mg par jour chez l'adulte. La prise d'une dose très élevée (10 mg) peut provoquer des nausées, des douleurs musculaires et des maux d'estomac. L'intoxication chronique par le cuivre (due à une eau trop riche en cuivre ou à la cuisson des aliments dans des récipients en cuivre) peut provoquer une hépatite parfois mortelle, mais rarissime en Occident. Aucune toxicité causée par des suppléments oraux n'a été constatée.

Comment le prendre

▢ **Doses.** Il est bon que l'apport quotidien fourni par l'alimentation et les suppléments en cuivre soit autour de 2 mg. Si vous prenez du zinc pendant plus de 1 mois, ajoutez 1 mg de cuivre (fournis généralement dans les suppléments de multiminéraux).

◈ **Conseils d'utilisation.** Prendre les suppléments à la même heure chaque jour, de préférence juste avant un repas, pour diminuer les risques d'irritation de l'estomac.

Sources alimentaires

Le foie et les fruits de mer (huîtres, homard, crabe) sont de très bonnes sources de cuivre. On en trouve aussi de bonnes quantités dans la levure, les noix et les noisettes, les légumineuses et les céréales complètes, dans certains légumes (petits pois, épinards, avocats, radis, ail, champignons) et quelques fruits (bananes, prunes).

Un avocat fournit 25 % des 2 mg de cuivre nécessaires par jour.

BIEN CHOISIR

■ Dans les suppléments, le cuivre est généralement associé à d'autres minéraux et oligoéléments : vous devez le chercher dans la liste des constituants. Si vous prenez un complément de zinc, vérifiez qu'il vous apporte aussi du cuivre : le zinc, en effet, diminue l'absorption du cuivre par l'organisme.

QUOI DE NEUF ?

En cas d'apports trop élevés de cuivre, on a pu craindre des effets indésirables liés à la production de radicaux libres par le cuivre lui-même. Cependant, comme le cuivre stimule aussi la synthèse d'une enzyme détruisant les radicaux libres, cette action nocive semble neutralisée. C'est ce que montre une étude récente, dans laquelle la prise de 3 mg ou de 6 mg de cuivre par jour pendant 6 semaines n'a entraîné aucun effet néfaste.

INFO PLUS

■ Un excès de fer ou de vitamine C, ou encore une consommation excessive de fructose ou de sucre (saccharose), peut freiner la biodisponibilité du cuivre et entraîner une anémie.

■ Il ne semble pas que la forme sous laquelle le cuivre se présente (chlorure, sulfate, gluconate...) influence son assimilation par l'organisme.

DHEA

Les partisans de la DHEA en parlent comme d'une fontaine de jouvence. Cette prétention est sans doute exagérée. Néanmoins, l'hormone semble prometteuse dans la lutte contre certaines maladies reliées au vieillissement, mais il faudra plus d'études pour identifier ses effets précis.

Indications

- *Pour réduire le risque de maladie cardiaque.*
- *Meilleur contrôle du glucose chez certains diabétiques.*
- *Stimulation du système immunitaire.*
- *Soulagement de certains symptômes du lupus.*
- *Aide les patients atteints du sida.*

Présentation

- **Comprimés**
- **Gélules**
- **Crème**

ATTENTION

■ La DHEA est une hormone ; à ce titre, elle pourrait être associée à certains cancers hormonodépendants, comme celui du sein ou de la prostate. Les personnes ayant des antécédents de ces cancers ou qui en souffrent ne devraient pas en prendre.

Si vous suivez un traitement médical, consultez votre médecin avant de prendre des suppléments.

Qu'est-ce que c'est ?

Souvent appelée « la mère des hormones », la DHEA ou déhydroépiandrostérone est nécessaire à la production de plusieurs types d'hormones, dont l'œstrogène et la testostérone. Elle est sécrétée par les glandes surrénales – ou logées au-dessus des reins – ainsi que par la peau, le cerveau, les testicules et les ovaires. Bien que la femme en produise moins que l'homme, chez l'un comme chez l'autre la sécrétion diminue progressivement avec l'âge : le corps en produit 80 % moins à 70 ans qu'à 30 ans. Les conséquences de cette chute ne sont cependant pas connues.

Au Canada, la DHEA est considérée comme un médicament, et plus spécifiquement comme une hormone stéroïdienne anabolisante. C'est une substance réglementée ; la personne qui en a en sa possession peut être passible d'amende ou d'emprisonnement.

Son rôle dans l'organisme

Beaucoup de mythes entourent la DHEA ; il est donc difficile de distinguer le vrai du faux. On a dit qu'elle favorisait la perte de poids, augmentait la libido, stimulait la mémoire et prévenait l'ostéoporose. Ces prétentions ne sont pas fondées. La recherche indique cependant que la DHEA peut améliorer le bien-être des personnes âgées (bien qu'on ne sache pas clairement de quelle façon), réduire les risques de maladie cardiaque, soulager les symptômes du lupus érythémateux (maladie auto-immune), aider à contrôler le diabète et stimuler l'immunité.

✪ **Principaux effets bénéfiques.** Un taux sanguin de DHEA situé dans la normale supérieure peut diminuer les risques de maladie cardiaque chez les hommes âgés. Une étude a révélé que les hommes présentant un taux sérique élevé en DHEA avaient moins de tissus adipeux et un taux plus élevé de HDL (ou bon cholestérol). Ils ont également obtenu de meilleurs résultats lors d'un test d'endurance physique mesurant la réaction du cœur à l'effort. Ces conclusions ne se retrouvent pas chez les femmes. Bien au contraire, les femmes qui prennent de la DHEA semblent un peu plus exposées aux maladies cardiaques. D'autres recherches indiqueraient que la DHEA, en « éclaircissant » le sang, préviendrait la formation de caillots et le risque d'infarctus.

L'action immunisante de la DHEA a été notée dans une étude portant sur des personnes âgées ayant reçu le vaccin contre la grippe. La réaction immunitaire au virus atténué présent dans l'inoculation s'est améliorée de façon notable chez ceux qui avaient pris de la DHEA. Les chercheurs ont bon espoir de pouvoir ainsi améliorer le système immunitaire des personnes infectées par le VIH ou virus du sida.

❇ **Autres effets bénéfiques.** Dans une étude portant sur des femmes ménopausées, celles qui prenaient de la DHEA avaient un taux plus bas de triglycérides (gras sanguin relié au cholestérol) et tiraient mieux parti d'une médication insulinique. Cette conclusion permet d'espérer que la DHEA puisse jouer un rôle dans le traitement du diabète.

La DHEA a semblé avoir de bons effets sur les patients souffrant de lupus, une maladie auto-immune. Elle soulage certains symptômes et réduit la quantité de médicaments classiques nécessaires.

Comment la prendre

☑ **Doses.** Si, en dépit des contraintes juridiques, vous décidez de prendre de la DHEA, vous devriez vous limiter à atteindre un taux sanguin normal. sans le dépasser. Commencez par une faible dose (5 mg pour les femmes, 10 mg pour les hommes) et augmentez-la progressivement jusqu'à obtention de l'effet désiré. La dose maximale ne doit pas dépasser 25 mg par jour, à moins de prendre de la DHEA pour un trouble spécifique, comme le lupus ou le VIH. Il est préférable d'absorber le médicament le matin. Les gens en santé de moins de 50 ans n'ont pas besoin de ce supplément.

◉ **Conseils d'utilisation.** Au Canada, la vente de la DHEA n'est pas légale. Aux États-Unis, où elle l'est, la DHEA est offerte dans les magasins de produits naturels. C'est un supplément plus puissant que bien d'autres suppléments nutritionnels ou plantes médicinales, et on n'en connaît pas les effets à longue échéance. La plupart des spécialistes estiment qu'on ne devrait en prendre que sous la surveillance d'un endocrinologiste, médecin spécialisé dans les traitements hormonaux.

Avant tout traitement à la DHEA, le médecin devrait examiner le patient sous l'angle du cancer de la prostate (dans le cas d'un homme) ou du sein (dans le cas d'une femme ou d'un homme), ces cancers étant réceptifs à la quantité d'hormone dans le sang. Il devrait ensuite, par une analyse sanguine, déterminer le taux réel de DHEA dans le sang, la thérapie ne devant être instaurée que si ce taux est bas. Après 3 semaines de traitement, une autre analyse du sang permettra d'ajuster la posologie au besoin. Une fois atteint un taux sanguin satisfaisant, il suffit souvent pour le maintenir d'aussi peu que 5 à 10 mg de DHEA par semaine.

Effets secondaires possibles

Utilisée avec excès, la DHEA peut causer les troubles suivants : acné ou peau extrêmement grasse, hirsutisme chez la femme, voix grave et modifications de l'humeur. Une étude portant sur des animaux a établi un lien entre le cancer du foie et des doses excessivement élevées de DHEA.

Dong quai (angélique chinoise)

Angelica sinensis
A. acutiloba

Indications

- *Soulagement des crampes menstruelles.*

- *Réduction de l'incidence des bouffées de chaleur associées à la ménopause.*

Présentation

- Gélules
- Comprimés
- Capsules molles
- Teinture-mère
- Liquide
- Herbe séchée / infusion

L'angélique chinoise (dong quai) est présente dans beaucoup de suppléments destinés aux femmes. C'est un tonique couramment utilisé en Asie pour stimuler le système reproductif de la femme. Cependant, son efficacité ne fait pas l'unanimité chez les spécialistes.

Qu'est-ce que c'est ?

Bien qu'elle pousse à l'état sauvage en Asie, l'angélique – dans les variétés *Angelica sinensis* en Chine et *A. acutiloba* au Japon – est largement cultivée à des fins médicinales dans ces deux pays et un grand nombre de femmes en prennent régulièrement pour se maintenir en bonne santé. La forme thérapeutique la plus répandue est dérivée des racines de *A. sinensis*, plante à tiges creuses et inflorescences blanches qui peut atteindre 2,50 m (8 pi) de haut. Quand elle est en floraison, elle se rapproche du faux chervis ou carotte sauvage auquel elle est apparentée. L'angélique chinoise est aussi connue sous les noms de dong quai, dang gui et tang kuie.

Son rôle dans l'organisme

On croit que l'angélique chinoise tonifie l'utérus et régularise le cycle menstruel. Elle dilaterait les vaisseaux sanguins et accélérerait la circulation du sang. Mais les phytothérapeutes ne sont pas unanimes à reconnaître ses vertus ; il est d'ailleurs difficile de les évaluer car l'angélique chinoise est généralement associée à d'autres plantes médicinales.

✳ **Principaux effets bénéfiques.** L'angélique chinoise est généralement prescrite contre les troubles menstruels et ménopausiques. On soutient qu'elle régularise le cycle menstruel, corrige les saignements anormaux et atténue le syndrome prémenstruel et les douleurs menstruelles, ainsi que les bouffées de chaleur et la sécheresse vaginale associées à la ménopause.

Il y a deux théories pour expliquer ses vertus. Des phytothérapeutes estiment qu'elle renferme des œstrogènes végétaux (phyto-œstrogènes), moins actifs que les œstrogènes produits par l'organisme, mais susceptibles d'être captés par les récepteurs d'œstrogènes des cellules humaines ; ils seraient capables de réduire les effets éventuellement négatifs des œstrogènes féminins qui augmentent le risque de cancer du sein. En outre, les phyto-œstrogènes pourraient atténuer les bouffées de chaleur en corrigeant la baisse du taux sanguin d'œstrogènes à la ménopause.

Mais d'autres phytothérapeutes attribuent l'efficacité de l'angélique chinoise à sa forte teneur en coumarines, éléments chimiques naturels

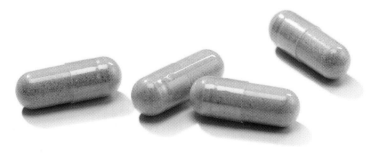

qui dilatent les vaisseaux sanguins, augmentent le flux sanguin qui parvient à l'utérus et à d'autres organes et stimulent le système nerveux central. En outre, comme les coumarines semblent lutter contre l'inflammation et les spasmes musculaires, l'angélique chinoise atténuerait les douleurs menstruelles.

■ **Autres effets bénéfiques.** Bien que l'angélique chinoise ne soit pas utilisée pour abaisser la tension artérielle, son effet dilatateur sur les vaisseaux sanguins aide le cœur à propulser le sang dans tout le corps. Riche en vitamine B12, elle peut favoriser la production de globules rouges sanguins.

Comment la prendre

■ **Doses.** *En cas de syndrome prémenstruel, irrégularités menstruelles, douleurs menstruelles et bouffées de chaleur,* 600 mg par jour – ou 30 gouttes (1,5 ml) de teinture 3 fois par jour. Comprimés et teinture doivent être normalisés à 0,8 %-1,1 % de ligustilide. On peut aussi prendre de l'angélique chinoise en association avec d'autres plantes susceptibles de régulariser le cycle menstruel comme le gattilier, la réglisse et le ginseng de Sibérie.

■ **Conseils d'utilisation.** Troubles prémenstruels : prenez de l'angélique chinoise les jours où vous n'êtes pas menstruée. Troubles prémenstruels et menstruels : continuez à en prendre jusqu'à la fin des règles. Troubles menstruels sans syndrome prémenstruel : prenez-en la veille du jour où vos règles doivent commencer. Bouffées de chaleur : prenez-en tous les jours pendant 2 mois avant de juger de son efficacité.

Effets secondaires possibles

L'angélique chinoise peut avoir un léger effet laxatif et augmenter les saignements menstruels. Attention aux insolations : les racines de l'angélique renferment des psoralènes qui rendent certaines personnes sensibles au soleil et susceptibles d'attraper des coups de soleil graves.

En phytothérapie, les racines de l'angélique chinoise, naturellement noueuses, sont aplaties.

Échinacée

Echinacea angustifolia
E. pallida
E. purpurea

Longtemps utilisée en médecine traditionnelle par les Indiens d'Amérique du Nord, cette plante a été largement adoptée dans le Nouveau Monde à partir du XVIIᵉ siècle. Jugée obsolète à l'arrivée des antibiotiques, elle retrouve aujourd'hui une place d'honneur en pharmacologie.

Indications

- *Diminue la vulnérabilité de l'organisme aux refroidissements et à la grippe.*

- *Réduit la durée et la gravité des infections, en particulier celles des voies respiratoires supérieures.*

- *Facilite la cicatrisation des lésions et inflammations cutanées.*

- *Stimule l'immunité.*

Présentation

- Gélules
- Comprimés
- Capsules molles
- Pastilles
- Teinture-mère
- Solution buvable
- Plante séchée / infusion

ATTENTION

- Si vous prenez des antibiotiques ou tout autre médicament contre les infections, l'échinacée peut leur être associée, mais ne peut pas les remplacer.

- En suractivant le système immunitaire, l'échinacée peut aggraver les symptômes de lupus, sclérose en plaques, polyarthrite rhumatoïde. Elle est contre-indiquée dans les infections évolutives (tuberculose).

Si vous suivez un traitement médical, consultez votre médecin avant de prendre des suppléments.

Qu'est-ce que c'est ?

L'échinacée est une plante aux fleurs de couleur pourpre rappelant celles des marguerites. Elle pousse à l'état sauvage en Amérique du Nord. Les Amérindiens l'utilisaient pour guérir les morsures de serpents venimeux. Les premiers arrivants européens l'adoptèrent pour traiter de multiples maux.

Il existe neuf espèces d'échinacée, dont trois seulement (*Echinacea angustifolia*, *E. pallida* et *E. purpurea*) servent à des fins médicinales. Dans de nombreux pays, les différentes parties de la plante (fleurs, feuilles, tiges et racines) sont incorporées à des préparations commerciales présentées sous diverses formes. L'échinacée contient plus d'une centaine de composants actifs et figure depuis quelques années parmi les plantes médicinales les plus utilisées dans le monde.

Son rôle dans l'organisme

L'échinacée, et en particulier sa racine, renferme des constituants très spécifiques, comme les alcamides, des substances azotées de saveur légèrement brûlante, puis devenant piquante et enfin localement anesthésiante ; de l'échinacoside, une substance de saveur très amère ; des flavonoïdes ; une huile essentielle très volatile ; enfin, des polysaccharides, dont certains ont une activité sur les processus immunitaire. Différentes études ont en effet montré, in vitro et chez la souris, la capacité de l'échinacée à stimuler la production de cellules du système immunitaire jouant un rôle essentiel dans la lutte contre les infections. Cette plante pourrait en outre augmenter la sécrétion cellulaire d'interleukine et d'interféron, des substances qui inhibent la reproduction des virus. Son action étant cependant de courte durée, il faut en prendre fréquemment, jusqu'à 2 h d'intervalle.

Action préventive. L'échinacée est utile pour prévenir les deux affections virales les plus répandues : le rhume et la grippe. Elle est d'autant plus efficace que le traitement intervient dès les premiers symptômes. Une étude menée sur des personnes facilement enrhumées a montré que celles ayant absorbé de l'échinacée pendant 8 semaines étaient moins touchées que celles auxquelles on avait administré un placebo (35 % de risques en moins). D'autres recherches ont montré que l'action de cette plante s'exerce même après l'apparition de courbatures, congestion ou fièvre, et que ces symptômes sont alors moins marqués et disparaissent plus rapidement. Ainsi, dans une étude en double aveugle menée auprès de 160 adultes atteints d'une infection des voies respiratoires supérieures, la prise quotidienne de 900 mg d'extrait d'échinacée a réduit la durée des troubles : 9,8 jours en moyenne pour les infections bactériennes, et 9,1 jours pour les infections virales (contre 13 jours avec la prise d'un placebo), des résultats considérés comme hautement significatifs par les chercheurs.

Effets bénéfiques. L'efficacité de l'échinacée s'étend aux affections récurrentes, parmi lesquelles la candidose vaginale ainsi que les infections des voies urinaires et de l'oreille moyenne. On y a parfois recours pour traiter les infections dues au streptocoque ou au staphylocoque, et celles de nature herpétique (herpès génital, boutons de fièvre, zona), ainsi que la bronchite et la sinusite. Son efficacité en cas de fatigue chronique est à l'étude. Par ailleurs, l'échinacée sous forme liquide favorise la guérison des lésions de la peau, des ulcères et escarres cutanés. Enfin, la teinture est utilisée diluée en gargarisme pour soigner les inflammations de la gorge et les amygdalites.

Comment la prendre

Doses. L'échinacée se présente sous différentes formes ; vérifiez le dosage recommandé sur les étiquettes. *Contre les rhumes et la grippe*, une forte dose est nécessaire : jusqu'à 200 mg 5 fois par jour. Dans une étude, les patients atteints de la grippe qui recevaient 900 mg d'échinacée par jour allaient mieux que ceux qui prenaient soit une plus faible dose de 450 mg par jour, soit un placebo. *Contre d'autres infections*, la dose recommandée est de 200 mg 3 ou 4 fois par jour. *En utilisation à long terme pour renforcer le système immunitaire*, vous obtiendrez de meilleurs résultats, surtout si vous souffrez souvent d'attaques d'infection chronique, en alternant l'échinacée, en cures de 3 semaines, avec d'autres plantes immunostimulantes (hydraste du Canada, astragale ou champignons asiatiques). L'échinacée se présente aussi sous forme d'infusion.

Conseils d'utilisation. Les cures d'échinacée ne doivent pas dépasser 8 semaines, intercalées par des pauses de 1 semaine. Des cures alternées semblent maximiser son efficacité,

Effets secondaires possibles

On ne connaît aucun effet secondaire à l'échinacée lorsque les doses recommandées sont respectées. Elle risque cependant d'être mal tolérée par les personnes allergiques aux fleurs de la famille des marguerites. En cas d'éruption cutanée ou de difficultés à respirer, arrêtez aussitôt le traitement et consultez immédiatement le médecin.

INFOS PLUS

■ En Allemagne, l'échinacée a été administrée à des personnes atteintes d'un cancer avancé du côlon et traitées par la chimiothérapie. La vie des patients semble en avoir été prolongée, sans doute grâce à l'aide apportée à leur système immunitaire. Seules d'autres recherches permettront cependant de déterminer le rôle éventuel de cette plante dans la lutte contre le cancer.

■ En raison du phénomène, de plus en plus préoccupant, de résistance aux antibiotiques, l'échinacée suscite à nouveau beaucoup d'intérêt dans le monde scientifique.

LE SAVIEZ-VOUS ?
Sous forme liquide, l'échinacée contient une substance qui pique la langue et les lèvres. Si vous éprouvez une telle sensation, c'est que le produit que vous avez acheté est de bonne qualité.

L'échinacée a la réputation de protéger l'organisme contre les maux de l'hiver.

Fer

Beaucoup de gens ont une alimentation carencée en fer et ignorent qu'un tel déficit peut être à l'origine de fatigue, de difficultés de concentration et d'une moindre résistance aux infections. Cependant, il faut savoir qu'un apport excessif de fer peut aussi être toxique.

Indications

- Traitement de l'anémie ferriprive.
- Pour les femmes enceintes et celles qui ont des règles abondantes ; dans toute autre situation, sur avis médical.

Présentation

- Comprimés
- Gélules
- Capsules molles
- Solution buvable

ATTENTION

■ Ne prenez de suppléments de fer que sur recommandation de votre médecin. Un Canadien sur 250 souffre d'hémochromatose, une maladie génétique qui fait absorber trop de fer, et une personne sur 9 en porte le gène. Les symptômes incluent fatigue et articulations douloureuses.

■ L'absorption de fer, sans contrôle médical, peut masquer les causes d'une anémie, comme un ulcère qui saigne.

Si vous suivez un traitement médical, consultez votre médecin avant de prendre des suppléments.

Qu'est-ce que c'est ?

Indispensable à l'organisme, le fer est présent à raison de 4 g environ chez un homme adulte, et 2,5 g chez la femme. On le trouve sous deux formes : le fer héminique (70 % du total) dans l'hémoglobine du sang et dans la myoglobine – le pigment des muscles –, et le fer non héminique (30 % restants), qui entre dans la constitution de certaines enzymes.

Son rôle dans l'organisme

Le fer joue un rôle essentiel dans de nombreuses fonctions métaboliques. Il assure le transport de l'oxygène dans le sang (en tant que composant de l'hémoglobine) et permet ainsi la respiration et le métabolisme énergétique cellulaire. Il intervient également dans le stockage de l'oxygène au sein des cellules musculaires (c'est le rôle de la myoglobine, dont il est un constituant majeur). Enfin, il participe au fonctionnement d'un grand nombre d'enzymes et d'éléments du système immunitaire.

Dans l'organisme, le métabolisme du fer s'effectue pratiquement en circuit fermé. Les quantités de fer éliminées sont très faibles (de l'ordre de 1 à 2 mg par jour), sauf chez la femme de la puberté à la ménopause, les règles entraînant des pertes en fer pouvant atteindre 12 à 15 mg par mois (soit une moyenne de 0,4 à 0,5 mg supplémentaire par jour). Les besoins augmentent en période de croissance – c'est-à-dire pendant l'enfance et l'adolescence –, durant la grossesse ou lors d'une activité physique intense. Qu'il soit fourni par l'alimentation ou par les suppléments, le fer n'est que faiblement absorbé : l'organisme ne retient en moyenne que 25 % du fer dit héminique (dans la viande et le poisson), et seulement 1 à 10 % du fer provenant des autres aliments (œufs, végétaux). L'organisme constitue des réserves dans le foie, la moelle et la rate, mais il ne les sollicite que lorsque l'apport alimentaire de fer est déficitaire.

✪ **Effets bénéfiques.** Un apport de fer adéquat préserve la vitalité, renforce le système immunitaire et stimule les facultés intellectuelles. En revanche, des études ont montré qu'un déficit en fer, même léger (bien

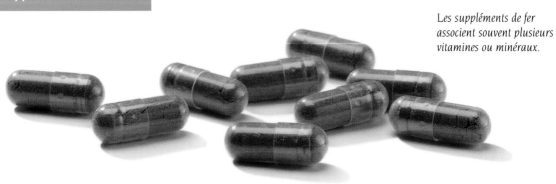

Les suppléments de fer associent souvent plusieurs vitamines ou minéraux.

inférieur à celui qui entraîne une anémie), peut être à l'origine de difficultés de concentration chez l'adulte et de mauvais résultats scolaires chez les jeunes.

Vos besoins

L'ANR est de 8 mg pour l'homme et pour la femme ménopausée. Il est de 15 mg chez les adolescentes et de 18 mg chez les femmes adultes. L'ANR s'élève à 27 mg pendant la grossesse et passe à 9 mg pendant l'allaitement. Idéalement, il devrait venir de l'alimentation, pas de suppléments.

⊟ **En cas d'apport déficitaire.** Si votre alimentation ne vous apporte pas assez de fer (c'est généralement le cas lorsque l'on suit un régime végétarien ou amaigrissant très strict) ou si vous en perdez beaucoup (règles abondantes, microsaignements de l'estomac – souvent causés par les médicaments contre l'arthrite – ou présence d'un cancer), votre organisme va puiser dans ses réserves. Au début, vous ne ressentirez rien, mais, à mesure que vos réserves vont s'amenuiser, la qualité de vos globules rouges va baisser. Vous serez alors atteint d'anémie ferriprive, dont les symptômes sont la fatigue, la pâleur, un essoufflement au moindre effort, des palpitations cardiaques et une moindre résistance aux infections.

⊕ **En cas d'apport excédentaire.** Selon certaines études, un apport excessif de fer (surtout associé à de la vitamine C) sous forme de suppléments augmenterait les risques de stress oxydatif et de surproduction de radicaux libres, ce qui pourrait favoriser les troubles cardiovasculaires et certains cancers (notamment du côlon). L'excès de fer se révèle particulièrement dangereux chez les sujets atteints d'hémochromatose, une maladie génétique qui entraîne une accumulation de fer dans l'organisme, ainsi que chez les enfants, très sensibles aux surdosages en fer.

Comment le prendre

⊘ **Doses.** Les suppléments de fer ne devraient être pris que sous supervision médicale. L'anémie doit faire l'objet d'un diagnostic précis, et son traitement permettra d'en éliminer la cause. Le fer prescrit médicalement se présente souvent sous forme de sels ferreux, tels que le sulfate, le fumarate ou le gluconate ferreux. La dose est généralement de 30 mg par jour, en 1 à 3 prises. Les femmes ménopausées et les hommes qui n'ont pas besoin de compléments de fer choisiront des suppléments multivitaminiques qui n'en contiennent pas.

◉ **Conseils d'utilisation.** Le fer est mieux absorbé à jeun. Toutefois, s'il déclenche chez vous des douleurs gastriques, prenez-le au cours des repas, de préférence avec un peu de viande et un aliment ou une boisson riche en vitamine C, comme le brocoli ou le jus d'orange, afin d'accroître la quantité de fer absorbée par votre organisme. Ne prenez pas de fer pendant plus de 6 mois sans faire vérifier à nouveau votre taux sanguin de fer par votre médecin.

Sources alimentaires

Le foie, le boudin noir, la viande et le poisson sont d'excellentes sources de fer. On en trouve aussi dans les palourdes, les huîtres et les moules. Pour satisfaire leurs besoins en fer, les végétariens doivent manger des légumineuses, des légumes à feuilles vert foncé, des fruits secs (notamment des abricots et des raisins), des œufs et des céréales enrichies en fer.

BIEN CHOISIR

■ Le fer est souvent proposé sous forme de sulfate ferreux, un supplément peu onéreux mais qui provoque parfois constipation et douleurs gastriques. Il est généralement mieux toléré sous forme de fumarate ou de gluconate ferreux. Certains toniques à base de plantes riches en fer vendus dans les magasins de produits naturels peuvent aussi fournir un supplément en fer.

LE SAVIEZ-VOUS ?

Un bol de crème de blé (175 ml) fournit 7 des 15 mg de fer quotidien recommandés aux adolescentes. La plupart des céréales à déjeuner sont enrichies en fer.

INFOS PLUS

■ Conservez tous les suppléments nutritionnels contenant du fer hors de portée des petits : la prise accidentelle de 5 comprimés de fer fortement dosés peut entraîner une intoxication mortelle chez le jeune enfant.

■ Les suppléments de fer peuvent inhiber l'action des antibiotiques et de certains autres médicaments. Pensez à signaler systématiquement à votre médecin tous les suppléments que vous prenez en plus de votre traitement habituel.

■ Les femmes qui présentent un déficit en fer, même minime, sont plus frileuses que les femmes dont le taux de fer sanguin est satisfaisant.

Fibres

Les bienfaits des fibres n'ont été pleinement reconnus que dans les années 1970, grâce à deux médecins britanniques travaillant en Afrique, qui se sont rendu compte qu'une alimentation riche en fibres permettait de prévenir certaines maladies fréquentes dans les pays occidentaux.

Indications

- *Amélioration de la digestion et du fonctionnement de l'intestin.*
- *Pour abaisser la cholestérolémie.*
- *Soulagement des colopathies et des douleurs hémorroïdaires.*
- *Stabilisation de la glycémie.*
- *Pour faciliter la perte de poids.*
- *Prévention des calculs biliaires.*

Présentation

- Céréales de son
- Poudre
- Balles
- Comprimés

ATTENTION

- Un excès de fibres peut réduire l'efficacité de médicaments tels que contraceptifs oraux et certains remèdes hypocholestérolémiants.

- Chez les personnes âgées ou alitées, les fibres en gélules peuvent être dangereuses : une fois hydratées, elles risquent de se dilater et de former un bouchon obstruant la gorge ou l'intestin.

- Si vous présentez une réaction allergique au psyllium, comme une éruption ou des difficultés respiratoires, consultez votre médecin sans attendre.

Si vous suivez un traitement médical, consultez votre médecin avant de prendre des suppléments.

Qu'est-ce que c'est ?

Les fibres solubles, présentes dans les fruits, les légumes, l'avoine, les fruits secs et les légumineuses, sont constituées de gommes et autres composants des cellules végétales (et notamment de leurs parois), qui ont la propriété de gonfler dans l'eau. Sous l'action des bactéries, ces fibres sont transformées en composés plus simples dans le gros intestin. Les graines de psyllium (ou ispaghul) sont une source de fibres solubles couramment utilisée.

Les fibres insolubles, présentes dans les céréales, sont constituées principalement des composants cellulosiques des parois des cellules végétales, qui se lient à l'eau mais ne gonflent pas de façon significative. Elles traversent l'intestin sans être digérées, car elles ne peuvent être absorbées ou décomposées par les enzymes de l'organisme. Qu'elles soient solubles ou insolubles, les fibres n'ont pratiquement aucune valeur énergétique, mais elles contribuent de façon essentielle à préserver notre santé.

Leur rôle dans l'organisme

Les fibres absorbent le surplus d'eau présent dans l'intestin, contribuant ainsi à former des selles plus souples et plus volumineuses. Elles favorisent en outre l'élimination fécale du cholestérol. Les fibres insolubles, comme la cellulose, stimulent le péristaltisme intestinal tout en absorbant différentes toxines et substances cancérigènes, favorisant donc leur élimination. Bien que les fibres solubles ne soient pas digérées par l'organisme, elles fermentent dans l'intestin sous l'action de bactéries bénéfiques, produisant ainsi des acides gras qui contribuent de façon importante à nourrir les « bonnes » bactéries de l'intestin.

Principaux effets bénéfiques. Une alimentation pauvre en fibres est corrélée avec un risque plus élevé de nombreuses maladies dégénératives ou chroniques, et notamment d'affections cardiovasculaires, de diabète et de diverticuloses. Au Québec, la consommation moyenne de fibres est d'environ 16 g par jour, alors qu'un régime équilibré doit en fournir 25 à 30 g (dont 10 à 15 g sous forme de fibres solubles).

Une alimentation riche en fibres aide à prévenir constipation et hémorroïdes. Un apport élevé en fibres solubles contribue à diminuer le besoin d'insuline de l'organisme et à ralentir l'absorption du sucre dans le sang, ce qui est bénéfique aux diabétiques. Les fibres solubles réduisent également l'absorption du cholestérol dans le sang et abaissent la cholestérolémie. Lors d'une étude, des personnes ayant un taux de cholestérol sanguin élevé ont pris un supplément d'au moins 10 g de psyllium par jour pendant 6 semaines ou plus : elles ont constaté une diminution bien plus importante (entre 6 et 20 %) de leur taux de mauvais cholestérol (LDL) que les personnes ayant seulement suivi un régime pauvre en graisses.

Autres effets bénéfiques. Selon certaines études, les fibres peuvent faire perdre du poids, car elles aident à manger moins ; en effet, elles remplissent l'estomac en se gonflant d'eau tout en retardant l'évacuation gastrique du bol alimentaire. Certains aliments riches en fibres insolubles, comme le son des céréales, sont très efficaces pour lutter contre la constipation liée à la paresse intestinale. Quant au psyllium, il pourrait contribuer à prévenir l'apparition des calculs biliaires (en particulier chez les sujets obèses, plus exposés à cette affection).

Comment les prendre

Doses. Commencez par une petite dose de psyllium de 1 à 2 g par repas. Vous pourrez ensuite l'augmenter progressivement jusqu'à 1 à 3 c. à soupe (3 à 10 g) de poudre 2 ou 3 fois par jour, à prendre avec au moins 250 ml d'eau ou d'une autre boisson. Ne dépassez pas 25 à 30 g par jour.

Conseils d'utilisation. Si vous prenez des suppléments de fibres, veillez à boire beaucoup. Il est conseillé de laisser passer 2 h entre la prise de ces suppléments et celle de médicaments, car les fibres pourraient retarder leur absorption. Les femmes enceintes doivent consulter leur médecin avant de prendre des suppléments de fibres.

Effets secondaires possibles

Une augmentation de l'apport en fibres peut être à l'origine de ballonnements et de douleurs abdominales : veillez à toujours augmenter les doses progressivement.

Chez certaines personnes, les fibres, et notamment le son de blé, peuvent entraîner une irritation gastrique imposant l'arrêt du supplément.

Sources alimentaires

Le son d'avoine et le son de blé peuvent être ajoutés ou saupoudrés sur les aliments et contribuer à augmenter l'apport quotidien de fibres. Le son d'avoine fait une excellente céréale chaude au déjeuner.

Les graines de psyllium, communément réduites en poudre et encapsulées, traitent divers troubles digestifs.

Flavonoïdes

Qu'est-ce que les agrumes, le vin rouge, l'extrait d'écorce de pin et les oignons ont en commun ? Ils sont tous de bonnes sources de flavonoïdes, pigments végétaux qui aident à combattre cataracte, cancer, rhume des foins et bouffées de chaleur de la ménopause...

Indications

- *Pour diminuer les risques de maladies cardiovasculaires.*
- *Prévention de certains cancers, dont celui du sein et de la prostate.*
- *Diminution des risques de problèmes de vision liés à l'âge, cataracte ou dégénérescence maculaire.*
- *Atténuation des symptômes du rhume des foins et de l'asthme.*
- *Pour combattre les infections virales.*

Présentation

- Gélules
- Comprimés
- Poudre
- Liquide

ATTENTION

Si vous suivez un traitement médical, consultez votre médecin avant de prendre des suppléments.

Qu'est-ce que c'est ?

On a identifié plus de 4000 flavonoïdes (ou bioflavonoïdes) ; on soupçonne qu'il en existe beaucoup d'autres dans la nature. Les flavonoïdes donnent leur couleur aux fruits, aux légumes et aux plantes médicinales ; on en trouve aussi dans les légumineuses, les céréales et les noix. Puissants antioxydants, ils protègent les cellules des dommages causés par les molécules instables d'oxygène, appelées radicaux libres, parfois mieux que les vitamines C et E. À ce jour, on n'a étudié les vertus que de quelques flavonoïdes.

L'un d'eux, la quercétine (dans les oignons et les pommes), stimule la production d'autres flavonoïdes. La rutine et l'hespéridine sont les plus actifs des flavonoïdes présents dans les oranges, pamplemousses, tangerines et autres agrumes.

Les oligomères proanthocyanidines, ou anthocyaniques, les polyphénols et la génistéine sont d'autres flavonoïdes présents en grandes quantités dans l'écorce de pin (l'extrait est vendu sous le nom de pycnogénol), l'extrait de pépins de raisin et dans le vin rouge. Les anthocyaniques se retrouvent dans la myrtille. Le thé vert est la principale source de polyphénols, plus particulièrement du gallate épigallocatéchine, qui semble être un agent anticancérigène. La génistéine, qui est présente dans le soya, possède des vertus antioxydantes et peut imiter les effets de l'œstrogène.

Leur rôle dans l'organisme

Le potentiel curatif des flavonoïdes provient entre autres de leurs propriétés anti-inflammatoires, antihistaminiques (l'histamine est responsable des symptômes allergiques comme la congestion), antioxydantes et immunostimulantes. Ils renforcent aussi les vaisseaux sanguins et améliorent la circulation.

✪ **Principaux effets bénéfiques.** La quercétine et les anthocyaniques pourraient protéger des maladies cardiovasculaires parce qu'ils entravent les réactions physiologiques qui bloquent les artères et qu'ils renforcent les vaisseaux sanguins de diverses manières. En Finlande et aux Pays-Bas, des études ont montré que des personnes qui absorbent beaucoup de flavonoïdes, en particulier la quercétine, courent moins de risques de cardiopathies ou d'accidents cérébrovasculaires. Dans une étude, un régime à haute teneur en flavonoïds réduisait les risques de décès par cardiopathie de 50 % chez les femmes et de 23 % chez les hommes. Une autre étude indiquait une réduction de 75 % des risques d'accidents cérébrovasculaires chez les hommes ayant absorbé une haute dose de flavonoïdes par rapport à ceux ayant pris une dose faible.

La quercétine et les autres polyphénols semblent prometteurs pour combattre le cancer. Certaines études ont montré que les personnes qui absorbent de fortes doses de ces flavonoïds présentaient des risques réduits de cancer de l'estomac, du pancréas ou des poumons. La génistéine du soya semble avoir des propriétés anticancérigènes et réduire les bouffées de chaleur en agissant sur les récepteurs d'œstrogène. La quercétine aide aussi le corps à utiliser le glucose et pourrait avoir une utilité dans la prévention du diabète.

✪ **Autres effets bénéfiques.** La quercétine pourrait soulager le rhume des foins, la sinusite et l'asthme parce qu'elle entrave les réactions allergiques au pollen et soulage l'inflammation des voies respiratoires. Cette action anti-inflammatoire est également efficace contre les morsures d'insectes, l'eczéma et autres problèmes cutanés ainsi que pour l'inflammation des articulations et des muscles – polyarthrite rhumatoïde, goutte ou fibromyalgie.

Comment les prendre

✐ **Doses.** *Pour la santé générale*, achetez un mélange de flavonoïds (quercétine, rutine et hespéridine) et suivez la posologie. *Contre les allergies, l'asthme, la goutte et les morsures d'insectes*, prenez 500 mg de quercétine 2 ou 3 fois par jour.

◖ **Conseils d'utilisation.** L'extrait de pépins de raisin et le thé vert sont d'excellentes sources de flavonoïds à effet antioxydant. Il est conseillé d'associer les flavonoïds à la vitamine C pour compléter leur action immunitaire. Prenez la quercétine 20 minutes avant les repas ; les autres flavonoïds peuvent se prendre à n'importe quel moment de la journée.

Effets secondaires possibles

Aucun effet toxique ou allergène ni autre effet secondaire n'a été associé aux flavonoïds.

Gattilier

Vitex agnus-castus

Les médecins de la Grèce antique recommandaient déjà le gattilier pour soigner différents problèmes de santé. C'est maintenant une plante couramment prescrite aux femmes, en Europe, pour traiter le syndrome prémenstruel et les autres troubles relatifs aux menstruations.

Indications

- *Pour atténuer le syndrome prémenstruel.*
- *Régularisation des menstruations.*
- *Diminution des bouffées de chaleur dues à la ménopause.*
- *Pour aider à traiter certaines infertilités.*

Présentation

- Teinture-mère
- Comprimés
- Gélules
- Plante séchée / infusion

ATTENTION

- Le gattilier agit sur la production des hormones et ne convient donc ni aux femmes qui suivent un traitement hormonal comportant pilule contraceptive ou œstrogènes, ni aux femmes enceintes.

- Le gattilier ne doit pas être pris par les patientes qui ont un cancer du sein.

Si vous suivez un traitement médical, consultez votre médecin avant de prendre des suppléments.

Qu'est-ce que c'est ?

Également appelé agnus-castus, le gattilier est un arbrisseau à fleurs épineuses violettes et à longues feuilles minces. Originaire de la région méditerranéenne, il pousse dans toutes les zones à climat subtropical. Ce sont ses baies rouges, récoltées en automne, que l'on utilise après les avoir fait sécher. Elles ressemblent à des grains de poivre, dont elles ont un peu le parfum. L'usage du gattilier pour soigner les « maladies de femmes » est attesté depuis le IVe siècle avant J.-C. : il était notamment utilisé à Athènes par les matrones. Les Romains, quant à eux, préparaient à partir de ses graines des potions destinées à diminuer la libido.

Son rôle dans l'organisme

Les fruits du gattilier sont riches en flavonoïdes spécifiques et en huiles essentielles. Bien que cette plante ne contienne ni hormones ni substances similaires, elle joue un rôle antiandrogène. Elle incite en effet l'hypophyse – un organe situé à la base du cerveau – à envoyer un message aux ovaires pour qu'ils produisent davantage de progestérone, l'hormone féminine. Le gattilier tend aussi à limiter la production de prolactine, une autre hormone dont le rôle principal est de réguler la lactation, mais qui intervient aussi dans les mécanismes de l'ovulation.

Principaux effets bénéfiques. D'après certains scientifiques, la production de progestérone serait insuffisante pendant les 2 semaines précédant les règles chez les femmes souffrant du syndrome prémenstruel, ce qui entraînerait un déséquilibre entre cette hormone et les œstrogènes. Le gattilier corrigerait ce désordre et éliminerait donc les troubles qui en

Ce sont les petits fruits rouge foncé du gattilier qui renferment les ingrédients actifs de cette plante médicinale.

résultent : ballonnements, irritabilité, dépression, modifications mammaires au cours du cycle menstruel. En diminuant la production de prolactine, il atténue la sensibilité des seins chez celles qui éprouvent ce type de symptôme avant les règles.

✣ **Autres effets bénéfiques.** La présence simultanée dans l'organisme de quantités importantes de prolactine et de faibles quantités de progestérone ayant probablement pour effet d'empêcher l'ovulation, le gattilier pourrait être utile pour les femmes qui, à cause de ce trouble, ont du mal à concevoir. D'une façon générale, l'action de cette plante est plus efficace quand le taux de progestérone est peu élevé. Il se pourrait aussi qu'elle intervienne dans le rétablissement du cycle menstruel en cas d'aménorrhée (absence de règles) provoquée par un excès de prolactine.

Les femmes qui ont atteint l'âge de la ménopause pourraient, elles aussi, avoir recours au gattilier, car il atténue les troubles associés à cette période de la vie. Le gattilier est également recommandé pour traiter les poussées d'acné prémenstruelles.

Comment le prendre

▨ **Doses.** La dose est la même pour les indications de syndrome prémenstruel, aménorrhée, infertilité, seins douloureux : si vous prenez le gattilier en teinture, absorbez-en 1/2 c. à thé dans un verre d'eau 2 fois par jour. L'équivalent en comprimés ou en gélules est de 225 mg d'extrait normalisé à 0,5 % d'agnuside (un des composants actifs du gattilier) par jour. Contre les bouffées de chaleur de la ménopause, prenez-en 225 mg (ou 40 gouttes de teinture-mère) 2 fois par jour.

◉ **Conseils d'utilisation.** Le gattilier doit être pris à jeun car il est mieux assimilé de cette façon, la première dose devant toujours être absorbée le matin. Une femme souffrant du syndrome prémenstruel remarquera une amélioration dès les règles suivantes, même si le traitement n'a duré que 10 jours, mais ce n'est qu'au bout de 3 à 4 mois qu'elle en ressentira tous les bienfaits. En cas d'aménorrhée ou d'infertilité, il faudra souvent attendre 6 mois de traitement pour que les effets se manifestent.

Effets secondaires possibles

Le gattilier n'a généralement pas d'effets secondaires indésirables. Une irritation de l'estomac et des démangeaisons ont cependant été constatées chez un très petit nombre de femmes. Si cela vous arrive, interrompez le traitement. Il se peut aussi que le gattilier rende les menstruations plus abondantes. En cas d'allaitement, il est cependant préférable d'éviter de prendre du gattilier, dont on ne connaît pas l'effet sur la lactation.

INFOS PLUS

▪ Une étude publiée en 2001 dans le *British Medical Journal* montre que 56 % des femmes ayant pris du gattilier souffraient moins du syndrome prémenstruel – troubles de l'humeur, maux de tête, gonflement des seins – contre 24 % dans le groupe placebo (étude en double aveugle portant sur 170 femmes d'une moyenne d'âge de 36 ans).

▪ Les propriétés du gattilier sont dues, comme celles d'autres plantes, à l'action conjuguée de plusieurs composants actifs ; on n'obtient pas le même effet en absorbant ceux-ci séparément.

▪ Le gattilier est, normalement, contre-indiqué chez les femmes enceintes, car il pourrait avoir un effet stimulant sur l'utérus. Mais il est parfois prescrit en Europe durant le premier trimestre de la grossesse pour prévenir une fausse couche chez des femmes ayant une insuffisance en progestérone.

Gingembre

Zingiber officinale

De l'Inde à la Chine anciennes en passant par la Grèce et la Rome antiques, le gingembre était une épice appréciée pour ses vertus culinaires et ses propriétés curatives. Il est encore largement utilisé pour éviter le mal des transports et soulager les problèmes digestifs.

Indications

- Apaisement des nausées et du mal des transports.
- Diminution des douleurs de l'inflammation arthritique.
- Apaisement des muscles endoloris.
- Soulagement des allergies.
- Contrôle des flatulences.

Présentation

- Gélules
- Comprimés
- Capsules molles
- Huile essentielle
- Teinture-mère
- Liquide
- Rhizome frais, séché / infusion
- Rhizome confit

ATTENTION

- Le gingembre ne doit pas être utilisé contre les nausées matinales de la grossesse.

- Les patients sous chimiothérapie ou souffrant de gastrite ne doivent pas absorber de gingembre à jeun, car cette plante irrite la paroi stomacale.

- Utilisez le gingembre avec précaution si vous prenez des anticoagulants.

Si vous suivez un traitement médical, consultez votre médecin avant de prendre des suppléments.

Qu'est-ce que c'est ?

Le gingembre pousse dans certaines régions de l'Inde et de la Chine, ainsi qu'en Jamaïque et dans d'autres pays tropicaux. Cette grande plante herbacée, dont on utilise le rhizome, appartient à la famille du curcuma et de la cardamome. Le gingembre donne aux mets une saveur piquante et citronnée et occupe une grande place dans la pharmacopée traditionnelle.

Son rôle dans l'organisme

Le gingembre est utilisé pour traiter divers troubles digestifs, de l'indigestion légère ou des flatulences aux nausées et vomissements, et a aussi été employé pour soulager le rhume et l'arthrite. Ses constituants les plus actifs sont concentrés dans son huile essentielle, riche en substances volatiles très aromatiques (zingibérol, géranial, linalol, citronellal...) et dans sa résine, renfermant des principes piquants et âpres (gingérol, shogaols...) : en tout, plus de 150 composés différents.

Principaux effets bénéfiques. Le gingembre agit principalement sur le système digestif, en stimulant la production de sucs gastriques et en augmentant le tonus de la musculature intestinale. Il aide ainsi à lutter contre l'inappétence et la dyspepsie. Des suppléments de gingembre (ou de la pulpe fraîche additionnée de jus de citron vert) constituent un bon remède contre les flatulences. Ses propriétés antinauséeuses ont été vérifiées par plusieurs études en double aveugle chez des personnes souffrant du mal des transports. Il peut donc parfois remplacer efficacement les médicaments antinausées susceptibles d'affecter le système nerveux central et de provoquer des somnolences. Des études menées sur des femmes soumises à des actes exploratoires (comme une laparoscopie) ou à des opérations gynécologiques lourdes ont démontré que l'absorption, avant l'intervention, de 1 g de gingembre réduisait les nausées et les vomissements postopératoires, deux des effets secondaires habituels des anesthésiques et autres médicaments utilisés en chirurgie. Le gingembre combat les nausées provoquées par la chimiothérapie, mais il est conseillé de le prendre au cours des repas afin d'éviter toute irritation de l'estomac.

Autres effets bénéfiques. Les vertus anti-inflammatoires et analgésiques du gingembre semblent soulager les douleurs musculaires et chroniques associées à l'arthrite. Lors d'une étude réalisée sur 7 femmes atteintes de polyarthrite rhumatoïde (une maladie auto-immune caractérisée par une inflammation sévère), celles-ci ont observé une diminution des douleurs articulaires et de l'inflammation après avoir pris une dose quotidienne de 5 à 50 g de gingembre frais ou des gélules contenant jusqu'à 1 g de gingembre en poudre. Grâce à ses propriétés anti-inflammatoires, il pourrait diminuer la constriction bronchique due au rhume ou à la grippe. On lui prête enfin des vertus aphrodisiaques.

Comment le prendre

◻ **Doses.** *Contre les vertiges, les nausées, le mal des transports, les flatulences, pour soulager les douleurs chroniques ou la polyarthrite rhumatoïde,* prenez du gingembre 3 fois par jour ou toutes les 4 h selon vos besoins. La posologie habituelle est de 100 à 200 mg d'extrait en gélules, de 1 à 2 g de gingembre frais en poudre ou d'une tranche de 1 cm d'épaisseur de gingembre frais. *Pour stimuler la digestion, soulager les crises d'arthrite ou calmer les douleurs,* d'autres préparations, notamment en infusion, peuvent être absorbées plusieurs fois par jour. Utilisez des sachets prêts à l'emploi ou versez 1/2 c. à thé de rhizome râpé dans une tasse d'eau très chaude. *Contre le mal des transports,* essayez le gingembre confit (un petit morceau suffit). *Contre les douleurs musculaires,* frottez les zones concernées avec un mélange constitué de quelques gouttes d'huile essentielle de gingembre et de 1 c. à soupe d'huile d'amande douce ou d'une autre huile neutre. *Contre les allergies,* buvez jusqu'à 4 tasses d'infusion de gingembre par jour, selon les besoins, pour atténuer les symptômes.

◻ **Conseils d'utilisation.** Prendre de fortes doses de gingembre à jeun peut provoquer des maux d'estomac. Il est donc conseillé de l'absorber pendant les repas, et d'avaler les gélules avec une boisson. Pour éviter le mal des transports, le gingembre doit être pris 2 à 3 h avant le départ, puis toutes les 4 h selon les besoins, jusqu'à 4 fois par jour. Pour combattre les nausées postopératoires, commencez à prendre du gingembre la veille de de l'intervention, sous contrôle médical.

Effets secondaires possibles

Qu'il soit pris frais, en gélules ou en infusion, le gingembre soulage de nombreux maux sans danger. Seuls de rares cas de légers troubles digestifs ont été rapportés.

Consommé frais ou sous forme de gélules, le gingembre est un excellent remède contre les nausées et les vertiges.

Ginkgo biloba

Pour stimuler la mémoire, on vante les mérites de cette plante médicinale, dérivée de l'une des plus anciennes essences d'arbres. Des études scientifiques récentes semblent mettre en doute certaines des indications traditionnelles du ginkgo biloba.

Ginkgo biloba

Indications

- *Pour ralentir la progression des symptômes de l'Alzheimer ; vivifier la mémoire et la concentration.*

- *Pour atténuer dépression et anxiété chez certaines personnes âgées.*

- *Soulagement de la sensation de froid aux extrémités (maladie de Raynaud) et des crampes aux jambes (claudication intermittente).*

- *Pour atténuer céphalées, acouphènes et vertiges.*

Présentation

- Comprimés
- Gélules
- Capsules molles
- Teinture-mère
- Poudre
- Liquide

ATTENTION

■ Les feuilles de ginkgo non traitées (y compris les tisanes) peuvent déclencher des réactions allergiques. N'utilisez que les extraits normalisés (EGB).

■ Si vous êtes sous anti-coagulants, ne prenez pas de ginkgo biloba sans consulter votre médecin au préalable.

■ Si vous êtes allergique à l'herbe à puce, à la noix de cajou ou aux mangues, ne prenez pas de ginkgo biloba.

Si vous suivez un traitement médical, consultez votre médecin avant de prendre des suppléments.

Qu'est-ce que c'est ?

On extrait la préparation médicinale des feuilles en forme d'éventail du ginkgo biloba, une essence d'arbre qui pousse en Chine depuis plus de 200 millions d'années. Une préparation concentrée, l'extrait de ginkgo biloba (EGB), sert à fabriquer le supplément. On obtient l'EGB, communément appelé ginkgo, en faisant sécher les feuilles et en les broyant avant d'en extraire les ingrédients actifs dans un mélange d'acétone et d'eau.

Son rôle dans l'organisme

Le ginkgo peut bénéficier à la fois aux systèmes circulatoire et nerveux. Il accroît le débit sanguin en contrôlant le tonus et l'élasticité des vaisseaux sanguins, depuis les grandes artères jusqu'aux capillaires. Il se comporte aussi comme l'aspirine en réduisant la consistance « collante » du sang, ce qui abaisse le risque de formation de caillots. Il semble également posséder des propriétés antioxydantes, parce qu'il répare les dommages des radicaux libres et aide au maintien de la santé des cellules sanguines. Il améliorerait le système nerveux, croit-on, en favorisant un apport supplémentaire d'oxygène et de glucose aux cellules nerveuses. Pour l'instant, cependant, on n'en a pas la preuve.

Tirée des feuilles du ginkgo biloba, cette plante médicinale est aussi efficace sous forme de pilules que d'extrait liquide.

Action préventive. La recherche se concentre désormais sur le rôle potentiel du ginkgo dans la prévention de la perte de mémoire relative à l'âge. Jusqu'à présent, ceux qui souffrent de la réduction du débit sanguin au cerveau en ont déjà bénéficié. Les chercheurs essaient aussi de déterminer si la capacité du ginkgo de prévenir la coagulation peut empêcher les infarctus et les ACV.

Principaux effets bénéfiques. Comme le ginkgo favorise le débit sanguin au cerveau – augmentant ainsi l'apport en oxygène –, il pourrait s'avérer particulièrement utile aux personnes âgées dont les artères sont rétrécies par l'accumulation de cholestérol ou d'autres affections. On a relié la diminution du débit sanguin au cerveau à la maladie d'Alzheimer, à la perte de mémoire, à l'anxiété, aux maux de tête, à la dépression, à la confusion, aux acouphènes et aux étourdissements. Tous ces états pourraient bénéficier de l'apport du ginkgo.

Autres effets bénéfiques. Le ginkgo favorise également la circulation dans les jambes et les bras, ce qui le rendrait utile pour réduire la douleur, les crampes et le rétrécissement des artères causés par la claudication intermittente. Il pourrait améliorer la circulation dans les extrémités de ceux qui souffrent de la maladie de Raynaud ou de sclérodermie (maladie auto-immune rare).

En outre, en accroissant le débit sanguin aux fibres nerveuses de l'œil et de l'oreille, le ginkgo pourrait aider autant au traitement de la dégénérescence maculaire et aux maladies de l'œil imputables au diabète (les deux principales causes de cécité) qu'à certains types de surdité. Les études en cours portent sur la capacité du ginkgo d'accélérer le processus de guérison de certains accidents cérébrovasculaires, blessures à la tête et autres troubles reliés à l'affaiblissement du système nerveux ou circulatoire, dont l'impuissance, la sclérose en plaques et les lésions nerveuses liées au diabète.

Comment le prendre

Doses. Utilisez les suppléments contenant l'EGB, la préparation concentrée. *Pour contrer la perte de mémoire générale et la mauvaise circulation*, prenez 120 mg d'EGB par jour, divisés en 2 ou 3 prises. *Pour la maladie d'Alzheimer, la dépression, les acouphènes, l'impuissance ou autres troubles causés par un apport insuffisant de sang au cerveau*, prenez 120 à 240 mg par jour.

Conseils d'utilisation. Il faut compter de 6 à 8 semaines (dans certains cas jusqu'à 12) pour remarquer les effets du ginkgo. On le considère sécuritaire pour les utilisations à long terme, lorsqu'il est pris selon les dosages recommandés. On peut le prendre avec ou sans nourriture.

Effets secondaires possibles

Irritabilité, agitation, diarrhée ou nausée peuvent survenir, même si elles sont modérées et transitoires. Durant les premiers jours, il est possible d'avoir mal à la tête. Si les effets secondaires vous dérangent, diminuez le dosage ou cessez de prendre du ginkgo.

BIEN CHOISIR

■ Les suppléments d'extraits de ginkgo biloba devraient contenir au moins 24 % de glycosides flavonoïdes (substances organiques responsables des propriétés antioxydantes et anti-coagulantes de la plante) et 6 % de lactones terpéniques (ginkgolides et bilobalides, qui améliorent la circulation sanguine et protègent le système nerveux, croit-on). Lors d'une étude menée au Canada, on a découvert que sur 12 bouteilles achetées au hasard, seulement 5 respectaient cette norme.

■ Le ginkgo coûte cher. Achetez le produit le plus économique.

LE SAVIEZ-VOUS ?

Les arbres de ginkgo sont soit mâles, soit femelles. En Chine et au Japon, on tient en haute estime les noix de l'arbre femelle pour leur goût délicat et leurs propriétés thérapeutiques.

QUOI DE NEUF ?

Lors d'une recherche, on a évalué 202 patients affectés de démence, la plupart de type Alzheimer. Comparativement à ceux à qui on a donné un placebo, ceux qui ont pris 120 mg d'extrait de ginkgo biloba par jour étaient plus susceptibles de voir leur état mental et social se stabiliser ou s'améliorer. Les effets étaient modérés et de durée limitée.

Ginseng

Panax ginseng
Panax quinquefolius
Eleutherococcus senticosus

Indications

- *Pour combattre les effets du stress et de la fatigue sur l'organisme.*
- *Pour augmenter les capacités de mémorisation.*
- *Stimulation de l'énergie et des défenses immunitaires.*
- *Remède traditionnel contre l'impuissance et la stérilité masculine.*

Présentation

- Comprimés
- Gélules
- Capsules molles
- Teinture-mère
- Poudre
- Plante séchée / infusion

ATTENTION

- Le ginseng est à proscrire sans suivi médical si vous souffrez d'hypertension ou de troubles du rythme cardiaque.

- Ne prenez pas de ginseng, de quelque type que ce soit, si vous êtes enceinte.

- Le ginseng est également contre-indiqué si vous prenez de l'IMAO, un médicament inhibiteur d'enzyme utilisé comme antidépresseur.

Si vous suivez un traitement médical, consultez votre médecin avant de prendre des suppléments.

Il existe trois grands types de ginseng qui, pris à des doses appropriées, ont chacun divers effets bénéfiques sur l'organisme. On ajoute parfois du ginseng dans les boissons industrielles, mais les quantités sont bien trop faibles pour avoir une quelconque efficacité.

Qu'est-ce que c'est ?

Le ginseng panax (*Panax ginseng*), également appelé ginseng d'Asie, de Chine ou de Corée, est le plus réputé. Il est employé en médecine chinoise depuis des milliers d'années pour son action sur la longévité et la qualité de vie. Une autre espèce, *Panax quinquefolius*, ou ginseng d'Amérique, est cultivée au Canada et dans les États du Midwest américain, et exportée en Chine. Le ginseng de Sibérie, ou éleuthérocoque (*Eleutherococcus senticosus*), est un parent éloigné des deux autres espèces. La racine de la plante, qui renferme les substances dotées de propriétés médicinales, se développe lentement, et on la récolte tous les 4 à 6 ans, lorsque sa teneur en principes actifs est maximale. On appelle ginseng blanc la racine sèche de la plante, et ginseng rouge la racine étuvée puis séchée.

Son rôle dans l'organisme

Le ginseng panax renferme des ginsénosides, les principales substances actives de ces plantes, tandis que le ginseng de Sibérie se caractérise par ses éleuthérosides, dont les propriétés stimulantes et antioxydantes sont très proches. On y trouve aussi des glucanes spécifiques, les panaxanes (capables de faire baisser le taux de sucre sanguin), des polysaccharides complexes et une huile essentielle riche en substances volatiles. La plupart des recherches et études ont été menées sur le ginseng panax. Les principaux effets bénéfiques sur la santé des trois types de ginseng découlent de leurs propriétés antioxydantes, de leur action stimulante sur le système immunitaire et l'activité cérébrale, et de leur capacité à protéger l'organisme contre les effets nocifs du stress.

Action préventive. En favorisant la production de cellules immunitaires appelées lymphocytes T, qui détruisent les bactéries et les virus dangereux, le ginseng améliore la résistance de l'organisme. Des travaux ont

À gauche, le ginseng de Sibérie ; à droite, la racine séchée du ginseng panax.

établi également que le ginseng panax pourrait inhiber le développement de certaines cellules cancéreuses. Une étude coréenne de grande envergure a montré que le risque de développer un cancer chez les personnes ayant pris régulièrement du ginseng panax était divisé par deux par rapport aux sujets n'en consommant pas. Toutefois, seules la poudre et la teinture-mère ont permis de réduire les risques de cancer : la racine fraîche ou les tisanes ne produisent pas les mêmes effets.

Effets bénéfiques. Le ginseng stimule et régularise le fonctionnement des glandes qui sécrètent les hormones du stress, à savoir l'hypophyse et l'hypothalamus (situés à la base du cerveau) et les surrénales. Il aide ainsi à combattre la fatigue et à retrouver la vitalité. Il augmente aussi l'endurance : de très nombreux sportifs prennent du ginseng.

Le ginseng panax peut se révéler efficace contre l'impuissance, car il améliore la fonction érectile en dilatant les vaisseaux sanguins. Des études sur l'animal ont montré que cette plante induisait une élévation du taux de testostérone et stimulait la production du sperme, ce qui pourrait aider les hommes ayant des problèmes de stérilité. L'espèce sibérienne semble plus adaptée aux femmes, particulièrement à celles ayant un cycle menstruel irrégulier. Quant au ginseng d'Amérique, il est bien connu pour traiter les troubles de l'appareil digestif. Mis à part ces quelques spécificités, les trois espèces ont des propriétés et des usages similaires.

Comment le prendre

Doses. Ne pas dépasser 2 g de racine par jour. *Pour l'état général ou contre la fatigue*, prenez 100 à 200 mg d'extrait de ginseng panax, ou 100 à 200 mg d'extrait de ginseng de Sibérie, 1 à 3 fois par jour. *Pour aider l'organisme en période de stress ou de convalescence et contre l'impuissance et la stérilité masculine*, absorbez les doses mentionnées ci-dessus 2 fois par jour.

Conseils d'utilisation. Commencez par les doses les plus faibles et augmentez progressivement. Certains spécialistes recommandent d'interrompre la cure pendant 1 semaine toutes les 2 ou 3 semaines.

Effets secondaires possibles

Aux doses recommandées, le ginseng ne semble pas avoir d'effets secondaires. On a cependant mentionné que des quantités plus importantes pouvaient provoquer une certaine nervosité, des insomnies ainsi que des maux de tête et des problèmes digestifs. Si vous souffrez de ces troubles, réduisez les doses. L'association du ginseng et de la caféine peut intensifier ces réactions. Certaines femmes ont également signalé une augmentation du flux menstruel ou une tension mammaire accrue après avoir pris de fortes doses de ginseng panax. Dans ce cas, remplacer ce dernier par du ginseng de Sibérie.

BIEN CHOISIR

- Lisez soigneusement les étiquettes pour être sûr d'acheter le type de ginseng que vous souhaitez,car ils n'ont pas exactement les mêmes indications et l'un d'entre eux est peut-être mieux adapté à votre cas.
- Achetez de préférence des extraits qui indiquent leur teneur en ginsénosides (pour le ginseng panax ou celui d'Amérique) ou en éleuthérosides (pour le ginseng de Sibérie).

QUOI DE NEUF ?

Les personnes atteintes d'un diabète de type II (non insulinodépendant) pourraient aussi profiter des bienfaits du ginseng. Des travaux récents portant sur des diabétiques ont montré que les malades absorbant entre 100 et 200 mg par jour d'extrait de ginseng panax (ou 3 g de ginseng d'Amérique) avaient un taux de glycémie inférieur à celui des sujets prenant un placebo.

LE SAVIEZ-VOUS ?

Le mot ginseng vient du vieux chinois *jen shen*, signifiant homme-racine, la racine de cette plante rappelant un peu la silhouette d'un corps humain.

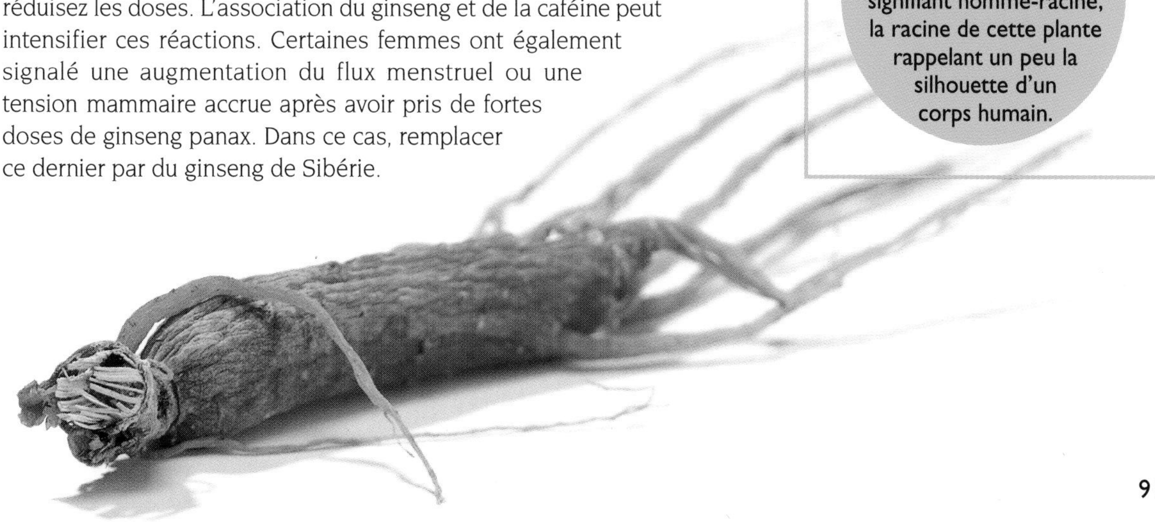

Glucosamine

Ce produit prometteur contre l'arthrite favorise la formation du cartilage, ou coussinet protecteur à l'extrémité des os, protège et renforce les articulations, et soulage la douleur et la raideur. Bien que le corps fabrique un peu de glucosamine, un supplément est plus efficace.

Indications

- Soulagement de la douleur, de la raideur et de l'enflure des articulations, comme celles des genoux et des doigts, causées par l'arthrose et la polyarthrite rhumatoïde.

- Soulagement des douleurs arthritiques dans le dos et le cou.

- Pour accélérer la guérison des foulures, renforcer les articulations, et dans un but de prévention.

Présentation

- Gélules
- Comprimés

ATTENTION

- La glucosamine augmente le taux de glucose dans le sang ; elle doit donc être utilisée avec prudence par les diabétiques. Parlez-en au médecin.

Si vous suivez un traitement médical, consultez votre médecin avant de prendre des suppléments.

Qu'est-ce que c'est ?

La glucosamine est une molécule simple renfermant le glucose du sucre. On sait depuis longtemps que l'organisme en fabrique un peu. On la retrouve surtout dans les articulations et les tissus conjonctifs ; c'est là que le corps l'utilise pour produire les grandes molécules servant à réparer et à entretenir le cartilage. Depuis quelques années, on vend des suppléments de glucosamine sous diverses formes, dont le sulfate de glucosamine et la N-acétyl-glucosamine (NAG). Le sulfate de glucosamine est la forme la plus utilisée dans les cas d'arthrite. Rapidement assimilé (l'intestin en absorbe 90 à 98 %), il semble très efficace contre cette maladie. Au Canada, la glucosamine ne peut être vendue qu'à titre d'aliment; aucune prétention pharmaceutique n'est autorisée.

Son rôle dans l'organisme

Bien que certains soi-disant spécialistes déclarent haut et fort que la glucosamine guérit l'arthrite, aucun supplément ne peut avoir cette prétention. Cependant, la glucosamine procure un réel soulagement à de nombreux arthritiques – surtout aux personnes atteintes d'arthrose ou arthrite induite par le vieillissement – et peut aider les personnes atteintes de polyarthrite rhumatoïde ou autres inflammations articulaires. Enfin, elle possède d'autres bons effets.

⊕ **Principaux effets bénéfiques.** La glucosamine est approuvée comme traitement antiarthritique dans plus de 70 pays. Elle peut soulager la douleur et l'inflammation, augmenter la mobilité et aider à restaurer les articulations endommagées des genoux, des hanches, de la colonne vertébrale et des mains. Des études récentes ont même révélé qu'elle peut être plus efficace contre la douleur et l'inflammation que les anti-inflammatoires non stéroïdiens (AINS) – comme l'aspirine et l'ibuprofène, couramment utilisés dans de tels cas – sans en avoir les effets indésirables. De plus, si les AINS masquent les douleurs arthritiques, ils font peu pour ralentir le progrès de la maladie et peuvent même l'aggraver en entravant la formation naturelle de cartilage, tandis que la glucosamine favoriserait la production de cartilage et réparerait les articulations endommagées. Bien qu'elle soit

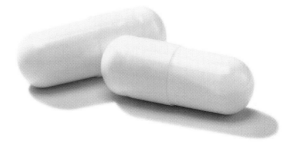

de peu d'utilité pour les personnes souffrant d'arthrite avancée et dont les cartilages sont complètement détruits, elle peut venir en aide aux arthritiques dont les symptômes sont bénins ou peu graves.

❋ **Autres effets bénéfiques.** À titre de fortifiant articulaire, la glucosamine peut servir à prévenir l'arthrite et toutes les maladies dégénératives des articulations causées par le vieillissement. Elle peut également accélérer la guérison des blessures articulaires aiguës, comme les foulures des chevilles ou des doigts.

En outre, la glucosamine favorise la santé des muqueuses du tractus digestif et peut être utile dans le traitement de certaines maladies comme le syndrome du côlon irritable. On la retrouve dans diverses préparations pour le côlon vendues dans les magasins d'aliments naturels : elle est alors sous la forme de N-acétyl-glucosamine (NAG) qui agit spécifiquement sur la muqueuse intestinale.

Comment la prendre

☑ **Doses.** La dose habituelle dans les cas d'arthrite et les autres affections est de 500 mg de sulfate de glucosamine 3 fois par jour ou 1 500 mg par jour. On a établi que ce dosage est sans danger et qu'il est efficace pour la plupart des gens. Les personnes qui pèsent plus de 90 kg (200 lbs) ou qui prennent des diurétiques peuvent exiger des doses quotidiennes plus fortes, soit 900 mg par tranche de 45 kg (100 lbs) de poids corporel ; consultez le médecin sur le dosage qui vous convient.

◉ **Conseils d'utilisation.** La glucosamine se prend normalement durant une période prolongée et semble de toute sécurité. Elle ne soulage pas aussi rapidement que les analgésiques ou les anti-inflammatoires, son délai d'action étant de deux à huit semaines, mais en traitement prolongé, ses bienfaits sont plus marqués et plus durables. Prenez la glucosamine aux repas pour atténuer les risques de maux d'estomac.

L'effet antiarthritique de la glucosamine est décuplé quand elle est associée à un autre supplément comme le sulfate de chondroïtine (composé apparenté favorisant la production de cartilage), la niacinamide (forme de niacine ou vitamine B) ou la S-adénosylméthionine (SAM), une forme de méthionine, un acide aminé. D'autres suppléments lui sont parfois associés : l'extrait de résine de boswellia, un arbre de l'Inde, le concombre de mer, un ancien remède de la pharmacopée chinoise, et la pommade au piment, un analgésique topique.

Aucun effet indésirable n'a été signalé quand la glucosamine est associée à des suppléments ou à des médicaments vendus avec ou sans ordonnance. La glucosamine a pour effet de faire monter le taux de glucose dans le sang chez les diabétiques.

Effets secondaires possibles

Comme la glucosamine est naturellement produite par l'organisme, elle est à peu près dépourvue d'effets indésirables, bien qu'il n'existe pas d'études sur ses conséquences en utilisation prolongée. Les suppléments de glucosamine peuvent donner, mais rarement, des troubles gastro-intestinaux comme des aigreurs d'estomac ou des nausées.

BIEN CHOISIR

■ La glucosamine se prend sous forme de suppléments. On en connaît peu de sources alimentaires, mais elle se trouve en quantité intéressante dans les carapaces de crevettes, le crabe et les huîtres.

QUOI DE NEUF ?

Dans une étude menée sur 178 patients souffrant d'arthrose du genou, à l'hôpital du collège médical de l'Union de Beijing, en Chine, on a établi qu'une dose quotidienne de 1 500 mg de sulfate de glucosamine atténuait autant leurs symptômes que 1 200 mg d'ibuprofène – tout en étant beaucoup mieux tolérée.

Des chercheurs de San Diego, aux États-Unis, estiment que l'administration orale de glucosamine durant les jours qui suivent une intervention chirurgicale peut aider à accélérer la cicatrisation et aussi réduire les risques de complications cicatricielles, ce qui laisse entrevoir de nouveaux usages.

LE SAVIEZ-VOUS ?

Les vieux chiens qui ont du mal à se déplacer peuvent prendre avec profit du sulfate de glucosamine. On a démontré que ce supplément est aussi bon pour eux que pour leurs maîtres.

Graines de lin

Linum usitatissimum

Depuis plus de 7000 ans, on cultive le lin, riche en huile thérapeutique. On lui attribue un rôle important dans la prévention et le traitement de nombreux troubles inflammatoires, de problèmes hormonaux, de cancers et de cardiopathies.

Indications

- *Pour prévenir cancer, cardiopathies, cataractes et calculs biliaires.*
- *Réduction de l'inflammation associée à la goutte et au lupus.*
- *Santé de la peau, des cheveux et des ongles ; pour contrer les lésions cutanées.*
- *Utilité potentielle dans l'infertilité, l'impuissance, les crampes menstruelles et l'endométriose.*
- *Traitement des neuropathies.*
- *Soulagement de la constipation, des calculs biliaires et de la diverticulite.*

Présentation

- Capsules molles
- Huile
- Gélules
- Poudre

ATTENTION

■ Certaines personnes sont allergiques aux graines de lin. Si vous avez du mal à respirer après avoir pris ce supplément, appelez l'ambulance.

■ Prenez toujours les graines de lin moulues avec de l'eau (un grand verre par cuillerée à soupe) pour les empêcher de gonfler et de bloquer la gorge ou le système digestif.

Si vous suivez un traitement médical, consultez votre médecin avant de prendre des suppléments.

Qu'est-ce que c'est ?

De la plante, on a d'abord fait une fibre à tisser – fibres toujours utilisées pour le tissu de lin naturel. Toutefois, les propriétés médicinales de la graine de lin sont légendaires. Annuelle élancée atteignant jusqu'à 1 m de hauteur, le lin porte des fleurs bleues du début du printemps jusqu'à l'automne. On l'a cultivé en Europe, puis en Amérique du Nord. On utilise l'huile extraite des graines et les graines elles-mêmes à des fins thérapeutiques.

Leur rôle dans l'organisme

Les graines de lin sont riches en acides gras essentiels (AGE), des gras et des huiles nécessaires à la santé, que l'organisme est incapable de fabriquer. L'un des AGE de la graine de lin, l'acide alpha-linolénique, est renommé comme oméga-3. (Les acides gras oméga-3 préviendraient les cardiopathies et contribueraient au traitement de plusieurs autres affections.) Les graines de lin contiennent également des oméga-6 (sous forme d'acide linoléique), les bons gras que l'on trouve dans plusieurs huiles végétales. En outre, les graines de lin fournissent des substances appelées lignanes, qui semblent bénéficier à diverses hormones et pourraient contribuer à lutter contre le cancer, les bactéries, les virus et les champignons. À poids égal, les graines de lin fournissent jusqu'à 800 fois les lignanes des autres aliments.

✪ **Principaux effets bénéfiques.** Les AGE agissent dans tout l'organisme pour protéger les membranes cellulaires – l'enveloppe externe

On peut presser les graines brunes du lin pour en extraire l'huile, que l'on trouve aussi sous forme de capsules molles.

protectrice de toutes les cellules –, laissant passer les nutriments sains et bloquant les substances dommageables. Cette fonction explique la portée extraordinaire de l'action de l'huile de graines de lin.

L'huile de graines de lin peut aider à abaisser le taux de cholestérol, ce qui préviendrait ainsi les cardiopathies. Elle peut aussi bénéficier aux angineux et aux hypertendus. Dans le cadre d'une étude de cinq ans menée à Boston, on a découvert qu'elle pourrait servir à prévenir une seconde crise cardiaque. Elle améliore le traitement de maladies comme le lupus et la goutte. Comme adjuvant à la digestion, elle peut prévenir la formation de calculs biliaires ou même les dissoudre. L'huile de graines de lin favorise aussi la santé des cheveux et des ongles et accélère la guérison des lésions cutanées depuis l'acné jusqu'aux coups de soleil. En outre, elle peut faciliter la transmission des influx nerveux, ce qui la rend peut-être efficace contre les fourmillements et les engourdissements, les pathologies du cerveau ou les neuropathies. Elle pourrait même contribuer à lutter contre la fatigue.

Broyées, les graines de lin sont une excellente source naturelle de fibres ; elles ajoutent du volume aux selles. Leur huile lubrifie, ce qui la rend utile pour le soulagement de la constipation et des douleurs diverticulaires.

Autres effets bénéfiques. L'huile de graines de lin pourrait réduire le risque de cancers du sein, du côlon, de la prostate et peut-être de la peau. Selon certaines études, elle pourrait aider les femmes aux premiers stades ou aux stades avancés de cancer du sein.

Parce que les graines de lin contiennent des œstrogènes végétaux (phytoestrogènes) qui imitent les hormones de la femme, l'huile peut avoir des effets bénéfiques sur le cycle menstruel en équilibrant les quantités d'œstrogènes et de progestérone.

L'huile semble prometteuse pour contrer l'infertilité masculine et les troubles de la prostate. On a aussi découvert que les graines de lin possédaient des propriétés antibactériennes, antifongiques et antivirales, ce qui expliquerait en partie l'efficacité de l'huile dans des maladies comme l'herpès et le zona.

Comment la prendre

Doses. L'huile de graines de lin liquide reste la façon la plus simple de prendre une dose thérapeutique, laquelle varie de 1 c. à thé à 1 c. à soupe 1 ou 2 fois par jour. Pour prendre l'équivalent de 1 c. à soupe en capsules, il en faut environ 14, chacune contenant 1 000 mg. Pour obtenir la fibre, mélangez 1 ou 2 c. à soupe de graines moulues dans un verre d'eau et buvez. Répétez jusqu'à 3 fois par jour (le traitement met une journée à agir).

Conseils d'utilisation. Prenez l'huile de graines de lin en mangeant, parce que la nourriture favorise l'absorption par l'organisme. Vous pouvez la mélanger à des jus, à du yogourt, à du fromage cottage et à d'autres aliments ou boissons.

Effets secondaires possibles

L'huile semble très sécuritaire ; les graines moulues peuvent causer des flatulences en début d'utilisation seulement.

BIEN CHOISIR

- L'huile de graines de lin rancit rapidement. Pour assurer sa fraîcheur, conservez-la au réfrigérateur. Ne vous en servez pas si elle dégage une odeur forte ou âcre.
- Achetez de l'huile dans un contenant de plastique opaque, filtrant mieux la lumière que le verre ambré. Ne gaspillez pas votre argent en achetant l'huile « pressée à froid » ; elle n'est pas plus pure ni meilleure pour la santé que les autres.
- Ne vous servez jamais d'huile de graines de lin vendue dans les quincailleries. Elle pourrait contenir des additifs toxiques pour la consommation humaine.

INFOS PLUS

- L'huile de graines de lin a un goût fin de noix et de beurre. Vous pouvez l'ajouter aux vinaigrettes ou la verser en filet sur les aliments. Une cuillerée à soupe contient un peu plus de 100 calories. Ne vous en servez pas pour la cuisson : la chaleur dégrade ses nutriments.
- Les capsules de graines de lin coûtent cher : il en faut 14 pour obtenir l'équivalent de 1 c. à soupe d'huile. Mais elles peuvent s'avérer utiles en voyage.

LE SAVIEZ-VOUS ?

1 c. à thé de graines de lin contient environ 2,5 g d'acides gras oméga-3 – deux fois la quantité présente dans le régime alimentaire canadien moyen.

Griffe-du-chat

Uncaria tomentosa
U. guianensis

En Occident, on étudie la griffe-du-chat depuis les années 1970 et les médecins européens l'utilisent depuis les années 1980, mais, récemment, elle a encore vu sa popularité augmenter. Des études indiquent qu'elle possède des vertus immunostimulantes.

Indications

- Pour renforcer l'immunité et combattre sinusites et infections.
- Adjuvant aux traitements contre le cancer.
- Soulagement des douleurs chroniques.
- Soulagement des douleurs et de l'inflammation de la goutte ou de l'arthrite.

Présentation

- Comprimés
- Gélules
- Capsules molles
- Teinture
- Plante séchée / infusion

ATTENTION

■ Ne prenez pas de griffe-du-chat si vous êtes enceinte, si vous envisagez une grossesse ou si vous allaitez. Son innocuité n'a pas été étudiée dans ces contextes et elle pourrait déclencher une fausse couche spontanée.

Si vous suivez un traitement médical, consultez votre médecin avant de prendre des suppléments.

Qu'est-ce que c'est ?

La plante médicinale constituée de son aubier et de ses racines est appelée griffe-du-chat. Il en existe des douzaines d'espèces, mais on récolte plus particulièrement les deux espèces sauvages pour l'usage médicinal : *Uncaria tomentosa* et *U. guianensis*. On aperçoit fréquemment de grandes plaques d'écorce sur les marchés paysans d'Amérique du Sud ; les autochtones utilisent depuis longtemps l'écorce en tisane pour soigner les blessures, les maux d'estomac, l'arthrite, le cancer et d'autres maladies.

Son rôle dans l'organisme

Des études scientifiques récentes ont identifié plusieurs principes actifs de la griffe-du-chat qui ont un effet stimulant sur l'activité du système immunitaire et apaisent les inflammations. Sans doute leur présence explique-t-elle l'utilisation traditionnelle de la plante pour contrer le cancer, soigner l'arthrite, la dysenterie, les ulcères et bien d'autres problèmes infectieux et inflammatoires.

✪ **Principaux effets bénéfiques.** En Allemagne et en Autriche, les médecins prescrivent de la griffe-du-chat pour stimuler la réponse immunitaire des patients atteints de cancer, affaiblis par la chimiothérapie, la radiothérapie et les autres traitements conventionnels du cancer. Certains éléments de la plante, étudiés depuis des décennies, semblent avoir des propriétés anticancérigènes et immunostimulantes. Dans les années 1970, des chercheurs ont identifié certains éléments contenus dans l'écorce et la racine appelés oligomères procyanidoliques qui combattent les tumeurs chez les animaux.

Dans les années 1980, des chercheurs allemands ont identifié d'autres principes actifs de la griffe-du-chat qui stimulent le système immunitaire et en particulier les cellules appelées phagocytes, dévoreuses de virus, bactéries ou autres micro-organismes dangereux. Puis, en 1993, une étude menée en Italie a détecté une nouvelle série de principes actifs, appelés glycosides d'acide quinovique, aux nombreuses vertus. Ils

La griffe-du-chat, une écorce ligneuse d'un brun rouge, ici en comprimés, est un remède naturel qui stimule le système immunitaire.

agissent comme des antioxydants et débarrassent le corps des radicaux libres, molécules qui attaquent les cellules. Ils détruisent également les virus, apaisent les inflammations et entravent la transformation de cellules saines en cellules cancéreuses.

En plus de son potentiel curatif des tumeurs, la griffe-du-chat pourrait posséder des propriétés pour prévenir les infections récurrentes comme la sinusite.

⊗ **Autres effets bénéfiques.** La plante a toujours été utilisée pour soulager la douleur. Ses propriétés anti-inflammatoires pourraient être efficaces contre les douleurs articulaires de l'arthrite et de la goutte. Les recherches se poursuivent à ce sujet.

De même, il semblerait que la griffe-du-chat, associée aux médicaments prescrits contre le sida, ait un effet positif sur les personnes atteintes du VIH parce qu'elle stimule la réaction immunitaire, mais des études supplémentaires sont encore nécessaires. Certains spécialistes mettent en garde contre l'utilisation de la plante en cas de maladie chronique immunodéficiente, tuberculose, sclérose en plaques ou polyarthrite rhumatoïde, parce qu'en stimulant excessivement le système immunitaire, elle risque d'aggraver les symptômes. Toutefois, d'autres médecins la recommandent en cas de maladies auto-immunes comme la polyarthrite rhumatoïde et le lupus.

Comment la prendre

⊘ **Doses.** Prenez 250 mg d'extrait normalisé sous forme de comprimé 2 fois par jour. Ou bien prenez 20 à 40 gouttes de teinture-mère 2 fois par jour. La plante pure (racine ou écorce sous forme non concentrée) est souvent conditionnée en capsules de 500 ou 1 000 mg : prenez-en 2 fois par jour (jusqu'à 2 000 mg par jour). On trouve de la tisane de griffe-du-chat dans les magasins d'aliments naturels ; mettez 1 ou 2 c. à thé de plante séchée par tasse d'eau frémissante (suivez les indications sur l'emballage). Vous pouvez en boire jusqu'à 3 tasses par jour.

◉ **Conseils d'utilisation.** Vous pouvez mélanger ou alterner la griffe-du-chat avec d'autres plantes immunostimulantes comme l'échinacée, l'hydraste du Canada, les champignons reishi ou maitake ou l'astragale.

La griffe-du-chat est déconseillée aux femmes enceintes ou qui allaitent. Au Pérou, la griffe-du-chat a longtemps été utilisée comme contraceptif ; chez les animaux, elle stimule les contractions utérines. Cette propriété indique que la plante pourrait déclencher des fausses couches.

Effets secondaires possibles

Bien que peu d'études existent sur l'innocuité de cette plante, aucun effet toxique n'a été constaté aux doses recommandées. À fortes doses, elle peut cependant déclencher des diarrhées.

Griffe-du-diable

Harpagophytum procumbens

La griffe-du-diable, ou harpagophytum, a une action contre les inflammations comparable à celle de la cortisone ou de la phénylbutazone, sans en avoir les effets secondaires néfastes. Elle s'est avérée efficace contre les maladies de l'appareil locomoteur.

Indications

- Réduction de l'inflammation et des douleurs dans tous les rhumatismes.
- Atténuation de l'acuité des poussées d'arthrose en diminuant la raideur articulaire et en relâchant les contractures musculaires périarticulaires.
- Diminution de la fréquence des crises arthrosiques.
- Atténuation des troubles fonctionnels de la digestion.

Présentation

- Comprimés
- Extrait sec
- Gélules
- Racine séchée
- Teinture-mère

ATTENTION

- La racine d'harpagophytum ne peut être utilisée qu'après avis médical en cas de calculs biliaires et d'ulcère digestif.

Si vous suivez un traitement médical, consultez votre médecin avant de prendre des suppléments.

La griffe-du-diable exerce une action anti-inflammatoire souvent comparable à celle des médicaments classiques.

Qu'est-ce que c'est ?

L'harpagophytum tire son nom du grec *harpago*, qui signifie grappin ou crochet d'abordage, par allusion aux griffes de ses fruits. Ces crochets acérés, qui se fixent dans les parties molles des sabots des animaux et répandent des maladies dans les troupeaux, lui ont aussi valu d'être nommée communément griffe-du-diable. La poudre de racine d'harpagophytum n'est utilisée en Europe que depuis 1953. Cette plante est originaire d'Afrique du Sud, où on l'emploie depuis des siècles pour ses propriétés anti-inflammatoires. Elle a peu à peu gagné la faveur des partisans d'une automédication raisonnée comme solution de rechange de choix aux traitements anti-inflammatoires classiques, tels les dérivés de la cortisone, aux effets secondaires redoutables.

Son rôle dans l'organisme

On a identifié dans la racine de griffe-du-diable de nombreux composants. Les plus importants sont des glucosides spécifiques, les iridoïdes, dont l'harpagoside est le mieux connu. Ces substances inhibent la synthèse des prostaglandines et ont une action anti-inflammatoire, antispasmodique et analgésique (antidouleur). On y a retrouvé également des flavonoïdes (lutéoline, kaempférol) et des phytostérols, qui pourraient renforcer l'activité anti-inflammatoire de l'harpagoside. L'acide chlorogénique présent dans la plante, qui est responsable de sa saveur amère, possède

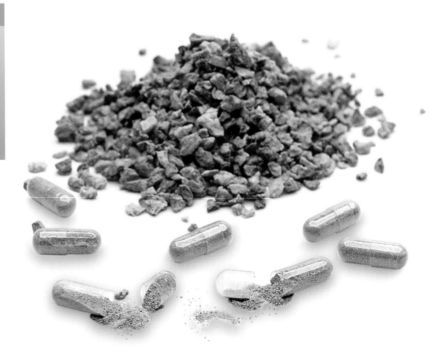

des propriétés diurétiques. Tous ces constituants sont présents à des taux très variables selon l'origine de la plante, la date de sa récolte, la nature du sol et les moyens de conservation mis en œuvre. De plus, ils sont difficiles à doser. Cela explique les grandes différences d'efficacité des produits. Il faut donc exiger à l'achat un label de qualité qui garantisse la teneur en principe actif (harpagoside).

Action préventive. La griffe-du-diable est traditionnellement utilisée dans le traitement symptomatique des manifestations articulaires douloureuses. L'arthrose, comme la plupart des maladies rhumatismales chroniques, est une maladie dégénérative héréditaire. La poudre de racine de griffe-du-diable représente l'un des moyens de prévenir ou tout au moins de retarder la survenue de ces troubles. On peut l'utiliser seule ou en association avec d'autres plantes, d'autres suppléments alimentaires et certains oligoéléments et vitamines antioxydants, dès la cinquantaine.

Principaux effets bénéfiques. L'harpagophytum joue le rôle d'un anti-inflammatoire naturel contre les maladies rhumatismales en général, et notamment l'arthrose. On observe ses effets bénéfiques contre la douleur, les spasmes, les contractions des muscles et des tendons, et dans le soulagement de la raideur articulaire lors des poussées inflammatoires. Il agit aussi en profondeur pour rééquilibrer le terrain et différer la survenue des crises. Enfin, il est efficace contre les poussées aiguës d'arthrite.

Autres effets bénéfiques. Cette plante a également un effet stimulant sur l'ensemble des sécrétions digestives, et notamment sur la production de bile. Sous forme d'infusion, elle peut être utilisée chez des sujets déficients dans ce domaine (enfant à la croissance difficile, convalescent, personne âgée...).

Comment la prendre

Doses. *Pour les problèmes de l'appareil articulaire,* 1 à 4,5 g de racine de griffe-du-diable par jour. On utilise de l'extrait sec de racine secondaire, normalisé à 1,5 à 2 % d'harpagosides. *Pour stimuler l'appétit,* prenez 1,5 g d'extrait sec. *Pour les problèmes de digestion,* préparez une tisane en infusant 4,5 g de racine dans 300 ml d'eau bouillante pendant 8 heures à la température de la pièce.

Conseils d'utilisation. La prise doit se faire de 5 à 10 min avant les repas.

Effets secondaires possibles

Les seuls effets secondaires parfois rapportés consistent en de légers troubles digestifs (diarrhée) et sont assez rares. La griffe-du-diable apparaît comme totalement atoxique.

Guggulu

Commiphora mukul

En Inde, depuis l'Antiquité, la résine du balsamier, la myrrhe, servait à traiter l'obésité et l'arthrite. On a découvert qu'un extrait moderne purifié, appelé guggulu, était aussi efficace que les médicaments d'ordonnance pour abaisser le cholestérol et les triglycérides dans le sang.

Indications

- Pour abaisser le cholestérol et les triglycérides.
- Pour réduire le risque de cardiopathies.
- Traitement de l'inflammation causée par l'arthrite.
- Aide à la perte de poids.

Présentation

- Comprimés
- Gélules

ATTENTION

- Ne prenez pas de gomme de guggul crue ; elle pourrait occasionner des éruptions, de la diarrhée, des douleurs à l'estomac et une perte d'appétit. Optez plutôt pour la préparation normalisée.

- Les femmes enceintes ne devraient pas utiliser le guggulu.

Si vous suivez un traitement médical, consultez votre médecin avant de prendre des suppléments.

Qu'est-ce que c'est ?

Le guggulu vient de la résine épaisse de l'épineux mukul ou balsamier, indigène en Inde. La résine de cet arbre est apparentée à la très parfumée myrrhe biblique, utilisée traditionnellement dans un but de purification.

Appelée gomme de guggul, la résine elle-même appartient à l'Ayurveda, la médecine traditionnelle de l'Inde, depuis des milliers d'années. Elle possède toutefois des ingrédients toxiques. Heureusement, les pharmacologues indiens ont trouvé une façon d'extraire les ingrédients actifs de la résine sans y intégrer les substances toxiques, ce qui nous a donné l'extrait normalisé que l'on appelle tantôt guggulipides, tantôt guggulu.

Leur rôle dans l'organisme

Les guggulstérones, ingrédients actifs du guggulu, semblent agir sur la manière dont l'organisme métabolise les graisses et le cholestérol. Ils possèdent également des propriétés anti-inflammatoires et antioxydantes.

Action préventive. Si votre taux de cholestérol est élevé, vous courez des risques accrus de maladies du cœur. Les résultats des études permettent de croire que les guggulipides ont la capacité d'abaisser ce taux. Ce sont les guggulstérones, en particulier, qui semblent inciter le foie à dégrader le LDL (mauvais cholestérol) possiblement dangereux. En outre, les guggulipides élèvent parfois la concentration de HDL (bon cholestérol). Lors d'une étude menée en Inde auprès de 205 participants, on a découvert que le guggulu, combiné à un régime alimentaire pauvre en matières grasses, avait réduit le cholestérol total de 24 % en moyenne chez plus de 75 % des participants.

Les suppléments de guggulu proviennent de la résine foncée d'un arbre indien.

Lors d'études portant sur les animaux, on a démontré que le guggulu prévient la formation de la plaque responsable du blocage des artères, et même qu'il contribuait à dissoudre la plaque existante. En outre, il empêche les plaquettes sanguines de s'agglutiner, ce qui préviendrait la formation de caillots, lesquels déclenchent souvent des crises cardiaques.

✦ **Autres effets bénéfiques.** Les études confirment deux des usages traditionnels du guggul : la lutte à l'arthrite et à l'obésité. Les résultats d'expérimentation sur des animaux révèlent que l'action anti-inflammatoire des guggulstérones pourrait s'avérer aussi puissante que celle des antidouleurs comme l'ibuprofène, ce qui le rendrait utile au traitement de l'arthrite. Cette action permet de croire que le guggulu serait aussi efficace contre l'acné.

Les guggulipides stimuleraient la production d'hormones thyroïdiennes, a-t-on découvert, ce qui accélérerait le rythme avec lequel l'organisme dépense les calories. Dans le cadre d'une petite expérimentation, des chercheurs indiens ont rapporté que chez les patients obèses, le guggulu a déclenché une perte pondérale significative. La majeure partie du poids perdu provenait d'une diminution des graisses autour de l'abdomen, phénomène associé à des risques accrus de cardiopathies et de diabète. Tout programme efficace de contrôle de poids à long terme se doit néanmoins de commencer par un régime pauvre en matières grasses et riche en fibres, ainsi qu'un programme d'exercices réguliers.

Comment le prendre

✐ **Doses.** Pour abaisser le cholestérol, prenez un supplément qui fournit 25 mg de guggulstérones par dose 3 fois par jour.

◉ **Conseils d'utilisation.** Prenez le guggulu avec ou sans nourriture. Les femmes enceintes devraient l'éviter. La prudence s'impose chez les personnes qui souffrent d'une maladie du foie, du syndrome du côlon irritable ou de diarrhée.

Effets secondaires possibles

À l'occasion, les guggulipides peuvent causer des problèmes gastro-intestinaux mineurs comme une légère nausée, des gaz ou des hoquets. Dans quelques cas, on a rapporté des maux de tête.

QUOI DE NEUF ?

Les guggulipides agissent peut-être à la manière d'un anti-oxydant dont les propriétés protègent le cœur. Parce que le LDL (mauvais cholestérol) est plus dangereux une fois qu'il a été soumis à l'oxydation des radicaux libres, sa protection contre l'oxydation peut aider à prévenir les cardiopathies. Dans le cadre d'une étude réalisée auprès de 61 patients souffrant d'hypercholestérolémie, on a donné à 31 des participants des guggulipides (100 mg de guggulstérones par jour) et aux 30 autres, un placebo. Après 24 semaines, ceux qui prenaient les guggulipides ont vu leur taux de LDL (mauvais cholestérol) chuter de 13 % et leur taux de triglycérides de 12 %, tandis qu'on ne constatait aucun changement chez ceux qui avaient pris le placebo. Mais il y a plus : les chercheurs ont découvert que la sensibilité du LDL à l'activité des radicaux libres avait diminué du tiers chez ceux qui avaient pris les guggulipides.

LE SAVIEZ-VOUS ?

Dès 600 av. J.-C., les médecins ayurvédiques décrivaient une maladie caractérisée par l'excès de consommation d'aliments gras. Pour la traiter, ils utilisaient le guggul, un précurseur du guggulu.

Hydraste du Canada

Hydrastis canadensis

Les Cherokees, les Iroquois et les premiers colons appréciaient l'hydraste du Canada pour soigner piqûres d'insectes, infections oculaires, maux d'estomac et ballonnements. Aujourd'hui, la plante fait partie de la pharmacopée de 11 pays.

Indications

- *Pour stimuler la guérison des aphtes et de l'herpès.*
- *Élimination du virus responsable des verrues.*
- *Stimulation du système immunitaire.*
- *Pour calmer les nausées.*
- *Soulagement potentiel des cystites.*
- *Traitement des infections oculaires.*

Présentation

- Gélules
- Capsules molles
- Teinture-mère
- Liquide
- Plante séchée / infusion
- Onguent / crème

ATTENTION

L'hydraste du Canada est déconseillée aux femmes enceintes, aux personnes souffrant de cardiopathies, d'hypertension, de diabète ou de glaucome.

Si vous suivez un traitement médical, consultez votre médecin avant de prendre des suppléments.

Qu'est-ce que c'est ?

Depuis longtemps, la racine séchée de cette plante vivace est utilisée contre les inflammations ou les infections des muqueuses. Aujourd'hui, on l'apprécie surtout pour ses vertus contre les infections. Parente du bouton d'or, l'hydraste du Canada est originaire de l'Amérique du Nord. Très prisée pour ses propriétés médicinales, sa récolte intensive l'a mise en danger d'extinction. De nos jours, on la cultive commercialement.

La berbérine et l'hydrastine sont des alcaloïdes, ingrédients actifs de l'hydraste du Canada. La plante doit également la riche couleur jaune de sa racine à la berbérine ; les autochtones nord-américains et les premiers colons l'utilisaient même comme teinture. Les alcaloïdes étant amers, les tisanes d'hydraste du Canada contiennent souvent d'autres plantes ou un édulcorant comme le miel.

Son rôle dans l'organisme

La principale vertu de l'hydraste du Canada est la stimulation du système immunitaire et la production d'éléments anti-infectieux. Elle peut combattre directement les bactéries et les virus.

Action préventive. La prise d'hydraste du Canada dès les premiers symptômes d'un rhume ou d'une grippe peut endiguer l'évolution de la maladie, ou du moins en soulager grandement les symptômes, par stimulation de l'activité antivirale des globules blancs.

Autres effets bénéfiques. L'hydraste du Canada combat les bactéries, ce qui la rend efficace contre les infections bénignes des voies urinaires (prise à temps) et les sinusites. Elle pourrait prévenir nausées et vomissements en stimulant la sécrétion biliaire et en détruisant les bactéries responsables de ces symptômes.

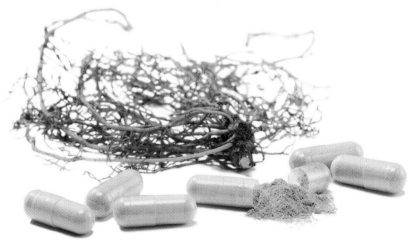

La racine séchée de l'hydraste du Canada est réduite en poudre pour en faire des suppléments.

Dans la famille des plantes immunostimulantes, avec l'échinacée et l'astragale, l'hydraste peut jouer un rôle contre les symptômes de fatigue chronique, un trouble handicapant qui pourrait être dû en partie à un affaiblissement du système immunitaire. Elle aide aussi à combattre l'herpès et le zona (causé par le virus de l'herpès). Ne dépassez pas une semaine ou deux d'utilisation.

En application locale, la teinture d'hydraste favorise la cicatrisation des aphtes et combat le virus Papilloma responsable des verrues. Filtrée et refroidie, l'infusion d'hydraste du Canada peut être utilisée en bain d'yeux contre des infections comme la conjonctivite. Préparez une infusion fraîche chaque jour et conservez-la dans un récipient stérile.

Comment la prendre

▷ **Doses.** *Contre les rhumes, les grippes et autres infections respiratoires*, dès les premiers symptômes, prenez 125 mg d'hydraste du Canada (associée à 200 mg d'échinacée) 5 fois par jour pendant 5 jours. *Contre les infections des voies urinaires*, buvez plusieurs tasses de tisane d'hydraste par jour. *Contre les nausées et les vomissements*, prenez-en 125 mg toutes les 4 heures selon les besoins. *Contre la fatigue chronique*, prenez-en 125 mg 2 fois par jour en alternance avec d'autres plantes immunostimulantes. *Contre les boutons d'herpès*, prenez 125 mg d'hydraste associée à 200 mg d'échinacée 4 fois par jour. *Contre le zona*, prenez 125 mg d'hydraste associée à 200 mg d'échinacée 4 fois par jour. *Contre les aphtes et les verrues*, appliquez une teinture-mère d'hydraste directement sur les lésions 3 fois par jour. *Contre les infections oculaires*, mettez 1 c. à thé de plante séchée par litre d'eau frémissante. Laissez infuser, filtrez, laissez refroidir et utilisez en bain d'yeux 3 fois par jour ; renouvelez l'infusion chaque jour.

◉ **Conseils d'utilisation.** Prenez les suppléments d'hydraste du Canada avec vos repas. Ne l'utilisez que lorsque vous ressentez les premiers symptômes d'un rhume, d'une grippe ou d'une autre infection, et seulement pour la durée de la maladie, sauf si vous alternez avec d'autres plantes dans un traitement visant à fortifier votre système immunitaire.

Effets secondaires possibles

Aux doses recommandées, l'hydraste ne présente aucun danger ni effet secondaire. À très hautes doses, elle peut irriter les muqueuses de la bouche ou entraîner des diarrhées, des nausées et des problèmes respiratoires.

Iode

On associe souvent l'iode à l'antiseptique local brun orangé – la teinture d'iode – jadis employé pour désinfecter les écorchures. Mais l'intérêt réel de cet oligoélément tient à son rôle indispensable dans la production de la thyroxine, l'hormone sécrétée par la thyroïde.

Indications

- Pour assurer le bon fonctionnement de la thyroïde.
- Traitement potentiel des tumeurs fibrokystiques du sein.

Présentation

- Comprimés
- Gélules
- Liquide

ATTENTION

Les carences en iode étant rares dans les pays industrialisés, ne prenez des suppléments d'iode que sur prescription médicale.

Qu'est-ce que c'est ?

L'organisme ne renferme que d'infimes quantités d'iode (15 à 20 mg chez l'adulte), et cet oligoélément est rare : on le trouve essentiellement dans l'eau des océans. Le cycle naturel de l'iode passe par son évaporation dans l'atmosphère et sa retombée avec les eaux de pluie. Certaines zones éloignées des océans ou les régions montagneuses de nature granitique ayant subi des périodes de glaciation – Alpes, Andes – ont les sols les plus sévèrement carencés en iode. Dès 1924, la compagnie Morton décidait d'enrichir en iode un produit alimentaire de base, le sel de table. L'introduction du sel iodé dans l'alimentation des Canadiens élimina presque totalement l'une des formes les plus sévères d'arriération mentale, connue sous le nom de crétinisme. En dépit de l'importance vitale de cet oligoélément, environ 1,6 milliard de personnes, essentiellement dans les pays en développement, souffrent d'une carence en iode.

Son rôle dans l'organisme

Cas unique parmi les sels minéraux, l'iode n'exerce, semble-t-il, qu'une seule fonction dans l'organisme : il permet à la thyroïde (une glande en forme de papillon entourant la trachée) de fabriquer et de sécréter la thyroxine, une hormone régulant le métabolisme de toutes les cellules de notre corps. Celle-ci joue un rôle déterminant dans le processus de croissance de la plupart des organes, et en particulier du cerveau.

Action préventive. Pendant la grossesse et la période néonatale, un apport d'iode adéquat permet de prévenir l'apparition de certaines formes d'arriération mentale chez le nouveau-né.

Effets bénéfiques. Contrairement à d'autres minéraux, l'iode ne semble jouer un rôle dans le traitement d'aucune maladie, mais il assure le bon fonctionnement de la thyroïde, qui concentre environ 75 % du total de l'iode de l'organisme. Cette glande contrôle les métabolismes énergétiques, c'est-à-dire la quantité de calories brûlées par l'organisme et la vitesse de ces transformations. La thyroïde régule aussi la croissance et le

Disponibles en comprimés, les algues laminaires constituent un supplément d'iode naturel.

développement de l'enfant, les fonctions reproductrices, nerveuses et musculaires, la dégradation des graisses et des protéines, la pousse des ongles et des cheveux, et la consommation d'oxygène de chacune des cellules. Il semble que l'iode provenant d'une source organique puisse diminuer les douleurs associées aux tumeurs fibrokystiques du sein, mais il faut dans ce cas consulter le médecin pour prendre ce supplément.

Vos besoins

L'ANR d'iode est de 150 µg chez l'adulte, homme ou femme. Dans 1 c. à thé (6 g) de sel iodé, on trouve environ 400 µg d'iode, mais ce minéral est présent dans beaucoup d'autres aliments.

⊟ **En cas d'apport déficitaire.** Les carences en iode se traduisent par une augmentation du volume de la thyroïde, connue sous le nom de goitre, destinée à capter le maximum d'iode présent dans le sang pour combler le déficit. Si un apport en iode insuffisant peut réduire la production d'hormones thyroïdiennes (hypothyroïdie), cette affection est plus souvent due à un trouble d'origine auto-immune (lorsque le système immunitaire se retourne contre lui-même) connu sous le nom de myxœdème. L'hypothyroïdie se caractérise par de la fatigue, une sécheresse de la peau, une augmentation du taux de lipides sanguins, une raucité de la voix, un ralentissement des réflexes et une certaine confusion mentale.

⊞ **En cas d'apport excédentaire.** Les risques de surcharge en iode sont très faibles, même en dépassant largement les quantités recommandées. Toutefois, si on absorbe plus de 20 ou 30 fois la dose conseillée, différents symptômes peuvent apparaître : goût métallique et douleurs dans la bouche, gonflement des glandes salivaires, diarrhée, vomissements, maux de tête, difficultés à respirer. Paradoxalement, l'apparition d'un goitre peut également être due à un apport d'iode excessif, principal cause de thyrotoxicose. Cette affection peut aussi être liée à une sécrétion excessive d'hormones thyroïdiennes (hyperthyroïdie), entraînant une hyperactivité, des réflexes rapides, de l'anxiété et une perte de poids.

Comment le prendre

⊘ **Doses.** Les besoins en iode sont presque toujours couverts par l'alimentation quotidienne, surtout si l'on mange régulièrement du poisson et des fruits de mer et que l'on utilise du sel iodé. L'iode est souvent présent aussi dans de nombreux suppléments polyvitaminiques. Les personnes souffrant de problèmes thyroïdiens doivent impérativement consulter leur médecin avant de prendre des suppléments qui renferment de l'iode.

◉ **Conseils d'utilisation.** Prescrits par un médecin, les suppléments d'iode peuvent être absorbés à tout moment de la journée. Les personnes sous lithium ne doivent pas en prendre.

Sources alimentaires

En dehors du sel iodé (facile à consommer quotidiennement), le poisson et les fruits de mer sont, avec les algues, les meilleures sources alimentaires d'iode. Dans les régions côtières, où le sol est souvent riche en iode, les laitages produits par les vaches broutant sur ces terres en contiennent des quantités appréciables, de même que les fruits, les légumes et céréales qui y sont cultivés.

Lécithine et choline

Ces deux nutriments sont indispensables au bon fonctionnement des cellules de notre organisme. Étroitement apparentés, ils jouent un rôle particulièrement important dans le maintien en bonne santé des systèmes hépatique et nerveux.

Indications

- *Protection des cellules hépatiques, utile dans la cirrhose, l'hépatite et la chimiothérapie cancéreuse.*
- *Prévention des calculs biliaires.*
- *Stimulation potentielle de la mémoire et des fonctions cérébrales.*

Présentation

- Gélules
- Comprimés
- Capsules molles
- Granulés
- Liquide

ATTENTION

Si vous suivez un traitement médical, consultez votre médecin avant de prendre des suppléments.

Qu'est-ce que c'est ?

La lécithine est un phospholipide présent dans de nombreux aliments, qu'ils soient d'origine végétale (graines de soja, arachides, noix du Brésil, germes de blé, légumes verts à feuilles...) ou d'origine animale (jaune d'œuf, foie, abats, viande, poisson...). Dans l'organisme, elle est concentrée dans le tissu nerveux et les cellules cérébrales. La lécithine renferme environ 10 à 20 % de phosphatidylcholine, une substance importante car elle est source de choline. Cette dernière est parfois nommée vitamine B7 ou encore vitamine J, car elle est aujourd'hui souvent considérée comme un nutriment essentiel, au même titre que les vitamines.

Leur rôle dans l'organisme

La lécithine et la choline sont nécessaires à de nombreuses fonctions de l'organisme. Elles participent à la formation des membranes cellulaires, et particulièrement celles du cerveau et des nerfs. Elles sont indispensables à la reproduction et au développement du fœtus, puis durant toute la croissance. La choline est un précurseur de l'acétylcholine, un constituant des tissus cérébraux et un neurotransmetteur qui joue un rôle important dans la transmission de l'influx nerveux, la mémoire et le contrôle des muscles. On pensait jusqu'à ces derniers temps qu'elle pouvait être synthétisée dans l'organisme à partir de la sérine, un acide aminé. Mais on estime à présent qu'un apport suffisant de choline (ou de lécithine) doit être fourni par les aliments (ou, si nécessaire, par des suppléments alimentaires) pour assurer le bon fonctionnement de l'organisme.

La lécithine et plus encore la choline sont aussi de très bons protecteurs des cellules hépatiques et pourraient avoir une action favorable sur le système cardiovasculaire.

✪ **Principaux effets bénéfiques.** La lécithine et la choline sont utilisées dans le traitement des maladies du foie et de la vésicule biliaire. La lécithine entre dans la composition de la bile, le liquide qui contribue à la

Les suppléments de lécithine se présentent sous des formes variées, et notamment en capsules molles.

digestion des graisses, et son insuffisance entraîne la formation de calculs biliaires. Un supplément de lécithine ou de phosphatidylcholine, son extrait purifié, permettrait de soigner ou de prévenir cette affection. La choline entre souvent dans la composition de suppléments hépatoprotecteurs, dans lesquels elle est généralement associée à d'autres substances qui stimulent le foie, telle la méthionine (un acide aminé soufré), ou à des plantes comme le chardon-Marie et le pissenlit. Ces préparations lipotropes préviennent la formation de dépôts graisseux dans le foie (stéatose), améliorent l'écoulement des graisses et du cholestérol dans la vésicule biliaire et le foie, qu'elles aident à éliminer les toxines. Elles se révèlent particulièrement efficaces pour soigner les affections du foie ou de la vésicule telles que l'hépatite, la cirrhose ou les calculs biliaires.

✳ **Autres effets bénéfiques.** La lécithine ainsi que la choline sont couramment préconisées en cas de cholestérol sanguin trop élevé. Elles pourraient aider à réduire le taux d'homocystéine dans le sang, ce qui diminue le risque de maladies cardiovasculaires. Par ailleurs, ces deux substances ont été testées pour améliorer la mémoire des personnes atteintes de la maladie d'Alzheimer, prévenir les malformations du tube neural chez le fœtus (spina-bifida) et traiter les mouvements convulsifs et les tics (dyskinésie tardive) déclenchés par des médicaments antipsychotiques. Des études plus approfondies sont néanmoins encore nécessaires pour déterminer leur efficacité réelle sur ces diverses pathologies.

Comment les prendre

🗹 **Doses.** La lécithine est généralement prescrite à raison de 2 gélules de 1 200 mg 2 fois par jour. Elle existe aussi sous forme de granulés : 1 c. à thé contient 19 grains ou 1 200 mg de lécithine. La choline peut être obtenue à partir de la lécithine (alimentaire ou fournie par les suppléments), mais elle est aussi proposée sous forme de phosphatidylcholine (500 mg 3 fois par jour) ou de choline pure (500 mg 2 fois par jour). Elle est parfois intégrée dans des spécialités lipotropes, dans des préparations de vitamines du complexe B et des suppléments polyvitaminiques.

◉ **Conseils d'utilisation.** Pour une meilleure absorption, prenez la lécithine et la choline au cours des repas. La lécithine en granulés a un goût de noisette et peut être saupoudrée sur les aliments ou additionnée à des boissons.

Effets secondaires possibles

À haute dose, la lécithine et la choline peuvent provoquer des sueurs, des nausées, des vomissements, des ballonnements et de la diarrhée. De très fortes doses de choline (10 g par jour) peuvent donner à la transpiration une odeur de poisson ou entraîner une arythmie cardiaque.

Levure de bière et germe de blé

Levure de bière et germe de blé sont deux suppléments alimentaires traditionnellement utilisés depuis plus d'un siècle pour leurs effets bénéfiques sur la santé. L'un et l'autre sont particulièrement riches en vitamines.

Indications

Levure de bière

- Régulation de tous les grands métabolismes.

- Diminution des effets du vieillissement.

- Atténuation des troubles de la peau.

- Petites dépressions réactionnelles.

- Régulation des troubles du transit intestinal.

Germe de blé

- Diminution des effets du vieillissement.

- Détoxication.

- Aide à l'équilibre vitaminique et minéral de l'alimentation.

Présentation

- Comprimés
- Gélules
- Poudre

ATTENTION

- En cas d'intolérance ou d'allergie au blé ou aux levures, vous devez vous abstenir de prendre ces suppléments alimentaires. La levure est déconseillée en cas d'infections récurrentes par les candidas (mycose).

Si vous suivez un traitement médical, consultez votre médecin avant de prendre des suppléments.

Qu'est-ce que c'est ?

La levure de bière est un micro-organisme unicellulaire, appelé *Saccharomyces cerevisiae*, qui est utilisé dans la fermentation de la bière. Pour préparer ce supplément alimentaire, des cultures du micro-organisme sont centrifugées et déshydratées, le plus souvent par lyophilisation. On obtient alors une poudre ocre jaune que l'on peut mélanger aux aliments.

Le germe de blé, comme son nom l'indique, est la partie du grain de blé qui contient l'embryon de la future plante. Il est séparé de la graine, puis séché et réduit en une poudre de couleur jaune pâle que l'on peut utiliser en l'état.

Leur rôle dans l'organisme

L'intérêt de la levure de bière et du germe de blé réside dans leur composition spécifique, notamment leur richesse en vitamines, minéraux et oligoéléments. La levure de bière renferme de nombreux acides aminés essentiels (que le corps humain ne sait pas synthétiser), une quantité remarquablement élevée de chrome très bien assimilé, et toutes les vitamines du complexe B. Celles-ci interviennent dans tous les grands métabolismes : utilisation du glucose pour la production de l'énergie cellulaire, transmission de l'influx nerveux, synthèse des graisses, stockage de l'énergie, synthèse des acides gras, des acides nucléiques, des acides aminés, nutrition des tissus.

1 c. à table de levure de bière fournit 100 % de l'apport quotidien recommandé en vitamine B1, B2 et B3 et 10 % de celui en vitamine B5.

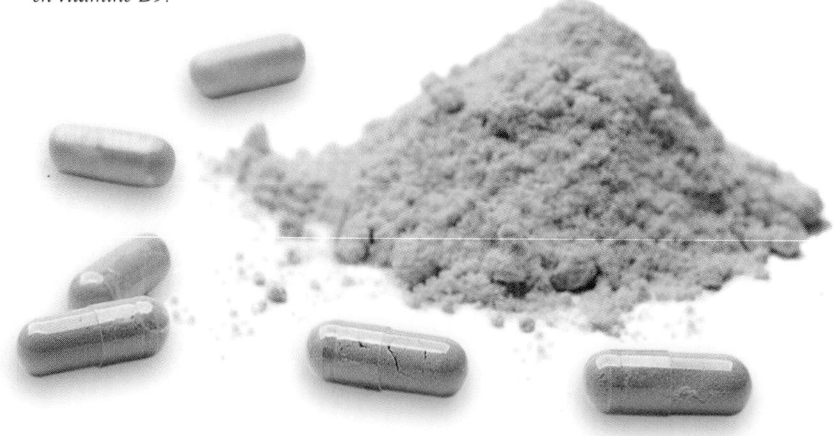

Le germe de blé, pour sa part, est particulièrement riche en protéines, en sélénium, en zinc et en plusieurs vitamines B. Mais il est surtout renommé pour sa richesse en vitamine E, dont on connaît aujourd'hui le très fort pouvoir antioxydant. Cette vitamine est désormais reconnue comme l'un des chefs de file des molécules antioxydantes. Elle opère en synergie avec la vitamine C, le bêta-carotène, la vitamine A et différents oligoéléments – manganèse, cuivre, fer et sélénium, pour ne citer que les plus importants. Tous ces micronutriments agissent comme cofacteurs d'enzymes capables de neutraliser les radicaux libres en excès dans les cellules, notamment les superoxydes dismutases, les catalases, les oxydases et le glutathion peroxydase.

◉ **Principaux effets bénéfiques.** En fonction des effets décrits ci-dessus, on comprend que ces deux suppléments alimentaires puissent être utilisés en cure préventive, particulièrement chez ceux qui ne bénéficient pas d'une alimentation équilibrée (personnes âgées et adolescents en particulier). Ils sont très utiles également dans le cadre d'un régime restrictif, dans lequel ils peuvent compenser d'éventuelles carences vitaminiques et minérales.

◈ **Autres effets bénéfiques.** Cliniquement, l'effet attendu des vitamines B et E et des antioxydants est de réguler tous les grands métabolismes, toutes les grandes fonctions et, singulièrement, de ralentir les effets du vieillissement cellulaire. De plus, ils participent à tous les mécanismes de détoxication, entre autres pour éliminer les molécules étrangères comme les médicaments de synthèse, les produits de la pollution, notamment atmosphérique, et pour lutter contre les effets du tabac et de l'alcool.

Comment les prendre

▢ **Doses.** On trouve sur le marché la levure de bière en comprimés de 350 mg (3 à 6 comprimés par jour) ou de 1 000 mg (3 comprimés par jour). On retrouve aussi la forme vivante de la levure de bière en comprimés de 500 mg (3 comprimés par jour). Si la levure de bière est présentée en poudre, on préconise une dose de 1 c. à table par jour.

Les gélules de germe de blé contiennent habituellement 350 à 450 mg du produit. Sous forme de poudre, on conseille de prendre 1 à 4 c. à table par jour.

◉ **Conseils d'utilisation.** Ces deux suppléments alimentaires se prennent avant ou pendant les principaux repas. Il est raisonnable d'en faire une utilisation régulière.

Effets secondaires possibles

Levure de bière et germe de blé sont de véritables suppléments alimentaires. Ils ne présentent donc aucun effet secondaire indésirable. Cependant, l'utilisation de trop grandes quantités de levure de bière (plus de 4 c. à thé par jour) peut entraîner des ballonnements et des flatulences. Il suffit de diminuer les doses pour voir ces effets indésirables disparaître.

Magnésium

Le magnésium est sans doute l'un des minéraux les plus indispensables à notre santé. Selon les chercheurs, il interviendrait dans plus de 300 processus enzymatiques et pourrait contribuer à prévenir ou à combattre de nombreuses affections chroniques.

Indications

- Prévention de l'arythmie et des maladies cardiovasculaires.

- Soulagement des symptômes de la fibromyalgie.

- Baisse de l'hypertension artérielle.

- Diminution potentielle des manifestations d'allergie et des crises d'asthme.

- Prévention des complications du diabète.

Présentation

- Gélules
- Comprimés
- Poudre

ATTENTION

- En cas de troubles rénaux, consultez votre médecin avant de prendre du magnésium.

- Le magnésium peut réduire l'efficacité des tétracyclines, une famille d'antibiotiques.

Si vous suivez un traitement médical, consultez votre médecin avant de prendre des suppléments.

Qu'est-ce que c'est ?

L'organisme humain contient en moyenne 25 g de magnésium, concentré en majorité dans les os et les muscles squelettiques, le reste se répartissant entre les nerfs et différents organes (cœur, foie, tube digestif, reins, etc.). L'élimination du magnésium augmente sous l'effet du stress, de certains troubles ou traitements médicamenteux, ainsi que d'une activité physique intense. L'alimentation actuelle, riche en produits raffinés, n'en fournissant pas toujours suffisamment, des suppléments nutritionnels sont parfois nécessaires. On les trouve sous plusieurs formes : aspartate, carbonate, citrate, gluconate, oxyde, ou encore sulfate de magnésium, etc.

Son rôle dans l'organisme

Le magnésium intervient dans la transformation des aliments en énergie, la transmission de l'influx nerveux, la relaxation musculaire et la formation des os et des dents. Agissant avec le calcium et le potassium, il régularise le rythme cardiaque et participe à la production de l'insuline.

Action préventive. Selon de récentes recherches, le magnésium aurait des vertus hypotensives et favoriserait le rétablissement après un infarctus en inhibant la formation de caillots de sang, ainsi qu'en évitant les spasmes artériels et les arythmies cardiaques dangereuses.

Un apport adéquat de magnésium contribuerait à prévenir le diabète non insulinodépendant (type II). Des chercheurs américains ont mesuré les taux de magnésium de plus de 12 000 personnes non diabétiques, qu'ils ont suivies pendant 6 ans pour étudier la fréquence de l'apparition de cette maladie. Ils ont constaté que, chez les sujets dont le taux de magnésium était le plus bas, le risque d'être atteint de diabète était de 94 % supérieur à celui des sujets en ayant un taux élevé. Il reste encore à déterminer si les suppléments de magnésium permettraient de prévenir cette maladie.

Effets bénéfiques. Le magnésium décontracte les muscles, ce qui le rend utile dans le traitement des blessures des sportifs, de la fatigue chronique et de la fibromyalgie. Il semble efficace contre le syndrome prémenstruel, notamment pour soulager les crampes abdominales, et ren-

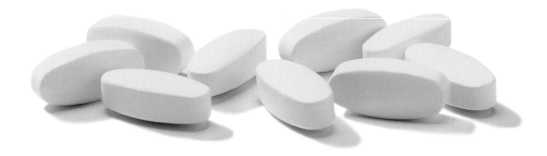

forcerait la densité des os chez les femmes ménopausées, prévenant l'ostéoporose. Le magnésium favorise en outre le traitement de l'asthme et de la bronchite, car il dilate les voies respiratoires. Son rôle dans la prévention ou le traitement des allergies et des migraines n'est pas formellement attesté, mais une étude a révélé qu'il pourrait renforcer l'action du sumatriptan, un médicament antimigraineux classique.

Vos besoins

Pour un adulte, l'ANR quotidien en magnésium est de 400 à 420 mg pour les hommes et 310 à 320 mg pour les femmes. Pour la grossesse, l'ANR est de 350 à 360 mg.

⊟ **En cas d'apport déficitaire.** Une carence, même légère, augmenterait les risques de maladie cardiovasculaire et de diabète. Un déficit sévère peut se manifester par une arythmie cardiaque, de la fatigue, de la dépression, des crampes musculaires, voire des crises de tétanie ou des convulsions, de l'irritabilité, de l'hypernervosité et de la confusion mentale.

⊕ **En cas d'apport excédentaire.** Un excès peut entraîner diarrhée et nausées. En cas d'atteinte rénale, quand l'organisme est incapable d'éliminer le surplus par les urines, on observe faiblesse musculaire, léthargie, confusion et difficultés respiratoires. Mais ce surdosage n'a lieu qu'avec une supplémentation mal contrôlée.

Comment le prendre

▨ **Doses.** *Pour la prévention des maladies cardiovasculaires*, 300 mg par jour. *Contre l'arythmie cardiaque et l'asthme, après une défaillance cardiaque, et contre la fatigue chronique*, prenez-en 300 mg 2 fois par jour. *Contre la fibromyalgie*, 150 mg de magnésium avec 600 mg d'acide malique 2 fois par jour. *Contre l'hypertension artérielle*, 600 mg par jour.

◉ **Conseils d'utilisation.** Le magnésium est mieux absorbé s'il est pris au cours d'un repas. En cas de diarrhée, réduisez les doses ou essayez le gluconate de magnésium, mieux toléré par le système digestif.

Sources alimentaires

Les céréales complètes, les fruits secs, les légumineuses, les légumes à feuilles vert foncé, les coquillages, le chocolat noir et certaines eaux minérales (regardez les étiquettes) sont riches en magnésium.

Une bonne portion de riz sauvage satisfait 25 % des besoins quotidiens en magnésium d'un adulte.

Manganèse

Le manganèse est un oligoélément majeur, indispensable à la fois dans les mécanismes de lutte contre les radicaux libres en excès et pour le maintien d'un bon équilibre énergétique au sein des cellules. Il assure donc un rôle éminemment protecteur des cellules.

Indications

- *Contre la fatigue et l'asthénie.*
- *Soutien de la convalescence, notamment après une maladie grave.*
- *Atténuation des suites de l'accouchement.*
- *Pour renforcer le processus immunitaire.*

Présentation

- Comprimés
- Gélules
- Solution buvable

ATTENTION

■ **Les seuls risques d'intoxication possibles concernent les ouvriers qui travaillent dans l'industrie du manganèse. En aucun cas les doses utilisées en automédication ne peuvent être toxiques, même si l'on se trompe de posologie.**

Si vous suivez un traitement médical, consultez votre médecin avant de prendre des suppléments.

Qu'est-ce que c'est ?

Déjà identifié dans le règne végétal, où il est indispensable à la synthèse chlorophyllienne, le manganèse doit ses lettres de noblesse au célèbre chimiste français Gabriel Bertrand, qui a découvert en 1896 son action essentielle chez l'homme comme cofacteur d'activité enzymatique.

Indispensable à de nombreuses fonctions de l'organisme, le manganèse se trouve dans le sol, donc dans tous les aliments végétaux et animaux. Le corps humain en contient de 12 à 20 mg. Il est présent dans tout le corps, mais c'est dans le foie, les reins et le pancréas qu'il est le plus abondant.

Son rôle dans l'organisme

Le manganèse agit en synergie avec de nombreux systèmes enzymatiques de l'organisme, et plus spécialement comme antioxydant pour protéger les membranes et l'ADN des cellules contre les radicaux libres en excès. Il fait partie d'au moins deux enzymes antioxydantes, regroupées sous le nom de super-oxyde dismutase.

Des apports insuffisants en manganèse peuvent entraîner des troubles osseux. Cependant, il est désormais acquis que la carence alimentaire en manganèse est impossible, sauf chez les sujets très malades qui ne sont nourris que par intraveineuse. Cependant, de très petites quantités de cet oligoélément (au moins 100 fois inférieures à la dose alimentaire), prises par voie orale avant les repas, ont des effets réels de régulation, notamment sur l'état général et les défenses immunitaires.

✪ **Principaux effets bénéfiques.** Le manganèse est nécessaire à de nombreuses fonctions : la reproduction, la croissance osseuse – en favorisant la synthèse de la matrice de l'os et du cartilage –, le sens de l'équilibre, le fonctionnement cérébral et, dans chaque cellule, le maintien de l'intégrité des mitochondries. Ce petit organite de la cellule est en effet

Le manganèse joue un rôle primordial dans la production d'énergie par chaque cellule.

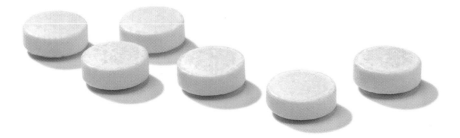

spécialisé dans la production d'énergie à partir du seul sucre que la cellule sache utiliser : le glucose. Il est l'usine énergétique de la cellule. La teneur en manganèse est beaucoup plus élevée dans la mitochondrie, où l'on trouve la majorité des enzymes qui l'utilisent comme cofacteur.

⊗ **Autres effets bénéfiques.** Le manganèse exerce une activité de régulation sur le taux de sucre dans le sang en agissant sur la fabrication de l'insuline et le métabolisme du glucose. Il intervient dans les mécanismes de la coagulation sanguine, en relation avec la vitamine K. Il participe à la synthèse des protéines et du cholestérol. Il est impliqué dans la formation de l'urée à partir de la dégradation des protéines. Par l'intermédiaire de la superoxyde dismutase, il assure une fonction anti-inflammatoire majeure et son taux est augmenté, par exemple, dans les poussées d'arthrite, dues à une inflammation aiguë des articulations. Des travaux récents l'ont impliqué dans le bon fonctionnement de la thyroïde, dans la synthèse des hormones sexuelles et dans la synthèse des anticorps par les plasmocytes et les lymphocytes. Il contrôle, en relation avec l'activité de l'ion calcium, la transmission des messages cellulaires. Il joue enfin un rôle important dans l'équilibre du système immunitaire.

Comment le prendre

▱ **Doses.** 2,3 mg par jour pour l'homme et 1,8 mg par jour pour la femme sont des apports jugés suffisants (AS). Ces besoins sont généralement couverts par l'alimentation. On retrouve le manganèse dans pratiquement toutes les formules de multivitamines et minéraux. L'apport maximal tolérable est fixé à 11 mg par jour.

◒ **Conseils d'utilisation.** La prise doit se faire de 5 à 10 min avant les principaux repas.

Effets secondaires possibles

Cet oligoélément est particulièrement peu toxique, et aucun effet secondaire important n'a été rapporté chez les gens qui prennent jusqu'à 10 mg de manganèse par jour.

Sources alimentaires

Le thé et certaines eaux constituent les meilleures sources de manganèse. Les aliments qui en renferment beaucoup sont surtout les végétaux, notamment les céréales (blé, riz non décortiqué), les noix, certains condiments (gingembre, clou de girofle, thym, laurier…) et, à un degré moindre, les haricots et les petits pois. La viande, le poisson, les œufs ont des teneurs faibles, et les fruits en sont pratiquement dépourvus.

Mélaleuca (arbre à thé)

Melaleuca alternifolia

Utilisées depuis des siècles pour combattre les infections de la peau, les feuilles de mélaleuca sont aujourd'hui scientifiquement reconnues pour leur action contre les bactéries dangereuses et les mycoses cutanées.

Indications

- Désinfection des coupures et écorchures, et amélioration de la cicatrisation.
- Pour apaiser les morsures et piqûres d'insectes.
- Contre le pied d'athlète, les mycoses des ongles et d'autres candidoses.

Présentation

- Crème
- Gel
- Huile essentielle
- Suppositoire vaginal

ATTENTION

- L'huile essentielle de mélaleuca ne doit s'utiliser qu'en applications locales. Son ingestion peut être toxique. Évitez tout contact avec les yeux.

- Consultez votre médecin avant de l'appliquer sur une plaie ouverte.

Si vous suivez un traitement médical, consultez votre médecin avant de prendre des suppléments.

Qu'est-ce que c'est ?

Cette huile essentielle provient de *Melaleuca alternifolia*, l'arbre à thé, une espèce proche des eucalyptus et qui pousse uniquement en Australie (cet arbre à écorce blanche est radicalement différent de *Thea sinensis* ou de *Camellia thea*, utilisés pour la préparation du thé à boire, noir ou vert). Extraite des feuilles par distillation, l'huile essentielle possède un agréable parfum de noix muscade. Après une éclipse due à l'apparition des antibiotiques au milieu du xxᵉ siècle, l'huile essentielle de mélaleuca a récemment suscité un nouvel intérêt de la part des laboratoires, et plus de 700 tonnes en sont désormais produites chaque année.

Son rôle dans l'organisme

Lorsqu'elle est de bonne qualité, l'huile essentielle de mélaleuca contient au moins 40 % de terpinéol, principe actif responsable de ses effets cicatrisants, et moins de 5 % de cinéole (ou eucalyptole), substance dont la présence excessive peut irriter l'épiderme. Son application sur la peau élimine plusieurs champignons pathogènes. Elle combat aussi diverses bactéries, dont certaines résistent à des antibiotiques puissants, tout en épargnant, semble-t-il, la flore cutanée. On attribue l'efficacité de cette huile à sa capacité à se mélanger avec les lipides de la peau, ce qui lui permet de s'attaquer violemment et rapidement à l'agent infectieux.

✪ **Principaux effets bénéfiques.** Les propriétés antiseptiques de l'huile essentielle de mélaleuca en font un produit parfaitement adapté pour guérir toutes sortes d'infections courantes, dont coupures et écorchures, ainsi que morsures et piqûres d'insectes. Cette huile essentielle favorise la cicatrisation des plaies bénignes et aide à prévenir l'infection. En tant qu'agent antifongique, elle neutralise *Trichophyton*, un champignon microscopique responsable du pied d'athlète et d'autres infections des ongles. Dans les cas de mycoses particulièrement résistantes, le médecin

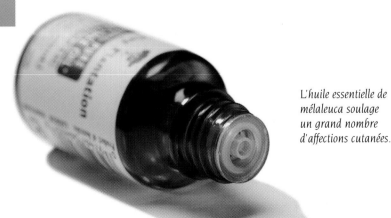

L'huile essentielle de mélaleuca soulage un grand nombre d'affections cutanées.

peut néanmoins être amené à prescrire un traitement antifongique conventionnel plus puissant.

⊕ **Autres effets bénéfiques.** Cette huile essentielle pourrait donner de bons résultats contre l'acné. Selon une étude, un gel contenant 5 % de cette huile s'est avéré aussi efficace contre cette affection qu'une lotion à 5 % de peroxyde de benzoyle, principe actif de la majorité des produits pharmaceutiques antiacnéiques en vente libre. Mais les effets secondaires étaient moins importants avec l'huile essentielle de mélaleuca : elle entraînait moins de desquamation, de dessèchement de la peau et de démangeaisons que la lotion pharmaceutique. Une autre étude a conclu qu'une solution à 0,5 % d'huile essentielle de mélaleuca protégeait contre *Pityrosporum ovale*, un champignon fréquemment à l'origine des pellicules.

Comment la prendre

⊘ **Doses.** *Pour traiter le pied d'athlète, les blessures cutanées ou les infections des ongles*, appliquez 1 ou 2 gouttes d'huile essentielle sur les zones affectées de la peau ou des ongles 2 ou 3 fois par jour. Vous pouvez aussi employer une crème à base de cette huile. *Pour le traitement des candidoses*, utilisez un suppositoire vaginal toutes les 12 heures, sans dépasser 5 jours.

◉ **Conseils d'utilisation.** L'huile essentielle de mélaleuca est réservée à l'usage externe : n'en avalez jamais. En cas d'ingestion, en particulier par un enfant, appelez aussitôt le médecin ou rendez-vous au service des urgences d'un hôpital. Dans certains cas rares, cette huile essentielle peut provoquer une éruption cutanée d'origine allergique. Avant de l'utiliser pour la première fois, appliquez-en quelques gouttes avec un tampon de coton sur la face interne du bras : si vous êtes allergique, vous constaterez rapidement une rougeur marquée ou une inflammation. Dans ce cas, ne l'utilisez pas ou diluez-la dans de l'huile neutre (amande douce).

Effets secondaires possibles

En dehors de risques d'irritation bénigne de la peau, l'huile essentielle de mélaleuca ne présente pas de contre-indication en usage local. Mais, comme beaucoup d'autres huiles essentielles végétales, elle peut, pure et non diluée, irriter les yeux et les muqueuses.

L'huile essentielle de mélaleuca est souvent ajoutée aux produits de soin pour la peau en raison de ses vertus antibactériennes.

Mélatonine

La mélatonine, louée pour son action hormonale contre le vieillissement, a des vertus presque miraculeuses contre diverses maladies selon certains. La plupart de ces propriétés n'ont pas été prouvées, mais la mélatonine semble induire naturellement le sommeil.

Indications

- *Soulagement des insomnies.*
- *Pour faciliter le sommeil, même en cas de douleurs nocturnes ou de stress.*
- *Réduction des effets et de la durée du décalage horaire.*

Présentation

- Gélules
- Comprimés
- Pastilles
- Capsules molles
- Liquide

ATTENTION

- Consultez votre médecin avant de prendre de la mélatonine. On a rapporté des cas d'interaction médicamenteuse avec les antidépresseurs (Prozac ou IMAO), des stéroïdes et des sédatifs.

Si vous suivez un traitement médical, consultez votre médecin avant de prendre des suppléments.

Qu'est-ce que c'est ?

Identifiée pour la première fois en 1958, cette hormone naturelle est fabriquée par l'épiphyse, petite glande au centre du cerveau. Tous les êtres humains et la plupart des animaux sécrètent de la mélatonine, surtout durant l'enfance. La production de mélatonine déclinant avec l'âge, certains chercheurs pensent qu'il faudrait en prescrire des suppléments à toutes les personnes âgées. Les niveaux naturels de mélatonine varient beaucoup : environ 1 % de la population en présente de faibles taux, et 1 % en présente des taux 500 fois plus élevés que la normale. Ces incidences n'ont aucun effet spécifique sur la santé ou le sommeil.

Santé Canada a classé la mélatonine dans les hormones, ce qui signifie qu'elle doit répondre à des normes d'efficacité et d'innocuité. À ce jour, aucun fabricant ne les a fournies. La mélatonine n'est pas en vente au Canada, mais on peut en importer pour usage personnel, ce qui est défini par Santé Canada comme une réserve de 3 mois.

Son rôle dans l'organisme

Une des fonctions essentielles de la mélatonine est le contrôle des cycles de sommeil et de veille. Elle aide le cerveau à régler son horloge interne en définissant le rythme circadien, ces biorythmes quotidiens qui contrôlent la veille et le sommeil, les fonctions digestives ainsi que diverses hormones liées à la reproduction et à d'autres fonctions corporelles. Le corps produit la mélatonine en réaction à la lumière (sa production commence à la tombée de la nuit et atteint son sommet entre 2 et 4 h du matin). La sécrétion de mélatonine détermine les cycles de veille et de sommeil.

✲ **Principaux effets bénéfiques.** La mélatonine semble surtout efficace comme sédatif. Des recherches sur les jeunes et les personnes âgées indiquent qu'elle facilite l'endormissement et améliore la qualité du sommeil en réduisant le nombre de réveils durant la nuit. Elle peut être utile en cas de douleur ou de stress nocturnes. La mélatonine peut aussi aider

les personnes qui travaillent de nuit à retrouver des cycles de sommeil réguliers ainsi que les personnes en décalage horaire. En outre, elle n'a pas les effets secondaires de certains sédatifs conventionnels.

✦ **Autres effets bénéfiques.** On attribue à la mélatonine beaucoup d'autres effets. On s'est intéressé à ses propriétés contre le vieillissement après qu'une étude sur des souris âgées a révélé que l'administration nocturne du supplément prolongeait leur vie de 25 %. Aucune recherche n'a encore été menée sur des humains. Certaines études semblent indiquer que la mélatonine renforce le système immunitaire et que son pouvoir antioxydant est supérieur à celui des vitamines C, E ou du bêta-carotène contre les dommages causés par les radicaux libres responsables des cardiopathies, des cataractes et d'autres maladies dégénératives. Des recherches supplémentaires sont nécessaires pour confirmer les propriétés de la mélatonine sur ces maladies.

En association à certains médicaments contre le cancer, la mélatonine favoriserait la destruction des cellules malignes. En outre, certains rapports indiquent qu'elle réduirait les dommages neurologiques causés par les maladies d'Alzheimer et de Parkinson. Enfin, une étude de 1997 en Italie a révélé ses effets bénéfiques potentiels sur les vaisseaux sanguins, donc sur les risques d'accident cérébrovasculaire ou de crise cardiaque. Des recherches supplémentaires sont nécessaires pour déterminer l'efficacité et l'innocuité à long terme de la mélatonine.

Comment la prendre

⊘ **Doses.** *Contre l'insomnie*, prenez-en 1 à 3 mg au coucher. *Contre le décalage horaire*, 3 mg le jour du voyage, suivis de 3 mg au coucher durant les 3 ou 4 premières nuits une fois arrivé à destination. *Pour les quarts de nuit*, prenez 3 mg à l'heure où vous vous couchez (8 h du matin, par exemple), après le travail de nuit.

◑ **Conseils d'utilisation.** Contre l'insomnie, respectez un horaire régulier et prenez les suppléments à la même heure chaque soir. Commencez par la dose la plus faible et augmentez très progressivement en fonction de vos besoins.

Effets secondaires possibles

Aucun risque sérieux n'a été rapporté lors d'une étude sur un mois, même à doses très élevées (6 000 mg par nuit). Toutefois, il n'existe pas d'études à long terme.

En général, la mélatonine déclenche la somnolence 30 min après sa prise. L'effet peut durer plusieurs heures, aussi ne devez-vous ni conduire ni utiliser des engins dangereux. Elle peut avoir d'autres effets secondaires : céphalées, maux d'estomac, léthargie ou désorientation. Certains font état de confusion au réveil, de rêves intenses ou de cauchemars, et même d'une aggravation de l'insomnie. Chez certains, l'efficacité semble diminuer avec l'usage.

BIEN CHOISIR

■ La plupart des suppléments de mélatonine sont fabriqués synthétiquement et sont sans danger. Ils sont identiques à la mélatonine humaine naturelle. Cependant, méfiez-vous des produits dérivés de glandes animales qui peuvent contenir des impuretés.

■ La mélatonine est peu coûteuse : environ 20 $ pour 100 comprimés.

QUOI DE NEUF ?

L'efficacité de la mélatonine contre le décalage horaire a été prouvée par une étude menée auprès de 52 employés des compagnies aériennes, chez lesquels elle diminuait la période d'ajustement. D'autres études sur plus de 400 sujets révèlent que l'hormone réduit les symptômes du décalage horaire de 50 % en moyenne, tant sur les vols vers l'est que vers l'ouest.

———

Des recherches préliminaires indiquent que des doses infinitésimales de mélatonine peuvent combattre le blues de l'hiver. Les chercheurs en concluent que des doses de 0,1 mg de mélatonine prises dans l'après-midi imitent mieux le cycle de fabrication naturelle de la mélatonine.

LE SAVIEZ-VOUS ?

La mélatonine, qui est fabriquée par le corps durant les heures de la nuit, a été baptisée « hormone de Dracula ».

Menthe poivrée

Cette plante puissamment aromatique a été utilisée durant des siècles contre rhume, maux de tête et douleurs d'estomac. Aujourd'hui, la menthe poivrée médicinale est surtout appréciée pour sa capacité à soulager les troubles digestifs en tout genre.

Mentha piperita

Indications

- Soulagement des nausées et de la dyspepsie.
- Atténuation des symptômes de la diverticulite et de la colopathie fonctionnelle.
- Rafraîchissement de l'haleine.
- Pour apaiser les douleurs musculaires.
- Décongestion des voies nasales.
- Pour dissoudre les calculs biliaires.

Présentation

- Gélules
- Huile essentielle
- Onguent / crème
- Teinture-mère
- Plante fraîche ou séchée / infusion

Qu'est-ce que c'est ?

Hybride naturel de menthe verte et de menthe aquatique, la menthe poivrée est une plante vivace portant des feuilles pointues et vert foncé, ou ovales et pourpres, et des fleurs violettes, à l'odeur fraîche et pénétrante. Elle est largement cultivée pour la cuisine et la phytothérapie, et récoltée en été pendant la floraison. Pour les usages médicinaux, les feuilles et les tiges de la plante se récoltent en été, juste avant la floraison. La principale substance active de la menthe poivrée est son huile essentielle volatile, dont les effets thérapeutiques sont dus principalement au menthol (de 35 à 55 %), à la menthone (de 15 à 30 %) et à des flavonoïdes. L'huile essentielle de menthe poivrée médicinale s'obtient par distillation des parties aériennes de la plante.

Son rôle dans l'organisme

L'effet antispasmodique de la menthe poivrée et de ses extraits a été prouvé sur l'animal et chez l'homme. Son huile essentielle a la propriété de relaxer la musculature lisse (en particulier celle de l'appareil digestif) et de dilater les vaisseaux sanguins. Elle possède une action antiseptique et analgésique, et décongestionne les fosses nasales. L'infusion de menthe accroît considérablement la sécrétion biliaire, ce qui est lié non seulement à la présence de menthol, mais aussi à celle de flavonoïdes.

Les feuilles fraîches de menthe poivrée permettent de confectionner une tisane digestive et désaltérante.

⊗ **Principaux effets bénéfiques.** Très efficace dans le traitement des troubles digestifs, la menthe poivrée calme les crampes et détend les muscles de l'intestin. Son huile essentielle combat les crampes et gaz intestinaux. Grâce à son action antispasmodique, elle atténue les symptômes classiques de la colopathie fonctionnelle : douleurs abdominales, accès alternés de diarrhée et de constipation, dyspepsie. Le menthol qu'elle contient facilite la digestion en stimulant la sécrétion des sucs digestifs et de la bile. Diverses études montrent qu'il aide aussi à dissoudre les calculs vésiculaires, mais il est souhaitable de consulter un médecin avant de l'utiliser dans cette perspective en raison d'un risque de crises de colique hépatique.

Antidote traditionnel et naturel de la mauvaise haleine, la menthe intervient dans de nombreuses spécialités pour l'hygiène et les soins de la bouche. Prise sous forme d'inhalation, elle permet de décongestionner les voies nasales et soulage temporairement les rhumes et les troubles respiratoires bénins.

⊗ **Autres effets bénéfiques.** En friction, l'huile essentielle de menthe agit sur les récepteurs nerveux de la douleur. Elle a donc un effet positif sur les douleurs musculaires.

Sous forme de tisane ou d'huile essentielle, la menthe poivrée agit sur la muqueuse de l'estomac comme un anesthésique doux, et aide ainsi à lutter contre les nausées et le mal des transports. La tisane pourrait par ailleurs atténuer certains symptômes de la diverticulite, comme les flatulences et ballonnements.

Comment la prendre

⊘ **Doses.** *Pour le traitement de la colopathie fonctionnelle, des nausées et des troubles dyspepsiques, ainsi que des calculs,* prenez 1 ou 2 gélules d'huile essentielle 3 fois par jour entre les repas ou 2 ou 3 tasses d'infusion. *Pour vous rafraîchir l'haleine,* déposez sur votre langue quelques gouttes d'huile essentielle. *Contre la congestion,* buvez jusqu'à 4 tasses d'infusion à la menthe poivrée par jour. *Pour soulager la douleur,* ajoutez quelques gouttes d'huile essentielle de menthe poivrée à 3 c. à soupe d'une huile neutre, et massez-en la zone douloureuse jusqu'à 4 fois par jour.

◉ **Conseils d'utilisation.** Pour utiliser la teinture de menthe poivrée, versez-en de 10 à 20 gouttes dans un verre d'eau. Pour préparer une tisane, versez 1 tasse d'eau frémissante sur 1 ou 2 c. à thé de feuilles séchées, et laissez infuser 5 à 10 min (couvrez la tasse pour empêcher l'huile essentielle de se volatiliser). Buvez-la de préférence entre les repas.

Évitez l'huile essentielle de menthe poivrée en cas de grossesse.

Effets secondaires possibles

Aux doses recommandées, la menthe poivrée n'entraîne en général aucun effet secondaire, même prise à long terme. Il existe de rares hypersensibilités au menthol, qui se traduisent par des éruptions cutanées ou des douleurs digestives. Dans ce cas, cessez le traitement.

Millepertuis

Hypericum perforatum

Les Anciens prêtaient au millepertuis le pouvoir d'éloigner les mauvais esprits. Aujourd'hui, cette plante réputée pour son action sur l'humeur peut, dans certains cas, offrir une solution de rechange aux antidépresseurs conventionnels.

Indications

- *Pour combattre la dépression.*
- *Soulagement des lésions cutanées, brûlures légères et piqûres d'insectes.*
- *Apaisement des douleurs chroniques.*
- *Soulagement des hémorroïdes.*

Présentation

- Comprimés
- Gélules
- Capsules molles
- Teinture-mère
- Crème / onguent

ATTENTION

L'association du millepertuis avec certains médicaments, en particulier des antidépresseurs, peut entraîner des interactions dangereuses. Consultez absolument votre médecin avant de prendre cette plante.

Si une éruption apparaît ou si vous avez des difficultés à respirer, allez immédiatement à l'urgence.

N'en prenez pas si vous avez des problèmes de fertilité.

Si vous suivez un traitement médical, consultez votre médecin avant de prendre des suppléments.

Qu'est-ce que c'est ?

Parfois surnommé herbe aux mille trous ou herbe de la Saint-Jean, le millepertuis est une plante herbacée vivace qui pousse à l'état sauvage dans les clairières ou sur le bord des chemins, et donne en été de jolies inflorescences jaune d'or. Il sert depuis des siècles de calmant nerveux et de cicatrisant pour les blessures et les brûlures. Les suppléments se préparent à partir des fleurs séchées, riches en pigments flavonoïdes (hypéroside, rutoside...) et qui renferment aussi une huile essentielle aromatique ainsi que différentes substances dotées de propriétés thérapeutiques (hypéricine, hyperforine...) et des tanins.

Son rôle dans l'organisme

Le millepertuis a été largement étudié dans le traitement de la dépression légère. Les scientifiques n'ont aucune certitude sur le mode de fonctionnement de cette plante qui améliore l'humeur et soulage en cas de problème émotionnel. On sait cependant qu'elle provoque dans le cerveau l'augmentation du taux de quatre neurotransmetteurs au moins, dont la sérotonine, l'élément chimique régulateur de l'humeur et des émotions. Les recherches ont surtout porté sur l'hypéricine, mais d'autres constituants du millepertuis, en particulier les flavonoïdes, semblent agir en synergie pour créer cet effet comparable à celui de certains antidépresseurs.

🔲 **Principaux effets bénéfiques.** L'analyse récente de 23 études consacrées au millepertuis a conclu que cette plante pouvait être aussi efficace que des médicaments antidépresseurs – et plus efficace que des placebos – pour soigner la dépression légère ou modérée. Au cours d'une étude, 50 patients atteints de ce type de dépression furent traités les uns par du millepertuis, les autres par un placebo. Au bout de 8 semaines,

Le millepertuis en capsules, en gélules ou en comprimés peut être un remède naturel efficace contre la dépression légère ou modérée.

70 % des sujets soignés à l'extrait de millepertuis montrèrent une nette amélioration, contre 45 % des malades prenant le placebo, et aucune contre-indication ne fut observée. En revanche, peu d'études se sont penchées sur son action sur les dépressions plus sérieuses.

Le millepertuis pourrait se révéler utile dans de nombreux troubles liés à la dépression, comme l'anxiété, le stress, le syndrome prémenstruel, la fatigue et les douleurs chroniques ; il aurait même des effets analgésiques directs. Il procure un sommeil profond et semble être particulièrement indiqué dans les cas de dépression accompagnés de troubles du sommeil et de manque d'énergie. Il peut aussi intervenir dans le traitement de la dépression saisonnière, qui se produit en hiver et se dissipe avec l'ensoleillement du printemps et de l'été.

✴ **Autres effets bénéfiques.** Le millepertuis pourrait soulager les symptômes psychologiques et physiques de la ménopause (excepté les bouffées de chaleur). Il permettrait par ailleurs de lutter contre les bactéries et les virus : des recherches sont en cours pour évaluer son action dans la lutte contre les virus du groupe *Herpès* (herpès simple, virus d'Epstein-Barr) et celui de la grippe. De plus, la plante semble pouvoir améliorer la fonction hépatique et, en application externe, elle soulagerait les brûlures et lésions cutanées.

Comment le prendre

▨ **Doses.** La dose habituelle est de 300 mg d'extrait titré à 0,3 % d'hypéricine 3 fois par jour, ou 450 mg 2 fois par jour.

◑ **Conseils d'utilisation.** Prenez le millepertuis au moment des repas pour limiter les troubles digestifs.

Comme n'importe quel antidépresseur médicamenteux, le millepertuis doit s'accumuler dans les tissus avant de se montrer efficace. Il faut donc attendre 2 à 4 semaines en général avant d'en constater les effets. Consultez toujours votre médecin avant d'associer du millepertuis à des antidépresseurs, ou à tout médicament quel qu'il soit, afin d'éviter d'éventuelles incompatibilités.

Effets secondaires possibles

En avril 2000, Santé Canada a émis un avertissement contre l'interaction importante du millepertuis avec certains médicaments d'ordonnance. Parce qu'il induit la production d'enzymes qui métabolisent les médicaments dans le foie, le millepertuis affecterait à la baisse les concentrations sanguines de certains médicaments prescrits, comme les inhibiteurs de protéase (utilisés dans le traitement du VIH), les antiépileptiques, les contraceptifs oraux, les anticoagulants (comme la digoxine) et les immunosuppresseurs (comme la cyclosporine). Dans certains cas, le millepertuis peut entraîner constipation, aigreurs d'estomac, fatigue, étourdissements et sécheresse de la bouche. Pris seul à la dose recommandée, le millepertuis ne présenterait aucun risque pour la santé ; on recommande toutefois aux personnes à la peau claire d'éviter l'exposition au soleil.

QUOI DE NEUF ?

Même si on ne l'utilise que pour des dépressions légères ou modérées, le millepertuis semble cependant prometteur pour les cas plus graves. L'étude de 209 patients atteints de dépression grave a indiqué que cette plante médicinale était aussi efficace que les antidépresseurs d'ordonnance. Avant de prescrire le millepertuis à cet usage, des études complémentaires sont encore nécessaires.

INFOS PLUS

▪ Un traitement de 30 jours au millepertuis coûte environ 10 $. Choisissez des préparations normalisées contenant 0,3 % d'hypéricine.

▪ En Allemagne, où les remèdes aux plantes médicinales sont monnaie courante, le millepertuis est l'antidépresseur le plus utilisé, loin devant les médicaments d'ordonnance.

Myrtille

Vaccinium myrtillus

Des pilotes de la Seconde Guerre mondiale ont constaté une amélioration de leur vision nocturne après avoir consommé de la confiture de myrtilles. À la suite de leurs observations, des recherches ont révélé l'action bénéfique de cette baie sur certains troubles visuels.

Indications

- *Amélioration de la vision nocturne.*

- *Traitement de certains troubles oculaires, dont la baisse d'acuité et les troubles du champ visuel d'origine vasculaire.*

- *Pour combattre les symptômes de l'insuffisance veineuse, en atténuant la fragilité capillaire.*

Présentation

- Comprimés
- Gélules
- Capsules molles
- Teinture-mère
- Plante séchée / infusion

ATTENTION

Si vous suivez un traitement médical, consultez votre médecin avant de prendre des suppléments.

Qu'est-ce que c'est ?

Proche du bleuet nord-américain, la myrtille est un sous-arbrisseau vivace qui pousse dans les forêts et les zones montagneuses d'Europe septentrionale, ainsi qu'en Asie occidentale et dans les montagnes Rocheuses d'Amérique du Nord. Ses petites baies du même nom, d'un bleu sombre caractéristique, charnues, acidulées et légèrement sucrées, sont consommées depuis l'époque préhistorique. Son utilisation thérapeutique est attestée dès l'Antiquité : elle était préconisée par le médecin grec Dioscoride pour combattre les effets de la diarrhée. On la conseillait également contre les hémorroïdes, les infections urinaires et même le scorbut. La myrtille renferme des tanins spécifiques, mais, surtout, est riche en anthocyanosides, pigments flavonoïdes qui donnent à la baie sa couleur pourpre intense. Ces substances, présentes à forte concentration dans l'extrait de myrtille, sont utilisées comme colorant alimentaire et pharmaceutique.

Son rôle dans l'organisme

Une grande part des qualités médicinales de la myrtille provient des anthocyanosides, flavonoïdes particulièrement bénéfiques dont les puissants effets antioxydants aident à lutter contre les dégradations cellulaires entraînées par l'excès des radicaux libres.

Principaux effets bénéfiques. L'extrait de myrtille arrive en tête des spécialités d'origine végétale préconisées pour améliorer la vision et traiter divers troubles oculaires. La myrtille aide en particulier la rétine – zone de

Offertes sous forme de gélules, les myrtilles, nos bleuets, sont renommées pour traiter les troubles oculaires.

l'œil sensible à la lumière – à s'adapter correctement à l'obscurité et à la clarté, en favorisant la régénération du pourpre rétinien. L'extrait de myrtille est largement utilisé pour soigner la cécité nocturne aussi bien que les difficultés de vision provoquées par les éblouissements diurnes.

Grâce à sa capacité à renforcer les petits vaisseaux sanguins, ou capillaires – et à faciliter ainsi l'accès aux yeux de sang riche en oxygène –, la myrtille pourrait également jouer un rôle important dans la prévention et le traitement des maladies dégénératives de la rétine. Ainsi, chez des patients traités durant 4 semaines par de l'extrait de myrtille, on a pu observer une diminution des hémorragies oculaires, spécialement dans les cas de rétinopathie diabétique.

La myrtille intervient dans le traitement de deux causes majeures de perte de la vision périphérique chez les personnes âgées : la dégénérescence maculaire, affection évolutive qui affecte la région centrale de la rétine, et la cataracte, opacité acquise du cristallin. Une étude conduite sur 50 patients âgés atteints de cataracte a conclu que l'extrait de myrtille associé à des suppléments de vitamine E empêchait l'évolution de cette maladie chez la plupart des participants. La myrtille permet aussi de consolider le collagène (protéine de soutien des tissus conjonctifs sains) et pourrait ainsi aider à prévenir et à soigner le glaucome, maladie provoquée par une pression oculaire excessive.

Autres effets bénéfiques. L'extrait de myrtille, grâce à ses anthocyanosides qui améliorent la circulation sanguine, soulagerait les problèmes de mauvaise circulation dans les extrémités. Il peut également aider à soigner les varices et à soulager la douleur et l'inflammation des hémorroïdes, très gênantes notamment pendant la grossesse. Son action sur les vaisseaux capillaires semble enfin intéressante pour les personnes qui se font facilement des ecchymoses.

Des recherches, encore à leurs débuts, permettent d'envisager d'autres applications thérapeutiques pour l'extrait de myrtille. Une étude a montré que son utilisation prolongée améliorerait la vue des myopes, mais on ne sait pas encore exactement quel est le mécanisme de cette action. Dans d'autres travaux portant sur les crampes menstruelles dont souffrent certaines femmes, les premiers résultats montrent que l'extrait de myrtille a un effet favorable qui serait dû aux anthocyanosides capables de détendre les muscles lisses, dont l'utérus. Enfin, certaines études faites sur des animaux indiquent que les anthocyanosides de la myrtille pourraient enrayer l'ulcère de l'estomac.

Comment la prendre

Doses. La posologie normale va de 240 à 480 mg d'extrait contenant 25 % d'anthocyanosides 2 ou 3 fois par jour. Pour une prévention à long terme, on recommande généralement la dose la plus faible. Les diabétiques pourraient nécessiter des doses plus élevées.

Conseils d'utilisation. L'extrait de myrtille peut se prendre pendant ou entre les repas. Il n'existe pas d'interaction nocive connue avec les médicaments classiques.

Effets secondaires possibles

À doses thérapeutiques, la myrtille ne présente aucun effet secondaire notoire, même en cas de traitement prolongé.

Niacine (vitamine B3)

Réductrice puissante du cholestérol, cette vitamine du complexe B, sous ses diverses formes, s'avère aussi prometteuse dans la prévention et le traitement de la dépression, de l'arthrite, et d'autres maladies.

Indications

- *Pour abaisser le cholestérol.*
- *Amélioration de la circulation sanguine.*
- *Atténuation des symptômes de l'arthrite.*
- *Soulagement potentiel de la dépression.*

Présentation

- Gélules
- Comprimés

ATTENTION

■ Consultez votre médecin dans les cas suivants : diabète, hypotension artérielle, problèmes hémorragiques, glaucome, goutte, maladie du foie ou ulcère, car la prise de niacine risque d'aggraver ces maladies.

■ Si une dose quotidienne thérapeutique de 1 000 mg, ou davantage, de niacine vous a été prescrite, soumettez-vous tous les 3 mois à un contrôle médical pour mesurer vos enzymes hépatiques.

Si vous suivez un traitement médical, consultez votre médecin avant de prendre des suppléments.

Un supplément de niacine est parfois prescrit en cas d'anxiété et d'insomnie.

Qu'est-ce que c'est ?

Connue également sous le nom de vitamine B3, la niacine se présente sous trois formes : acide nicotinique (ou nicotinate), niacinamide et inositol hexaniacinate (niacine liée à l'inositol). L'organisme fabrique aussi la niacine en convertissant le tryptophane, un acide aminé essentiel présent notamment dans les œufs, le lait et la volaille, en vitamine B3. Environ la moitié de la niacine fournie par le régime alimentaire provient de l'assimilation du tryptophane. Sous forme de supplément, l'acide nicotinique et la niacinamide peuvent combler les besoins nutritifs en vitamine B3, mais chacune des formes joue un rôle spécifique.

Son rôle dans l'organisme

La niacine est indispensable pour libérer l'énergie fournie par les glucides. Elle participe au contrôle de la glycémie et est nécessaire à la santé de la peau et des muqueuses digestives ainsi que des systèmes nerveux et digestif.

Action préventive. À hautes doses, la niacine, sous forme d'acide nicotinique et d'inositol hexaniacinate, élève le HDL (bon cholestérol) tout en abaissant le LDL (mauvais cholestérol) et les triclycérides. Malgré qu'ils soient tous deux efficaces, l'inositol hexaniacinate est plus sécuritaire, parce qu'il ne cause pas de rougeurs et est moins susceptible de causer des lésions au foie.

Effets bénéfiques. La niacine, sous forme d'inositol hexaniacinate surtout, détend les vaisseaux sanguins et sert ainsi à contrer les troubles circulatoires comme la claudication intermittente (une crampe douloureuse au mollet causée par une mauvaise circulation et qui survient après une promenade) et la maladie de Raynaud (trouble caractérisé par l'engourdissement et la douleur aux mains ou aux pieds exposés au froid).

La niacine favorise la santé des cellules cérébrales et nerveuses. Tout indique que la niacine peut soulager la dépression, l'anxiété et l'insomnie. Elle semble produire un effet anti-inflammatoire dont pourraient bénéficier les personnes qui souffrent de polyarthrite rhumatoïde. Elle pourrait contribuer à réparer les cartilages endommagés, ce qui serait fort utile dans les cas d'arthrose.

Vos besoins

L'ANR pour la niacine est de 14 mg par jour pour la femme et 16 mg pour l'homme. Il est de 18 mg par jour pendant la grossesse et de 17 mg pour la femme qui allaite.

⊟ **En cas d'apport déficitaire.** Une carence légère en niacine causera irritations cutanées disséminées, perte d'appétit, indigestion, faiblesse. Les carences graves sont pratiquement inexistantes.

⊞ **En cas d'apport excédentaire.** Les doses thérapeutiques d'acide nicotinique peuvent occasionner troubles digestifs, rougeurs et démangeaisons cutanées, lésions hépatiques (à doses élevées, la niacinamide peut aussi endommager le foie). Pour prévenir ces effets secondaires, remplacez-la par l'inositol hexaniacinate chaque fois que c'est possible : il élimine les rougeurs et diminue grandement les risques de lésions hépatiques. Si vous prenez de la niacine pendant de longues périodes, faites vérifier l'état de votre foie. Des doses d'inositol hexaniacinate plus élevées que 2 000 mg par jour peuvent produire un effet anticoagulant.

Comment la prendre

▣ **Doses.** *Pour abaisser le cholestérol, ou traiter la maladie de Raynaud ou la claudication intermittente,* 500 mg d'inositol hexaniacinate 3 fois par jour. Pour abaisser le cholestérol, prenez la vitamine pendant 2 mois ; si le taux demeure inchangé, arrêtez. *Contre l'anxiété et la dépression,* prenez 50 mg de niacine par jour ; on trouve habituellement ce dosage dans un complexe de vitamines B. *Contre l'arthrite,* 1 000 mg de niacinamide 3 fois par jour sur prescription médicale exclusivement.

◉ **Conseils d'utilisation.** Mieux vaut prendre la niacine au moment des repas ou avec du lait pour limiter les risques de troubles de l'estomac. La prise de niacine à doses thérapeutiques ne peut pas être associée à celle de médicaments contre le cholestérol.

Sources alimentaires

Aliments riches en protéines : poulet, bœuf, poisson et noix ; pain, céréales et pâtes enrichies de niacine. Quoique pauvres en niacine, les œufs et les produits laitiers en représentent de bonnes sources par leur richesse en tryptophane, qui est son précurseur dans la cellule.

Les pâtes sont souvent enrichies en niacine.

Oligoéléments

On comprend mal le pouvoir des oligoéléments, mais on sait que certains d'entre eux sont essentiels à la bonne santé de l'organisme, depuis les os jusqu'au cœur, même s'ils ne sont présents dans l'organisme qu'en quantité infime.

Indications

Bore, silicium et fluorure
■ *Pour fortifier os, dents et ongles.*

Manganèse
■ *Traitement de : arythmie, ostéoporose, épilepsie, foulures, mal de dos.*

Vanadium
■ *Aide aux diabétiques.*

Molybdène
■ *Pour favoriser l'assimilation du fer.*

Présentation
■ Comprimés
■ Gélules
■ Poudre
■ Liquide

ATTENTION

■ Le molybdène peut aggraver les symptômes de la goutte.

■ Le bore doit être utilisé avec précaution chez les personnes à risque de cancer du sein ou de la prostate.

■ Le manganèse peut être toxique pour les personnes souffrant de maladie du foie ou de la vésicule biliaire.

Si vous suivez un traitement médical, consultez votre médecin avant de prendre des suppléments.

Qu'est-ce que c'est ?

L'organisme utilise les oligoéléments en quantités minuscules. Ainsi, l'individu moyen porte 1,400 kg de calcium mais seulement 1/100 g de manganèse. Dans cet ouvrage, certains oligoéléments, comme le zinc et le magnésium, sont décrits en profondeur dans des rubriques distinctes. Nous présentons ici le **bore**, le **fluorure**, le **manganèse** (également traité dans une fiche distincte), le **molybdène**, le **silicium** et le **vanadium**.

Leur rôle dans l'organisme

La majorité des oligoéléments agissent à la manière des coenzymes, de concert avec des protéines appelées enzymes, pour faciliter les réactions chimiques de l'organisme. Ils participent à la formation et à la croissance des os et d'autres tissus, et aident le corps à dépenser les graisses et les glucides.

■ **Action préventive.** Les études préliminaires semblent indiquer que certains oligoéléments seraient bénéfiques aux os et pourraient se montrer efficaces pour traiter l'ostéoporose. Avec le silicium, le manganèse participe à la fortification des os et des ligaments qui maintiennent ensemble les différentes parties du corps. Le bore pourrait favoriser la santé osseuse en réduisant la perte de calcium et en stimulant l'œstrogène qui garde les os en santé. Pour sa part, le vanadium semble stimuler les enzymes de croissance osseuse. Le fluorure prévient la carie et peut-être aussi les fractures.

■ **Autres effets bénéfiques.** En plus de fortifier les os, le manganèse est un constituant de l'enzyme superoxyde dismutase, un antioxydant puissant qui contribue à la protection des cellules du corps. Certaines études permettent de croire que le manganèse pourrait bénéficier aux épileptiques en réduisant les risques de crises. Les chercheurs se penchent sur les bienfaits potentiels du silicium contre les cardiopathies. Ce minéral

Multivitamines et suppléments de minéraux contiennent souvent des oligoéléments.

se concentre dans les parois des vaisseaux sanguins. Les régimes alimentaires qui contiennent beaucoup de silicium semblent faire diminuer les risques de cardiopathies. Le molybdène aide l'organisme à utiliser ses réserves de fer et à brûler les graisses pour fournir de l'énergie. Le vanadium pourrait bénéficier aux diabétiques en raison de sa capacité d'optimiser ou d'imiter les effets de l'insuline, régulatrice du taux de sucre dans le sang (glucose).

Vos besoins

L'apport suffisant (AS) pour le manganèse est de 1,8 à 2,3 mg par jour, celui du fluor est de 3 à 4 mg par jour et celui du molybdène est de 45 µg par jour. Il n'existe pas actuellement suffisamment de données scientifiques pour faire des recommandations pour le bore, le silicium et le vanadium.

⊟ **En cas d'apport déficitaire.** La carence en fluorure favorise la carie et celle en bore peut affaiblir les os. Les carences en manganèse, en vanadium et en silicium pourraient ralentir la croissance et le développement, déséquilibrer le taux de cholestérol et gêner la fabrication d'insuline.

⊞ **En cas d'apport excédentaire.** Il est inutile d'absorber de hautes doses d'oligoéléments. Pour la plupart d'entre eux, le surdosage n'occasionne pas d'effets secondaires graves. La toxicité du manganèse, constatée chez les personnes qui inhalent le métal dans les mines, peut entraîner des troubles mentaux graves, des accès de rage, une mauvaise coordination et des raideurs musculaires. À haute dose (plus de 500 mg par jour), le bore peut entraîner diarrhée, nausée, vomissements et fatigue. Plus de 10 mg de vanadium par jour peuvent déclencher crampes, diarrhée et coloration verte de la langue.

Comment les prendre

⊘ **Doses.** Les oligoéléments sont présents à des doses variées dans la plupart des fortifiants osseux, des vitamines et des suppléments minéraux : jusqu'à 3 mg pour le bore, 10 mg pour le manganèse, 25 mg pour le silicium et 5 mg pour le vanadium. En général, les gens n'ont pas besoin d'oligoéléments individuels, même si on peut trouver des suppléments simples.

◉ **Conseils d'utilisation.** On ne sait pas très bien si certains facteurs agissent sur leur absorption ni s'il est préférable de prendre les suppléments d'oligoéléments sous une forme plutôt que sous une autre. Il vaut mieux prendre le bore dans un supplément pour fortifier les os, contenant déjà calcium, manganèse, magnésium et autres minéraux. À haute dose, le fer peut porter atteinte à l'assimilation du manganèse.

Sources alimentaires

Manganèse : grains entiers, ananas, noix et légumes feuilles. Bore : brocoli, pommes, raisins, noix et légumes feuilles. Vanadium : grains entiers, fruits de mer, champignons, soya et avoine. Silicium : grains entiers, navets, betteraves et soya.

Onagre (huile d')

Oenothera biennis

Ce sont les Indiens d'Amérique qui ont fait connaître aux premiers colons les vertus curatives de l'onagre. Aujourd'hui, on utilise à des fins thérapeutiques l'huile extraite des graines de cette plante, qui est riche en un acide gras oméga-6, l'acide gamma-linolénique.

Indications

- *Soulagement des douleurs de la polyarthrite rhumatoïde.*
- *Atténuation des symptômes des troubles nerveux liés au diabète.*
- *Traitement du syndrome prémenstruel, de l'endométriose et des règles douloureuses.*
- *Pour réduire les symptômes de l'eczéma et de l'acné.*
- *Diminution de l'intensité des phénomènes inflammatoires.*

Présentation

- Gélules
- Capsules molles
- Huile essentielle

ATTENTION

■ Les personnes souffrant d'épilepsie doivent impérativement consulter leur médecin avant de prendre de l'huile d'onagre : certaines études ont montré que de fortes doses pouvaient déclencher des crises.

■ L'huile d'onagre a un effet sur la coagulation du sang : les patients sous anticoagulants, comme l'héparine, ne doivent pas en prendre.

Si vous suivez un traitement médical, consultez votre médecin avant de prendre des suppléments.

Qu'est-ce que c'est ?

Cette plante sauvage aux jolies fleurs jaunes, originaire d'Amérique du Nord, fait partie depuis longtemps de la pharmacopée traditionnelle. En revanche, l'utilisation de l'huile extraite de ses graines est assez récente. Cette huile renferme un acide gras essentiel de la série oméga-6, l'acide gamma-linolénique (ou GLA, *Gamma linolenic acid*), rare dans l'alimentation courante, mais à teneur élevée dans l'huile d'onagre, puisque 8 à 10 % des acides gras qu'elle renferme sont constitués de GLA. Parmi les autres sources intéressantes, on trouve l'huile de bourrache (20 à 26 % de GLA) et l'huile de pépins de cassis (14 à 19 % de GLA). Toutefois, ces huiles contiennent aussi une quantité plus élevée d'autres acides gras susceptibles d'entraver l'absorption du GLA. C'est pourquoi on privilégie l'utilisation de l'huile d'onagre, qui a d'ailleurs servi de base à la plupart des études consacrées aux effets de cet acide gras. L'huile de bourrache peut toutefois constituer un bon produit de remplacement : elle est moins chère que l'huile d'onagre et produit un effet thérapeutique à plus faibles doses.

Son rôle dans l'organisme

Le GLA est un acide gras essentiel que l'organisme transforme en prostaglandines, substances comparables aux hormones qui régulent de nombreux processus physiologiques. L'organisme produit plusieurs types de prostaglandines : certaines déclenchent l'inflammation, d'autres la contrôlent. Le GLA contenu dans l'huile d'onagre est directement transformé en prostaglandines, qui exercent une forte action anti-inflammatoire ; c'est le principal intérêt thérapeutique de ce supplément nutritionnel. Le GLA est en outre un constituant de base de la membrane cellulaire.

◨ **Action préventive.** Ce GLA inhibe le développement de la neuropathie diabétique, une complication courante du diabète affectant le système nerveux. Lors d'une étude menée pendant 1 an sur des personnes souffrant d'une forme modérée de cette maladie, l'huile d'onagre s'est révélée plus efficace que le placebo pour réduire l'engourdissement, les picotements, la perte de sensibilité et d'autres symptômes ; l'onagre pourrait ainsi avoir une action réversible sur ce type de neuropathie.

✺ **Effets bénéfiques.** Plusieurs études ont montré que des suppléments d'huile d'onagre (ou d'une autre source de GLA) atténuaient le gonflement et les douleurs articulaires qui caractérisent la polyarthrite rhumatoïde. L'huile d'onagre aurait également une action bénéfique dans le traitement des affections à caractère inflammatoire, tels les rhumatismes ou les froissements musculaires.

L'huile d'onagre est efficace dans le traitement du syndrome prémenstruel, des règles douloureuses ou de l'endométriose. Elle neutraliserait notamment les prostaglandines responsables de l'inflammation à l'origine des douleurs menstruelles. Il semble également qu'elle diminue la tension mammaire ressentie par certaines femmes juste avant les règles, et qu'elle contribue à améliorer dans certains cas la fécondité féminine.

L'huile d'onagre est couramment utilisée pour soigner l'eczéma, une affection dermatologique souvent associée à une mauvaise conversion par l'organisme des lipides contenus dans les aliments en acide gamma-linolénique : des recherches ont montré que la prise d'huile d'onagre pendant 3 à 4 mois pouvait soulager les démangeaisons et limiter le recours à des crèmes à base de stéroïdes ou à des médicaments aux effets secondaires indésirables. On l'a enfin prescrite en cas d'acné et de psoriasis.

Comment la prendre ?

⊘ **Doses.** La dose thérapeutique recommandée est en général de 1 000 mg 3 fois par jour, ce qui correspond à un apport d'environ 250 à 300 mg d'acide gamma-linolénique. Pour obtenir le même apport de GLA, vous pouvez utiliser de l'huile de bourrache – 1 000 mg par jour – ou de l'huile de pépins de cassis – 1 500 mg chaque jour.

◐ **Conseils d'utilisation.** Prenez de l'huile d'onagre, ainsi que tous les produits renfermant du GLA, au cours des repas afin de favoriser leur absorption.

Effets secondaires possibles

Lors des études cliniques, environ 2 % des participants traités à l'huile d'onagre ont éprouvé des ballonnements ou des troubles digestifs, inconvénients qui peuvent être atténués en prenant l'huile au cours des repas.

L'huile d'onagre existe en flacon, mais les capsules molles sont très pratiques à utiliser.

Ortie

Urtica dioica

Les Grecs de l'Antiquité pensaient que l'ortie stimulait la pousse des cheveux et combattait les effets du venin des serpents... Les recherches actuelles montrent qu'elle possède des propriétés moins étonnantes, mais efficaces sur les douleurs articulaires et les allergies.

Indications

- Pour faciliter l'élimination des liquides.
- Apaisement des symptômes allergiques, dont le rhume des foins.
- Soulagement de l'inflammation.
- Soulagement potentiel de certaines manifestations de la prostate.
- Infection des voies urinaires.

Présentation

- Gélules
- Teinture-mère
- Liquide
- Plante séchée / infusion

Qu'est-ce que c'est ?

Souvent considérée comme une mauvaise herbe, l'ortie est présente dans certaines parties de l'Europe, aux États-Unis et au Canada. La plante, qui atteint facilement 1,50 m de haut, pousse facilement dans les zones incultes, les jardins et les haies. Paradoxalement, la faculté de l'ortie à irriter la peau par contact a sans doute conduit, jadis, à s'intéresser à cette plante pour des applications médicinales. Les feuilles d'ortie sont en effet recouvertes de poils minuscules qui piquent et brûlent. Jadis, cette caractéristique passait pour avoir des effets bénéfiques en cas de douleurs articulaires (un vieux remède contre l'arthrite consistait à se frotter avec des orties) et, pendant des siècles, des cataplasmes de feuilles d'ortie furent appliqués pour débarrasser la peau de ses toxines. Ces feuilles, comestibles, sont par ailleurs intéressantes sur le plan nutritionnel : elles ont une teneur élevée en fer et en autres minéraux, ainsi qu'en caroténoïdes et en vitamine C.

Son rôle dans l'organisme

La feuille d'ortie renferme de nombreux composés actifs : des flavonoïdes (quercétine, kaempférol et rutinosides) bénéfiques contre l'excès de radicaux libres, et des minéraux en abondance (calcium, potassium, silicates, fer) qui lui confèrent des qualités reminéralisantes. Sa teneur élevée en flavonoïdes et en potassium explique son efficacité pour stimuler la diurèse et favoriser la détoxication de l'organisme. Son action irritante sur la peau lors d'un simple contact serait due à la présence d'acide formique ainsi que d'histamine et d'acétylcholine dans ses poils urticants.

Les suppléments d'ortie sont des diurétiques et des antihistaminiques naturels.

Principaux effets bénéfiques. Une étude clinique réalisée sur 152 patients a permis de confirmer l'amélioration des manifestations rhumatismales chez 70 % d'entre eux après la prise quotidienne de 1,54 g d'extrait sec d'ortie pendant 3 semaines. Il est également prouvé que l'ortie favorise la diurèse, en augmentant le volume urinaire et l'élimination de l'acide urique, ce qui peut la faire conseiller en traitement d'appoint de la goutte. Cette action diurétique serait associée à une influence bénéfique sur la tension : dans une étude récente, un traitement de 14 jours avec 15 ml de jus frais d'ortie a permis l'augmentation de 10 % du volume des urines, et une légère diminution de la pression sanguine systolique. Des suppléments d'ortie peuvent également soulager les femmes qui se sentent gonflées juste avant leurs règles.

Des travaux semblent montrer que l'ortie possède une action anti-allergène, et qu'elle pourrait atténuer les manifestations les plus gênantes du rhume des foins : au cours d'une étude encore au stade préliminaire menée sur des sujets allergiques, plus de la moitié des participants traités par de l'ortie ont constaté une amélioration de leurs symptômes par rapport au groupe mis sous placebo.

Autres effets bénéfiques. La racine de l'ortie, qui contient des phytostérols et des phénols, pourrait quant à elle soulager les hommes atteints d'une hypertrophie bénigne de la prostate (lorsqu'elle n'est pas d'origine cancéreuse : un diagnostic médical est indispensable). Cette hypertrophie résulte d'une dilatation de la prostate et d'un rétrécissement de l'urètre (conduit par lequel l'urine quitte le rein) et rend la miction difficile : la racine d'ortie peut contribuer à ralentir l'accroissement du volume de la prostate et l'inflammation qui y est souvent associée.

Comment la prendre

Doses. *Pour favoriser la diurèse et contre l'infection des voies urinaires*, buvez 1 tasse de tisane d'ortie par jour, préparée avec 1 ou 2 c. à thé de feuilles séchées pour 250 ml d'eau bouillante. *En cas d'hypertrophie bénigne de la prostate*, 250 mg d'extrait normalisé 2 fois par jour, en association avec du palmier nain (160 mg 2 fois par jour) ou du pygeum africanum (100 mg 2 fois par jour). *En cas de goutte*, 250 mg d'extrait 3 fois par jour. Une compresse à partir de l'infusion peut être appliquée sur les articulations.

Conseils d'utilisation. Prenez les feuilles ou la teinture d'ortie lors des repas pour limiter les risques de troubles digestifs.

Effets secondaires possibles

L'ortie n'a pas de contre-indication particulière, malgré un risque minime de réaction allergique. Il existe en revanche des cas d'irritation de l'estomac, de dyspepsie et de diarrhée.

BIEN CHOISIR

En achetant des gélules de feuilles d'ortie, choisissez de préférence un produit lyophilisé ou un extrait normalisé qui contient 1 % de silice végétale, l'un des principes actifs de l'ortie.

LE SAVIEZ-VOUS ?

Au Moyen Âge, l'ortie était considérée comme une véritable panacée. Elle était utilisée en particulier contre les hémorragies.

QUOI DE NEUF ?

Une étude préliminaire a montré que l'ortie aidait les sujets atteints d'arthrite à diminuer leurs doses d'analgésiques et réduisait les effets secondaires des médicaments. On obtient les mêmes améliorations sur la douleur, la raideur ou le niveau d'altération physique avec 200 mg par jour d'un anti-inflammatoire et un traitement associant 50 mg du même médicament et 50 g de feuilles d'ortie.

Une étude plus récente semble indiquer que l'association d'ortie et de pygeum africanum bloque les modifications hormonales impliquées dans l'hypertrophie bénigne de la prostate.

Pépins de raisin (extrait de)

Doté de puissantes propriétés antioxydantes, l'extrait de pépins de raisin se révèle utile pour la santé cardiovasculaire. Il agit également sur le bien-être général en améliorant la circulation du sang, la vision et l'état de la peau.

Indications

- Traitement des troubles circulatoires.
- Protection de la vue.
- Diminution des risques de maladies cardiovasculaires et de cancer.
- Pour freiner la dégradation du collagène de la peau.

Présentation

- Gélules
- Comprimés
- Liquide

ATTENTION

Si vous suivez un traitement médical, consultez votre médecin avant de prendre des suppléments.

Qu'est-ce que c'est ?

L'extrait provenant des minuscules pépins du raisin noir est devenu un supplément nutritionnel très recherché. Il renferme des substances nommées oligomères proanthocyanidiques (OPC), également connues sous le nom de procyanidines et appelées autrefois pycnogénols. Ces substances sont également présentes dans l'écorce du pin maritime et dans la peau des arachides.

Son rôle dans l'organisme

Les procyanidines, composants actifs de l'extrait de pépins de raisin, appartiennent au groupe des flavonoïdes, des antioxydants qui protègent les cellules de l'organisme contre les dommages causés par une prolifération de radicaux libres, molécules très instables. Si l'on en croit une étude récente, leurs effets seraient même supérieurs à ceux des vitamines E et C. De ce fait, l'extrait de pépins de raisin pourrait tenir une place importante dans la prévention des maladies cardiovasculaires et des cancers. Il agit sur la stabilité du collagène et de l'élastine, deux protéines qui jouent un rôle essentiel dans la qualité du tissu conjonctif, des parois des vaisseaux sanguins et des muscles.

L'extrait de pépins de raisin renferme en outre des composants solubles à la fois dans l'huile et dans l'eau, ce qui lui permet de traverser tous les types de membranes cellulaires, diffusant ainsi ses propriétés antioxydantes à travers tout l'organisme : étant l'une des rares substances pouvant franchir la barrière hémato-encéphalique, il protégerait les cellules cérébrales des dommages causés par l'excès de radicaux libres.

✪ **Principaux effets bénéfiques.** Grâce à sa puissante action protectrice sur les vaisseaux sanguins, l'extrait de pépins de raisin est capable de tonifier les vaisseaux capillaires fragilisés et d'améliorer la circulation

sanguine, particulièrement au niveau des extrémités. C'est pourquoi on le préconise en cas d'insuffisance vasculaire, ainsi que dans d'autres affections associées à ce problème, telles que les varices, l'engourdissement et les picotements dans les bras et les jambes, les hémorroïdes, et même les douloureuses crampes dans les jambes. On pense également que l'extrait de pépins de raisin pourrait avoir un effet favorable sur la circulation sanguine au niveau de l'œil. On le recommande ainsi pour combattre la dégénérescence maculaire et la cataracte, deux des causes les plus fréquentes de cécité chez les personnes âgées. Il peut en tout cas améliorer la vision nocturne et atténuer les conséquences de l'éblouissement en cas de conduite de nuit. Enfin, les procyanidines ont été utilisées avec succès pour réduire les œdèmes, qu'ils soient dus à des chutes, à la pratique sportive ou à une intervention chirurgicale.

❋ **Autres effets bénéfiques.** L'extrait de pépins de raisin aide à préserver et à renforcer le collagène de la peau, ce qui explique qu'on en trouve dans de nombreuses crèmes de beauté destinées à améliorer l'élasticité de la peau et à en ralentir le vieillissement. En raison de ses propriétés antioxydantes et tonifiantes pour les vaisseaux sanguins, l'extrait de pépins de raisin pourrait réduire les risques d'accidents cardiovasculaires et cérébraux et freiner l'évolution de l'athérosclérose. Enfin, il pourrait aider à prévenir l'apparition de cancers, dans la mesure où ses procyanidines antioxydantes permettent de corriger les dommages subis par le matériel génétique des cellules, susceptibles d'entraîner la formation de tumeurs. On attribue parfois à l'extrait de pépins de raisin des propriétés antihistaminiques et antiallergiques (grâce à des mécanismes inhibant la production d'histamine et de prostaglandines), mais cela doit encore être confirmé.

L'extrait de pépins de raisin peut aussi s'avérer utile pour les gens travaillant régulièrement devant un écran d'ordinateur. Une étude a même démontré que prendre 300 mg d'extrait par jour pendant seulement 2 mois réduisait la fatigue oculaire liée au travail sur écran et améliorait la perception des contrastes.

Comment le prendre

🖉 **Doses.** *Pour ses effets antioxydants*, prenez chaque jour 100 mg d'extrait de pépins de raisin. *Pour ses effets thérapeutiques*, les doses quotidiennes sont généralement de 150 à 300 mg. Choisissez de préférence des suppléments normalisés à 92 à 95 % de procyanidines, ou OPC.

◉ **Conseils d'utilisation.** Au bout de 24 h, seuls 28 % des principes actifs de l'extrait de pépins de raisin sont encore présents dans l'organisme. C'est pourquoi il est important de prendre ces suppléments chaque jour à la même heure.

Effets secondaires possibles

Aucun effet secondaire ni aucune intoxication n'ont été rapportés.

Phosphore

Le phosphore, qui a pour fonction première de se combiner avec le calcium pour construire et consolider les os et les dents, joue aussi un rôle essentiel dans le mécanisme d'alimentation en énergie de chaque cellule de l'organisme. Les risques d'une déficience sont très rares.

Indications

- *Pour la construction des os et la protection du squelette.*
- *Formation de l'émail dentaire et consolidation des dents.*

Présentation

- Gélules
- Comprimés
- Poudre
- Liquide

ATTENTION

- Le risque majeur avec le phosphore est d'en prendre trop, ce qui peut entraîner une déficience en calcium.

- Dans les cas rares de déficience en phosphore (dus par exemple à une maladie rénale ou digestive ou à des brûlures graves), la prise de suppléments de phosphore doit s'effectuer sous contrôle médical.

Ne prenez jamais de supplément au phosphore sans avis médical préalable.

Qu'est-ce que c'est ?

L'organisme de l'adulte contient environ 700 g de phosphore, ce qui place ce minéral au deuxième rang sur le plan quantitatif, après le calcium. On le trouve sous forme de phosphates (notamment de calcium, de sodium, de potassium), et aussi de composés organiques très divers. Les os et les dents concentrent 85 % du phosphore, tandis que le reste se répartit dans le sang et divers organes, dont le cœur, les reins, le cerveau et les muscles.

Son rôle dans l'organisme

Le phosphore joue un rôle capital dans la formation des os, aux côtés de son compagnon attitré, le calcium. C'est aussi un composant essentiel des phospholipides, constituant important des membranes. La majorité des mécanismes biologiques ou cellulaires utilisent plus ou moins directement le phosphore. Il permet la mise en réserve et le transport de l'énergie fournie par les aliments : sous forme d'esters phosphoriques de l'adénosine triphosphate, ou ATP, il intervient dans cette molécule qui alimente en énergie chaque cellule de l'organisme. Le phosphore participe aussi à l'étape d'activation (phosphorylation) de nombreuses enzymes. Enfin, il est prouvé que le phosphore aide également à activer les vitamines du complexe B et leur permet de dispenser tous leurs bienfaits.

✳ **Principaux effets bénéfiques.** Sous forme de phosphates de calcium, le phosphore assure la rigidité et la solidité du squelette, ainsi que la dureté des dents. Cette partie minérale de l'os est fixée sur une trame de collagène, dont les cellules très spécialisées assurent aussi la calcification. Dans l'os, le rapport calcium/phosphore est constant et voisin de 2/1, et la rétention du phosphore est favorisée par une absorption simultanée suffisante de calcium. Mais il faut se garder d'un excès trop marqué de phosphore par rapport au calcium, qui pourrait entraîner une hyperparathyroïdie secondaire, et favoriser la fuite de calcium, donc le risque d'ostéoporose.

Certaines multivitamines contiennent du phosphore, mais, dans la majorité des cas, l'alimentation en apporte des quantités suffisantes.

⊕ **Autres effets bénéfiques.** Le phosphore transmet les messages d'une cellule à l'autre. Il contribue ainsi à la coordination de mécanismes comme la contraction musculaire, la transmission des impulsions nerveuses du cerveau aux muscles et la sécrétion d'hormones. Le phosphore en solution dans les liquides extracellulaires contribue au maintien du pH (équilibre acidobasique) de l'organisme. Ce minéral est enfin nécessaire à la fabrication de l'ADN et de l'ARN, composants de base de notre structure génétique.

Vos besoins

L'ANR de phosphore s'élève à 700 mg par jour pour l'homme et la femme. Mais ce minéral est présent dans tellement d'aliments qu'il n'y a quasiment aucun risque de déficience : il est très rarement nécessaire d'en prendre sous forme de supplément.

⊟ **En cas d'apport déficitaire.** Une déficience d'apport en phosphore ne s'observe pratiquement qu'en cas de malnutrition sévère. Elle peut entraîner une fragilité des os et des dents, de la fatigue, une sensation de faiblesse, une perte d'appétit, des douleurs articulaires et une sensibilité accrue aux infections.

⊕ **En cas d'apport excédentaire.** Il n'existe pas d'effets nocifs immédiats occasionnés par un excès de phosphore, car les reins régulent le taux de ce minéral dans le sang et assurent l'élimination du surplus dans les urines. En revanche, en cas de prise prolongée d'un supplément de phosphore, il peut se produire une perte de calcium qui entraînerait une déminéralisation osseuse.

Comment le prendre

⊘ **Doses.** Dans la plupart des cas, le régime alimentaire quotidien apporte une quantité suffisante de phosphore. Les suppléments de multivitamines et minéraux peuvent cependant en renfermer en petite quantité. Si vous êtes atteint d'une maladie intestinale ou rénale responsable de déplétion du phosphore, votre médecin vous en prescrira des doses appropriées.

◑ **Conseils d'utilisation.** Ne prenez jamais de suppléments nutritionnels ne contenant que du phosphore sans prescription médicale.

Sources alimentaires

Les aliments riches en protéines – viande, poisson, volaille et produits laitiers – ont une teneur élevée en phosphore, qui est aussi présent dans les produits céréaliers, même si les pains complets et les céréales contiennent parfois des constituants (phytates) qui limitent son assimilation. Enfin, sous forme de polyphosphates, le phosphore sert d'additif dans de nombreux produits industriels. Les sodas, notamment les colas, en renferment souvent des doses importantes.

Phytonutriments

Différents des vitamines, des oligoéléments ou des fibres, les phytonutriments sont des composés naturellement présents dans les végétaux et qui exercent une action biologique sur l'organisme. Ces dernières années, ils ont suscité un intérêt particulier en raison de leur richesse en éléments bénéfiques pour la santé. Comme les fruits et les légumes, les plantes aromatiques et médicinales renferment, elles aussi, des phytonutriments.

Les phytonutriments ont des effets multiples et agissent souvent en synergie dans le corps humain. En plus de leur action antioxydante, antibactérienne et antivirale, ils ont le pouvoir de :

- stimuler les enzymes hépatiques qui protègent des toxines ou les éliminent ;
- stimuler le fonctionnement du système immunitaire ;
- réduire les risques de formation de caillots sanguins ;
- réguler le taux de cholestérol et les métabolismes hormonaux ;
- abaisser la tension artérielle.

EFFETS ANTIOXYDANTS

La majorité des phytonutriments (en particulier les flavonoïdes et les caroténoïdes) ont des propriétés antioxydantes puissantes. Ils peuvent donc neutraliser les effets des radicaux libres, molécules instables dont l'excès peut provoquer des dégradations cellulaires. Cela permettrait notamment de réduire les risques de maladies cardiovasculaires, voire allergiques ou inflammatoires. Ainsi, la quercétine, un flavonoïde présent dans l'oignon et la pomme, pourrait atténuer des manifestations allergiques, tel l'asthme, des affections cutanées comme l'eczéma et certains problèmes inflammatoires des articulations et des muscles.

LES FLAVONOÏDES

Les flavonoïdes forment un vaste groupe de phytonutriments. La plupart sont incolores, mais beaucoup donnent des couleurs vives à d'innombrables fruits et légumes. L'alimentation en apporte habituellement 1 g par jour, davantage si l'on boit du thé et du vin – rouge notamment –, qui en sont très riches.

Plus de 4 000 flavonoïdes ont été répertoriés, et nombre d'entre eux ont fait l'objet de recherches intensives in vitro et également sur l'animal, mais rarement sur l'homme (à l'exception de la quercétine). La rutine et l'hespéridine (présentes respectivement dans le sarrasin et les agrumes) comptent parmi les flavonoïdes antioxydants les plus efficaces. On trouve aussi les procyanidines (ou OPC), abondantes dans l'huile de pépins de raisin, les isoflavones (dans le soja), et les anthocyanosides (pigment du raisin rouge et de la mûre, entre autres).

Les caroténoïdes sont des pigments végétaux rouges,

orange ou jaunes. Le plus connu, le bêta-carotène, donne sa couleur à la carotte et au melon. Le lycopène de la tomate pourrait aider à prévenir certains cancers.

LES CHOUX ET LES OIGNONS

Il existe deux grands groupes de phytonutriments renfermant du soufre. Les glucosinolates, qui semblent offrir une protection contre le cancer, sont apportés par tous les choux (y compris brocoli, chou-fleur et choux de Bruxelles). L'allicine, l'allyl et leurs dérivés, autres composés soufrés bénéfiques pour la santé, sont présents dans l'ail, l'oignon et tous les alliacés.

DANS LES PLANTES MÉDICINALES AUSSI

Dans la plupart des plantes médicinales sont présents, outre des flavonoïdes, d'autres phytonutriments aux effets soit préventifs, soit curatifs. La réglisse et le ginseng, ainsi que le soja, par exemple, renferment des saponines chimiquement identiques aux stéroïdes de l'organisme. D'autres plantes contiennent des constituants spécifiques auxquels elles donnent leur nom : échinoside de l'échinacée, acide valérique de la valériane, et ainsi de suite.

LE POUVOIR DES PHYTO-ŒSTROGÈNES

Les phyto-œstrogènes principaux de l'alimentation humaine sont les isoflavones et un groupe de composés appelés lignanes, présents dans le seigle, les graines de lin et de sésame, et les fruits oléagineux.

La recherche s'est concentrée sur les isoflavones, présentes presque exclusivement dans les légumes : les protéines de soja en sont la meilleure source. Les principales isoflavones trouvées dans le soja sont la daidzéine, la génistéine et la glycitéine.

Bien qu'ils n'aient pas de parenté chimique avec l'œstradiol, hormone sexuelle produite par l'organisme féminin, les phyto-œstrogènes s'en rapprochent, ce qui leur permet de se fixer sur les récepteurs d'œstrogènes dans les cellules. Les phyto-œstrogènes n'ont aucune action sur le taux d'œstrogènes sanguin, mais, en se fixant sur ces récepteurs, ils ont un effet œstrogénique en cas de carence dans ce domaine, et un effet antiœstrogénique en cas d'excès. Des œstrogènes sont présents également dans l'organisme masculin. Lorsque leur taux est élevé, le risque de cancer de la prostate augmente. Les phyto-œstrogènes du soja protégeraient contre ce cancer.

Le taux d'œstrogènes décroît chez la femme ménopausée. Les phyto-œstrogènes sont alors capables de fournir l'équivalent d'un substitut à l'organisme et pourraient remédier à des symptômes comme les bouffées de chaleur ou le dessèchement de la peau. Il se peut même qu'ils aident à réduire la baisse de densité osseuse qui survient après la ménopause et entraîne l'ostéoporose.

L'ALIMENTATION ASIATIQUE

Dans les pays asiatiques, où l'alimentation est riche en soja, les bouffées de chaleur liées à la ménopause sont beaucoup plus rares que dans les pays occidentaux. Ainsi, en Amérique, 70 à 80 % des femmes ont ces symptômes, contre 57 % en Malaisie et 18 % en Chine. Les Asiatiques se distinguent nettement des Occidentales par leur consommation de soja, et donc de phyto-œstrogènes,

LA BONNE DOSE D'ISOFLAVONES

On ne peut encore établir d'apports recommandés, mais les Asiatiques en consomment entre 25 et 200 mg par jour. Une dose journalière de 50 à 120 mg permettrait d'obtenir des effets thérapeutiques. Elle correspond à 1 ou 2 portions par jour de produits à base de soja – bien que leur teneur en isoflavones soit variable.

On trouve environ 50 mg d'isoflavones dans :
- 100 g de tofu séché ou 200 g de tofu frais ;
- 100 g de miso ;
- 250 ml de lait ou de yogourt de soja ;
- 50 g de farine de soja, de graines de soja cuites ou de protéines de soja texturées.

Les protéines de soja employées dans l'industrie alimentaire contiennent 10 à 300 mg d'isoflavones pour 100 g. La sauce au soja, l'huile de soja et la lécithine n'en renferment presque pas.

PRINCIPAUX PHYTONUTRIMENTS – LEUR ORIGINE – LEUR ACTION

GROUPES DE PHYTONUTRIMENTS	EXEMPLES DE COMPOSÉS	SOURCES ALIMENTAIRES PRINCIPALES	ACTION
Flavonoïdes	Kaempférol, quercétine Hespéridine, naringénine, rutine, tangéritine	Artichaut, pomme, laitue, oignon, poivron, thé Tomate, vin, agrumes (pamplemousse, orange, citron, tangerine)	Antioxydants, régulateurs d'enzymes ; prévention du cancer et des maladies cardiovasculaires ; régulateurs d'immunité
Glucosinolates, isothiocyanates	Allylisothiocyanates, glucobrassicine, indoles	Famille du chou (brocoli, choux de Bruxelles, chou-fleur), moutarde, cresson	Inducteurs d'enzymes hépatiques ; prévention du cancer
Acides hydroxy-cinnamiques	Acides caféique, chlorogénique et férulique, curcumine	Pomme, café, curry en poudre, moutarde, poire	Antioxydants ; peut-être prévention du cancer
Isoflavones	Daidzéine, génistéine	Produits dérivés du soja (farine, lait, protéines de soja)	Baisse des lipides sanguins ; prévention des cancers du sein et de la prostate
Lignanes	Matairésinol, sécoisolacirésinol	Baies rouges, graines de lin, noix, graines, seigle	Antioxydants ; prévention des cancers du sein et de la prostate
Monoterpènes	D-carvone, D-limonène	Cerise, agrumes, plantes aromatiques (aneth, menthe, carvi)	Inducteurs d'enzymes hépatiques ; agents anti-tumoraux (seins, prostate, pancréas...), antimicrobiens.
Organosulfures	Di- et trisulfures de diallyle, sulfoxyde d'allyl-cystéine, sulfoxyde de diallyle	Chou, ail, poireau, oignon, échalote	Fluidifient le sang ; baisse des lipides sanguins ; inducteurs d'enzymes hépatiques ; prévention du cancer
Phénols	Acide ellagique, acide gallique, hydroquinone, crésol	Entre autres : thé noir, thé vert, fève de cacao, framboise, fraise	Antioxydants ; agents anti-inflammatoires
Phytostérols	Bêta-sitostérol, campestérol, stigmastérol	Huiles de maïs, de pépins de raisin, de soja, de tournesol ; certaines margarines végétales	Réduisent le taux de cholestérol total et de mauvais cholestérol (LDL)
Tanins	Théaflavines, théarubigens	Thé noir, vin rouge, café	Antioxydants ; antimicrobiens et anti-inflammatoires

UNE ARME PUISSANTE POUR COMBATTRE LE CANCER

Une femme sur 9 risque d'être atteinte d'un cancer du sein au Canada, contre 1 sur 50 au Japon. De même, le cancer de la prostate est moins fréquent dans les pays orientaux qu'en Occident : des chiffres à mettre sur le compte d'une consommation d'isoflavones nettement moindre dans les pays occidentaux.

et présentent un taux urinaire d'œstrogènes 100 à 1 000 fois plus élevé que celui des Occidentales. En 1998, une étude a montré que des femmes ménopausées qui ajoutaient 40 g de protéines de soja (avec leurs isoflavones naturelles) à leur alimentation constataient une réduction de leurs bouffées de chaleur de 45 % au bout de 12 semaines.

RÉDUIRE LA MENACE D'OSTÉOPOROSE

La conséquence majeure de l'ostéoporose est la fracture de la hanche. Plus de 95 % de ces fractures surviennent chez les femmes de plus de 50 ans. Un traitement hormonal destiné à préserver la densité osseuse est de plus en plus souvent prescrit, mais, en matière de prévention, on s'intéresse aussi aux isoflavones prises sous forme de suppléments .

Chez les femmes asiatiques, le risque de fractures dues à l'ostéoporose est plus réduit que chez les Occidentales, même si les premières ont une ossature plus fine, consomment moins de produits laitiers et absorbent moins de calcium. Il est donc probable que les isoflavones du soja diminuent le risque de fractures.

Lors d'une étude menée sur des femmes ménopausées, on a constaté une augmentation de la densité osseuse avec une alimentation comprenant chaque jour 90 mg d'isoflavones de soja. Les isoflavones de synthèse, dont la structure est identique à celle du soja, agissent aussi sur la densité osseuse.

RÉDUIRE LES RISQUES DE CANCER

Les scientifiques considèrent désormais qu'une faible consommation de fruits et de légumes augmente les risques de cancer. Aussi ne faut-il pas se contenter d'absorber des vitamines antioxydantes C, E et A, mais manger régulièrement fruits et légumes pour diminuer efficacement les risques de cancer. Les phytonutriments présents dans les fruits, légumes et légumineuses joueraient donc un grand rôle en matière de prévention.

Boire du thé pourrait aussi être bon : des études sur les animaux ont montré que le thé vert jugulait la carcinogenèse (formation de tumeurs) dans les poumons, le foie, l'intestin grêle et le côlon. On peut finalement penser que si les décès dus aux

DES PHYTONUTRIMENTS EN SUPPLÉMENTS

Les études scientifiques donnent raison à la croyance ancestrale selon laquelle la consommation de végétaux assure une protection efficace contre de nombreuses maladies. Leurs effets bénéfiques découlent essentiellement de leur teneur en vitamines et phytonutriments. Les phytonutriments des légumes, fruits et plantes aromatiques sont aujourd'hui disponibles sous forme de suppléments. Ils peuvent améliorer l'équilibre nutritionnel et aider à mieux se porter.

cancers du sein et de la prostate sont beaucoup plus nombreux en Amérique qu'au Japon, c'est aussi parce que les Américains consomment beaucoup moins d'isoflavones.

PROTECTION CONTRE LES MALADIES CARDIOVASCULAIRES

La cause la plus fréquente de ce type de maladies est l'athérosclérose, durcissement des artères provoqué par la formation, sur les parois des vaisseaux sanguins, d'une substance graisseuse et rigide appelée plaque d'athérome.

Des flavonoïdes comme les OPC et la quercétine peuvent enrayer ce processus et protéger contre les maladies cardio-vasculaires. Ainsi, les écarts de consommation de flavonoïdes selon les pays expliquent sans doute 25 % des différences de fréquence de ces maladies.

Les isoflavones permettraient, elles aussi, de limiter les risques d'athérosclérose. On a pu récemment démontrer qu'une dose quotidienne de 62 mg d'isoflavones, sous forme de protéines de soja (1 verre de lait de soja), réduisait de 10 % le mauvais cholestérol (LDL). Par leurs propriétés anticoagulantes, ces isoflavones, notamment la génistéine, pourraient réduire les risques de crise cardiaque en empêchant la formation de caillots dans le sang et, par conséquent, l'obstruction des artères. Toutes les observations in vitro ou sur l'animal commencent à être confirmées par des études effectuées sur l'être humain.

Piment

Capsicum genus

Le piment relève traditionnellement la cuisine indienne et mexicaine, mais il sert également à stimuler la digestion et à soulager la douleur. Il doit ses propriétés médicinales à des substances appelées capsinoïdes.

Indications

En application externe
- *Atténuation des douleurs musculaires, tendineuses ou ligamentaires.*

Par voie orale
- *Stimulation de la digestion, notamment celle des graisses.*

Présentation

- Crème / onguent
- Comprimés
- Gélules
- Capsules molles
- Teinture-mère / liquide
- Séché ou entier

ATTENTION

- **N'appliquez jamais de crème au piment sur une peau à vif ou sur une lésion. Évitez le contact avec les yeux et les lentilles cornéennes, en raison du risque de forte irritation.**

Si vous suivez un traitement médical, consultez votre médecin avant de prendre des suppléments.

Qu'est-ce que c'est ?

Piment et piment de Cayenne sont cousins des poivrons rouge et vert, mais sans rapport avec le poivre noir. Leurs composants actifs essentiels sont des capsinoïdes, et en particulier de la capsaïcine, qui leur donnent leur piquant. Ces substances irritantes se retrouvent également dans les atomiseurs antiagression. Sur les étiquettes des produits médicinaux, le piment figure parfois sous les appellations capsaïcine ou capsinoïdes.

Son rôle dans l'organisme

La capsaïcine du piment interfère avec le fonctionnement des petites fibres nerveuses du système sensoriel. Elle se fixe aux récepteurs de ces fibres et entraîne la libération d'un neurotransmetteur, dit substance P, qui stimule dans le cerveau les neurones nociceptifs (sensibles à la douleur), ce qui déclenche la sensation de douleur. En fonction des doses utilisées et du rythme des applications (pour l'usage externe), la capsaïcine peut avoir une action excitatrice et inflammatoire ou, au contraire, analgésique et anti-inflammatoire. Des travaux récents montrent par ailleurs que la capsaïcine augmente notablement l'activité des enzymes digestives, en particulier celles qui permettent la digestion des graisses (lipase).

🟢 **Principaux effets bénéfiques.** L'application locale régulière d'une crème ou d'un onguent au piment permet de soulager les douleurs musculaires ou rhumatismales. Ce traitement pourrait aussi apaiser les douleurs chroniques consécutives au zona, certaines douleurs postopératoires et celles des affections nerveuses provoquées par le diabète.

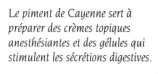

Le piment de Cayenne sert à préparer des crèmes topiques anesthésiantes et des gélules qui stimulent les sécrétions digestives.

La crème au piment pourrait en outre réduire les démangeaisons du psoriasis – ces sensations suivent le même parcours nerveux que la douleur –, apaiser les souffrances de la fibromyalgie et celles des extrémités dans la maladie de Raynaud.

Autres effets bénéfiques. Le piment frais a la réputation de stimuler la digestion et de soulager la dyspepsie et les flatulences, car il stimule la circulation du sang dans l'estomac et l'intestin ; il provoque la sécrétion de sucs digestifs. Les formes liquides peuvent être mélangées à de l'eau et utilisées en gargarisme pour soulager une gorge douloureuse. On a étudié des préparations nasales qui peuvent soulager la congestion, combattre le rhume et diminuer la douleur des céphalées en grappe (à ne prendre que sous supervision médicale). Rien ne prouve, en revanche, que le piment ait le pouvoir de réduire les risques de maladie cardiaque en diminuant les taux de cholestérol et de triglycérides, ni de prévenir le cancer.

Comment le prendre

Doses. En *application locale*, crème et onguent au piment contenant 0,025 à 0,075 % de capsaïcine sont très efficaces en utilisation quotidienne et régulière ; appliquez-en une fine couche sur les régions affectées 3 ou 4 fois par jour pour soulager la douleur et faites bien pénétrer. La douleur peut prendre plusieurs semaines à diaparaître. En *utilisation orale*, suivez les instructions du conditionnement.

Conseils d'utilisation. En *application locale*, la sensibilité au piment varie selon les individus ; commencez par tester la crème sur une zone limitée. Si les résultats sont concluants (ce qui peut demander 1 semaine ou plus), élargissez la zone d'application. Pour éviter de vous mettre du piment dans les yeux, lavez-vous ensuite les mains à l'eau chaude et au savon, ou enfilez des gants de plastique jetables. Si vous employez une crème au piment pour calmer une douleur aux doigts ou aux mains, attendez 30 min avant de les laver, pour permettre à la pommade de pénétrer. En attendant, évitez de toucher lentilles de contact et zones sensibles, yeux et nez par exemple. Conservez la crème au piment à l'abri de la lumière, de la chaleur ou du froid extrême, hors de portée des enfants.

En *utilisation orale*, le piment peut se prendre avec ou sans aliments. Il est à éviter en cas de gastrite ou d'ulcère en crise. Aucun effet nocif n'a été constaté chez les femmes enceintes. Par prudence, cessez d'en prendre si vous allaitez votre bébé.

Effets secondaires possibles

La crème au piment produit souvent une sensation déplaisante de brûlure pendant 30 min environ après son application, mais cet effet disparaît habituellement au bout de quelques jours d'utilisation régulière. Le piment peut également causer des irritations douloureuses – sans gravité à long terme – s'il entre en contact avec les yeux ou une muqueuse quelconque. Si cela se produit, baignez largement à l'eau la zone touchée.

Enfin, en cas de « feu dans la bouche » après avoir absorbé du piment (ou une sauce au piment : harissa, Tabasco...), ne buvez pas d'eau mais absorbez plutôt du yogourt, du fromage blanc ou du lait (dont les protéines ont la propriété de neutraliser l'activité de la capsaïcine).

Pissenlit

Taraxacum officinale

Le pissenlit, volontiers consommé en salade, est aussi traditionnellement utilisé pour ses propriétés médicinales : ses feuilles et ses racines sont en effet riches en composants actifs, capables notamment de stimuler le fonctionnement hépatique.

Indications

- Stimulation de l'appétit grâce à ses composants amers.
- Pour faciliter la digestion en augmentant la sécrétion de bile.
- Prévention possible des calculs biliaires.
- Action diurétique et laxative.

Présentation

- Gélules
- Comprimés
- Teinture-mère
- Liquide
- Plante séchée, fraîche/infusion

ATTENTION

- **En cas de calculs biliaires, à n'utiliser qu'après avis médical.**

Si vous suivez un traitement médical, consultez votre médecin avant de prendre des suppléments.

Qu'est-ce que c'est ?

Le pissenlit, petite plante vivace proche parente de la chicorée, pousse à l'état sauvage un peu partout dans le monde, et est également cultivé à des fins médicinales. Il possède une forte racine pivotante et des feuilles d'un vert plus ou moins foncé profondément découpées. Chaque plante ne porte qu'une fleur jaune vif, s'ouvrant à l'aube et se refermant le soir par temps humide. Une fois fanée, elle cède la place à une boule plumeuse de graines, que le vent ou des enfants espiègles dispersent. La racine du pissenlit est employée depuis les temps les plus anciens pour soigner les troubles digestifs et hépatiques, tandis que ses feuilles fraîches, consommées en salade, permettent de faire une cure de printemps dépurative. C'est la plante tout entière, racine et feuilles, récoltée et séchée avant la floraison, qui entre aujourd'hui dans la composition des suppléments.

Son rôle dans l'organisme

Le principe amer caractéristique du pissenlit, la taraxine, est maintenant parfaitement identifié. Il lui donne ses propriétés apéritives, cholérétiques (stimulant la production de bile) et cholagogues (qui facilitent l'excrétion de la bile de la vésicule), pour lesquelles la plante est traditionnellement utilisée. Elle favorise également les fonctions urinaires et digestives. D'autres substances actives sont présentes dans la plante : des stérols, des flavonoïdes (rutine, lutéoline, quercétol), des terpènes et du potassium en quantité importante (30 % des minéraux de la plante). La racine est particulièrement riche en inuline (un glucide présent également dans la racine de chicorée).

✪ **Principaux effets bénéfiques.** Le pissenlit est réputé à juste titre pour améliorer la digestion des graisses, grâce à son action sur le foie et la vésicule biliaire. Il est utile en cas de lenteur digestive, de dyspepsie et d'inappétence. Il est parfois associé à d'autres suppléments destinés à stimuler le foie, en particulier le chardon-Marie, le radis noir, la chélidoine, l'inositol, la méthionine et la choline. De telles combinaisons sont généralement vendues dans les magasins de produits naturels en tant que préparations lipotropes (aidant à protéger les cellules hépatiques). Le pissenlit est aussi utilisé comme laxatif doux. Il stimule l'élimination urinaire,

Pris en supplément ou sous forme naturelle, le pissenlit aide à soulager un grand nombre de problèmes digestifs.

en raison de sa richesse en potassium, un diurétique naturel : il est donc efficace en cas de rétention d'eau et d'œdèmes.

⚙ **Autres effets bénéfiques.** Il est possible que la racine de pissenlit soulage l'endométriose et la sensibilité des seins avant les règles ainsi que d'autres symptômes dus à un excès d'œstrogènes. Elle renforce en effet la capacité du foie à rétablir l'équilibre hormonal chez les femmes qui souffrent de tels troubles. La plante tout entière faciliterait l'assimilation du fer, qu'il soit fourni par l'alimentation ou par des suppléments, ce qui la rendrait efficace pour soigner certains types d'anémie. Il se peut même qu'elle puisse aider au traitement du cancer, en tant que stimulant de facteur de nécrose tumorale (TNF-alpha). C'est du moins ce que certaines études ont déjà indiqué : les Japonais ont mis au point un extrait de racine de pissenlit lyophilisé destiné à soigner les tumeurs, et les Chinois, encouragés par les résultats de ce type de thérapie sur les animaux, essaient de traiter le cancer du sein avec des extraits de pissenlit. D'autres recherches devront cependant déterminer si un tel traitement est vraiment actif. On a enfin constaté que le pissenlit abaissait le taux sanguin de sucre chez les animaux, ce qui indique que cette plante pourrait intervenir comme modulateur du glucose sanguin dans le traitement du diabète.

Comment le prendre

⬚ **Doses.** *Pour stimuler le foie*, prenez 500 mg d'extrait de racine de pissenlit en poudre 2 fois par jour. Ou prenez 1 ou 2 c. à thé d'extrait liquide 3 fois par jour. En *cas de constipation*, buvez 1 tasse d'infusion de racine de pissenlit 3 fois par jour. En *cas de rétention d'eau*, buvez 1 tasse d'infusion de feuilles de pissenlit 3 fois par jour.

◐ **Conseils d'utilisation.** Les suppléments à base de pissenlit sont à prendre de préférence avant les repas quand ils sont destinés à stimuler le foie. L'extrait liquide de pissenlit doit être bu dilué dans de l'eau. Aucune contre-indication n'existe pour les femmes enceintes ou celles qui allaitent.

Effets secondaires possibles

Le pissenlit n'a aucun effet secondaire important. Pris à haute dose, il peut toutefois entraîner des éruptions cutanées, des maux d'estomac ou de la diarrhée. Arrêtez le traitement dès l'apparition de l'un de ces symptômes, et consultez votre médecin.

Poisson (huiles de)

Chez les Inuits, l'incidence des maladies cardiovasculaires est étrangement faible malgré leur alimentation riche en graisses. Cela s'explique par le fait qu'ils consomment des poissons à teneur élevée en acides gras oméga-3.

Indications

- *Prévention des maladies cardio-vasculaires ; réduction des taux de lipides sanguins.*
- *Abaissement potentiel de la tension.*
- *Atténuation des réactions inflammatoires associées à certaines maladies.*

Présentation

- Gélules
- Capsules molles

ATTENTION

■ Les acides gras oméga-3 inhibent la coagulation sanguine : si vous souffrez de troubles circulatoires ou si vous prenez des anticoagulants, consultez votre médecin avant d'utiliser des suppléments d'huiles de poisson.

■ Les suppléments d'huiles de poisson sont contre-indiqués dans les 2 jours qui précèdent ou qui suivent une intervention chirurgicale.

■ Les personnes diabétiques doivent consulter leur médecin avant de prendre des suppléments d'huiles de poisson, car, à fortes doses, ceux-ci peuvent avoir un effet hyperglycémiant.

Si vous suivez un traitement médical, consultez votre médecin avant de prendre des suppléments.

Qu'est-ce que c'est ?

Parmi les lipides présents dans le poisson, on trouve une catégorie d'acides gras polyinsaturés appelés oméga-3. Ces acides gras se distinguent des acides gras polyinsaturés présents dans les huiles végétales, appelés oméga-6, et ont des effets différents sur l'organisme. Les poissons ne synthétisent pas les oméga-3, mais les trouvent dans le plancton qu'ils consomment : plus l'eau est froide, plus le plancton en contient. Les poissons sauvages des mers froides, comme le saumon, la truite, le maquereau et le thon, sont les plus riches en oméga-3, et notamment en acide eicosapentaénoïque (EPA) et en acide docosahexaénoïque (DHA), les deux formes les plus actives de ces acides gras.

Leur rôle dans l'organisme

Les oméga-3, comme certains autres acides gras essentiels, sont intégrés par les membranes cellulaires, où ils fonctionnent en tant que précurseurs des prostaglandines, des substances similaires aux hormones qui aident à contrôler de très nombreuses fonctions de l'organisme. Ces acides gras jouent ainsi un rôle essentiel dans la régulation de la tension artérielle, la coagulation sanguine, le contrôle des processus inflammatoires et le renforcement des défenses immunitaires. Ils peuvent être utiles dans la prévention et le traitement de nombreuses maladies.

Action préventive. Il semble que les huiles de poisson réduisent les risques de maladies cardiovasculaires en agissant à différents niveaux. En effet, les oméga-3 freinent l'agrégation des plaquettes sanguines et donc la formation de caillots provoquant des crises cardiaques. Ils contribuent aussi à la réduction du taux de triglycérides et du cholestérol sanguins, et permettraient de faire baisser une tension trop élevée. Des études récentes ont en outre montré que les oméga-3 pouvaient réduire le risque d'apparition de troubles du rythme cardiaque. Toutefois, les bienfaits des huiles de poisson sur le système cardiovasculaire ont été mis en évidence de façon particulièrement probante chez des sujets qui consommaient du poisson, et non des suppléments d'huiles de poisson.

À l'intérieur des parois artérielles, les oméga-3 inhibent l'inflammation, facteur de formation de la plaque d'athérome. À doses thérapeutiques, les huiles de poisson constituent l'une des rares méthodes efficaces pour éviter que les artères se rebouchent – ce qui est fréquent – à l'issue d'une angioplastie. Cette action des huiles de poisson sur les vaisseaux est également utilisée dans le traitement de la maladie de Raynaud.

Effets bénéfiques. Les oméga-3 exercent par ailleurs une action anti-inflammatoire générale, qui est employée pour traiter les affections articulaires, le lupus et le psoriasis. Des études montrent que les personnes souffrant de polyarthrite rhumatoïde connaissent moins de problèmes de gonflement et de raideur des articulations, et peuvent même réduire leurs doses d'anti-inflammatoires lorsqu'elles prennent des suppléments d'huiles de poisson. Lors d'une étude menée chez des sujets atteints de la maladie de Crohn (une affection inflammatoire évolutive des intestins), 69 % des patients traités avec environ 3 000 mg d'huiles de poisson par jour ne présentaient plus aucun symptôme de la maladie, contre seulement 28 % des sujets ayant reçu un placebo.

Comment les prendre

⊘ **Doses.** *Pour traiter les maladies cardiovasculaires, la maladie de Raynaud, le lupus et le psoriasis*, prenez 3 000 mg d'huiles de poisson par jour. *Contre la polyarthrite rhumatoïde*, 6 000 mg par jour. *Contre les maladies inflammatoires de l'intestin*, 5 000 mg par jour.

◉ **Conseils d'utilisation.** Les capsules doivent être ingérées au cours des repas. Pour une meilleure tolérance, répartissez les doses en 2 ou 3 prises. Lorsque vous utilisez des suppléments d'huiles de poisson, mangez beaucoup de fruits et de légumes, ou prenez un supplément de vitamine E afin d'augmenter la protection fournie par les antioxydants.

Effets secondaires possibles

Les acides gras oméga-3 contenus dans les huiles de poisson interfèrent avec les mécanismes de la coagulation. Ainsi, les Inuits, qui se nourrissent en majorité de poisson, ont tendance à présenter une baisse de la coagulabilité du sang. Il est donc recommandé de ne pas associer les huiles de poisson et un traitement anticoagulant sans avis médical.

Les gélules et capsules d'huile de poisson peuvent provoquer éructations, ballonnements, nausées ou diarrhées. Il arrive que le corps dégage une légère odeur de poisson lorsque ces huiles sont prises à très haute dose.

Certains travaux ont montré que des doses élevées d'huiles de poisson rendaient plus difficile le contrôle de la glycémie chez les personnes diabétiques, alors que d'autres n'ont pas mis en évidence de tels effets. Pour plus de sûreté, les diabétiques ne devront pas dépasser 2 000 mg d'huiles de poisson par jour, sauf avis médical contraire. Les sujets présentant un taux élevé de triglycérides doivent aussi être prudents si leur taux de mauvais cholestérol (LDL) est élevé. Ce dernier peut en effet s'accroître avec des doses thérapeutiques d'huiles de poisson.

Le saumon est une bonne source d'acides gras oméga-3, de même que les capsules molles d'huiles de poisson.

Potassium

Si vous êtes sujet à l'hypertension, vous veillez sans doute à ne pas consommer trop de sel. Dans ce cas, vous avez intérêt à augmenter votre apport de potassium, ce qui constitue également un moyen efficace de lutter contre l'hypertension.

Indications

■ *Pour abaisser la tension artérielle.*

■ *Prévention possible de l'hypertension, des maladies cardiaques et des accidents cérébrovasculaires.*

Présentation

■ Comprimés
■ Liquide
■ Poudre

ATTENTION

■ Si vous êtes atteint d'une maladie rénale, ou si vous suivez un traitement contre l'hypertension ou une maladie cardiaque, ne prenez de complément de potassium que sur avis médical.

Si vous suivez un traitement médical, consultez votre médecin avant de prendre des suppléments.

Qu'est-ce que c'est ?

Au troisième rang des minéraux du corps humain sur le plan quantitatif (après le calcium et le phosphore), le potassium est présent sous forme de solution dans l'organisme et se concentre en quasi-totalité à l'intérieur des cellules. Comme le chlore et le sodium, il s'agit d'un électrolyte, une substance qui se charge positivement ou négativement une fois dissoute. L'organisme a besoin d'un équilibre entre le potassium, le chlore et le sodium pour remplir une multitude de fonctions essentielles.

Son rôle dans l'organisme

De même que les autres électrolytes, le potassium intervient dans la conduction des impulsions nerveuses, la contraction musculaire et la régulation du rythme cardiaque et de la pression artérielle. Il régule aussi la quantité de liquide à l'intérieur des cellules. Le sodium ayant la même action à l'extérieur, ces deux minéraux assurent l'équilibre hydrique du corps. Le potassium permet à l'organisme de transformer le sucre du sang (glucose), son carburant de base, en réserve de glycogène stockée dans les muscles et le foie. Diurétique, il contribue à éliminer les toxines.

Action préventive. De nombreuses études prouvent qu'une alimentation riche en potassium fait baisser la tension artérielle, et cela même en cas de consommation élevée de sodium. Lors d'une étude effectuée sur 54 malades traités pour de l'hypertension, une moitié s'est nourrie comme d'habitude, l'autre moitié a ajouté à son alimentation de 3 à 6 portions par jour d'aliments riches en potassium. Au bout de 1 an, 81 % des patients du second groupe ont pu réduire sensiblement leurs doses de médicaments, contre 29 % seulement dans le premier groupe.

Effets bénéfiques. Par le biais de son action sur la tension artérielle, le potassium pourrait aussi diminuer les risques de maladies cardiaques et d'accidents cérébrovasculaires (ACV). Selon une étude faite sur un groupe de près de 10 000 patients hypertendus, une alimentation riche en potassium réduit de 28 % le risque d'une attaque mortelle. Une enquête étalée sur 12 ans a établi que les hommes dont l'alimentation était pauvre en potassium se trouvaient deux ou trois fois plus exposés au risque de succomber à une attaque cardiaque que les gros consommateurs de potassium ; chez les femmes, ce risque se multipliait presque par cinq.

Des suppléments de potassium peuvent aider à rétablir l'équilibre entre le chlore, le sodium et le potassium.

Vos besoins

Il n'y a pas d'ANR pour le potassium, mais on recommande générale-ment d'en absorber 2 000 mg à 3 000 mg par jour.

⊟ **En cas d'apport déficitaire.** Un apport en potassium insuffisant a rarement des conséquences fâcheuses immédiates, mais il pourrait à long terme favoriser l'apparition d'hypertension. En cas d'apport vraiment bas, ou de pertes importantes dues à une transpiration excessive, une diarrhée chronique ou aiguë, des vomissements importants ou la prise mal contrô-lée de certains diurétiques ou de laxatifs, une déficience grave peut surve-nir : elle provoque faiblesse musculaire et nausées, et peut entraîner une insuffisance cardiaque si elle n'est pas corrigée.

⊞ **En cas d'apport excédentaire.** Le risque d'intoxication par le potassium est fort improbable, puisque même un apport de 18 g par jour semble sans danger. Une intoxication ne se produit en principe qu'en cas de troubles rénaux ou de prise très excessive de suppléments de potas-sium. Elle se manifeste par une fatigue musculaire, un rythme cardiaque irrégulier et, dans les cas les plus sévères, un arrêt cardiaque.

Comment le prendre

⊘ **Doses.** En dehors de certains traitements diurétiques, les suppléments de potassium sont généralement inutiles. Il est préférable d'en absorber par l'alimentation quotidienne : il est d'ailleurs beaucoup mieux assimilé lorsqu'il est fourni par la nourriture que par des suppléments. Si vous pen-sez néanmoins avoir besoin de suppléments de potassium, consultez votre médecin auparavant. Sachez qu'un traitement de l'hypertension ou de l'angine de poitrine par des antagonistes ou des inhibiteurs de l'enzyme de conversion de l'angiotensine (ECA), comme le captopril ou l'énalapril, est incompatible avec la prise de suppléments de potassium.

◉ **Conseils d'utilisation.** Prenez votre supplément de potassium aux repas avec un grand verre d'eau pour limiter l'irritation de l'œsophage et de l'estomac ainsi que les nausées éventuelles.

Sources alimentaires

Les légumes et fruits frais ou secs (pomme de terre, banane, orange et jus d'orange, abricots secs notamment) sont très riches en potassium. Les céréales complètes, la viande, la volaille, le lait et les yogourts en sont éga-lement de bonnes sources.

INFOS PLUS

■ Dans la mesure du possible, faites cuire les légumes au micro-ondes ou à la vapeur : la cuisson à l'eau diminue leur teneur en potassium. Ainsi, les pommes de terre cuites à l'eau perdent 50 % de leur potassium contre moins de 6 % à la vapeur.

■ Cuire les légumes à l'eau bouillante décroît leur contenu en potassium qui passe dans l'eau de cuisson. Par exemple, une pomme de terre bouillie perd 50 % de son potassium, alors que cuite à la vapeur, elle n'en perd que 6 %.

Une orange navel fournit 250 mg de potassium et une banane, 450 mg.

Réglisse

Glycyrrhiza glabra

Dans la Grèce antique, la réglisse était déjà employée pour calmer la toux et soigner les indigestions. Non seulement les recherches scientifiques récentes ont confirmé les vertus thérapeutiques de cette plante, mais elles ont même permis de lui en découvrir d'autres.

Indications

- Soulagement de certaines affections respiratoires.
- Pour faciliter la digestion.
- Pour apaiser les symptômes menstruels et ceux de la ménopause.
- Renforcement de l'immunité.
- Pour faciliter la convalescence après une hépatite.
- Traitement de l'eczéma.

Présentation

- Gélules, comprimés
- Teinture-mère
- Pastilles
- Plante séchée / infusion
- Gaufrettes
- Crème

ATTENTION

- La réglisse contient une substance appelée glycyrrhizine, qui fait monter la tension artérielle. Elle est donc à exclure en cas d'hypertension, de troubles cardiaques, rénaux ou hépatiques, pendant la grossesse et si vous prenez des médicaments diurétiques ou de la digitaline.

Si vous suivez un traitement médical, consultez votre médecin avant de prendre des suppléments.

Qu'est-ce que c'est ?

Originaire de la région méditerranéenne, la réglisse est un arbrisseau à fleurs bleuâtres de la famille des papilionacées, dont on utilise la racine ligneuse. Elle pousse spontanément dans la nature et est maintenant cultivée en Turquie et en Grèce pour un usage thérapeutique. Appréciée depuis les temps les plus anciens pour ses vertus curatives, elle compte parmi les plantes médicinales les plus couramment employées et les plus étudiées. Ses substances actives sont localisées dans ses racines rhizomateuses, riches en glycyrrhizine, son constituant le plus caractéristique.

La réglisse se vend sous forme de gélules, de comprimés, de teinture-mère et de crème à usage thérapeutique. On l'ajoute souvent à d'autres plantes au goût amer, pour son parfum suave. On trouve aussi de la réglisse déglycyrrhizinée (DGL) sous forme de gélules ou de gaufrettes sans glycyrrhizine. Les deux types de réglisse ont des vertus différentes.

Son rôle dans l'organisme

La glycyrrhizine contenue dans la réglisse réduit l'inflammation des voies respiratoires, inhibe la croissance et l'effet pathologique de nombreux virus et stimule la sécrétion de certaines hormones par les glandes surrénales. Elle est capable d'augmenter la production d'interférons (substances antivirales) par le système immunitaire. Mais elle a l'inconvénient de faire monter la tension artérielle. D'autres composants de la réglisse ont des propriétés antioxydantes et auraient une activité œstrogénique.

✪ **Principaux effets bénéfiques.** La réglisse facilite la respiration en combattant les virus des voies respiratoires, elle soulage la toux et le mal de gorge. On la prescrit contre presque toutes les inflammations et les hépatites, car elle combat l'inflammation du foie et le virus qui déclenche la maladie.

La racine de réglisse est conditionnée en capsules.

La réglisse DGL n'a pas les mêmes indications que la racine de réglisse : la DGL stimule la sécrétion de substances qui protègent les parois de l'œsophage et de l'estomac des effets corrosifs des acides digestifs. Ainsi, la DGL soulage les aigreurs d'estomac, les ulcères et le syndrome du côlon irritable. Elle doit, cependant, être activée par la salive : c'est pourquoi l'on traite les problèmes digestifs avec des gaufrettes de DGL à croquer. Ces gaufrettes accélèrent également la cicatrisation des aphtes.

✳ **Autres effets bénéfiques.** La réglisse est recommandée dans le traitement de certains troubles du cycle menstruel ou liés à la ménopause. La glycyrrhizine exerce en effet une légère activité œstrogénique : elle se fixe sur les récepteurs œstrogéniques de l'organisme. Ainsi, lorsque le taux d'œstrogènes est trop élevé (c'est le cas dans le syndrome prémenstruel), la glycyrrhizine bloque les récepteurs de ces hormones et réduit leur action ; quand le taux d'œstrogènes est bas (comme après la ménopause), la glycyrrhizine exerce un effet substitutif léger mais cependant efficace.

Des médecins utilisent la réglisse pour son action sur les glandes surrénales dans le traitement du syndrome de fatigue chronique, de la fibromyalgie et d'autres troubles liés au niveau de cortisol.

En outre, les crèmes topiques à base de réglisse soulagent les irritations cutanées comme l'eczéma.

Comment la prendre

📄 **Doses.** *Dans la plupart des cas*, prenez de la racine de réglisse 3 fois par jour en gélules ou en comprimés de 200 mg (normalisés pour contenir 22 % d'acide glycyrrhizinique ou de glycyrrhizine) ou 45 gouttes de teinture-mère. *Contre les aigreurs et les problèmes digestifs*, croquez 2 à 4 gaufrettes de 380 mg de DGL 3 fois par jour. *Contre l'eczéma*, appliquez la crème sur les lésions 3 à 4 fois par jour.

◉ **Conseils d'utilisation.** Les suppléments de racine de réglisse peuvent être pris à tout moment de la journée. Mâchez bien les gaufrettes de DGL et prenez-les 30 min avant un repas. Les pastilles à la réglisse sont indiquées contre le mal de gorge

Effets secondaires possibles

Absorbée en quantités excessives, la réglisse peut faire monter la tension artérielle ; ne dépassez donc pas les doses indiquées. Si vous prenez des suppléments de réglisse pendant plus de 1 mois, faites contrôler régulièrement votre tension.

La DGL n'élève pas la tension et n'a pas d'effets secondaires. À haute dose, la réglisse peut abaisser les niveaux de potassium au point d'entraver le fonctionnement musculaire.

Les véritables bonbons à la réglisse (ci-contre) viennent d'Europe. N'en abusez pas : ils peuvent hausser la tension artérielle.

Requin (cartilage de)

Les requins ont enfin la reconnaissance grâce à un matériau caoutchouteux et dur qu'ils renferment en quantité. Le produit est encore à l'étude : en fait, plusieurs études sont menées au Canada et aux États-Unis.

Indications

- *Effet potentiel contre le cancer.*
- *Soulagement possible de la douleur articulaire liée à l'arthrose.*
- *Traitement potentiel du psoriasis et de l'herpès labial.*

Présentation

- Comprimés
- Gélules
- Poudre

ATTENTION

- Parce qu'il peut empêcher la prolifération des vaisseaux sanguins, le cartilage de requin ne doit pas être utilisé chez la femme enceinte ou allaitante ; ni chez les sujets qui ont déjà souffert d'un infarctus ou d'un ACV ; ni chez ceux qui ont subi récemment une chirurgie.

Si vous suivez un traitement médical, consultez votre médecin avant de prendre des suppléments.

Qu'est-ce que c'est ?

Si les os forment l'armature du corps humain, le cartilage a la même fonction chez les requins. Ce matériau élastique, qui est pourtant dur et fibreux, se retrouve chez l'homme dans le nez par exemple, et au niveau des articulations. Le cartilage est une sorte d'os mou qui constitue les parties semi-rigides de l'appareil de soutien de certains poissons. On le trouve de façon caractéristique dans l'aile de raie et dans plusieurs espèces de requins. Après dessiccation, déshydratation et broyage, on obtient une poudre blanche très fine, riche en substances azotées spécifiques, la chondroïtine et la glucosamine.

On ne sait pas encore de façon scientifique si ce supplément est vraiment efficace, mais les recherches cliniques avancent. Elles sont menées dans plusieurs pays dont le Canada où le cartilage de requin n'a pas été approuvé en dehors de la recherche clinique.

Son rôle dans l'organisme

Le corps médical est encore sceptique sur les possibilités du cartilage de requin qui pourrait, croit-on, guérir certains cancers et le sida, et soulager l'arthrose et l'herpès. Certains médecins croient que les acides gastriques digèrent le cartilage de requin, rendant les suppléments oraux inefficaces ; d'autres pensent que même si le corps l'absorbe, le cartilage de requin n'a pas d'effets thérapeutiques prouvables. S'il contient des ingrédients actifs, il n'y en a que de très petites quantités. Même si des études font état de résultats très prometteurs, il reste encore à confirmer ou à infirmer l'efficacité de ce supplément très controversé.

▼ **Principaux effets bénéfiques.** Dans les années 1980, des chercheurs se sont rendu compte que les requins avaient rarement le cancer : en étudiant les différentes parties de l'animal, ils ont constaté que son

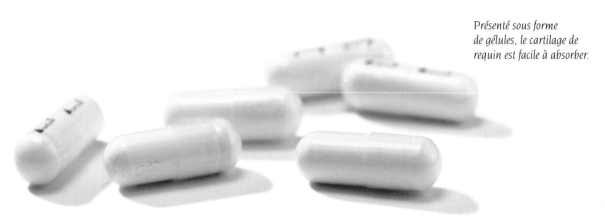

Présenté sous forme de gélules, le cartilage de requin est facile à absorber.

cartilage bloquait la formation de nouveaux vaisseaux sanguins. Parce que la prolifération de vaisseaux sanguins est essentielle pour que les tumeurs survivent et croissent, les chercheurs ont soulevé l'hypothèse que le cartilage de requin pourrait être utilisé dans la lutte contre le cancer. Les traitements qui inhibent la croissance des vaisseaux sanguins, ou inhibiteurs de l'angiogenèse, ont fait la une des journaux quand deux médicaments qui font diminuer les tumeurs – l'angiostatine et l'endostatine – ont été isolés en laboratoire.

Les études en éprouvette et sur les animaux ont montré une efficacité du cartilage de requin contre le cancer. Mais de l'éprouvette à l'homme, il y a tout un fossé à franchir : les protéines peuvent se désagréger en passant dans le système digestif, annihilant l'effet potentiel.

◗ **Autres effets bénéfiques.** Il est possible que le cartilage de requin ait des effets anti-inflammatoires très valables pour le traitement de la polyarthrite rhumatoïde ou du psoriasis. Dans une étude, les animaux auxquels on a donné des extraits de cartilage de requin ont eu moins de douleur et moins d'inflammation lorsqu'on leur a administré des substances qui irritent la peau.

Le cartilage fournirait des constituants naturels qui aident à la reconstruction des parties articulaires défectueuses en apportant les matériaux directement utilisables (collagène, proline, hydroxyproline, glucosamine et chondroïtine) sur le site des articulations : une application très utile pour soulager les symptômes de l'arthrite. (Beaucoup de médecins préfèrent plutôt prescrire de la glucosamine, qui est très efficace.) Enfin, le cartilage de requin aurait des propriétés stimulantes sur le système immunitaire, d'où son utilisation dans le traitement de l'herpès labial et d'autres formes d'herpès.

Comment le prendre

◗ **Doses.** *Pour lutter contre l'arthrose et l'arthrite*, on recommande parfois une posologie de 2 000 mg de cartilage de requin 3 fois par jour. *Contre le cancer*, les spécialistes recommandent de fortes doses de 1 000 mg par jour par kilo de poids corporel, ce qui voudrait dire 68 000 mg par jour pour un sujet pesant 68 kg – une dépense très importante pour un supplément dont l'efficacité reste à prouver.

◗ **Conseils d'utilisation.** Il est d'usage de prendre ces suppléments à jeun pour empêcher que les acides gastriques n'en détruisent les ingrédients actifs. En raison des doses importantes recommandées pour traiter le cancer (plus de 100 gélules par jour dans certains cas), la forme en poudre peut être plus pratique et moins onéreuse. Mais ceux qui résistent au goût de poisson de la poudre préféreront prendre les gélules ou les comprimés.

Effets secondaires possibles

Aucun effet secondaire particulier n'a été rapporté chez les sujets qui prennent du cartilage de poisson. De fait, il s'agit de denrées alimentaires, et beaucoup de personnes, par goût, croquent le cartilage de la raie lorsqu'ils en mangent la chair.

Riboflavine (vitamine B2)

La riboflavine, ou vitamine B2, a été longtemps négligée. De nouvelles recherches prometteuses ont désormais établi les vertus de cette vitamine contre les migraines, la cataracte, les lésions cutanées et bien d'autres maux.

Indications

- Prévention ou retardement de la formation de cataractes.

- Réduction de la fréquence et de l'intensité des migraines.

- Pour atténuer les taches cutanées provoquées par la rosacée.

Présentation

- Comprimés
- Gélules

Qu'est-ce que c'est ?

En 1879, des scientifiques examinant du lait au microscope découvrirent une substance fluorescente jaune verdâtre à laquelle on ne donna le nom de riboflavine qu'en 1933. Cette vitamine, soluble dans l'eau et facilement détruite par la lumière du soleil, appartient à la famille des vitamines du complexe B. Elle est présente à l'état naturel dans de nombreux aliments, et sa carence (très rare dans nos pays occidentaux) va souvent de pair avec une dénutrition générale ou des déficiences en d'autres vitamines B, problème fréquent chez les personnes âgées et les alcooliques. La riboflavine est proposée en supplément soit isolément, soit dans des complexes de vitamines du groupe B ou dans des multivitamines.

Son rôle dans l'organisme

De multiples fonctions de l'organisme utilisent la riboflavine : avec les autres vitamines B, elle intervient dans la transformation en énergie des protéines, lipides et glucides. Elle est essentielle à la production de l'hormone thyroïdienne et aide également l'organisme à produire des cellules immunitaires pour lutter contre l'infection. Elle participe à la fabrication des globules rouges, qui apportent de l'oxygène à toutes les cellules du corps. La riboflavine produit en outre des substances qui aident les antioxydants, comme la vitamine E, à protéger les cellules des dégâts provoqués par l'excès de radicaux libres. Elle joue un rôle majeur dans la régénération des tissus en favorisant la cicatrisation des plaies à la suite d'opérations chirurgicales, de brûlures ou de blessures. C'est enfin une vitamine nécessaire à la vue et au bon état des cellules nerveuses.

Action préventive. Comme elle stimule l'activité des antioxydants, la riboflavine protège de multiples tissus de l'organisme, en particulier le cristallin de l'œil : elle pourrait ainsi aider à prévenir la cataracte, opacité laiteuse du cristallin qui altère la vue des gens âgés. Des études montrent qu'elle diminuerait la fréquence et l'intensité des migraines, dues vraisemblablement à une insuffisance des réserves d'énergie du cerveau.

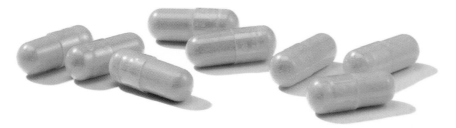

Les suppléments de riboflavine peuvent aider à atténuer et à espacer les migraines.

Effets bénéfiques. La riboflavine a démontré ses qualités dans le traitement de troubles cutanés comme la rosacée (couperose), fréquemment responsable de lésions et de rougeurs du visage chez les adultes. Associée à d'autres vitamines B, dont la vitamine B6 et la niacine, elle pourrait avoir une action bénéfique dans des pathologies touchant le système nerveux, comme l'anxiété, le stress et même la fatigue.

Vos besoins

L'ANR quotidien de riboflavine s'élève à 1,3 mg pour l'homme et 1,1 mg pour la femme. Il ne s'agit là que de doses destinées à prévenir les déficiences générales ; une indication thérapeutique implique en principe la prescription de doses plus élevées.

En cas d'apport déficitaire. Les déficiences se manifestent classiquement par des crevasses au coin des lèvres, une sensibilité accrue à la lumière du soleil et des yeux qui larmoient, brûlent et démangent. Il arrive que la peau du tour du nez, les sourcils et le lobe des oreilles pèlent et, parfois, il se produit une éruption cutanée à l'aine. On peut aussi observer une diminution du nombre de globules rouges (anémie), ce qui entraîne une grande fatigue.

En cas d'apport excédentaire. L'excès de riboflavine est sans danger, car l'organisme en élimine le surplus dans les urines. Des doses élevées peuvent simplement colorer l'urine en jaune vif, effet secondaire inoffensif bien que déconcertant.

Comment la prendre

Doses. *En prévention de la cataracte*, la dose habituellement prescrite est de 25 mg par jour. *Contre la rosacée*, 50 mg par jour. *Contre les migraines*, jusqu'à 400 mg par jour. La majorité des suppléments multivitaminiques fournissent l'apport quotidien recommandé en vitamine B2 ; certaines peuvent en contenir des doses plus élevées, de l'ordre de 30 mg ou plus. Les vitamines du complexe B contiennent souvent entre 50 et 100 mg de vitamine B2 ainsi que d'autres vitamines B : niacine, thiamine, vitamines B5 et B12, et acide folique.

Conseils d'utilisation. Consultez votre médecin si vous prenez des contraceptifs oraux, des antibiotiques ou des médicaments psychotropes, susceptibles de modifier les besoins en riboflavine. N'absorbez pas cette vitamine avec de l'alcool, qui réduit son absorption dans l'appareil digestif.

Sources alimentaires

Lait, fromage, yogourt, foie, bœuf, poisson, céréales complètes, pain enrichi, œufs, avocats et champignons.

Saule blanc (écorce de)

Utilisée depuis des siècles, l'écorce de saule blanc contient un principe actif précurseur du plus populaire des analgésiques actuels : l'aspirine. Toutefois, elle entraîne nettement moins d'effets secondaires que son équivalent pharmaceutique.

Salix alba

Indications

- Soulagement des douleurs aiguës et chroniques : articulaires, musculaires ou autres.
- Diminution de l'inflammation arthritique.
- Diminution potentielle de la fièvre.

Présentation

- Gélules
- Comprimés
- Teinture-mère
- Poudre
- Plante séchée / infusion

ATTENTION

- Aussi bien chez l'enfant que chez l'adolescent ou l'adulte, l'écorce de saule blanc est à éviter en cas d'allergie à l'aspirine.

- Si vous êtes enceinte ou que vous allaitez, demandez l'avis de votre médecin avant de prendre de l'écorce de saule blanc : son innocuité dans ces situations n'a pas été démontrée.

Si vous suivez un traitement médical, consultez votre médecin avant de prendre des suppléments.

Qu'est-ce que c'est ?

L'écorce du majestueux saule blanc, un arbre qui peut atteindre jusqu'à 25 m de haut et donne des chatons au printemps, est traditionnellement utilisée en Chine pour ses propriétés médicinales. Ce n'est cependant qu'au XVIIIe siècle qu'elle fut reconnue en Occident pour ses capacités analgésiques et fébrifuges. Les colons européens en Amérique du Nord découvrirent que les tribus indigènes employaient déjà l'écorce de certains saules pour soulager la douleur et lutter contre la fièvre.

En 1828, des chercheurs allemands et français isolèrent son principe actif, la salicine (ou salicoside). Dix ans plus tard, des chimistes européens fabriquèrent à partir de ce principe l'acide salicylique, cousin de l'aspirine. Cette dernière, ou acide acétylsalicylique, fut par la suite créée à partir d'un autre végétal contenant de la salicine, la reine-des-prés. L'aspirine fut commercialisée dès 1900 par la société Bayer, puis par de nombreux autres laboratoires.

Toutes les parties du saule blanc contiennent de la salicine, et particulièrement l'écorce, récoltée au début du printemps sur des arbres âgés de 2 à 5 ans. *Salix alba*, ou saule blanc, est la variété privilégiée pour les usages médicinaux.

Son rôle dans l'organisme

La salicine de l'écorce de saule blanc est métabolisée et transformée par le foie en acide salicylique. Celui-ci, comme l'acide acétylsalicylique (ou aspirine), apaise la douleur, la fièvre et l'inflammation. En revanche, son action sur l'agrégation plaquettaire est peu importante, ce qui limite le risque de saignements de l'estomac, l'un des effets secondaires les plus graves de l'aspirine. Si l'écorce de saule agit moins rapidement que

L'écorce du saule blanc, séchée, concentrée et présentée en gélules, contient un puissant analgésique naturel.

l'aspirine (le taux de salicylate n'est maximal qu'au bout de 2 h), ses effets bénéfiques durent en revanche plus longtemps et elle a moins d'effets secondaires.

✳ **Principaux effets bénéfiques.** L'écorce de saule blanc permet de soulager très efficacement les céphalées, de même que les douleurs musculaires. Elle peut apaiser toutes sortes de douleurs aiguës ou chroniques, dorsales et cervicales notamment. Prescrite pour le traitement de l'arthrite, en particulier dans le dos, les genoux et les hanches, elle aide à réduire le gonflement et l'inflammation ainsi qu'à rendre les articulations plus mobiles. Par ailleurs, elle pourrait contribuer à apaiser la douleur provoquée par les crampes menstruelles : la salicine inhibe l'action des prostaglandines, éléments chimiques de type hormonal parfois responsables d'inflammation et de douleurs.

✳ **Autres effets bénéfiques.** L'écorce de saule blanc pourrait aider, comme l'aspirine, à faire baisser la fièvre.

Comment la prendre

✐ **Doses.** Prenez 1 ou 2 comprimés ou gélules 3 fois par jour, ou au besoin pour soulager la douleur, faire baisser la fièvre ou réduire l'inflammation (suivez les indications sur le conditionnement). Recherchez des préparations normalisées contenant 15 % de salicine, ce qui vous procurera des doses de 60 à 120 mg par jour de salicine. Il existe aussi des extraits normalisés en teinture-mère ou sous forme de poudre. Les infusions à base d'écorce de saule blanc sont moins efficaces que les extraits normalisés, parce qu'elles ne fournissent qu'une très petite quantité de salicine, l'ingrédient actif qui soulage la douleur.

◉ **Conseils d'utilisation.** L'écorce de saule blanc permet un usage à long terme. Comme elle a un goût amer et astringent, il vaut mieux la prendre sous forme de comprimés ou de gélules. Ne l'associez jamais à de l'aspirine, dont elle peut amplifier les effets secondaires.

Par prudence, ne donnez pas d'écorce de saule blanc à un enfant de moins de 16 ans atteint d'un rhume, d'une grippe ou d'une maladie infantile telle la varicelle. La prise d'aspirine peut exposer les enfants à une maladie dangereuse pour le cerveau et le foie, le syndrome de Reye. Bien que la salicine, substance active de l'écorce de saule, possède un métabolisme différent de celui de l'aspirine, ses similitudes avec ce médicament justifient des mesures de précaution. Il vaut mieux donner de l'acétaminophène aux enfants et aux adolescents.

Effets secondaires possibles

Aux doses recommandées, l'écorce de saule blanc provoque rarement des effets secondaires. En revanche, elle peut entraîner, à plus hautes doses, des dérangements gastriques, des nausées ou des bourdonnements d'oreilles. Dans l'un ou l'autre cas, diminuez la dose ou interrompez le traitement. Consultez votre médecin si les effets secondaires persistent.

Sélénium

Bien que l'importance du sélénium n'ait pas été pleinement mesurée avant 1979, cet oligoélément a désormais acquis une place de choix, car il pourrait se révéler un allié puissant dans la prévention du cancer et sans doute de multiples autres pathologies.

Indications

- *En association avec la vitamine E, prévention du cancer et des maladies cardiovasculaires.*

- *Pour améliorer les fonctions immunitaires.*

- *Pour protéger contre la cataracte et la dégénérescence maculaire.*

Présentation

- Gélules
- Comprimés

ATTENTION

■ Ne dépassez pas les doses recommandées : la prise à long terme de sélénium à doses thérapeutiques élevées – c'est-à-dire à partir de 900 µg par jour – peut provoquer des signes d'intoxication (dépression, nervosité, vomissements, nausées, fatigue et parfois perte des cheveux et altération des ongles).

Si vous suivez un traitement médical, consultez votre médecin avant de prendre des suppléments.

Qu'est-ce que c'est ?

Le sélénium est un métalloïde présent dans les sols, en quantités variables selon les régions du monde. L'utilisation d'engrais chimiques et les pluies acides ont également contribué à réduire encore le sélénium disponible. Oligoélément essentiel à de nombreuses fonctions de l'organisme, le sélénium se concentre particulièrement dans les reins, le foie, la rate et les testicules.

Son rôle dans l'organisme

Le sélénium agit par l'intermédiaire de sélénoprotéines. Les mieux connues, les glutathions-peroxydases, sont des enzymes antioxydantes qui constituent la principale ligne de défense contre les agressions des radicaux libres. Ceux-ci sont produits en permanence dans l'organisme, mais ils peuvent s'accumuler en cas d'agression ou de fatigue. Or, leur excès provoque le vieillissement prématuré des cellules et peut favoriser le développement de l'athérosclérose et de tumeurs cancéreuses. Un apport suffisant en sélénium est nécessaire pour permettre l'activité optimale de ces enzymes protectrices. Toujours par l'intermédiaire des sélénoprotéines, le sélénium protège les vitamines C et E de l'oxydation et garantit leur efficacité. Il participe aux fonctions de détoxification de l'organisme, qu'il aide à lutter contre les effets de certains métaux lourds et des toxiques. Enfin, il intervient pour moduler et réguler les processus inflammatoires et immunitaires.

✪ **Principaux effets bénéfiques.** Le rôle du sélénium dans la lutte contre le cancer a suscité un grand intérêt chez les chercheurs. Dans une étude américaine réalisée par l'université Cornell et celle d'Arizona, et portant sur 1 300 sujets suivis pendant plusieurs années, on a constaté qu'un apport quotidien de 200 µg de sélénium réduisait le risque de tumeur de la prostate de 63 %, de cancer du côlon de 58 %, de tumeur maligne du poumon de 46 % et de l'ensemble des cancers incurables de 39 %. Les résultats ont été tellement probants que les chercheurs ont interrompu l'étude avant son terme et recommandé aux participants du groupe

Les comprimés de sélénium permettent de compléter un apport alimentaire insuffisant.

placebo de prendre du sélénium. Selon différents travaux, le sélénium s'est montré prometteur pour prévenir d'autres types de cancer, mais ces résultats préliminaires restent à confirmer. Parce qu'il stimule les fonctions immunitaires tout en freinant la multiplication des cellules virales, le sélénium jouerait un rôle utile dans le traitement de l'hépatite et de certains cancers, et on étudie actuellement son action dans la lutte contre le virus responsable de l'herpès et du zona, et surtout contre le VIH (virus du sida).

✳ **Autres effets bénéfiques.** En raison de ses propriétés antioxydantes, le sélénium pourrait contribuer à protéger des maladies cardiovasculaires : de ce point de vue, une carence en sélénium est sans doute redoutable pour les fumeurs et les sujets à antécédents cardiovasculaires. Associé à la vitamine E, il possède une puissante activité anti-inflammatoire : une combinaison de ces deux éléments pourrait améliorer le traitement des maladies chroniques comme le rhumatisme articulaire, le psoriasis, le lupus ou l'eczéma. Enfin, le sélénium aiderait à prévenir la cataracte et la dégénérescence maculaire, causes majeures de troubles de la vue chez les Canadiens âgés.

Vos besoins

L'apport nutritionnel recommandé (ANR) chez l'adulte est de 55 µg par jour pour le sélénium.

⊟ **En cas d'apport déficitaire.** Plus le sol est pauvre en sélénium, plus la teneur de l'alimentation en cet oligoélément risque d'être faible. Les carences en sélénium sont rares dans le régime alimentaire canadien. Un déficit en sélénium peut augmenter les risques de cancer, de maladie cardiaque, de problèmes immunitaires et inflammatoires.

⊞ **En cas d'apport excédentaire.** Vous ne courez aucun risque de surdosage par l'alimentation, mais si vous prenez du sélénium sous forme de supplément, sachez que l'apport maximal tolérable est de 400 µg par jour.

Comment le prendre

⊘ **Doses.** Les nutritionnistes s'accordent généralement à recommander, pour des cures à long terme, des doses de l'ordre de 50 µg à 100 µg par jour. Des doses thérapeutiques de 200 µg à 400 µg par jour sont parfois prescrites, pendant une période limitée, pour soigner des infections virales ou dans le cadre de protocoles de traitement du cancer.

◉ **Conseils d'utilisation.** Si vous présentez un risque de maladie cardiaque, n'hésitez pas à ajouter à votre régime quotidien des aliments riches en sélénium et en vitamine E, laquelle amplifie considérablement l'efficacité du sélénium ; en fait, assurez-vous de prendre 200 à 400 UI de vitamine E par jour.

Sources alimentaires

La noix du Brésil, les fruits de mer, le foie, les rognons, la volaille et la viande comptent parmi les meilleures sources de sélénium. Les céréales, en particulier l'avoine et le riz complet, peuvent également en offrir une teneur intéressante si elles poussent dans un sol riche en sélénium.

Spiruline et fucus

Parmi les nombreuses plantes aquatiques étudiées par les passionnés de la recherche sur la santé, la spiruline et le fucus arrivent en tête : tous deux possèdent une richesse exceptionnelle en composants bénéfiques pour l'homme.

Spirulina maxima, Spirulina platensis ou Aphanizomenon flos-aquae
Fucus vesiculosis

Indications

Spiruline

■ *Pour enrichir l'alimentation en protéines, vitamines et minéraux.*

■ *Traitement de la mauvaise haleine.*

Fucus

■ *Pour stimuler l'activité de la thyroïde.*

■ *Apport d'éléments nutritionnels essentiels.*

Présentation

■ Gélules
■ Comprimés
■ Poudre
■ Teinture-mère (fucus)
■ Liquide

ATTENTION

■ Le fucus risque d'aggraver les cas de suractivité de la thyroïde.

Si vous suivez un traitement médical, consultez votre médecin avant de prendre des suppléments.

Qu'est-ce que c'est ?

La spiruline et le fucus sont deux types d'algues très différents. La spiruline, ou algue bleue, est en réalité un micro-organisme monocellulaire, ou micro-algue, très proche des bactéries. Ses filaments protéiques en forme de spirales (d'où son nom) sont riches en chlorophylle et colorent en bleu-vert l'eau des lacs où elle se développe. Le fucus, ou varech, algue marine à longue tige, provient de diverses espèces d'algues brunes nommées laminaires. C'est une excellente source d'iode, minéral de base pour la prévention des problèmes thyroïdiens.

Leur rôle dans l'organisme

La médecine chinoise utilise les algues depuis des millénaires, et les Aztèques connaissaient les propriétés nutritionnelles de la spiruline, qu'ils consommaient largement. Certains inconditionnels leur attribuent, entre autres pouvoirs, celui de stimuler la libido ou de réduire la perte des cheveux, mais il s'agit là de pures spéculations. Ces produits possèdent en revanche des qualités médicinales et nutritionnelles certaines.

✪ **Principaux effets bénéfiques.** La spiruline fait souvent partie des régimes végétarien et macrobiotique. En effet, elle est particulièrement riche en protéines (65 à 70 %), en vitamines du groupe B (vitamine B12 et acide folique, entre autres), en caroténoïdes, en fer et en nombreux oligoéléments. Elle est d'ailleurs parfois cultivée en milieu renforcé en divers oligoéléments (chrome, sélénium, molybdène, manganèse...), ce qui lui permet d'apporter ces substances sous une forme ayant une très bonne biodisponibilité. De ce fait, certains chercheurs la considèrent comme « la ressource alimentaire du futur ». Il faut cependant noter que, si la spiruline est un concentré de protéines, on sait aujourd'hui que d'autres aliments sont tout aussi intéressants de ce point de vue (viande, soja, poisson), et plus faciles – et sans doute plus plaisants – à consommer...

La spiruline est le supplément d'algue bleue le plus utilisé.

Grâce à sa teneur élevée en iode, le fucus permet de corriger des déficits qui pourraient provoquer des dysfonctionnements thyroïdiens (l'insuffisance thyroïdienne vraie, due à une carence iodée sévère, est plus rare). Quoi qu'il en soit, le fucus doit se prendre sous strict contrôle médical en cas de troubles de la thyroïde. Sa teneur en iode n'est pas toujours standardisée, ce qui rend son emploi souvent difficile dans cette indication.

✳ **Autres effets bénéfiques.** En tant que source essentielle de chlorophylle, la spiruline est utilisée pour lutter contre la mauvaise haleine, trouble bénin mais gênant. Elle constitue un élément de base de nombreux produits vendus dans le commerce pour rafraîchir l'haleine. La spiruline se voit attribuer diverses autres vertus : elle stimulerait le système immunitaire, pourrait faire baisser le cholestérol et les triglycérides sanguins, et protégerait les cellules des dommages provoqués par les rayons X ou les métaux lourds, comme le plomb. Mais ces qualités restent à démontrer, car les études ont été effectuées en éprouvette ou sur des animaux.

Le fucus est une source de fibres spécifiques, les fructo-polysaccharides, aux propriétés rassasiantes, de caroténoïdes, de petites quantités d'acides gras essentiels et de différents minéraux (potassium, magnésium, fer...). Il améliore le fonctionnement des intestins et permet de lutter en douceur contre la constipation.

Comment les prendre

▨ **Doses.** *Pour rafraîchir l'haleine*, prenez une boisson riche en chlorophylle (vérifiez sur l'étiquette si elle contient de la spiruline) ou mélangez 1 c. à thé de spiruline en poudre dans un demi-verre d'eau. Rincez-vous bien la bouche avec le liquide et avalez-le. Répétez 3 ou 4 fois par jour. D*ans le cas d'hypothyroïdie*, prenez du fucus si le médecin vous le recommande. C'est lui qui vous prescrira de l'iode si nécessaire. Les produits en poudre se dissolvent facilement dans l'eau, mais leur goût ne fait pas l'unanimité : les comprimés, gélules et teintures sont tout aussi efficaces.

◉ **Conseils d'utilisation.** Prenez spiruline et fucus au moment des repas pour réduire les risques de troubles digestifs. Les femmes enceintes ou qui allaitent doivent éviter le fucus en raison de sa richesse en iode, mais la spiruline paraît sans danger.

Effets secondaires possibles

Fucus et spiruline provoquent parfois des nausées ou de la diarrhée ; il faut alors diminuer les doses ou arrêter le traitement. Près de 3 % de la population sont sensibles à l'iode et, en cas d'absorption prolongée de fucus, encourent des réactions d'intolérance, parmi lesquelles une dilatation douloureuse de la glande thyroïde, qui disparaît à l'arrêt du traitement. L'usage du fucus peut aggraver l'acné.

Le fucus peut être pris sous forme de comprimés.

Thé vert

Camellia sinensis

Indications

- *Prévention du cancer.*
- *Protection contre les maladies cardiovasculaires.*
- *Prévention de la carie dentaire.*
- *Diminution des effets du vieillissement.*

Présentation

- Gélules
- Comprimés
- Liquide
- Poudre
- Plante séchée

ATTENTION

■ Les femmes enceintes et celles qui allaitent doivent limiter leur consommation de thé vert à l'équivalent de 2 tasses par jour.

Si vous suivez un traitement médical, consultez votre médecin avant de prendre des suppléments.

Selon une légende chinoise, les hommes ont commencé à boire du thé vert aux alentours de 2700 av. J.-C., lorsqu'un empereur assis sous un théier vit quelques feuilles tomber dans sa tasse d'eau chaude et la but. On sait depuis lors combien cette boisson possède d'effets bénéfiques.

Qu'est-ce que c'est ?

Le théier, grand arbuste au feuillage persistant, est cultivé dans de nombreux pays d'Asie et d'Afrique pour la production de thé vert ou noir. Le procédé traditionnel de fabrication du thé vert est fort simple : les feuilles du théier sont d'abord étuvées, puis roulées et séchées. L'étuvage tue les enzymes qui feraient fermenter les feuilles. Pour fabriquer les autres types de thé, on laisse s'accomplir cette fermentation : totalement pour le thé noir, ou partiellement pour le thé Oolong. C'est cette absence de fermentation qui donne au thé vert son arôme et sa saveur, en particulier son astringence. Celle-ci est due à des tanins (ou catéchines) et à des polyphénols de la famille des flavonoïdes, des composants qui sont préservés par l'absence de fermentation. Le thé vert renferme également une huile essentielle riche en substances aromatiques, de la caféine (parfois appelée théine), et de nombreux minéraux et oligoéléments, dont le fluor.

Son rôle dans l'organisme

Les polyphénols du thé vert possèdent de puissants effets antioxydants et constituent d'excellents piégeurs de radicaux libres. Ils pourraient de ce fait protéger contre certains cancers et peut-être même contre les maladies cardiovasculaires. Des études montrent qu'il combat aussi les infections et favorise la longévité.

Action préventive. La prévalence de certains types de cancer est moindre chez les personnes qui boivent du thé vert. Lors d'une étude menée en Chine sur un vaste échantillon de population, les chercheurs ont constaté que les hommes ayant consommé du thé vert au moins 1 fois par semaine pendant 6 mois développaient moins de cancers du rectum, du pancréas et du côlon que ceux qui n'en buvaient que rarement ou jamais. Chez les femmes, les risques de cancer du rectum ou du pancréas avaient pratiquement diminué de moitié. D'autres recherches semblent montrer que le thé vert pourrait aussi exercer une action protectrice contre les cancers du sein, de l'estomac, de la prostate et de la peau.

Des travaux destinés à comprendre le rôle du thé vert dans la prévention des cancers ont souligné l'efficacité de son principal antioxydant, le polyphénol EGCG (ou épigallocatéchine gallate). Certains pensent que l'EGCG pourrait être l'une des substances anticancéreuses les plus efficaces jamais découvertes : il protégerait les cellules tout en stimulant la production par l'organisme de ses propres enzymes antioxydantes. Une étude américaine démontre que l'EGCG provoque l'arrêt de la reproduction des cellules cancéreuses en stimulant leur apoptose, c'est-à-dire le processus physiologique qui conduit les cellules à la mort naturelle. Il est à noter que l'EGCG n'endommage pas les cellules saines. D'autres études menées au Medical College de l'Ohio indiquent que l'EGCG inhibe la production d'urokinase, une enzyme nécessaire à la croissance des cellules cancéreuses. Chez l'animal, cet arrêt de la sécrétion d'urokinase a permis de réduire les tumeurs et parfois de conduire à des rémissions complètes.

✳ **Effets bénéfiques.** Les propriétés antioxydantes des polyphénols du thé vert peuvent aussi contribuer à protéger le cœur. Lors d'études in vitro, ces constituants ont réduit les effets nocifs du cholestérol LDL, facteur de formation de la plaque d'athérome dans les artères. D'après une étude japonaise conduite sur 1 371 hommes, la consommation quotidienne de thé vert favoriserait la prévention des maladies cardiovasculaires. Le thé vert, enfin, contient du fluor, qui exerce un effet antibactérien et pourrait contribuer à prévenir les caries dentaires.

Comment le prendre

✐ **Doses.** Pour bénéficier des bienfaits du thé vert, l'objectif est d'absorber entre 240 et 320 mg de polyphénols par jour. Si vous utilisez des suppléments, choisissez des extraits normalisés ou des gélules contenant 50 % de polyphénols. Vous pouvez aussi prendre le thé vert sous forme d'infusion : 3 à 5 tasses quotidiennes de thé vert permettent en général d'atteindre la dose de polyphénols recommandée.

◑ **Conseils d'utilisation.** Prenez les suppléments en mangeant, avec un grand verre d'eau. Le thé vert fraîchement infusé peut se boire en dehors ou au cours des repas. Pour préparer cette boisson, comptez 1 c. à thé de feuilles de thé vert pour 250 ml d'eau très chaude. Laissez infuser pendant 3 à 5 min, filtrez, puis dégustez.

Effets secondaires possibles

Qu'il soit consommé sous forme de boisson ou de supplément, le thé vert n'entraîne aucun effet nocif. Toutefois, les personnes sensibles à la caféine ne devraient pas en boire de trop grandes quantités, car chaque tasse renferme environ 40 mg de caféine. Les suppléments, en revanche, en contiennent très peu (en moyenne, entre 5 et 8 mg par gélule).

Le thé vert, aux vertus bienfaisantes, peut être pris sous forme de supplément ou de boisson.

INFOS PLUS

■ Le thé vert est utilisé comme adjuvant des régimes amaigrissants : une recherche clinique sur des personnes prenant 3 fois par jour un extrait de thé vert contenant 90 mg d'EGCG a montré qu'il stimulait la thermogenèse (production de chaleur) et permettait de brûler 266 calories de plus qu'un placebo.

■ Alors que les feuilles de thé vert renferment de grandes quantités de vitamine K, les infusions et suppléments au thé vert en sont presque dépourvus. Les personnes sous anticoagulants – qui doivent éviter les aliments riches en vitamine K en raison de leur effet sur la coagulation – peuvent donc prendre du thé vert sans risque.

■ Pour déguster un thé vert dans les meilleurs conditions, préparez-le comme les Asiatiques : faites chauffer l'eau jusqu'à ce qu'elle frémisse (ou laissez-la refroidir quelques minutes si elle a bouilli), puis versez-la sur les feuilles de thé et laissez infuser quelques minutes. Cette méthode fait ressortir l'arôme délicat de la plante et évite de boire une infusion brûlante, irritante pour la gorge et l'œsophage.

Thiamine

La thiamine, ou vitamine B1, est essentielle au métabolisme énergétique et au bon fonctionnement du système nerveux. L'alimentation suffit la plupart du temps à satisfaire nos besoins, bien que les personnes âgées présentent parfois des carences.

Indications

- *Stimulation de la production de l'énergie apportée par les glucides.*
- *Entretien de la santé neurologique.*
- *Amélioration de l'humeur.*
- *Soulagement des brûlures d'estomac.*
- *Pour fortifier le cœur.*

Présentation

- Comprimés
- Gélules

ATTENTION

Si vous suivez un traitement médical, consultez votre médecin avant de prendre des suppléments.

Qu'est-ce que c'est ?

La thiamine est la première des vitamines du groupe B à avoir été découverte, c'est pourquoi elle porte aussi le nom de vitamine B1. Cette vitamine, dont un déficit, même modéré, peut être préjudiciable à la santé, est apportée par de nombreux aliments, mais elle est partiellement détruite à la cuisson. Dans les suppléments, elle est presque toujours proposée associée à d'autres vitamines B, auxquelles son action est liée.

Son rôle dans l'organisme

La thiamine est essentielle à la conversion en énergie des glucides fournis par les aliments : plus la consommation de glucides est importante (ce qui se produit en cas d'activité physique intense), plus l'apport de vitamine B1 doit être élevé. La thiamine intégrée dans une coenzyme, la thiamine triphosphate (TTP), joue aussi un rôle de neurotransmetteur, ce qui pourrait expliquer en grande partie les désordres neurologiques, psychiques et cérébraux observés en cas de carence sévère. L'organisme ne la stockant pas, cette vitamine doit être fournie régulièrement par l'alimentation.

Principaux effets bénéfiques. La thiamine permet la bonne utilisation des glucides, et les sportifs peuvent être conduits à renforcer son apport. Il en est de même pour les patients prenant certains diurétiques qui épuisent les réserves de thiamine. Associée à la choline et à la vitamine B5 (acide pantothénique), la thiamine est également préconisée pour atténuer certains troubles digestifs et soulager la dyspepsie. Chez les patients en insuffisance cardiaque, elle peut améliorer le pompage du cœur.

Autres effets bénéfiques. Grâce à son effet sur les nerfs, la thiamine pourrait diminuer les fourmillements et les bourdonnements d'oreilles, troubles fréquents chez les malades atteints de diabète. Des chercheurs estiment qu'il pourrait exister un lien entre la déficience en thiamine et les maladies mentales, y compris la dépression, et préconisent pour ces pathologies des doses élevées de vitamine B1 sous forme de supplément. La thiamine pourrait aussi stimuler la mémoire en cas de la maladie d'Alzheimer, mais cela reste encore à prouver. En revanche, la confusion mentale, assez fréquente à l'issue d'une opération chirurgicale, peut probablement

En gélules, la thiamine est un supplément facile à absorber.

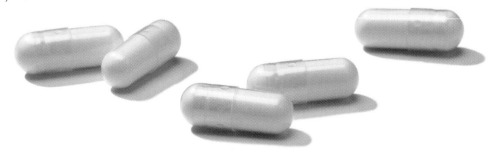

être évitée par la prise de suppléments de thiamine au cours des semaines précédant l'intervention. Cette vitamine est prescrite aux alcooliques, qui souffrent presque toujours d'une déficience en thiamine, afin de soigner les troubles psychiques associés au sevrage de l'alcool. Enfin, à fortes doses, elle pourrait soulager les douleurs résiduelles consécutives au zona.

Vos besoins

L'ANR pour répondre aux besoins de l'organisme et prévenir les carences est de 1,2 mg par jour pour l'homme et de 1,1 mg par jour pour la femme. En usage thérapeutique, les doses peuvent être plus élevées.

⊟ **En cas d'apport déficitaire.** Une légère carence peut passer inaperçue. Elle se manifeste par de l'irritabilité, de la dépression, une faiblesse musculaire et une perte de poids. La carence grave entraîne le béribéri, maladie à l'origine de dégénérescence mentale, de fonte des muscles, de paralysie et de lésions nerveuses, et pouvant même entraîner la mort. Cette affection est cependant devenue rare et ne se rencontre que dans des parties de l'Asie où l'alimentation se compose essentiellement de riz blanc, privé du son riche en thiamine et autres éléments nutritifs. Au Canada, on ajoute de la thiamine au pain blanc, aux céréales, aux pâtes alimentaires et au riz blanc.

⊞ **En cas d'apport excédentaire.** Des doses élevées prises en supplément n'ont aucune toxicité connue : l'excédent est facilement éliminé dans les urines (qui prend cependant une odeur très caractéristique).

Comment la prendre

▨ **Doses.** *Pour aider à contrôler l'insuffisance cardiaque*, prendre 200 mg de thiamine par jour. *Contre les fourmillements et les bourdonnements d'oreilles*, 50 mg sous forme d'un complexe de vitamines B et 50 mg de thiamine seule. *Contre la dépression*, 50 mg par jour sous forme d'un complexe de vitamines B. *Contre la dyspepsie*, 500 mg par jour le matin. *Dans les cas d'alcoolisme*, 50 mg sous forme d'un complexe de vitamines B et 100 mg de thiamine seule.

▨ **Conseils d'utilisation.** La thiamine s'absorbe mieux dans un milieu acide. Prenez votre dose en 2 fois, au cours des repas, quand l'estomac produit les acides qui vont digérer la nourriture.

Sources alimentaires

La levure (concentré de vitamines B) et la viande de porc maigre – y compris le jambon – sont sans doute les meilleures sources alimentaires de thiamine, devant les produits céréaliers enrichis ou complets, les légumineuses, les noix et les graines.

Les graines de tournesol sont une bonne source de thiamine.

Valériane officinale

Valeriana officinalis

Si vous ne supportez plus les insomnies, vous disposez d'un recours tout à fait sûr pour retrouver le sommeil : la valériane. Cette plante aide à s'endormir en douceur et n'a pas les effets secondaires déplaisants des somnifères classiques.

Indications

- *Pour favoriser un sommeil réparateur.*
- *Apaisement du stress et de l'anxiété.*
- *Soulagement des symptômes de certains troubles digestifs.*

Présentation

- Gélules
- Comprimés
- Capsules molles
- Teinture-mère
- Plante séchée / infusion

ATTENTION

■ **Prise durant le jour, la valériane peut entraîner des moments de somnolence.**

■ **Si vous êtes enceinte ou si vous allaitez, ne prenez pas de valériane.**

Si vous suivez un traitement médical, consultez votre médecin avant de prendre des suppléments.

Qu'est-ce que c'est ?

Plante vivace d'Europe et d'Amérique du Nord, la valériane – appelée couramment herbe aux chats – se développe à partir d'une racine tubéreuse (ou rhizome) qui concentre les principes actifs de la plante. Elle était déjà préconisée dans l'Antiquité pour combattre les palpitations et l'arythmie cardiaque, et au Moyen Âge pour ses vertus sédatives. C'est au début des années 1970 que l'on commença à identifier ses composants. On y trouva, entre autres, des substances spécifiques (valépotriates, acide valérénique), des huiles essentielles volatiles, ainsi que des dérivés de lignanes, de la glutamine et de l'arginine. On pense à présent que l'efficacité de la valériane pourrait résulter d'une synergie entre tous ces constituants.

Son rôle dans l'organisme

Dans la plupart des pays européens, les autorités médicales classent officiellement la valériane dans la catégorie des soporifiques. Somnifère ancestral, la valériane peut également faire office de sédatif et de calmant dans les cas d'angoisse diurne. On l'utilise pour traiter les troubles de l'anxiété et les maladies aggravées par le stress, tels les problèmes liés aux diverticules et la colopathie fonctionnelle.

✪ **Principaux effets bénéfiques.** Les constituants de la valériane élèvent dans le cerveau le taux d'un neurotransmetteur (médiateur chimique), l'acide gamma-aminobutyrique, ou GABA. C'est ce mécanisme qui permet à la plante de favoriser le sommeil et d'apaiser l'anxiété. La valériane ne crée pas d'accoutumance et ne donne pas de sensation d'étourdissement,

La racine de la valériane contient des composés naturellement relaxants et sédatifs.

contrairement aux benzodiazépines (comme le diazépam ou l'alprazolam) généralement prescrites pour soigner ces troubles. Elle ne procure pas directement le sommeil mais le fait survenir naturellement en apaisant l'esprit et le corps. Prise aux doses recommandées, elle présente l'avantage de ne pas occasionner le matin la sensation de confusion que provoquent certains médicaments.

Selon des études variées, la valériane donne d'aussi bons résultats que les médicaments dans de nombreux cas. Lors de l'une de ces expériences effectuées sur 128 personnes, on traita les unes par 1 ou 2 doses de valériane, les autres par un placebo. Il apparut que cette plante améliorait la qualité du sommeil : les sujets s'endormaient plus rapidement et se réveillaient moins souvent qu'avec le placebo. Lors d'une autre étude consacrée aux insomniaques, on a constaté que tous les participants dormaient mieux grâce à la prise de valériane, et que 44 % jouissaient d'un sommeil parfait. L'intérêt pour la valériane en tant que remède contre l'anxiété est encore récent, mais on la recommande de plus en plus volontiers à cet usage.

Autres effets bénéfiques. La valériane contribue à détendre les muscles lisses de l'appareil intestinal, ce qui la rend précieuse pour soigner la colopathie fonctionnelle et les troubles qui se manifestent par des spasmes intestinaux, surtout s'ils sont d'origine nerveuse.

Comment la prendre

Doses. *Contre l'insomnie*, prenez 250 à 500 mg d'extrait sous forme de gélules ou de comprimés ou 1/2 à 1 c. à thé de teinture-mère, 30 à 45 min avant le coucher. L'expérience prouve que, dans la plupart des cas, augmenter les doses n'apporte pas d'effet bénéfique supplémentaire ; mais si les doses minimales ne suffisent pas, vous pouvez aller jusqu'à 900 mg (2 c. à thé de teinture-mère). *Contre l'anxiété*, prenez 250 mg d'extrait de valériane 2 fois par jour et 250 à 500 mg avant le coucher.

Un traitement par la valériane peut nécessiter 1 à 2 semaines avant d'être pleinement efficace.

Conseils d'utilisation. La valériane a une saveur assez désagréable. Si vous la choisissez en teinture, essayez de la mélanger à un peu de miel ou de sucre pour la rendre buvable. Veillez à ne pas l'associer à un somnifère ni à un tranquillisant. Une dose importante entraîne des risques de somnolence ; tenez-en compte si vous devez conduire. Bien que la valériane ne produise pas d'accoutumance, mieux vaut ne pas prendre l'habitude de dépendre d'une substance, végétale ou non, pour s'endormir le soir.

Effets secondaires possibles

Les études ont démontré qu'une dose de valériane jusqu'à 20 fois supérieure à celle recommandée n'a pas d'effet secondaire dangereux. À très forte dose, la plante peut malgré tout provoquer vertiges, agitation, troubles de la vision, nausées, maux de tête et autres étourdissements.

Il est préférable de ne pas donner de valériane aux enfants de moins de 12 ans.

BIEN CHOISIR

■ Procurez-vous de préférence dans le commerce des produits à la valériane normalisés à 0,8 % d'acide valérénique.

■ Les préparations à la valériane ont une odeur si désagréable que, si vous n'y êtes pas habitué, vous pourriez croire que vous avez acheté un produit avarié. Ne vous laissez donc pas impressionner par cette odeur, déplaisante mais normale. Les comprimés enrobés ont l'avantage de la masquer.

QUOI DE NEUF ?

Les chercheurs ont comparé les effets de la valériane à ceux d'un mélange valériane/houblon, d'une benzodiazépine et d'un placebo. Les préparations aux plantes et le médicament ont bien amélioré le sommeil de tous. Mais, le lendemain matin, les patients traités à la benzodiazépine constatèrent une apathie que ne ressentirent pas les autres. Cependant, on a noté un léger amoindrissement des capacités dans les 2 à 3 heures qui suivent l'ingestion de la plante ; aussi vaut-il mieux ne pas conduire ni effectuer d'opérations dangereuses après avoir pris de la valériane.

INFOS PLUS

■ Vous pouvez sans risque prendre la valériane avec d'autres plantes – camomille, mélisse, passiflore – qui ne peuvent que la rendre plus efficace. Si vous êtes déprimé, associez-la au millepertuis.

Vitamine B6

La vitamine B6 est impliquée dans un grand nombre de processus biologiques, mais les enquêtes révèlent que l'alimentation n'en apporte pas toujours suffisamment : 10 à 30 % des adultes et des personnes âgées souffriraient d'une carence en cette vitamine.

Indications

- *Prévention des maladies cardio-vasculaires et des accidents cérébrovasculaires (ACV).*
- *Pour combattre la dépression.*
- *Atténuation du syndrome prémenstruel.*
- *Soulagement des crises d'asthme.*
- *Stimulation potentielle des fonctions immunitaires.*

Présentation

- Comprimés
- Gélules
- Tablettes

ATTENTION

■ La prise à long terme de doses élevées de vitamine B6 pourrait entraîner des troubles nerveux.

Si vous suivez un traitement médical, consultez votre médecin avant de prendre des suppléments.

Qu'est-ce que c'est ?

Cette vitamine a été découverte en 1935 dans la levure, puis synthétisée quelques années plus tard. La dénomination vitamine B6 est un terme générique utilisé pour désigner la pyridoxine et deux composés de la même famille, le pyridoxal et la pyridoxamine, ainsi que leurs dérivés phosphorylés. Dans l'organisme, la vitamine B6 fonctionne comme une coenzyme, permettant à une centaine d'enzymes différentes d'être opérationnelles, en particulier celles qui régissent le métabolisme des acides aminés. La vitamine B6 est présente dans les aliments sous différentes formes, mais, dans l'organisme, n'est active que sous forme de pyridoxal 5'phosphate, ou PLP. Cette vitamine ne pouvant être stockée, un apport quotidien suffisant par l'alimentation ou des suppléments est nécessaire.

Son rôle dans l'organisme

Produire des globules rouges, aider les cellules à fabriquer des protéines, élaborer des médiateurs chimiques comme la sérotonine et libérer des potentiels d'énergie mis en réserve sous forme de glycogène musculaire, telles sont quelques-unes des fonctions de la vitamine B6. On pense qu'elle intervient aussi dans la synthèse des anticorps et l'équilibre du psychisme.

Action préventive. La vitamine B6 pourrait aider à prévenir les maladies cardiovasculaires. En effet, conjointement avec l'acide folique et la vitamine B12, elle contribue à la transformation par l'organisme de l'homocystéine, une substance apparentée à un acide aminé qui, en excès dans le sang, augmente les risques de maladies cardiovasculaires. Par son rôle clé dans la synthèse des médiateurs chimiques, la vitamine B6 limiterait la récidive des crises d'épilepsie et les dépressions. Du reste, 25 % des personnes dépressives souffriraient d'une carence en vitamine B6.

Effets bénéfiques. La vitamine B6 pourrait atténuer le syndrome prémenstruel ainsi que certains symptômes (tendance dépressive, troubles digestifs) apparaissant chez des femmes sous contraceptifs oraux : la pilule – surtout quand elle n'est pas minidosée – agit comme une antivitamine B6 et réduit la synthèse de sérotonine. Cette vitamine peut aussi être bénéfique aux diabétiques, exposés au risque de lésions nerveuses. Elle permet enfin de limiter l'intensité et la fréquence des crises d'asthme chez l'adulte, et s'avère très utile en cas de traitement par la théophylline.

Prise sous forme de comprimés, la vitamine B6 est prescrite à doses thérapeutiques pour traiter différentes pathologies.

Vos besoins

L'ANR en vitamine B6 est de 1,3 mg par jour pour les adultes de moins de 50 ans, et de 1,5 mg (femmes) à 1,7 mg (hommes) par jour après 50 ans. Les doses thérapeutiques sont beaucoup plus élevées.

⊟ **En cas d'apport déficitaire.** Des carences légères entraînent parfois une élévation du taux d'homocystéine, donc des risques de maladies cardiovasculaires. Les déficiences graves – rares – se manifestent par des affections cutanées (dermatite, lésions autour de la bouche, acné), des troubles neurologiques (insomnie, dépression) et, dans les cas extrêmes, des crises d'apoplexie et des anomalies du tracé électroencéphalographique.

⊞ **En cas d'apport excédentaire.** Des doses élevées (200 à 500 mg par jour) sur de longues périodes sont dangereuses pour le système nerveux. Dans de rares cas, un apport prolongé de doses moins importantes (à partir de 100 mg par jour) peut avoir les mêmes conséquences, mais celles-ci disparaissent après l'arrêt du traitement. Si la vitamine B6 vous est prescrite pour des douleurs neurologiques, arrêtez le traitement et consultez votre médecin en cas d'engourdissements ou de picotements.

Comment la prendre

Doses. 2 mg de vitamine B6 par jour suffisent à maîtriser le taux d'homocystéine, mais on recommande souvent une dose de 5 à 25 mg : les usages thérapeutiques impliquent toujours des doses plus élevées. *Contre le syndrome prémenstruel*, 50 à 100 mg de vitamine B6 par jour. *Contre l'asthme*, 25 mg de vitamine B6 2 fois par jour.

Conseils d'utilisation. Dans les suppléments, la vitamine B6 se présente généralement sous forme de chlorhydrate de pyridoxine. Il est préférable de fractionner les doses thérapeutiques de vitamine B6 de façon à ne pas dépasser 25 mg par prise.

Sources alimentaires

Levure de bière, germe de blé, foie de bœuf, saumon, viande, pommes de terre, avocats, bananes et asperges sont autant de bonnes sources de vitamine B6.

La banane fait partie des fruits riches en vitamine B6.

Vitamine B12

Dans la plupart des cas, l'alimentation apporte suffisamment de vitamine B12. Mais celle-ci devient plus difficile à assimiler après la cinquantaine. Or une carence, même légère, augmente les risques de problèmes cardiovasculaires et de dépression.

Indications

- *Prévention d'une forme particulière d'anémie dite pernicieuse.*
- *Diminution des risques de maladies cardiovasculaires.*
- *Soulagement des douleurs nerveuses, de l'engourdissement et des fourmillements des extrémités.*
- *Pour combattre la dépression.*

Présentation

- Comprimés
- Gélules

ATTENTION

- La prise d'un supplément de vitamine B12 doit s'accompagner de celle d'un supplément d'acide folique : l'apport élevé de l'une de ces vitamines pourrait masquer une carence de l'autre.

- Le diagnostic de l'anémie pernicieuse doit être fait par un médecin, et des contrôles sanguins réguliers s'imposent.

Si vous suivez un traitement médical, consultez votre médecin avant de prendre des suppléments.

Qu'est-ce que c'est ?

Identifiée dans les années 1940 dans le foie des veaux, dont la consommation guérissait l'anémie pernicieuse – maladie parfois mortelle affectant surtout les vieillards –, la vitamine B12, ou cobalamine, est la dernière vitamine découverte. C'est la seule des vitamines B que l'organisme stocke en grandes quantités, principalement dans le foie. Son processus d'absorption est extrêmement complexe : certaines enzymes digestives, en présence d'une quantité suffisante d'acide gastrique, séparent la vitamine B12 des protéines fournies par les aliments. Elle se lie ensuite avec une protéine dite facteur intrinsèque (produite par les cellules de la paroi de l'estomac), puis est transportée vers l'intestin grêle, où elle est absorbée. Un faible taux d'acide gastrique ou une production insuffisante de facteur intrinsèque – fréquemment liés à l'âge – peuvent entraîner une déficience en vitamine B12. Une carence réelle peut mettre des années à se déclarer, car l'organisme possède d'importantes réserves.

Son rôle dans l'organisme

La vitamine B12 est indispensable à la reproduction des cellules, notamment à celle des globules rouges. Elle préserve la myéline, gaine protectrice des nerfs, et est impliquée, entre autres, dans la production de substances affectant l'humeur et le psychisme. Elle favorise par ailleurs la transformation des aliments en énergie et joue un rôle majeur dans la production d'ADN et d'ARN, matériaux génétiques des cellules.

Action préventive. Un taux modérément élevé d'homocystéine, substance apparentée aux acides aminés, augmente les risques de maladies cardiovasculaires. En association avec l'acide folique et la vitamine B6, la vitamine B12 aide l'organisme à transformer l'homocystéine en méthionine et pourrait ainsi réduire ces risques. Elle a aussi des effets bénéfiques sur les nerfs, et serait susceptible de prévenir différents troubles neurologiques ainsi que l'engourdissement et les fourmillements des extrémités souvent liés au diabète. La vitamine B12 pourrait aussi jouer un rôle positif dans le traitement de certains types de dépression.

La prise de suppléments de vitamine B12 est indispensable pour les végétariens.

⊞ Effets bénéfiques. On constate souvent de faibles taux de vitamine B12 chez les sujets atteints de la maladie d'Alzheimer, mais rien n'indique si cette déficience contribue à la maladie ou en résulte. Des recherches montrent qu'un apport approprié de B12 améliore les réactions immunitaires des personnes âgées et pourrait atténuer la diminution de l'audition et les acouphènes. Quoi qu'il en soit, il s'agit d'un élément nutritionnel nécessaire à la santé du système immunitaire. Grâce à son action régénératrice des cellules, la vitamine B12 peut aider à enrayer la rosacée.

Vos besoins

L'ANR en vitamine B12 est de 2,4 µg par jour pour les adultes. Les suppléments de vitamine B12 sont indiqués pour les personnes âgées et les végétariens.

⊟ En cas d'apport déficitaire. La déficience entraîne lassitude, dépression, engourdissement et fourmillements des extrémités dus à des troubles nerveux, fatigue musculaire, confusion et perte de mémoire. Cet état peut évoluer en démence ou en anémie pernicieuse, toutes deux réversibles à condition qu'elles soient traitées précocement.

⊞ En cas d'apport excédentaire. L'excès est éliminé dans l'urine.

Comment la prendre

☑ Doses. *Pour prévenir l'anémie liée à un régime végétarien très strict*, 3 à 10 µg par jour. *Pour les personnes âgées*, un supplément équivalent à l'ANR (2,4 µg par jour) serait bénéfique. *Pour la prévention des maladies cardiovasculaires et contre l'engourdissement et les fourmillements*, prendre chaque jour une association de vitamine B12 (5 µg), vitamine B6 (3 mg) et acide folique (400 µg). La plupart des suppléments de polyvitamines contiennent des doses recommandées de ces vitamines.

Une production insuffisante de facteur intrinsèque nécessite des doses thérapeutiques beaucoup plus élevées (jusqu'à 1 000 µg par jour). La prise de vitamine B12 sous forme d'injections prescrites par le médecin est alors nécessaire.

◉ Conseils d'utilisation. Prenez la vitamine B12 une seule fois par jour, le matin de préférence ou au cours d'un repas. De fortes doses de vitamine B12 pouvant colorer les urines en rouge, ne vous en inquiétez donc pas.

Sources alimentaires

Les aliments d'origine animale constituent la source principale de vitamine B12 : viande, poisson, abats, fruits de mer, œufs, fromage, lait. La levure de bière et les algues en renferment également de petites quantités. À noter que les céréales sont fréquemment enrichies avec cette vitamine.

Le fromage aide à satisfaire les besoins en vitamine B12.

INFOS PLUS

▫ Nombre de personnes âgées souffrent de carences en vitamine B12. L'âge provoque parfois une gastrite atrophique qui réduit la production de suc gastrique ainsi que de facteur intrinsèque, d'où une baisse d'assimilation de la vitamine B12. Lorsque cette vitamine est fournie par des suppléments ou des aliments enrichis, elle est mieux absorbée par l'organisme, car elle ne nécessite pas d'acide gastrique pour être séparée des protéines alimentaires.

▫ Le niveau de vitamine B12 diminue aussi en cas d'ulcère, de maladie de Crohn ou d'autres maladies gastro-intestinales, de dyspepsie chronique et de goutte, et avec la prise de médicaments antiépileptiques et de pilules contraceptives. L'abus d'alcool nuit à l'absorption de la vitamine B12.

▫ Pour les végétariens : la spiruline apporte 1,6 µg de vitamine B12 par cuillérée à thé. La levure Red Star en apporte 3,5 µg par cuillérée à soupe.

Vitamine C

La vitamine C est sûrement l'élément nutritionnel le mieux connu et le plus largement utilisé. Cette vitamine aux multiples vertus pourrait bien encore réserver des surprises : en effet, outre ses usages classiques, elle ouvre des perspectives encourageantes pour la santé.

Indications

- *Renforcement des défenses immunitaires.*
- *Diminution du risque de maladies cardiovasculaires et de cancer.*
- *Accélération de la cicatrisation.*
- *Limite les symptômes du rhume et raccourcit sa durée.*
- *Santé des gencives.*
- *Pour soigner l'asthme.*
- *Prévention de la cataracte.*

Présentation

- Comprimés
- Gélules
- Liquide
- Poudre

ATTENTION

■ Si vous souffrez de calculs rénaux, d'une maladie rénale ou d'hémochromatose (tendance génétique à stocker trop de fer), limitez votre apport journalier à 500 mg (la vitamine C favorise l'absorption du fer).

■ La vitamine C peut fausser les résultats de tests médicaux sur le diabète, le cancer du côlon et le taux d'hémoglobine.

Si vous suivez un traitement médical, consultez votre médecin avant de prendre des suppléments.

Qu'est-ce que c'est ?

Dès le milieu du XVIIIᵉ siècle, le jus de citron était utilisé pour prévenir le scorbut. Mais ce n'est qu'en 1928 que son principe actif a été isolé et identifié en tant que vitamine C. C'est à son action antiscorbutique que la vitamine C doit son nom scientifique d'acide ascorbique, mais l'intérêt qu'elle suscite aujourd'hui repose surtout sur son potentiel de protection des cellules. Vitamine antioxydante, elle permet de combattre les altérations provoquées par l'excès des radicaux libres dans les cellules. Elle n'est pas stockée par l'organisme et est utilisée ou éliminée très vite : elle doit donc être fournie chaque jour, et si possible plusieurs fois.

Son rôle dans l'organisme

La vitamine C aide à fortifier les vaisseaux capillaires (les plus petits des vaisseaux sanguins) et les parois des cellules, et joue un rôle primordial dans la formation du collagène, protéine présente dans les tissus conjonctifs. De ce fait, elle active la cicatrisation et préserve la santé des ligaments, des tendons et des gencives. Elle favorise la production d'hémoglobine dans les globules rouges et facilite l'assimilation du fer fourni par les aliments.

Action préventive. Plusieurs études ont mis en lumière le lien entre de faibles taux de cette vitamine dans le sang et un risque accru de pathologies cardio-vasculaires. La vitamine C est l'un des antioxydants les plus efficaces pour protéger le bon cholestérol (HDL). Cet effet bénéfique concerne aussi bien la vitamine C fournie par les fruits et les légumes que celle que contiennent les suppléments. L'action préventive contre le cancer semble surtout vraie pour la vitamine C apportée par les aliments ; on ignore si les suppléments ont le même effet. En revanche, la prise prolongée de ces suppléments pourrait protéger de la cataracte.

Effets bénéfiques. Si la vitamine C ne peut sans doute pas empêcher d'attraper un rhume, elle en limite les symptômes et réduit la durée. L'analyse de 21 études avec placebo indique qu'avec des doses quotidiennes de vitamine C comprises entre 1 000 et 8 000 mg, administrées dès les premiers symptômes, la sévérité du rhume est amoindrie, et sa durée écour-

Les suppléments de vitamine C existent sous de multiples formes.

tée de 21 %, soit 1 journée. D'autres études ont montré que la vitamine C aidait les patients âgés à mieux lutter contre de graves infections respiratoires. Cette vitamine est également un antihistaminique naturel : à hautes doses, elle neutralise les effets des substances inflammatoires produites par l'organisme en réaction aux pollens, aux poils d'animaux domestiques et autres allergènes. Elle peut constituer un adjuvant efficace dans le traitement de l'asthme déclenché par l'effort ; des études ont conclu que, sous forme de suppléments, elle aidait à prévenir ou à alléger les symptômes de cette maladie. Dans le diabète insulinodépendant (type I), qui perturbe le transport de la vitamine C jusqu'aux cellules, la prise de suppléments à raison de 1 000 à 2 000 mg par jour pourrait freiner l'apparition de complications de la maladie – problèmes oculaires et hypercholestérolémie, par exemple.

Vos besoins

L'ANR en vitamine C est de 90 mg par jour pour les hommes et de 75 mg pour les femmes (35 mg par jour de plus pour les fumeurs). L'apport maximal tolérable (AMT) à ne pas dépasser est de 2 000 mg par jour.

⊟ **En cas d'apport déficitaire.** Absorber moins de 10 à 30 mg de vitamine C par jour pourrait provoquer le scorbut, et une prise quotidienne inférieure à 50 mg entraînerait un plus grand risque de maladie cardiovasculaire et pourrait réduire la durée de vie.

⊕ **En cas d'apport excédentaire.** Les doses élevées (supérieures à 2 000 mg par jour) provoquent parfois des troubles gastriques et des diarrhées. À ce niveau, la vitamine risque d'entraver l'absorption du cuivre et du sélénium, et peut favoriser la formation de calculs rénaux.

Comment la prendre

▢ **Dosage:** *Pour un bon état général*, 150 à 200 mg de vitamine C par jour, apportée de préférence par les aliments et éventuellement des suppléments. *Pour le traitement de maladies diverses*, 1 000 mg à 2 000 mg par jour selon les cas.

◉ **Conseils d'utilisation.** Fractionnez les fortes doses en prises de 500 mg avec les repas. La vitamine C donne d'excellents résultats associée à d'autres antioxydants comme la vitamine E.

Sources alimentaires

Agrumes et jus, kiwis, chou, brocoli, légumes verts à feuilles, poivron rouge et fraises sont les meilleures sources de vitamine C.

Un verre de 250 ml de jus d'oranges fraîchement pressées apporte 125 mg de vitamine C, plus de 100 % de l'ANR quotidien.

Vitamine D

Surnommée vitamine du soleil parce que l'organisme la fabrique grâce aux rayons ultraviolets, la vitamine D est essentielle pour la santé des os. Elle ouvre aussi des perspectives en matière d'immunité et de prévention de certains cancers.

Indications

- *Pour faciliter l'assimilation du calcium par l'organisme.*
- *Solidité des os et des dents.*
- *Prévention de l'ostéoporose (adultes et personnes âgées).*

Présentation

- Comprimés
- Gélules
- Capsules molles
- Liquide

ATTENTION

■ L'abus de vitamine D peut provoquer une forte hausse du taux de calcium dans le sang et entraîner perte de poids, nausées et lésions cardiaques et rénales. Ne prenez pas de vitamine D si vous souffrez de lithiase calcique.

Si vous suivez un traitement médical, consultez votre médecin avant de prendre des suppléments.

Qu'est-ce que c'est ?

La vitamine D a une double origine : elle est fournie par l'alimentation et fabriquée directement par l'organisme. Elle se forme en effet dans l'épiderme sous l'action des rayons ultraviolets du soleil. Mais l'exposition au soleil n'est pas toujours suffisante pour permettre d'en élaborer assez. C'est pourquoi elle est habituellement prescrite sous forme de suppléments médicamenteux aux femmes enceintes et aux nourrissons. Différents facteurs peuvent limiter la synthèse de la vitamine D : avoir une peau très pigmentée, vivre dans une région peu ensoleillée ou très polluée, porter des vêtements couvrants ou ne pas sortir beaucoup de chez soi. La faculté de l'organisme à fabriquer cette vitamine décline avec l'âge, de sorte que des carences se rencontrent souvent chez les personnes âgées et peuvent justifier une supplémentation médicamenteuse.

Son rôle dans l'organisme

La vitamine D joue un rôle majeur dans l'ossification : elle accroît l'absorption intestinale du calcium et permet son dépôt sous forme de phosphate de calcium dans la cellule osseuse, ce qui favorise la formation d'os solides et de dents saines. Elle régule aussi les taux sanguins de calcium et de phosphore. Elle agit ainsi dans l'organisme comme une véritable hormone. On a découvert depuis peu qu'elle serait impliquée dans la formation de l'insuline, dans les fonctions de reproduction et dans les processus immunitaires.

Action préventive. Il est avéré que la vitamine D joue un rôle majeur dans la prévention de l'ostéoporose, maladie responsable des fractures chez les personnes âgées. En effet, quelle que soit la quantité de calcium fournie par l'alimentation ou les suppléments, ce minéral ne sera absorbé qu'en présence d'une quantité suffisante de vitamine D. Lorsque le niveau de calcium s'effondre, l'organisme déplace le minéral des os vers le sang pour répondre aux besoins des muscles (ceux du cœur, notamment) et des

La vitamine D est souvent présentée en capsules molles. On en trouve aussi dans les suppléments de calcium.

nerfs. À long terme, cette redistribution du calcium aboutit à une diminution de la masse osseuse et à une fragilisation du squelette.

Effets bénéfiques. Des études sur l'animal montrent que l'administration de doses pharmacologiques de vitamine D diminue le rejet des greffes après une transplantation, retarde la survenue de maladies auto-immunes (diabète, lupus...), et aurait même une activité anticancéreuse chez l'animal atteint de leucémie. Des études épidémiologiques rapportent une incidence plus faible de cancers du sein et de la prostate chez des sujets combinant une importante exposition solaire et une alimentation riche en vitamine D. Mais rien ne permet actuellement d'affirmer qu'une carence favoriserait le cancer ou les maladies cardiovasculaires.

Vos besoins

Prendre 200 UI (5 µg) de vitamine D est considéré comme un apport suffisant (AS) chez l'adulte de moins de 50 ans. Pour les personnes âgées de 50 à 70 ans, on recommande 400 UI par jour (10 µg) et 600 UI (15 µg) pour les plus de 70 ans.

En cas d'apport déficitaire. Une carence en vitamine D augmente, chez les adultes, le risque d'ostéoporose et d'ostéomalacie ; elle provoquait autrefois chez les enfants le rachitisme, plus rare aujourd'hui en raison de la supplémentation systématique du lait. Une carence peut aussi déclencher douleurs musculaires, diarrhée, insomnie et nervosité.

En cas d'apport excédentaire. L'organisme élimine spontanément les surplus de vitamine D qu'il fabrique à partir du soleil. Mais l'excès de vitamine D fournie par des suppléments ou des médicaments mal utilisés peut avoir des conséquences graves. La prise prolongée de doses élevées (de l'ordre de 1 000 à 2 000 UI sur une période de 6 mois) peut provoquer des maux de tête, une perte de l'appétit, des nausées et des vomissements, des irrégularités du rythme cardiaque et une fatigue extrême, une calcification des muscles et une néphrite grave.

Comment la prendre

Doses. Si vous exposez votre visage et vos bras de 15 à 30 min au soleil à son zénith, 2 ou 3 fois par semaine, vous obtenez en principe toute la vitamine D dont vous avez besoin. Mais si vous avez plus de 50 ans ou si vous ne sortez pas beaucoup entre 8 h et 15 h, si vous mettez toujours une crème solaire écran total, ou en particulier l'hiver au Canada, vous avez peut-être besoin d'un supplément. Les spécialistes recommandent dans ce cas 400 à 600 UI par jour pour les 50 à 70 ans, et 800 UI pour les plus de 70 ans ; 400 UI par jour devraient suffire pour les jeunes adultes.

Conseils d'utilisation. La vitamine D peut être prise avec ou sans nourriture. Certaines multivitamines contiennent jusqu'à 400 UI de vitamine D, de même que de nombreux suppléments calciques.

Sources alimentaires

La vitamine D est ajoutée au lait ; 1 tasse en contient 50 UI. Certaines céréales pour le petit déjeuner sont enrichies de 40 à 100 UI de vitamine D par portion. Les poissons gras – hareng, saumon ou thon, par exemple – ainsi que le jaune d'œuf et le foie sont de bonnes sources naturelles de vitamine D.

Vitamine E

Puissamment antioxydante, la vitamine E apparaît désormais comme un micronutriment particulièrement bénéfique : elle protège contre les maladies cardio-vasculaires, le cancer et d'autres affections, et pourrait même ralentir le processus du vieillissement cellulaire.

Indications

- Prévention des maladies cardio-vasculaires, de certains cancers et de diverses maladies chroniques.

- Prévention ou retardement de la cataracte.

- Renforcement du système immunitaire.

- Protection contre les effets nocifs des polluants.

- Pour faciliter la cicatrisation de la peau.

Présentation

- Capsules molles
- Comprimés
- Gélules
- Crème
- Huile
- Liquide

ATTENTION

■ Si l'on vous a prescrit des anticoagulants ou que vous prenez de l'aspirine, consultez votre médecin avant de prendre de la vitamine E.

■ Ne prenez pas de vitamine E dans les 2 jours qui précèdent ou qui suivent une intervention chirurgicale.

Si vous suivez un traitement médical, consultez votre médecin avant de prendre des suppléments.

Qu'est-ce que c'est ?

Vitamine E est un terme générique employé pour désigner une famille de composés, les tocophérols, classés en quatre grandes catégories : les alpha-, bêta-, gamma- et deltatocophérols. L'alphatocophérol en est la forme la plus courante et la plus active. Liposoluble, elle se stocke dans l'organisme, principalement dans les tissus graisseux et le foie. Elle est présente dans un nombre limité d'aliments, riches en matières grasses de surcroît, d'où la difficulté d'atteindre des apports suffisants en cas de régime restreint en calories et l'utilité des suppléments.

Son rôle dans l'organisme

Surtout précieuse pour ses propriétés antioxydantes, la vitamine E est au cœur de nombreux phénomènes biologiques. En effet, elle est capable de neutraliser les radicaux libres en excès, qui peuvent mettre les cellules en péril. Elle inhibe la formation des prostaglandines, ce qui freine les processus inflammatoires. Elle stimule enfin les fonctions immunitaires. La vitamine E facilite aussi l'assimilation par l'organisme du sélénium et de la vitamine K.

Action préventive. Cette vitamine peut protéger contre les maladies cardiovasculaires, y compris les crises cardiaques et les accidents cérébrovasculaires, car elle ralentit la formation de la plaque d'athérome et empêche la création de caillots sanguins. En diminuant les processus inflammatoires liés aux maladies cardiaques et en favorisant l'élévation du taux de bon cholestérol (HDL), elle met à l'abri des récidives. Deux études à grande échelle ont montré que la vitamine E réduirait de 25 à 50 % le risque de maladies cardiovasculaires. Selon des recherches récentes, la prise d'un complexe de vitamines E et C neutraliserait certains effets nocifs d'une alimentation trop riche en graisses. Enfin, c'est probablement en tant qu'agent antioxydant protecteur des membranes cellulaires que la vitamine E – notamment celle apportée par les aliments – jouerait un rôle bénéfique dans la prévention de certains cancers (poumons, estomac).

Le contenu d'une capsule molle de vitamine E appliqué sur la peau favorise la cicatrisation des lésions cutanées bénignes.

Effets bénéfiques. Protégeant les cellules des atteintes des radicaux libres en excès, la vitamine E pourrait retarder le vieillissement. Quoi qu'il en soit, elle améliore l'immunité des personnes âgées, aide à combattre les agents toxiques de toutes natures (fumée du tabac et autres polluants), retarde l'évolution de la cataracte et de la dégénérescence maculaire liées à l'âge. Elle pourrait ralentir la progression de la maladie d'Alzheimer, voire de la maladie de Parkinson. La vitamine E est utilisée pour traiter les douleurs aiguës de la claudication intermittente provoquée par des troubles vasculaires et soulager l'hypersensibilité des seins en période prémenstruelle. Enfin, incorporée à des crèmes ou à des huiles et appliquée sur la peau, elle facilite la cicatrisation des blessures.

Vos besoins

L'ANR pour la vitamine E est de 15 mg par jour (20 UI) chez l'adulte. Cette quantité est suffisante pour éviter une carence, mais doit être augmentée pour bénéficier des avantages antioxydants de cette vitamine.

En cas d'apport déficitaire. Lorsque l'alimentation comporte peu de vitamine E, il existe un risque de troubles neurologiques et musculaires, et de destruction prématurée des globules rouges. Si vos repas sont équilibrés, vous ne courez probablement pas de risques.

En cas d'apport excédentaire. Aucun effet toxique au-dessous de 800 UI par jour. Des effets secondaires sans gravité – maux de tête et diarrhée – sont possibles. Cependant, des doses élevées de vitamine E peuvent gêner l'absorption de la vitamine A et avoir un effet sur la coagulation.

Comment la prendre

Doses. Pour bénéficier du potentiel thérapeutique de la vitamine E, on recommande entre 200 et 400 UI par jour, en capsules ou en comprimés. Les personnes à hauts risques de cardiopathies ou de certains cancers se sont vu conseiller jusqu'à 800 UI. Elle semble particulièrement efficace en association avec la vitamine C.

Conseils d'utilisation. Prenez les suppléments de vitamine E à peu près à la même heure chaque jour, et lors des repas pour mieux l'assimiler. *Pour une application externe,* étendez directement l'huile d'une gélule de vitamine E sur la peau ou utilisez une crème à base de vitamine E.

Sources alimentaires

L'huile de germe de blé arrive en tête : 1 c. à soupe en apporte plus de 25 mg. Les huiles végétales, les noix (amandes, noisettes) et les graines de tournesol en sont d'excellentes sources ; les légumes verts à feuilles et les céréales complètes en renferment des taux intéressants.

Les noisettes comptent parmi les aliments riches en vitamine E.

Yam

Dioscorea villosa

Indications

- *Soulagement des crampes menstruelles et intestinales.*
- *Pour atténuer les douleurs de l'endométriose.*
- *Diminution de l'inflammation.*

Présentation

- Gélules
- Comprimés
- Capsules molles
- Teinture-mère
- Crème
- Plante séchée / infusion

ATTENTION

- **Les femmes enceintes ne doivent pas prendre de yam.**

Si vous suivez un traitement médical, consultez votre médecin avant de prendre des suppléments.

On a parfois imaginé, à tort, que le yam sauvage pouvait constituer une solution de rechange naturelle à la thérapie hormonale de substitution après la ménopause. Mais si cette plante n'a pas fait ses preuves dans ce domaine, elle a incontestablement d'autres effets bénéfiques.

Qu'est-ce que c'est ?

Le yam sauvage, originaire d'Amérique centrale et d'Amérique du Nord, fait partie de la famille des dioscoréacées, dont on connaît plus de 500 espèces différentes. Certaines – comme l'igname – sont comestibles ; celle que l'on utilise à des fins médicinales est *Dioscorea villosa*. Cette plante vivace grimpante possède de larges feuilles en forme de cœur et peut atteindre 6 m de hauteur. Sa racine, semblable à un tubercule, est récoltée en automne ; elle concentre les principes actifs de la plante. Les Aztèques et les Mayas en exploitaient déjà les qualités médicinales analgésiques. Par la suite, les colons européens s'intéressèrent aux vertus thérapeutiques du yam et l'utilisèrent dans le traitement des coliques, des diarrhées et des douleurs articulaires.

Son rôle dans l'organisme

La racine de yam a pour substances actives un groupe de saponines stéroïdiennes, dont la dioscine, aux propriétés anti-inflammatoires reconnues. Elle renferme également des phytostérols (bêtasitostérol notamment), des tanins et de l'amidon. Ces dernières années, on a attribué au yam le pouvoir d'agir comme certaines hormones (en particulier la progestérone) et de soulager les symptômes prémenstruels ou ceux de la ménopause. Cette réputation ne repose pourtant sur aucune preuve scien-

Les suppléments de yam sauvage sont préparés avec la racine de la plante.

tifique. S'il est vrai que de la dioscine on tire la diosgénine, une substance qui peut être transformée en progestérone en laboratoire, l'organisme humain est toutefois incapable de procéder à cette conversion. En revanche, pris en supplément sous forme d'extrait, le yam peut agir comme un relaxant musculaire, un antispasmodique et un anti-inflammatoire : cela explique peut-être pourquoi il atténue les douleurs menstruelles de certaines femmes.

Principaux effets bénéfiques. Le yam contient des alcaloïdes, substances relaxantes qui agissent surtout sur les muscles de l'abdomen et du pelvis. Cette action explique l'intérêt du yam pour calmer les coliques et autres spasmes digestifs, et suggère qu'il pourrait intervenir efficacement dans le traitement d'affections intestinales comme la maladie de Crohn et la colopathie fonctionnelle. Il permet également de soulager les crampes menstruelles et les douleurs de l'endométriose, maladie de la paroi utérine. Certaines femmes estiment que le yam associé à une autre plante, le gattilier, par exemple, réduit efficacement les symptômes du syndrome prémenstruel, grâce à la fois à son effet normalisateur sur l'équilibre hormonal et à son action anti-inflammatoire.

Mais, en ce qui concerne la crème au yam à étaler sur l'abdomen et les cuisses, et censée donner d'excellents résultats chez les femmes atteintes du syndrome prémenstruel ou de troubles liés la ménopause, on ne comprend guère comment elle pourrait agir. Dans une étude en double aveugle récemment publiée, 23 femmes souffrant de troubles liés à la ménopause ont utilisé soit une crème contenant de l'extrait de yam, soit une crème placebo. Après 3 mois, il n'a été observé aucune différence entre les deux crèmes. Ni l'une ni l'autre n'avait le moindre effet, à l'exception d'une très légère diminution des bouffées de chaleur et des suées nocturnes… identique pour les deux crèmes ! Ainsi, malgré les déclarations formelles de certaines patientes, l'efficacité de crèmes dont le yam est l'unique principe actif reste à démontrer scientifiquement.

Autres effets bénéfiques. Le yam pourrait aider à soulager les douleurs musculaires chroniques, les claquages et l'arthrite.

Comment le prendre

Doses. On conseille habituellement 1/2 c. à thé de teinture 3 ou 4 fois par jour, ou encore 500 mg de yam en gélules 2 fois par jour. Si vous préférez, buvez une tasse de tisane 3 fois par jour.

Conseils d'utilisation. Prenez les suppléments de yam aux repas pour éviter les troubles gastriques. *Pour préparer la tisane*, versez 1 tasse d'eau frémissante sur 1 ou 2 c. à thé de yam séché et laissez infuser pendant 15 min. Vous pouvez ajouter à la tisane d'autres plantes apaisantes (valériane ou menthe poivrée, par exemple) si vous l'utilisez contre les troubles digestifs.

Effets secondaires possibles

À doses extrêmement élevées, les suppléments et teintures de yam peuvent provoquer nausées et diarrhée.

BIEN CHOISIR
■ Méfiez-vous des crèmes au yam dont les fabricants prétendent qu'elles vous apportent de la progestérone naturelle : les molécules de type hormonal du yam sont trop grosses pour traverser la peau et ne peuvent être converties en progestérone par l'organisme. L'efficacité éventuelle de telles crèmes repose probablement sur l'adjonction de progestérone synthétisée en laboratoire (éventuellement à partir de yam, ou, le plus souvent, de graines de soja).

LE SAVIEZ-VOUS ?
Le mot yam désigne dans certains pays l'igname (*Dioscorea batatas* ou *Dioscorea esculenta*) à chair rouge. Cette sorte de patate douce très riche en amidon est fondamentalement différente du yam.

INFOS PLUS
■ La première pilule contraceptive provenait de la diosgénine, composé de type hormonal provenant du yam. Cette méthode est de nos jours abandonnée au profit d'un autre procédé de synthèse moins coûteux, effectué à partir du soja.

■ Le yam permet la biosynthèse de corticostéroïdes, molécules très complexes que l'on obtient en faisant agir des enzymes de divers micro-organismes sur la diosgénine présente dans la plante. C'est aussi à partir de la diosgénine du yam que l'on peut obtenir en laboratoire la DHEA.

Zinc

Bien que toutes les cellules de l'organisme aient besoin de zinc, l'apport en ce minéral est trop souvent insuffisant. Constituant d'un très grand nombre d'enzymes, le zinc joue un rôle crucial dans la synthèse cellulaire et les processus immunitaires.

Indications

- Pour *combattre rhumes, grippes et autres infections.*
- *Pour atténuer les problèmes cutanés et certains troubles digestifs.*
- *Pour stimuler la fertilité, améliorer la santé des cheveux et atténuer les acouphènes.*

Présentation

- Comprimés
- Gélules
- Pastilles
- Liquide

ATTENTION

■ N'abusez pas du zinc : au-delà de 30 mg par jour, il peut, à long terme, perturber l'absorption du cuivre et être source d'anémie. Des doses journalières de plus de 100 mg de zinc risquent également d'affaiblir l'immunité.

Si vous suivez un traitement médical, consultez votre médecin avant de prendre des suppléments.

Qu'est-ce que c'est ?

Le zinc, présent à raison de 2 à 3 g dans l'organisme, est lié aux protéines, et se concentre dans les muscles (60 %), les os (30 %), le foie (5 %) et, chez les hommes, dans la prostate. Son élimination se fait surtout par la voie intestinale, mais aussi par la sueur et la desquamation de la peau. Comme l'organisme ne stocke par le zinc, celui-ci doit être apporté par la nourriture, en particulier par les aliments riches en protéines tels que la viande et le poisson, dans lesquels il abonde.

Son rôle dans l'organisme

Le zinc joue un rôle essentiel dans des centaines de mécanismes de l'organisme. Il active les enzymes responsables de la constitution du matériel génétique (ADN et ARN) et est intimement impliqué dans la croissance cellulaire. Il a une action antioxydante par l'intermédiaire d'une enzyme, la superoxyde dismutase, dont il est un des constituants : il aide ainsi l'organisme à se défendre contre les dommages dus à l'excès de radicaux libres. Il permet le bon fonctionnement du système immunitaire en assurant l'activité optimale des lymphocytes T. Le zinc intervient aussi dans la maturation sexuelle, la reproduction et la fertilité, le bon état de la peau et des cheveux, et même dans le goût et l'odorat.

✪ **Principaux effets bénéfiques.** Le zinc peut aider l'organisme à se protéger contre le rhume, la grippe, la conjonctivite et autres infections. Dans une étude américaine effectuée sur 100 personnes au stade initial d'un rhume, celles qui suçaient des pastilles de zinc toutes les 2 à 4 h ont guéri environ 3 jours plus tôt que les sujets traités avec des pastilles placebo. Les pastilles de zinc favorisent aussi la guérison des ulcérations de la bouche et des maux de gorge. Sous forme de supplément, le zinc pourrait renforcer les défenses naturelles de l'organisme, en particulier lorsqu'un déficit préexistait. Il a été essayé dans le traitement de maladies

Les pastilles de zinc sont indiquées contre les rhumes ; les comprimés, eux, pour combattre nombre de symptômes.

plus sérieuses : polyarthrite rhumatoïde, lupus, syndrome de fatigue chronique et, même, sclérose en plaques et sida, sans que l'on ait obtenu jusqu'à présent de résultats significativement positifs.

✛ **Autres effets bénéfiques.** Le zinc exerce une action favorable sur la production de diverses hormones. Il pourrait augmenter la fertilité masculine et féminine, et joue un rôle important dans le bon fonctionnement de la prostate. Il pourrait par ailleurs être efficace en cas d'hypothyroïdie et, dans la mesure où il élève le taux d'insuline, aider les diabétiques. Stimulant la cicatrisation des blessures et lésions de la peau, il est utilisé – par voie orale ou en application locale sous forme de crème – dans le traitement de l'acné, des brûlures, de l'eczéma et du psoriasis. Il améliore la santé des cheveux et du cuir chevelu. On a pu montrer qu'il ralentissait la perte de la vue en cas de dégénérescence maculaire, cause fréquente de cécité après l'âge de 50 ans. Enfin, il peut être utile en supplément pour les personnes souffrant de diarrhées chroniques et de malnutrition.

Vos besoins

L'ANR journalier en zinc est de 8 mg pour les femmes et de 11 mg pour les hommes. Les doses plus élevées sont réservées au traitement de symptômes spécifiques.

⊟ **En cas d'apport déficitaire.** Les véritables carences en zinc sont rares, mais une déficience suffit à entraîner une mauvaise cicatrisation, une augmentation du nombre de rhumes et de grippes, une diminution du goût et de l'odorat et des problèmes cutanés. Elle peut aussi conduire à une intolérance au glucose sanguin (avec des risques plus élevés de diabète) et à une diminution du nombre de spermatozoïdes.

⊞ **En cas d'apport excédentaire.** La prise prolongée de plus de 40 mg de zinc par jour affaiblit manifestement l'immunité et fait baisser le taux du bon cholestérol (HDL). Des doses excessives – plus de 60 mg par jour – peuvent provoquer nausées, vomissements et diarrhée.

Comment le prendre

▢ **Doses.** La posologie habituelle est de 10 à 15 mg par jour. La prise de zinc pendant plus de 1 mois risque de perturber l'assimilation du cuivre : choisissez dans ce cas des suppléments contenant 1 mg de cuivre pour 15 mg de zinc. *Contre les rhumes et grippes*, sucez 1 pastille de zinc toutes les 2 à 4 h pendant 1 semaine, sans dépasser 40 mg par jour. La supplémentation de routine en zinc n'est pas recommandée.

⊛ **Conseils d'utilisation.** Prenez le zinc 1 h avant ou 2 h après le repas. Si l'on vous prescrit des suppléments de fer pour une raison médicale particulière, ne les absorbez pas en même temps que le zinc. Si vous êtes sous antibiotiques, attendez 2 h au moins avant d'ingérer du zinc.

Sources alimentaires

Viande, foie, volaille, poisson, œufs et fruits de mer (surtout les huîtres) en renferment des quantités élevées. Le fromage, les légumineuses, les noix et le germe de blé en sont aussi de bonnes sources, mais leur zinc est moins facilement assimilé que celui de la viande.

Seconde partie

Protégez votre santé

Présentées dans l'ordre alphabétique, près de 95 affections, d'Acné à Zona, sont traitées dans cette seconde partie, ainsi que des thèmes plus vastes : problèmes liés au cancer, croissance des enfants, santé des adolescents, grossesse, troisième âge, amaigrissement, fortifiants...

Des conseils sur la manière de prendre des vitamines, minéraux, plantes et autres suppléments nutritionnels figurent dans le tableau accompagnant chaque sujet. Ces remèdes ont été choisis par les spécialistes ayant collaboré à cet ouvrage comme étant les plus efficaces et les plus faciles à se procurer. Les noms imprimés en bleu dans les tableaux indiquent les suppléments dont l'efficacité a été constatée chez un grand nombre de personnes ; commencez donc votre traitement par ceux-là. Ceux qui apparaissent en noir ont également des effets bénéfiques – il se peut même qu'ils vous conviennent mieux –, mais leur efficacité est moins prouvée. D'autres conseils de soins, notamment dans votre vie quotidienne, vous sont également donnés.

Avant de prendre un supplément, lisez attentivement l'entrée qui y est consacrée dans la première partie (p. 24-179) ou aux pages 382 à 384. Tenez compte de toutes les mises en garde qui y sont faites et de toutes les précautions à respecter ; consultez impérativement votre médecin si vos ennuis de santé n'ont pas été diagnostiqués ou si votre état empire.

À PROPOS DES DOSES CONSEILLÉES

Avec chaque supplément nutritionnel présenté ici, des doses sont conseillées. Elles représentent l'apport quotidien utile pour traiter un problème de santé ou une maladie. Dans la pratique, il se peut que vous ayez à modifier ces doses en fonction de celles déjà fournies par les multivitamines ou suppléments que vous prenez par ailleurs.

Nous suggérons par exemple une prise de 400 UI de vitamine E en prévention du cancer. Cet apport supplémentaire est inutile si vous prenez déjà un comprimé de multivitamines contenant ces 400 UI de vitamine E. Si vous souffrez également d'angine de poitrine (pour laquelle, cette fois, 800 UI de vitamine E sont recommandés), il vous suffira de prendre 400 UI de cette vitamine chaque jour pour couvrir tous vos besoins.

Les doses indiquées ont été calculées avec autant de précision que possible, mais il faut tenir compte des cas individuels. Lisez toujours la notice d'un produit et ne dépassez pas les doses prescrites, même si vous avez plusieurs affections à traiter à la fois. En cas de troubles graves, consultez votre médecin avant de prendre un supplément.

En conclusion. Les doses proposées dans les pages suivantes ont été établies pour convenir au plus grand nombre, mais l'efficacité des suppléments peut varier selon les individus. Si les informations figurant sur le conditionnement d'un produit vous semblent manquer de clarté, faites appel aux professionnels de la santé – médecin ou pharmacien –, qui vous aideront à déterminer des doses adaptées à votre cas.

Acné

L'acné, généralement associée à la difficile période de l'adolescence, peut apparaître à n'importe quel âge. En fait, 8 % des personnes qui sont épargnées pendant leur jeunesse en souffrent à l'âge adulte. On dispose heureusement de divers moyens pour traiter les poussées.

Symptômes

- *Boutons rouges et durs ou lésions purulentes.*

- *Peau rouge et enflammée avec des boutons emplis de liquide ou des petits kystes.*

CONSULTEZ LE MÉDECIN...

- Au bout de 3 mois, si l'acné persiste malgré vos soins.

- Si l'état de votre peau s'aggrave : pustules purulentes, inflammation rouge ou violette, kystes ou nodules durs sous la peau.

- Si votre peau est constamment rouge ou enflammée, même en l'absence de boutons.

ATTENTION : si vous suivez un traitement médical, consultez votre médecin avant de prendre des suppléments.

Qu'est-ce que c'est ?

On reconnaît l'acné à l'apparition, parfois chronique, de boutons et d'autres éruptions cutanées, localisés surtout sur le visage, le dos, la poitrine et les épaules. La forme la plus commune (*Acne vulgaris*) se manifeste sous la forme de points noirs ou blancs et de petites protubérances rouges, molles au centre. Dans les cas graves (acné kystique), des amas de kystes douloureux et emplis de liquide ou des boules indolores se forment sous la peau ; dans les deux cas, de vilaines cicatrices peuvent subsister après la guérison. Les adolescents supportent mal ce type d'affection.

Quelles en sont les causes ?

L'acné se développe lorsque la sécrétion des glandes sébacées situées à la base des follicules pileux est trop abondante. Le sébum, normalement produit pour lubrifier la peau, s'accumule alors et forme des bouchons, appelés comédons, qui obstruent les pores. Une infection bactérienne se développe si l'un de ces bouchons se rompt.

La sécrétion du sébum, liée à celle des hormones, est parfois activée pendant les périodes de déséquilibre hormonal, à l'adolescence (surtout chez les garçons), au moment des règles et pendant la grossesse. Les poussées d'acné peuvent aussi être déclenchées par le stress émotionnel, par le frottement des vêtements sur la peau, par certaines substances médicamenteuses, en particulier les stéroïdes, ainsi que par les pilules contraceptives et les médicaments agissant sur la production hormonale. Enfin, l'hérédité joue également un rôle.

Contrairement à ce que l'on pense généralement, l'acné n'est pas due à la consommation de chocolat, crustacés, noix, aliments gras ou boissons au cola. Cependant, la croyance selon laquelle des aliments spécifiques, ou les allergies dont ils sont la cause, déclenchent ou aggravent les poussées persiste chez certains médecins – comme chez certains patients.

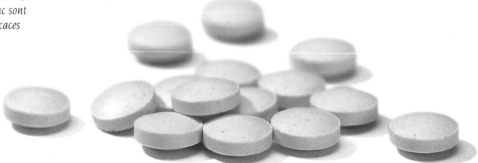

Asssociés à des vitamines, les comprimés de zinc sont particulièrement efficaces contre l'acné.

SUPPLÉMENTS RECOMMANDÉS

Vitamine A	**Dose :** 25 000 UI par jour (pilules ou gouttes) ; réduisez à 10 000 UI à l'apparition d'une amélioration ou après 1 mois. **Attention :** les femmes enceintes ou qui veulent le devenir ne doivent pas dépasser 5 000 UI par jour. Il ne faut pas prendre de vitamine A quand on prend déjà de l'isotrétinoïne.
Vitamine B6	**Dose :** 50 mg chaque matin. **Attention :** une consommation prolongée de plus de 200 mg par jour risque d'affecter le système nerveux.
Vitamine C	**Dose :** 1 000 mg 2 fois par jour. **Attention :** diminuez les doses s'il se produit une diarrhée.
Zinc/cuivre	**Dose :** 30 mg de zinc et 2 mg de cuivre par jour. **À savoir :** n'ajoutez le cuivre qu'au bout de 1 mois.
Graines de lin (huile)	**Dose :** 1 c. à soupe (14 g) par jour. **À savoir :** peut être mêlée à de la nourriture ; à prendre le matin.
Onagre (huile)	**Dose :** 1 000 mg 3 fois par jour. **À savoir :** peut être remplacée par 1 000 mg d'huile de bourrache 1 fois par jour.

Rappel : Vos suppléments habituels peuvent déjà vous fournir certains dosages – voir p. 181.

Les bienfaits des suppléments nutritionnels

Les suppléments recommandés ici sont presque toujours bénéfiques et l'on peut les combiner sans danger. Leur effet ne se fait en général sentir qu'au bout de 3 à 4 semaines. Tous peuvent être pris sur une longue période, en même temps que des médicaments classiques spécifiques.

La **vitamine A** est importante parce qu'elle contrôle la surproduction de sébum, à l'origine de l'acné. La **vitamine B6** peut être utile dans les cas d'acné aggravée par les menstruations ou la ménopause. La **vitamine C** a un effet bénéfique sur le système immunitaire et ralentit la prolifération de la bactérie qui provoque l'acné. Pris avec l'une de ces vitamines ou avec toutes, le **zinc** renforce les défenses immunitaires, lutte contre l'inflammation et contribue à la régulation du système hormonal. Une absorption prolongée de zinc interférant avec l'assimilation du **cuivre**, prenez ces deux éléments en même temps en leur associant des acides gras essentiels comme l'**huile de graines de lin** et l'**huile d'onagre** qui contiennent de l'acide gamma-linolénique. Les acides gras essentiels aident à diluer le sébum et à réduire l'apparition de pores bouchés.

Que faire d'autre ?

- ☑ Lavez-vous tous les jours avec de l'eau et du savon ordinaire.
- ☑ Nourrissez-vous d'une manière équilibrée.
- ☑ Choisissez des produits de beauté anticomédons ou non gras.
- ☑ Ne pressez pas sur les comédons : cela augmente l'inflammation.

QUOI DE NEUF ?

Une étude médicale a montré que des patients ayant pris 30 mg de zinc par jour pendant 2 mois avaient moins de boutons que d'autres à qui on avait donné un placebo. Lors d'une étude similaire, on a constaté que les effets du zinc étaient les mêmes que ceux de la tétracycline, un antibiotique. Les dermatologues ne sont cependant pas nombreux à prescrire cet oligoélément, car aucune autre recherche n'a confirmé ces résultats.

LE SAVIEZ-VOUS ?

Lorsque vous téléphonez, vous risquez de provoquer une poussée d'acné au-dessus de l'oreille ou sur le menton si vous appliquez trop fermement le combiné sur la peau.

INFOS PLUS

■ En théorie, la vitamine A devrait être utile au traitement de l'acné, mais aucune étude clinique n'a pu le prouver, même à hautes doses. L'isotrétinoïne, un médicament prescrit sur ordonnance dérivé de la vitamine A, est beaucoup plus efficace que celle-ci.

■ Une solution de 5 % d'essence d'arbre à thé est aussi efficace, et plus douce, dans les cas peu graves, pour dessécher les boutons qu'une solution de peroxyde de benzoyle dosée de la même façon. Les infusions de feuilles de thé donnent aussi d'excellents résultats.

Acouphènes

Les acouphènes sont caractérisés par la perception continue d'un bourdonnement, d'un souffle, d'un sifflement ou d'un tintement. En améliorant la circulation sanguine et l'équilibre du système nerveux, vitamines, plantes et minéraux contribuent à les atténuer.

Symptômes

- Bourdonnement, sifflement ou tintement persistant affectant une oreille ou les deux.

- Troubles du sommeil, angoisse ou anxiété.

- Dans certains cas, perte auditive.

CONSULTEZ LE MÉDECIN...

- Si vous percevez un bruit anormal de façon persistante dans une oreille ou dans les deux, qui vous gêne dans vos tâches quotidiennes ou trouble votre sommeil.

- Si le bourdonnement s'accompagne d'une sensation d'engourdissement du visage, de vertiges, de nausées ou d'une perte d'équilibre.

- Si le bourdonnement n'est perçu que dans une seule oreille pendant une période prolongée.

ATTENTION : si vous suivez un traitement médical, consultez votre médecin avant de prendre des suppléments.

Qu'est-ce que c'est ?

Plus de 360 000 personnes en souffrent au Canada. Ce phénomène peut n'avoir aucune incidence sur la vie quotidienne. Chez certains individus (généralement âgés de plus de 60 ans), le bourdonnement peut devenir envahissant au point de troubler le sommeil ou d'entraîner anxiété et dépression. Environ 80 % connaissent par ailleurs une perte de l'ouïe plus ou moins prononcée.

Quelles en sont les causes ?

La plupart des cas d'acouphènes se déclarent à la suite d'une exposition répétée à des bruits de forte intensité (musique, coups de feu, machine...), qui ont pour effet d'endommager les nerfs et les cils fins situés dans l'oreille interne et détectant les sons. D'autres peuvent être dus à un bouchon de cérumen, une infection de l'oreille, l'abus d'alcool, une mauvaise circulation sanguine, ou être secondaires à la prise de certains médicaments tels qu'antibiotiques ou aspirine. Des études récentes montrent que les acouphènes sont probablement liés à un dysfonctionnement nerveux au niveau du cerveau plutôt qu'à une simple lésion auditive.

Les bienfaits des suppléments nutritionnels

Les suppléments se révèlent efficaces dans de nombreux cas chroniques où il n'est pas possible de traiter la cause. Les suppléments décrits ci-après peuvent être associés sans aucun risque et doivent généralement être pris pendant une longue période, même si les premiers effets bénéfiques apparaissent parfois au bout de 1 mois.

Une mauvaise circulation sanguine dans certaines parties du cerveau peut avoir un effet sur l'oreille interne, entraînant des bourdonnements d'oreille : le **ginkgo biloba** peut soulager certains cas de ce type quoique ses effets prennent des semaines ou des mois à se faire sentir. L'**inositol hexaniacinate,** une vitamine du complexe B, exerce le même effet car il

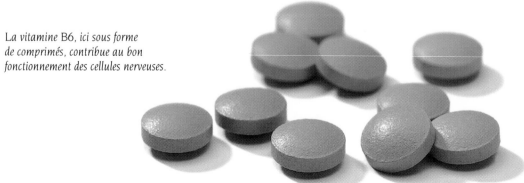

La vitamine B6, ici sous forme de comprimés, contribue au bon fonctionnement des cellules nerveuses.

SUPPLÉMENTS RECOMMANDÉS

Ginkgo biloba	**Dose :** 40 mg 3 fois par jour ou 15 à 20 gouttes de teinture-mère 3 fois par jour ou 300 mg de feuilles sèches par jour. **À savoir :** choisissez un produit normalisé à 24 % de glycosides flavoniques et 6 % de lactones terpéniques.
Inositol hexaniacinate	**Dose :** 500 mg 3 fois par jour. **À savoir :** cette forme de niacine ne donne pas de bouffées congestives.
Vitamine B6	**Dose :** 50 mg 3 fois par jour. **Attention :** risque de lésions nerveuses si on en prend plus de 200 mg à long terme.
Vitamine B12/ acide folique	**Dose :** 1 000 µg de vitamine B12 et 400 µg d'acide folique par jour. **À savoir :** mieux absorbés par voie sublinguale.
Magnésium	**Dose :** 400 mg 2 fois par jour. **À savoir :** à prendre au cours des repas ; réduire la dose en cas de diarrhée.
Zinc/cuivre	**Dose :** 30 mg de zinc et 2 mg de cuivre par jour. **À savoir :** n'ajoutez le cuivre qu'au bout de 1 mois.

Rappel : Vos suppléments habituels peuvent déjà vous fournir certains dosages – voir p. 181.

dilate les vaisseaux sanguins du cerveau. D'autres suppléments exercent une action bienfaisante sur les nerfs, incluant ceux qui mènent à l'oreille interne : la **vitamine B6,** qui a des effets bénéfiques sur la fonction nerveuse, et la **vitamine B12,** que l'organisme utilise pour produire de la myéline, une substance lipidique qui recouvre et protège les nerfs. (La vitamine B12 doit être prise avec de l'**acide folique** afin d'éviter les carences en l'une ou l'autre de ces vitamines du groupe B.) Si les symptômes persistent au bout de 3 mois, interrompez la cure des vitamines B6 et B12, de l'acide folique et de l'inositol hexaniacinate.

Le **magnésium** contribue également au bon fonctionnement du système nerveux et à une bonne acuité auditive : un déficit peut entraîner un rétrécissement des vaisseaux sanguins, entravant ainsi la circulation sanguine dans le cerveau. Une carence en **zinc** peut favoriser l'apparition d'acouphènes, car le zinc est plus concentré dans l'oreille interne que dans le reste de l'organisme. La moindre carence peut aggraver la diminution de l'audition due à l'âge. Comme le zinc inhibe l'absorption du **cuivre**, il est conseillé de prendre un supplément contenant aussi du cuivre.

Que faire d'autre ?

☑ Réduisez votre consommation de caféine, d'alcool, de nicotine et d'aspirine, qui aggravent la sensation de bourdonnement dans les oreilles.

☑ Renseignez-vous auprès de votre médecin sur les appareils auditifs qui couvrent ou masquent les acouphènes.

☑ Faites de l'exercice pour améliorer votre circulation sanguine.

☑ Essayez de recourir à l'acupuncture pour atténuer les bourdonnements.

QUOI DE NEUF ?

Au Japon, des suppléments de zinc ont été administrés à des patients carencés souffrant d'acouphènes : au bout de 2 semaines, l'augmentation de leur taux de zinc s'est accompagnée d'une amélioration de leurs symptômes.

Des chercheurs de Buffalo (É.-U.) ont récemment démontré que des zones précises du cerveau étaient responsables des acouphènes : cela permettrait de mettre au point de nouveaux traitements.

LE SAVIEZ-VOUS ?

On recommande des suppléments de vitamine B12 aux personnes âgées souffrant d'acouphènes, car la capacité d'absorption de cette vitamine décroît avec l'âge.

INFOS PLUS

■ L'usage excessif d'aspirine peut provoquer des bourdonnements d'oreilles. Si vous souffrez d'acouphènes, évitez d'en prendre.

■ Les acouphènes peuvent devenir chroniques avec l'âge. On dit souvent de ce trouble que c'est « entendre la vieillesse arriver sans crier gare ». Les suppléments peuvent en ralentir l'évolution.

■ Les bruits de forte intensité constitueraient le principal facteur d'apparition des acouphènes. Pensez à porter des protège-tympans lorsque vous êtes soumis à des niveaux sonores élevés (machines, musique ou détonations).

Adolescence

L'adolescence est une période importante sur le plan nutritionnel. Or, dans ce domaine, les jeunes subissent aussi l'influence de la mode... La prise de suppléments peut leur permettre de compenser les déficiences éventuelles de leur régime alimentaire.

■ La croissance s'accélère chez les filles à partir de 10-12 ans, et de 12-13 ans chez les garçons. Un tel phénomène entraîne des besoins nutritionnels accrus et peut conduire à des déficiences en vitamines B et C, en calcium, en fer, en magnésium et en zinc.

■ Ayant des besoins identiques ou légèrement supérieurs à ceux des adultes, les adolescents peuvent prendre des suppléments pour adultes sans aucun danger.

RÉGIMES AMAIGRISSANTS

Environ 25 % des jeunes Canadiens sont atteints d'obésité. Entre 1981 et 1996, la prévalence d'obésité dans ce groupe d'âge a plus que doublé, et ce malgré les régimes fantaisistes que beaucoup s'infligent, mettant en péril la solidité et la croissance de leurs os et, pour certaines, les chances de maternité future. L'obsession de maigrir peut causer de graves troubles de l'appétit (anorexie et boulimie), et l'abus d'exercice entraîne parfois une aménorrhée occasionnant un manque d'œstrogènes qui affaiblit définitivement le squelette.

RÉGIMES VÉGÉTARIEN ET VÉGÉTALIEN

S'il intègre des sources de fer telles que légumineuses, noix et graines, fruits séchés, jaune d'œuf et légumes verts, ainsi que des aliments riches en vitamine C, le régime végétarien peut convenir à un adolescent. En revanche, les végétaliens risquent de subir des carences en acide folique et en fer. Végétariens et végétaliens doivent prendre des suppléments de vitamine B12, que l'on ne trouve que dans les aliments d'origine animale.

TABAC ET ALCOOL

Le tabac et l'alcool, fortement déconseillés à cet âge, provoquent des déficiences en vitamines du complexe B et en vitamine C, surtout chez les jeunes suivant un régime. Ceux qui ne sont pas capables de modérer leur consommation devront prendre des suppléments multivitaminés.

ÉLÉMENTS NUTRITIONNELS QUOTIDIENS NÉCESSAIRES AUX ADOLESCENTS

ÉLÉMENT NUTRITIONNEL	APPORTS NUTRITIONNELS RECOMMANDÉS				ACTION	SOURCES ALIMENTAIRES	SYMPTÔMES DE DÉFICIENCES
	GARÇONS		FILLES				
	9-13 ANS	14-18 ANS	9-13 ANS	14-18 ANS			
Vitamines : **B1** (mg) **B2** (mg) **B6** (mg) **B12** (µg) **Acide folique** (µg)	0,9 0,9 1,0 1,8 300	1,2 1,3 1,3 2,4 400	0,9 0,9 1,0 1,8 300	1,0 1,0 1,2 2,4 400	Métabolisme de l'énergie (B1, B2) Métabolisme des protéines (B6) Formation du sang (B6, B12, acide folique) Protection du système nerveux (B12).	Extrait de levure, levure de bière sèche, viande et abats (foie et rognon de porc, en particulier), germe de blé, noix, graines, riz complet, poisson gras et farine de soja. Pour l'acide folique : foie, légumes verts à feuilles et agrumes.	Fatigue, faiblesse musculaire, perte d'appétit, irritabilité, confusion mentale, troubles de la mémoire, dépression, plaies ou crevasses cutanées, croissance difficile, perte de cheveux, rétention d'eau, anémie.
Vitamine C (mg)	45	75	45	65	Favorise la cicatrisation des plaies et l'absorption du fer ; aide à prévenir les agressions des radicaux libres en excès ; protège le système immunitaire.	Fruits et légumes frais, surgelés ou en conserve, jus de fruits et de légumes.	Déficience légère : fatigue, sensibilité nettement accrue aux infections. Déficience grave : scorbut.
Calcium (mg)	1 300	1 300	1 300	1 300	Formation osseuse : c'est au cours de l'adolescence que se forme 45 % du squelette adulte.	Lait, yogourt, fromages et laitages. Autres sources, moins riches : céréales, tofu, légumineuses, agrumes, amandes, pain et légumes verts.	Déminéralisation des os qui entraîne l'ostéoporose.
	À SAVOIR : favorisez la consommation de lait, de yogourts et de fromage avant d'envisager la prise de suppléments nutritionnels.						
Fer (mg)	8	11	8	15	Transport de l'oxygène dans le sang ; résistance aux infections.	Viande et abats (foie), poisson gras et œufs ; le fer d'origine végétale (des céréales, des légumes verts ou du pain, par exemple) est moins bien absorbé ; la vitamine C améliore son absorption.	Anémie, particulièrement courante chez les filles adolescentes et faibles consommatrices d'aliments contenant du fer.
	ATTENTION : l'automédication par des suppléments simples de fer peut être dangereuse ; une surveillance médicale s'impose, car toute anémie requiert un diagnostic précis et un traitement adapté. Une formule associant multivitamines et minéraux est le moyen le plus sûr de prendre un supplément de fer.						
Magnésium (mg)	240	410	240	360	Formation osseuse ; transmission des impulsions nerveuses ; contraction musculaire ; cofacteur dans de nombreuses enzymes essentielles.	Produits aux céréales complètes comme le pain complet, les céréales enrichies au son, noix, graines, certaines eaux minérales.	Crampes musculaires, nausées, palpitations, fatigue, faiblesse, syndrome prémenstruel, insomnie.
	ATTENTION : ne prenez pas de magnésium en cas de maladie rénale. *À SAVOIR* : le calcium et le magnésium travaillant en synergie, les suppléments de calcium et de magnésium sont tout indiqués.						
Zinc (mg)	8	11	8	9	Métabolisme des protéines, des glucides et des lipides ; maturation sexuelle, surtout chez les garçons. Le zinc fait partie de la composition de plus de 200 enzymes.	Aliments protéinés : bœuf, porc, foie, volaille et œufs. Le zinc apporté par le fromage et certains aliments d'origine végétale (légumineuses, germe de blé...) est moins bien assimilé.	Croissance médiocre, cicatrisation difficile, fréquentes infections, problèmes de peau, de cheveux et d'ongles, perte du goût et de l'odorat, troubles du sommeil.
	À SAVOIR : les préparations de multivitamines et minéraux contiennent généralement du zinc.						

Alcoolisme

L'arrêt total est la meilleure décision à prendre quand on ne peut plus se passer de boissons alcoolisées. Sans mener à une véritable guérison, des suppléments aident les gros buveurs à surmonter le besoin d'alcool et à supporter le pénible processus du sevrage.

Symptômes

- *Recherche constante des occasions de boire de l'alcool ; incapacité à se modérer durablement; préférence donnée à l'alcool aux dépens de la famille, des amis et du travail.*

- *Besoin de quantités croissantes pour atteindre le même seuil.*

- *Refus d'admettre le problème et barrage aux conseils de modération.*

- *Symptômes de manque (tremblements, hallucinations, accès de délirium) en cas d'abstinence.*

CONSULTEZ LE MÉDECIN...

- Si vous buvez de l'alcool avant le petit déjeuner.

- Si vous buvez trop pendant 48 h d'affilée ou plus.

- En cas de pertes de conscience ou de chutes répétées.

- Si vous avez habituellement recours à l'alcool pour soulager le stress ou le chagrin.

- Si l'alcool menace de gâcher votre vie privée.

ATTENTION : si vous suivez un traitement médical, consultez votre médecin avant de prendre des suppléments.

L'extrait de chardon-Marie peut soigner les dégâts causés au foie par l'alcool.

Qu'est-ce que c'est ?

L'alcoolisme est caractérisé par une dépendance physique et psychologique à l'alcool ; beaucoup la considèrent comme une maladie chronique, au même titre que le diabète et l'hypertension artérielle. Pris avec modération, l'alcool semble protéger le cœur. Absorbé en grandes quantités pendant longtemps, l'alcool risque d'endommager de nombreux organes, dont le foie, le pancréas, l'intestin et le cerveau. Il peut être aussi cause de malnutrition lorsque les calories vides qu'il contient remplacent celles qu'apporte une nourriture saine.

Quelles en sont les causes ?

L'alcool est souvent associé à la convivialité : il délie les langues et détend l'atmosphère. La raison pour laquelle certaines personnes ne peuvent s'empêcher de dépasser les limites reste un mystère. Outre des causes psychologiques, il semble que d'importants facteurs génétiques soient aussi en cause. Les enfants d'alcooliques sont en effet exposés à le devenir, même s'ils sont élevés dans des familles abstinentes.

Les bienfaits des suppléments nutritionnels

Les suppléments conseillés dans le tableau ci-contre semblent être d'un grand secours durant la période de sevrage et celle de la convalescence, qui peut durer plusieurs semaines, voire plusieurs mois. Ils peuvent être pris ensemble, en même temps que des médicaments classiques, souvent nécessaires pour aider les alcooliques à supporter l'état de manque.

Les carences et la mauvaise utilisation des nutriments importants, parmi lesquels les vitamines du complexe B, la vitamine C et les acides aminés (protéines), sont fréquentes chez les gros buveurs. Ces déficiences sont dues à une mauvaise alimentation et aux effets toxiques de l'alcool. Le traitement devra sans doute durer plusieurs mois, ou même plus longtemps,

SUPPLÉMENTS RECOMMANDÉS

Vitamine C/ vitamine E	**Dose :** 1 000 mg de vitamine C 3 fois par jour ; 400 UI de vitamine E, 1 fois par jour. **À savoir :** la vitamine C intensifie les effets de la vitamine E.
Vitamines du complexe B	**Dose :** 1 comprimé plus 100 mg de thiamine au déjeuner. **À savoir :** recherchez un complexe B-50 contenant 50 μg de vitamine B12 et 50 μg de biotine, 400 μg d'acide folique et 50 mg des autres vitamines B.
Acides aminés	**Dose :** complexe d'acides aminés (suivez les instructions de l'étiquette), plus L-glutamine (500 mg 2 fois par jour), NAC (500 mg 2 fois par jour) et GABA (750 mg 2 fois par jour). **À savoir :** pour mieux les absorber, prenez-les à jeun.
Ku-dzu	**Dose :** 150 mg 3 fois par jour. **Attention :** normalisé à 0,95 % de daidzen au minimum.
Chardon-Marie	**Dose :** 200 mg 3 fois par jour entre les repas. **Attention :** normalisé à 70 % de silymarine au minimum.
Chrome	**Dose :** 200 μg 2 fois par jour. **À savoir :** à prendre avec des aliments ou un grand verre d'eau.
Onagre (huile)	**Dose :** 1 000 mg 3 fois par jour. **À savoir :** peut être remplacée par 1 000 mg d'huile de bourrache 1 fois par jour.

Rappel : prenez en priorité les suppléments en bleu ; ceux en noir vous seront aussi bénéfiques. Vérifiez qu'ils ne vous sont pas déjà apportés par un autre supplément – voir p. 181.

jusqu'à ce que le stock de nutriments soit renouvelé. La **vitamine C** a pour effet de fortifier l'organisme pendant la difficile période du sevrage, de contribuer à éliminer l'alcool présent dans les tissus et d'atténuer les symptômes accompagnant l'état de manque. Son efficacité augmente lorsqu'elle est associée à la **vitamine E.** Les **vitamines du complexe B,** la **glutamine**, un acide aminé, et le **ku-dzu** semblent rendre le besoin d'alcool moins pressant. Prenez davantage de thiamine : elle soulage les symptômes de sevrage. Le **chardon-Marie**, la **Nac** (N-acétylcystéine) et la phosphatidylcholine (500 mg 3 fois par jour) fortifient le foie et contribuent à l'élimination des toxines.

Le **chrome** lutte contre la fatigue causée par l'hypoglycémie (taux de sucre insuffisant dans le sang), dont les alcooliques souffrent souvent. L'**huile d'onagre** procure l'acide gras GLA (gamma-linolénique), qui stimule la production par le cerveau de la prostaglandine E. Cette substance a pour effet de supprimer certains symptômes de l'état de manque, accès de délirium et de dépression, par exemple ; elle contribue aussi à la protection du foie et du système nerveux.

Que faire d'autre ?

☑ Faites partie d'un groupe de soutien (Alcooliques anonymes/AA).
☑ Essayez l'acupuncture, parfois efficace pour diminuer le besoin d'alcool.

LE SAVIEZ-VOUS ?

Les Chinois préparent avec une de leurs plantes, le ku-dzu, une infusion à boire le lendemain d'une beuverie. Le nom de ce breuvage, *xing-jiu-ling*, signifie littéralement « dessoûle-toi ».

QUOI DE NEUF ?

On possède la preuve scientifique que le ku-dzu supprime le besoin d'alcool. Aux États-Unis, une recherche menée sur des singes (considérés comme les meilleurs substituts des hommes) a montré que cette plante diminuait de 25 % la quantité d'alcool bue par les animaux. D'autres chercheurs ont remarqué que les hamsters dorés de Syrie, qui préféraient l'alcool à l'eau, consommaient moitié moins d'alcool quand ils buvaient du ku-dzu.

Des études ont confirmé l'action protectrice du chardon-Marie. Parmi des patients atteints de cirrhose du foie, maladie grave souvent due à l'alcoolisme, 58 % de ceux qui avaient pris cette plante étaient encore en vie au bout de 4 ans, contre seulement 39 % de ceux qui n'en avaient pas pris.

INFOS PLUS

■ Pour réduire le besoin d'alcool, il est généralement moins dangereux de prendre des suppléments nutritionnels que des médicaments classiques, qui ont parfois de désagréables effets secondaires.

Allergies

Il suffit à certains d'ouvrir une fenêtre, de secouer un tapis ou de caresser un chat pour éternuer ou avoir le nez qui coule. La faute n'en est ni au pollen, ni à la poussière, ni aux poils, mais à un système immunitaire trop « réactif ».

Symptômes

- ■ *Yeux irrités, rouges et gonflés, parfois entourés de larges cernes.*
- ■ *Éternuements.*
- ■ *Nez bouché.*
- ■ *Surabondance de sécrétions limpides.*
- ■ *Gorge irritée.*
- ■ *Fatigue.*

CONSULTEZ LE MÉDECIN...

■ Si vous éprouvez une gêne respiratoire accompagnée de sifflements : il peut s'agir d'une crise d'asthme nécessitant un traitement immédiat.

■ Si vous avez de la fièvre, des maux de tête qui empirent lorsque vous vous penchez en avant, ou que vos sécrétions nasales sont jaunes ou vertes : ce sont les symptômes de la sinusite.

■ Si les symptômes dont vous souffrez vous empêchent de mener une vie normale et que les suppléments naturels ne vous sont d'aucun secours.

ATTENTION : si vous suivez un traitement médical, consultez votre médecin avant de prendre des suppléments.

Qu'est-ce que c'est ?

Rhinite allergique est le terme médical désignant les affections de la cavité nasale causées par des particules en suspension dans l'air. Les gênes qui en résultent peuvent être occasionnelles, mais elles sont parfois si fortes qu'elles créent un véritable handicap dans la vie quotidienne. Si l'apparition des symptômes coïncide avec celle de la saison chaude, il s'agit sans doute d'une forme d'allergie saisonnière généralement appelée rhume des foins : déclenchée au printemps, au début de l'été et à l'automne, elle est due à la présence de pollen dans l'air. Si, au contraire, les troubles durent toute l'année, ils sont probablement dus à la fourrure d'un animal de compagnie, aux acariens ou aux moisissures. Ces substances irritantes, appelées allergènes, produisent toutes les mêmes effets. Les personnes qui souffrent de rhinite allergique sont souvent très vulnérables aux rhumes, grippes et sinusites. Ce genre de prédisposition est parfois héréditaire.

Quelles en sont les causes ?

Lorsque des bactéries, virus ou autres substances pénètrent dans l'organisme, le système immunitaire lutte contre ceux porteurs de maladies et néglige les autres, a priori inoffensifs, comme le pollen. Le système immunitaire des sujets allergiques, quant à lui, ne fait pas la différence entre les divers envahisseurs, de sorte que des particules non toxiques déclenchent, dans la zone où elles ont pénétré, des facteurs d'inflammation, en libérant une substance appelée histamine. Sans connaître vraiment la raison d'une telle réaction, certains chercheurs l'imputent à un affaiblissement des défenses dû à une mauvaise alimentation et à la pollution de l'air.

Les suppléments à base d'ortie atténuent les symptômes d'allergie en réduisant l'inflammation nasale.

SUPPLÉMENTS RECOMMANDÉS	
Quercétine	**Dose :** 500 mg 2 fois par jour. **À savoir :** à prendre 20 min avant les repas ; souvent disponible en association avec de la vitamine C.
Ortie	**Dose :** 250 mg d'extrait 3 fois par jour, l'estomac vide. **Attention :** normalisée à au moins 1 % de silica.
Vitamine A	**Dose :** 10 000 UI par jour. **Attention :** les femmes enceintes ou qui désirent le devenir ne devraient pas dépasser 5 000 UI par jour.
Vitamine C	**Dose :** 1 000 mg 3 fois par jour. **Attention :** en cas de diarrhée, diminuez la dose.
Vitamine B5	**Dose :** 500 mg 3 fois par jour. **À savoir :** à prendre au cours des repas.

Rappel : prenez en priorité les suppléments en bleu ; ceux en noir vous seront aussi bénéfiques. Vérifiez qu'ils ne vous sont pas déjà apportés par un autre supplément – voir p. 181.

Les bienfaits des suppléments nutritionnels

Si vous souffrez d'allergies saisonnières, prenez tous les suppléments conseillés ci-dessus du début du printemps aux premiers gels. La **quercétine,** un flavonoïde qui inhibe la production d'histamine sans effets secondaires, peut remplacer les médicaments en vente libre, qui ne font que la contrecarrer ; associée à la **feuille d'ortie,** elle vous évitera éternuements, nez bouché et démangeaisons.

La **vitamine A** et la **vitamine C** soutiennent le système immunitaire. La vitamine C est l'antioxydant par excellence des cellules des voies respiratoires ; elle fortifie le système immunitaire et aurait une action anti-inflammatoire et antihistaminique. La **vitamine B5,** ou acide pantothénique, est un bon décongestionnant nasal. Même si vous préférez les médicaments classiques pour lutter contre certains symptômes, ces trois suppléments vous aideront sans doute beaucoup tout au long de la période où vous êtes vulnérable.

Les symptômes causés par l'inflammation peuvent être soulagés par les tisanes de camomille, de plantain, de sauge, d'euphraise ou de fleur de sureau, préparées en mélange ou séparément : versez 200 ml d'eau bouillante sur les plantes séchées et laissez infuser 10 min avant de filtrer. Buvez-en 2 fois par jour et, pour en augmenter l'efficacité, ajoutez-y de la teinture de réglisse à raison de 1 c. à thé par tasse.

Que faire d'autre ?

☑ Si l'air est chargé de pollen, restez chez vous, fenêtres fermées. Si vous avez l'air climatisé chez vous et dans votre voiture, mettez-le en marche.

☑ Retirez tous les tapis et recouvrez vos sièges de housses lavables.

☑ Utilisez des draps et des taies d'oreiller antiallergiques que vous laverez chaque semaine à 60 °C, car les acariens aiment se loger dans les lits.

☑ Nettoyez bien les endroits humides de la maison pour empêcher l'apparition de moisissures.

QUOI DE NEUF ?

L'eau très chaude (60 °C) utilisée pour laver le linge élimine les acariens mais abîme les textiles. D'après une étude menée en Australie, on détruit aussi bien les acariens avec de l'eau tiède (30 °C) additionnée d'huile d'eucalyptus. Mélangez bien 6 cuillerées à soupe d'huile à 3 cuillerées de savon à vaisselle, puis versez le tout dans le tambour de la machine avec le linge. Remplissez la cuve d'eau, puis laissez tremper pendant 30 min ; ajoutez alors votre détergent habituel et terminez le lavage normalement.

LE SAVIEZ-VOUS ?

Les fleurs de jardin sont rarement cause d'allergies car leur pollen est trop lourd pour être transporté par l'air ; ce sont les insectes qui s'en chargent, en particulier les abeilles.

INFOS PLUS

■ Certaines plantes sont des antihistaminiques naturels. Si vous souffrez d'allergies, essayez par exemple les tisanes d'anis, de gingembre ou de menthe poivrée, ou bien un mélange des trois : le gingembre et la menthe ont aussi un effet décongestionnant. Vous pouvez en boire jusqu'à 4 tasses par jour.

■ Les Canadiens qui souffrent du rhume des foins (ils sont 15 % de la population) ne sont pas allergiques au foin, mais aux pollens des arbres au printemps, des graminées l'été, de l'herbe à poux au début de l'automne.

Alzheimer (maladie d')

Cette lente dégénérescence du cerveau, qui se manifeste par une perte progressive de la mémoire et du sens de l'orientation spatio-temporelle, constitue une terrible épreuve. En traitant cette maladie très tôt, on peut en ralentir l'apparition et la progression.

Symptômes

- *Pertes de mémoire : incapacité à se souvenir d'événements récents et difficultés à trouver ses mots ou à résoudre les problèmes les plus simples.*

- *Perte du sens de l'orientation : tendance à s'égarer dans un endroit familier, chez soi par exemple, ou aux alentours de son lieu d'habitation.*

- *Troubles de la personnalité : anxiété, agressivité, indifférence aux autres, repli sur soi ou manque de jugement.*

- *Difficultés à s'exprimer : propos incohérents, longs silences, radotage.*

CONSULTEZ LE MÉDECIN...

- **Si vous observez des signes de désorientation chez vous-même ou chez un membre de votre entourage : demandez des examens médicaux complets, sans omettre les tests de détection de la démence sénile.**

ATTENTION : si vous suivez un traitement médical, consultez votre médecin avant de prendre des suppléments.

Qu'est-ce que c'est ?

La maladie d'Alzheimer, une affection dégénérative du cerveau, atteint la mémoire et les capacités mentales. Sa phase initiale est très lente : le patient commence par subir des pertes de mémoire ponctuelles et se montre indécis et incapable d'exécuter des tâches simples. À un stade plus avancé, il ne se rappelle plus quoi que ce soit, devient incapable de parler et souffre d'incontinence. Son caractère se modifie également, il devient irritable et se replie sur lui-même. Au Canada, la maladie d'Alzheimer atteint 5 % des personnes de plus de 65 ans et 25 % des plus de 85 ans.

Quelles en sont les causes ?

Les causes de cette maladie n'ont pas encore été identifiées. On remarque qu'elle s'accompagne d'une forte diminution du nombre des cellules nerveuses du cerveau, surtout celles qui sont situées dans les zones contrôlant la mémoire et la pensée. Elle se caractérise aussi par une raréfaction dans le cerveau de substances chimiques importantes pour la mémoire. Outre des facteurs héréditaires qui peuvent accroître les risques de la contracter, elle peut être due à un traumatisme crânien sérieux, une maladie cardiovasculaire ou des virus à action lente. Longtemps incriminé, l'aluminium semble aujourd'hui hors de cause.

Les bienfaits des suppléments nutritionnels

Bien qu'aucune cure n'existe, de grands progrès ont été réalisés pour traiter les symptômes. Il se peut que, dans la phase initiale, un certain nombre de suppléments contribuent à restaurer les capacités mentales et retardent même l'apparition des symptômes les plus graves. Le traitement doit être

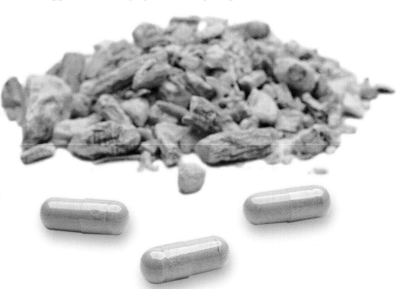

Le ginseng ainsi que les extraits de la feuille du ginkgo biloba pourraient avoir un effet bénéfique réel sur la mémoire.

Ginkgo biloba	**Dose :** 80 mg 3 fois par jour. **Attention :** normalisé à au moins 24 % de glycosites flavonoïdes.
Antioxydants	**Dose :** 2 000 mg de vitamine C, 400 UI de vitamine E et un mélange de caroténoïdes contenant 25 000 UI de vitamine A par jour. **À savoir :** parfois conditionnés ensemble.
Coenzyme Q10	**Dose :** 100 mg 2 fois par jour. **À savoir :** s'absorbe mieux avec des aliments.
Vitamines du complexe B	**Dose :** 1 comprimé plus 50 mg de vitamine B6 avec des aliments. **Attention :** choisissez un complexe B-100 contenant 100 µg de vitamine B12 et de biotine, 400 µg d'acide folique et 100 mg de chacune des autres vitamines B.
Onagre (huile)	**Dose :** 1 000 mg 3 fois par jour. **À savoir :** vous pouvez prendre à la place 1 000 mg d'huile de bourrache par jour.
Centella (gotu kola)	**Dose :** 200 mg d'extrait ou 400-500 mg de plante fraîche 3 fois par jour. **Attention :** normalisé à 10 % d'asiaticosides ; peut agir sur la fatigue et la dépression et stimuler le système nerveux central.
Ginseng de Sibérie	**Dose :** 100-300 mg 3 fois par jour. **Attention :** normalisé à 0,8 % d'éleuthérosides

Rappel : prenez en priorité les suppléments en bleu ; ceux en noir vous seront aussi bénéfiques. Vérifiez qu'ils ne vous sont pas déjà apportés par un autre supplément – voir p. 181.

entrepris aussi tôt que possible, les suppléments étant absorbés séparément ou ensemble, et il faut attendre au moins 8 semaines pour en constater les effets. Vous pouvez très bien prendre ces suppléments en même temps que du donépézil, prescrit sur ordonnance, avec toutefois l'accord préalable du médecin.

Le **ginkgo biloba** est très prometteur. Des études contrôlées ont démontré que le ginkgo, qui augmente l'apport de sang au cerveau, peut améliorer la mémoire de certains patients. Il semble avoir des propriétés antioxydantes et contribuer à la santé des cellules nerveuses. Parmi les autres **antioxydants** dont l'action pourrait être bénéfique, citons les vitamines C et E, les caroténoïdes et la **coenzyme Q10**.

Il faut en outre prendre suffisamment de **vitamines B.** Essayez aussi l'**huile d'onagre,** la **centella** et le **ginseng de Sibérie,** qui contribuent à améliorer la mémoire en facilitant la transmission des impulsions nerveuses. Deux autres nutriments pourraient avoir un effet similaire, car ils augmentent la production dans le cerveau de substances chimiques dont dépend la mémoire : ce sont l'acétyl L-carnitine (500 mg 3 fois par jour) ou la phosphatidylsérine (100 mg 3 fois par jour).

Que faire d'autre ?

☑ Faites de l'exercice, de la marche par exemple.

☑ Conservez une activité intellectuelle ; lisez, faites des mots croisés.

☑ Apprenez à vous détendre, votre mémoire en bénéficiera.

Des chercheurs suisses ont observé que les personnes âgées en bonne santé présentant des niveaux élevés de bêta-carotène et de vitamine C obtenaient de meilleurs résultats dans les tests de mémorisation et de vocabulaire que les autres.

LE SAVIEZ-VOUS ?

Devant le nombre peu élevé de cas de maladie d'Alzheimer chez les arthritiques, des études ont établi un lien avec la prise régulière d'ibuprofène, ainsi que d'autres anti-inflammatoires non stéroïdiens.

INFOS PLUS

■ Un grand nombre de médicaments classiques sont mauvais pour la mémoire, en particulier ceux que l'on prescrit habituellement contre le diabète, l'anxiété, la dépression, la maladie de Parkinson et l'ulcère. Pour pallier ce problème, demandez à votre médecin si vous pouvez ajouter des suppléments naturels au traitement qu'il vous recommande.

■ Des scientifiques de l'école de médecine de l'université de New York (États-Unis) ont réussi à fabriquer un vaccin pour la souris à partir de la protéine anormale en cause dans la maladie d'Alzheimer. Les résultats étant très encourageants, on envisage un essai sur l'homme.

Anémie

Vous êtes pâle ? Vous vous sentez fatigué ? Une analyse de sang vous permettra de savoir si vous souffrez d'anémie et, dans ce cas, de quoi vous manquez – de fer ou d'autre chose. Le médecin est le mieux placé pour décider si des suppléments peuvent vous faire du bien.

Symptômes

- Affaiblissement, fatigue, vertiges, irritabilité, confusion mentale.

- Pâleur, surtout des gencives, de l'intérieur des paupières et du dessous des ongles.

- Palpitations ; essoufflement.

- Plaies dans la bouche ou sur la langue ; ecchymoses ou saignements inhabituels.

- Engourdissement des bras et des jambes, picotements.

- Nausées et diarrhées.

CONSULTEZ LE MÉDECIN...

- Si vous présentez l'un des symptômes de l'anémie et que vous essayez de faire un enfant, êtes enceinte ou avez des règles très abondantes.

- Si vous suivez déjà un traitement contre l'anémie. Des analyses de sang régulières permettent de déterminer l'effet des suppléments.

ATTENTION : si vous suivez un traitement médical, consultez votre médecin avant de prendre des suppléments.

Qu'est-ce que c'est ?

L'anémie résulte d'un manque de globules rouges dans le sang ou d'un déficit en hémoglobine. L'organisme ne recevant pas suffisamment d'oxygène, il s'affaiblit et se fatigue. Même si les symptômes sont très discrets, l'anémie est dangereuse si elle n'est pas diagnostiquée et traitée à temps. Si vous avez des raisons de penser que vous êtes anémié, consultez votre médecin, qui en déterminera la cause et prescrira le traitement approprié.

Quelles en sont les causes ?

La carence en fer est la plus commune. Elle résulte généralement d'une perte de sang progressive et prolongée qui épuise les réserves en fer de l'organisme, entraînant une diminution du taux d'hémoglobine. Les femmes souffrent souvent de cette carence avant la ménopause, surtout si elles ont des règles abondantes. Certaines pathologies qui entraînent des petits saignements – hémorroïdes, polypes du rectum, ulcères, cancer de l'estomac ou du côlon – peuvent avoir le même effet, ainsi que l'utilisation prolongée de l'aspirine et d'autres anti-inflammatoires non stéroïdiens tels que l'ibuprofène. Cependant, la cause la plus fréquente de carence en fer est la grossesse ; chaque bébé prélève 1 g de fer à sa mère : 500 mg pour lui-même et autant pour le placenta. Deux grossesses rapprochées pénalisent une femme de 2 g de fer, ramenant ses réserves en dessous du seuil d'alerte.

L'anémie dite pernicieuse, causée par une carence en vitamine B12 ou en acide folique – essentiels pour la production des globules rouges –, est plus rare. Les alcooliques, les fumeurs, les sujets souffrant de certains troubles digestifs, les végétariens, les personnes de plus de 50 ans et les femmes enceintes ou celles qui allaitent sont les plus exposés, soit parce qu'ils s'alimentent mal, soit parce qu'ils n'assimilent pas bien les nutriments. Le fer étant présent dans un grand nombre d'aliments, il est rare que l'on puisse attribuer l'anémie essentiellement à un apport nutritionnel insuffisant. Il existe aussi des formes d'anémie dues à des maladies chroniques (cancer, lupus, polyarthrite rhumatoïde, par exemple), d'autres qui sont héréditaires (drépanocytose), et d'autres enfin causées par la toxicomanie ou par l'exposition à des produits toxiques ou à des radiations.

Prendre des suppléments de fer risque d'être dangereux s'il n'y pas de carence.

SUPPLÉMENTS RECOMMANDÉS	
Fer	**Dose :** 30 mg 3 fois par jour, au cours des repas **À savoir :** votre médecin vous prescrira peut-être une dose plus forte.
Vitamine C	**Dose :** 500 mg 3 fois par jour. **À savoir :** prenez-la aux repas pour augmenter l'absorption du fer tiré de la nourriture.
Vitamine B12/ acide folique	**Dose :** 1 000 µg de vitamine B12 et 400 µg d'acide folique sous forme sublinguale 2 fois par jour pendant 1 mois. **Attention :** prenez toujours vitamine B12 et acide folique ensemble. Si l'anémie ne cède pas, il vous faudra peut-être prendre de la vitamine B12 sous forme injectable.
Patience crépue	**Dose :** 1 000 mg chaque matin. **À savoir :** ou prenez 1/2 c. à thé de teinture 2 fois par jour.
Pissenlit	**Dose :** 1 c. à thé de jus frais ou de teinture avec de l'eau 2 fois par jour. **À savoir :** à prendre avec la patience crépue pour augmenter l'absorption du fer.

Rappel : prenez en priorité les suppléments en bleu ; ceux en noir vous seront aussi bénéfiques. Vérifiez qu'ils ne vous sont pas déjà apportés par un autre supplément – voir p. 181.

Les bienfaits des suppléments nutritionnels

Tout dépend du type d'anémie. Consulter un médecin est impératif si elle résulte d'une carence en fer, laquelle peut être provoquée par une hémorragie interne. En même temps que des suppléments de **fer,** il peut être bon de prendre de la **vitamine C,** car elle en active l'assimilation. Tout traitement de ce type doit être suivi médicalement – un excès de fer peut être dangereux – et faire l'objet d'une analyse de sang tous les mois.

La vitamine C présente aussi un grand intérêt dans le cas d'une anémie due à une carence en vitamine B12 ou en acide folique, car elle facilite l'assimilation de ces nutriments par l'organisme. **Vitamine B12** et **acide folique** doivent toujours être pris ensemble et sous surveillance médicale, car un excès de l'une peut masquer un déficit de l'autre. Leur action combinée stimule la production des globules rouges. Une fois l'anémie enrayée, et s'il est sûr qu'elle n'était pas due à un défaut d'absorption, la quantité de vitamine B12 et d'acide folique contenue dans une dose quotidienne de multivitamines suffira sans doute à empêcher une récidive.

Plusieurs plantes peuvent être bénéfiques. La **patience crépue** contient de faibles quantités de fer qui s'assimilent bien et peuvent élever les taux sanguins de ce minéral. Les algues aussi contiennent du fer. Le **pissenlit,** la bardane, la gentiane et le trèfle rouge, pris sous forme de teinture, de jus ou d'infusion, favoriseraient l'assimilation du fer tiré des aliments.

Que faire d'autre ?

☑ Mangez des aliments riches en fer (foie, viande rouge, légumineuses, fruits secs, noix et crustacés), en acide folique (foie, germe de blé, épinards, arachides, noix, asperges et fruits citrins) et en vitamines B12 (foie, crustacés, viande, fromage, poisson et œufs).

QUOI DE NEUF ?

Une étude menée sur 28 végétariens stricts a montré que la prise de 500 mg de vitamine C sous forme chimique après les deux principaux repas pendant 2 mois élevait le taux d'hémoglobine de 8 % et celui du fer de 17 %. La vitamine C facilite l'assimilation du fer par l'organisme.

Certaines recherches indiquent que la capacité d'assimiler la vitamine B12 diminue avec l'âge. Santé Canada recommande donc aux personnes de plus de 50 ans de manger des aliments enrichis ou de prendre des suppléments de vitamine B12.

INFOS PLUS

■ La plupart des femmes ménopausées et des hommes de tous âges trouvent suffisamment de fer dans leurs aliments et ne devraient pas prendre de suppléments de minéraux ni de vitamines qui en contiennent. En excès, le fer agit comme un « oxydant » et stimule l'agressivité des radicaux libres vis-à-vis des membranes cellulaires, notamment dans les cellules des artères. On a en effet mis en corrélation certaines maladies cardiovasculaires et une absorption trop importante de fer.

■ Alors que certains médecins estiment que la vitamine B12 est mieux assimilée en injection que par voie orale, des études démontrent que la forme sublinguale est tout aussi efficace.

Angine de poitrine

Les médicaments classiques agissent peu sur le processus physiologique de l'angine de poitrine. Vitamines, minéraux et remèdes naturels peuvent avoir une action bénéfique sur ce syndrome, ou, tout au moins, l'empêcher de s'aggraver.

Symptômes

- *Douleurs poignantes ou irradiantes dans la poitrine.*
- *Faiblesse.*
- *Essoufflement.*
- *Palpitations.*
- *Nausées.*
- *Étourdissements.*

CONSULTEZ LE MÉDECIN...

- Si vous présentez l'un des symptômes ci-dessus pour la première fois.

- Si vous remarquez un changement dans la nature des crises : si, par exemple, elles deviennent plus fréquentes, plus violentes ou plus longues, ou si un nouveau type d'effort les provoque.

- Si une crise dure plus de 15 min : il peut s'agir d'un infarctus, appelez immédiatement une ambulance.

ATTENTION : si vous suivez un traitement médical, consultez votre médecin avant de prendre des suppléments.

Qu'est-ce que c'est ?

Les douleurs poignantes ressenties durant les crises d'angine de poitrine résultent d'un afflux insuffisant de sang, donc d'oxygène au cœur. Elles siègent généralement derrière le sternum et irradient vers l'épaule, le bras ou la mâchoire gauches ; elles augmentent en intensité, atteignent un paroxysme, puis diminuent. Les crises durent jusqu'à 15 min.

Quelles en sont les causes ?

L'angine de poitrine est directement due à l'athérosclérose, c'est-à-dire à la formation de dépôts dans les parois des artères qui véhiculent le sang vers le cœur. Comme tous nos muscles et nos organes, le cœur a besoin de sang et d'oxygène pour remplir ses fonctions, lesquelles consistent à assurer la circulation du sang dans l'organisme. Les artères atteintes ont un diamètre suffisant pour fournir au cœur la quantité nécessaire de sang chargé d'oxygène pendant les périodes de repos, mais insuffisant lorsque ses besoins augmentent sous l'effet d'une activité physique. Le moindre effort – monter un escalier, courir après l'autobus, jardiner ou même avoir une relation sexuelle – risque de déclencher une crise ; un spasme de l'artère coronaire aggrave souvent cette insuffisance.

Les bienfaits des suppléments nutritionnels

Les suppléments qui figurent dans le tableau ci-contre peuvent être utilisés ensemble ou isolément. Ils peuvent aussi être associés à des médicaments classiques, mais vous devez impérativement consulter le médecin qui vous a prescrit un traitement de ce type avant de l'interrompre.

L'effet antioxydant des **vitamines C** et **E** peut aider à prévenir les lésions cellulaires. La vitamine C aide à réparer les artères endommagées par la plaque, et la vitamine E fait obstacle à l'oxydation du mauvais cholestérol (LDL), cause initiale de la formation de dépôts. Certains individus souffrant de troubles cardiaques présentent en outre des niveaux peu élevés de vitamine E et de **magnésium**.

L'extrait d'aubépine, préparé avec les baies ou d'autres parties de la plante, est excellent pour le cœur.

SUPPLÉMENTS RECOMMANDÉS

Vitamine C	**Dose :** 1 000 mg 3 fois par jour. **Attention :** réduisez le dosage en cas de diarrhée.
Vitamine E	**Dose :** 400 UI 2 fois par jour. **Attention :** si vous prenez un anticoagulant. voyez le médecin avant.
Magnésium	**Dose :** 200 mg 2 fois par jour. **Attention :** n'en prenez pas en cas de maladie rénale.
Arginine	**Dose :** 500 mg de L-arginine 3 fois par jour, l'estomac vide. **Attention :** ajoutez des acides aminés combinés si vous prenez de l'arginine pendant plus de 1 mois.
Carnitine	**Dose :** 500 mg de L-carnitine 3 fois par jour, l'estomac vide. **Attention :** ajoutez des acides aminés combinés si vous prenez de la carnitine pendant plus de 1 mois.
Taurine	**Dose :** 500 mg de L-taurine 3 fois par jour, l'estomac vide. **Attention :** ajoutez des acides aminés combinés si vous prenez de la taurine pendant plus de 1 mois.
Coenzyme Q 10	**Dose :** 100 mg 2 fois par jour. **À savoir :** elle s'absorbe mieux avec de la nourriture.
Aubépine	**Dose :** 100-150 mg 3 fois par jour ou 2 tasses d'infusion par jour. **Attention :** normalisée à 1,8 % de vitexine au minimum.
Acides gras essentiels	**Dose :** 1 c. à soupe d'huile de lin par jour ou 2 000 mg d'huile de poisson 3 fois par jour. **À savoir :** si vous ne mangez pas de poisson 2 fois par semaine, prenez de l'huile de poisson.

Rappel : Vos suppléments habituels peuvent déjà vous fournir certains dosages – voir p. 181.

Les acides aminés sont bénéfiques pour le cœur : l'**arginine** produit de l'oxyde nitrique, lequel assouplit les parois des artères ; une étude menée sur des patients sujets à des crises d'angine a montré que la durée des exercices physiques modérés auxquels ils pouvaient se livrer sans ressentir de douleur augmentait chez ceux qui prenaient cet acide aminé 3 fois par jour ; la **carnitine** permet aux cellules du muscle cardiaque d'utiliser plus efficacement l'énergie ; la **taurine** peut tempérer les arythmies.

La **coenzyme Q 10** aide le muscle cardiaque en réduisant sa charge de travail, tandis que l'**aubépine** améliore la circulation sanguine vers le cœur. Les **acides gras essentiels** peuvent réussir à abaisser les taux de triglycérides et à conserver leur souplesse aux artères.

Que faire d'autre ?

☑ Consommez des aliments pauvres en graisses saturées et riches en fibres ; remplacez le beurre par de l'huile d'olive ou de canola.

☑ Ne fumez pas et évitez les endroits enfumés.

☑ Apprenez à vous détendre. La pratique de la méditation, du tai-chi et du yoga peut réduire la fréquence et la violence des crises.

☑ Devenez membre d'un groupe de soutien. Réfléchissez à ce qui a pu causer vos troubles et à ce que vous pouvez faire pour y remédier.

Anxiété et crises d'angoisse

Personne n'échappe aux frayeurs passagères ; certains individus souffrent même souvent de violentes crises d'angoisse ou crises panique. Les vitamines, certains minéraux et des plantes aux propriétés sédatives peuvent leur être bénéfiques.

Symptômes

Anxiété chronique

- *Tension musculaire, maux de tête et de dos.*
- *Insomnie.*
- *Dépression.*
- *Absence de désir sexuel.*
- *Incapacité à se détendre.*

Crises d'angoisse

- *Sentiment violent de peur.*
- *Palpitations et respiration rapide.*
- *Transpiration anormale, frissons ou bouffées de chaleur.*
- *Bouche sèche.*
- *Vertiges.*

CONSULTEZ LE MÉDECIN...

- Ne remplacez pas les anxiolytiques (alprazolam, lorazepam, diazepam) par des suppléments sans consulter votre médecin : interrompre brusquement un tel traitement pourrait être dangereux.

- Pour avoir l'assurance que vos troubles n'ont pas d'autre cause : les symptômes de l'anxiété peuvent aussi être ceux d'une maladie grave ou être dus à un traitement médicamenteux.

ATTENTION : si vous suivez un traitement médical ou psychiatrique, consultez votre médecin avant de prendre des suppléments.

Qu'est-ce que c'est ?

Lorsque vous vous trouvez face au danger – qu'un gros chien vous barre la route en aboyant, par exemple –, la peur que vous ressentez est salutaire. Avisé de la gravité de la situation, votre cerveau prépare votre corps à se défendre en produisant certaines hormones. Vos muscles se tendent, votre cœur bat plus vite, votre respiration s'accélère et votre sang devient probablement moins fluide (pour le cas où vous seriez blessé). Mais, quand elle se produit en l'absence d'une réelle menace, comme c'est le cas chez beaucoup de gens, une telle réaction peut être néfaste pour la santé car elle est cause d'épuisement, de déconcentration, d'un détachement qui confine à l'indifférence, de maux de tête et d'estomac, et d'hypertension.

L'anxiété revêt deux formes : un état chronique, qui se traduit par une sensation de peur et d'inquiétude et peu de manifestations physiques, ou, inversement, des crises d'angoisse soudaines, accompagnées de symptômes physiques si violents que l'on peut croire à une crise cardiaque.

Quelles en sont les causes ?

Des recherches indiquent que le système nerveux central des individus présentant des troubles nerveux réagit d'une manière trop violente au stress et met un temps anormalement long à se calmer. L'anxiété peut être déclenchée par un événement pénible – accident ou divorce, par exemple –, mais aussi apparaître sans raison. Elle peut également s'expliquer par la biochimie. Les individus sujets à des crises d'angoisse présentent en effet un taux sanguin d'acide lactique plus élevé que la normale. Cette substance chimique est produite lorsque les muscles métabolisent le sucre en présence de quantités insuffisantes d'oxygène. D'après d'autres études, l'anxiété résulterait d'une surproduction des hormones du stress par le cerveau et les glandes surrénales.

Les racines du kawa ont des propriétés calmantes qui aident à soulager la nervosité et à espacer les crises d'angoisse.

Kawa	**Dose :** 250 mg d'extrait 2 ou 3 fois par jour au besoin. **Attention :** procurez-vous un produit normalisé à au moins 30 % de kawalactones, en comprimés ou teinture.
Calcium/ magnésium	**Dose :** 600 mg de calcium et 600 mg de magnésium par jour. **À savoir :** à prendre avec de la nourriture ; parfois associés dans un même comprimé. **Attention :** s'abstenir de magnésium en cas de maladie rénale.
Vitamines du complexe B	**Dose :** 1 comprimé, plus 100 mg de thiamine, chaque matin au déjeuner. **Attention :** choisissez un complexe B-50 contenant 50 µg de vitamine B12, 50 µg de biotine, 400 µg d'acide folique et 50 mg des autres vitamines B.
Valériane	**Dose :** 250 mg 2 fois par jour. **Attention :** risque de somnolence si vous n'avez pas suffisamment dormi ; à prendre au coucher contre l'insomnie. **À savoir :** normalisée à 0,8 % d'acide valérénique.
Millepertuis	**Dose :** 300 mg 3 fois par jour. **À savoir :** normalisé à 0,3 % d'hypéricine.

Rappel : prenez en priorité les suppléments en bleu ; ceux en noir vous seront aussi bénéfiques. Vérifiez qu'ils ne vous sont pas déjà apportés par un autre supplément – voir p. 181.

Les bienfaits des suppléments nutritionnels

Les remèdes à base de plantes et les nutriments peuvent remplacer des médicaments prescrits sur ordonnance, lesquels risquent de créer une dépendance et d'avoir des effets secondaires indésirables. On croit que le **kawa** serait vraiment efficace contre l'anxiété et qu'il calmerait les symptômes tels que la nervosité, les vertiges et les palpitations (attention : Santé Canada a retiré du marché certaines marques qui ne respectaient pas ses normes). Les personnes souffrant d'anxiété devraient en outre prendre du **calcium,** du **magnésium** et des **vitamines du complexe B.** Ces trois suppléments contribuent dans une grande mesure au bon fonctionnement du système nerveux, en particulier à la production par le cerveau de messagers chimiques, les neurotransmetteurs.

La **valériane,** connue pour procurer le sommeil, peut être utilisée à faibles doses comme calmant tout au long de la journée. Essayez-la si le kawa ne vous fait pas d'effet et associez-la même sans crainte à cette plante en en prenant de 250 à 500 mg sous forme d'extrait le soir, si vous avez du mal à vous endormir. Il est possible de combiner le **millepertuis** au kawa et à la valériane. Il faut 1 mois pour que les effets du millepertuis se fassent sentir, mais l'action des autres plantes est immédiate.

Que faire d'autre ?

☑ Évitez la caféine, l'alcool et le sucre ; ils peuvent déclencher l'anxiété.

☑ Faites régulièrement de la gymnastique. Cette activité a pour effet de brûler l'acide lactique, de favoriser la production d'endorphines – hormones du bien-être – et d'augmenter votre consommation d'oxygène.

☑ Consultez un psychothérapeute : il vous aidera à combattre vos angoisses.

Des études menées en Europe font état d'une diminution significative de l'anxiété chez des patients prenant des doses quotidiennes de kawa depuis seulement 1 semaine. Aucun effet secondaire grave n'a été constaté après un traitement de 6 mois.

LE SAVIEZ-VOUS ?

L'anxiété et les crises d'angoisse ne sont pas aussi rares qu'on le croit : environ 15 % des Nord-Américains vont présenter ce genre de troubles à un moment ou à un autre de leur vie ; 3 % ont des crises fréquentes.

INFOS PLUS

■ L'infusion de camomille peut être associée au kawa et à d'autres plantes ; elle n'entraîne pas de somnolence. Elle contient de l'apigénine qui, d'après des tests effectués sur des animaux, a sur les récepteurs du cerveau les mêmes effets que les anxiolytiques, mais sans créer de dépendance.

■ Les techniques respiratoires sont souvent efficaces en cas de crise d'angoisse. Inspirez lentement, retenez votre souffle, puis expirez et cessez de respirer, en comptant jusqu'à 4 pendant chaque phase. Recommencez jusqu'à ce que la crise soit passée.

■ Les personnes souffrant d'anxiété seraient très sensibles à la caféine. Diminuez peu à peu votre consommation pour réduire les effets du sevrage – maux de tête – et observez les résultats.

Arthrose et polyarthrite rhumatoïde

Généralement liée à l'âge, l'arthrose frappe les sujets de plus de 50 ans ; en revanche, l'inflammation des articulations et les douleurs causées par la polyarthrite rhumatoïde se manifestent plus tôt. Suppléments nutritionnels et pommades apportent un soulagement dans les deux cas.

Symptômes

Arthrose

■ Apparition généralement graduelle, qui se manifeste par des articulations raides et douloureuses, en particulier le matin et après un temps de repos.

Polyarthrite rhumatoïde

■ Fatigue, amaigrissement, légère température et articulations raides, puis, plusieurs semaines après, articulations (des poignets, doigts, genoux, chevilles et pieds) enflées, rouges, douloureuses et parfois chaudes.

CONSULTEZ LE MÉDECIN...

■ Si la douleur dans les articulations est accompagnée de fièvre. Cela peut être le signe d'une arthrite infectieuse, laquelle doit être immédiatement traitée par un médecin.

■ Si de nouveaux symptômes apparaissent.

ATTENTION : si vous suivez un traitement médical, consultez votre médecin avant de prendre des suppléments.

Qu'est-ce que c'est ?

L'arthrose est due à une disparition progressive du cartilage, matériau élastique et spongieux qui absorbe les chocs et isole les os les uns des autres. Les parties du corps les plus touchées sont les doigts, les genoux, les hanches, le cou et la colonne vertébrale. La polyarthrite rhumatoïde est une maladie chronique qui provoque l'inflammation des cartilages et des tissus situés autour et à l'intérieur des os, qui les endommage et entraîne des déformations des mains et des pieds.

Quelles en sont les causes ?

L'arthrose résulte sans doute de l'usure des articulations due à l'âge, bien que des facteurs génétiques puissent aussi entrer en ligne de compte, tout comme la surcharge pondérale et l'incapacité de l'organisme à réparer le cartilage. Dans la polyarthrite rhumatoïde, le système immunitaire attaque les articulations de l'organisme ainsi que les tissus associés ; il s'agit d'une réaction appelée auto-immune. Cette inflammation, qui apparaît souvent entre 20 et 40 ans, peut être due à une prédisposition génétique.

Les bienfaits des suppléments nutritionnels

Bien que l'arthrose et la polyarthrite rhumatoïde aient des causes différentes, les suppléments nutritionnels recommandés par les praticiens sont très semblables. Les antioxydants comme les **vitamines C** et **E** et le **zinc** sont conseillés dans les deux cas pour protéger l'ensemble des cellules, en particulier celles des articulations. Prendre du **cuivre** avec le zinc aide à maintenir le bon équilibre de ces deux minéraux ; par ailleurs, le cuivre a un effet anti-inflammatoire.

Les **huiles de poisson** diminuent la raideur, l'**huile d'onagre** aide à maîtriser l'inflammation et la **glucosamine** joue un rôle dans la formation

En application locale, la pommade au piment est un analgésique puissant contre les douleurs arthritiques.

SUPPLÉMENTS RECOMMANDÉS

Vitamine C	**Dose :** 1 000 mg 3 fois par jour. **Attention :** en cas de diarrhée, diminuez la dose.
Vitamine E	**Dose :** 400 UI 2 fois par jour. **Attention :** demandez l'avis de votre médecin si vous prenez des anticoagulants
Zinc/cuivre	**Dose :** 30 mg de zinc et 2 mg de cuivre 2 fois par jour. **À savoir :** n'ajoutez le cuivre qu'au bout de 1 mois.
Poisson (huiles)	**Dose :** 2 000 mg 3 fois par jour.. **Attention :** demandez l'avis de votre médecin si vous prenez des anticoagulants.
Onagre (huile)	**Dose :** 1 000 mg 3 fois par jour. **À savoir :** peut être remplacée par 1 000 mg d'huile de bourrache 1 fois par jour.
Glucosamine	**Dose :** 500 mg de sulfate de glucosamine 3 fois par jour. **Attention :** à prendre avec des aliments. La glucosamine ne convient pas aux diabétiques.
Gingembre	**Dose :** 100 mg 3 fois par jour. **À savoir :** normalisé avec des gingérols. On peut aussi boire jusqu'à 4 tasses par jour de thé au gingembre.
Griffe-du-chat	**Dose :** 250 mg 2 fois par jour. **Attention :** à prendre entre les repas. Cette plante ne doit pas être prise par les femmes enceintes.
Piment (pommade)	**Dose :** appliquez sur les articulations 3 ou 4 fois par jour. **À savoir :** normalisée à 0,025-0,075 % de capsaïcine.
Griffe-du-diable	**Dose :** 2 comprimés à 450 mg d'extrait 2 fois par jour. **À savoir :** normalisée à 1-2 % d'harpagosides.

Rappel : prenez en priorité les suppléments en bleu ; ceux en noir vous seront aussi bénéfiques. Vérifiez qu'ils ne vous sont pas déjà apportés par un autre supplément – voir p. 181.

voir p. 181.

QUOI DE NEUF ?

Plusieurs études montrent que les personnes atteintes d'arthrite rhumatoïde et prenant des doses quotidiennes d'huiles de poisson souffrent moins des articulations, et que celles-ci sont moins raides le matin. On constate généralement une amélioration au bout de 12 semaines de traitement, qui se confirme au bout de 18 à 24 semaines.

Les patients qui ont pris des gélules d'acide gamma-linolénique (GLA), l'ingrédient actif des huiles d'onagre et de bourrache, pendant 6 mois avaient moins de douleur et moins d'inflammation que ceux qui recevaient un placebo, d'après une étude de l'université de Pennsylvanie.

LE SAVIEZ-VOUS ?

On dit qu'un bracelet de cuivre soulage les douleurs de l'arthrose, action sans doute due à un relargage par le bracelet d'atomes de cuivre, qui pénètrent la peau. Du cuivre en supplément fournit un apport plus régulier.

INFOS PLUS

■ De nombreux patients qui prennent des suppléments diminuent leurs besoins en médicaments classiques. Essentiels dans le traitement de la polyarthrite rhumatoïde, aspirine, ibuprofène et autres analgésiques peuvent entraîner des saignements de l'estomac et d'autres effets secondaires. C'est bien de pouvoir en réduire la consommation.

d'un cartilage sain, mais elle peut augmenter les taux sanguins de glucose. Le **gingembre** et la **griffe-du-chat** ont pour effet de soulager l'inflammation ; quant à la pommade de **piment,** elle peut diminuer de façon marquée la douleur arthritique.

La **griffe-du-diable** (harpagophytum) est une plante épineuse de Namibie aux propriétés anti-inflammatoires, qui contribue à la réparation du cartilage. Il semble que le boswellia, une plante originaire de l'Inde, ait des effets anti-inflammatoires (prenez 150 mg d'acide boswellique par jour). Même la soupe maison contenant beaucoup de cartilage de poulet aurait un effet bénéfique.

Que faire d'autre ?

☑ Fortifiez vos muscles et améliorez l'état de vos articulations en vous livrant à une activité physique modérée – marche ou natation.

☑ Pour soulager la douleur, appliquez une bouillotte ou de la glace sur la zone affectée pendant 20 min, 3 fois par jour.

☑ Reposez-vous beaucoup – dormez 10 à 12 heures par nuit.

Arythmie

Le cœur, moteur de l'organisme, bat plus de cent mille fois par jour et propulse le sang dans des milliers de kilomètres d'artères, de vaisseaux capillaires et de veines. Toute irrégularité de son rythme, appelée arythmie, doit faire l'objet d'un examen médical.

Symptômes

- Palpitations, battements de cœur désordonnés.

- Pulsations dans la poitrine et le cou.

- Fatigue, étourdissements, évanouissements.

- Essoufflement, douleurs dans la poitrine.

- Mais il y a souvent absence de symptôme : le médecin découvre l'arythmie pendant un examen clinique de routine.

CONSULTEZ LE MÉDECIN...

- Si vous vous apercevez que votre cœur bat souvent de façon irrégulière, si vous avez tout à coup la tête qui tourne, des étourdissements, ou que vous vous sentez faible.

- Si quelqu'un perd soudainement conscience, ressent de violentes douleurs dans la poitrine ou a de la peine à respirer, appelez sur-le-champ une ambulance.

ATTENTION : si vous suivez un traitement médical, consultez votre médecin avant de prendre des suppléments.

Qu'est-ce que c'est ?

L'arythmie est caractérisée par un rythme cardiaque anormal. La perturbation peut être passagère et ne porter que sur un seul battement, mais il peut arriver que le cœur batte soit irrégulièrement, soit anormalement vite, soit trop lentement, et pendant de longues périodes.

Quelles en sont les causes ?

Les causes de l'arythmie sont difficiles à déterminer. On peut attribuer ce type de troubles à une maladie cardiovasculaire. Une affection de la thyroïde ou des reins, certains médicaments, un mauvais équilibre en magnésium et en potassium dans l'organisme peuvent aussi y contribuer, ainsi que le stress et une forte consommation de caféine, d'alcool ou de tabac.

Les bienfaits des suppléments nutritionnels

Certaines formes d'arythmie sont graves, il ne faut pas l'oublier. Les suppléments recommandés dans le tableau ci-contre sont destinés à compléter les médicaments classiques, non à les remplacer. N'interrompez jamais un traitement prescrit pour une maladie cardiovasculaire sans demander l'avis du médecin. Tous les suppléments figurant dans le tableau peuvent être pris ensemble, mais il revient au médecin de décider lesquels conviennent à votre cas et dans quel ordre vous devez les prendre. Ils mettent 1 semaine à agir, parfois plus longtemps.

Le **magnésium** fait souvent du bien aux personnes souffrant d'arythmie, leur organisme présentant généralement des difficultés à l'assimiler. Le magnésium joue un rôle capital dans la coordination du fonctionnement des nerfs (y compris ceux qui commandent les battements du cœur) et des muscles (dont le cœur). L'**aubépine,** plante utilisée depuis des siècles comme tonicardiaque, agit en augmentant le volume du sang qui afflue au

Un supplément d'huiles de poisson peut être bénéfique aux personnes souffrant de certains malaises cardiaques.

Magnésium	**Dose :** 400 mg 2 fois par jour. **Attention :** abstenez-vous en cas de maladie rénale.
Aubépine	**Dose :** 100-150 mg 3 par jour. **Attention :** normalisée à 1,8 % de vitexine au minimum.
Coenzyme Q10	**Dose :** 50 mg 2 fois par jour. **À savoir :** à prendre avec des aliments pour mieux l'assimiler.
Poisson (huiles)	**Dose :** 1 000 mg 3 fois par jour. **Attention :** prenez-en seulement si vous ne mangez pas de poisson 2 fois par semaine.
Cactus à grandes fleurs	**Dose :** 25 gouttes de teinture 3 fois par jour. **Attention :** peut causer la diarrhée.
Manganèse	**Dose :** 20 mg tous les matins. **À savoir :** souvent inclus dans les préparations de multivitamines ou de minéraux.
Acides aminés	**Dose :** 1 500 mg de L-taurine 2 fois par jour ; 500 mg de L-carnitine 3 fois par jour. **À savoir :** à long terme, essayez un complexe d'acides aminés.
Astragale	**Dose :** 400 mg 2 fois par jour ou 3 tasses de thé par jour. **À savoir :** normalisée à 0,5 % de glucosides et à 70 % de polysaccharides.

Rappel : prenez en priorité les suppléments en bleu ; ceux en noir vous seront aussi bénéfiques. Vérifiez qu'ils ne vous sont pas déjà apportés par un autre supplément – voir p. 181.

cœur ; elle rend les battements plus vigoureux et rétablit leur rythme. La **coenzyme Q10** aide également à stabiliser le rythme cardiaque et pourrait s'avérer particulièrement utile aux personnes atteintes d'une cardiopathie. En outre, les **huiles de poisson** font l'objet de nombreuses études sur les maladies cardiovasculaires ; les premiers résultats laissent entendre qu'elles sont très efficaces dans les cas d'arythmie.

D'autres suppléments peuvent stabiliser le rythme cardiaque : le **cactus à grandes fleurs**, souvent utilisé avec l'aubépine ; le **manganèse,** un oligoélément qui a une action bénéfique sur les nerfs ; l'**astragale** ; la taurine et la carnitine, des **acides aminés**, qui accroissent l'apport d'oxygène au cœur. Les médecins prescrivent parfois du potassium pour prévenir l'arythmie même si fruits et légumes frais en fournissent suffisamment.

Que faire d'autre ?

☑ Réduisez votre consommation de caféine et d'alcool ou, mieux, essayez de vous en passer.

☑ Arrêtez de fumer. Aucun supplément ne combattra les dommages que le tabac cause à long terme au système cardiovasculaire.

☑ Faites régulièrement de l'exercice. Les exercices aérobiques et la marche fortifient le cœur.

☑ Luttez contre le stress. Les techniques de relaxation, comme le biofeedback, peuvent être bénéfiques.

INFOS PLUS

■ Certaines plantes peuvent également être utilisées en infusion ou en teinture. L'épine-vinette contient des berbérines, composants dont on a constaté l'effet bénéfique sur l'arythmie ; l'angélique renferme un mélange de substances qui a le même effet.

■ Nombre de médecins préconisent de manger au moins 2 fois par semaine un poisson gras (saumon, maquereau, hareng ou sardine) pour diminuer les risques d'arythmie. Ils ont raison : ces poissons des eaux froides offrent une meilleure source d'acides gras oméga-3 que les gélules d'huile de poisson.

Asthme

Quelque 10 à 15 % des Canadiens – un chiffre qui augmente chaque année – souffrent d'asthme, souvent toute leur vie durant. Cette maladie des poumons doit être traitée médicalement, mais plusieurs solutions s'offrent aux patients pour réduire la fréquence et la sévérité des crises.

Symptômes

- *Sensation non douloureuse d'oppression dans la poitrine.*

- *Sifflements accompagnant l'expiration.*

- *Essoufflement ou gêne respiratoire parfois soulagés par la position assise.*

- *Toux (souvent accompagnée de crachements).*

- *Agitation ou insomnie.*

CONSULTEZ LE MÉDECIN...

- Si vous présentez des symptômes d'asthme pour la première fois.

- Si vous n'êtes soulagé ni par les médicaments classiques ni par l'automédication.

- Si vous avez du mal à respirer, que votre pouls est rapide et que le bout de vos doigts bleuit. Ce dernier cas requiert des soins d'urgence.

ATTENTION : si vous suivez un traitement médical, consultez votre médecin avant de prendre des suppléments.

Qu'est-ce que c'est ?

L'asthme est causé par le gonflement des alvéoles pulmonaires, qui gardent l'air prisonnier et rendent la respiration difficile. Pendant une crise, les bronchioles (extrémités des bronches) se contractent, entraînant la production de substances chimiques, telles l'histamine et les leucotriènes, qui ont pour effet de stimuler l'inflammation, le gonflement et la sécrétion de mucus. Bien que les crises d'asthme soient en général sans gravité et facilement contrôlables par le patient lui-même, certaines peuvent aller jusqu'à l'étouffement. Au Canada, l'asthme tue chaque année – directement ou indirectement – environ 450 personnes.

Quelles en sont les causes ?

Les crises d'asthme sont dues à des facteurs externes ou internes. Les premiers sont des allergènes – poils d'animaux de compagnie, aliments, poussières, acariens, insectes, pollen, fumée du tabac et autres polluants de l'environnement. Les seconds, moins facilement identifiables, sont, de ce fait, plus difficiles à éviter. Le stress, l'anxiété, les changements de température, l'exercice physique et les infections des voies respiratoires, des bronches en particulier, en font partie.

Les bienfaits des suppléments nutritionnels

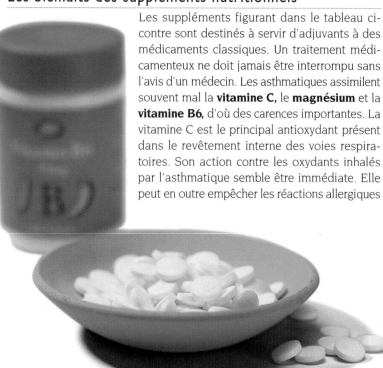

Les suppléments figurant dans le tableau ci-contre sont destinés à servir d'adjuvants à des médicaments classiques. Un traitement médicamenteux ne doit jamais être interrompu sans l'avis d'un médecin. Les asthmatiques assimilent souvent mal la **vitamine C,** le **magnésium** et la **vitamine B6,** d'où des carences importantes. La vitamine C est le principal antioxydant présent dans le revêtement interne des voies respiratoires. Son action contre les oxydants inhalés par l'asthmatique semble être immédiate. Elle peut en outre empêcher les réactions allergiques

Prise régulièrement, la vitamine B6 soulage les symptômes de l'asthme, en particulier les sifflements accompagnant la respiration.

SUPPLÉMENTS RECOMMANDÉS	
Vitamine C	**Dose :** 1 000 mg 3 fois par jour. **Attention :** en cas de diarrhée, réduisez la dose.
Magnésium	**Dose :** 400 mg 2 fois par jour. **Attention :** à prendre pendant 6 semaines pour que l'apport soit adéquat ; s'abstenir en cas de maladie rénale.
Vitamine B6	**Dose :** 50 mg 2 fois par jour. **À savoir :** particulièrement importante si on vous a prescrit de la théophylline.
Quercitine	**Dose :** 500 mg 3 fois par jour. **À savoir :** à prendre 20 min avant les repas ; souvent conditionnée avec la vitamine C.
Poisson (huiles)	**Dose :** 1 000 mg 3 fois par jour. **Attention :** ne dépassez pas la dose si vous prenez des anticoagulants.
Réglisse	**Dose :** 200 mg d'extrait normalisé 3 fois par jour. **Attention :** la réglisse est un hypertenseur ; consultez votre médecin avant d'en prendre.

Rappel : prenez en priorité les suppléments en bleu ; ceux en noir vous seront aussi bénéfiques. Vérifiez qu'ils ne vous sont pas déjà apportés par un autre supplément – voir p. 181.

en s'opposant à la sécrétion d'histamine. Elle est très efficace contre les crises d'asthme provoquées par l'exercice physique ; certaines études indiquent même qu'on évite les crises en en prenant 2 000 mg avant l'effort. On obtient le même résultat avec le magnésium, qui empêche la contraction des muscles bronchiques. Il ressort d'autres études que les suppléments de vitamine B6 atténuent les autres symptômes de l'asthme.

La **quercitine** a deux effets : elle inhibe la libération d'histamine et, en tant qu'antioxydant, elle neutralise les molécules d'oxygène instables, qui peuvent provoquer l'inflammation des bronches. Les poissons gras des mers froides – saumon, maquereau, sardine et morue – ainsi que les **huiles de poisson** peuvent offrir une bonne protection contre l'asthme, car ils sont riches en acides aminés oméga-3, auxquels on attribue des propriétés anti-inflammatoires. Les expectorants comme la **réglisse** sont probablement bons pour les asthmatiques, ainsi que d'autres plantes comme le thym, le plantain, l'hysope et l'ail.

Que faire d'autre ?

☑ Notez la date et la nature de vos crises afin d'en déterminer les causes.

☑ Empêchez la poussière et le pollen de se déposer chez vous.

☑ Évitez les chats : leurs poils sont très allergisants.

☑ Tâchez de vous détendre. Les crises d'asthme peuvent être déclenchées par l'énervement et le stress.

☑ Traitez rapidement les rhumes et toute menace de grippe : vous réduirez les risques de crise.

☑ En hiver, couvrez-vous la bouche et le nez avec une écharpe pour ne pas inhaler directement l'air froid.

☑ Buvez au moins 8 verres d'eau par jour pour fluidifier les mucosités.

LE SAVIEZ-VOUS ?
Les oignons seraient bons contre l'asthme. Leurs composants sulfurés agissent comme des antibiotiques et dilatent les bronchioles.

INFOS PLUS

■ Certaines substances contenues dans le thé vert réduiraient l'inflammation qui accompagne les crises d'asthme. Boire une tasse de thé vert très infusé peut aussi avoir un effet calmant. Vous pouvez en prendre plusieurs fois par jour sans danger, tout en prenant d'autres suppléments nutritionnels et des remèdes à base de plantes.

■ La pratique du yoga est bénéfique pour les asthmatiques. Elle est excellente pour la respiration et possède un effet calmant.

■ Le débimètre de pointe, appareil peu onéreux, permet de mesurer la vitesse et la force avec laquelle on rejette l'air contenu dans les poumons. En comparant les chiffres obtenus avec ceux que vous indique le médecin ou ceux de précédents résultats, on peut souvent prévoir les crises 1 ou 2 jours à l'avance.

Bronchite

Lorsqu'elle survient après un rhume ou une grippe et pour une courte durée, la bronchite est dite aiguë. Elle est chronique chez 5 % des Canadiens sous forme persistante et récidivante. Des suppléments nutritionnels combattent efficacement les symptômes des deux formes.

Symptômes

Bronchite aiguë

- *Toux accompagnée d'expectorations blanches, jaunes ou verdâtres.*

- *Faible fièvre (37,8 °C au maximum).*

- *Gêne respiratoire, produisant des sons rauques (râles) qui changent ou cessent pendant la toux.*

- *Douleurs musculaires thoraciques déclenchées par la toux.*

Bronchite chronique

- *Toux persistante produisant des expectorations blanches, jaunes ou verdâtres, qui dure plus de 3 mois et récidive chaque année.*

- *Respiration sifflante (sibilance), essoufflement.*

- *Toux déclenchée par le moindre effort.*

Qu'est-ce que c'est ?

La bronchite est une inflammation de la trachée et des bronches, les voies respiratoires qui acheminent l'air vers les poumons. Elle se traduit par un épaississement des parois bronchiques qui entrave l'élimination de la poussière et des microbes par le mucus. L'accumulation des mucosités déclenche la toux. On distingue deux types de bronchite : la bronchite aiguë, qui se caractérise par une faible fièvre pendant quelques jours et une toux persistante, qui peut se prolonger plusieurs semaines et devenir productive ; la bronchite chronique, qui se manifeste par une toux accompagnée d'expectorations, qui dure plusieurs mois et récidive.

Quelles en sont les causes ?

La bronchite aiguë se présente généralement comme la complication d'un rhume ou d'une grippe. Les antibiotiques sont souvent sans effet car cette bronchite est rarement due à une infection bactérienne ; en détruisant les bactéries utiles à l'organisme, ils risquent même de renforcer la résistance des souches bactériennes aux antibiotiques. La bronchite chronique est provoquée par une irritation prolongée des poumons. Le tabagisme en constitue la première cause. Les fumeurs (même passifs), les travailleurs inhalant régulièrement des vapeurs chimiques et les personnes atteintes d'allergies chroniques souffrent souvent de bronchite chronique.

CONSULTEZ LE MÉDECIN...

- Si une forte toux persiste jour et nuit.

- Si les mucosités deviennent plus foncées, plus épaisses ou plus abondantes.

- Si votre température dépasse 37,8 °C.

- Si vos difficultés respiratoires s'aggravent ou si vous crachez du sang.

- Si les symptômes persistent au-delà de 48 h.

ATTENTION : si vous suivez un traitement médical, consultez votre médecin avant de prendre des suppléments.

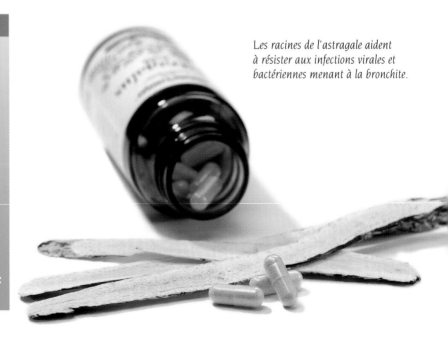

Les racines de l'astragale aident à résister aux infections virales et bactériennes menant à la bronchite.

SUPPLÉMENTS RECOMMANDÉS

Vitamine C/ flavonoïdes	**Dose :** 1 000 mg de vitamine C et 500 mg de flavonoïdes 3 fois par jour. **Attention :** en cas de diarrhée, diminuez la dose de vitamine C.
Vitamine A	**Dose :** 25 000 UI par jour pendant 1 mois. **Attention :** les femmes enceintes ou qui veulent le devenir ne devraient pas dépasser 5 000 UI par jour.
Marrube blanc	**Dose :** 3 ou 4 tasses par jour, en infusion. **À savoir :** 1-2 c. à thé par tasse d'eau chaude ; sucrez au miel.
N-acétylcystéine	**Dose :** 500 mg (aiguë) ou 250 mg (chronique) 3 fois par jour. **À savoir :** prenez-la entre les repas ; à long terme, ajoutez 30 mg de zinc et 2 mg de cuivre par jour..
Échinacée	**Dose :** 200 mg d'extrait 4 fois par jour (bronchite aiguë) ou 2 fois par jour (bronchite chronique). **À savoir :** normalisée à 3,5 % d'échinacosides.
Astragale	**Dose :** 200 mg 4 fois (aiguë) ou 2 fois (chronique) par jour. **À savoir :** normalisée à 0,5 % de glucosides et à 70 % de polysaccharides.

Rappel : prenez en priorité les suppléments en bleu ; ceux en noir vous seront aussi bénéfiques.
Vérifiez qu'ils ne vous sont pas déjà apportés par un autre supplément – voir p. 181.

Les bienfaits des suppléments nutritionnels

Les suppléments peuvent stimuler les défenses immunitaires, tout en facilitant l'expectoration. Les suppléments soignant la bronchite aiguë ne seront pris que pendant la durée de la maladie, tandis que ceux qui combattent la bronchite chronique relèveront d'un traitement à long terme.

La **vitamine C** est particulièrement efficace pour lutter contre les virus qui attaquent le système respiratoire et pour contribuer à la guérison des lésions des poumons. Associez-la aux **flavonoïdes** (ou bioflavonoïdes), qui sont de puissants antioxydants dotés de propriétés antivirales, anti-inflammatoires et antiradicalaires. La **vitamine A** renforce également le système immunitaire. Dans la bronchite chronique, les deux vitamines contribuent à la guérison des lésions des poumons.

En cas de bronchite aiguë, prenez des infusions de **marrube blanc**, ou d'orme rouge, pour fluidifier les sécrétions de mucus. La **N-acétylcystéine** fluidifie aussi le mucus et peut réduire les risques de rechute. L'**échinacée** et l'**astragale** sont des plantes aux propriétés antibactériennes et antivirales, qui stimulent les défenses immunitaires ; prenez-les en rotation avec des champignons asiatiques (1,5 g de reishi ou 0,6 g de maitake par jour) contre la bronchite chronique ou saisonnière.

Que faire d'autre ?

☑ Arrêtez de fumer et évitez les lieux enfumés.
☑ Buvez beaucoup (jus de fruits dilués, tisanes…), car la déshydratation épaissit le mucus et rend l'expectoration plus difficile.
☑ N'utilisez pas de produits en aérosols, qui irritent les voies respiratoires.
☑ Si vous souffrez de bronchite chronique, évitez de sortir pendant les périodes de forte pollution atmosphérique.

LE SAVIEZ-VOUS ?

Seulement 10 % des cas de bronchite sont dus à une infection bactérienne. Dans les autres cas, il faut éviter les antibiotiques pour ne pas créer de souches bactériennes résistantes.

INFOS PLUS

■ Les personnes souffrant de bronchite chronique ressentent souvent une gêne respiratoire en mangeant. Il est donc préférable pour elles d'éviter les aliments difficiles à mastiquer tels que la viande et les légumes crus.

■ Les antihistaminiques et les décongestionnants sont peu efficaces pour soigner les troubles pulmonaires. Ils peuvent même aggraver les symptômes car ils ont tendance à dessécher et à épaissir le mucus, qui devient alors plus difficile à expectorer.

■ Le thym en infusion semble fluidifier les mucosités provoquées par la bronchite.

Brûlures

La plupart des brûlures accidentelles se soignent aisément à domicile. Des pommades à base de plantes lénifiantes peuvent être associées à la prise par voie orale de plusieurs vitamines, minéraux et autres suppléments afin de favoriser la cicatrisation et de prévenir les infections.

Symptômes

Brûlures superficielles (1er degré)

■ *Douleur, rougeur.*

■ *Légère tuméfaction possible.*

Brûlures intermédiaires (2e degré)

■ *Douleur intense, rougeur, cloques.*

■ *Tuméfaction plus ou moins forte.*

Brûlures profondes (3e degré)

■ *Aucune douleur immédiate ni saignement.*

■ *Peau carbonisée, blanchâtre ou rouge.*

■ *Absence de cloques, mais tuméfaction très importante.*

CONSULTEZ LE MÉDECIN...

■ **En cas de brûlure grave causée par une flamme, l'électricité ou des produits chimiques.**

■ **Si la brûlure, même superficielle, est très étendue ou très douloureuse.**

■ **En cas de brûlures du 2e degré aux mains ou au visage, ou couvrant une zone de peau de plus de 5 cm.**

■ **En cas de fièvre, vomissements, frissons ou gonflement des ganglions ; si les cloques contiennent du pus ou si une odeur désagréable émane de la brûlure (signes d'infection).**

■ **Si vous avez le moindre doute sur la gravité de la brûlure.**

ATTENTION : si vous suivez un traitement médical, consultez votre médecin avant de prendre des suppléments.

Qu'est-ce que c'est ?

Une brûlure est une lésion des tissus causée par une source de chaleur : flamme, eau bouillante, électricité, produits chimiques... La plupart des brûlures se produisent à domicile, et certaines nécessitent une hospitalisation d'urgence. Une brûlure peut être superficielle, intermédiaire ou profonde. Les coups de soleil sont des brûlures superficielles (1er degré), car ils n'affectent que la couche externe de la peau, alors que les brûlures intermédiaires (2e degré) atteignent la peau en profondeur. Quant aux brûlures profondes (3e degré), elles détruisent toutes les couches de la peau, ainsi que les tissus sous-jacents (muscles, nerfs...). Elles font toujours l'objet d'une urgence médicale et nécessitent des soins spécialisés, notamment des greffes de peau, pour permettre la guérison et réduire l'étendue des cicatrices.

Quelles en sont les causes ?

Les brûlures les plus courantes sont causées par de l'eau ou de l'huile bouillantes, des ustensiles de cuisine brûlants, des aliments très chauds ou une exposition excessive au soleil. Les brûlures par le feu, la vapeur ou les produits chimiques sont souvent plus graves. Les brûlures d'origine électrique, dues à un défaut d'isolation d'une installation électrique, sont trompeuses car elles peuvent engendrer des lésions de la peau peu étendues, mais très profondes.

Réputé pour ses vertus apaisantes, le gel d'aloe vera est l'un des remèdes naturels les plus efficaces contre les brûlures.

SUPPLÉMENTS RECOMMANDÉS

Aloe vera (gel)	**Dose :** appliquez sur les brûlures aussi souvent que nécessaire. **À savoir :** utilisez des feuilles fraîches ou un gel commercial.
Calendula (crème)	**Dose :** appliquez la crème sur les brûlures. **Attention :** normalisée à 2 % au moins de calendula (souci).
Centella (gotu kola)	**Dose :** 200 mg d'extrait ou 400-500 mg de plante fraîche 2 fois par jour. **À savoir :** normalisée à 10 % d'asiaticosides.
Vitamine A	**Dose :** 25 000 UI par jour pas plus de 10 jours. **Attention :** les femmes enceintes ou voulant le devenir ne doivent pas dépasser 5 000 UI par jour.
Vitamine C	**Dose :** 1 000 mg 3 fois par jour jusqu'à la guérison de la brûlure. **Attention :** en cas de diarrhée, diminuez la dose.
Vitamine E	**Dose :** 400 UI par jour jusqu'à la guérison de la brûlure. **À savoir :** l'application locale d'une crème contenant de la vitamine E permet d'éviter ou de réduire les cicatrices.
Zinc	**Dose :** 30 mg par jour. **Attention :** ne dépassez pas 40 mg par jour, toutes provenances comprises.
Camomille	**Dose :** 2 à 3 c. à thé de plante séchée par tasse d'eau bouillante. **À savoir :** faites refroidir rapidement et appliquez-en une compresse humide sur la brûlure pendant environ 15 min.
Échinacée	**Dose :** 200 mg 3 fois par jour. **Attention :** normalisée à 3,5 % d'échinacosides au minimum.

Rappel : prenez en priorité les suppléments en bleu ; ceux en noir vous seront aussi bénéfiques.
Vérifiez qu'ils ne vous sont pas déjà apportés par un autre supplément – voir p. 181.

Les bienfaits des suppléments nutritionnels

Seules les brûlures superficielles et certaines brûlures du 2e degré peu étendues peuvent être soignées à la maison. Plongez la partie brûlée dans de l'eau froide pendant environ 15 min (sans percer les cloques) ou appliquez des compresses froides. Enduisez ensuite la brûlure de **gel d'aloe vera,** d'une compresse d'infusion de **camomille** ou d'huile essentielle de lavande pour soulager douleur et inflammation. Appliquez sur les zones à vif une **crème au calendula** (souci) et recouvrez-les d'une compresse.

Pour accélérer la cicatrisation, vous prendrez des suppléments nutritionnels pendant 1 à 2 semaines. L'association de la **centella** (qui favorise la formation du tissu conjonctif de la peau), de l'**échinacée,** des **vitamines A, C** et **E** et du **zinc** se révèle bénéfique pour stimuler la réponse immunitaire, guérir les tissus et éviter les cicatrices.

Que faire d'autre ?

☑ Nettoyez la brûlure au savon doux, rincez ; couvrez-la d'une compresse de gaze stérile pour la maintenir au sec et la protéger des bactéries.
☑ Buvez beaucoup pendant la cicatrisation de la peau.
☑ Évitez les douches chaudes et le soleil.

QUOI DE NEUF ?

Le gel d'aloe vera accélère considérablement la cicatrisation, ainsi que l'a confirmé une étude portant sur 27 personnes atteintes de brûlures au 2e degré. Les patients traités avec de l'aloe vera ont guéri en 12 jours en moyenne, contre 18 jours pour ceux qui portaient une simple compresse de gaze stérile.

LE SAVIEZ-VOUS ?

Le beurre est un remède de grand-mère à proscrire en cas de brûlure. Comme tous les produits gras ou huileux, il entretient l'humidité, ralentit la cicatrisation et augmente les risques d'infection.

INFOS PLUS

■ À défaut d'aloe vera ou de camomille pour soigner une brûlure, essayez la pomme de terre crue. Posez quelques rondelles sur la lésion et changez-les plusieurs fois (toutes les 2 ou 3 min), puis appliquez une compresse. L'amidon de la pomme de terre forme une couche protectrice qui contribue à apaiser la brûlure.

■ Le lait se révèle également assez efficace comme remède de premier secours en cas de brûlures légères. Imbibez-en une serviette en éponge ou un morceau de tissu de coton, puis appliquez le linge sur la brûlure pendant environ 15 min. Répétez cette opération toutes les 2 à 6 h. Rincez bien la peau entre chaque application pour éviter les odeurs de lait aigre.

Calculs biliaires

Près de 15 % des Canadiens de plus de 40 ans souffrent de calculs biliaires. Une alimentation riche en fibres, assortie de suppléments, permet souvent de prévenir l'apparition, de soulager les douleurs qu'ils entraînent ou même de dissoudre ces calculs.

Symptômes

- *Douleur intermittente dans la partie supérieure droite de l'abdomen. La douleur survient de façon caractéristique après un repas, dure de 30 min à 4 h et peut s'étendre au dos, à la poitrine ou à l'épaule droite.*

- *Nausées et vomissements accompagnent parfois la douleur, ainsi que, dans certains cas, de la dyspepsie, des flatulences ou des ballonnements.*

CONSULTEZ LE MÉDECIN...

■ Si vous commencez à ressentir de violentes douleurs abdominales ou une douleur accompagnée de nausées, de vomissements ou de fièvre. L'un de ces symptômes peut révéler une inflammation de la vésicule biliaire ou une obstruction du canal cholédoque, nécessitant toutes deux une intervention médicale d'urgence.

ATTENTION : si vous suivez un traitement médical, consultez votre médecin avant de prendre des suppléments.

Qu'est-ce que c'est ?

Les calculs biliaires sont de petites concrétions de cholestérol, de calcium ou d'autres substances qui se forment dans la vésicule biliaire, organe en forme de poire situé dans la partie supérieure droite de l'abdomen, juste sous le foie. La vésicule stocke et concentre la bile, fluide épais d'un jaune verdâtre produit par le foie, et finit par la libérer dans l'intestin grêle, par le canal cholédoque, pour faciliter la digestion des graisses. Les calculs se forment lorsque la bile contient des taux très élevés de cholestérol, d'acides biliaires et de pigments, entre autres. Minuscules ou de la taille d'une balle de golf, les calculs ne se manifestent souvent par aucun symptôme et ne requièrent aucun traitement. Il arrive pourtant qu'ils bouchent le canal cholédoque ou enflamment la vésicule biliaire, ce qui provoque une douleur abdominale intense et nécessite une intervention médicale d'urgence.

Quelles en sont les causes ?

La cause exacte des calculs biliaires reste inconnue, mais une alimentation pauvre en fibres et riche en graisses, une intervention chirurgicale à l'intestin, une entérocolite ou d'autres dérèglements du système digestif peuvent contribuer à leur formation. Ces calculs se produisent plutôt à partir de 40 ans et touchent 3 fois plus de femmes que d'hommes. L'obésité et l'amaigrissement rapide sont aussi mis en cause. On ne sait encore pourquoi, mais 50 % des autochtones du Canada présentent des problèmes de calculs biliaires.

Les bienfaits des suppléments nutritionnels

Les suppléments présentés dans le tableau peuvent tous prévenir ou dissoudre les calculs biliaires. Un traitement de 3 mois peut suffire à dissoudre de petits calculs déjà formés. Plusieurs suppléments indiqués en bleu peuvent également se prendre à long terme pour prévenir les crises.

Un supplément de **vitamine C** permettra d'abaisser le taux de cholestérol biliaire et de réduire ainsi les risques de formation de calculs. Il est conseillé de l'associer à divers autres suppléments. Choisissez un **composé lipotrope** (qui métabolise les graisses) à base de chardon-Marie, de cho-

Des capsules d'huile de graines de lin peuvent prévenir la formation de certains calculs dans la vésicule.

SUPPLÉMENTS RECOMMANDÉS		
Vitamine C	**Dose :** 500 mg 3 fois par jour. **À savoir :** de préférence sous forme d'ascorbate de calcium.	
Composé lipotrope	**Dose :** 1 ou 2 comprimés 2 fois par jour. **Attention :** choisissez un composé contenant 250 mg d'extrait de chardon-Marie (complétez l'apport au besoin), de la choline, de l'inositol, de la méthionine et du pissenlit.	
Taurine	**Dose :** 1 000 mg de L-taurine 2 fois par jour pendant 3 mois. **À savoir :** au bout de 6 semaines, ajoutez un complexe mixte d'acides aminés.	
Lécithine	**Dose :** 2 gélules de 19 grains (1 200 mg) 2 fois par jour, ou 2 c. à thé de granules 2 fois par jour, avant les repas.	
Graines de lin (huile)	**Dose :** 1 c. à soupe (14 g) par jour d'huile ou l'équivalent en comprimés. **À savoir :** à prendre le matin.	
Menthe poivrée (huile)	**Dose :** 2 capsules molles (contenant 0,2 ml) 2 fois par jour. **À savoir :** à prendre entre les repas. Achetez des capsules enrobées.	
Psyllium	**Dose :** 1 c. à soupe de poudre, dissoute dans de l'eau ou du jus de fruits, 2 fois par jour. **Attention :** buvez beaucoup d'eau au cours de la journée.	

Rappel : prenez en priorité les suppléments en bleu ; ceux en noir vous seront aussi bénéfiques. Vérifiez qu'ils ne vous sont pas déjà apportés par un autre supplément – voir p. 181.

line, d'inositol et de méthionine pour stimuler la fonction hépatique et réguler le flux des graisses et de la bile issue du foie et de la vésicule biliaire. Ainsi, le chardon-Marie modifie la composition de la bile de telle sorte qu'il facilite la dissolution des calculs biliaires et l'élimination des concrétions déjà formées. La choline et l'inositol (classés parmi les vitamines du complexe B) ainsi que la méthionine, un acide aminé, contribuent au métabolisme des graisses et du cholestérol, en même temps qu'ils dynamisent les fonctions hépatique et biliaire. La méthionine pourrait élever le taux d'un autre acide aminé, la **taurine**, qui améliore le flux biliaire et aide à dissoudre les calculs. La choline et l'inositol sont par ailleurs indispensables à la production de **lécithine,** composant gras de la bile, dont une déficience peut causer la formation de calculs.

On peut ajouter d'autres suppléments simples ou associés. L'**huile de graines de lin** et l'**huile essentielle de menthe poivrée** ont les mêmes effets dissolvants, la première ayant aussi des propriétés préventives. Des doses quotidiennes de **psyllium** peuvent faciliter le transit intestinal et empêcher la formation de calculs.

Que faire d'autre ?

☑ Adoptez un régime alimentaire riche en fibres et pauvre en glucides raffinés, sucres et graisses. Les fruits et légumes, le son et la pectine (présente dans la pomme, la banane, le chou, la carotte, l'orange, les pois et l'okra) peuvent aider à prévenir et à dissoudre les calculs biliaires.
☑ Surveillez votre poids et buvez de l'eau en abondance.

QUOI DE NEUF ?

Une étude récente a révélé que la prise de suppléments de vitamine C associée à celle, occasionnelle, de boissons alcoolisées divisait par deux le risque de calculs biliaires chez les femmes ménopausées. Les chercheurs ont émis l'hypothèse qu'une consommation modérée d'alcool pourrait améliorer la capacité de la vitamine C à abaisser le taux de cholestérol de la bile et à réduire ainsi les risques de formation de calculs.

Des tests consacrés aux effets du chardon-Marie sur les calculs biliaires montrent que les patients traités par cette plante présentent un taux de cholestérol biliaire nettement réduit.

LE SAVIEZ-VOUS ?

Des anthropologues ont découvert une trentaine de calculs biliaires dans le corps momifié d'une prêtresse égyptienne ayant vécu vers 1500 av. J.-C. Les régimes riches en graisses et pauvres en fibres ne datent pas d'aujourd'hui...

INFOS PLUS

■ La première ablation chirurgicale de la vésicule biliaire eut lieu en 1882. Cette intervention, qui se fait par chirurgie abdominale conventionnelle ou par microchirurgie, reste le meilleur moyen de traiter médicalement les calculs accompagnés de symptômes. Les suppléments naturels pourraient pourtant constituer une solution intermédiaire de choix à ces procédés radicaux.

Canal carpien (syndrome du)

Des douleurs dans le poignet ou des fourmillements dans les mains, c'est ce qui caractérise le syndrome du canal carpien. Connu depuis les années 1880, ce syndrome est considéré comme une maladie des temps modernes.

Symptômes

- *Engourdissement ou fourmillement dans les doigts, excepté l'auriculaire.*

- *Élancements dans le poignet et l'avant-bras pouvant irradier dans le bras jusqu'à l'épaule et au cou.*

- *Faiblesse musculaire de la main ; difficulté à saisir et à tenir des objets.*

- *Sensation de gonflement des doigts, alors qu'aucune enflure n'est visible.*

CONSULTEZ LE MÉDECIN...

■ Si vos doigts sont raides et douloureux : vous souffrez peut-être d'arthrite.

■ Si vos douleurs dans le poignet perturbent vos activités.

■ Si l'engourdissement et la douleur persistent malgré le repos et un traitement à base de suppléments nutritionnels : une injection locale de corticostéroïdes ou l'immobilisation des mains et des poignets sont peut-être à envisager pour soulager la compression du nerf médian.

ATTENTION : si vous suivez un traitement médical, consultez votre médecin avant de prendre des suppléments.

Qu'est-ce que c'est ?

Les os et les ligaments du poignet forment un passage rigide appelé canal carpien, traversé par le nerf médian et les tendons des muscles du bras et de la main. Le nerf médian contrôle les mouvements et la sensibilité d'une grande partie de la main. Une luxation ou tout autre traumatisme du poignet, un œdème ou un gonflement des ligaments ou des tendons peuvent entraîner un rétrécissement du canal carpien. Il en résulte une compression du nerf médian qui est à l'origine des douleurs, de l'engourdissement et de la faiblesse de la main, en particulier des trois premiers doigts.

L'apparition des symptômes peut être progressive ou soudaine, et les douleurs sont souvent plus aiguës la nuit : elles réveillent 95 % des sujets atteints. Les troubles peuvent disparaître spontanément au bout de quelques jours ou persister pendant plusieurs mois ; ils nécessitent alors une intervention médicale.

Quelles en sont les causes ?

Le syndrome du canal carpien est souvent causé par des mouvements répétitifs et prolongés des mains ou des doigts (dactylographie, travail à la chaîne, pratique d'un instrument de musique…). Toute activité impliquant une utilisation intensive des mains peut provoquer une inflammation des tendons ou des ligaments du poignet, qui augmentent alors de volume et compriment le nerf médian.

Les modifications hormonales induites par la pilule contraceptive, la grossesse ou la ménopause favorisent la rétention hydrique, laquelle peut déclencher ou aggraver les symptômes : le syndrome du canal carpien touche 3 fois plus les femmes que les hommes, et il est particulièrement répandu chez les femmes très fortes âgées de 30 à 60 ans qui ont eu des enfants. Un traumatisme local, ainsi que des affections générales, comme le diabète, l'hypothyroïdie, la maladie de Raynaud ou la polyarthrite rhumatoïde, peuvent être responsables de ce syndrome.

La vitamine B6 peut soulager les douleurs causées par le syndrome du canal carpien.

SUPPLÉMENTS RECOMMANDÉS	
Vitamine B6	**Dose :** 100 mg après le déjeuner et 100 mg après le souper. Pour les diabétiques, 300 mg par jour. **Attention :** sous surveillance médicale seulement.
Broméline	**Dose :** 500 mg 2 fois par jour en période de crise ; réduire la dose à 500 mg par jour quand les douleurs diminuent. À prendre entre les repas. **À savoir :** éliminez ce produit au bout de 2 semaines s'il ne se montre pas efficace.
Curcuma	**Dose :** 400 mg 3 fois par jour. **À savoir :** normalisé à 95 % de curcumine ; à utiliser de préférence en combinaison avec de la broméline.

Rappel : Vos suppléments habituels peuvent déjà vous fournir certains dosages – voir p. 181.

Les bienfaits des suppléments nutritionnels

La plupart des patients atteints du syndrome du tunnel carpien présentent un trouble du métabolisme de la **vitamine B6.** En fait, le syndrome du tunnel carpien serait une manifestation d'une maladie appelée neuropathie périphérique qui répond habituellement très bien à la supplémentation en vitamine B6. Cette vitamine intervient en effet dans l'entretien des tissus nerveux, atténue les inflammations et améliore la circulation. On croit qu'elle augmente la production dans le cerveau du GABA (acide gamma-aminobutyrique) qui aide à réguler les sensations de la douleur. Si vous ne constatez pas d'amélioration après 3 semaines de prise de vitamine B6, passez au pyridoxal-5-phosphate (P-5-P), une forme de la vitamine produite par le corps lorsqu'il décompose la vitamine B6, qui s'assimile bien.

Vous pouvez associer la vitamine B6 à la **broméline,** une puissante enzyme présente dans l'ananas, très efficace pour combattre les inflammations et les douleurs qu'elles provoquent. Une combinaison de vitamine B6 et de broméline donne de meilleurs résultats que chaque supplément pris individuellement. Le **curcuma,** une plante de la famille du gingembre, contribue aussi à réduire les gonflements car il contient un pigment jaune, la curcumine, doté de vertus anti-inflammatoires. Quand il est associé à la broméline, l'action de chacune de ces substances est renforcée. Le curcuma est cher, mais il a l'avantage de pouvoir être pris de façon prolongée sans danger. Pour être efficace, le traitement proposé ci-haut doit durer 90 jours.

Que faire d'autre ?

☑ Faites régulièrement des pauses lorsque vous pratiquez une activité manuelle impliquant un mouvement répétitif, comme le tricot ou la dactylographie. Arrêtez-vous au moins 1 fois par heure pour vous masser les doigts et vous frotter les mains.

☑ Appliquez de la glace sur vos poignets pour atténuer les douleurs et réduire l'inflammation. Utilisez une poche de glace souple, ou éventuellement un sac de petits pois surgelés, que vous laisserez en contact avec votre poignet pendant 10 min par heure.

☑ Surélevez vos poignets sur un oreiller lorsque vous êtes allongé.

Cancer

Prévention et traitement

Une bonne alimentation constitue, certes, la meilleure protection contre le cancer. À défaut d'un régime idéal, les suppléments nutritionnels peuvent exercer une action préventive, renforcer l'efficacité des traitements anticancéreux et réduire leurs effets secondaires.

Au Canada, 2 hommes sur 5 et 1 femme sur 3 seront atteints d'un cancer quelconque durant leur vie. Le cancer du sein chez la femme et le cancer de la prostate chez l'homme sont les cancers les plus fréquemment diagnostiqués pendant que le cancer du poumon continue d'être la principale cause des décès dus au cancer.

Or, la cigarette ainsi que l'obésité et de mauvaises habitudes alimentaires sont les principales causes des décès dus au cancer au Canada.

UNE PROLIFÉRATION ANARCHIQUE DES CELLULES

Le cancer résulte d'un dérèglement du mécanisme de la multiplication cellulaire : des cellules se divisent de façon anarchique, envahissant et endommageant les tissus sains. En général, les défenses immunitaires identifient ces cellules anormales et les détruisent. Mais si l'une d'elles échappe à leur surveillance, elle peut développer une tumeur.

Les cellules cancéreuses peuvent quitter la tumeur et se greffer sur d'autres organes en passant par les voies sanguines ou lymphatiques. Si elles ne sont pas détruites, elles envahissent les tissus sains.

LE RÔLE DES RADICAUX LIBRES

Bien que le mécanisme de transformation d'une cellule en cellule cancéreuse n'ait pas encore été parfaitement identifié, on sait que des molécules appelées radicaux libres peuvent, si elles sont en excès, altérer les gènes de nos cellules et provoquer un cancer. Les radicaux libres, fabriqués en quantité contrôlée par l'organisme, se multiplient sous l'action de certains facteurs tels le tabac, les mauvaises habitudes alimentaires, l'abus d'alcool, l'exposition excessive au soleil et l'usage exagéré des médicaments. L'exposition à des cancérigènes au travail, les maladies transmises sexuellement (MTS) ainsi que des facteurs héréditaires et la pollution peuvent aussi engendrer un tel phénomène.

POUR RÉDUIRE LES RISQUES RECOMMANDATIONS

■ *Arrêter de fumer.* Le tabac est le grand responsable du cancer des poumons, il peut provoquer aussi ceux du larynx, du pharynx, de l'œsophage, de la vessie, de l'estomac, du pancréas et du col de l'utérus.

■ *Privilégier les produits à grains entiers* (pain et pâtes alimentaires de blé entier, riz

DES SUPPLÉMENTS À TITRE PRÉVENTIF

Vitamine C et flavonoïdes	1 000 mg de vitamine C et 500 mg de flavonoïdes par jour
Vitamine E	400 UI par jour
Sélénium	200 µg par jour
Extrait de thé vert	250 mg 2 fois par jour
Extrait de pépins de raisin	100 mg chaque matin
Graines de lin moulues	1 c. à soupe chaque jour
Coenzyme Q10	50 mg chaque matin
Caroténoïdes	1 capsule par jour avec des aliments

POUR MIEUX PROFITER DES TRAITEMENTS

Gingembre	100 à 200 mg aux 4 heures pour combattre les nausées ou 1 tasse d'infusion de racine de gingembre au besoin
Échinacée	200 mg 3 fois par jour
Astragale	400 mg 2 fois par jour
Champignons asiatiques	100 mg d'extrait de maitake, 200 mg d'extrait de reishi et 200 mg d'extrait de shii-take 2 ou 3 fois par jour

À utiliser en alternance pour une durée de trois semaines afin de stimuler le système immunitaire et maintenir un taux élevé de leucocytes (ou globules blancs anti-infectieux) dans le sang en cours de traitement.

brun, avoine, orge, seigle, son de blé et son d'avoine, millet, sarrasin). Les fibres qu'ils contiennent aident à éliminer les substances cancérigènes de l'organisme. Ils contiennent aussi de la vitamine E, qui lutte contre les radicaux libres.

■ *Manger 10 amandes naturelles par jour.* Elles contiennent de la lætrile qui aurait des propriétés anticancérigènes ainsi que de la vitamine E.

■ *Consommer de la sauce tomate et des tomates* plusieurs fois par semaine. Le lycopène, un antioxydant contenu dans la tomate, protégerait les cellules des oxydants reliés au cancer. Lorsque la tomate est cuite ou accompagnée d'un peu d'huile, le lycopène devient plus facilement assimilable par l'organisme.

■ *Manger de l'ail et des oignons à profusion.* Ils stimulent le système immunitaire et combattent le cancer. Si vous n'aimez pas le goût de l'ail, recherchez les suppléments d'ail cryogénique.

■ *Ajouter une cuillerée à soupe par jour de graines de lin moulues* à votre alimentation pour les bons acides gras, les lignants et la vitamine E. Les lignants seraient particulièrement efficaces dans la prévention du cancer du sein et du cancer de la prostate.

■ *Intégrer à votre menu les légumes crucifères* comme le brocoli, le chou, les choux de Bruxelles, le chou-fleur, le rutabaga et le navet.

■ *Rechercher les légumes jaunes ou oranges* pour les caroténoïdes (carottes, courge, citrouille, patates douces).

■ *Manger des petites baies* (bleuets, fraises, framboises, mûres). Elles auraient la propriété de protéger l'ADN des cellules. Les pommes, le cantaloup, les cerises, les raisins frais, les prunes et les pêches aident à combattre le cancer.

■ *Diminuer votre consommation de viande rouge* et mettre du poisson, du tofu et des légumineuses (pois chiches, lentilles, haricots rouges) plus souvent au menu.

■ *Éliminer les fritures* de votre alimentation ainsi que les aliments très salés ou fumés. Ne pas abuser du barbecue. Si vous l'utilisez, c'est une bonne idée de mariner les viandes, cela éviterait la formation de substances cancérigènes.

Candidose vaginale

La candidose vaginale peut avoir des causes multiples d'origine alimentaire, hormonale ou, même, vestimentaire. Les suppléments permettent de renforcer les défenses de l'organisme contre le développement excessif de levures vaginales.

Symptômes

- Démangeaisons génitales intenses.

- Inflammation et rougeur de la région génitale externe.

- Sécrétion vaginale blanche, crémeuse ou épaisse, inodore ou à odeur de levure.

CONSULTEZ LE MÉDECIN...

- Si vous constatez pour la première fois l'un des symptômes énumérés ci-dessus.

- Si la sécrétion vaginale a une odeur forte, nauséabonde, ou est teintée de sang.

- Si les symptômes ne disparaissent pas au bout de 5 jours d'automédication.

- Si la candidose récidive dans les 2 mois.

ATTENTION : si vous suivez un traitement médical, consultez votre médecin avant de prendre des suppléments.

Qu'est-ce que c'est ?

La candidose est une infection due aux champignons *Candida albicans*, normalement présents dans l'organisme en quantités limitées et inoffensives. Dans certaines conditions, la levure se multiplie rapidement et provoque irritations et sécrétions. Les *Candida albicans*, comme la plupart des champignons, se développent en milieu humide, comme le vagin. D'autres espèces du groupe *Candida* peuvent aussi engendrer des mycoses.

Quelles en sont les causes ?

La moindre perturbation de l'équilibre des levures et bactéries ou du pH (rapport acide/base) du vagin crée des conditions idéales pour le développement incontrôlé de levures. Le port d'un pantalon serré ou de sous-vêtements synthétiques, des modifications hormonales au cours de la grossesse, la prise de la pilule contraceptive ou l'usage de spermicides, ou encore le diabète suffisent à modifier la flore vaginale.

En outre, les mycoses se développent plus facilement en cas d'affaiblissement du système immunitaire par une maladie, le stress ou un manque de sommeil, ou encore si l'immunité est gravement compromise par le VIH ou une chimiothérapie. Elles sont aussi favorisées par la prise d'antibiotiques comme l'ampicilline ou la tétracycline, qui détruisent non seulement les bactéries responsables de la maladie, mais également les bactéries saines chargées du contrôle des taux de levure.

Les bienfaits des suppléments nutritionnels

Prenez les suppléments dès l'apparition des premiers symptômes et jusqu'à disparition de l'infection. À l'exception des ovules, ils sont tous compatibles avec les traitements antimycosiques sur ordonnance ou en vente libre. Renforcez d'abord votre système immunitaire avec de la **vitamine C** et de l'**échinacée** pour permettre à votre organisme de résister à une crise aiguë. La vitamine C freine le développement de ces levures, et l'échinacée semble en stimuler la destruction par les globules blancs. Si vous êtes

L'acidophilus est disponible en comprimés.

Vitamine C	**Dose :** 500 mg 3 fois par jour. **À savoir :** de préférence sous forme d'ascorbate de calcium.
Échinacée	**Dose :** 200 mg 3 fois par jour. **Attention :** en cas d'infection récurrente, utilisez en cycles de 3 semaines suivies de 1 semaine d'arrêt ; normalisée à 3,5 % au moins d'échinacosides.
Acidophilus	**Dose :** 1 gélule 2 fois par jour ou 1 ovule. **À savoir :** devrait contenir 1 à 2 milliards d'organismes par gélule. Vous pouvez insérer la gélule dans le vagin ; cessez au bout de 5 jours.
Bifidus	**Dose :** 1 gélule 2 fois par jour. **À savoir :** devrait contenir 1 à 2 milliards d'organismes par gélule.
FOS	**Dose :** 2 000 mg 2 fois par jour. **À savoir :** à prendre en association avec des ferments lactiques.
Mélaleuca (huile)	**Dose :** 1 ovule dans le vagin toutes les 12 h pendant 5 jours. **À savoir :** en vente dans les magasins d'aliments naturels.
Vitamine A/ calendula	**Dose :** 1 ovule dans le vagin toutes les 12 h pendant 5 jours. **À savoir :** en vente dans les magasins d'aliments naturels.

Rappel : prenez en priorité les suppléments en bleu ; ceux en noir vous seront aussi bénéfiques. Vérifiez qu'ils ne vous sont pas déjà apportés par un autre supplément – voir p. 181.

sujet aux mycoses, prenez de l'échinacée pendant 3 semaines, faites une pause de 1 semaine, puis continuez la cure.

Pour stimuler la production de bactéries saines par l'organisme, prenez de l'**acidophilus** et du **bifidus** ; ces ferments lactiques jouent un rôle essentiel, surtout si votre mycose est consécutive à la prise d'antibiotiques. Complétez avec des fructo-oligosaccharides **(FOS)**, glucides inassimilables qui nourrissent les bactéries saines et favorisent leur croissance.

Si vous préférez éviter l'emploi des crèmes antimycosiques classiques, essayez les ovules à l'**huile de mélaleuca** (arbre à thé), une plante qui possède, les études l'ont démontré, des vertus antifongiques. La **vitamine A** entretient le bon état des muqueuses qui tapissent le vagin ; quant au **calendula** (ou souci des jardins), il a des propriétés anti-inflammatoires et antifongiques.

Que faire d'autre ?

☑ Portez des sous-vêtements en coton ; évitez les pantalons serrés.

☑ N'utilisez ni tampons hygiéniques désodorisants, ni atomiseurs ou savons liquides pour l'hygiène intime.

☑ Servez-vous d'un savon neutre, sans parfum, pour la toilette de la région vaginale.

☑ Mangez du yogourt à la levure active (acidophilus et bifidus). Des études montrent qu'en manger 1 tasse par jour réduit l'incidence des mycoses.

À en croire une étude récente, les femmes ont souvent du mal à identifier correctement les symptômes d'une mycose. Près de 90 % de celles qui n'avaient jamais eu de candidose et 65 % de celles qui en avaient déjà souffert se montrèrent incapables de distinguer une mycose d'une autre affection gynécologique après en avoir lu le descriptif. Un grand nombre de participantes déclarèrent qu'elles utiliseraient des crèmes antifongiques en vente libre contre des maladies plus graves (inflammations pelviennes ou infections urinaires), qu'elles assimilaient à des mycoses. Assurez-vous donc de la nature du mal avant de soigner vous-même une infection vaginale.

INFOS PLUS

■ Les hommes aussi peuvent attraper des mycoses génitales, en particulier s'ils ne sont pas circoncis. Sans symptôme dans la majorité des cas, elles se manifestent parfois par une inflammation de l'extrémité du pénis. L'homme atteint d'une mycose risque d'infecter sa partenaire et doit se faire soigner avec elle.

■ Contrairement à une croyance répandue, la richesse de l'alimentation en glucides ou en sucres n'augmente pas les risques de mycoses. Rien ne sert non plus d'éliminer toute levure de la nourriture : la levure employée pour faire le pain n'appartient pas à la même espèce que celle responsable des mycoses.

Cardiovasculaires (maladies)

Associée à un mode de vie sain, une alimentation équilibrée permet de prévenir un grand nombre de maladies cardiovasculaires. De plus, certains nutriments aident à garder un cœur en bonne santé.

Symptômes

- *Pas de symptôme au début. Puis quelques signes donnent l'alerte, tels un taux de cholestérol élevé et une hypertension.*

- *À un stade plus avancé, le patient éprouve des douleurs dans la poitrine, un bras ou la mâchoire (surtout après un effort physique) ; palpitations et essoufflement font également partie des symptômes.*

CONSULTEZ LE MÉDECIN...

- Pour faire vérifier votre tension (tous les 2 ans) et votre taux de cholestérol (tous les 5 ans, et plus fréquemment s'il est élevé).

- Si vous présentez des symptômes spécifiques.

- Si vous êtes victime d'étourdissements inexplicables, de faiblesses ou d'évanouissements.

- Si votre rythme cardiaque est souvent irrégulier (intervalles plus longs ou plus courts entre les battements).

- Si vous éprouvez des douleurs dans la poitrine ou un sentiment d'oppression s'accompagnant d'étourdissements, de nausées ou d'un essoufflement : ces signes annoncent l'imminence d'une crise cardiaque, vous avez besoin d'une aide médicale d'urgence.

ATTENTION : si vous suivez un traitement médical, consultez votre médecin avant de prendre des suppléments.

Qu'est-ce que c'est ?

Les maladies cardiovasculaires résultent de l'athérosclérose, c'est-à-dire l'accumulation de dépôts graisseux – les plaques d'athérome – dans les parois internes des artères. Ces plaques d'athérome augmentent de volume jusqu'à empêcher le sang de circuler normalement. Si les minuscules artères qui irriguent le cœur se trouvent bouchées, c'est la crise cardiaque.

Quelles en sont les causes ?

L'athérosclérose est surtout due à un taux élevé de cholestérol, une substance présente dans le sang et transportée pour les trois quarts par des molécules connues sous le nom de lipoprotéines de faible densité (LDL). Ces LDL, souvent appelées mauvais cholestérol, s'accumulent et forment les plaques d'athérome. L'hypertension, l'obésité, le tabac, le manque d'exercice et le stress contribuent à la formation de ces amas et à la perte d'élasticité des artères. Les hommes d'âge mûr y sont le plus exposés, les femmes jouissant, semble-t-il, avant la ménopause, de l'action protectrice exercée par l'œstrogène. Les risques s'équilibrent par la suite.

Les bienfaits des suppléments nutritionnels

Les suppléments ne remplacent en aucun cas un mode de vie sain, et il n'en existe aucun qui puisse lutter contre l'un ou l'autre des facteurs de risque. Mais ils peuvent se révéler bénéfiques aux personnes atteintes d'une maladie cardiovasculaire. La vitamine E et les huiles de poisson mises à part – leur action pourrait interférer avec celle des anticoagulants –, ils peuvent être associés sans danger à la prise de médicaments classiques.

Les quatre premiers sont des antioxydants qui neutralisent les radicaux libres (molécules instables et très actives), dommageables pour les cellules. Ayant chacun une fonction spécifique, ils doivent être pris ensemble. La **vitamine E** intervient à un stade précoce de la formation des plaques d'athérome, celui de l'oxydation du cholestérol LDL. La **vitamine C**

La vitamine E protège les parois des cellules et intervient dans la prévention de l'athérosclérose.

Vitamine E	**Dose :** 400 UI par jour. **Attention :** demandez l'avis de votre médecin si vous prenez des anticoagulants.
Vitamine C	**Dose :** 500 mg 3 fois par jour. **À savoir :** de préférence sous forme d'ascorbate de calcium.
Caroténoïdes	**Dose :** 1 comprimé de caroténoïdes combinés 2 fois par jour avec des aliments. **Attention :** chaque comprimé devrait fournir 25 000 UI d'activité vitaminique.
Pépins de raisin (extrait)	**Dose :** 100 mg 2 fois par jour. **À savoir :** normalisé à 92-95 % de proanthocyanidines.
Vitamine B12/ acide folique	**Dose :** 1 000 µg de vitamine B12 et 400 µg d'acide folique par jour. **À savoir :** parfois vendus séparément.
Vitamine B6	**Dose :** 50 mg par jour. **Attention :** à long terme, 200 mg par jour peuvent causer des lésions nerveuses.
Graines de lin (huile)	**Dose :** 1 c. à soupe (14 g) par jour. **À savoir :** à prendre le matin ; peut être mélangée à des aliments.
Poisson (huiles)	**Dose :** 1 000 mg 3 fois par jour. **À savoir :** seulement si vous ne mangez pas de poisson gras 2 fois par semaine.
Magnésium	**Dose :** 400 mg par jour. **Attention :** n'en prenez pas en cas de maladie rénale.

Rappel : Vos suppléments habituels peuvent déjà vous fournir certains dosages – voir p. 181

contribue au recyclage de la vitamine E et conserve leur élasticité aux artères. Les **caroténoïdes** (bêta-carotène et lycopène) doivent être pris ensemble, afin d'être présents en proportions optimales. L'**extrait de pépins de raisin** contient des proanthocyanidines, dont les propriétés antioxydantes sont supérieures à celles des vitamines C et E.

La **vitamine B12** et l'**acide folique** réduisent l'homocystéine, un acide aminé classé parmi les facteurs de risque de maladies cardiovasculaires. La **vitamine B6** entretient l'élasticité des artères. Les acides gras oméga-3 contenus dans l'**huile de graines de lin** et dans les **huiles de poisson** aident à contrôler les taux de triglycérides, associés au cholestérol sanguin. Le **magnésium** stabilise le rythme cardiaque.

Que faire d'autre ?

☑ Adoptez un régime alimentaire pauvre en graisses.

☑ Mangez au moins 5 portions de fruits et de légumes par jour, et 2 portions de poisson gras par semaine.

☑ Consommez beaucoup de fibres solubles (avoine, fèves, fruits citrins) pour contrôler votre taux de cholestérol.

☑ Faites au moins 30 min d'exercice physique par jour.

☑ Ne fumez pas, rien n'est plus mauvais pour le cœur que le tabac.

Un excédent de fer augmente le risque de troubles cardiaques chez les personnes âgées. Tout homme de plus de 60 ans voit ce risque multiplié par 1,5 s'il absorbe chaque mois 50 mg de cet oligoélément en plus d'un apport mensuel de 250 mg. Pour les femmes, l'augmentation du risque est de 3,5.

Certains effets protecteurs des vitamines C et E pourraient se faire sentir immédiatement. Les repas riches en graisses étant connus pour réduire l'élasticité des vaisseaux sanguins, on a fait prendre, avant un tel repas, 1 000 mg de vitamine C et 800 UI de vitamine E à 20 personnes. Leurs artères ont fonctionné normalement.

INFOS PLUS

■ Les crises cardiaques sont relativement rares dans les pays dont les habitants consomment beaucoup d'huile d'olive, même si l'alimentation y est dans l'ensemble assez grasse. Donnez la préférence à l'huile d'olive ou à l'huile de canola chaque fois que vous le pouvez.

■ Il ressort de nombreuses recherches que la consommation de 1 ou 2 verres de vin par jour diminuerait les risques de maladies cardiovasculaires. On attribue cet effet bénéfique aux flavonoïdes antioxydants présents dans le vin rouge (et dans le jus de raisin).

Cataracte

Bien que cette défaillance visuelle touche trois personnes âgées sur quatre, elle ne doit pas être considérée comme une conséquence inéluctable du vieillissement. De récentes études ont montré qu'un changement de mode de vie pouvait réduire les risques de développer une cataracte.

Symptômes

- *Baisse progressive et indolore de l'acuité visuelle, sensation de brouillard.*

- *Sensibilité accrue à la lumière du soleil ou des phares de voiture la nuit.*

- *Halos lumineux.*

- *Modification de la perception des couleurs.*

CONSULTEZ LE MÉDECIN...

- **Si vous présentez les symptômes ci-dessus.**

ATTENTION : *si vous suivez un traitement médical, consultez votre médecin avant de prendre des suppléments.*

Qu'est-ce que c'est ?

La cataracte est une opacification du cristallin de l'œil, la lentille transparente qui réfracte les rayons lumineux et les fait converger sur la rétine. Cette opacification résulte de la décomposition et de l'agglutination des protéines du cristallin. En réduisant la quantité de lumière qui pénètre dans l'œil, elle entraîne une diminution de l'acuité visuelle. La détérioration de la vision varie selon l'étendue et la localisation sur le cristallin.

Quelles en sont les causes ?

La cataracte peut être d'origine traumatique ou bien la conséquence d'une dégénérescence progressive du cristallin liée au vieillissement de l'organisme. La cataracte congénitale est rare : elle affecte environ 1 enfant sur 10 000. Selon certains scientifiques, la majorité des cas de cataracte serait due à l'exposition aux rayons ultraviolets (UV) de la lumière solaire tout au long de la vie, ou à la cigarette. Une alimentation carencée en riboflavine pourrait accroître les risques de cataracte. Il en est de même en cas d'apport insuffisant d'antioxydants tels que les vitamines C et E, le bêta-carotène et le sélénium. En effet, les antioxydants inhibent l'action des radicaux libres (molécules oxydantes très actives), qui, en excès, peuvent détériorer le cristallin. Les sujets obèses ou diabétiques sont davantage exposés à la cataracte, car ils présentent un taux de sucre élevé dans le sang (hyperglycémie), facteur de destruction des protéines du cristallin.

Les bienfaits des suppléments nutritionnels

Il est possible de retarder, voire d'empêcher l'apparition de la cataracte en prenant des suppléments nutritionnels. Leur administration aux premiers stades de la maladie permet d'en ralentir l'évolution. Lorsque celle-ci est déjà installée, le seul traitement efficace repose sur l'intervention chirurgicale. Les **vitamines C** et **E,** aux vertus antioxydantes, pourraient protéger le cristallin contre les effets néfastes des rayons UV et de la

La vitamine C protège le cristallin et pourrait prévenir les cataractes.

Vitamine C	**Dose :** 500 mg 2 fois par jour. **À savoir :** de préférence sous forme d'ascorbate de calcium.
Vitamine E	**Dose :** 400 UI par jour. **Attention :** demandez au préalable l'avis du médecin si vous prenez des anticoagulants.
Sélénium	**Dose :** 200 µg par jour. **Attention :** toxique à haute dose ; ne dépassez pas 400 µg par jour.
Myrtille	**Dose :** 80 mg 3 fois par jour. **À savoir :** normalisé à 25 % d'anthocyanosides. Des extraits de myrtille sont parfois intégrés dans les suppléments pour les yeux.
Ginkgo biloba	**Dose :** 40 mg 3 fois par jour. **Attention :** normalisé à au moins 24 % de glycosides flavonoïdes.
Pépins de raisin (extrait)	**Dose :** 100 mg 2 fois par jour. **À savoir :** normalisé à 92-95 % de procyanidines.
Levure de bière	**Dose :** 2 à 4 gélules à 450 mg 2 fois par jour. **À savoir :** à prendre avant les repas.
Graines de lin (huile)	**Dose :** 1 c. à soupe (14 g) par jour. **À savoir :** à prendre le matin ; peut être mêlé à des aliments.

Rappel : prenez en priorité les suppléments en bleu ; ceux en noir vous seront aussi bénéfiques. Vérifiez qu'ils ne vous sont pas déjà apportés par un autre supplément – voir p. 181.

fumée de cigarette. Le **sélénium** contribue, lui aussi, à neutraliser les radicaux libres. La **myrtille** est aussi une bonne source d'antioxydants, sous forme de flavonoïdes : ces substances naturelles favorisent l'élimination des toxines du cristallin et de la rétine. Lors d'une étude réalisée sur 50 patients, on a observé qu'une combinaison de vitamine E et de myrtille avait stoppé la progression de la cataracte chez 48 d'entre eux. Le **ginkgo biloba**, qui améliore la circulation sanguine et a des propriétés antioxydantes, peut être substitué à la myrtille. C'est un bon choix pour ceux qui ont aussi des problèmes de mémoire.

L'**extrait de pépins de raisin**, qui agit sur les minuscules vaisseaux sanguins, est bénéfique à la circulation de l'œil, ainsi que la **levure de bière**, qui contient toutes les vitamines du complexe B. Vous pourrez ajouter des acides gras essentiels sous la forme d'**huile de graines de lin**, dont les propriétés nutritives sont excellentes pour les yeux. La riboflavine (vitamine B2) est également conseillée car elle renforce l'action des antioxydants : prenez-en 25 mg par jour si cette dose ne vous est pas déjà apportée par un supplément multivitaminique ou des vitamines du complexe B.

Que faire d'autre ?

☑ Arrêtez de fumer.

☑ Protégez vos yeux des rayons ultraviolets (UV) en portant des lunettes de soleil et un chapeau à large bord lorsque vous êtes au grand air.

☑ Mangez beaucoup de fruits et de légumes, qui sont de bonnes sources d'antioxydants.

Une étude américaine réalisée parmi des sujets de 55 ans a montré que ceux qui prenaient de la vitamine E sous forme de supplément (400 UI au moins par jour) couraient 2 fois moins de risques d'être touchés par la cataracte que les personnes qui n'en prenaient pas. Des études plus récentes semblent démontrer que des doses très inférieures apportées par des produits naturels (germe de blé) semblent tout aussi efficaces.

La vitamine C ne permet d'éviter la cataracte que si elle est employée pendant une longue période. Une étude réalisée auprès de 247 femmes âgées a montré que chez celles qui prenaient de la vitamine C depuis 10 ans ou plus, les risques d'être atteintes prématurément de cataracte était de 77 % inférieurs à ceux des femmes qui n'en prenaient pas. Les doses administrées aux participantes étaient comprises entre 400 et 700 mg par jour (des doses plus faibles auraient pu avoir le même effet). Les résultats ont été négatifs sur une période plus courte.

INFO PLUS

■ Le seul traitement de la cataracte consiste à remplacer le cristallin défectueux par un cristallin artificiel, mais l'intervention chirurgicale ne s'impose que si la détérioration de votre vision vous gêne dans vos activités quotidiennes, notamment pour travailler, conduire, lire ou pratiquer vos loisirs habituels.

Cheveux (problèmes de)

Pellicules, calvitie, fragilité et blanchissement des cheveux sont le plus souvent dus à un régime alimentaire déficient, à une prédisposition génétique ou, tout simplement, au vieillissement.
Il existe des façons simples de remédier à ces problèmes.

Symptômes

- *Formation de croûtes sur le cuir chevelu, desquamation et irritation.*

- *Cheveux qui tombent, surtout pendant le shampooing et au coiffage.*

- *Changement de la couleur et de la texture des cheveux ou de la manière dont ils poussent.*

CONSULTEZ LE MÉDECIN...

■ **Si vous remarquez une chute de cheveux soudaine, surtout si elle s'accompagne de symptômes telle l'interruption des règles.**

ATTENTION : si vous suivez un traitement médical, consultez votre médecin avant de prendre des suppléments.

Qu'est-ce que c'est ?

Les cheveux sont principalement constitués de kératine, une protéine fibreuse présente aussi dans les ongles. Pour avoir une chevelure saine, il faut qu'un sang riche en nutriments irrigue les follicules, petits organes où se forment les poils et les cheveux. Ceux-ci poussent d'environ 1 cm par mois ; on en perd une centaine par jour, mais ils sont heureusement le plus souvent toujours remplacés. Les problèmes apparaissent lorsqu'ils cessent de pousser, deviennent secs et fragiles et qu'une desquamation excessive du cuir chevelu forme des pellicules.

Quelles en sont les causes ?

Concernant la chute des cheveux, outre le stress, une mauvaise alimentation et des changements hormonaux, citons des facteurs génétiques, un système immunitaire déficient, une insuffisance thyroïdienne et des carences nutritionnelles spécifiques ; certains traitements médicaux, dont la chimiothérapie anticancéreuse, peuvent faire tomber les cheveux.

Les bienfaits des suppléments nutritionnels

Les suppléments conseillés ici, qu'on peut associer sans danger aux vitamines et aux minéraux, encouragent la repousse en nourrissant la racine. Mais soyez patient, vous n'en constaterez probablement les effets qu'au bout de 6 mois.

L'**huile de graines de lin** et l'**huile d'onagre** jouent un rôle bénéfique grâce à leur contenu en acides gras essentiels ; la première est riche en acides gras oméga-3, qui donnent aux cheveux leur brillant et leur tonus. De plus, ces substances étant hydratantes, elles soulagent les démangeaisons et combattent la desquamation, propriétés qui les rendent par ailleurs très utiles dans la lutte contre l'eczéma et le psoriasis du cuir chevelu.

Les vitamines et les minéraux peuvent eux aussi ralentir la chute des cheveux. Le **zinc** stimule pour sa part la thyroïde, dont une sécrétion hormonale insuffisante rend les cheveux cassants et clairsemés.

Le **cuivre** devrait toujours être associé au zinc afin qu'un équilibre entre ces deux oligoéléments soit maintenu dans l'organisme. Il est de plus très utile pour les cheveux : c'est

Certaines vitamines, dont la biotine, agissent sur les cheveux « de l'intérieur ».

SUPPLÉMENTS RECOMMANDÉS

Graines de lin (huile)	**Dose :** I c. à soupe (14 g) par jour. **À savoir :** à prendre le matin ; peut être mélangée à de la nourriture.
Onagre (huile)	**Dose :** I 000 mg 3 fois par jour. **À savoir :** peut être remplacée par I 000 mg d'huile de bourrache I fois par jour.
Zinc/cuivre	**Dose :** 30 mg de zinc et 2 mg de cuivre par jour. **Attention :** n'ajoutez le cuivre que si vous prenez un supplément de zinc pendant plus de I mois.
Biotine	**Dose :** I 000 µg par jour. **À savoir :** également efficace contre les cheveux gras et les pellicules ; à prendre avec des vitamines du complexe B.
Vitamines du complexe B	**Dose :** I comprimé 2 fois par jour avec des aliments. **Attention :** procurez-vous un complexe B-50 contenant 50 µg de vitamine B12 et 50 µg de biotine, 400 µg d'acide folique et 50 mg de chacune des autres vitamines du complexe B.
PABA	**Dose :** 100 mg par jour. **À savoir :** sert à assurer le bon état de la peau et du cuir chevelu.
Sélénium	**Dose :** 200 µg 2 fois par jour. **Attention :** toxique à forte dose ; ne dépassez pas 400 µg par jour.

Rappel : prenez en priorité les suppléments en bleu ; ceux en noir vous seront aussi bénéfiques. Vérifiez qu'ils ne vous sont pas déjà apportés par un autre supplément – voir p. 181.

un composant essentiel de la mélanine – pigment qui intervient dans leur coloration comme dans celle de la peau, et dont la carence pourrait être responsable du blanchissement des cheveux. La **biotine** et les **vitamines du complexe B** assurent le bon état du cuir chevelu et empêchent la chute excessive des cheveux, la biotine encourageant même leur repousse.

L'**acide para-aminobenzoïque (PABA),** qui protège le follicule pilosébacé et empêche, pense-t-on, la chute des cheveux, aura le même effet si sa prescription est réellement liée à une production insuffisante de cette substance par l'organisme du patient. Le **sélénium,** enfin, joue probablement le même rôle.

Que faire d'autre

☑ Nourrissez-vous convenablement. Évitez les régimes farfelus qui risquent de vous priver de nutriments essentiels.

☑ Utilisez un shampooing doux. Séchez-vous les cheveux avec une serviette-éponge sans frotter et appliquez une lotion capillaire ou un après-shampooing. Évitez les contacts prolongés avec des produits chimiques tel le chlore des piscines en portant un bonnet de bain, et utilisez le moins possible sèche-cheveux et fer à friser, qui dégagent beaucoup de chaleur.

☑ Mettez un chapeau de soleil.

☑ Massez-vous le cuir chevelu 1 fois par semaine pour stimuler la circulation sanguine et vous détendre.

Colopathie fonctionnelle

Quelque 40 millions de Nord-Américains souffrent de cette pénible affection : la colopathie fonctionnelle ou syndrome du côlon irritable (SCI). Pourtant, les examens cliniques ne révèlent souvent aucune lésion organique.

Symptômes

- *Constipation, diarrhée ou alternance des deux, généralement après les repas, et pendant plusieurs mois.*
- *Crampes abdominales, souvent soulagées par la défécation.*
- *Présence de mucus dans les selles.*
- *Gaz intestinaux et ballonnements.*

CONSULTEZ LE MÉDECIN...

- Si vous souffrez de douleurs abdominales accompagnées de changements dans la fréquence et la consistance de vos selles.
- Si les douleurs abdominales sont permanentes ou aiguës et accompagnées de fièvre.
- S'il y a du sang dans vos selles.
- Si vous perdez du poids sans suivre de régime.

ATTENTION : si vous suivez un traitement médical, consultez votre médecin avant de prendre des suppléments.

Qu'est-ce que c'est ?

La nourriture progresse dans le tube digestif sous l'effet de contractions régulières des muscles intestinaux, un processus appelé péristaltisme. Dans la colopathie fonctionnelle, ou syndrome du côlon irritable (SCI), les contractions des muscles sont spasmodiques et désordonnées. Ce dysfonctionnement entraîne une progression tout aussi désordonnée du contenu de l'intestin, trop lente ou trop rapide, qui se traduit par des douleurs abdominales, des diarrhées ou une constipation.

Quelles en sont les causes ?

Beaucoup de facteurs déclenchants ont été attribués à la colopathie fonctionnelle, mais aucun n'a pu être attesté. Parmi eux, citons les infections bactériennes, parasitaires ou virales, l'abus d'antibiotiques, l'intolérance au lactose ou des intolérances alimentaires. Selon certains scientifiques, les personnes souffrant de cette affection possèdent des muscles lisses très sensibles au niveau du système gastro-intestinal. D'autres estiment que ce trouble résulte d'une inflammation de la paroi intestinale. On constate toutefois dans la quasi-totalité des cas que le stress est un facteur important. L'origine exacte de ces troubles intestinaux étant en fait inconnue, les médecins tendent à n'établir un diagnostic de colopathie fonctionnelle qu'après avoir éliminé les autres maladies aux symptômes similaires, comme les diverticulites ou les colopathies organiques.

Les bienfaits des suppléments nutritionnels

Les suppléments naturels permettent de contrôler un grand nombre de troubles liés à la colopathie fonctionnelle. Les produits indiqués ci-après peuvent être pris conjointement et associés à des médicaments traditionnels. Des capsules molles d'**huile essentielle de menthe poivrée** (sous enrobage gastrorésistant afin que l'huile soit libérée dans l'intestin et non dans l'estomac) calment les spasmes responsables des douleurs abdominales, tout en atténuant les autres symptômes. Lors d'un test mené sur 110 sujets, l'administration de capsules de menthe poivrée a entraîné une

Alors que l'huile essentielle de menthe poivrée prévient les spasmes intestinaux, les infusions régularisent le transit.

HUILE ESSENTIELL

Menthe poivrée (huile essentielle)	**Dose :** 1 ou 2 capsules 3 fois par jour, entre les repas. **À savoir :** achetez des capsules sous enrobage gastrorésistant, dosées à 0,2 ml d'huile essentielle ; commencez par la dose la plus faible, puis augmentez si nécessaire.
Psyllium	**Dose :** 1 à 3 c. à soupe par jour de poudre diluée dans de l'eau ou du jus de fruits. **À savoir :** buvez beaucoup d'eau chaque jour.
Acidophilus	**Dose :** 1 comprimé par jour à jeun. **À savoir :** choisissez un produit contenant 1-2 miliards d'organisme vivants par comprimé ; disponible également sous forme de poudre ; peut devoir être réfrigéré.
FOS	**Dose :** 2 000 mg par jour. **À savoir :** à prendre en association avec de l'acidophilus car, seuls, ils sont inefficaces contre la colopathie fonctionnelle.

Rappel : Vos suppléments habituels peuvent déjà vous fournir certains dosages – voir p. 181.

diminution des douleurs chez 79 % d'entre eux, dont la disparition de la douleur chez 56 %, sans aucun effet indésirable.

Le **psyllium,** un type de fibres alimentaires, soulage un bon nombre de patients, mais pas tous. Il remédie à la constipation et combat la diarrhée en absorbant l'eau contenue dans l'intestin, ce qui renforce la consistance des selles et réduit la violence des spasmes. Buvez au moins 8 verres d'eau par jour avec le psyllium mais, si les symptômes s'aggravent, arrêtez le traitement.

L'**acidophilus**, un ferment lactique fait de cultures de bactéries bienfaisantes qui vivent normalement dans l'intestin, participe à la digestion et prévient le développement incontrôlé de bactéries nuisibles. Des **FOS** (fructo-oligosaccharides), sucres non digestibles qui alimentent ces bonnes bactéries, peuvent être intégrés dans les suppléments d'acidophilus, ou aussi vendus séparément.

Que faire d'autre ?

☑ Consommez davantage d'aliments riches en fibres, comme les fruits, les légumes, les céréales et les légumineuses. Intégrez-les dans votre alimentation de façon progressive pour limiter les flatulences et les ballonnements. Un apport accru de fibres d'origine alimentaire permet parfois d'éviter de recourir au psyllium.

☑ Faites des repas plus fréquents, mais plus légers. Limitez votre consommation d'alcool, de caféine et d'aliments riches en lipides.

☑ Maîtrisez votre stress en pratiquant, par exemple, des techniques de relaxation ou de biofeedback.

☑ Faites au moins 20 min d'exercice par jour pour faciliter les contractions naturelles de l'intestin et réduire le stress.

☑ Avec votre médecin, établissez un régime éliminant les aliments auxquels vous êtes sensible, puis réintégrez-les l'un après l'autre, sur quelques semaines, pour essayer d'identifier le coupable.

INFOS PLUS
■ L'intolérance au lactose (une sensibilité aux sucres contenus dans les produits laitiers) peut déclencher des crises de colopathie fonctionnelle. L'aptitude à digérer le lactose décroît souvent avec l'âge en raison de la diminution de la sécrétion de lactase, l'enzyme assurant la conversion du lactose dans l'intestin grêle. Pour savoir si le lactose est la cause de vos désagréments, buvez un petit verre de lait écrémé à jeun. Si, dans les 4 h qui suivent, vous êtes atteint de diarrhée, de gaz, de douleurs ou de ballonnements, renouvelez l'opération avec du « lait » de soja : si aucun de ces troubles ne réapparaît, vous êtes très certainement sensible aux produits laitiers.

Colopathie grave

L'inflammation, douloureuse, de l'intestin donne lieu à toute une série de troubles étroitement liés. Mais de nouvelles habitudes alimentaires, des suppléments vitaminiques et des plantes aux vertus calmantes peuvent en atténuer les symptômes.

Symptômes

■ *Au début, constipation accompagnée d'un besoin constant d'aller à la selle sans autre résultat que la production de petites quantités de sang ou de mucosités.*

■ *Plus tard, crises intermittentes avec diarrhée chronique accompagnée de saignements rectaux, douleurs abdominales, température et malaise général – arthrite, troubles de la vision, plaies buccales, douleurs articulaires, inappétence, manque d'énergie et perte de poids.*

■ *Crises violentes qui s'accompagnent parfois de nausées et de vomissements, d'une déshydratation, de sueurs, d'une forte fièvre et de palpitations.*

CONSULTEZ LE MÉDECIN...

■ Si vous avez des selles noires ou sanglantes ou si vous souffrez de diarrhées avec mucosités.

■ Si vos symptômes s'aggravent soudainement.

■ Si vous avez le ventre gonflé ou une douleur forte, surtout en bas et à droite de l'abdomen : il s'agit peut-être d'une crise d'appendicite.

■ Si de vives douleurs abdominales s'accompagnent d'une fièvre dépassant 38 °C.

ATTENTION : si vous suivez un traitement médical, consultez votre médecin avant de prendre des suppléments.

Qu'est-ce que c'est ?

La colopathie grave est un terme définissant plusieurs troubles liés, tels que la maladie de Crohn et la colite ulcéreuse, qui apparaissent souvent entre 20 et 30 ans. L'inflammation s'étend ensuite à une partie ou à l'ensemble du système digestif, laissant apparaître de petites érosions ou des ulcères. Les périodes de crise sont suivies de rémissions qui peuvent durer quelques semaines ou plusieurs années. Au bout de 10 ans, les sujets atteints encourent le risque d'un cancer colorectal.

Quelles en sont les causes ?

Elles restent obscures, bien que l'hérédité joue un rôle évident : dans plus d'un tiers des cas, un autre membre de la famille du patient est affecté. La maladie peut aussi être imputable à une bactérie, à un virus ou à un mauvais fonctionnement du système immunitaire. Le stress, l'anxiété ou l'intolérance à certains aliments peuvent être également des facteurs de crise.

Les bienfaits des suppléments nutritionnels

La colopathie grave ayant pour effet de diminuer la capacité d'assimiler les nutriments fournis par l'alimentation, les sujets atteints doivent absorber d'importantes doses quotidiennes de multivitamines. D'autres suppléments se révéleront également bénéfiques, surtout lors des crises.

Ce genre d'affection entraîne souvent une carence en **vitamines du complexe B,** surtout en vitamine B12 et en acide folique. Les suppléments permettront non seulement de pallier cette carence mais aussi d'améliorer la digestion. Le **PABA** (acide para-aminobenzoïque) a un effet anti-inflammatoire similaire à celui de la sulfalazine. La **réglisse** a une action curative, de même que les **vitamines E** et **A**. Une fois les symptômes atténués, un long traitement pourra être entrepris, au cours duquel ces deux vitamines seront associées à un puissant antioxydant sous la forme d'extrait

La camomille a un effet apaisant sur l'estomac et aide à soigner les troubles digestifs.

SUPPLÉMENTS RECOMMANDÉS

Vitamines du complexe B	**Dose :** I comprimé 2 fois par jour, pendant les crises, puis I comprimé chaque matin comme traitement de fond ; à prendre avec de la nourriture. **À savoir :** recherchez un complexe B-50 contenant 50 μg de vitamine B12 et de biotine, 400 μg d'acide folique et 50 mg de chacune des autres vitamines du complexe B.
PABA	**Dose :** I 000 mg 3 fois par jour pendant les crises ; I 000 mg 2 fois par jour comme traitement de fond.
Réglisse	**Dose :** 2 comprimés à mâcher (380 mg) 3 fois par jour, entre les repas. **Attention :** durant les crises ; prenez la forme déglycyrrhizinée.
Vitamine E	**Dose :** 400 UI 2 fois par jour (crises et entretien). **Attention :** demandez l'avis de votre médecin si vous prenez des anticoagulants.
Vitamine A	**Dose :** 25 000 UI par jour (crise) et 10 000 UI par jour (entretien). **Attention :** si vous êtes enceinte, ne dépassez pas 5 000 UI.
Huiles essentielles	**Dose :** I c. à soupe (14 g) d'huile de graines de lin ou 5 000 mg d'huiles de poisson par jour. **À savoir :** prenez des capsules molles d'huiles de poisson en entretien.
Acidophilus	**Dose :** I comprimé 2 fois par jour entre les repas. **À savoir :** procurez-vous des comprimés contenant 1-2 milliards d'organismes actifs.
Zinc/cuivre	**Dose :** 30 mg de zinc et 2 mg de cuivre par jour. **Attention :** n'ajoutez le cuivre que si vous prenez du zinc pendant plus de I mois.
Camomille	**Dose :** I tasse d'infusion jusqu'à 3 fois par jour. **À savoir :** 2 c. à thé de plante séchée par tasse.

Rappel : prenez en priorité les suppléments en bleu ; ceux en noir vous seront aussi bénéfiques. Vérifiez qu'ils ne vous sont pas déjà apportés par un autre supplément – voir p. 181.

de pépins de raisin (100 mg 1 ou 2 fois par jour) ou de vitamine C (1 000 mg 2 fois par jour). Les **huiles essentielles,** que l'on retrouve dans l'huile de graines de lin ou dans les huiles de poisson, luttent contre l'inflammation, protègent et soignent le tube digestif. Il faut leur ajouter de l'**acidophilus,** qui aide à rétablir l'équilibre de la flore bactérienne dans l'intestin. Un apport supplémentaire de **zinc,** qui manque aux personnes à l'intestin fragile, est également important ; il sera accompagné de **cuivre** pour éviter une carence de cet oligoélément, dont il empêche l'assimilation. Une tisane à la **camomille** fera peut-être disparaître certains symptômes.

Que faire d'autre ?

☑ Évitez les aliments qui déclenchent vos crises.
☑ Posez une bouillotte sur votre ventre pour apaiser les douleurs.
☑ Diminuez l'effet du stress en pratiquant le yoga ou la méditation et en faisant régulièrement de l'exercice.

QUOI DE NEUF ?

Les huiles de poisson diminuent la fréquence des crises provoquées par la maladie de Crohn. Telle est le résultat d'une étude italienne menée sur des sujets traversant une période de rémission. 28 % de rechutes furent observées dans le groupe de ceux qui prenaient des capsules molles d'huile de poisson, contre 69 % chez ceux qui prenaient un placebo.

Selon une étude américaine, les patchs à la nicotine procureraient des rémissions aux sujets atteints de colite ulcéreuse. On a observé une amélioration significative chez 12 des 31 sujets ayant porté pendant 4 semaines ce type de timbre, et 3 dans un groupe de 33 sujets qui portaient un placebo. Cette méthode a malheureusement des effets secondaires : étourdissements, nausées et éruptions cutanées.

LE SAVIEZ-VOUS ?

Près de 60 % des sujets atteints de la maladie de Crohn recourent aux suppléments et aux thérapies alternatives. Mais seulement un tiers d'entre eux le disent à leur médecin traitant.

INFOS PLUS

■ Les infusions de guimauve, de reine des prés et d'orme rouge ont un effet calmant sur l'intestin. Pour les préparer, faites infuser I ou 2 c. à thé de la plante pendant 15 min dans une tasse d'eau bouillante et filtrez.

Constipation

La pratique régulière d'un exercice physique et une alimentation riche en fibres et en liquides contribuent à réguler le transit intestinal. Si l'organisme a besoin d'un petit coup de pouce, les suppléments constituent des remèdes naturels efficaces.

Symptômes

- *Transit intestinal trop lent.*
- *Selles dures, sèches.*
- *Évacuation difficile ou douloureuse.*
- *Ballonnements de l'abdomen.*

Qu'est-ce que c'est ?

La fréquence des selles varie beaucoup d'une personne à l'autre, mais la plupart des médecins considèrent qu'un individu est constipé lorsqu'il a moins de trois selles, de consistance dure, par semaine.

Quelles en sont les causes ?

Dans la plupart des cas, la constipation résulte d'une carence en fibres alimentaires et en liquides. Elle est souvent aussi due à un dysfonctionnement hépatique : les sels biliaires produits par le foie sont en effet des laxatifs naturels essentiels au bon fonctionnement du système digestif. Parmi les autres facteurs, on citera l'absence d'exercice physique ou une période d'inactivité prolongée, une grave dépression et certains dérèglements physiologiques comme l'hypercalcémie, le diabète, l'hypothyroïdie, ou encore le cancer du côlon, les colopathies fonctionnelles et les spasmes musculaires. L'abus de laxatifs ou de certains antiacides peut détériorer l'intestin, tandis que certains médicaments (dont les hypotenseurs, les antidépresseurs et les analgésiques morphiniques) favorisent la constipation.

Les bienfaits des suppléments nutritionnels

Tout changement brutal dans le fonctionnement du transit intestinal peut être le signe d'un problème plus grave, tel qu'un cancer ou une occlusion intestinale, et requiert donc un avis médical. En cas de constipation ponctuelle, plusieurs suppléments nutritionnels se révèlent utiles. Ils agissent généralement en 1 ou 2 jours. À l'exception de l'écorce de cascara sagrada, les différents suppléments indiqués ici peuvent être pris sur une longue

L'infusion de racine de pissenlit peut aider à la régularité des selles.

SUPPLÉMENTS RECOMMANDÉS

Magnésium	**Dose :** 400 mg par jour au besoin. **Attention :** en cas de diarrhée, diminuez la dose ; à prendre avec de la nourriture.
Psyllium	**Dose :** 1-3 c. à soupe de poudre par jour, diluées dans de l'eau ou du jus de fruits. **À savoir :** vous pouvez le remplacer par 1-3 c. à soupe de graines de lin ou 2 c. à thé de graines de fenugrec, moulues ; buvez au moins 8 verres d'eau par jour.
Pruneaux	**Dose :** 1/2 verre de jus de pruneau ou 3 à 4 pruneaux chaque matin. **À savoir :** vous pouvez en consommer tous les jours.
Pissenlit (racine)	**Dose :** 1 tasse d'infusion 3 fois par jour. **À savoir :** utilisez 1 c. à thé de racine en poudre par tasse.
Acidophilus	**Dose :** 1 ou 2 yogourts aux ferments actifs par jour.
Cascara sagrada	**Dose :** 100 mg d'extrait d'écorce au coucher. **À savoir :** normalisé à 25 % de dérivés d'hydroxyanthracènes. **Attention :** contre-indiqué pendant la grossesse et l'allaitement.

Rappel : prenez en priorité les suppléments en bleu ; ceux en noir vous seront aussi bénéfiques. Vérifiez qu'ils ne vous sont pas déjà apportés par un autre supplément – voir p. 181.

période. Le **magnésium** est utile en cas de spasmes musculaires, de plus, il a aussi des effets laxatifs légers.

Le **psyllium,** les graines de lin et le fénugrec fournissent des fibres qui donnent des selles plus volumineuses et plus souples, donc plus faciles à évacuer ; on peut en prendre tous les jours. Absorbez-les avec beaucoup d'eau pour faciliter le transit intestinal. Vous pouvez aussi essayer le jus de **pruneau** ou les pruneaux entiers, très riches en fibres, que vous associerez au besoin aux autres suppléments. L'infusion de **racine de pissenlit** a une action légèrement laxative. Enfin, en transformant la composition de la flore intestinale, les yogourts à base d'**acidophilus** améliorent le transit intestinal.

Si une combinaison de ces remèdes n'apporte aucun soulagement après 1 ou 2 jours, essayez, en dernier ressort, l'écorce de **cascara sagrada.** Cette plante est un laxatif puissant qui stimule la contraction intestinale et ne doit pas être utilisée pendant plus de 1 ou 2 semaines d'affilée.

Que faire d'autre ?

☑ Mangez des aliments riches en fibres : fruits et légumes crus, son de blé, légumes secs et céréales complètes. Les pommes (crues ou cuites) sont particulièrement indiquées car elles contiennent des pectines, qui agissent en douceur sur les intestins.

☑ Buvez au minimum 8 verres d'eau ou de jus de fruits par jour.

☑ Faites régulièrement de l'exercice et, dans la mesure du possible, allez aux toilettes dès que l'envie se présente.

QUOI DE NEUF ?

Selon une étude américaine effectuée à l'université du Nebraska (É.-U.), il est maintenant reconnu que le psyllium accélère de façon remarquable le transit intestinal des sujets souffrant de constipation.

De récentes recherches menées à Seattle (É.-U.) ont montré que l'incidence du cancer du côlon était beaucoup plus élevée chez les personnes souffrant souvent de constipation. Selon les chercheurs, le séjour prolongé des selles dans le tube digestif expose davantage l'intestin aux substances potentiellement cancérigènes contenues dans les fèces. Les résultats de l'étude confirment l'intérêt pour les personnes constipées de prendre tous les jours du psyllium ou d'autres suppléments nutritionnels.

INFOS PLUS

■ En cas de constipation, il est essentiel de boire beaucoup, mais pas n'importe quoi. Ainsi, l'alcool et les boissons contenant de la caféine entraînent des pertes hydriques qui aggravent la constipation. En revanche, l'eau, les jus de fruits et de légumes et les bouillons fournissent un excellent apport hydrique. Sachez enfin qu'une boisson chaude le matin peut favoriser le déclenchement des fonctions intestinales.

Coups de soleil

Malgré toutes vos précautions, le plaisir d'une promenade à la campagne ou d'une sortie en mer peut être gâché par de douloureux coups de soleil. Des suppléments permettent d'apaiser la douleur et de prévenir les dommages cutanés à long terme.

Symptômes

Coups de soleil légers
Brûlures au 1er degré

- Coloration rose ou rouge de la peau, avec une sensation de chaleur au toucher.

Coups de soleil moyens
Brûlures au 2e degré

- Peau rouge avec petites cloques pleines d'eau pouvant démanger et éclater.

Coups de soleil graves
Brûlures au 3e degré

- Peau rouge vif à violacé, couverte ou non de cloques, avec frissons, maux de tête, nausées, vertiges ou fièvre.

CONSULTEZ LE MÉDECIN...

- Si vous avez des symptômes de brûlure au 3e degré.

- Si de grosses cloques se forment : elles risquent de s'infecter.

- Si vous ressentez des démangeaisons ou des douleurs exceptionnellement violentes.

ATTENTION : si vous suivez un traitement médical, consultez votre médecin avant de prendre des suppléments.

Qu'est-ce que c'est ?

Le coup de soleil est l'inflammation des couches supérieures de la peau sous l'effet d'une surexposition au soleil. Il peut être léger, avec une petite rougeur ; modéré, avec de petites cloques ; ou enfin grave, avec une peau rouge vif, des frissons et de la fièvre. Les symptômes apparaissent progressivement et n'atteignent parfois leur apogée que 24 h après l'exposition. Les coups de soleil accélèrent le vieillissement cutané et augmentent les risques de cancer de la peau.

Quelles en sont les causes ?

Le risque d'attraper un coup de soleil varie suivant le type de pigmentation de la peau, la situation géographique, la saison, l'heure de la journée et le temps qu'il fait. La production de mélanine, pigment qui absorbe les rayons ultraviolets, est une défense naturelle de l'organisme contre les effets du soleil (ou UV). Les blonds aux yeux clairs ont moins de mélanine que les bruns et sont plus sensibles aux UV. Certains médicaments, de même que le millepertuis, peuvent aussi fragiliser l'épiderme.

Les bienfaits des suppléments nutritionnels

Les suppléments n'empêchent pas les coups de soleil, mais, en application locale comme par voie orale, ils atténuent la douleur et les dommages causés par ces brûlures. Les traitements locaux apportent un soulagement immédiat. En cas de coup de soleil léger, versez 10 gouttes d'**huile essentielle de camomille** et la même quantité d'**huile essentielle de**

Le gel épais et transparent extrait de l'aloe vera fait un baume rafraîchissant et cicatrisant pour les coups de soleil.

SUPPLÉMENTS RECOMMANDÉS	
Camomille (huile essentielle)	**Dose :** ajoutez quelques gouttes à un bain froid ou mélangez-les à 1 c. à soupe d'huile d'amande douce (ou une autre huile neutre) et badigeonnez-en la peau 2 fois par jour. **À savoir :** à associer avec de l'huile essentielle de lavande ; une crème à la camomille ou au calendula, appliquée plusieurs fois par jour, favorise aussi la cicatrisation.
Lavande (huile essentielle	**Dose :** procédez de la même façon qu'avec l'huile essentielle de camomille. **À savoir :** à associer à de l'huile essentielle de camomille.
Aloe vera (gel)	**Dose :** appliquez le gel à volonté sur les régions lésées. **À savoir :** vous pouvez aussi utiliser de la feuille fraîche d'aloès.
Vitamine C	**Dose :** 500 mg 3 fois par jour. **À savoir :** de préférence sous forme d'ascorbate de calcium.
Vitamine E	**Dose :** 400 UI 2 fois par jour ; en crème, appliquez à volonté. **Attention :** ne prenez pas de vitamine E sous forme orale si vous êtes sous anticoagulants.
Graines de lin (huile)	**Dose :** 1 c. à soupe (14 g) 2 fois par jour. **Attention :** peut être mélangée à de la nourriture ; utilisez jusqu'à guérison complète.

Rappel : Vos suppléments habituels peuvent déjà vous fournir certains dosages – voir p. 181.

lavande dans un bain d'eau fraîche, et restez-y pendant 30 min pour apaiser la douleur et hydrater votre peau. Vous pouvez aussi prendre un bain tiède additionné de 1 tasse de bicarbonate de soude dilué. Si la brûlure est sévère, préparez une lotion avec quelques gouttes d'huile essentielle de camomille ou de lavande mélangées à 1 c. à soupe d'huile neutre (amande douce, par exemple) et enduisez-en délicatement la zone atteinte 2 fois par jour. Le **gel d'aloe vera** et la crème à la camomille ou au calendula apaisent aussi la brûlure et accélèrent le processus de cicatrisation.

L'exposition au soleil libère des radicaux libres, molécules instables qui, en excès, sont agressives et nocives pour la peau. Des antioxydants comme la **vitamine C** et la **vitamine E,** pris par voie orale, neutralisent ces radicaux libres. Au besoin, ils peuvent se prendre en cure prolongée. En cas de vilaines brûlures, vous pouvez appliquer une crème à la vitamine E pour aider l'épiderme à se régénérer et éviter les cicatrices. Vous pouvez enfin absorber de l'**huile de graines de lin,** riche en acides gras, pour atténuer l'inflammation et favoriser la cicatrisation.

Que faire d'autre ?

☑ Utilisez un écran solaire d'un indice de protection au moins égal à 15. Évitez de vous exposer entre 11 et 15 h, lorsque le rayonnement du soleil est le plus fort, et protégez-vous avec un vêtement et un chapeau à large bord.

☑ Pour apaiser une brûlure douloureuse, appliquez dessus une compresse de gaze imbibée de lait froid ou des sachets de thé usagés refroidis : le tanin calme la douleur.

☑ Ajoutez 1 tasse de farine d'avoine (avoine colloïdale vendue en pharmacie) à votre bain pour soulager la douleur et les démangeaisons.

Des chercheurs allemands ont découvert que la prise combinée de vitamines C et E réduisait les réactions de l'organisme aux brûlures du soleil. Cette thérapie pourrait aussi diminuer les risques à long terme de rides prématurées et de cancer de la peau.

Lors d'une étude australienne, on a constaté chez des personnes ayant utilisé un écran solaire pendant 1 an une perte presque nulle de cellules de Langerhans, essentielles pour le système immunitaire de la peau. Ceux qui n'employaient pas d'écran solaire avaient perdu une partie de ces cellules.

LE SAVIEZ-VOUS ?

La réverbération du soleil sur l'eau, le sable et la neige (ou même son rayonnement à travers les nuages par temps couvert) est aussi dangereuse que les rayons de soleil directs.

INFOS PLUS

■ Pour accélérer la cicatrisation, préparez une crème à la vitamine E : ouvrez une gélule et mélangez-en le contenu avec 1 c. à soupe de crème hydratante. Appliquez à volonté sur les coups de soleil.

■ Les produits contre les coups de soleil sont souvent à base de gel d'aloe vera. Choisissez des préparations titrées à 20 % au moins pour un maximum d'efficacité.

Coupures et écorchures

Si elles ne sont pas soignées, les petites blessures de tous les jours risquent de s'infecter. Des règles d'hygiène, l'application d'antiseptiques et d'anti-inflammatoires naturels évitent les infections et accélèrent la cicatrisation de la peau.

Symptômes

- *Entailles peu profondes de la peau, avec saignements.*

- *Éraflures superficielles de la peau, avec rougeurs et/ou saignements.*

- *Perforations, parfois profondes, de la peau.*

Qu'est-ce que c'est ?

Les coupures et les écorchures sont des lésions superficielles de la peau. La coupure résulte d'une entaille ou d'une perforation tandis que l'écorchure correspond à une déchirure superficielle ou à une égratignure.

Quelles en sont les causes ?

Des instruments coupants comme les couteaux ou les lames de rasoir, la tranche d'une feuille de papier ou des morceaux de verre ou de métal sont souvent à l'origine de coupures superficielles de la peau. Les perforations sont des petits trous provoqués par un objet pointu, tel qu'une aiguille, une agrafe ou la pointe d'un crayon. L'écorchure résulte d'un frottement de la peau contre une surface rugueuse, comme du gravier ou un revêtement en béton.

Les bienfaits des suppléments nutritionnels

De nombreux suppléments à usage local peuvent calmer la douleur, prévenir les infections et réduire les risques de cicatrice, mais leur emploi doit être réservé aux coupures et écorchures sans gravité ; les blessures béantes qui ne se referment pas et les lésions qui s'infectent requièrent des soins médicaux. Une fois que la plaie ne saigne plus, nettoyez-la avec soin, puis appliquez de l'**huile essentielle de lavande** pour éliminer les microbes et favoriser la cicatrisation. On peut la remplacer par de l'**huile essentielle de mélaleuca** (arbre à thé), qui protège contre les infections et accélère la cicatrisation, ou par des teintures diluées d'**échinacée,** de calendula ou de myrrhe, aux vertus antiseptiques ; une pommade à la consoude

Diluée avec un peu d'eau et appliquée directement sur la plaie, la teinture d'échinacée combat efficacement les infections.

SUPPLÉMENTS RECOMMANDÉS

Lavande (huile essentielle)	**Dose :** appliquez 1 ou 2 gouttes d'huile sur la blessure après l'avoir nettoyée. **À savoir :** à tamponner directement sur une simple écorchure.
Aloe vera (gel)	**Dose :** appliquez le gel généreusement sur la blessure 3 ou 4 fois par jour. **À savoir :** vous pouvez utiliser des feuilles fraîches d'aloès ou un gel vendu dans le commerce.
Vitamine C	**Dose :** 1 000 mg 2 à 3 fois par jour. **À savoir :** de préférence sous forme d'ascorbate de calcium.
Vitamine E	**Dose :** 1 gélule de 400 UI en application topique. **À savoir :** coupez la gélule et appliquez le contenu sur la blessure.
Mélaleuca (huile essentielle)	**Dose :** appliquez 1 ou 2 gouttes d'huile après avoir nettoyé la blessure. **À savoir :** peut remplacer l'huile essentielle de lavande.
Échinacée	**Dose :** diluez 3 gouttes de teinture dans 1 c. à thé d'eau, puis appliquez sur la blessure. **À savoir :** peut remplacer l'huile essentielle de mélaleuca ; buvez 1 tasse d'infusion d'échinacée 3 fois par jour, jusqu'à la guérison.
Calendula (crème)	**Dose :** appliquez la crème sur la blessure 3 fois par jour pour remplacer le gel d'aloe vera.
Broméline	**Dose :** 500 mg 3 fois par jour pendant 5 jours, à jeun. **Attention :** cessez l'utilisation en l'absence de résultats au bout de 2 semaines.

Rappel : prenez en priorité les suppléments en bleu ; ceux en noir vous seront aussi bénéfiques. Vérifiez qu'ils ne vous sont pas déjà apportés par un autre supplément – voir p. 181.

voir p. 181.

accélère la guérison. Après avoir pratiqué ces premiers soins, bandez la plaie. Changez le bandage 3 ou 4 fois par jour, en appliquant à chaque fois sur la plaie du **gel d'aloe vera,** aux vertus apaisantes, ou de la **crème au calendula** (souci) pour calmer ou réduire l'inflammation, stopper l'infection et accélérer le processus de cicatrisation.

Prenez les autres suppléments par voie orale pendant 5 jours. La **vitamine C** et la **vitamine E** (appliquée localement) accélèrent la guérison. L'infusion d'échinacée stimule les défenses immunitaires et réduit les risques d'infection. La **broméline,** une enzyme présente dans l'ananas frais, possède les mêmes effets bénéfiques que la vitamine C.

Que faire d'autre ?

☑ Arrêtez l'hémorragie en comprimant la plaie pendant quelques minutes avec un linge propre ou une compresse. S'il s'agit d'une perforation, laissez-la saigner pendant quelques minutes pour permettre l'évacuation des germes hors de la blessure.

☑ Nettoyez bien la peau autour de la plaie et entourez d'un bandage, surtout dans une région exposée aux salissures (doigts, genoux). Les antibiotiques ne sont pas nécessaires s'il n'y a pas de signes d'infection.

QUOI DE NEUF ?

Une étude réalisée sur des personnes présentant des cicatrices récentes a montré que celles qui portaient pendant la nuit des bandages imbibés de vitamine E obtenaient de meilleurs résultats que celles qui ne recevaient pas de vitamine E. Des recherches complémentaires seront nécessaires pour attester le rôle de cette vitamine dans l'atténuation, voire la disparition, des cicatrices.

Une petite étude, portant sur l'ablation chirurgicale de tatouages, a montré que les patients qui prenaient 3 000 mg de vitamine C et 900 mg d'acide pantothénique (vitamine B5) par jour guérissaient plus vite que ceux qui prenaient seulement 1 000 mg de vitamine C et 200 mg d'acide pantothénique par jour.

LE SAVIEZ-VOUS ?

Dans certaines fabriques de munitions, on ajoute de l'huile essentielle de mélaleuca à l'huile des machines pour réduire les risques d'infection des blessures causées par les projections de copeaux métalliques.

INFOS PLUS

■ L'aloe vera, qui s'avère très précieuse pour soigner les blessures sans gravité de la peau, est une plante facile à cultiver sur un rebord de fenêtre. Détachez une feuille bien charnue, coupez-la dans le sens de la longueur, puis raclez-la ou pressez-la pour en extraire le gel transparent.

Les 10 premières années sont primordiales pour la croissance de l'enfant. Des suppléments nutritionnels peuvent être utiles à certaines étapes de la vie ou si l'alimentation est déséquilibrée. Pour en savoir plus, consultez votre médecin ou un nutritionniste.

■ Le lait maternel apporte tous les éléments nutritionnels et les anticorps dont un bébé né à terme a besoin.

■ Si une mère qui allaite s'est nourrie de façon appropriée durant sa grossesse, son bébé ne devrait avoir besoin d'aucun supplément pendant les 6 premiers mois, à l'exception de la vitamine D, prescrite à raison de 400 UI par jour.

■ Les prématurés ont des besoins nutritionnels très spécifiques, et il faudra peut-être compléter le lait maternel par du lait pour prématurés.

■ Pour les bébés nourris au biberon, choisissez une préparation enrichie de fer. Ces préparations pour nourrissons ont été conçues pour répondre au mieux aux besoins nutritionnels des bébés qui ne peuvent être nourris au sein ou encore pour faire suite à l'allaitement maternel. Respectez scrupuleusement les indications de dilution.

■ Le lait de soja et autres boissons végétales, enrichis ou non, ne conviennent pas aux enfants de moins de 2 ans. Leur teneur en matières grasses et en énergie est insuffisante.

■ Le lait de vache n'est pas recommandé aux bébés de moins de 9 mois. Entre 9 et 12 mois, l'introduction du lait de vache se fera graduellement sur une période de 2 semaines. Utilisez du lait entier : il est riche en vitamines A et D, et les enfants ont besoin de l'apport énergétique de la matière grasse qu'il contient. Le lait écrémé n'est pas recommandé jusqu'à l'âge de 2 ans.

■ La supplémentation routinière en vitamines et minéraux n'est pas recommandée chez les enfants. Les enfants susceptibles d'en avoir besoin sont ceux de familles défavorisées, ceux qui souffrent d'un manque chronique d'appétit ou qui ont de mauvaises habitudes alimentaires, les enfants végétariens stricts, ceux qui suivent des régimes restrictifs à cause d'allergies, d'obésité ou de maladies chroniques. Un suivi par un professionnel de la santé est requis.

■ Caprices et refus inquiètent souvent parents et éducateurs. Ils font pourtant partie du développement psychologique de l'enfant. Avant qu'un enfant accepte un nouvel aliment, il faut souvent le lui présenter une dizaine de fois ! Ne vous découragez pas ! En continuant à lui présenter l'aliment sans forcer, vous contribuez à développer de saines habitudes alimentaires chez votre enfant. Pour les enfants qui souffrent souvent d'infections ou dont les caprices ne passent pas, un supplément pourra être envisagé pour corriger le déficit alimentaire général. Les critères de sélection des suppléments pour les enfants d`âge scolaire vous sont présentés dans le tableau.

■ Les enfants ont un faible appétit. Le mieux est de leur fournir 3 petits repas et 3 collations par jour. Mettez à leur disposition des aliments sains et nourrissants. Les enfants apprenant en imitant, faites des choix santé pour vous aussi !

FER

■ L'anémie par manque de fer dans l'alimentation est malheureusement courante en Amérique du Nord, surtout chez les enfants issus de milieux défavorisés. Un déficit d'attention et une faible motivation à apprendre sont bien souvent des conséquences de l'anémie. Un supplément pourra alors

renverser la situation. Consultez le médecin. Un bol de céréales enrichies en fer au déjeuner reste une excellente habitude à prendre !

CALCIUM ET VITAMINE D

■ C'est au cours de l'enfance et de l'adolescence que se forme la densité osseuse. Un apport adéquat en calcium et en vitamine D est essentiel à la formation des os. Le lait est riche en calcium et en vitamine D, et devrait avoir une place de choix dans l'alimentation des enfants. L'allergie au lait est rare. Elle touche moins de 2 % des enfants. Cette allergie se manifeste le plus souvent chez le nourrisson pour disparaître ensuite. On aura alors recours à des préparations lactées spéciales à base de soja. Le lait et les produits laitiers pourront être réintroduits petit à petit à la disparition des symptômes.

■ L'insuffisance en calcium chez les enfants n'est pas rare au Canada. On sait pourtant que l'omission du déjeuner et la popularité des boissons gazeuses en sont les principales causes. De quoi réfléchir...

ZINC

■ Les enfants qui ont un faible appétit, qui consomment peu de viande et qui sont de petite taille pour leur âge présentent des risques d'insuffisance en zinc. Les viandes rouges en sont la principale source. On pourra avoir recours à un supplément.

SUPPLÉMENTS POUR LES ENFANTS D'ÂGE SCOLAIRE *(doses quotidiennes)*		
ESSENTIELS	MINIMUM	MAXIMUM
Vitamine A	I 600 UI	10 000 UI
Vitamine D	200 UI	400 UI
Folacine	100 µg	200 µg
Calcium	200 mg	2 500 mg
OPTIONNELS		
Vitamine B1		4,5 mg
Vitamine B2		7,5 mg
Niacine		20 mg
Vitamine B6		3 mg
Vitamine B12		14 mg
Vitamine C		150 mg
Vitamine E		25 UI
Fer		65 mg
Zinc		30 mg

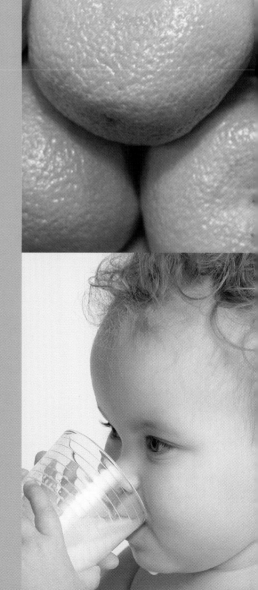

Cystite

Assez courante chez les femmes, la cystite est une infection urinaire douloureuse, qui peut avoir des conséquences sérieuses. Les travaux scientifiques actuels confirmant l'efficacité des remèdes traditionnels contre ce type d'infection, il peut être profitable d'y recourir.

Symptômes

- *Mictions fréquentes et impérieuses.*
- *Émission d'un très petit volume d'urine malgré l'urgence du besoin.*
- *Brûlures à la miction.*
- *Urines troubles, malodorantes ou particulièrement foncées.*
- *Crampes ou douleurs suspubiennes.*

CONSULTEZ LE MÉDECIN...

- Si les brûlures, la douleur ou les autres symptômes persistent après 24 à 36 h d'automédication.
- Si les brûlures s'accompagnent de pertes vaginales ou d'un écoulement du pénis.
- Si les symptômes décrits ci-dessus s'accompagnent de douleurs dans le dos, de frissons ou de fièvre.
- Si vous observez des traces de sang dans vos urines.

ATTENTION : si vous suivez un traitement médical, consultez votre médecin avant de prendre des suppléments.

Qu'est-ce que c'est ?

La cystite se traduit par une inflammation de la vessie ou de l'urètre (canal qui sert à l'écoulement de l'urine). Si cette affection est plus fréquente chez les femmes (20 % d'entre elles ont une cystite au moins 1 fois par an), elle peut aussi toucher les hommes. Le traitement doit être rapidement mis en place ; des antibiotiques sont parfois nécessaires, car les infections urinaires récurrentes peuvent s'étendre aux reins et entraîner de graves complications.

Quelles en sont les causes ?

La cystite résulte d'une infection bactérienne. Normalement, lorsque l'urine s'écoule des reins pour s'accumuler dans la vessie, elle est dépourvue de bactéries, donc stérile. Lors de la miction, l'urine entraîne sur son passage la faible quantité de bactéries présentes dans l'urètre. Il arrive cependant que les bactéries de l'appareil urinaire résistent aux défenses immunitaires, provoquant une infection. Se retenir d'uriner lorsqu'on en ressent le besoin et une mauvaise hygiène intime favorisent aussi l'apparition de la cystite. Elle survient également parfois au cours de la grossesse, car, le fœtus comprimant la vessie, celle-ci ne peut se vider complètement.

Les bienfaits des suppléments nutritionnels

Commencez dès les premiers signes de brûlure à la miction par la **vitamine C** et la **canneberge.** La vitamine C acidifie l'urine, faisant de la vessie un milieu hostile pour les bactéries ; elle renforce en outre les défenses immunitaires de l'organisme. La canneberge a aussi une action acidifiante sur l'urine, mais, surtout, elle empêche les bactéries de se fixer aux parois de l'appareil urinaire. Ces suppléments peuvent être associés à l'**échinacée,**

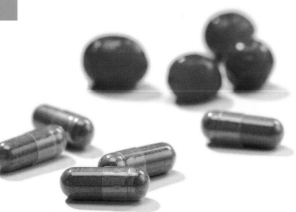

La canneberge favorise l'élimination des bactéries nocives de l'appareil urinaire et peut être utilisée pour prévenir ou soigner les cystites.

à l'**hydraste du Canada** ou à l'**ortie,** qui stimulent le système immunitaire et ont des propriétés anti-inflammatoires. Buvez beaucoup pour favoriser l'élimination des bactéries et des toxines.

Les cystites peuvent parfois se compliquer et entraîner de graves infections rénales. Consultez un médecin si les symptômes n'ont pas disparu après 24 à 36 h de traitement par des remèdes naturels. Si l'infection est confirmée, il vous prescrira sans doute des antibiotiques qui détruiront les bactéries responsables de l'infection, mais qui s'attaqueront malheureusement aussi aux bactéries bénéfiques qui protègent les appareils urinaire et digestif. Dans ce cas, prenez de l'**acidophilus** ou du **bifidus,** des ferments lactiques, qui permettront de réintroduire les bonnes bactéries dans votre organisme. Vous pouvez continuer à prendre les autres suppléments recommandés en parallèle avec un traitement antibiotique.

Que faire d'autre ?

☑ Buvez au moins 1 verre d'eau toutes les heures afin d'augmenter le volume de vos urines et de favoriser l'évacuation des microbes de votre appareil urinaire. Urinez dès que vous en ressentez le besoin.

☑ Nettoyez régulièrement vos régions génitales et anales et séchez-les soigneusement. Faites une toilette locale avant et après les rapports sexuels. Essuyez-vous toujours de l'avant vers l'arrière pour éviter d'introduire des microbes de la région anale dans l'appareil urinaire.

INFOS PLUS

■ Pour préparer une infusion contre la cystite, versez 1 tasse d'eau très chaude sur 2 c. à thé d'hydraste du Canada, d'échinacée ou d'ortie (ou un mélange des trois). Laissez infuser 15 min, puis filtrez. Sucrez avec du miel.

■ L'hydraste du Canada et l'échinacée peuvent être utilisées en infusions contre les cystites, mais également comme lotions nettoyantes pour prévenir les récidives chez les femmes sujettes aux infections urinaires. Préparez une tasse d'infusion avec l'une de ces herbes ou un mélange des deux, puis laissez refroidir. Lavez la région génitale avec la lotion refroidie.

■ Quand les urines sont alcalines, ce qui est le cas chez les végétariens, il vaut mieux utiliser une autre plante appelée uva-ursi (busserole ou raisin d'ours). 1/2 c. à thé de teinture normalisée à 20 % d'arbutine sera utilisée 4 fois par jour pour un traitement d'une durée de 7 jours. L'uva-ursi ne doit pas être prise en même temps que la vitamine C ou la canneberge, ni pendant plus d'une semaine.

■ Évitez les douches vaginales ou atomiseurs parfumés : ces produits peuvent irriter le tractus urinaire.

Dégénérescence maculaire

Cette affection, due à la détérioration de la partie centrale de la rétine, est la première cause de perte soudaine de la vision après 50 ans. Un apport élevé d'antioxydants semble jouer un rôle essentiel dans la prévention de ce trouble.

Symptômes

- *Tache floue, grise ou blanche au centre du champ de vision, affectant un œil ou les deux ; la vision périphérique reste correcte.*

- *Vision déformée des lignes droites, qui semblent ondulées, des caractères d'imprimerie, qui sont flous, et des objets, dont la taille et la forme changent.*

- *Vision atténuée ou affadie des couleurs.*

CONSULTEZ LE MÉDECIN...

- Si vous présentez l'un des symptômes décrits ci-dessus ; le médecin vous adressera probablement à un ophtalmologiste.

ATTENTION : si vous suivez un traitement médical, consultez votre médecin avant de prendre des suppléments.

Qu'est-ce que c'est ?

La macula est la partie centrale et la plus sensible à la lumière de la rétine, qui permet la vision la plus fine et précise ainsi que la vision des couleurs. Sa détérioration, appelée dégénérescence maculaire, entraîne une diminution de l'acuité visuelle, non pas périphérique mais plutôt centrale. La vision devient floue, grisâtre ou masquée par une grande tache blanche. Il devient alors difficile, voire impossible, de lire, de conduire et de regarder la télévision, ou même de reconnaître un visage.

On distingue deux formes de dégénérescence maculaire : la forme sèche, qui représente 90 % des cas, et la forme humide. Dans la première, liée à l'âge, la macula s'atrophie progressivement et produit des déchets qui s'accumulent sous la rétine. Dans la forme humide, ou exsudative, de nouveaux vaisseaux sanguins se forment sous la rétine et l'envahissent, telles les racines d'un arbre qui transpercent le béton. On observe souvent, au niveau de ces vaisseaux fragilisés, des pertes de liquide ou de sang, qui entraînent la formation de tissu cicatriciel et une détérioration rapide de la vision centrale.

Quelles en sont les causes ?

La dégénérescence maculaire est sans doute principalement due à l'action nocive des radicaux libres, molécules instables et très réactives qui, lorsqu'elles sont en excès, détériorent les cellules. Une alimentation riche en graisses saturées, le tabac et l'exposition au soleil favorisent la formation de radicaux libres dans la rétine. L'hypertension artérielle, les maladies cardiaques et le diabète sont également des facteurs de cette affection, car ils réduisent l'irrigation sanguine de l'œil.

L'extrait de pépins de raisin en gélules renferme des antioxydants qui contribuent à protéger la rétine contre les lésions favorisant la dégénérescence maculaire.

Vitamine C	**Dose :** 1 000 mg 2 fois par jour. **Attention :** en cas de diarrhée, diminuez la dose.
Vitamine E	**Dose :** 400 UI 2 fois par jour. **Attention :** demandez l'avis de votre médecin si vous prenez des anticoagulants.
Caroténoïdes	**Dose :** 2 comprimés par jour de caroténoïdes mélangés, à prendre avec des aliments. **À savoir :** chaque comprimé doit donner 25 000 UI d'activité vitaminique.
Zinc/cuivre	**Dose :** 30 mg de zinc et 2 mg de cuivre par jour. **À savoir :** n'ajoutez le cuivre que si vous prenez du zinc pendant plus de 1 mois.
Myrtille	**Dose :** 80 mg d'extrait 3 fois par jour. **À savoir :** normalisé à 25 % d'anthocyanosides.
Pépins de raisin (extrait)	**Dose :** 100 mg 2 fois par jour. **À savoir :** normalisé à 92-95 % de procyanidines.
Ginkgo biloba	**Dose :** 40 mg 3 fois par jour. **Attention :** normalisé à au moins 24 % de glycosides flavonoïdes.
Sélénium	**Dose :** 400 µg par jour. **Attention :** toxique à haute dose ; ne dépassez pas 400 µg/jour.

Rappel : prenez en priorité les suppléments en bleu ; ceux en noir vous seront aussi bénéfiques. Vérifiez qu'ils ne vous sont pas déjà apportés par un autre supplément – voir p. 181.

Les bienfaits des suppléments nutritionnels

Par leur action antioxydante, les **vitamines C** et **E** et différents types de **caroténoïdes** peuvent neutraliser les radicaux libres. La lutéine et la zéaxanthine sont des caroténoïdes très efficaces, car elles protègent la macula en filtrant les rayons ultraviolets du soleil. Le **zinc** joue un rôle essentiel dans le fonctionnement de la rétine. On sait que ce minéral, dont l'apport est souvent déficitaire chez les personnes âgées, aide à ralentir la progression de la maladie. Sachant que le zinc inhibe l'absorption du **cuivre,** associez-le à un apport supplémentaire de cuivre.

Pour obtenir une protection accrue, prenez tous ces suppléments conjointement et ajoutez-y de la **myrtille.** Cette plante renferme des composés antioxydants et améliore l'irrigation sanguine de la rétine. On peut la remplacer par de l'extrait de **pépins de raisin** ou du **ginkgo biloba**. Sans être aussi efficaces que la myrtille, l'extrait de pépins de raisin améliore la vision nocturne et le ginkgo serait bénéfique à ceux qui ont en plus des problèmes de mémoire. Enfin, du **sélénium** renforcera l'action antioxydante de ces suppléments dans tout l'organisme.

Que faire d'autre ?

☑ Protégez vos yeux avec des lunettes de soleil et un chapeau à large bord.
☑ Arrêtez de fumer : le tabac est l'un des principaux facteurs incriminés dans l'apparition de la dégénérescence maculaire.
☑ Mangez beaucoup de légumes vert foncé et de tomates.

La consommation d'un verre de vin par jour pourrait aider à prévenir la dégénérescence maculaire. Une étude portant sur plus de 3 000 personnes âgées de 45 à 74 ans a révélé que l'absorption de quantités modérées de vin réduisait de 19 % le risque d'être atteint de cette affection. Les autres boissons alcoolisées n'ont pas cet effet protecteur.

Lors d'une autre étude, on a constaté que, chez les personnes ayant mangé environ 600 g par jour d'épinards ou de chou frisé – à teneur très élevée en lutéine et en zéaxanthine –, le risque de développer une dégénérescence maculaire liée à l'âge était de 43 % inférieur à celui des personnes en ayant consommé peu.

LE SAVIEZ-VOUS ?

Les personnes aux yeux bleus ou verts doivent veiller à protéger leurs yeux, car elles sont particulièrement exposées aux effets nocifs du soleil qui favorisent la dégénérescence maculaire.

INFOS PLUS

■ La dégénérescence maculaire, rare avant l'âge de 50 ans, touche 25 % des plus de 65 ans et plus de 30 % des plus de 80 ans.

■ Les personnes qui fument 20 cigarettes par jour sont 2 fois plus exposées à la dégénérescence maculaire que les non-fumeurs. Même les anciens fumeurs encourent 30 % de risques.

Dépression

Chaque année, environ 3 millions de Canadiens sont affligés de dépression, une maladie fréquente et mal comprise. Les innovations dans les médicaments d'ordonnance ont été accompagnées de recherches sur l'utilisation des suppléments dans le traitement de cette maladie.

Symptômes

- Tristesse persistante ou impression de vide.

- Perte d'intérêt pour toutes les activités de la vie courante, y compris pour les relations sexuelles.

- Troubles du sommeil, manque d'énergie, fatigue.

- Manque d'appétit et amaigrissement ou, au contraire, augmentation de l'appétit et prise de poids.

- Sentiments de culpabilité, d'inutilité et d'incapacité.

- Difficultés de concentration, irritabilité, crises de larmes répétées.

- Douleurs chroniques.

- Pensées morbides ou suicidaires.

CONSULTEZ LE MÉDECIN...

- Si vous ou une personne de votre entourage présentez ces symptômes depuis plus de 2 semaines.

- Si vous ou une personne de votre entourage avez des pensées suicidaires : une consultation médicale s'impose alors de toute urgence.

ATTENTION : si vous suivez un traitement médical ou psychiatrique, consultez votre médecin avant de prendre des suppléments.

Qu'est-ce que c'est ?

La dépression va bien au-delà d'une simple période de tristesse. C'est une maladie dévastatrice qui affecte la vie d'une personne sur le plan physique, mental et émotionnel. Non seulement elle modifie l'opinion que le malade a de lui-même et la manière dont il perçoit son entourage, mais elle lui rend également pénibles les activités de la vie quotidienne.

Il existe plusieurs formes de dépression, allant d'un état de mélancolie chronique appelée dysthymie ou passant par une alternance de périodes d'excitation et de désespoir (dépression bipolaire ou état maniaco-dépressif), pour arriver parfois à la forme la plus sévère, la « mélancolie vraie ». Celle-ci se traduit par une inhibition totale de toutes les fonctions physiques et psychiques ainsi que par des pensées suicidaires.

Quelles en sont les causes ?

Cette maladie peut avoir plusieurs raisons, mais les scientifiques pensent qu'elle est provoquée par un déséquilibre cérébral du taux des neurotransmetteurs, molécules qui véhiculent les informations entre les cellules nerveuses. Une crise dépressive peut être déclenchée par un deuil, un divorce, une maladie grave, la perte de son emploi ou tout autre problème majeur. Mais les allergies alimentaires, les carences nutritionnelles, les effets secondaires de certains médicaments (comme les bêtabloquants), le stress, l'abus d'alcool et le tabac peuvent aussi être à l'origine de cette maladie. Des dysfonctionnements dans la manière de faire face à la colère, à la culpabilité et à d'autres émotions pourraient aussi être impliqués. Il existe également une dépression appelée saisonnière, qui touche des milliers d'individus lors des courtes journées d'hiver : le manque de lumière provoque tristesse, fatigue et léthargie, et incite ces personnes à s'isoler socialement jusqu'à ce que les journées rallongent.

Dans certains types de dépression, le millepertuis peut être aussi efficace que les médicaments classiques.

Vitamines du complexe B	**Dose :** I comprimé chaque matin avec des aliments. **À savoir :** choisissez un complexe B-50 contenant 50 µg de vitamine B12 et de biotine, 400 µg d'acide folique et 50 mg de toutes les autres vitamines B.
Vitamine C	**Dose :** 500 mg 3 fois par jour. **À savoir :** de préférence sous forme d'ascorbate de calcium.
Calcium/ magnésium	**Dose :** 250 mg de calcium et de magnésium 2 fois par jour. **À savoir :** vous pouvez prendre une dose supplémentaire avant de vous coucher pour mieux dormir.
Millepertuis	**Dose :** 300 mg 3 fois par jour. **À savoir :** normalisé à 0,3 % d'hypéricine.
5-HTP	**Dose :** 50 mg I à 3 fois par jour. **Attention :** ne le prenez pas plus de 3 mois sans l'avis du médecin.
Ginkgo biloba	**Dose :** 80 mg 3 fois par jour (pendant au moins 4 semaines). **Attention :** normalisé à au moins 24 % de glycosides flavonoïdes.

Rappel : prenez en priorité les suppléments en bleu ; ceux en noir vous seront aussi bénéfiques. Vérifiez qu'ils ne vous sont pas déjà apportés par un autre supplément – voir p. 181.

Les bienfaits des suppléments nutritionnels

Les vitamines et les minéraux sont souvent d'une aide précieuse pour les personnes sous antidépresseurs. Certaines plantes peuvent aussi être utilisées, mais non sans avoir eu l'accord de votre médecin. N'interrompez jamais votre traitement sans avis médical.

Des taux insuffisants de **vitamines B** et de **vitamine C** semblent favoriser l'apparition de la dépression. Ces vitamines jouent un rôle important dans la production cérébrale des neurotransmetteurs et peuvent renforcer l'effet des antidépresseurs. Le **calcium** et le **magnésium** agissent comme des calmants du système nerveux et se révèlent efficaces contre les problèmes d'insomnie associés à la dépression.

Dans la dépression légère, le **millepertuis** peut remplacer efficacement les médicaments classiques, qui ont souvent des effets secondaires. Pour les personnes de plus de 50 ans, le **ginkgo biloba** semble mieux faire échec à la dépression que le millepertuis. Le **5-HTP**, une forme de tryptophane (acide aminé), semble améliorer l'humeur. On peut associer le 5-HTP (voir p. 64-65) au millepertuis ou au ginkgo, avec l'accord du médecin.

Que faire d'autre ?

☑ Faites de l'exercice régulièrement : c'est un antidépresseur naturel des plus efficaces.

☑ Évitez le tabac et l'abus de caféine et d'alcool.

☑ Consultez un spécialiste. Il existe de nombreuses techniques thérapeutiques pouvant vous aider à sortir d'une phase de dépression.

Diabète

Le diabète affecte 1,5 million de Canadiens. Beaucoup d'entre eux devraient envisager d'associer des plantes et des suppléments à un traitement classique. Ces remèdes naturels permettent d'éviter les complications à long terme de cette affection, chronique mais contrôlable.

Symptômes

- Soif intense.

- Mictions fréquentes et anormalement abondantes.

- Fatigue extrême, faiblesse.

- Amaigrissement.

- Ralentissement de la cicatrisation des coupures et des blessures.

- Infections récurrentes, telles que candidoses et cystites.

- Vision brouillée.

- Engourdissement ou fourmillements dans les mains et les pieds.

CONSULTEZ LE MÉDECIN...

- Si vous présentez l'un des symptômes mentionnés ci-dessus.

ATTENTION : si vous suivez un traitement médical, consultez votre médecin avant de prendre des suppléments.

Qu'est-ce que c'est ?

Le diabète se traduit par un excès de sucre dans le sang, dû à une sécrétion insuffisante d'insuline, l'hormone qui assure la régulation de la glycémie, ou à une mauvaise utilisation de celle-ci par l'organisme. Ce déséquilibre entraîne à la longue maladies cardiovasculaires ou rénales, lésions du système nerveux, perte de la vue et autres complications. Il existe deux types de diabète : le diabète insulinodépendant (type I), le moins fréquent et qui survient plutôt avant 30 ans, et le diabète non insulinodépendant (type II), qui représente 90 % des cas et s'observe surtout après 45 ans.

Quelles en sont les causes ?

Le diabète de type I résulte de l'absence de sécrétion d'insuline par le pancréas, qui serait due à un virus ou à une réaction auto-immune incitant l'organisme à attaquer ses propres cellules pancréatiques. Les personnes en souffrant doivent prendre de l'insuline à vie. Le diabète de type II est déclenché par une résistance à l'insuline : le pancréas produit cette hormone, mais les cellules de l'organisme deviennent moins sensibles à son action. L'obésité est un important facteur de risque dans le diabète de type II.

Les bienfaits des suppléments nutritionnels

Le diabète doit toujours être très surveillé médicalement. Les suppléments recommandés ci-contre peuvent être associés à des médicaments classiques dans les deux types de diabète. Certains nécessitent une modification des doses prescrites d'insuline ou d'hypoglycémiants (médicaments réduisant le taux de sucre dans le sang, indiqués dans le diabète non insulinodépendant), qui relève de la responsabilité du médecin.

Les **vitamines du complexe B** coopèrent avec les enzymes qui transforment le glucose en énergie et préviennent les lésions nerveuses. Le **chrome** fait baisser les taux de glucose et de cholestérol chez les diabétiques. Les **acides gras essentiels** fournissent une bonne protection contre les lésions nerveuses et entretiennent l'élasticité des artères. Les huiles de poisson, en particulier, permettent d'augmenter le taux des lipoprotéines

Les suppléments de myrtille contribuent à prévenir les troubles ophtalmiques inhérents au diabète.

Vitamines du complexe B	**Dose :** I comprimé chaque matin, avec de la nourriture. **À savoir :** prenez un complexe B-50 contenant 50 µg de vitamine B12 et de biotine, 400 µg d'acide folique et 50 mg de toutes les autres vitamines B.
Chrome	**Dose :** 200 µg 3 fois par jour, à prendre au cours des repas. **Attention :** peut modifier les besoins en insuline ; consultez votre médecin.
Acides gras essentiels	**Dose :** I 000 mg d'huile d'onagre 3 fois par jour ; I 000 mg d'huiles de poisson 2 fois par jour. **À savoir :** vous pouvez remplacer l'huile d'onagre par I 000 mg d'huile de bourrache I fois par jour.
Antioxydants	**Dose :** I 000 mg de vitamine C, 400 UI de vitamine E chaque matin.
Zinc/cuivre	**Dose :** 30 mg de zinc et 2 mg de cuivre par jour. **À savoir :** n'ajoutez le cuivre que si vous prenez le zinc plus de I mois.
Myrtille	**Dose :** I60 mg 2 fois par jour. **À savoir :** normalisée à 25 % d'anthocyanosides.
Taurine	**Dose :** 500 mg de L-taurine 2 fois par jour, à jeun. **À savoir :** si vous la prenez plus de I mois, ajoutez un complexe d'acides aminés.

Rappel : prenez en priorité les suppléments en bleu ; ceux en noir vous seront aussi bénéfiques. Vérifiez qu'ils ne vous sont pas déjà apportés par un autre supplément – voir p. 181.

à haute densité – c'est-à-dire le bon cholestérol (HDL) – dans le sang, diminuant ainsi les risques de troubles cardiovasculaires. Les **antioxydants** préviennent les lésions du système nerveux, des yeux et du cœur. La vitamine E peut bloquer l'accumulation de plaque dans les artères.

De nombreux diabétiques assimilent mal le **zinc,** qui favorise le bon fonctionnement de l'insuline et stimule la cicatrisation des blessures (une fonction altérée par une glycémie élevée) ; en utilisation prolongée, il faut lui ajouter du **cuivre.** La **myrtille** contribue à prévenir les troubles ophtalmiques inhérents au diabète. Enfin, la **taurine,** un acide aminé, favorise la production d'insuline et peut prévenir les caillots sanguins.

Que faire d'autre ?

☑ Pratiquez régulièrement de l'exercice. Les personnes qui brûlent plus de 3 500 calories par semaine en faisant du sport ont 2 fois moins de risques de développer un diabète que celles qui n'en dépensent que 500.

☑ Perdez du poids pour éviter la survenue d'un diabète de type II.

☑ Mangez des céréales complètes, des légumes et des fruits, qui aident à contrôler la glycémie.

Selon une étude, en prenant des suppléments comme la vitamine C et la vitamine E, vous protégez votre organisme contre les dommages causés par les radicaux libres (des molécules d'oxygène instables) et pourriez réduire les risques de certaines complications graves du diabète.

—⚌—

Un diabétique sur trois pourrait avoir une carence en magnésium, allèguent les chercheurs de la Columbia University (É.-U.) ; ce manque de magnésium pourrait à son tour contribuer aux cardiopathies. Certains experts recommandent aux diabétiques de prendre 250 mg de magnésium 2 fois par jour. Cependant, ceux qui présentent des troubles rénaux devraient s'en abstenir.

INFOS PLUS

■ Les diabétiques gagneraient à introduire des produits à base de soja dans leur alimentation. En effet, la farine de soja, le « lait » de soja et le tofu, par exemple, contribueraient à réguler la glycémie, à protéger des défaillances cardiaques et à alléger le travail des reins.

■ La plante médicinale ginkgo biloba s'avère utile pour contrer deux effets secondaires courants du diabète : les lésions nerveuses et la piètre circulation sanguine dans les extrémités. Si vous présentez des signes de l'une ou l'autre de ces complications, ou si vous avez du mal à contrôler votre taux de glycémie, faites l'essai de ginkgo biloba à raison de 40 mg 3 fois par jour.

Diarrhée

Aussi déplaisante soit-elle, la diarrhée permet à l'organisme d'évacuer des toxines nocives. C'est un trouble banal qui guérit spontanément en un jour ou deux, mais peut être difficile à vivre. Le but d'un traitement est avant tout d'éviter la déshydratation.

Symptômes

- *Selles liquides fréquentes.*
- *Crampes abdominales.*
- *Nausées, fièvre ou soif intense.*

Le psyllium soulage la diarrhée en absorbant le liquide en excès dans l'intestin. Mélangez-le à de l'eau ou à un jus.

Qu'est-ce que c'est ?

Le mot diarrhée désigne une augmentation de la fréquence des selles, ou l'émission de selles liquides. Ce n'est pas une maladie en soi, mais le symptôme de toute une série de troubles, généralement bénins, parfois graves. La diarrhée signale une perturbation du transit des aliments vers le gros intestin. D'habitude, l'eau est absorbée à travers la paroi intestinale tandis que la nourriture traverse le gros intestin ; les matières fécales quittent alors l'organisme en masse compacte. Si un élément quelconque accélère ou perturbe ce processus, le liquide est expulsé du corps avec les matières fécales.

Quelles en sont les causes ?

La diarrhée provient d'une inflammation ou d'une irritation de l'intestin et résulte habituellement d'une infection bactérienne ou virale véhiculée par les aliments ou l'eau absorbés. La majorité des voyageurs qui se rendent dans des régions moins développées du monde connaissent ce risque de contamination et prennent des mesures pour éviter la diarrhée, mais ils ne sont pas toujours aussi prudents chez eux. La diarrhée attribuée au virus de la grippe est bien plus souvent due à une intoxication d'ordre alimentaire.

La diarrhée a diverses autres causes : une consommation inhabituelle pour l'intestin de fruits et de légumes, par exemple, notamment s'il s'agit de prunes ou de haricots secs ; de trop grandes quantités de produits basses calories au sorbitol ; ou encore des doses thérapeutiques de vitamine C ou de magnésium (dans ce cas, réduisez les doses). Les victimes d'une intolérance au lactose (incapacité à digérer le lactose, glucide des produits laitiers) réagissent à sa présence dans n'importe quel aliment par des gaz, des ballonnements et de la diarrhée. Les antibiotiques, qui détruisent la flore intestinale saine, peuvent aussi entraîner de la diarrhée, parfois provoquée chez certains par le stress.

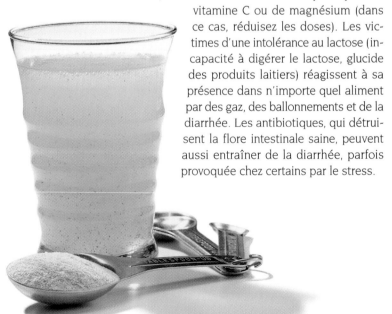

Aigremoine	**Dose :** en tisane, I tasse jusqu'à 6 fois par jour. **À savoir :** utilisez I c. à soupe de feuilles par tasse, laissez infuser 15 min et filtrez ; buvez à volonté. **Attention :** à ne pas utiliser si vous prenez des anticoagulants.
Mûrier/ framboisier (feuilles)	**Dose :** en tisane, I tasse jusqu'à 6 fois par jour. **À savoir :** utilisez I c. à soupe de feuilles par tasse, laissez infuser 15 min et filtrez ; buvez à volonté.
Psyllium	**Dose :** I-3 c. à soupe de poudre par jour, diluées dans de l'eau ou du jus. **À savoir :** buvez beaucoup d'eau pendant la journée.
Acidophilus et bifidus	**Dose :** 2 comprimés 3 fois par jour, entre les repas. **À savoir :** choisissez des comprimés contenant chacun 1-2 milliards de ferments actifs.

Rappel : Vos suppléments habituels peuvent déjà vous fournir certains dosages – voir p. 181.

La diarrhée peut par ailleurs être le symptôme de maladies gastro-intestinales comme la colite, le cancer du côlon, la maladie de Crohn, la colopathie fonctionnelle ou une affection du pancréas.

Les bienfaits des suppléments nutritionnels

Essayez les tisanes d'**aigremoine, de feuilles de mûrier** sauvage ou de **feuilles de framboisier :** ces plantes contiennent des tanins, produits chimiques qui font cicatriser les muqueuses intestinales et aident l'organisme à fixer les liquides. Les tisanes compensent également les pertes de liquides, ce qui permet d'éviter la déshydratation parfois occasionnée par une crise de diarrhée prolongée.

Si aucune tisane ne vous soulage, pensez au **psyllium.** Cette fibre soluble est mieux connue pour son utilisation dans la constipation, mais elle absorbe aussi le liquide en excès dans l'intestin et donne du volume aux selles. L'**acidophilus** et les **bifidus** aident à reconstituer la flore intestinale tout particulièrement mise en péril par la prise d'antibiotiques. Tous ces remèdes peuvent remplacer les médicaments en vente libre, à l'exception de l'acidophilus et des bifidus, qui peuvent leur être associés mais ne doivent pas se prendre au même moment de la journée.

En cas d'intoxication alimentaire, attendez quelques heures avant d'intervenir pour laisser à votre organisme le temps de se débarrasser de l'élément agresseur. Dans les autres cas, commencez aussitôt le traitement.

Que faire d'autre ?

☑ Buvez beaucoup d'eau et de liquides clairs pour éviter de vous déshydrater.

☑ Évitez les jus de fruits citrins, le lait et les aliments riches en fibres pendant 1 à 2 jours après une diarrhée ; mangez des aliments bien tolérés par les intestins, comme le riz blanc et la banane.

☑ Lors de voyages dans des régions connues pour les risques de diarrhée, ne consommez que des aliments cuits, évitez les glaçons et employez de l'eau en bouteille, y compris pour vous laver les dents.

Le vin a depuis longtemps la réputation de soigner l'infection et la maladie. Certaines recherches actuelles indiquent qu'il pourrait aussi lutter contre la diarrhée. Une étude récente a montré que le vin, blanc ou rouge, donnait de meilleurs résultats pour se débarrasser de bactéries intestinales dangereuses, comme les salmonelles et certaines souches d'*Escherichia coli,* que des produits pharmaceutiques en vente libre.

INFOS PLUS

■ La tisane de feuilles de mûrier sauvage passe souvent pour le remède végétal le plus puissant contre la diarrhée. Mais lisez attentivement les étiquettes : de nombreux produits contiennent du thé noir parfumé à la mûre, et non des feuilles de mûrier.

■ Plus de 50 millions de Nord-Américains souffrent chaque année de diarrhée provoquée par des bactéries, un virus ou tout autre micro-organisme. Pour limiter les risques, il suffit de prendre des précautions élémentaires : lavez-vous les mains à l'eau chaude et au savon avant de préparer les aliments et après avoir manipulé de la viande crue ; laissez décongeler les aliments au réfrigérateur ou au micro-ondes ; ne faites mariner les viandes qu'au réfrigérateur ; lavez les plats et les ustensiles en contact avec la viande ou la volaille crue avant de les réutiliser pour des aliments cuits ; couvrez les restes et mettez-les vite au réfrigérateur.

Digestion (mauvaise)

Si, comme 20 à 25 millions de Nord-Américains, vous souffrez de troubles digestifs, il vous suffira sans doute d'adopter une meilleure hygiène de vie. Mais il existe aussi des remèdes naturels susceptibles de vous soulager rapidement.

Symptômes

- *Sensation de brûlure derrière le sternum, pouvant durer de quelques minutes à plusieurs heures.*

- *Brûlure dans la gorge ou régurgitation d'un liquide chaud et acide.*

- *Gaz ou renvois ; ballonnements ou gargouillis.*

- *Douleurs abdominales ; sensation de malaise, surtout en position allongée.*

CONSULTEZ LE MÉDECIN...

- **Si les douleurs se manifestent 2 fois par semaine ou plus : elles peuvent être d'origine stomacale ou hépatique.**

- **Si vous avez du mal à avaler.**

- **Si vous vomissez ou que vos selles sont noires.**

- **Si vous avez plus de 45 ans et que les symptômes persistent.**

- **Si vous éprouvez une oppression dans la poitrine ou que vos douleurs s'accompagnent d'essoufflement, de vertiges, de sueurs ou qu'elles irradient vers le bras ou la mâchoire. C'est le signe de l'imminence d'une crise cardiaque. Appelez les urgences.**

ATTENTION : si vous suivez un traitement médical, consultez votre médecin avant de prendre des suppléments.

Qu'est-ce que c'est ?

La mauvaise digestion, appelée aussi dyspepsie, donne lieu à toute une gamme de malaises désagréables, allant des ballonnements, gargouillements, crampes abdominales et gaz à des nausées et vomissements. Les brûlures d'estomac sont les plus redoutées. Elles sont causées par la remontée dans l'œsophage d'une partie de l'acide chlorhydrique produit par l'estomac, à raison de plus de 1 litre par jour, pour assurer la digestion. Alors que l'estomac est protégé par une muqueuse, l'œsophage, qui le relie au pharynx, en est dépourvu et l'acide, lorsqu'il y pénètre, provoque de pénibles irritations ; en cas d'inflammation de ce conduit, les douleurs sont identiques à celles causées par l'angine de poitrine.

Quelles en sont les causes ?

Un sphincter situé à la base de l'œsophage empêche en principe la remontée de l'acide gastrique en ne s'ouvrant que pour laisser passer les aliments. Mais il arrive qu'il se referme mal, et l'acide remonte dans l'œsophage, provoquant des brûlures. La surcharge pondérale et la grossesse affaiblissent cet anneau musculaire, ainsi que le tabac, qui assèche la salive, chargée de diluer l'acide présent dans l'œsophage et de l'évacuer. Des aliments tels le chocolat et la menthe, des boissons comme le jus d'orange et le café, et certains médicaments ont le même effet indésirable.

Divers facteurs agissent sur la digestion : les vêtements serrés à la taille, qui, exerçant une pression supplémentaire sur l'abdomen, font remonter le contenu de l'estomac ; un repas trop abondant, qui stimule la production d'acide ; le stress et l'anxiété, qui perturbent le fonctionnement de l'estomac et des muscles de l'intestin intervenant dans la digestion. Parler en mangeant ou mâcher la bouche ouverte – tristes habitudes qui font avaler de l'air – peuvent être cause de ballonnements et d'une digestion difficile.

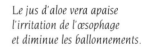

Le jus d'aloe vera apaise l'irritation de l'œsophage et diminue les ballonnements.

SUPPLÉMENTS RECOMMANDÉS

Carbonate de calcium	**Dose :** 250-500 mg 3 fois par jour. **À savoir :** les comprimés à mâcher soulagent plus rapidement.
Réglisse (DGL)	**Dose :** 2 pastilles à sucer (380 mg) 3 ou 4 fois par jour. **À savoir :** à prendre entre les repas, au besoin.
Aloe vera (jus)	**Dose :** 1/2 tasse 3 fois par jour entre les repas. **Attention :** le jus doit contenir 98 % d'aloe vera sans aloïne ni émodine.
Gamma-oryzanol	**Dose :** 150 mg 3 fois par jour, à jeun. **À savoir :** aussi connu sous le nom d'huile de riz.
Choline	**Dose :** 500 mg 3 fois par jour. **À savoir :** pour les brûlures d'estomac chroniques, associez-la à l'acide pantothénique (B5) et à la thiamine pendant 1 mois.
Acide pantothénique (vitamine B5)	**Dose :** 100 mg 2 fois par jour. **À savoir :** pour les brûlures d'estomac chroniques, associez-le à la choline et à la thiamine pendant 1 mois.
Thiamine (vitamine B1)	**Dose :** 50 mg 1 fois par jour, le matin à jeun. **À savoir :** pour les brûlures d'estomac chroniques, associez-la à l'acide pantothénique et à la choline pendant 1 mois.

Rappel : prenez en priorité les suppléments en bleu ; ceux en noir vous seront aussi bénéfiques.
Vérifiez qu'ils ne vous sont pas déjà apportés par un autre supplément – voir p. 181.

Les bienfaits des suppléments nutritionnels

Essayez les suppléments en bleu immédiatement, ceux en noir au bout de 1 mois. Les ajouter aux médicaments classiques ne présente aucun inconvénient. Les comprimés de **carbonate de calcium** (Tums) agissent contre l'acidité et sont très efficaces en cas de reflux occasionnels. La **réglisse (DGL)** peut apaiser les brûlures d'estomac, car elle contribue à en réparer la muqueuse. Enfin, le **jus d'aloe vera** soulage l'irritation de l'œsophage.

Si vos problèmes de digestion sont chroniques, vous aiderez la digestion en prenant du **gamma-oryzanol,** un extrait d'huile de riz, qui semble avoir un effet sur le système nerveux central. À défaut, prenez les vitamines B suivantes, **acide pantothénique, choline** et **thiamine,** pendant 1 mois. Si rien de tout cela n'améliore votre état, consultez votre médecin.

Que faire d'autre

☑ Mangez peu et souvent afin de diminuer la quantité d'acide produite par votre estomac.

☑ Évitez les aliments gras et les repas trop abondants. Ne buvez pas trop d'alcool, source d'acidité stomacale supplémentaire ; abstenez-vous de prendre du café, c'est un irritant.

☑ Soupez 3 h au moins avant de vous coucher et évitez en général de vous allonger trop vite après avoir mangé.

☑ Dormez la tête surélevée d'une quinzaine de centimètres, l'action de la pesanteur vous aidera à empêcher les reflux.

QUOI DE NEUF ?

Lors d'un test, on a constaté que mâcher de la gomme sans sucre atténuait les brûlures d'estomac chez 70 % des sujets. La salive, sécrétée en plus grande quantité, emporte avec elle l'acide produit par l'estomac. Boire un verre d'eau tiède après le repas donne le même résultat.

INFOS PLUS

■ La dyspepsie peut aussi être due à une production insuffisante d'acide par l'estomac. Dans ce cas, on ne souffre pas de brûlures, mais plutôt de douleurs, de flatulences et de gaz après les repas. Essayez de prendre pendant 1 mois, et à chaque repas, un supplément fournissant 10 grains de chlorhydrate de bétaïne et 2 grains de pepsine – à condition de ne pas avoir d'ulcère car la bétaïne risquerait de l'aggraver. Si votre état ne s'améliore pas, consultez votre médecin.

■ Terminez vos repas par une boisson calmante telle qu'une tisane à la camomille, au gingembre, à l'orme rouge, à la guimauve, à la reine des prés ou encore au fenouil. Faites infuser séparément ou en mélange, selon vos goûts.

LE SAVIEZ-VOUS ?

L'acide chlorhydrique produit par l'estomac détruit les micro-organismes contenus dans les aliments ; sans lui, nous serions beaucoup plus vulnérables aux maladies transmises par la nourriture.

Diverticulose et diverticulite

Environ 10 % des Nord-Américains de plus de 40 ans et jusqu'à 50 % des plus de 60 ans souffrent de troubles liés à des diverticules. La diverticulose est la conséquence d'un mode de vie pauvre en fibres et en exercice. Des mesures simples s'imposent.

Symptômes

Diverticulose

- *Absence fréquente de symptômes.*

- *Dans certains cas, ballonnements, gaz, nausées et constipation alternent avec de la diarrhée.*

Diverticulite

- *Douleurs abdominales, habituellement à gauche du bas-ventre (contrairement aux douleurs de l'appendicite, localisées à droite).*

- *Fièvre, nausées, constipation ou diarrhée.*

- *Sang ou glaires dans les selles.*

CONSULTEZ LE MÉDECIN...

- Si vous avez de la fièvre, des frissons et le ventre gonflé ou si vous vomissez : il peut s'agir de signes de rupture d'un diverticule.

- Si vous avez du sang ou des glaires dans les selles, ou tout autre symptôme de diverticulite.

- Si la douleur ne s'atténue pas malgré vos mesures d'hygiène.

ATTENTION : si vous suivez un traitement médical, consultez votre médecin avant de prendre des suppléments.

Les ferments lactiques acidophilus et bifidus, qui stimulent la production de bonnes bactéries dans l'intestin, améliorent l'état de tout le système digestif dans les cas de maladies liées à des diverticules.

Qu'est-ce que c'est ?

Il existe deux types de troubles liés à des diverticules : la diverticulose et la diverticulite, plus grave. Dans la première, la muqueuse du gros intestin traverse le muscle qui, en principe, l'enferme et forme des poches (les diverticules) d'une taille allant de quelques millimètres à plus de 3 cm de diamètre. En l'absence de symptômes, la nourriture peut s'amasser dans ces poches, qui finissent par s'enflammer et s'infecter. Ainsi se forme une diverticulite, aux symptômes impossibles à ignorer cette fois !

Quelles en sont les causes ?

La plupart des diverticuloses surviennent sans doute à cause d'un régime alimentaire pauvre en fibres. Le manque de fibres oblige l'intestin à fournir un effort accru pour assurer le transit, et l'état peut s'aggraver en cas de fatigue pendant le travail de digestion. La pauvreté en fibres accroît aussi les risques de diverticulite, car les matières fécales progressent lentement, ce qui laisse aux particules alimentaires tout le temps de se coincer dans les diverticules et d'entraîner inflammation ou infection. De plus, le manque d'exercice rend également le côlon paresseux. Enfin, la tendance à ce genre de troubles est parfois héréditaire.

Les bienfaits des suppléments nutritionnels

Les suppléments nutritionnels ne peuvent pas inverser le cours d'une diverticulose une fois le diverticule formé, mais, parallèlement à une alimentation adaptée, ils permettent d'aider à prévenir l'infection ou à en apaiser les accès. Riche en fibres formant masse, le **psyllium** guérit ou prévient la constipation. Il peut être pris dès le réveil pour faciliter le début du transit intestinal, en association avec des **graines de lin** moulues, également riches en fibres, qui empêchent l'infection en nettoyant les poches intestinales. On prendra au même moment de l'**acidophilus** et des **bifidus** : les fibres aident à protéger ces

SUPPLÉMENTS RECOMMANDÉS

Psyllium	**Dose :** 1 c. à soupe de poudre dissoute dans de l'eau ou du jus de fruits 2 fois par jour. **Attention :** buvez régulièrement de l'eau au cours de la journée.
Graines de lin	**Dose :** 2 c. à soupe de graines de lin moulues dans un verre d'eau 2 fois par jour. **Attention :** buvez régulièrement de l'eau au cours de la journée.
Acidophilus et bifidus	**Dose :** 2 comprimés 2 fois par jour entre les repas. **À savoir :** 1-2 milliards de ferments actifs par comprimé.
Aloe vera (jus)	**Dose :** 1/2 tasse de jus 2 fois par jour. **Attention :** jus à 98 % d'aloe vera, sans aloïne ou émodine.
Glutamine	**Dose :** 500 mg de L-glutamine 2 fois par jour, à jeun. **À savoir :** au-delà de 1 mois de traitement, prenez en même temps un complexe d'acides aminés.
Orme rouge	**Dose :** 1 tasse d'écorce en poudre, délayée dans de l'eau chaude, chaque matin au petit déjeuner. **À savoir :** peut être remplacé par une tisane à l'orme rouge (1 c. à thé par tasse) 3 fois par jour.
Camomille	**Dose :** en tisane, 1 tasse 3 fois par jour. **À savoir :** employez 2 c. à thé de plante séchée par tasse, laissez infuser 10 min, puis filtrez ; on peut remplacer par de la mélisse.
Yam/menthe poivrée/ valériane	**Dose :** 1 tasse de tisane 3 ou 4 fois par jour. **À savoir :** préparez 2 parts de yam, 1 part de menthe et 1 part de valériane par tasse d'eau chaude ; laissez infuser 10 min, puis filtrez ; sucrez à volonté.

Rappel : prenez en priorité les suppléments en bleu ; ceux en noir vous seront aussi bénéfiques. Vérifiez qu'ils ne vous sont pas déjà apportés par un autre supplément – voir p. 181.

QUOI DE NEUF ?

Les chercheurs de l'université américaine de Harvard ont étudié les habitudes alimentaires de plus de 43 000 hommes âgés de 40 à 75 ans. Ceux qui avaient des problèmes de diverticules absorbaient nettement moins de fibres que les autres.

LE SAVIEZ-VOUS ?

La diverticulose est pratiquement inconnue dans les régions rurales d'Afrique et les pays non industrialisés, où une alimentation riche en fibres et un exercice régulier font partie de la vie.

INFOS PLUS

■ Faute d'habitude, les fibres peuvent donner une sensation de ballonnement, mais elles sont un bon remède contre les troubles digestifs liés aux maladies diverticulaires, car elles accélèrent le transit des matières fécales dans l'intestin. Des études multiples démontrent qu'un régime riche en fibres empêche la résurgence des symptômes pendant au moins 5 ans.

■ Les personnes sujettes à la diverticulite sont souvent mises en garde contre la consommation de graines (y compris celles, minuscules, des fraises), qui pourraient se coincer dans les diverticules et causer une inflammation. Des études mettent en doute ces affirmations.

■ Un exercice régulier aide à prévenir la constipation. Vous pouvez prendre des laxatifs naturels comme les pruneaux.

derniers des acides de l'estomac et les véhiculent jusqu'à l'intestin, où ils modifient l'équilibre bactérien du système digestif et permettent à l'organisme de résister aux infections intestinales. L'acidophilus et les bifidus sont précieux si vous prenez des antibiotiques pendant un accès de la maladie.

La prise d'autres suppléments, parfois très utiles pour traiter les crises, doit se faire de préférence 2 h après celle du psyllium pour éviter les perturbations. Le **jus d'aloe vera** favorise la cicatrisation des zones enflammées, de même que la **glutamine,** acide aminé essentiel à la régénération de la muqueuse intestinale. Ces deux suppléments peuvent être associés à d'autres végétaux : l'**orme rouge,** un laxatif doux qui apaise lorsque les diverticules sont infectés ; la **camomille** et le **yam,** anti-inflammatoires ; la **menthe poivrée,** antispasmodique ; la **valériane** et la mélisse, désinfectants du système digestif.

Que faire d'autre ?

☑ Consommez suffisamment de fruits, de légumes et de céréales complètes pour atteindre un apport en fibres de 20 à 30 g par jour.
☑ Buvez au moins 8 verres d'eau ou d'autres liquides par jour.

Dos (mal de)

Pour se tenir debout, l'homme doit lutter contre les lois de la pesanteur. Sa colonne vertébrale peut en pâtir, ce qui le fera souffrir du dos, deuxième cause de consultation médicale au Canada après le rhume. Pour soulager, il faut rééquilibrer les tensions musculaires de la région dorsale.

Symptômes

- *Colonne vertébrale raide et douloureuse, surtout lorsque l'on bouge.*

- *Douleur aiguë dans le haut ou le bas du dos, et le long de la jambe.*

- *Douleur handicapante déclenchée par un effort physique ou une activité fatigante.*

- *Douleur et gêne après une longue station debout ou assise.*

Qu'est-ce que c'est ?

Le mal de dos est, dans la plupart des cas, sans gravité. Il affecte généralement la région lombaire, qui, située dans le bas du dos, supporte presque tout le poids du corps. Mais l'inflammation d'une vertèbre, d'un muscle, d'un cartilage, d'un nerf ou de tout autre tissu en rapport avec la colonne vertébrale risque d'être douloureuse.

Quelles en sont les causes ?

Généralement d'origine musculaire, le mal de dos peut avoir d'autres causes : une mauvaise posture, une fragilité des os ou des cartilages, un disque en mauvais état, un nerf pincé, mais aussi le stress ou un traumatisme psychologique. Le mal de dos chronique est parfois dû à une maladie – arthrose ou ostéoporose, par exemple.

Les bienfaits des suppléments nutritionnels

Avant de prendre des suppléments, voyez avec votre médecin si votre cas ne requiert pas un traitement médicamenteux ou chirurgical. Les suppléments servent à consolider les os, fortifier les muscles, lutter contre les inflammations et soulager la douleur. Leurs effets se font généralement sentir au bout de 1 semaine.

Commencez par des vitamines et des minéraux – **calcium, magnésium, vitamines C** et **D, manganèse** – pour renforcer vos os et vos cartilages. D'autres suppléments sont également efficaces, seuls ou en association : la **broméline,** une enzyme tirée de l'ananas, a été employée avec succès dans certains hôpitaux comme anti-inflammatoire et analgésique lors d'opérations et dans les cas de traumatismes, d'arthrite et de blessures dues au sport. On ne connaît pas bien le mode d'action de la broméline, et on se demande encore si elle est absorbée dans le flux san-

L'écorce de saule blanc, souvent appelée aspirine naturelle, lutte contre l'inflammation qui accompagne fréquemment le mal de dos.

SUPPLÉMENTS RECOMMANDÉS

Calcium/ magnésium	**Dose :** 600 mg de calcium et 250 mg de magnésium par jour. **À savoir :** sont parfois inclus dans des préparations destinées à renforcer les os.
Broméline	**Dose :** 500 mg 3 fois par jour, à jeun. **Attention :** cessez d'en prendre au bout de 2 semaines si c'est sans effet.
Glucosamine	**Dose :** 500 mg de sulfate de glucosamine 3 fois par jour. **Attention :** non recommandée pour les diabétiques ; à prendre avec de la nourriture.
Saule blanc (écorce)	**Dose :** 1 ou 2 gélules 3 fois par jour (suivez la notice). **À savoir :** normalisée à 15 % de salicine.
Vitamine C	**Dose :** 500 mg 3 fois par jour. **À savoir :** de préférence sous forme d'ascorbate de calcium.
Vitamine D	**Dose :** 400 UI par jour. **Attention :** ne dépassez pas 1 000 UI par jour, dose qui peut être toxique.
Manganèse	**Dose :** 15 mg par jour. **À savoir :** de préférence sous forme de glutamate de manganèse.
Graines de lin (huile)	**Dose :** 1 c. à soupe (14 g) par jour. **À savoir :** peut être mélangée à de la nourriture ; à prendre le matin.

Rappel : prenez en priorité les suppléments en bleu ; ceux en noir vous seront aussi bénéfiques. Vérifiez qu'ils ne vous sont pas déjà apportés par un autre supplément – voir p. 181.

guin. La **glucosamine** est utile dans la reconstitution du cartilage et des tissus qui supportent les disques de la colonne vertébrale. L'**écorce de saule blanc** a des propriétés analgésiques similaires à celles de l'aspirine, mais elle peut en avoir aussi les effets secondaires. Quant à l'**huile de graines de lin,** riche en acides gras oméga-3, ses propriétés antalgiques et anti-inflammatoires peuvent accélérer la guérison. Tous ces suppléments permettent de limiter l'emploi des analgésiques médicamenteux, auxquels, l'écorce de saule blanc mise à part, ils peuvent être associés.

Il existe d'autres suppléments appropriés : la griffe-du-diable (400 mg 3 fois par jour) semble particulièrement utile contre la douleur de l'inflammation qui accompagne l'arthrite et la maladie dégénérative de la colonne vertébrale ; le boswellia (150 mg d'acide boswellique 3 fois par jour), aux propriétés anti-inflammatoires.

Que faire d'autre ?

☑ Portez des chaussures confortables, orthopédiques s'il le faut.

☑ Pour soulager la douleur, essayez les massages thérapeutiques, la physiothérapie, la chiropratique, l'acupuncture, l'ostéopathie ou la stimulation électrique des nerfs par voie transcutanée.

☑ Pliez toujours les genoux quand vous soulevez un poids.

☑ Asseyez-vous sur des chaises dont le dossier soutient bien le bas du dos ; levez-vous fréquemment pour vous détendre.

QUOI DE NEUF ?

Une étude menée pendant 6 mois sur 109 personnes souffrant de douleurs lombaires indique que la griffe-du-diable (harpagophytum) pourrait être un adjuvant utile des médicaments classiques. Ce remède a été administré à la moitié des patients tandis que les autres prenaient un placebo ; tous étaient autorisés à recourir aux analgésiques classiques en cas de besoin. Au bout de 1 mois, 9 des membres du premier groupe ne souffraient plus, contre 1 seulement de l'autre.

On évite le mal de dos en fortifiant ses muscles abdominaux. Le meilleur exercice consiste à relever le buste à partir d'une position couchée en gardant les genoux pliés. On évite ainsi de trop solliciter les muscles de la région lombaire.

LE SAVIEZ-VOUS ?

Alors que les médecins recommandent entre 1 et 2 semaines de lit aux patients souffrant du dos, des recherches récentes montrent que, sauf en cas de hernie discale, 2 jours de repos suffisent pour obtenir un bon résultat.

INFOS PLUS

■ Les médicaments en vente libre sont peut-être très efficaces contre les douleurs du dos ou du cou, mais ils ont parfois de sérieux effets secondaires. Les suppléments naturels sont moins dangereux et pourraient servir à limiter le recours aux médicaments classiques.

Eczéma

Les rougeurs et les démangeaisons des poussées d'eczéma sont parfois soulagées par l'application de certaines crèmes. Cependant, des suppléments nutritionnels, pris par voie orale, parviennent aussi à accélérer la guérison et pourraient même permettre de prévenir les récidives.

Symptômes

- *Zones cutanées rouges, sèches, squameuses, rugueuses ou craquelées.*

- *Petites cloques semblables à des boutons.*

- *Plaques sèches épaisses dans les cas d'eczéma tenace.*

CONSULTEZ LE MÉDECIN...

- Si votre eczéma est très étendu ou récurrent.

- S'il apparaît des plaies suintantes ou couvertes de croûtes : elles peuvent indiquer une infection bactérienne.

- Si l'eczéma ne disparaît pas au bout de 3 ou 4 jours de traitement par les suppléments nutritionnels.

ATTENTION : si vous suivez un traitement médical, consultez votre médecin avant de prendre des suppléments.

Qu'est-ce que c'est ?

L'eczéma se manifeste par des plaques enflammées, rouges et squameuses, sur le visage, les mains et les poignets, aux coudes et dans le creux des genoux, ainsi qu'en d'autres endroits du corps. Il occasionne de violentes démangeaisons.

Quelles en sont les causes ?

L'eczéma est souvent provoqué par une allergie à des aliments, au pollen, au poil des animaux ou à d'autres substances ; certaines familles y sont naturellement prédisposées. Par ailleurs, les personnes qui font de l'eczéma souffrent souvent aussi du rhume des foins. Les victimes d'eczéma présentent des taux supérieurs à la normale d'histamine, produit chimique qui, libéré dans la peau, provoque des réactions allergiques. Certains cas surviennent après un contact avec des allergènes que contiennent les plantes vénéneuses comme l'herbe à poux, les bijoux en nickel ou en chrome, les teintures, les produits cosmétiques, les médicaments en application locale et les produits nettoyants, par exemple. Une mauvaise circulation sanguine dans les jambes peut conduire à un type d'eczéma, appelé dermatite de stase, qui provoque des plaques squameuses autour des chevilles. L'eczéma peut également être causé ou aggravé par la sécheresse de l'air, un excès de soleil et le stress.

Les bienfaits des suppléments nutritionnels

Pris individuellement, combinés à d'autres suppléments ou associés à des médicaments classiques, divers suppléments vont soulager les poussées d'eczéma, avec des résultats positifs dès le troisième ou le quatrième jour. Ils peuvent aussi se prendre à long terme pour éviter les récidives.

Un certain nombre de suppléments pris par voie orale servent à lutter contre l'inflammation et à atténuer la réaction allergique. Essayez-en plusieurs pour voir lesquels vous réussissent. L'**huile de graines de lin** et l'**huile d'onagre** contiennent différentes sortes d'acides gras essentiels régénérateurs, susceptibles de calmer les démangeaisons et l'inflamma-

Le zinc, à prendre avec du cuivre en cas de traitement prolongé, aide à prévenir et à apaiser les poussées d'eczéma.

SUPPLÉMENTS RECOMMANDÉS

Graines de lin (huile)	**Dose :** 1 c. à soupe (14 g) par jour. **À savoir :** à prendre le matin ; peut être mélangée à des aliments.
Onagre (huile)	**Dose :** 1 000 mg 3 fois par jour. **À savoir :** vous pouvez la remplacer par la même quantité d'huile de bourrache 1 fois par jour.
Vitamine A	**Dose :** 25 000 UI par jour pendant un maximum de 10 jours, en cas de crises (sous surveillance médicale seulement). **Attention :** les femmes enceintes ou qui veulent le devenir ne doivent pas dépasser 5 000 UI par jour.
Vitamine E	**Dose :** 400 UI par jour. **Attention :** consultez le médecin si vous êtes sous anticoagulants.
Zinc/cuivre	**Dose :** 30 mg de zinc et 2 mg de cuivre par jour. **À savoir :** n'ajoutez le cuivre qu'au bout de 1 mois.
Pépins de raisin (extrait)	**Dose :** 100 mg 2 fois par jour. **À savoir :** normalisé à 92-95 % de proanthocyanidines.
Camomille	**Dose :** appliquez de la crème ou une lotion sur les zones atteintes 3 ou 4 fois par jour. **À savoir :** disponible dans les magasins de produits naturels.
Réglisse	**Dose :** appliquez de la crème sur les zones atteintes 3 ou 4 fois par jours. **À savoir :** se trouve aussi sous le nom de crème à l'acide glycyrrhétinique.

Rappel : prenez en priorité les suppléments en bleu ; ceux en noir vous seront aussi bénéfiques. Vérifiez qu'ils ne vous sont pas déjà apportés par un autre supplément – voir p. 181.

tion. La **vitamine A** et la **vitamine E** combattent à la fois la sécheresse de la peau et les démangeaisons ; on diminuera la quantité de vitamine A à l'apparition des premiers signes d'amélioration. Le **zinc** facilite la cicatrisation et stimule les réactions du système immunitaire. Il est également nécessaire à la transformation des acides gras essentiels. En traitement prolongé ou intensif, il est préférable de prendre le zinc avec du **cuivre** pour ne pas déséquilibrer les réserves de l'organisme. Adjoint au traitement, l'**extrait de pépins de raisin,** riche en substances antioxydantes (des flavonoïdes), empêche les réactions allergiques.

Il est souvent recommandé d'appliquer localement une crème à la **camomille** ou à la **réglisse.** Ces plantes atténuent l'inflammation cutanée et peuvent apporter un soulagement surprenant en application locale.

Que faire d'autre ?

☑ Éliminez tous les aliments pouvant être responsables d'allergies. Ce sont généralement le lait, les œufs, les crustacés, le blé, le chocolat, les oléagineux et les fraises.

☑ Portez des vêtements amples en coton, moins susceptibles que les autres tissus d'irriter la peau.

☑ Prenez des bains ou des douches moins souvent pour empêcher la peau de se dessécher. Employez de l'eau tiède et évitez les savons désodorisants, les bains moussants et tous les produits parfumés.

QUOI DE NEUF ?

La médecine traditionnelle met volontiers en doute l'efficacité de l'huile d'onagre pour soigner l'eczéma, et les études se contredisent. Des recherches récentes ont pourtant établi qu'un traitement à l'huile d'onagre, appliqué chaque soir pendant 6 mois à des adultes et à des enfants atteints d'eczéma, apaisait leurs démangeaisons et atténuait l'inflammation.

LE SAVIEZ-VOUS ?

Les herboristes traditionnels chinois prescrivent contre l'eczéma une tisane à base de réglisse et, selon les symptômes, de quelque 9 autres végétaux.

INFOS PLUS

■ En matière de traitement local de l'eczéma, les solutions ou lotions à base de plantes donnent de meilleurs résultats sur les lésions suintantes, tandis que les crèmes et onguents agissent mieux sur les plaques sèches.

■ La crème à l'hamamélis a prouvé que, pour soigner l'eczéma, elle était aussi efficace qu'une crème normalisée à 1 % d'hydrocortisone.

■ La pommade à la réglisse est particulièrement efficace chez ceux qui utilisent une pommade à la cortisone en vente libre. La réglisse contient de l'acide glycyrrhétinique qui potentialise la cortisone et réduit les effets secondaires éventuels tels que sensation de brûlure, démangeaisons, irritation.

Endométriose

Les femmes qui se plaignaient jadis de douleurs et de saignements abondants dus à l'endométriose étaient rarement prises au sérieux. Cette maladie est désormais reconnue, mais la médecine classique ne vient pas toujours à bout de ses symptômes.

Symptômes

- *Crampes menstruelles intenses, commençant juste avant les règles et culminant juste après.*

- *Saignements anormalement abondants, contenant souvent de gros caillots.*

- *Nausées et vomissements juste avant les règles.*

- *Douleur aiguë pendant les rapports sexuels, à n'importe quel moment du cycle.*

- *Diarrhée, constipation ou douleurs au cours du transit intestinal.*

- *Sang dans les selles ou l'urine pendant les règles.*

- *Infertilité.*

CONSULTEZ LE MÉDECIN...

- **Si vous présentez l'un des symptômes cités précédemment.**

ATTENTION : si vous suivez un traitement médical, consultez votre médecin avant de prendre des suppléments.

Qu'est-ce que c'est ?

Dans l'endométriose, des morceaux de la muqueuse utérine (endomètre) se déplacent pour aller s'implanter dans d'autres tissus abdominaux, généralement les ovaires, les ligaments utérins ou les intestins. Chaque mois, lorsque des hormones comme l'œstrogène font se gonfler de sang la muqueuse utérine, ces cellules vagabondes se dilatent également. Les tissus utérins se détachent alors normalement, mais les cellules égarées n'ont nulle part où libérer le sang qu'elles ont amassé, ce qui provoque des kystes, des cicatrices ou des adhérences (tissu fibreux reliant des parties de l'organisme en principe séparées).

Les femmes atteintes d'endométriose ne présentent pas forcément de symptômes, mais elles souffrent parfois de douleurs violentes. Cette maladie est une cause majeure d'infertilité féminine.

Quelles en sont les causes ?

Faute de certitude sur l'origine de l'endométriose, les spéculations foisonnent. Selon la théorie du reflux menstruel, le sang des règles est refoulé dans les trompes de Fallope et canalise ainsi les cellules endométriales vers d'autres zones abdominales, où elles s'implantent et se développent. On avance aussi l'hypothèse d'une endométriose congénitale : certaines cellules endométriales se trouveraient hors de l'utérus dès la naissance. Une autre thèse affirme que cette maladie est due à un défaut du système immunitaire, qui néglige de détruire les cellules transplantées.

Les bienfaits des suppléments nutritionnels

Tous les suppléments recommandés ici peuvent s'utiliser ensemble et accompagner n'importe quelle prescription médicale. Commencez par prendre du

Le dong quai est utilisé en Asie comme tonique de l'utérus. Le principe actif est extrait de sa racine. La teinture peut soulager les symptômes de l'endométriose.

SUPPLÉMENTS RECOMMANDÉS

Gattilier	**Dose :** 225 mg d'extrait 3 fois par jour. **À savoir :** normalisé à 0,5 % d'agnuside ; appelé aussi vitex.
Dong quai	**Dose :** 200 mg, ou 30 gouttes de teinture, 3 fois par jour. **À savoir :** normalisé à 0,8 %-1,1 % de ligustilide.
Yam	**Dose :** 500 mg 2 fois par jour. **Attention :** à prendre avec des aliments pour limiter le dérangement de l'estomac.
Composé lipotrope	**Dose :** 1 ou 2 comprimés 3 fois par jour. **À savoir :** peut contenir du chardon-Marie, de la choline, de l'inositol, de la méthionine, du pissenlit et d'autres ingrédients.
Calcium/ magnésium	**Dose :** 500 mg de calcium 4 fois par jour et 500 mg de magnésium 2 fois par jour. **Attention :** à ne prendre que pendant le cycle menstruel.
Vitamine C	**Dose :** 500 mg 3 fois par jour. **À savoir :** de préférence sous forme d'ascorbate de calcium.
Vitamine E	**Dose :** 400 UI 2 fois par jour. **Attention :** consultez le médecin si vous êtes sous anticoagulants.
Graines de lin (huile)	**Dose :** 1 c. à soupe (14 g) par jour. **À savoir :** à prendre le matin ; peut être mélangée aux aliments.
Onagre (huile)	**Dose :** 1 000 mg 3 fois par jour. **À savoir :** vous pouvez la remplacer par 1 000 mg d'huile de bourrache 1 fois par jour.

Rappel : prenez en priorité les suppléments en bleu ; ceux en noir vous seront aussi bénéfiques. Vérifiez qu'ils ne vous sont pas déjà apportés par un autre supplément – voir p. 181.

gattilier et du **dong quai :** ces plantes aident à corriger les déséquilibres hormonaux qui intensifient les douleurs de l'endométriose, et à détendre l'utérus (comme le **yam**). Prenez en plus un **composé lipotrope,** qui permet au foie de mieux éliminer l'excès d'œstrogène de l'organisme. Pour obtenir des résultats optimaux, ces suppléments doivent être pris tout au long du cycle menstruel. Si les règles sont douloureuses, adoptez les hautes doses de **calcium** et de **magnésium** recommandées. Ces minéraux contribuent à faire baisser la production des prostaglandines, substances élaborées par les cellules endométriales responsables des douleurs.

S'il n'y a pas d'amélioration au bout de quelques mois de ce traitement, essayez d'y adjoindre de la **vitamine C** pour faire cicatriser les tissus endommagés par les kystes et cicatrices ; de la **vitamine E** pour équilibrer la future production hormonale ; de l'**huile de graines de lin** et de l'**huile d'onagre** pour aider à maîtriser l'inflammation.

Que faire d'autre ?

☑ Consommez des produits au soja ; ils contiennent des phyto-œstrogènes (œstrogènes végétaux) susceptibles de compenser les effets de l'œstrogène sur les symptômes de l'endométriose.

☑ Faites de l'exercice. Plusieurs recherches ont démontré que l'activité physique supprimait les symptômes et pouvait même prévenir l'endométriose.

Entorses et claquages musculaires

Les blessures musculaires peuvent entraîner une gêne sérieuse et entraver les mouvements. Qu'il s'agisse d'une entorse ou d'un claquage, les thérapies naturelles tiennent un rôle de premier plan pour en soulager les symptômes.

Symptômes

Entorses

- *Douleur plus ou moins forte au moment de la lésion ; articulation sensible et gonflée ; contusion.*

- *Mouvement articulaire impossible ou très douloureux.*

Claquages musculaires

- *Muscles rigides, douloureux, sensibles et gonflés.*

- *Légère décoloration de l'épiderme, qui n'apparaît parfois qu'au bout de quelques jours.*

CONSULTEZ LE MÉDECIN...

- **En cas de gonflement important ou qui empire, ou de déformation visible d'une articulation blessée : il pourrait s'agir d'une fracture.**

- **Si la douleur reste extrême en dépit du traitement par les suppléments ou si elle s'étend à d'autres endroits de la zone atteinte.**

- **S'il se forme une ecchymose ou une décoloration importante de la peau.**

- **Si vous ne pouvez plus exécuter le moindre mouvement avec le membre atteint ou si celui-ci ne peut plus supporter le poids du corps.**

ATTENTION : si vous suivez un traitement médical, consultez votre médecin avant de prendre des suppléments.

Qu'est-ce que c'est ?

Les claquages musculaires sont des blessures sans gravité qui touchent en général le mollet, la cuisse, l'aine ou l'épaule et provoquent douleur et raideur. Les entorses en sont une forme aggravée, plus douloureuse et plus longue à guérir. Elles peuvent endommager les ligaments, les tendons ou les muscles, principalement autour des articulations.

Quelles en sont les causes ?

Claquages musculaires et entorses résultent d'une tension physique violente. Un claquage musculaire peut être causé par la manipulation d'un objet lourd, un effort musculaire prolongé ou une contraction excessive avant un exercice physique. Quant à l'entorse, elle fait suite à un mouvement forcé et violent imposé à un muscle, un tendon ou un ligament, qui peut s'étirer et se déchirer sous l'effet d'une chute ou d'une torsion.

Les bienfaits des suppléments nutritionnels

Par voie orale ou en application locale, les suppléments facilitent la réparation des tissus, fortifient les zones blessées et réduisent l'inflammation. Ils agissent aussi bien sur les entorses que sur les claquages musculaires et, pour la plupart, donnent des résultats en 1 semaine.

Divers suppléments oraux ont fait la preuve qu'ils accéléraient le processus de guérison. Tous peuvent se prendre ensemble, en association avec des analgésiques classiques. Les antioxydants comme la **vitamine C** et les **flavonoïdes** facilitent la guérison et évitent que la blessure ne s'étende aux tissus conjonctifs et aux muscles. La **glucosamine** sert à renforcer les articulations et les ligaments car elle joue un rôle dans la fabrication du cartilage, le « pare-chocs » de l'organisme. La **broméline,** enzyme dérivée de l'ananas, peut éviter le gonflement et réduire l'inflammation, ce qui, par conséquent, soulage la douleur. Le **curcuma** contribue aussi à réduire

La glucosamine renforce et protège les articulations, accélérant ainsi la guérison des entorses et des claquages musculaires.

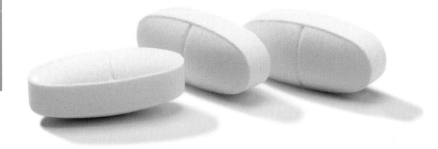

SUPPLÉMENTS RECOMMANDÉS

Vitamine C/ flavonoïdes	**Dose :** 500 mg de vitamine C et 500 mg de flavonoïdes 3 fois par jour. **À savoir :** la vitamine C sera prise de préférence sous forme d'ascorbate de calcium.
Glucosamine	**Dose :** 500 mg de sulfate de glucosamine 3 fois par jour. **Attention :** à prendre avec de la nourriture ; non recommandée aux diabétiques.
Broméline	**Dose :** 500 mg 3 fois par jour, à jeun. **A savoir :** devrait fournir 6 000 GDU ou 9 000 MCU par jour.
Curcuma	**Dose :** 400 mg 3 fois par jour. **A savoir :** normalisé à 25 % de curcumine ; à utiliser en combinaison avec la broméline.
Manganèse	**Dose :** 15 mg par jour pendant 7 jours. **À savoir :** aide à cicatriser ligaments, tendons et cartilage.
Arnica (onguent)	**Dose :** appliquez l'onguent localement 4 fois par jour. **Attention :** n'ingérez jamais d'arnica et ne l'utilisez pas sur une peau écorchée.
Marjolaine (huile essentielle)	**Dose :** ajoutez-en quelques gouttes à une bassine d'eau froide. **À savoir :** trempez un linge dans la solution, essorez-le et appliquez-le sur la lésion.
Romarin (huile essentielle)	**Dose :** ajoutez-en quelques gouttes à une bassine d'eau froide. **À savoir :** trempez un linge dans la solution, essorez-le et appliquez-le sur la lésion.

Rappel : prenez en priorité les suppléments en bleu ; ceux en noir vous seront aussi bénéfiques. Vérifiez qu'ils ne vous sont pas déjà apportés par un autre supplément – voir p. 181.

l'inflammation. Avec la broméline, l'action de chacune des substances est renforcée. Il n'est généralement pas nécessaire de prendre des suppléments de **manganèse** sur une base régulière, mais si vous avez une entorse ou une foulure, un traitement de 1 semaine peut être bénéfique car ce minéral est essentiel à la santé des tendons et des ligaments.

Les traitements locaux peuvent eux aussi donner de bons résultats. Appliquez un onguent à l'extrait d'**arnica** sur les articulations ou les muscles atteints pour atténuer la douleur et le gonflement. Enfin, des compresses imbibées d'un mélange d'**huile essentielle de marjolaine** ou d'**huile essentielle de romarin** et d'eau peuvent avoir des effets analgésiques et anti-inflammatoires.

Que faire d'autre ?

☑ Immobilisez la partie blessée. Comprimez la lésion avec un bandage élastique et maintenez si possible la zone atteinte au-dessus du niveau du cœur. Posez un sac de glace (ou un sac de petits pois surgelés) sur le bandage et laissez-le pendant 10 à 20 min. Renouvelez l'opération toutes les 2 ou 3 h pendant les 24 ou 48 h suivant la blessure.

☑ Une fois le gonflement résorbé, placez une compresse chaude ou un coussinet chauffant à l'endroit atteint pour stimuler la circulation du sang.

QUOI DE NEUF ?

Lors d'une étude récente, 59 sujets atteints de claquages musculaires et d'une déchirure ligamentaire ont été traités, 3 fois par jour, avec 500 mg de broméline pendant 1 à 3 semaines. Le supplément a entraîné une nette diminution du gonflement, de la sensibilité et de la douleur, pendant l'effort comme au repos. Les résultats étaient comparables à ceux obtenus avec des anti-inflammatoires non stéroïdiens (AINS) comme l'aspirine.

LE SAVIEZ-VOUS ?

Les entorses affaiblissant les ligaments, elles peuvent devenir récurrentes. Échauffez-vous avant un exercice physique et ne forcez pas. En cas d'articulation fragile, portez un bandage élastique de support.

INFOS PLUS

■ Les AINS – aspirine, ibuprofen, naproxen – font partie du traitement courant des entorses et claquages musculaires. Pourtant, les suppléments constituent un moyen plus sûr, car ils présentent très peu d'effets secondaires potentiellement dangereux (comme les saignements gastriques), parfois provoqués par les médicaments, tout en étant aussi efficaces.

■ Les partisans du magnétisme affirment que l'application d'aimants sur une région douloureuse accélère la guérison : une thérapie très populaire au Japon.

Épilepsie

Autrefois, les victimes de crises d'épilepsie passaient pour des possédés, des sorciers ou des malades mentaux. Les connaissances actuelles sur cette maladie démentent ces croyances : l'épilepsie n'amoindrit en rien les capacités intellectuelles, la créativité ou la productivité.

Symptômes

Nombreux et variés, dont :

- *Courtes périodes d'étourdissement, de confusion mentale ou d'altération de la mémoire.*

- *Clignements des yeux, mouvements de mastication ou claquements des lèvres répétés, conscients ou non.*

- *Absences : regard vide, aucune réaction aux stimulations verbales.*

- *Perte de conscience, parfois accompagnée d'un grand cri, d'une contracture des muscles ou encore de la perte du contrôle de la vessie ou des sphincters, souvent suivie d'une fatigue extrême.*

CONSULTEZ LE MÉDECIN...

■ Si vous ressentez l'un des symptômes cités précédemment.

■ Si vous avez une crise d'épilepsie pour la première fois. En revanche, pour les crises ultérieures, seules une chute entraînant une blessure ou la succession rapprochée de plusieurs épisodes nécessitent une intervention médicale d'urgence.

ATTENTION : si vous suivez un traitement médical, consultez votre médecin avant de prendre des suppléments.

Qu'est-ce que c'est ?

L'épilepsie résulte d'une activité électrique excessive dans le cerveau et le système nerveux. En principe, les cellules cérébrales transmettent les impulsions électriques à un rythme très régulier. Les épileptiques, eux, subissent des périodes d'activation simultanée d'innombrables cellules. Cette décharge incontrôlée provoque des symptômes allant de la fixité du regard à la perte de conscience assortie des convulsions spécifiques de la crise d'épilepsie. Une crise unique n'est pas nécessairement un signe d'épilepsie : la maladie se définit au contraire par la répétition des crises. En réalité, 27 % seulement des victimes d'une crise en ont une autre dans les 3 années suivantes.

Quelles en sont les causes ?

Dans plus de la moitié des cas, les causes de l'épilepsie restent mystérieuses. Pour le reste, les crises peuvent être attribuées à une blessure antérieure à la tête, à un accident vasculaire cérébral, à une tumeur au cerveau ou à une infection cérébrale. Les neurologues estiment que tout le monde peut avoir des crises mais que, pour une raison quelconque, il existe des individus particulièrement vulnérables. L'hérédité semble également entrer en ligne de compte.

Chez les épileptiques, l'hypoglycémie (faible taux de sucre dans le sang) et l'insuffisance en certains éléments nutritionnels (comme le magnésium ou les vitamines B) peuvent provoquer des crises. Le manque de sommeil, l'abus d'alcool, le stress ou une maladie peuvent d'ailleurs avoir des effets identiques chez des sujets qui ne sont pas atteints d'épilepsie.

Les bienfaits des suppléments nutritionnels

Les patients soumis à un traitement médical antiépileptique ne doivent sous aucun prétexte l'interrompre ou en réduire la posologie de leur propre initiative. Les suppléments recommandés ici ne remplacent pas les

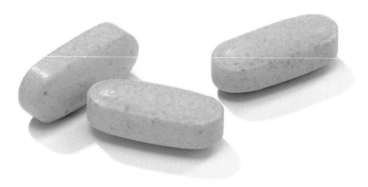

Les vitamines du complexe B pourraient être bénéfiques aux épileptiques : elles maintiennent le cerveau et les tissus nerveux en bonne santé.

Vitamines du complexe B	**Dose :** 1 comprimé chaque matin au petit déjeuner. **Attention :** recherchez un complexe B-50 contenant 50 µg de vitamine B12 et de biotine, 400 µg d'acide folique et 50 mg de toutes les autres vitamines B.
Levure de bière	**Dose :** 2 à 4 gélules par jour. **À savoir :** recherchez une levure de bière revivifiable.
Calcium/ magnésium	**Dose :** 250 mg de calcium et de magnésium 2 fois par jour, à prendre avec de la nourriture. **À savoir :** existent sous forme de suppléments simples.
GABA	**Dose :** 500 mg 2 fois par jour. **À savoir :** souvent combiné à l'inositol ; a des effets tranquillisants.
Manganèse	**Dose :** 15 mg par jour. **À savoir :** à prendre au moment des repas.
Taurine	**Dose :** 500 mg de L-taurine 3 fois par jour, à jeun. **Attention :** si vous en prenez pendant plus de 1 mois, prenez en même temps un complexe d'acides aminés.

Rappel : prenez en priorité les suppléments en bleu ; ceux en noir vous seront aussi bénéfiques. Vérifiez qu'ils ne vous sont pas déjà apportés par un autre supplément – voir p. 181.

QUOI DE NEUF ?

Il ressort de recherches récentes que la vitamine E pourrait aider les épileptiques. Il existe une théorie selon laquelle les crises sont provoquées par la détérioration des membranes graisseuses qui entourent les cellules nerveuses. Or, grâce à ses propriétés antioxydantes, la vitamine E empêche les modifications chimiques organiques qui aboutissent à cette détérioration. Bien que les recherches n'en soient qu'à leurs débuts, les épileptiques peuvent en toute sécurité prendre 400 UI de vitamine E par jour, sous forme de polyvitamines ou de supplément simple.

INFOS PLUS

■ Ne tentez pas de retenir la victime d'une crise ou de lui introduire dans la bouche un bâillon ou tout autre objet destiné à l'empêcher de se mordre la langue. Ce peut être dangereux pour le malade et vous risqueriez de vous faire mordre les doigts. En revanche, amortissez sa chute et éloignez les objets durs ou pointus. Une fois la crise passée, tournez-le sur le côté pour lui éviter de s'étouffer.

■ Environ 300 000 personnes au Canada souffrent de diverses formes d'épilepsie. Cette maladie, qui affecte 14 000 nouveaux patients chaque année, peut se développer à tout âge. Cependant, 60 % des nouveaux patients sont des enfants et des personnes âgées.

médicaments sur ordonnance. Ils peuvent toutefois aider à corriger des déficiences nutritionnelles associées aux crises, ou à maîtriser ces crises lorsqu'elles résistent au traitement médical. Les suppléments permettent parfois au praticien de réduire les doses des médicaments antiépileptiques, auxquels s'attachent des effets secondaires déplaisants.

Des apports suffisants de **vitamines B,** spécialement de vitamine B6 et d'acide folique, s'imposent : ils participent à l'élaboration des neurotransmetteurs, substances chargées de transmettre les messages au système nerveux. Il est recommandé de prendre un complexe de vitamines B, car elles fonctionnent en étroite collaboration. Rappelons à ce titre que la **levure de bière** contient toutes les vitamines du groupe B particulièrement biodisponibles. Parmi les autres éléments nutritionnels bienfaisants pour le cerveau et le système nerveux figurent le **calcium,** le **magnésium** et le **manganèse :** il est possible qu'un autre supplément ou des multivitamines vous en fournissent déjà les quantités requises.

Le **GABA** (acide gamma-aminobutyrique) est à envisager : les convulsions semblent accompagner des taux bas de cet élément chimique du cerveau. Enfin, la **taurine,** un acide aminé, peut reproduire l'effet du GABA ; vous choisirez ou le GABA ou la taurine.

Que faire d'autre ?

☑ Dormez beaucoup : la fatigue peut prédisposer aux crises d'épilepsie.
☑ Évitez l'alcool : son interaction avec les médicaments antiépileptiques risque de favoriser les crises.

Fatigue

La fatigue, déjà évoquée par Hippocrate, tourmente l'humanité depuis la nuit des temps. Difficile à diagnostiquer, cette « maladie » atypique fait partie des soucis de santé majeurs du monde occidental. Mais des suppléments et un bon rythme de vie peuvent y remédier.

Symptômes

- *Faiblesse persistante, intermittente ou continue, pendant plus de 2 semaines.*

- *Changements de personnalité : tendance à la colère, à l'impatience ou à la dépression due à une sensation permanente de fatigue.*

- *Problèmes de concentration, difficultés à accomplir les tâches quotidiennes, désintérêt pour des activités autrefois attirantes.*

CONSULTEZ LE MÉDECIN...

■ Si la fatigue se prolonge au-delà de 2 semaines ou s'accompagne d'autres symptômes : fièvre, perte de poids, nausées, enrouement ou douleurs musculaires.

■ Si la fatigue engendre pendant la journée des somnolences préjudiciables aux activités quotidiennes ordinaires.

ATTENTION : si vous suivez un traitement médical, consultez votre médecin avant de prendre des suppléments.

Qu'est-ce que c'est ?

Sans être une maladie au sens propre, la fatigue constitue le symptôme classique d'un autre problème : malnutrition, surmenage, manque ou excès d'exercice, insomnie ou mauvaises habitudes de sommeil, mais encore trouble médical spécifique, syndrome prémenstruel ou dépression, par exemple. La fatigue est ressentie comme une sensation d'épuisement.

Quelles en sont les causes ?

La fatigue trouve souvent son origine dans le stress, l'anxiété, la dépression ou une baisse de l'immunité accompagnée d'une infection chronique. Elle est parfois causée par le diabète, des déséquilibres thyroïdiens ou surrénaux, et se manifeste en cas de maladie cardiaque, hépatique ou rénale. Une carence en n'importe quel oligoélément ou vitamine peut avoir des effets immunodépresseurs responsables de fatigue. L'insuffisance des éléments nutritionnels indispensables à la formation des globules rouges du sang (fer, acide folique, vitamines B12 et B6) provoque la fatigue : ces cellules transportent l'oxygène nécessaire aux dépenses d'énergie. Chez la femme, la fatigue peut provenir d'une fluctuation des taux d'hormones pendant la grossesse et la ménopause ou d'une anémie due à des règles abondantes. Certains médicaments, comme les régulateurs de la tension artérielle ou des troubles du sommeil, sont aussi des facteurs de fatigue.

Les bienfaits des suppléments nutritionnels

L'usage des suppléments recommandés ici ne doit intervenir que si l'on a éliminé des causes médicales à la fatigue. Commencez par prendre des vitamines et du ginseng. Les **vitamines du complexe B** renforcent les systèmes nerveux et immunitaire. Elles rendent plus efficaces les globules blancs du sang, qui luttent contre les bactéries et les virus et servent à la

En Asie, le ginseng panax est utilisé comme tonique de l'énergie depuis des milliers d'années.

SUPPLÉMENTS RECOMMANDÉS

Vitamines du complexe B	**Dose :** I comprimé 2 fois par jour, à prendre avec de la nourriture. **À savoir :** choisissez un complexe B-50, comprenant 50 µg de vitamine B12 et de biotine, 400 µg d'acide folique et 50 mg de toutes les autres vitamines du groupe B.
Vitamine C	**Dose :** 500 mg 3 fois par jour. **À savoir :** de préférence sous forme d'ascorbate de calcium.
Ginseng panax	**Dose :** 100-250 mg 2 fois par jour. **Attention :** normalisé à 7 % au moins de ginsénosides.
Ginseng de Sibérie	**Dose :** 100-300 mg 2 fois par jour. **À savoir :** normalisé à 0,8 % au moins d'éleuthérosides.
Magnésium	**Dose :** 400 mg par jour pendant 2 mois. **Attention :** à prendre avec de la nourriture ; réduisez la dose en cas de diarrhée.
Acides aminés (complexe)	**Dose :** I comprimé 2 fois par jour. **À savoir :** à prendre à jeun.
Graines de lin (huile)	**Dose :** I c. à soupe (14 g) par jour. **À savoir :** à prendre le matin ; peut être mélangée à des aliments.

Rappel : prenez en priorité les suppléments en bleu ; ceux en noir vous seront aussi bénéfiques. Vérifiez qu'ils ne vous sont pas déjà apportés par un autre supplément – voir p. 181.

reproduction des globules rouges. La **vitamine C** joue aussi un rôle majeur : elle stimule la fonction immunitaire, aide à reconstituer les tissus et fortifie la glande surrénale, chargée de contrôler la production dans l'organisme des hormones de stress.

Le ginseng s'utilise couramment pour stimuler l'énergie. En Asie, le **ginseng panax** est depuis longtemps employé à cet usage. Le **ginseng de Sibérie** contient des éléments qui combattent la fatigue. Une légère déficience en **magnésium** est à l'origine de certains cas de fatigue. Une cure de 2 mois de ce minéral devrait rétablir l'équilibre. Chaque cellule du corps a besoin d'un mélange d'**acides aminés** pour fabriquer des protéines : des niveaux trop faibles peuvent êre responsables de la fatigue. Enfin l'**huile de graines de lin** fournit des acides gras essentiels, qui protègent les parois cellulaires et renforcent le système immunitaire.

Que faire d'autre ?

☑ Faites une sieste de 20 min, pas plus.

☑ Ne sautez pas le petit déjeuner. Juste avant de vous coucher, évitez les repas copieux, les aliments gras, l'alcool et les boissons caféinées.

☑ Dormez 8 h au moins.

☑ Soyez actif. Un exercice modéré aide à se sentir moins fatigué.

☑ Ne comptez pas sur les aliments sucrés pour vous donner un « coup de fouet ». Préférez-leur les glucides lents (pâtes, haricots secs, céréales complètes), les fruits et les légumes.

☑ Si la fatigue persiste, faites faire une analyse de sang pour détecter d'éventuels dysfonctionnements thyroïdiens ou une anémie.

QUOI DE NEUF ?
Les mesures prises, surtout sur les personnes âgées, pour prévenir et soigner la fatigue, pourraient accroître la longévité. Des études faites sur plus de 1 000 sujets nés en 1914 ont conclu que la fatigue à long terme était un facteur de décès bien plus redoutable que certains éléments traditionnels de référence comme le tabac ou les habitudes alimentaires.

LE SAVIEZ-VOUS ?
Les boissons caféinées risquent fort de vous empêcher de vous endormir ou de troubler votre sommeil pendant 10 h après leur absorption.

INFO PLUS
■ La fatigue est souvent le symptôme d'une carence ignorée en vitamine B12. Toutefois, les injections de vitamine B12, autrefois couramment pratiquées pour redonner de l'énergie, ne sont efficaces que si la carence est confirmée par des tests sanguins. Dans ce cas, le problème peut être résolu en absorbant des doses élevées de vitamine B12 par voie orale, sous la surveillance de votre médecin.

Fatigue chronique (syndrome de)

Cet état invalidant et mal compris, caractérisé par une fatigue permanente et des symptômes ressemblant à ceux de la grippe, est souvent soigné à l'aide de suppléments. On n'en connaît pas bien les causes.

Symptômes

- *Fatigue permanente ou récurrente pendant au moins 6 mois que ni le sommeil ni le repos ne parviennent à soulager.*

- *Pertes de mémoire, difficultés de concentration, maux de tête.*

- *Légère fièvre, douleurs musculaires ou articulaires, gorge irritée ou ganglions lymphatiques devenus palpables au cou ou sous les aisselles.*

- *La présence de douleurs musculaires persistantes associées aux symptômes ci-dessus peut évoquer une fibromyalgie.*

CONSULTEZ LE MÉDECIN...

- Si la sensation de fatigue dure plus de 2 semaines ou s'accompagne d'un amaigrissement brutal, de faiblesse musculaire ou d'autres symptômes anormaux.

- Si vous prenez des médicaments, car la fatigue peut être un effet secondaire de votre traitement. Le médecin pourra le vérifier et modifier votre traitement le cas échéant.

- Si la sensation de fatigue s'aggrave après un traitement par les suppléments.

ATTENTION : si vous suivez un traitement médical, consultez votre médecin avant de prendre des suppléments.

Qu'est-ce que c'est ?

Connu jusqu'au milieu des années 1990 sous le nom d'encéphalomyélite myalgique (EM), le syndrome de fatigue chronique (SFC) touche les femmes plus que les hommes et surtout avant 50 ans. Les patients souffrent souvent de troubles du sommeil, ont du mal à se concentrer et à accomplir des tâches ordinaires ; un état dépressif latent est fréquemment observé. Certains médecins ne considèrent pas le syndrome de fatigue chronique comme une maladie spécifique, mais comme un ensemble de symptômes sans lien entre eux.

Quelles en sont les causes ?

Une déficience du système immunitaire pourrait jouer un rôle dans le SFC ; car les patients atteints présentent souvent d'autres désordres immunitaires : 65 % d'entre eux souffrent d'allergies (contre 20 % de la population), et certains sont atteints de maladies auto-immunes comme le lupus, dans lesquelles le système immunitaire attaque les tissus sains de l'organisme.

De nombreux sujets mentionnent une affection grippale juste avant l'apparition de cette fatigue, et leurs symptômes évoquent effectivement une infection virale prolongée. Parmi les agents infectieux incriminés, on trouve le virus d'Epstein-Barr (responsable de la mononucléose infectieuse), ainsi que le candida, champignon à l'origine des candidoses. Le SFC pourrait aussi être déclenché par la pollution, une tension artérielle trop basse, des syndromes inflammatoires cérébraux ou un dérèglement hormonal. Il n'existe aucune preuve concluante.

Le ginseng de Sibérie, une plante énergisante, peut aider les personnes souffrant du SFC.

SUPPLÉMENTS RECOMMANDÉS	
Vitamine C	**Dose :** 2 000 mg 3 fois par jour. **Attention :** en cas de diarrhée, réduisez la dose.
Caroténoïdes	**Dose :** 2 comprimés de caroténoïdes mélangés par jour, à prendre avec de la nourriture. **À savoir :** chaque comprimé doit fournir 25 000 UI d'activité vitaminique
Magnésium	**Dose :** 400 mg 1 fois par jour. **Attention :** à prendre avec de la nourriture ; réduisez la dose en cas de diarrhée.
Échinacée	**Dose :** 200 mg 2 fois par jour. **Attention :** normalisée à 3,5 % au moins d'échinacosides. Limitez l'usage à 3 semaines ou alternez avec d'autres plantes.
Ginseng de Sibérie	**Dose :** 100-300 mg 2 fois par jour. **Attention :** normalisé à 0,8 % au moins d'éleuthérosides.
Réglisse	**Dose :** 200 mg 3 fois par jour. **Attention :** normalisée à 22 % de glycyrrhizine ; peut faire monter la tension artérielle.
Vitamine B5 (acide pantothénique)	**Dose :** 500 mg 2 fois par jour. **À savoir :** à prendre avec les repas. Renforce les glandes surrénales.
Astragale	**Dose :** 200 mg d'extrait normalisé 2 fois par jour. **Attention :** alternez avec l'échinacée en cycles de 3 semaines.

Rappel : prenez en priorité les suppléments en bleu ; ceux en noir vous seront aussi bénéfiques. Vérifiez qu'ils ne vous sont pas déjà apportés par un autre supplément – voir p. 181.

Les bienfaits des suppléments nutritionnels

Une thérapie à base de suppléments vise en premier lieu à restaurer la santé du système immunitaire. Commencez par prendre de la **vitamine C** et des **caroténoïdes.** Vous pouvez ajouter de l'**échinacée,** un immunostimulant puissant, et alterner avec de l'**astragale**, aux effets antiviraux et immunostimulants. Contre les douleurs musculaires, prenez du **magnésium.**

Vous pouvez aussi prendre, sans danger, du **ginseng de Sibérie,** de la **réglisse** et de la **vitamine B5** (acide pantothénique) pour renforcer les glandes surrénales, qui sécrètent des hormones comme le cortisol pour contrer les effets du stress et redonner de l'énergie. Comptez 1 mois pour ressentir les effets du traitement.

Que faire d'autre ?

☑ Essayez une thérapie du comportement et des techniques de relaxation, comme l'hypnose ou la méditation, pour gérer le stress et traiter une possible dépression latente.

☑ Faites des nuits complètes, au besoin en prenant des suppléments destinés à traiter l'insomnie, comme la valériane ou le kawa.

QUOI DE NEUF ?

Selon une étude récente publiée dans le *British Medical Journal,* des exercices modérés d'aérobique seraient très bénéfiques aux sujets souffrant du SFC. Après un programme de 12 semaines de marche, natation et bicyclette à raison de 5 à 30 min par jour, 55 % des patient se sentaient mieux ou beaucoup mieux. L'excès d'exercice peut toutefois avoir l'effet inverse, alors sachez doser vos efforts.

—◠◠◠—

Les chercheurs étudient actuellement les effets sur le SFC de la coenzyme NADH, une substance impliquée dans le métabolisme énergétique. Aux États-Unis, une étude récente fait état d'une amélioration chez les patients traités au NADH pendant 18 mois.

INFOS PLUS

■ Au XIXᵉ siècle, la fatigue chronique était appelée neurasthénie et se traitait, entre autres, avec de l'extrait de réglisse. Entre 1930 et 1950, de nombreux pays ont signalé des épidémies de fatigue prolongée. Aux États-Unis, les centres de surveillance et de prévention médicales ont défini en 1988 des critères de diagnostic du SFC, ouvrant la voie à des recherches spécifiques sur cette maladie.

■ Dans les années 1980, le SFC a été perçu, à tort, comme une maladie provoquée par le rythme de vie effréné des jeunes cadres dynamiques et baptisée alors « syndrome des yuppies ».

Fibromyalgie

Si vous ressentez des douleurs dans tous les muscles sans cause apparente, vous souffrez peut-être de fibromyalgie. Cette maladie difficile à diagnostiquer atteint de 2 à 5 % de la population, et elle touche surtout des femmes entre 20 et 50 ans.

Symptômes

- *Douleurs et raideurs musculaires chroniques (surtout le matin) pendant 3 mois consécutifs.*

- *Sensibilité de 11 à 18 points sensibles localisés sur le corps.*

- *Mauvais sommeil.*

- *Fatigue (chronique ou occasionnelle), même après avoir dormi correctement.*

- *Dépression, souvent accompagnée d'anxiété.*

- *Maux de tête.*

- *Troubles de la mémoire, de la concentration et de la coordination musculaire.*

CONSULTEZ LE MÉDECIN...

■ Si vos symptômes durent depuis 3 mois ; plus tôt s'ils vous empêchent de fonctionner normalement.

■ Si d'autres causes possibles, comme la grippe ou l'arthrite, ont été éliminées.

■ Si votre sommeil est gravement perturbé.

■ Si vous êtes déprimé.

ATTENTION : si vous suivez un traitement médical, consultez votre médecin avant de prendre des suppléments.

Qu'est-ce que c'est ?

La fibromyalgie est une maladie rhumatismale se caractérisant par des douleurs musculaires généralisées et de la fatigue. Souvent, le patient ne se sent pas reposé au réveil et ressent des douleurs musculaires parfois intenses (qui diminuent au cours de la journée). Les symptômes peuvent être permanents ou disparaître durant des mois pour réapparaître ensuite.

La fibromyalgie peut être difficile à diagnostiquer, car les analyses de sang et les radiographies ne révèlent aucune anomalie. Pour la distinguer d'autres maladies aux symptômes similaires comme le syndrome de fatigue chronique (SFC) ou la dépression, les médecins exercent une pression sur certains endroits du corps (appelés points sensibles) ; la pression est suffisante pour que le patient tressaille ou crie. On diagnostique une fibromyalgie quand fatigue et douleurs musculaires persistent pendant trois mois et ne peuvent être associées à une autre cause, et que l'on décèle une sensibilité excessive de 11 des 18 points sensibles (base du crâne et du cou, épaules, côtes, partie supérieure de la poitrine près de la clavicule, coudes, genoux, bas du dos et fesses).

Quelles en sont les causes ?

La cause de la fibromyalgie est inconnue. On l'associait autrefois à un trouble psychologique ; aujourd'hui, on incrimine plutôt des niveaux trop faibles de sérotonine, une des substances chimiques qui transmettent les messages du cerveau et du système nerveux. Le manque de sérotonine peut être directement responsable de la douleur musculaire, mais on le soupçonne plutôt de perturber le sommeil, ce qui aggrave la douleur.

D'autres pensent que la fibromyalgie affecte des personnes ayant des niveaux très élevés de substance P qui semble être le transmetteur des messages de douleur du corps au cerveau. Les personnes atteintes de fibromyalgie sont peut-être anormalement sensibles aux stimuli douloureux. De plus, la maladie a été associée à d'autres causes comme un cas grave de grippe, un traumatisme physique, un système immunitaire affaibli ou une tension psychologique de longue date. Elle semble aussi être en rapport étroit avec le SFC ; les deux peuvent se manifester ensemble.

Le magnésium et l'acide malique peuvent soulager les douleurs de la fibromyalgie en aidant les muscles à se relaxer.

Magnésium/ acide malique	**Dose :** 150 mg de magnésium et 600 mg d'acide malique 2 fois par jour. **À savoir :** offerts combinés sous forme de malate de magnésium.
Millepertuis	**Dose :** 300 mg 3 fois par jour. **À savoir :** normalisé à 0,3 % d'hypéricine.
5-HTP	**Dose :** 50 mg par jour. **À savoir :** augmentez la dose à 100 mg par jour après 1 semaine.
Vitamine C	**Dose :** 1 000 mg 3 fois par jour. **Attention :** en cas de diarrhée, réduisez la dose.
Pépins de raisin (extrait)	**Dose :** 100 mg 2 fois par jour. **À savoir :** normalisé à 92 %-95 % de proanthocyanidines.
Coenzyme Q10	**Dose :** 100 mg 2 fois par jour. **À savoir :** mieux assimilée si prise en mangeant.
Mélatonine	**Dose :** 3 mg avant le coucher. **À savoir :** efficace si des troubles du sommeil accompagnent la douleur.

Rappel : prenez en priorité les suppléments en bleu ; ceux en noir vous seront aussi bénéfiques. Vérifiez qu'ils ne vous sont pas déjà apportés par un autre supplément – voir p. 181.

Les bienfaits des suppléments nutritionnels

Le **magnésium** et l'**acide malique** peuvent être bénéfiques aux personnes souffrant de fibromyalgie pour améliorer l'énergie et relaxer les muscles. Beaucoup de personnes atteintes présentent des carences en magnésium ; l'acide malique favorise son assimilation et renforce ses effets antifatigue. Vous pouvez ajouter du **millepertuis** ou du **5-HTP** (5-hydroxytryptophane, une forme de l'acide aminé tryptophane) ; les deux augmentent les niveaux de sérotonine, soulagent la dépression et améliorent la tolérance à la douleur. N'en prenez pas avec des antidépresseurs sans l'avis de votre médecin. Pour aider à protéger votre fibre musculaire, prenez de la **vitamine C** avec ou sans extrait de **pépins de raisin** ; les deux sont de puissants antioxydants. Si cela ne suffit pas, ajoutez de la **coenzyme Q10.** Elle aide à soulager les symptômes du syndrome de fatigue chronique qui accompagnent parfois la fibromyalgie. Si vous dormez mal, essayez la **mélatonine** ou la valériane.

Que faire d'autre ?

☑ Prenez plusieurs repas légers durant la journée pour maintenir un niveau régulier de protéines et de glucides, essentiel au bon fonctionnement des muscles.

☑ Prenez des douches ou des bains chauds, surtout le matin, pour soulager la douleur, améliorer la circulation et atténuer les raideurs.

☑ Réduisez votre consommation de caféine, d'alcool et de sucre.

☑ Dormez au moins 8 heures par nuit.

Lors d'une étude sur 24 patients atteints de fibromyalgie, le magnésium et l'acide malique à hautes doses se sont révélés efficaces pour réduire les douleurs et la sensibilité. Les résultats ne sont apparus qu'au bout de 2 mois.

Une étude montre que loin d'aggraver les douleurs musculaires chroniques, l'exercice aérobique semble aider les muscles et soulager les symptômes de la fibromyalgie. Combinée à des techniques de gestion du stress, la pratique de 45 minutes d'exercice 3 à 5 fois par semaine soulagerait la douleur et la fatigue. Si vous ne faites pas actuellement beaucoup d'exercice, commencez doucement pour parvenir graduellement à des séances de 45 min. En faire trop, trop vite, comporte des risques.

La méditation, les thérapies du mouvement et l'apprentissage des liens entre le corps et l'esprit ont permis de soulager 20 patients atteints de fibromyalgie qui participaient à une étude. Au bout de 8 semaines, les tests normalisés indiquaient des améliorations du sommeil, des niveaux de douleur et de fatigue et de l'humeur chez les participants.

Flatulences

L'émission de gaz intestinaux peut être gênante autant que pénible, surtout quand elle devient fréquente. À l'aide de quelques modifications de votre alimentation et de suppléments nutritionnels, vous devriez recouvrer rapidement un bien-être moral aussi bien que physique.

Symptômes

- Fréquentes émissions de gaz par le rectum.

- Embarras gastriques et ballonnements.

CONSULTEZ LE MÉDECIN...

- Si les flatulences s'accompagnent de douleurs gastriques persistant pendant plusieurs jours.

- Si vous perdez du poids sans raison apparente : c'est peut-être le signe d'une maladie plus grave.

ATTENTION : si vous suivez un traitement médical, consultez votre médecin avant de prendre des suppléments.

Qu'est-ce que c'est ?

La production de gaz dans l'intestin est normale : un adulte en produit jusqu'à 1,5 litre par jour en moyenne, qu'il évacue en plusieurs fois. Mais cette normalité ne va pas toujours sans tracas : une quantité de gaz, aussi moyenne soit-elle, représente parfois une gêne et, dans certains cas, la fréquence des émissions de gaz et leur volume sont largement supérieurs à la moyenne. Mais les flatulences ne sont pas, en soi, le symptôme d'un cancer ou d'une quelconque maladie intestinale grave.

Quelles en sont les causes ?

Les flatulences se produisent lorsqu'une quantité de gaz excessive s'accumule dans le système digestif, puis est évacuée par le rectum. Elle sont généralement dues à des réactions chimiques entraînées par la consommation de certains aliments, en particulier chou, chou de Bruxelles, chou-fleur, salsifis, oignons et haricots secs. Ces aliments contiennent des glucides complexes dont la digestion se fait souvent de façon incomplète dans l'estomac et l'intestin grêle. À leur entrée dans le gros intestin, les bactéries saines vivant dans le côlon les décomposent, et cette action bactériologique s'accompagne d'une production de gaz divers (gaz carbonique, hydrogène et méthane). Il arrive que le lait et les produits laitiers provoquent aussi des ballonnements.

L'hydrogène sulfuré et d'autres composés à base de soufre sont responsables de l'odeur nauséabonde de certains gaz intestinaux. Des flatulences excessives peuvent être le symptôme d'une affection digestive comme la maladie cœliaque. Elles sont aussi provoquées par le stress, qui perturbe le processus de digestion, ce qui fait pénétrer dans le gros intestin des aliments incomplètement digérés. L'air absorbé en période de stress peut également parvenir dans le gros intestin et provoquer des flatulences.

Les bienfaits des suppléments nutritionnels

Si les flatulences ne sont pas pour vous un phénomène exceptionnel, essayez une combinaison des 4 premiers suppléments recommandés dans

L'acidophilus aide à neutraliser les bactéries intestinales parfois responsables des excès de gaz.

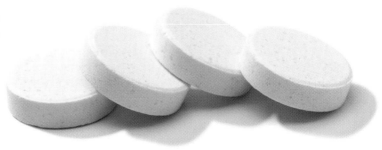

Gingembre	**Dose :** 100 mg 2 ou 3 fois par jour selon les besoins. **À savoir :** choisissez une préparation contenant des gingérols.
Acidophilus	**Dose :** 1 comprimé 2 fois par jour entre les repas. **À savoir :** achetez des comprimés contenant 1-2 milliards de ferments actifs à l'unité.
Bifidus	**Dose :** 1 comprimé 2 fois par jour au cours des repas. **À savoir :** achetez des comprimés contenant 1-2 milliards de ferments actifs à l'unité.
FOS	**Dose :** 2 000 mg 2 fois par jour. **À savoir :** prenez-les en association avec des ferments lactiques (acidophilus et bifidus).
Charbon activé	**Dose :** 500 mg après chaque repas et toutes les 2 h selon les besoins. **Attention :** ne dépassez pas 4 000 mg par jour.

Rappel : prenez en priorité les suppléments en bleu ; ceux en noir vous seront aussi bénéfiques. Vérifiez qu'ils ne vous sont pas déjà apportés par un autre supplément – voir p. 181.

le tableau ci-contre. Le **gingembre,** en gélules ou sous forme de rhizome frais râpé (mélangé à du jus de citron vert), est une véritable panacée digestive. Il apaise l'appareil intestinal et soulage les flatulences.

L'**acidophilus** et le **bifidus,** ferments lactiques qui sont des cultures de bactéries saines vivant dans le côlon, aident à contrôler le développement des bactéries productrices de gaz. Les fructo-oligosaccharides **(FOS),** glucides indigestes présents dans certains aliments, favorisent la croissance des bactéries saines. La reconstitution dans l'intestin des colonies de ces bactéries suffit souvent à mettre un terme aux gaz, ballonnements et autres affections digestives. Si ces traitements restent sans effet, utilisez du **charbon activé** pour absorber le gaz dans l'intestin et atténuer l'odeur qui l'accompagne. Vous le trouverez en comprimés ou en poudre à délayer dans un verre d'eau froide et à boire à la paille pour éviter de vous tacher les dents.

De multiples plantes, comme la menthe poivrée, les graines de carvi, le fenouil et l'anis, ont des propriétés carminatives, c'est-à-dire qu'elles améliorent la coordination des mécanismes digestifs et donc réduisent la fermentation gazeuse dans le gros intestin.

Que faire d'autre ?

☑ Évitez les boissons gazeuses.

☑ Mâchez bien les aliments : les gros morceaux peuvent provoquer des gaz quand ils passent dans l'intestin sans avoir été complètement digérés.

☑ Mangez lentement pour avaler moins d'air.

☑ Faites tremper les haricots secs avant leur cuisson : ils seront ainsi débarrassés de certains sucres indigestes. Jetez l'eau de trempage puis procédez à la cuisson dans de l'eau claire.

QUOI DE NEUF ?

Une étude récente consacrée à des hommes jeunes ou d'âge moyen a balayé la croyance selon laquelle les flatulences augmentaient avec l'âge. Elle a aussi confirmé que les glucides indigestes sont à l'origine du problème. Avec une alimentation normale, les deux groupes avaient des gaz une dizaine de fois par jour en moyenne. Cette fréquence a presque doublé avec un régime enrichi de 10 g par jour de ces glucides.

LE SAVIEZ-VOUS ?

Des apéritifs comme le Campari et le Martini contiennent de l'absinthe et de la gentiane, dont les principes amers stimulent la sécrétion des sucs digestifs.

INFOS PLUS

■ Avant d'envisager de prendre des suppléments nutritionnels contre les flatulences, essayez de supprimer tous les produits laitiers pendant quelques jours : si vous vous sentez mieux, vous souffrez peut-être d'une intolérance au lactose. Pour en atténuer les effets, consommez les produits laitiers en petites quantités avec d'autres aliments, choisissez-les à teneur réduite en lactose ou adoptez des produits au soja.

■ Usez avec prudence des édulcorants au sorbitol et au xylitol, présents dans toutes sortes de produits du commerce : ils entraînent des risques de flatulences.

Foie (troubles du)

Si certains virus de l'hépatite sont à l'origine de symptômes aigus, mais temporaires – semblables à ceux de la grippe –, d'autres dégénèrent en infection chronique. Les thérapies naturelles visent à protéger le foie et à stimuler le système immunitaire.

Symptômes

- Fatigue et faiblesse, sensation d'être en mauvaise santé.

- Fièvre.

- Nausées et vomissements, manque d'appétit, perte de poids.

- Douleurs musculaires ou articulaires.

- Gêne, douleurs ou gonflement abdominaux.

- Ictère (jaunissement de la peau et du blanc de l'œil).

- Urines foncées et selles claires.

CONSULTEZ LE MÉDECIN...

- Si vous pensez avoir été en contact avec le virus de l'hépatite, soit par l'ingestion d'aliments ou d'eau contaminés, soit en ayant eu des relations sexuelles avec une personne infectée.

- Si vous souffrez de symptômes grippaux persistants. Dans la période dite d'invasion, l'hépatite virale se manifeste en effet par un syndrome pseudogrippal qui peut entraîner une erreur de diagnostic.

- Si vous avez la jaunisse ou d'autres symptômes typiques de l'hépatite.

ATTENTION : si vous suivez un traitement médical, consultez votre médecin avant de prendre des suppléments.

Qu'est-ce que c'est ?

Le foie exerce des fonctions essentielles : métabolisme des glucides, des lipides et des protéines, métabolisation des substances toxiques, stockage de nutriments... La maladie qui le menace le plus est l'hépatite. Celle-ci se présente sous deux formes, aiguë et chronique, la première étant la plus facile à traiter. Les principaux agents de l'hépatite sont les virus A, B, C, D, E et G. L'hépatite A, la plus fréquente, est très contagieuse ; elle se manifeste par des symptômes grippaux aigus, mais ne provoque pas de lésions à long terme. Les hépatites B et C, souvent sans grand signe apparent, peuvent durer des années et être à l'origine de lésions irréversibles (cirrhose) ou d'un cancer du foie. Les hépatites à virus D, E et G sont rares.

Toutes ces formes d'hépatite affectent les fonctions du foie, et notamment le métabolisme des protéines et des glucides, la sécrétion de la bile, destinée à digérer les graisses, et l'élimination des toxines et autres déchets de l'organisme. Les hépatites chroniques sont les plus dangereuses, car elles peuvent conduire à une insuffisance hépatique.

Quelles en sont les causes ?

Qu'on la contracte en absorbant des aliments ou de l'eau contaminés (type A) ou à la suite d'une transfusion sanguine, d'une piqûre avec une aiguille infectée ou de rapports sexuels (types B et C), l'hépatite résulte d'une infection virale. Elle peut aussi être causée par la prise de certains médicaments et de substances toxiques ou par des années d'abus d'alcool. Elle est très rarement imputable à un dysfonctionnement du système immunitaire qui s'attaquerait aux cellules saines de l'organisme. Parfois, la cause de l'hépatite reste inconnue.

Les bienfaits des suppléments nutritionnels

Les produits mentionnés dans le tableau protègent le foie et renforcent la fonction hépatique ainsi que l'immunité générale. Pour soigner l'hépa-

Des gélules de chardon-Marie, une plante réputée pour son action protectrice sur le foie, contribuent à stimuler le fonctionnement de cet organe vital.

Vitamine C	**Dose :** 1 000 mg 3 fois par jour. **À savoir :** de préférence sous forme d'ascorbate de calcium.
Vitamine E	**Dose :** 400 UI par jour. **Attention :** parlez-en à votre médecin si vous êtes sous anticoagulants.
Chardon-Marie	**Dose :** 200 mg 3 fois par jour. **Attention :** normalisé à 70 % au moins de silymarine.
Réglisse	**Dose :** 250 mg d'extrait 3 fois par jour pendant 10 jours au maximum. **Attention :** peut faire monter la tension artérielle en cas d'utilisation prolongée.
Composé lipotrope	**Dose :** 2 comprimés 2 fois par jour. **À savoir :** doit contenir du chardon-Marie, de la choline, de l'inositol et d'autres ingrédients.
Pissenlit (racine)	**Dose :** 500 mg d'extrait 2 fois par jour. **À savoir :** parfois intégrée dans les suppléments de facteurs lipotropes.

Rappel : prenez en priorité les suppléments en bleu ; ceux en noir vous seront aussi bénéfiques. Vérifiez qu'ils ne vous sont pas déjà apportés par un autre supplément – voir p. 181.

tite aiguë, associez les suppléments aux médicaments classiques jusqu'à ce que les symptômes s'atténuent. Les premiers effets apparaissent généralement au bout de 1 semaine. Pour l'hépatite chronique, un traitement à long terme s'impose.

La **vitamine C** et la **vitamine E** sont de puissants antioxydants qui contribuent, ensemble, à protéger les cellules du foie contre les dommages des radicaux libres en excès. Pour renforcer l'action antioxydante de ces vitamines, buvez au moins 4 tasses de thé vert par jour. Le **chardon-Marie** est une plante qui protège le foie tout en favorisant le renouvellement de ses cellules et en améliorant ses fonctions.

La **réglisse,** qui renferme des composés antiviraux et antioxydants, et la **racine de pissenlit** sont également des plantes hépatoprotectrices. Le pissenlit peut entrer dans la composition de préparations hépatiques détoxifiantes avec des vitamines du groupe B comme la choline et l'inositol, ainsi que du chardon-Marie. Ce mélange, dit **composé lipotrope,** accélérerait l'évacuation de la bile et des toxines hors du foie.

Que faire d'autre ?

☑ Surveillez votre alimentation lorsque vous êtes en voyage. Ne mangez que des aliments cuits, ne buvez que de l'eau en bouteille et soyez très vigilant si vous devez recevoir des soins médicaux ou dentaires.

☑ Ne buvez pas d'alcool, surtout en cas d'hépatite aiguë, jusqu'à ce que vos analyses hépatiques soient redevenues normales.

☑ Si vous vous faites soigner par acupuncture ou souhaitez recourir à des techniques comme le tatouage ou le piercing, exigez des aiguilles et instruments jetables.

QUOI DE NEUF ?

Une étude récente a montré que les personnes souffrant de maladies hépatiques possédaient un taux très bas d'antioxydants, et que les patients atteints d'une hépatite virale grave étaient, au départ, carencés en vitamine E. L'administration de cette vitamine à un groupe de malades n'ayant pas réagi à un traitement antiviral médicamenteux a freiné les lésions et la destruction des cellules du foie.

LE SAVIEZ-VOUS ?
Il existe des vaccins contre les hépatites A et B. Si vous pensez faire partie des personnes à risque, consultez votre médecin pour décider avec lui de la vaccination la plus appropriée.

INFOS PLUS
■ On estime que jusqu'à 2 % de la population canadienne sont porteurs du virus de l'hépatite C. Les thérapies classiques donnent des résultats souvent limités dans le traitement de l'hépatite chronique. Elles reposent d'une part sur l'utilisation de l'interféron, aux propriétés antivirales, mais présentant des effets secondaires importants, et d'autre part sur la greffe du foie. Cela vaut la peine d'essayer les suppléments...

■ Les produits naturels ne sont pas tous sécuritaires en terme d'hépatotoxicité. C'est le cas de la consoude, par exemple.

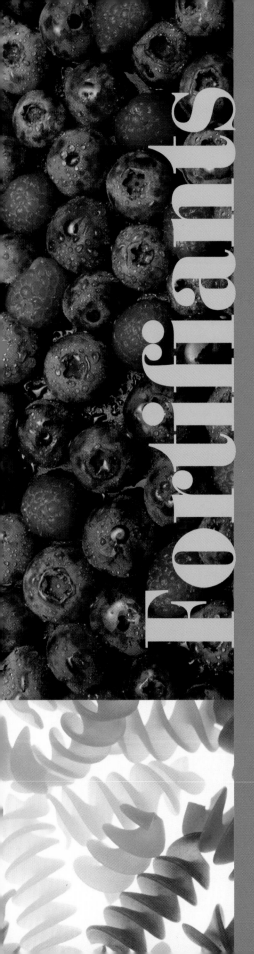

Fortifiants

Les secrets de la vitalité résident dans une bonne réserve d'énergie associée à un système immunitaire performant. Si vous vous sentez constamment fatigué et que vous vous enrhumez sans arrêt, il se peut que votre système immunitaire soit défaillant. Pour être en parfaite santé et le rester, puisez dans votre alimentation tous les minéraux et vitamines dont vous avez besoin. Des suppléments nutritionnels sont parfois utiles pour parvenir à atteindre les quantités appropriées.

ALIMENTATION ET ÉNERGIE

■ Les vitamines B et le magnésium transforment les aliments en énergie et exploitent les réserves énergétiques de l'organisme.

■ Le fer est un constituant de l'hémoglobine du sang, qui transporte l'oxygène nécessaire au métabolisme.

■ Ces nutriments ainsi que les antioxydants, les acides gras oméga-3 et les phytonutriments sont essentiels au bon fonctionnement du système immunitaire.

RENFORCER LE SYSTÈME IMMUNITAIRE

■ Manger beaucoup de fruits et de légumes stimule les défenses de l'organisme contre les infections et les maladies dégénératives.

■ Pour renforcer les défenses immunitaires, on trouvera dans les huiles de poisson les acides gras oméga-3 essentiels à la formation des membranes cellulaires. Elles peuvent aussi être prises régulièrement en supplément.

■ Le vieillissement affaiblissant la réponse immunitaire, les personnes âgées doivent conserver de bonnes habitudes alimentaires. Et il a été démontré que la dégradation du système immunitaire liée à l'âge pouvait être réduite par un apport supplémentaire de nutriments antioxydants et de vitamines B.

■ Le stress chronique peut également affaiblir le système immunitaire en faisant monter les taux sanguins d'adrénaline et de corticostérone produites par les glandes surrénales. Les vitamines C, B5, B6 et le magnésium participant à la synthèse de ces hormones, les besoins de l'organisme peuvent être doublés en cas de stress prolongé. Si ces besoins ne sont pas satisfaits, le système immunitaire en souffre. Prendre vitamines et minéraux ainsi que pratiquer la relaxation peuvent réduire ces effets nocifs.

IMMUNITÉ ET PHYTOTHÉRAPIE

■ Le ginseng panax, utilisé en Chine depuis des millénaires pour combattre les symptômes du stress, améliore le fonctionnement des systèmes immunitaire et nerveux, mais il doit être évité par les personnes souffrant d'hypertension.

■ Le millepertuis accroît la vitalité. Ses propriétés antivirales en font un remède particulièrement indiqué pour soulager la fatigue consécutive à une infection virale.

CONTRE LA GRANDE FATIGUE

Quand le foie est paresseux, les déchets toxiques s'accumulent dans l'organisme, provoquant fatigue et maux de tête. La racine de pissenlit stimule les fonctions hépatiques, tandis que les fruits du chardon-Marie contribuent à neutraliser les radicaux libres qui peuvent avoir une action nocive sur le foie.

L'anémie est une cause fréquente de fatigue persistante, car elle se traduit par un défaut d'oxygénation des tissus de l'organisme. Elle est souvent due à une carence en fer,

à laquelle sont davantage exposées les femmes qui ont des règles abondantes, les femmes enceintes ainsi que les végétariens et les végétaliens, dont l'alimentation est généralement pauvre en fer. Si vous vous sentez anémié, consultez un médecin. Pour augmenter votre apport en fer, choisissez un supplément contenant plusieurs vitamines et minéraux, les suppléments de fer pur ne devant être pris que sur avis médical.

Si votre fatigue n'est pas liée à un manque de sommeil et persiste depuis plus de 6 mois, vous souffrez peut-être du

syndrome de fatigue chronique (SFC), qui se manifeste par des troubles de la concentration, une perte de mémoire, une légère fièvre et des douleurs musculaires. Si tel est le cas, parlez-en à votre médecin.

Pour combattre le SFC, il faut une alimentation équilibrée, associée à une dose supplémentaire de vitamines C et E et à des plantes renforçant l'immunité, tels le millepertuis et l'échinacée. Si vous n'observez aucune amélioration au bout de 2 mois de traitement, consultez votre médecin.

VITALITÉ ET EXERCICE PHYSIQUE

La pratique régulière d'une activité physique, entretenue au fil du temps, tonifie tout l'organisme, et notamment le système immunitaire. L'exercice procure en plus une sensation de bien-être en stimulant la production de bêta-endorphines et de sérotonine par le cerveau.

Dépensant une quantité d'énergie considérable, les sportifs et les personnes très actives ont besoin d'un apport calorique supérieur à celui des sujets sédentaires. Car l'organisme doit sécréter de l'insuline et d'autres hormones afin de fournir aux muscles le glucose qu'ils transformeront en énergie ; cette série de réactions est soumise à une forte pression en période d'exercice physique intense. Des sels minéraux comme le chrome, le magnésium et le zinc sont nécessaires à ces processus métaboliques, ainsi que des vitamines B pour l'utilisation de l'énergie. En cas de grande activité physique, l'organisme brûle beaucoup d'oxygène, ce qui augmente la production de radicaux libres. Or, en excès, ceux-ci peuvent entraîner des douleurs musculaires, néanmoins soulagées par des antioxydants. Des suppléments de vitamines C et E sont ainsi recommandés aux sportifs débutants, à ceux qui suivent un entraînement intensif et aux personnes âgées.

Gencives

Après 35 ans, trois adultes sur quatre souffrent, un jour ou l'autre, d'une inflammation des gencives ou de saignements gingivaux. De nombreux moyens sont néanmoins à votre disposition pour soulager les douleurs et conserver de bonnes dents.

Symptômes

- *Saignements des gencives pendant et après le brossage des dents.*
- *Gencives rouges, gonflées et fragiles.*
- *Douleurs dentaires.*
- *Mauvaise haleine ou goût désagréable dans la bouche de façon chronique.*
- *Dents déchaussées ou manquantes.*

CONSULTEZ LE DENTISTE...

- **Si vous avez les gencives rouges et gonflées ou des dents qui bougent. Le sort de vos dents en dépend peut-être.**

ATTENTION : si vous suivez un traitement médical, consultez votre médecin avant de prendre des suppléments.

Qu'est-ce que c'est ?

Il y a deux principales maladies des gencives : la gingivite et la parodontite. Dans la gingivite (caractérisée par des gencives fragiles et enflammées), les bactéries buccales forment un film fin et collant, la plaque dentaire, qui recouvre dents et gencives. Faute de soins, la plaque se transforme en tartre, carapace minérale dure qui érode le tissu gingival. Cet état finit par évoluer en parodontite, affection plus grave et difficile à soigner. Dans les cas avancés de parodontite, les gencives se rétractent par endroits ; il se forme alors autour des dents des poches qui permettent aux bactéries de se nourrir aux dépens de la mâchoire. Des saignements des gencives pouvant être le signe d'une maladie plus grave, ne tardez jamais à consulter.

Quelles en sont les causes ?

Les affections des gencives sont d'abord dues à une hygiène buccale défectueuse. Une alimentation riche en sucres, une carence grave en vitamine C ou en autres éléments nutritionnels et le tabagisme (les substances chimiques de la fumée du tabac abîment les gencives et les dents) constituent également des facteurs de risque. Certains médicaments aggravent parfois les problèmes de gencives en gênant la production de salive, qui aide à éliminer bactéries et sucres. Il existe par ailleurs des prédispositions génétiques à ce genre de problèmes. Les femmes semblent y être plus sensibles au cours de la grossesse et de la ménopause, en raison de modifications hormonales. Enfin, le diabète ainsi que d'autres maladies chroniques qui diminuent la résistance aux infections en augmentent le risque.

Les bienfaits des suppléments nutritionnels

Divers suppléments, utilisés conjointement, peuvent aider à soigner les gencives douloureuses et qui saignent. Une amélioration devrait se produire dans les 2 semaines. Si vous êtes particulièrement prédisposé aux affections gingivales, vous pouvez prendre ces mêmes suppléments en cure préventive à long terme.

La vitamine C est facile à prendre en gomme à mâcher, mais rincez-vous la bouche aussitôt après pour empêcher ce super-antioxydant d'attaquer l'émail de vos dents.

SUPPLÉMENTS RECOMMANDÉS

Vitamine C/ flavonoïdes	**Dose :** 500 mg de vitamine C et 500 mg de flavonoïdes 2 fois par jour. **Attention :** en cas de diarrhée, réduisez la dose de vitamine C.
Coenzyme Q10	**Dose :** 50 mg par jour. **À savoir :** à prendre avec des aliments pour mieux l'assimiler.
Vitamine E	**Dose :** ouvrez une gélule de 400 UI et frottez-en le contenu sur les gencives. **À savoir :** alternez avec des traitements à l'acide folique combiné à la vitamine C.
Acide folique liquide	**Dose :** imbibez-en un tampon de coton, passez-le sur vos gencives 1 jour sur 2. **À savoir :** complétez le traitement avec de la vitamine C en poudre ; alternez, 1 jour sur 2, avec le traitement à la vitamine E.
Vitamine C en poudre	**Dose :** brossez délicatement vos gencives avec 1/2 c. à thé de poudre, 1 jour sur 2. **À savoir :** alternez, 1 jour sur 2, avec le traitement à la vitamine E.

Rappel : Vos suppléments habituels peuvent déjà vous fournir certains dosages – voir p. 181.

Pris quotidiennement, des antioxydants puissants comme la **vitamine C,** les **flavonoïdes** et la **coenzyme Q10** protègent le tissu des gencives contre les détériorations cellulaires et accélèrent leur cicatrisation. Immunostimulants, ils aident à lutter contre les attaques des bactéries. Les études sur la coenzyme Q10 montrent que celle-ci réduit l'ampleur des poches qui se forment autour des dents, ce qui accélère la guérison après une chirurgie dentaire. D'autres études permettent de penser que la vitamine C et les flavonoïdes renforcent le tissu conjonctif des gencives et réduisent l'inflammation, surtout s'ils sont absorbés ensemble.

Diverses thérapies locales pourraient de surcroît réduire les inflammations et les saignements des gencives. Vous pouvez, par exemple, vous masser les gencives avec de la **vitamine E** afin d'apaiser la douleur liée à l'inflammation et d'en accélérer la cicatrisation. Passez 1 jour sur 2 de l'**acide folique liquide** sur vos gencives avec un tampon de coton, puis rincez abondamment. Enfin, avec une brosse à dents très souple, frottez délicatement vos gencives avec de la **vitamine C en poudre.** Procédez à ces traitements locaux 2 fois par jour, après un brossage minutieux.

Que faire d'autre ?

☑ Passez la soie dentaire au moins 1 fois par jour et brossez-vous les dents 2 fois par jour avec une brosse souple. Brossez-vous aussi la langue, où se déposent les mêmes bactéries que sur les dents. Comptez 5 min chaque fois.

☑ Évitez les bonbons et les glucides poisseux ou brossez-vous les dents dès que possible après leur consommation : ces aliments peuvent s'accumuler dans les interstices et les alvéoles des gencives, surtout chez les personnes âgées, dont les racines dentaires ont tendance à se découvrir.

☑ Consultez le dentiste tous les 6 mois pour un contrôle et un détartrage, voire plus souvent si vous êtes sujet à la plaque dentaire.

Gorge (maux de)

Autant que le rhume et la grippe, la tension nerveuse et la fatigue peuvent provoquer des maux de gorge. Les traitements naturels ont sur ces derniers des effets exceptionnels : ils apaisent la douleur et la gêne tout en réduisant l'inflammation de la gorge.

Symptômes

■ *Rougeur, douleur ou brûlure dans la gorge ; parfois, maux d'oreilles.*

■ *Difficulté à avaler.*

■ *Sensation de boule dans la gorge.*

■ *Enrouement.*

■ *Ganglions lymphatiques gonflés sous la mâchoire.*

CONSULTEZ LE MÉDECIN...

■ **Si vous souffrez soudainement d'un violent mal de gorge :** il peut s'agir d'une infection bactérienne.

■ **Si votre température atteint ou dépasse 38 °C en l'absence de signes de rhume.**

■ **Si vous ressentez une grande difficulté à avaler.**

■ **En cas d'éruption cutanée.**

■ **Si un mal de gorge léger dure plus de 1 semaine.**

ATTENTION : si vous suivez un traitement médical, consultez votre médecin avant de prendre des suppléments.

Qu'est-ce que c'est ?

Les maux de gorge ne sont pas une maladie, mais des symptômes. L'irritation ou la brûlure qui se déclarent à l'arrière de la bouche et s'étendent jusqu'au milieu de la gorge proviennent le plus souvent d'une inflammation. Lorsque la gorge est infectée ou irritée, l'organisme réagit en envoyant dans la zone atteinte un afflux de sang transportant des globules blancs et d'autres substances pour combattre l'infection. Ce sont ces substances qui occasionnent rougeur, gonflement et douleur.

Quelles en sont les causes ?

Ce sont les allergies, les infections bactériennes ou virales et des facteurs extérieurs comme la poussière, la sécheresse de l'air et la fumée qui sont le plus fréquemment à l'origine des maux de gorge. En cas d'allergie ou d'infection virale, le mal de gorge résulte d'un écoulement dans les fosses nasales, lorsque l'excès de mucus contenu dans le nez ou les sinus s'évacue vers l'arrière de la gorge. Les virus du rhume attaquent aussi directement le tissu de la gorge.

Un mal de gorge d'origine virale évolue en principe lentement, sur plusieurs jours. Il est plus long à guérir mais plus supportable qu'une affection bactérienne, qui tend à frapper soudainement (parfois en quelques heures) et s'accompagne d'une violente douleur, de difficultés à avaler et de fièvre.

Les bienfaits des suppléments nutritionnels

Les suppléments recommandés ici ont pour but de renforcer le système immunitaire, de faciliter la cicatrisation du tissu enflammé de la gorge et de soulager la douleur. Sauf indication particulière, ils doivent se prendre ensemble jusqu'à disparition des symptômes. Tous ces suppléments sont

Réservées aux adultes, les pastilles de zinc peuvent aider à lutter contre le rhume et éviter le mal de gorge.

Vitamine C	**Dose :** 500 mg 3 fois par jour. **À savoir :** de préférence sous forme d'ascorbate de calcium.
Vitamine A	**Dose :** 10 000 UI par jour. **Attention :** les femmes enceintes ou qui veulent le devenir ne devraient pas dépasser 5 000 UI par jour.
Échinacée	**Dose :** 200 mg 4 fois par jour. **Attention :** normalisée à 3,5 % au moins d'échinacosides.
Ail	**Dose :** 400-600 mg 4 fois par jour, avec de la nourriture. **À savoir :** achetez des comprimés contenant 4 000 µg d'allicine.
Zinc	**Dose :** 1 pastille à sucer toutes les 3 ou 4 h au besoin. **Attention :** ne dépassez pas une dose totale (incluant le zinc contenu dans la nourriture) de 150 mg par jour.
Orme rouge	**Dose :** en infusion, 1 c. à thé pour 1 tasse d'eau chaude, au besoin. **À savoir :** toujours en infusion, peut être remplacé par de la racine de guimauve ou y être associé.

Rappel : vos suppléments habituels peuvent déjà vous fournir certains dosages – voir p. 181.

compatibles avec les remèdes en vente libre ou les médicaments sur ordonnance pour soigner les rhumes et les allergies, ainsi qu'avec les antibiotiques. La **vitamine C** aide l'organisme à lutter contre les infections des voies respiratoires supérieures, génératrices de maux de gorge. C'est un antihistaminique naturel qui peut réduire la production de substances inflammatoires chez les personnes allergiques. La **vitamine A** accélère la guérison des muqueuses, comme celles qui tapissent la gorge. L'**échinacée** et l'**ail** ont des propriétés antivirales et antibactériennes : prenez-en au moindre signe d'irritation de la gorge.

En cas de rhume, sucez des pastilles de **zinc** pour éviter les maux de gorge ; selon certaines études, ce minéral aurait la propriété de réduire la durée des maux de gorge. Si vous n'aimez pas le goût du zinc, buvez de la tisane d'**orme rouge** ou de racine de guimauve : ces végétaux tapissent la gorge, permettant d'avaler plus facilement et de moins souffrir. L'orme rouge contient aussi des composés connus sous le nom d'oligomères proanthocyanidiques, qui combattent les infections et les réactions allergiques par leur pouvoir oxydant. Pour renforcer un peu plus vos défenses immunitaires, ajoutez quelques gouttes d'essence d'hydraste du Canada à vos tisanes. La berbérine qu'elle contient est un puissant antibactérien. Si votre gorge est congestionnée, vous pouvez ajouter de la réglisse séchée ou en teinture aux tisanes, sauf si vous souffrez d'hypertension artérielle.

Que faire d'autre ?

☑ Servez-vous d'un humidificateur pour que votre gorge reste humide.

☑ Ne fumez pas et évitez les pièces enfumées.

☑ Buvez au moins 2 litres de liquide par jour. Les boissons chaudes comme les soupes et les tisanes peuvent apporter un soulagement appréciable.

Les dernières recherches démontrent que les pastilles de zinc n'ont aucun effet bénéfique sur les enfants. Au cours d'une étude effectuée sur 249 enfants d'âge scolaire atteints d'un mal de gorge, les enfants soignés avec des pastilles de zinc n'ont pas guéri plus rapidement que ceux ayant pris un placebo : tous ont mis 9 jours en moyenne à guérir. On ignore encore pourquoi le zinc agit sur les adultes et non sur les enfants.

INFOS PLUS

■ Plusieurs gargarismes par jour atténuent les maux de gorge. Faites-en avec des plantes : versez dans de l'eau bouillante de la réglisse, de l'orme rouge, de l'hydraste du Canada et de la feuille de framboisier à parts égales ; filtrez et laissez tiédir. Ou bien, préparez un gargarisme avec 1/2 c. à thé de sel et 1 c. à thé de curcuma dans 1 tasse d'eau tiède.

■ En cas de mal de gorge, on a recours aux antibiotiques uniquement s'il s'agit d'une infection bactérienne. Si des antibiotiques – qui risquent de détruire les bactéries indispensables au bon fonctionnement de votre système digestif – vous sont prescrits par votre médecin, reconstituez cette flore bactérienne en prenant des ferments lactiques (acidophilus et bifidus).

Goutte

Au Canada, 5 personnes sur 1 000 souffrent de goutte, principalement des hommes, mais les femmes ne sont pas toujours épargnées. Les victimes de cette maladie risquent des crises – imprévisibles –, provoquant des douleurs aiguës qui nécessitent une intervention rapide.

Symptômes

■ *Douleur articulaire soudaine et violente, qui commence généralement par se manifester dans le gros orteil, le talon, la cheville ou le cou-de-pied. Les attaques peuvent par la suite se porter sur le genou, le poignet, le coude, les doigts ou d'autres zones.*

■ *Rougeur et gonflement au niveau de la ou des articulations atteintes.*

■ *Formation possible de calculs rénaux, qui provoquent fièvre, violentes douleurs lombaires, nausées, vomissements ou gonflement de l'abdomen.*

CONSULTEZ LE MÉDECIN...

■ Si vous ressentez les symptômes d'une crise de goutte aiguë : votre médecin vous prescrira des médicaments pour calmer les premières douleurs.

■ Si vous éprouvez la douleur violente que provoque l'évacuation d'un calcul rénal.

ATTENTION : si vous suivez un traitement médical, consultez votre médecin avant de prendre des suppléments.

Qu'est-ce que c'est ?

La goutte est un dysfonctionnement métabolique provoqué par l'augmentation du taux d'acide urique dans le sang. Résidu de divers mécanismes organiques, cet acide se forme aussi après la consommation de certains aliments. L'organisme évacue spontanément l'acide urique avec l'urine, mais, dans certains cas, il en produit trop ou ne parvient pas à l'éliminer assez vite, et le taux d'acide urique augmente. L'excès se transforme souvent en cristaux pointus qui se fixent à l'intérieur et autour des articulations et d'autres tissus, ce qui provoque l'inflammation et la douleur atroce typiques de la goutte.

Quelles en sont les causes ?

Bien que les causes précises d'une crise de goutte restent inconnues, certains facteurs en accroissent les risques. Le quart des patients atteints présente des antécédents familiaux de la maladie, et les autres des taux de triglycérides élevés. Les hommes qui prennent du poids entre 20 et 40 ans sont particulièrement vulnérables. L'abus d'alcool, l'hypertension, une maladie rénale, l'exposition au plomb, un régime draconien et certains médicaments (antibiotiques, diurétiques, chimiothérapie anticancéreuse) sont d'autres facteurs potentiels de risque. Enfin, la consommation d'aliments riches en purines (abats, gibier...) peut déclencher des crises.

Les bienfaits des suppléments nutritionnels

Les attaques de goutte surviennent brutalement et doivent être traitées avec des médicaments conventionnels. La **broméline** semble le supplément le plus efficace contre la douleur lors d'une crise aiguë. C'est une enzyme dérivée de l'ananas. En dehors des crises, diminuez les doses de broméline et

Une compresse imbibée d'une infusion préparée avec les feuilles vertes de l'ortie permet souvent de soulager une articulation enflammée par la goutte.

SUPPLÉMENTS RECOMMANDÉS

Broméline	**Dose :** 500 mg toutes les 3 h en cas d'attaque ; réduisez à 2 fois par jour pour la prévention d'autres crises. **À savoir :** à prendre avant les repas.
Quercétine	**Dose :** 500 mg 2 fois par jour entre les repas. **À savoir :** à prendre avec la broméline en prévention.
Pulpe de cerise (extrait)	**Dose :** 1 000 mg 3 fois par jour, après une crise aiguë. **Attention :** réduisez à 1 000 mg par jour pour des doses d'entretien.
Vitamine C	**Dose :** 500 mg par jour. **Attention :** augmentez de 500 mg tous les 5 jours jusqu'à 1 000 mg 2 fois par jour ; en cas de diarrhée, réduisez la dose.
Feuille d'ortie	**Dose :** 250 mg d'extrait 3 fois par jour. **À savoir :** également efficace en compresse sur les articulations douloureuses (1-2 c. à thé de feuilles séchées pour 1 tasse d'eau).
Graines de lin (huile)	**Dose :** 1 c. à soupe (14 g) par jour. **À savoir :** à prendre le matin ; peut être mêlée à des aliments.

Rappel : prenez en priorité les suppléments en bleu ; ceux en noir vous seront aussi bénéfiques. Vérifiez qu'ils ne vous sont pas déjà apportés par un autre supplément – voir p. 181.

couplez-la à de la **quercétine,** un flavonoïde qui diminue les taux d'acide urique. Les autres suppléments, associés, auraient plutôt un rôle préventif, puisque l'acide urique peut s'accumuler sur des années. La prévention à long terme est particulièrement efficace avec l'extrait de pulpe de cerise, la vitamine C et les feuilles d'ortie.

La cerise, remède populaire ancestral contre la goutte, est riche en flavonoïdes et permet souvent de faire baisser le taux d'acide urique. Vous trouverez de l'**extrait de pulpe de cerise** dans les magasins de produits naturels ; 1/2 tasse par jour de jus de cerise ou de bleuet est également efficace. À doses progressives, la **vitamine C** aide l'acide urique à se libérer des tissus et à passer dans l'urine ; la prise, d'emblée, de doses élevées risque au contraire de libérer une quantité d'acide urique telle qu'il se forme un calcul rénal. Essayez la **feuille d'ortie,** en application locale ou par voie orale : en gélules et en tisanes, elle élimine l'excès d'acide urique et, en compresses, soulage fréquemment les articulations enflammées.

Enfin, l'**huile de graines de lin** réduit le taux des leucotriènes, responsables de la réaction inflammatoire dans la goutte. Manger du céleri ou de l'avocat, ou boire des tisanes de griffe-de-chat, de griffe-du-diable et de feuilles d'olivier font partie des thérapies naturelles pour réduire les taux d'acide urique.

Que faire d'autre ?

☑ Buvez au moins 8 verres d'eau par jour pour diluer votre urine et aider votre taux d'acide urique à baisser. Évitez l'alcool.

☑ Restez mince : l'obésité pourrait jouer un rôle majeur dans la goutte.

☑ Évitez les graisses, les glucides raffinés, les excès de protéines et, si vous êtes sensible aux purines, les aliments qui en contiennent (abats, anchois, légumineuses, épinards, asperges, chou-fleur, champignons...).

INFOS PLUS

■ La consommation de cerises fraîches ou en conserve (à raison de 250 g par jour) pourrait aider à se protéger de la goutte, car ces fruits font baisser le taux d'acide urique. La cerise a ses inconditionnels, et une étude limitée effectuée voici des années semble avoir confirmé son efficacité. Pour profiter plus facilement des bienfaits de la cerise, prenez 1 000 mg par jour d'extrait de pulpe du fruit (disponible dans les magasins d'alimentation naturelle). Les extraits de fraise, myrtille, céleri et graines de céleri pourraient avoir des effets analogues.

■ Un des plus vieux médicaments contre la goutte, la colchicine, est tiré de la fleur de crocus. C'est un médicament efficace qui agit rapidement, mais qui peut causer de sévères nausées et diarrhées, commandant l'arrêt immédiat du traitement. Mais ces effets secondaires se manifestent généralement alors que le médicament a déjà commencé à enrayer la crise de goutte.

Grossesse

L'alimentation avant et pendant la grossesse a une incidence sur la taille et la qualité du placenta, dont le rôle est de procurer au bébé tout ce qu'il lui faut. Si vous êtes enceinte ou désireuse de le devenir, consultez votre médecin avant de prendre des suppléments. Veillez à ne pas dépasser les doses recommandées : certaines vitamines sont stockées dans l'organisme et, en excès, peuvent entraîner des malformations.

Le lien entre la croissance du bébé dans l'utérus et les risques de maladie – troubles cardiovasculaires, hypertension, diabète, obésité, cancer – qu'il encourra par la suite est maintenant bien établi. Ainsi, les bébés de petit poids sont plus sujets à la mort subite du nourrisson et plus sensibles aux maladies de la prime enfance. Adultes, ils seraient plus exposés à la maladie coronarienne.

Les suppléments prénataux actuellement sur le marché sont bien adaptés à la grossesse et peuvent être d'une grande utilité aux femmes qui ne s'alimentent pas correctement. Aussi complexe qu'apparaisse la relation entre un régime alimentaire équilibré avant et pendant la grossesse et la mise au monde d'un bébé en pleine santé, la plupart des femmes accouchent d'enfants parfaitement sains et d'un poids normal, même lorsque leur grossesse n'était pas prévue.

ACIDE FOLIQUE

La prise de suppléments d'acide folique (une vitamine du complexe B) avant et après la conception réduit les risques de malformation du tube neural du bébé, tel le spina-bifida. Si vous cherchez à concevoir, vous pouvez donc prendre chaque jour 400 µg d'acide folique et continuer jusqu'à la 12e semaine de grossesse. Épinards et

SOURCES ALIMENTAIRES	THIAMINE	RIBOFLAVINE	NIACINE	VITAMINE B6	VITAMINE B12	ACIDE FOLIQUE
	levure, porc maigre, céréales complètes, légumineuses, poisson, viande, volaille	levure, laitages, viande, volaille, poisson, céréales complètes, œufs, champignons	levure, viande, volaille, poisson, amandes, noix, céréales complètes, pommes de terre	levure, germe de blé, lait, viande, volaille, avocat, pommes de terre, bananes, champignons	viande, volaille, poisson, fruits de mer, yogourt	épinards, jus d'orange, légumineuses, brocoli, asperges
GROSSESSE	1,4 mg	1,4 mg	18 mg	1,9 mg	2,6 µg	600 µg**
ALLAITEMENT	1,4 mg	1,6 mg	17 mg	2,0 mg	2,8 µg	500 µg

* Apport nutritionnel recommandé. ** + 200 µg de complément d'acide folique.

asperges cuits, pois chiches, lentilles, jus d'orange et d'ananas, betteraves, brocoli, laitue romaine, avocat, graines de tournesol, levure de bière, germe de blé ainsi que le pain blanc ou de blé entier sont de bonnes sources d'acide folique.

FER

Une femme enceinte produit plus de sang pour le bébé et pour le placenta ; il lui faut donc plus de fer. Or, bien qu'au cours de la grossesse l'organisme assimile mieux le fer, on conseille des suppléments de cet oligoélément aux femmes qui abordent leur grossesse avec des réserves insuffisantes à cause de leur alimentation ou de règles abondantes : 30 à 60 mg de fer durant les deux derniers trimestres de la grossesse et quelques mois après l'accouchement.

Les aliments d'origine animale comme la viande, la volaille et le poisson contiennent du fer facilement assimilable. On améliorera l'assimilation du fer présent dans les légumes, les légumineuses et les grains entiers en les associant à des aliments riches en vitamine C comme les agrumes, les fraises, les kiwis, le cantaloup, les tomates, le chou et le brocoli.

CALCIUM

L'absorption du calcium s'améliorant pendant la grossesse, les suppléments ne s'imposent pas. L'apport nutritionnel recommandé est de 1 000 mg par jour. Il suffit pour cela de consommer 4 portions de produits laitiers par jour. Une portion équivaut à 250 ml de lait ou 170 g de yogourt ou 50 g de fromage.

Au début de la grossesse, le calcium est puisé dans les réserves osseuses de la mère ; il sera restitué par la suite. Les adolescentes enceintes ont des besoins en calcium accrus car leurs os ne sont pas assez calcifiés pour faire face aux exigences de la grossesse. L'apport nutritionnel recommandé pour les adolescentes enceintes est de 1 300 mg de calcium par jour. Si l'alimentation n'en apporte pas suffisamment, un supplément de calcium peut s'avérer utile. Les mères qui allaitent ont besoin de 1 000 mg de calcium par jour : aussi leur faut-il consommer chaque jour beaucoup de lait et de produits laitiers ou prendre des suppléments de calcium.

ACIDES GRAS ESSENTIELS

L'organisme humain a besoin d'acides gras essentiels, avec un équilibre entre les oméga-6 (huile de maïs, de tournesol et d'arachide) et les oméga-3, surtout fournis par les huiles de poisson. Or, notre alimentation tend à privilégier les premiers aux dépens des seconds. En cas de grossesse, ce déséquilibre peut provoquer la prééclampsie ou une naissance prématurée. Les principaux acides gras oméga-3, l'acide eicosapentaenoïque (EPA) et l'acide docosahexaenoïque (DHA) sont vitaux pour le cerveau et les yeux du bébé. On en trouve dans le saumon, le maquereau, la truite et les sardines.

MAGNÉSIUM

Indispensable à la formation des os, il est présent dans le lait maternel. Pendant la grossesse, les réserves de magnésium risquent de s'épuiser. Or, le manque de magnésium conduit parfois à la prééclampsie. On retrouve le magnésium dans les légumineuses, les noix et les graines, les céréales complètes, les bananes, les haricots verts, le brocoli, les choux de Bruxelles, les carottes, le céleri, le chou-fleur, les dattes, le maïs.

ZINC

Sans zinc, le développement cellulaire est impossible. Chez les hommes, la motilité du sperme diminue si le liquide séminal est pauvre en zinc, et l'on sait que les femmes n'en absorbant pas assez courent plus de risques d'avoir des enfants prématurés ou d'un poids insuffisant à la naissance.

Les femmes enceintes qui consomment des aliments riches en zinc – viande, poisson, noix et graines, fruits de mer, légumineuses et céréales complètes – peuvent se passer de suppléments, d'autant plus que l'organisme s'adapte à cette forte demande en zinc en assimilant mieux celui que fournissent les aliments.

CUIVRE

Autre constituant du lait maternel, ce minéral participe à la formation des os. L'apport nutritionnel recommandé est de 1 000 µg par jour. Fruits de mer, céréales complètes, noix, noisettes et légumineuses en fournissent beaucoup.

SÉLÉNIUM

Les noix du Brésil, les fruits de mer, la viande, le poisson et certaines céréales complètes contiennent du sélénium, un puissant antioxydant. La grossesse en exige un peu plus (60 µg au lieu de 55 µg), et une déficience peut provoquer une fausse couche. Les mères qui allaitent ont également besoin de 70 µg de sélénium par jour. On le trouvera dans l'alimentation ou dans un supplément de multivitamines et minéraux.

POUR UN BÉBÉ EN BONNE SANTÉ

RÉGIME ALIMENTAIRE
Le développement du fœtus et du placenta commence souvent avant que la femme sache qu'elle est enceinte. Il importe donc à la future mère d'établir son régime alimentaire avant la conception.

POIDS DE LA MÈRE
Les femmes trop minces avant la grossesse sont prédisposées au retard de croissance intra-utérin et à l'accouchement avant terme, et donnent souvent naissance à un bébé de petit poids. Une femme dont le poids est insuffisant avant la grossesse devrait prendre 12,5 à 18 kg, soit environ 0,5 kg par semaine durant les deuxième et troisième trimestres.

On ne conseille pas aux femmes présentant un surplus pondéral de perdre du poids, ce qui pourrait affecter l'état nutritionnel de la mère et réduire les éléments nutritifs disponibles pour le développement du bébé. On privilégiera un gain de poids de 0,3 kg par semaine pour les deux derniers trimestres (pour un gain total de 7 à 11,5 kg). Comme les femmes qui ont un poids élevé sont plus nombreuses à développer un diabète gestationnel, un suivi nutritionnel est recommandé.

TABAC
Il faut arrêter de fumer avant la conception. Les conséquences du tabac peuvent être dramatiques : complications pendant la grossesse, insuffisance pondérale à la naissance, et, parfois, enfants mort-nés. Aucun supplément ne peut pallier les méfaits du tabac.

ALCOOL
Une consommation excessive d'alcool a des répercussions sur la fertilité de l'homme et de la femme. Avant la conception, il est préférable de limiter le plus possible le nombre de verres. L'abus d'alcool pendant la grossesse peut nuire au bébé, qui risque de naître avec un retard mental ou un syndrome d'alcoolisme fœtal, c'est-à-dire une dépendance à l'alcool. La plupart des professionnels de la santé conseillent de s'en passer totalement ou de ne pas dépasser 1 verre de 100 ml de vin ou 250 ml de bière peu alcoolisée par jour. Au-delà, l'alcool fait peser une menace sur la santé du bébé.

VITAMINE A

Cette vitamine est nécessaire à la croissance cellulaire, au développement de la peau et des membranes, et à toutes sortes de fonctions métaboliques. L'apport nutritionnel recommandé est de 770 µg pour les femmes enceintes et de 1 300 µg pour celles qui allaitent, des doses que l'alimentation fournit généralement. Les femmes enceintes qui prennent des suppléments multivitaminiques et multiminéraux doivent faire attention à la toxicité de la vitamine A (rétinol). Au Canada, les suppléments de vitamines et minéraux ne doivent pas contenir plus de 10 000 UI de vitamine A par comprimé. Prise en quantité excessive, la vitamine A augmente le risque de malformation congénitale. Certains suppléments prénataux ne contiennent pas de rétinol, mais du bêta-carotène que l'organisme transforme en vitamine A selon ses besoins.

Les meilleures sources de bêta-carotène sont les légumes vert foncé ou orange et les fruits orange. Le lait, le beurre, les fromages, le jaune d'œuf et le foie contiennent une bonne quantité de vitamine A.

VITAMINE D

Une femme enceinte ou qui allaite a besoin de vitamine D pour fixer le calcium des os et des dents. L'essentiel des besoins est assuré par l'action du soleil sur la peau. Les seuls aliments qui fournissent de la vitamine D sont des produits d'origine animale (lait, poisson gras, fromage, beurre, jaune d'œuf...). Les femmes qui se protègent du soleil ou cachent leur peau pour des raisons culturelles et qui, en outre, n'absorbent pas d'aliments qui en contiennent devraient prendre des suppléments enrichis de 200 UI de vitamine D en période de grossesse et d'allaitement.

VITAMINE C

L'ANR de vitamine C, essentielle à la croissance et à la régénération des tissus, est de 85 mg pendant la grossesse et de 120 mg en période d'allaitement. Une alimentation riche en fruits et légumes frais permet d'atteindre cet apport.

Selon une étude menée sur 700 femmes primipares, un apport médiocre en vitamine C va de pair avec un placenta déficient et une insuffisance pondérale à la naissance.

VITAMINES DU GROUPE B

Les vitamines B servent, entre autres, à libérer l'énergie apportée par les aliments. Le tableau de la page 279 présente l'ANR pour chaque membre essentiel de ce groupe en cas de grossesse ou d'allaitement et en précise les sources alimentaires. Les complexes de vitamines B pourraient être bénéfiques aux femmes mal nourries, même si la grossesse n'augmente que faiblement les besoins en ce groupe de vitamines.

LES NAUSÉES MATINALES

De tous les remèdes traditionnels contre les nausées matinales, le gingembre semble le plus invariablement efficace. Vous pouvez le prendre sous forme de gélules ou en tisane.

LA CONSTIPATION

Un supplément de psyllium peut soulager la constipation. Augmenter votre consommation de fibres en mangeant plus de pain et de céréales à grains entiers, de légumes, de fruits et de légumineuses comme les fèves, les pois, les pois chiches et les lentilles aide également.

Buvez 2 à 3 l de liquide (eau, lait, jus) par jour. Les liquides sont essentiels pour que les fibres gonflent et prennent du volume. Les boissons chaudes semblent très efficaces.

Évitez les laxatifs sauf sur la recommandation du médecin.

LES TISANES

Il n'y a pas assez de données scientifiques sur la sécurité des tisanes à base de plantes. Toutefois, certaines tisanes sont considérées comme inoffensives en quantité normale (2-3 tasses par jour) : églantier, gingembre, zeste d'agrumes et mélisse. La camomille aurait des effets indésirables sur l'utérus, aussi les femmes enceintes ne devraient pas en prendre.

RÉGIME VÉGÉTARIEN

Le risque d'une déficience en vitamine B12 est élevé chez les végétariennes enceintes car ce nutriment provient uniquement de source animale. Il leur est donc conseillé de prendre un supplément de 1 µg par jour de vitamine B12.

Haleine

La mauvaise haleine affecte des millions de personnes. Une hygiène buccale scrupuleuse et des remèdes naturels suffisent généralement pour régler ce désagréable problème. Mais s'il persiste, des examens dentaires et médicaux approfondis permettront d'en découvrir la cause.

Symptômes

- *Un mauvais goût persistant dans la bouche est souvent signe de mauvaise haleine.*

- *Les personnes qui ont mauvaise haleine ne s'en rendent pas toujours compte. Pour savoir ce qu'il en est, observez votre entourage : si les gens s'écartent quand vous leur parlez, vous serez fixé. Si vous vous posez des questions, demandez son avis à quelqu'un en qui vous avez confiance.*

- *Des gencives qui saignent sont parfois signe de gingivite, une inflammation qui donne mauvaise haleine.*

CONSULTEZ LE MÉDECIN...

- **Si le problème persiste malgré vos soins. Le dentiste ou le médecin peuvent trouver une raison médicale – affection des gencives ou sinusite, par exemple.**

ATTENTION : si vous suivez un traitement médical, consultez votre médecin avant de prendre des suppléments.

Qu'est-ce que c'est ?

La mauvaise haleine est, dans la plupart des cas, attribuable à la consommation de tabac, d'alcool ou d'aliments comme l'ail, l'oignon ou les anchois, connus pour laisser une odeur désagréable. Mais il arrive que le problème soit chronique et lié à une affection médicale.

Quelles en sont les causes ?

Il s'agit le plus souvent de la multiplication dans la bouche de bactéries générant des odeurs désagréables. Plus la bouche est sèche, plus les bactéries y prolifèrent et s'y maintiennent. Tout ce qui contribue à réduire la production de salive a tendance à donner mauvaise haleine : respiration par la bouche, régime amaigrissant accéléré (moins on mâche, moins on salive), vieillissement, absorption de certains médicaments. L'heure joue aussi : la mauvaise haleine du matin vient de ce que l'on salive moins en dormant. Les bactéries foisonnent sur la langue, dans les particules alimentaires qui se déposent sur les dents, surtout entartrées ou cariées, ou les dentiers. Une mauvaise haleine qui dure est souvent due à une affection des gencives ou à une sinusite chronique.

Les bienfaits des suppléments nutritionnels

Les suppléments doivent être associés à une hygiène buccale stricte, qui comporte un nettoyage approfondi des dents et des interstices, ainsi qu'un brossage de la langue, siège privilégié des bactéries.

Déposez 2 fois par jour 1 ou 2 gouttes d'**huile essentielle de menthe poivrée** sur votre langue – de plus grosses quantités risqueraient de causer des troubles digestifs. Outre son parfum agréable, cette huile présente l'avantage d'être bactéricide. Boire de grandes quantités d'infusion de

La menthe poivrée donne une haleine fraîche ; mettez-en 1 ou 2 gouttes sur la langue, et le tour est joué.

Menthe poivrée (huile essentielle)	**Dose :** I ou 2 gouttes déposées sur la langue. **Attention :** prise en grande quantité, cette huile risque d'entraîner des aigreurs d'estomac ; la menthe poivrée en infusion peut aussi être utile.
Fenouil	**Dose :** mâchez I pincée de graines de fenouil après les repas ou en cas de besoin. **À savoir :** à mâcher soigneusement pour être efficace ; graines d'anis ou clous de girofle peuvent être pris à la place.
Persil	**Dose :** mâchez I brin de persil frais après les repas ou en cas de besoin. **À savoir :** l'huile essentielle de persil est le principal ingrédient de certaines préparations destinées à purifier l'haleine.
Spiruline	**Dose :** rincez-vous la bouche avec des boissons riches en chlorophylle, en vente dans le commerce (suivez la notice). **À savoir :** se trouve aussi sous forme de comprimés à mâcher.

Rappel : vos suppléments habituels peuvent déjà vous fournir certains dosages – voir p. 181.

menthe poivrée ou de menthe verte et d'eau a pour effet de combattre la mauvaise haleine et d'empêcher la bouche de se dessécher. Vous pouvez aussi mâcher des graines de **fenouil** ou d'anis et des clous de girofle, faciles à transporter dans une petite boîte ; ou encore du **persil** frais, riche en chlorophylle, connu depuis longtemps pour purifier l'haleine.

On trouve également de la chlorophylle dans des « boissons vertes » en vente dans le commerce, à base d'algues telles que la **spiruline** et les chorelles, ou de plantes comme le chiendent. Elles sont surtout efficaces lorsqu'on s'en rince vigoureusement la bouche avant de les avaler. La spiruline est aussi disponible en comprimés à mâcher.

Que faire d'autre ?

☑ Brossez-vous les dents au moins 2 fois par jour et passez de la soie dentaire au moins I fois par jour.

☑ Frottez-vous la langue avec une brosse à dents humide ou le bord d'une cuiller en métal. Insistez sur la partie arrière afin d'enlever tout dépôt.

☑ Évitez l'alcool et le tabac.

☑ Mangez I orange par jour. Les agrumes contiennent des phytonutriments qui régulent la flore intestinale.

☑ Si votre mauvaise haleine est liée à une sinusite chronique, pensez à utiliser un irrigateur de sinus, qui permet d'instiller une solution saline dans les narines pour nettoyer les sinus. Cet article se trouve souvent dans les magasins de produits naturels.

LE SAVIEZ-VOUS ?

Dans l'Antiquité, les sujets des rois asiatiques devaient, dans bien des cas, se purifier l'haleine en mâchant plusieurs clous de girofle avant de se présenter devant leur souverain.

INFOS PLUS

■ Pour préparer un gargarisme ou un breuvage propre à purifier l'haleine avec des graines d'anis parfumées à la réglisse, faites-en bouillir 2 ou 3 c. à thé pendant quelques minutes dans I tasse d'eau, filtrez le liquide et laissez refroidir.

■ Pour qu'aucune bactérie ne loge dans votre brosse à dents, laissez celle-ci tremper dans de l'extrait de pépins de pamplemousse ou dans du peroxyde d'hydrogène ; rincez-la bien avant usage.

■ Les préparations du commerce destinées à se rincer la bouche n'ont qu'un effet temporaire sur les bactéries et ne remplacent pas le nettoyage des dents avec une brosse et de la soie dentaire.

■ Certains médecins recommandent d'augmenter sa consommation de fibres (en prenant du psyllium, par exemple) et de liquide pour éviter la constipation. On trouve dans les magasins de produits naturels des préparations à base de plantes ayant pour effet de nettoyer le côlon.

Hémorroïdes

Un tiers des Nord-Américains souffrent ou ont souffert d'hémorroïdes, même si ce trouble, aux symptômes souvent discrets, passe parfois inaperçu. En période de crise, les remèdes naturels pourraient bien surpasser les traitements conventionnels.

Symptômes

- *Traces de sang sur le papier toilette.*
- *Selles douloureuses et sanguinolentes.*
- *Démangeaisons et/ou boule douloureuse dans la région anale.*
- *Rejet de mucosités par l'anus.*

CONSULTEZ LE MÉDECIN...

- **Si vous remarquez pour la première fois des traces de sang sur votre papier toilette :** il s'agit sans doute d'hémorroïdes, mais le saignement anal peut avoir d'autres causes.

- **Si vous avez des saignements en dehors des selles,** même avec des hémorroïdes.

- **Si le sang est noir.**

- **Si vous ressentez une douleur anale lancinante :** un caillot de sang s'est peut-être formé dans l'hémorroïde.

- **Si les hémorroïdes ont fait l'objet d'un diagnostic et que vous avez des saignements quotidiens importants :** vous risquez une anémie provoquée par un manque de fer.

ATTENTION : *si vous suivez un traitement médical, consultez votre médecin avant de prendre des suppléments.*

Qu'est-ce que c'est ?

Les hémorroïdes sont des varices (veines dilatées) de l'anus ou du rectum. Les veines étant les canaux qui ramènent au cœur le sang privé d'oxygène, il arrive que les lois de la gravité ralentissent ce mécanisme dans la partie inférieure du corps. Le sang stagne parfois dans les veines, de sorte qu'il les distend et les affaiblit. Or, les veines du rectum et de l'anus sont spécialement sensibles : non seulement elles se situent dans le bas du corps, mais, contrairement aux autres veines, elles ne possèdent pas de valves pour empêcher le sang de circuler à contre-courant (alors que la faiblesse ou la défectuosité des valves contribuent aux varices des jambes).

Il existe des hémorroïdes internes et des hémorroïdes externes. Les premières se forment à l'intérieur du rectum et peuvent provoquer des saignements après les selles. Parfois entraînées par leur poids hors de l'anus, lors de la défécation, elles doivent alors être repoussées vers l'intérieur. Les hémorroïdes externes, parfois très douloureuses, se situent, quant à elles, autour de l'orifice anal. Elles finissent souvent par sécher et par disparaître spontanément.

Quelles en sont les causes ?

En exerçant une pression excessive sur les veines de l'anus et du rectum, l'effort produit au moment des selles est la principale cause d'hémorroïdes. Mais l'obésité et la grossesse affaiblissent également ces veines. Les spécialistes ne sont pas tous d'accord sur l'influence directe de la constipation sur l'apparition des hémorroïdes, mais ce trouble représente incontestablement un facteur aggravant, dans la mesure où il implique une défécation pénible. Des études ont montré que des diarrhées fréquentes augmentaient également le risque d'hémorroïdes.

De longues stations debout ou assises peuvent elles aussi provoquer la formation d'hémorroïdes. De plus, les muscles qui aident à propulser

Les suppléments de fragon épineux aident à tonifier les veines de l'anus et du rectum.

Vitamine C/ flavonoïdes	**Dose :** 500 mg de vitamine C et 500 mg de flavonoïdes 3 fois par jour. **À savoir :** prendre la vitamine sous forme d'ascorbate de calcium.
Fragon épineux	**Dose :** 150 mg 3 fois par jour. **À savoir :** normalisé à 9-11 % de ruscogénine.
Zinc/cuivre	**Dose :** 30 mg de zinc et 2 mg de cuivre par jour. **À savoir :** ajoutez le cuivre si le traitement dépasse 1 mois.
Psyllium	**Dose :** 1 c. à soupe de poudre par jour, dissoute dans eau ou jus. **À savoir :** buvez beaucoup d'eau dans la journée.
Graines de lin	**Dose :** 1 c. à soupe de graines de lin moulues dans un grand verre d'eau par jour. **Attention :** buvez au moins 8 verres d'eau par jour.
Millepertuis (onguent))	**Dose :** appliquez 3 ou 4 fois par jour, selon vos besoins. **À savoir :** particulièrement efficace après un passage à la selle.

Rappel : prenez en priorité les suppléments en bleu ; ceux en noir vous seront aussi bénéfiques. Vérifiez qu'ils ne vous sont pas déjà apportés par un autre supplément – voir p. 181.

le sang dans les veines perdent du tonus avec l'âge, ce qui explique que les hémorroïdes touchent aussi souvent les personnes âgées. La prédisposition aux hémorroïdes semble enfin avoir un caractère héréditaire.

Les bienfaits des suppléments nutritionnels

Les suppléments recommandés ici ne seront efficaces qu'accompagnés d'un exercice régulier et d'un régime alimentaire riche en fibres. L'exercice permet de tonifier les muscles qui entourent les veines, et les fibres présentent l'intérêt de donner du volume aux selles et de les amollir.

Contrairement aux onguents en vente libre, les vitamines et plantes conseillées ici contribuent à renforcer les veines et à réduire l'irritation pendant le traitement. Faites l'essai d'y associer de la **vitamine C,** des **flavonoïdes** et une plante appelée **fragon épineux** pour tonifier et resserrer les veines. Le **zinc** joue un rôle cicatrisant et doit se prendre en cas de traitement à long terme avec du **cuivre,** car il est en compétition avec celui-ci au niveau de l'absorption. Si votre alimentation n'est pas assez riche en fibres, ou si vous pensez devoir en absorber davantage, prenez du **psyllium** ou des **graines de lin,** qui facilitent la défécation. En cas d'hémorroïdes douloureuses, appliquez de l'onguent au **millepertuis** plusieurs fois par jour, notamment après les selles. Cet onguent sert aussi à resserrer les tissus dilatés.

Que faire d'autre ?

☑ Augmentez votre consommation de fibres en multipliant les portions de fruits, de légumes, de céréales et de légumineuses.

☑ Buvez au moins 8 verres d'eau par jour : le liquide prévient la constipation associée aux hémorroïdes.

☑ Respirez normalement lorsque vous soulevez des objets lourds, ou pendant les selles : retenir son souffle augmente la pression dans l'abdomen et risque ainsi d'endommager les veines.

INFOS PLUS

■ Si vous souffrez d'hémorroïdes, intégrez à votre alimentation le maximum d'agrumes, de baies, de cerises et d'oignons. Excellentes sources de fibres, ces aliments contiennent également des flavonoïdes, utiles pour renforcer les veines.

■ Employez un cataplasme de feuilles de sureau pour tenter de faire dégonfler les veines et d'apaiser les douleurs que provoquent les hémorroïdes : pilez une petite quantité de feuilles et délayez-la avec suffisamment d'eau chaude pour obtenir une pâte. Étalez celle-ci entre 2 ou 3 couches de gaze. Appliquez le cataplasme sur la région anale et laissez-le pendant quelques heures.

Herpès (boutons de fièvre)

Le virus de l'herpès simple provoque l'apparition récurrente de douloureux boutons, dits de fièvre, souvent associée à un affaiblissement du système immunitaire. Des suppléments inhibent l'action de ce virus et aident également la peau à cicatriser.

Symptômes

■ Première poussée : vésicules dans la bouche et sur les lèvres, parfois accompagnées de symptômes grippaux et d'un gonflement des ganglions dans les zones proches de l'inflammation.

■ Récidives : démangeaisons ou sensation de picotements au bord des lèvres, suivies de l'apparition, le lendemain ou le surlendemain, d'une ou de plusieurs vésicules.

CONSULTEZ LE MÉDECIN...

■ Si vous avez des douleurs oculaires ou une sensibilité à la lumière : le virus peut s'être propagé aux yeux et engendrer des troubles de la vue.

■ Si les boutons sont toujours présents après 2 semaines ou réapparaissent très souvent : vous devrez peut-être essayer une crème spécifique ou un traitement antiviral par voie orale.

ATTENTION : si vous suivez un traitement médical, consultez votre médecin avant de prendre des suppléments.

La lysine, un acide aminé pouvant prévenir les boutons de fièvre, est disponible sous forme de comprimés faciles à avaler.

Qu'est-ce que c'est ?

Les boutons de fièvre sont de petites vésicules remplies de liquide, généralement localisées près des lèvres, mais qui peuvent prendre la forme d'ulcérations sur les gencives ou la face interne des joues, sur le palais et autour des narines. Le virus peut se propager par contact aux muqueuses de l'œil, du nez ou des organes génitaux, et sur les plaies. Les vésicules éclatent, forment une croûte, et disparaissent au bout de 8 à 10 jours.

Quelles en sont les causes ?

Les boutons de fièvre sont dus au virus *Herpes simplex* de type 1 (HSV-1), qu'il ne faut pas confondre avec le virus *Herpes simplex* de type 2, responsable de l'herpès génital, maladie sexuellement transmissible. Tous deux sont très contagieux. Après la première poussée, le virus reste présent dans les ganglions nerveux : les boutons peuvent alors réapparaître jusqu'à plusieurs fois par mois, ou après plusieurs années de silence. Les poussées d'herpès surviennent souvent à la suite d'un affaiblissement des défenses de l'organisme dû à une fièvre ou à une infection virale, un rhume par exemple. D'autres facteurs, comme la fatigue, les menstruations, le stress ou l'exposition au soleil et au vent peuvent être à l'origine des récidives.

Les bienfaits des suppléments nutritionnels

Les suppléments recommandés permettent de limiter les récidives et d'accélérer la guérison. Ils doivent être pris simultanément dès les premiers signes de la poussée d'herpès et agissent dans les 2 à 3 jours.

La **lysine** est un acide aminé qui inhibe le développement du virus HSV-1 et se prend par la bouche ou en application locale. Elle peut être utilisée à long terme et préviendrait la formation des boutons. La **crème à la citronnelle** contient un antiviral puissant et doit être appliquée dès l'apparition des premiers picotements.

La **vitamine C** et les **flavonoïdes** sont de remarquables antioxydants qui facilitent la cicatrisation en éliminant les radicaux libres néfastes aux cellules ; ils stimulent la production de cellules antivirales par le système immunitaire. La **vitamine A** et le **sélénium** ont également des propriétés antioxydantes. Avec l'**huile de graines de lin,** ces produits réduisent le

Lysine	**Dose :** I 000 mg 3 fois par jour lors des poussées, puis 500 mg par jour en prévention. **Attention :** à prendre à jeun ; ne pas prendre avec du lait.
Citronnelle (crème)	**Dose :** appliquez sur les vésicules 2-4 fois par jour. **À savoir :** appelée aussi crème à la mélisse.
Vitamine C/ flavonoïdes	**Dose :** 500 mg de vitamine C et 500 mg de flavonoïdes 3 fois par jour. **Attention :** à utiliser lors des poussées
Vitamine A	**Dose :** 10 000 UI par jour pendant 5 jours. **Attention :** les femmes enceintes ou qui veulent le devenir ne devraient pas dépasser 5 000 UI par jour.
Échinacée/ hydraste du Canada	**Dose :** 200 mg d'extrait d'échinacée et 125 mg d'hydraste du Canada 4 fois par jour. **À savoir :** vendus seuls ou en association.
Sélénium	**Dose :** 400 µg par jour durant les poussées. **Attention :** ne dépassez pas 400 µg par jour ; des doses plus élevées peuvent être toxiques.
Graines de lin (huile)	**Dose :** I c. à soupe (14 g) par jour. **À savoir :** à prendre le matin ; peut être mêlée à des aliments.

Rappel : prenez en priorité les suppléments en bleu ; ceux en noir vous seront aussi bénéfiques. Vérifiez qu'ils ne vous sont pas déjà apportés par un autre supplément – voir p. 181.

délai de guérison en accélérant le renouvellement des cellules neuves. (La vitamine A est par ailleurs disponible sous forme topique ; appliquez-la directement sur les vésicules, en alternant avec de l'huile de vitamine E.) Les poussées d'herpès peuvent aussi être traitées avec de l'**échinacée** et de l'**hydraste du Canada,** plantes aux propriétés antivirales et antibiotiques qui stimulent le système immunitaire.

Pour prévenir les accès de boutons de fièvre, prenez une dose d'entretien de 500 mg de lysine par jour. (Si vous poursuivez ce traitement, ajoutez à la lysine un complexe d'acides aminés pour assurer un équilibre de ceux-ci.) Faites alterner les plantes : 200 mg d'échinacée tous les jours pendant 1 semaine ; puis 200 mg d'astragale par jour la deuxième semaine ; enfin, un mélange de champignons reishi (1 500 mg par jour), shii-take (1 200 mg par jour) et maitake (600 mg par jour), la troisième semaine.

Que faire d'autre ?

☑ Appliquez un écran solaire (IP 15 ou plus) sur vos lèvres pour éviter les récidives. Une étude portant sur des sujets atteints d'herpès récidivant a montré qu'en l'absence de protection solaire la poussée apparaissait au bout de 80 min d'exposition au soleil.

☑ Ne touchez pas les vésicules, vous pourriez propager le virus. De même, évitez de partager serviettes, rasoir, verre ou brosse à dents.

☑ Essayez la méditation, le yoga et la relaxation pour réduire le stress.

☑ Évitez le chocolat, la gélatine, les noix et les céréales complètes. Ils contiennent de grandes quantités d'arginine, un acide aminé susceptible, selon certains médecins, de déclencher des poussées d'herpès.

Selon une étude récente réalisée en Finlande, la vitamine C serait efficace en traitement local. Les chercheurs ont appliqué sur les vésicules des tampons imbibés de vitamine C : les vésicules ont disparu plus vite (3,4 jours) chez les patients traités à la vitamine C que chez ceux qui avaient reçu un placebo (5,9 jours).

Dans une autre étude faite en Allemagne, on a administré une crème concentrée à la citronnelle à des patients qui en étaient à leur premier accès de HSV-I : aucun n'a eu de rechute. La guérison a aussi été plus rapide, souvent en moins de 5 jours.

INFOS PLUS

■ L'application d'un glaçon sur les lésions pendant quelques minutes, plusieurs fois par jour, diminue la douleur et dessèche les vésicules. De même, une source de chaleur, à la limite du supportable, appliquée quelques secondes plusieurs fois par jour permet d'arrêter la crise au tout début, le virus ne pouvant plus se reproduire au-dessus de 38 °C.

■ À défaut de crème à la citronnelle, essayez l'infusion, en application externe, pour accélérer la guérison des boutons. Faites infuser 2 ou 3 c. à thé de citronnelle dans I tasse d'eau très chaude pendant 15 min. Appliquez, froid, sur les lésions 3 fois par jour.

■ Les suppléments peuvent être associés sans danger aux médicaments antiviraux délivrés sur ordonnance.

Hypercholestérolémie

Un taux de cholestérol élevé augmente les risques d'accident vasculaire. Les vitamines C et E, associées à certains suppléments et à une bonne hygiène alimentaire, permettent de contrôler ce taux et de minimiser les risques.

Symptômes

- *En général, aucun, mais l'hypercholestérolémie est un facteur de risque pour de nombreuses maladies.*

- *Lorsque le taux de cholestérol est très élevé, de petites boules jaunes apparaissent parfois sous la peau, au niveau des coudes et des genoux ou sous les yeux.*

CONSULTEZ LE MÉDECIN...

- **Tous les 5 ans pour faire contrôler votre taux de cholestérol ; plus souvent à partir de 45 ans si ce taux est supérieur à 5,2 mmol/l (millimoles par litre).**

- **Si, au bout de 2 mois d'automédication, votre cholestérol total n'a pas baissé, mieux vaut recourir à un traitement classique. Les médicaments diminuent de 25 % les risques de crise cardiaque.**

ATTENTION : si vous suivez un traitement médical, consultez votre médecin avant de prendre des suppléments.

Qu'est-ce que c'est ?

Le cholestérol est une substance graisseuse transportée par le sang. Il est nécessaire à l'organisme car il remplit diverses fonctions, notamment l'entretien des parois cellulaires. Mais, en trop grande quantité, il peut boucher les artères et provoquer une crise cardiaque. Le transport du cholestérol est assuré par deux types de protéines : les lipoprotéines de faible densité (LDL) s'en chargent pour les trois quarts et les lipoprotéines de forte densité (HDL) pour le reste. Lorsque l'on effectue un contrôle sanguin, on mesure le taux de cholestérol dit total, qui prend en compte ces deux protéines, et celui de chacune. Des niveaux élevés de cholestérol LDL (3,9 mmol/l), qualifié de mauvais, et de cholestérol total sont dangereux, comme l'est aussi un niveau faible de HDL (0,9 mmol/l), le bon cholestérol. Le taux idéal du cholestérol total devrait être de 5,2 mmol/l, et aussi élevé que possible pour le HDL.

Quelles en sont les causes ?

On impute souvent l'hypercholestérolémie à un régime alimentaire riche en graisses saturées : charcuterie, viande (le bœuf en particulier), beurre, fromages et produits à base de lait entier. Cette théorie est aujourd'hui nuancée : on sait désormais que l'organisme n'assimile pas facilement le cholestérol apporté par les aliments et que, s'il en contient trop, c'est qu'il le fabrique lui-même. Il n'en reste pas moins qu'une forte consommation de graisses saturées stimule cette production. Le surpoids, le tabac et le manque d'exercice physique sont aussi responsables, ainsi sans doute qu'une prédisposition génétique.

Frais ou sous forme de supplément, l'ail aide à protéger les parois artérielles en faisant monter le taux de bon cholestérol (HDL)

Les bienfaits des suppléments nutritionnels

Commencez par prendre des **vitamines E** et **C** et l'**ail,** ensemble ou séparément. Sur de longues périodes, ils sont sécuritaires même si vous prenez des antihyperlipidémiques. La vitamine E ne fait pas directement baisser le taux de cholestérol, mais elle semble empêcher l'action néfaste des radicaux libres sur le LDL, phénomène à l'origine de la formation des plaques d'athérome. La vitamine C est un adjuvant de la vitamine E et elle augmente, pense-t-on, le niveau du bon cholestérol. Les recherches concernant l'ail sont contradictoires, mais les nutritionnistes croient à ses effets bénéfiques. Si vous ne consommez pas assez de fibres alimentaires, prenez du **psyllium,** qui a un effet anticholestérolémique.

Les trois autres produits pourraient remplacer les médicaments classiques et ne devraient jamais être pris en même temps que ceux-ci : utilisé pour trois ou quatre mois, l'**inositol hexaniacinate**, forme de niacine, une vitamine B, pourrait réduire le LDL et augmenter le HDL ; la **levure rouge** ou le **guggulu** peuvent être utilisés en remplacement de l'inositol hexaniacinate. La première empêche la formation de cholestérol, tandis que le second accroît la capacité de l'organisme de métaboliser le LDL.

Que faire d'autre ?

☑ Diminuez les gras saturés et le cholestérol d'origine alimentaire. Remplacez la viande par le poisson, mangez des aliments riches en fibres (céréales, légumes, fruits) et remplacez le beurre par de l'huile d'olive ou de l'huile de canola ; mangez du son d'avoine.

☑ Faites régulièrement de l'exercice afin d'élever votre taux de HDL.

Hypertension

Bien qu'en général aucun symptôme manifeste ne la révèle, l'hypertension est responsable de graves problèmes de santé. Pour lutter contre ce « fléau invisible », une bonne hygiène de vie et des suppléments sont parfois plus efficaces que les médicaments classiques.

Symptômes

- *Les symptômes sont souvent inexistants, même en cas de tension très élevée, bien que certains sujets se plaignent de maux de tête et de tintements d'oreilles. L'hypertension est le plus souvent détectée à l'occasion d'un examen médical.*

CONSULTEZ LE MÉDECIN...

- Si vous avez pris des suppléments pendant 2 mois et que votre tension reste élevée (140/90).

La tension doit être régulièrement contrôlée, à une cadence variant selon les cas.

- Tous les 2 ans pour les personnes dont l'état général est satisfaisant et la tension normale ; tous les ans à partir de 45 ans.

- Tous les ans en cas de surcharge pondérale, de vie sédentaire, d'antécédents familiaux et d'une tension se situant entre 130 et 139 pour la systolique et entre 85 et 89 pour la diastolique.

- À intervalles déterminés par le médecin en cas d'hypertension.

ATTENTION : si vous suivez un traitement médical, consultez votre médecin avant de prendre des suppléments.

Qu'est-ce que c'est ?

En circulant dans le corps, le sang exerce sur les artères et les veines une pression dont la force est contrôlée par un système complexe auquel participent le cœur, les vaisseaux sanguins, le cerveau, les reins et les glandes surrénales. Il est normal que cette pression varie, même d'une minute à l'autre. En revanche, lorsqu'elle reste élevée en permanence, on donne à ce phénomène le nom d'hypertension.

Prendre la tension, c'est mesurer deux valeurs. Le chiffre le plus haut désigne la pression systolique, c'est-à-dire celle que le cœur exerce pour envoyer le sang dans les artères ; l'autre indique la pression diastolique, après que le cœur a relâché son effort. La normalité se situe aux alentours de 120 pour la phase systolique et de 80 pour la phase diastolique. On parle d'hypertension lorsque, mesurées à deux moments différents, les valeurs respectives restent égales ou supérieures à 140 et à 90.

Quelles en sont les causes ?

Dans l'hypertension essentielle ou primitive (90 % des cas), la cause est inconnue. Les facteurs de risque incluent une consommation élevée de sel, l'obésité, le tabac et des antécédents familiaux. Les hommes y sont deux fois plus exposés que les femmes, et les noirs plus que les blancs.

Les bienfaits des suppléments nutritionnels

Si votre tension est moyennement élevée (entre 140 et 159 pour la systolique et 90 et 99 pour la diastolique, par exemple), adoptez une meilleure hygiène de vie et prenez du calcium et du magnésium. Au-delà de ces chiffres, consultez votre médecin avant d'avoir recours aux suppléments.

Des études ont montré que le **calcium** abaisse la tension artérielle ; comme il joue aussi un rôle dans la contraction musculaire, il est bon pour le cœur et les vaisseaux sanguins. Le **magnésium** détend les muscles contrôlant les vaisseaux sanguins, ce qui permet au sang de circuler plus librement. Il aide aussi à conserver l'équilibre sodium/potassium dans le

Le calcium contrôle l'influx nerveux qui commande la contraction musculaire.

Calcium/ magnésium	**Dose :** 1 000 mg de calcium et 500 mg de magnésium par jour. **Attention :** s'abstenir de magnésium en cas de maladie rénale.
Vitamine C	**Dose :** 500 mg 2 fois par jour. **À savoir :** de préférence sous forme d'ascorbate de calcium.
Coenzyme Q10	**Dose :** 50 mg par jour. **À savoir :** pour une meilleure absorption, prenez-la en mangeant.
Acides gras essentiels	**Dose :** 1 c. à soupe (14 g) d'huile de graines de lin par jour ; 1 000 mg d'huiles de poisson 3 fois par jour. **Attention :** ne prenez les huiles de poisson que si vous ne mangez pas de poisson au moins 2 fois par semaine.
Aubépine	**Dose :** 100-150 mg 3 fois par jour. **Attention :** normalisée à au moins 1,8 % de vitexin.
Taurine	**Dose :** 500 mg de L-taurine 2 fois par jour, à jeun. **À savoir :** si vous en prenez pendant plus de 1 mois, ajoutez un complexe d'acides aminés.
Arginine	**Dose :** 1 000 mg de L-arginine 2 fois par jour, à jeun. **Attention :** contre-indiquée en cas de maladie du rein, d'herpès génital ou simplex ; à prendre avec un complexe d'acides aminés.

Rappel : prenez en priorité les suppléments en bleu ; ceux en noir vous seront aussi bénéfiques. Vérifiez qu'ils ne vous sont pas déjà apportés par un autre supplément – voir p. 181.

sang, ce qui a un effet positif sur la tension artérielle. Il n'est presque jamais nécessaire de prendre des suppléments de potassium si l'on sonsomme beaucoup de fruits et de légumes.

Si, au bout de 1 mois, votre tension est toujours aussi élevée, arrêtez le calcium et le magnésium et commencez à prendre de la **vitamine C** et de l'**aubépine :** ces deux suppléments dilatent les vaisseaux sanguins, le second ayant aussi pour effet de ralentir le rythme cardiaque. Ou bien, essayez la **coenzyme Q10** ; on croit que plus du tiers des hypertendus en manqueraient. À ces suppléments, ajoutez des **acides gras essentiels,** sous forme d'huile de graines de lin et d'huiles de poisson, pour rétablir une bonne circulation sanguine.

Les acides aminés peuvent aussi être bénéfiques : la **taurine,** croit-on, normaliserait l'activité accrue du système nerveux reliée à l'hypertension, tandis que l'**arginine** dilaterait les vaisseaux sanguins. Prenez-les en même temps qu'un complexe d'acides aminés pour bien maintenir l'équilibre de ceux-ci.

Que faire d'autre ?

☑ Perdez les kilos que vous avez éventuellement en trop. Un surpoids, même léger, suffit à faire monter la tension.

☑ Marchez ou faites de la gymnastique régulièrement.

☑ Consommez 10 portions de fruits et de légumes, des produits laitiers allégés, réduisez votre consommation de graisse et de sel. Les résultats d'une étude récente indiquent qu'un tel régime pourrait remplacer les médicaments classiques dans les cas d'hypertension modérée.

Après avoir injecté 3 000 mg de vitamine C par voie intraveineuse à 17 personnes souffrant d'hypertension, on a constaté que cette vitamine faisait baisser la tension en dilatant les artères. Cela laisse supposer que le rétrécissement des vaisseaux serait dû en partie à des dommages cellulaires que la vitamine C serait en mesure de corriger. Les suppléments par voie orale ont-ils le même effet que les piqûres ? Cela reste à déterminer.

—⁓—

Une carence en vitamine D pourrait être cause d'hypertension. D'après un chercheur américain, l'hypertension serait moins répandue dans les régions ensoleillées (or, le soleil déclenche la production de vitamine D dans l'organisme). Cette vitamine agirait donc sur les hormones liées au mécanisme de la tension artérielle.

INFOS PLUS

■ Lors d'un récent congrès international sur les maladies cardiovasculaires, il a été proposé de baisser de 140/90 à 130/85 les valeurs indiquant une hypertension. Une telle mesure permettrait de diminuer le nombre de crises cardiaques, d'attaques cérébrales et de diverses complications, parmi lesquelles les maladies rénales.

■ Des spécialistes affirment qu'en réduisant de 30 % la quantité de sel dans les aliments industriels, les cas d'accidents vasculaires cérébraux chuteraient de 16 % et ceux de crises cardiaques de 22 %.

Impuissance

Pratiquement un quart des hommes de plus de 50 ans ont du mal à obtenir une érection durable ; et cela arrive aussi à des individus beaucoup plus jeunes. Dans la plupart des cas, ces troubles de l'érection sont bénins et peuvent être enrayés en prenant des mesures simples.

Symptômes

- *Incapacité persistante à obtenir ou à maintenir une érection permettant d'accomplir l'acte sexuel.*

CONSULTEZ LE MÉDECIN...

- Si vous ne parvenez jamais à obtenir ou à maintenir une érection : il vous aidera à déterminer la cause de votre problème et à y remédier.

- Si le stress ou un nouveau traitement médical diminuent votre capacité à accomplir l'acte sexuel.

ATTENTION : si vous suivez un traitement médical, consultez votre médecin avant de prendre des suppléments.

Qu'est-ce que c'est ?

L'impuissance consiste en une incapacité persistante à obtenir ou à maintenir une érection. Le raidissement du pénis se produit lorsque le sang afflue dans les vaisseaux qui irriguent cet organe. Ce processus se met en marche lorsqu'une stimulation sexuelle incite les nerfs du cerveau et de la moelle épinière à commander aux artères chargées d'apporter le sang au pénis de se dilater. Bien que beaucoup d'hommes éprouvent des difficultés occasionnelles à maintenir une érection, il ne s'agit pas pour autant d'un phénomène inquiétant.

Quelles en sont les causes ?

L'impuissance s'explique principalement par un afflux insuffisant de sang au pénis. Elle est donc liée à une mauvaise circulation, due souvent à l'athérosclérose, c'est-à-dire au durcissement des vaisseaux sanguins. Il arrive aussi que le diabète, un déséquilibre hormonal, des troubles nerveux, une maladie de la prostate ou les effets secondaires d'un traitement médical soient responsables de ces troubles.

Les causes ne sont purement psychologiques que dans 1 cas sur 10, et il existe un moyen tout simple de s'en assurer : comme il est courant qu'une érection se produise involontairement durant le sommeil, il suffit, au coucher, d'enrouler autour du pénis une bande de timbres-poste encore attachés les uns aux autres : s'ils sont séparés le matin, c'est qu'une érection s'est produite durant la nuit. On est alors en droit de conclure qu'il s'agit d'un dysfonctionnement d'origine psychologique ; dû généralement au stress, ce type d'impuissance est souvent temporaire.

Les bienfaits des suppléments nutritionnels

Un certain nombre de suppléments améliorent l'afflux du sang au pénis lorsqu'on les prend ensemble. La **vitamine C** conserve leur élasticité aux vaisseaux, qui se dilatent plus facilement et charrient alors une plus grande quantité de sang.

Le ginseng panax, qui stimule la production d'hormones sexuelles chez les hommes, est réputé guérir certains cas d'impuissance.

SUPPLÉMENTS RECOMMANDÉS

Vitamine C	**Dose :** 500 mg 3 fois par jour. **Attention :** de préférence sous forme d'ascorbate de calcium.
Graines de lin (huile)	**Dose :** 1 c. à soupe (14 g) par jour. **À savoir :** à prendre le matin ; peut être mélangée à des aliments.
Onagre (huile)	**Dose :** 1 000 mg 3 fois par jour. **À savoir :** peut être remplacée par 1 000 mg d'huile de bourrache 1 fois par jour.
Ginkgo biloba	**Dose :** 40 mg 3 fois par jour. **Attention :** normalisé à au moins 24 % de glycosides de flavonoïdes.
Pygeum africanum	**Dose :** 100 mg 2 fois par jour, entre les repas. **Attention :** normalisé à 13 % de stérols. Les effets secondaires peuvent inclure nausées et dérangements d'estomac.
Ginseng panax	**Dose :** 100-200 mg 2 fois par jour. **Attention :** normalisé à au moins 7 % de ginsénosides ; alternez avec le ginseng de Sibérie 1 semaine sur 2.
Ginseng de Sibérie	**Dose :** 100-200 mg d'extrait 2 fois par jour. **Attention :** alternez avec le ginseng panax 1 semaine sur 2.
Muira puama	**Dose :** en infusion, 1 c. à thé dans 1 tasse d'eau chaude le matin. **À savoir :** peut être difficile à trouver ; existe aussi en teinture.

Rappel : prenez en priorité les suppléments en bleu ; ceux en noir vous seront aussi bénéfiques. Vérifiez qu'ils ne vous sont pas déjà apportés par un autre supplément – voir p. 181.

Les **huiles de graines de lin** et d'**onagre** contiennent des acides gras essentiels qui améliorent la circulation sanguine ; prises à long terme, elles peuvent faire baisser le taux de cholestérol et empêcher les vaisseaux sanguins de rétrécir. Le **ginkgo biloba,** qui augmente la circulation sanguine au cerveau, peut avoir un effet similaire sur le pénis. Ce n'est que grâce à un usage prolongé de ces suppléments que l'on a des chances d'obtenir des résultats véritablement satisfaisants. Même si des améliorations se font sentir au bout de 1 mois, il convient de continuer le traitement pendant 6 mois ou plus.

D'autres suppléments sont à utiliser si l'impuissance n'est pas liée à un problème circulatoire. Le **pygeum africanum,** une plante d'Afrique, peut être utile quand l'impuissance résulte d'une maladie de la prostate. Des études menées sur les animaux ont montré que le **ginseng panax** et le **ginseng de Sibérie** avaient pour effet d'augmenter leur taux de testostérone et de les rendre plus actifs à l'époque du rut. Enfin, l'infusion de **muira puama** (Brésil) est connue pour son pouvoir aphrodisiaque.

Que faire d'autre ?

☑ Faites régulièrement de l'exercice, ce qui améliorera votre circulation sanguine, vous donnera de l'énergie et vous aidera à lutter contre le stress.
☑ Limitez l'alcool et le tabac, qui aggravent l'impuissance.
☑ Envisagez de faire appel à un psychothérapeute si vos problèmes sont liés au stress et à l'angoisse.

Infertilité féminine

Les traitements classiques de la stérilité ne sont pas toujours faciles à supporter, tant sur le plan moral que sur le plan financier. L'aide apportée par certaines plantes médicinales et les suppléments nutritionnels est donc très appréciable.

Symptômes

- Inaptitude à procréer constatée durant une période de 1 an.
- Règles irrégulières, peu fréquentes ou inexistantes.
- Infection à chlamydiae, endométriose ou inflammation pelvienne.

Qu'est-ce que c'est ?

Une femme a des raisons de se croire stérile si elle n'est pas enceinte après 1 année durant laquelle elle a eu régulièrement des rapports sexuels non protégés au moment le plus fécond de son cycle (généralement les 5 jours précédant l'ovulation et le jour de celle-ci). La proportion des couples canadiens incapables de procréer est de 10 à 15 %. Pour un tiers, le problème est dû aux deux partenaires, et aussi bien à l'un qu'à l'autre dans les autres cas.

Quelles en sont les causes ?

L'ovulation se produit normalement chez la femme au milieu du cycle menstruel. L'ovule quitte l'ovaire et chemine dans les trompes de Fallope vers l'utérus, où il pourra être fécondé par un spermatozoïde au cours d'un rapport sexuel. Chez certaines femmes, surtout chez celles dont les règles sont irrégulières, la libération des ovules est sporadique ou totalement absente ; chez d'autres, les trompes de Fallope sont endommagées ou bouchées. Ces anomalies sont généralement les causes de la stérilité. Mais on ne peut les détecter que par un examen médical, et les tests ne permettent pas toujours de poser un diagnostic sûr.

L'ovulation devient souvent irrégulière chez les femmes à partir de 30 ans. Il arrive aussi qu'un déséquilibre hormonal lié à des problèmes de poids ou à un exercice physique exagéré, par exemple, la perturbe ou l'interrompe. Certaines affections comme l'endométriose, une inflammation pelvienne et l'infection par des chlamydiae sont également à l'origine de lésions cicatricielles qui font obstacle à la fécondation.

Les bienfaits des suppléments nutritionnels

Quelles que soient les causes de votre infertilité, vous associerez sans danger la plupart des suppléments figurant dans le tableau ci-contre à des multivitamines, à des minéraux et à des médicaments classiques. Cependant, leurs effets ne se feront peut-être sentir qu'au bout de 3 à 6 mois, et vous ne devrez pas hésiter à consulter un spécialiste en cas

Les acides gras essentiels fournis par l'huile d'onagre sont nécessaires au bon fonctionnement de l'utérus.

SUPPLÉMENTS RECOMMANDÉS

Vitamines du complexe B	**Dose :** 1 comprimé chaque matin avec de la nourriture. **À savoir :** recherchez un complexe B-50 contenant 50 µg de vitamine B12 et de biotine, 400 µg d'acide folique et 50 mg des autres vitamines du groupe.
Vitamine B6	**Dose :** 50 mg par jour. **Attention :** prendre 200 mg par jour à long terme peut causer des lésions nerveuses.
Zinc/cuivre	**Dose :** 20 mg de zinc et 1 mg de cuivre par jour. **À savoir :** ajoutez le cuivre si vous prenez du zinc pendant plus de 1 mois.
Acides gras essentiels	**Dose :** 1 000 mg d'huile d'onagre 3 fois par jour ; 1 c. à soupe (14 g) d'huile de graines de lin par jour. **À savoir :** vous pouvez substituer à l'huile d'onagre 1 000 mg d'huile de bourrache par jour.
Ginseng de Sibérie	**Dose :** 100-200 mg d'extrait normalisé 2 fois par jour. **Attention :** n'en prenez pas durant les menstruations ; cessez immédiatement si vous découvrez que vous êtes enceinte.
Gattilier/ *Chamaelirium luteum* (racine)	**Dose :** en teinture-mère, 1/2 c. à thé de chacun 2 fois par jour. **Attention :** n'en prenez pas durant les menstruations ; cessez immédiatement si vous découvrez que vous êtes enceinte.

Rappel : Vos suppléments habituels peuvent déjà vous fournir certains dosages – voir p. 181.

d'échec. Les **vitamines du complexe B,** incluant un apport supplémentaire de **vitamine B6**, contribuent au bon fonctionnement de l'appareil génital. En cas de grossesse, elles joueront un rôle essentiel dans les tout premiers stades du développement fœtal : l'acide folique luttera en particulier contre les malformations congénitales. Le **zinc** est nécessaire à la division des cellules (attention : il faut lui associer du **cuivre** si vous en prenez sur une longue période). Enfin, les **acides gras essentiels** et le **ginseng de Sibérie** favorisent l'activité des ovaires et protègent l'utérus.

Si l'infertilité est due à une ovulation irrégulière, essayez de la stimuler en prenant un mélange de **gattilier** et de **racine de *chamaelirium luteum***. Il a en effet été prouvé que le gattilier agissait sur la production de deux hormones féminines, la progestérone et la prolactine : il favorise celle de la première et inhibe celle de la seconde, deux actions contribuant au retour de l'ovulation en cas de dysfonctionnement.

Que faire d'autre ?

☑ Veillez à consommer régulièrement céréales complètes et poisson gras, ainsi qu'au moins 5 portions de fruits et de légumes par jour.

☑ Ne fumez pas. On sait que le tabac est un obstacle à la fécondité et peut constituer un danger pour le développement et la santé du fœtus.

☑ Surveillez votre poids, qui ne doit être ni trop élevé, ni insuffisant.

☑ Faites de l'exercice avec modération : une activité physique trop intense peut empêcher l'ovulation.

☑ Limitez votre consommation d'alcool.

QUOI DE NEUF ?

D'après une étude, boire plus de 1/2 tasse de thé noir ou vert par jour multiplierait par deux les chances de concevoir. Les effets de la caféine sur la fécondité de 187 femmes ont aussi été observés et rien ne prouve actuellement que celle-ci soit néfaste. D'après les chercheurs, les bienfaits du thé sont peut-être attribuables à certains de ses composants, mais il se peut aussi que les « buveuses de thé » aient un mode de vie plus sain que les « buveuses de café »...

⸺⸺

Des études sur le hamster, dont les ovaires ont été exposés à des extraits d'échinacée, de millepertuis et de ginkgo biloba, ont montré une moins grande pénétration de spermatozoïdes. On ne sait si ces résultats peuvent être appliqués à l'être humain, mais il vaut mieux éviter ces suppléments lorsqu'on cherche à concevoir.

INFOS PLUS

■ Les femmes tentent souvent de déterminer la date exacte de leur ovulation (méthode des températures ou du calendrier, dite Ogino). Elles risquent de se tromper et il se peut que la période de fécondité soit terminée au moment où elles constatent que la libération des ovules est en cours. Une étude menée sur 221 femmes en bonne santé âgées de 25 à 35 ans a en effet montré que l'époque la plus favorable à la conception se situait le jour de l'ovulation et pendant les 5 jours qui la précèdent. En dehors de cette phase, les rapports sexuels ont moins de chances de donner lieu à une grossesse.

Infertilité masculine

Dans 50 % des cas, la stérilité d'un couple vient de l'homme. S'il faut parfois recourir à la chirurgie ou suivre des traitements médicaux pour y remédier, des thérapies naturelles permettent souvent de résoudre ce problème en douceur.

Symptômes

- *Inaptitude à procréer constatée pendant 1 an au moins.*

- *Chez certains hommes, présence de tissus cicatriciels empêchant l'émission de sperme et résultant d'une infection des organes génitaux, notamment par les chlamydiae.*

CONSULTEZ LE MÉDECIN...

- Si vous pensez être stérile : votre médecin évaluera le problème et vous aidera à en trouver la ou les causes. Votre partenaire peut avoir à subir également un examen.

ATTENTION : si vous suivez un traitement médical, consultez votre médecin avant de prendre des suppléments.

Qu'est-ce que c'est ?

On considère qu'il y a un problème d'infertilité si la partenaire n'est pas enceinte après 1 année de rapports sexuels réguliers et non protégés au moment le plus fécond du cycle menstruel. On ignore le nombre de spermatozoïdes nécessaire pour qu'un homme soit fécond, mais on sait que plus il est élevé plus les chances de procréer sont grandes.

Quelles en sont les causes ?

L'infertilité masculine peut être due à une malformation ou encore à la présence dans les organes génitaux de tissus cicatriciels laissés par d'anciennes infections. On constate par ailleurs chez les individus infertiles une faible densité du sperme attribuable à un niveau trop bas de testostérone, l'hormone qui stimule la production de spermatozoïdes. Ceux-ci ne doivent pas seulement être nombreux, il faut qu'ils soient sains et mobiles. En outre, plus ils sont fragiles, plus ils sont vulnérables aux attaques des radicaux libres. Les facteurs qui freinent la production de testostérone et font proliférer les radicaux libres sont divers : parmi eux, l'abus d'alcool et de tabac, une mauvaise alimentation, le stress et certains médicaments qui altèrent la motilité des spermatozoïdes et rendent la procréation difficile.

Les bienfaits des suppléments nutritionnels

La chirurgie reste le meilleur moyen de corriger les défauts anatomiques, mais les suppléments sont efficaces dans beaucoup d'autres cas, et quel que soit l'âge : la fécondité ne dépend pas chez l'homme du nombre des années, comme c'est le cas pour les femmes, chez qui elle diminue à partir de 35 ans. Il faut savoir que les effets des suppléments conseillés ici ne se font sentir qu'au bout de plusieurs mois.

Absorbées avec des **caroténoïdes,** les **vitamines C** et **E** constituent un puissant mélange d'antioxydants qui défend les cellules contre les radicaux libres tout en assurant la protection des spermatozoïdes. La vitamine C empêche en outre les spermatozoïdes de rester groupés, augmentant ainsi leur motilité. Les fumeurs auront particulièrement avantage à prendre de cette vitamine, dont ils manquent souvent.

Les suppléments de caroténoïdes sont riches en antioxydants assurant la protection du sperme.

SUPPLÉMENTS RECOMMANDÉS

Vitamine C	**Dose :** 500 mg 3 fois par jour. **Attention :** de préférence sous forme d'ascorbate de calcium.
Vitamine E	**Dose :** 400 UI 2 fois par jour. **Attention :** consultez le médecin si vous êtes sous anticoagulants.
Caroténoïdes	**Dose :** I comprimé d'un mélange de caroténoïdes 2 fois par jour à prendre avec de la nourriture. **À savoir :** chaque comprimé doit fournir 25 000 UI d'activité vitaminique.
Zinc/cuivre	**Dose :** 20 mg de zinc et I mg de cuivre par jour. **Attention :** n'ajoutez le cuivre que si vous prenez du zinc pendant plus de I mois.
Graines de lin (huile)	**Dose :** I c. à soupe (14 g) par jour. **À savoir :** à prendre le matin ; peut ête mélangée à des aliments.
Arginine	**Dose :** 500 mg de L-arginine 4 fois par jour pendant 3 mois. **Attention :** à prendre avec un complexe d'acides aminés. À éliminer en cas de maladie rénale et d'herpès labial ou génital.
Ginseng panax	**Dose :** 100-200 mg 2 fois par jour ; en alternance avec du ginseng de Sibérie. **Attention :** normalisé à au moins 7 % de ginsénosides.
Ginseng de Sibérie	**Dose :** 100-200 mg 2 fois par jour ; en alternance avec du ginseng panax. **Attention :** normalisé à au moins 0,8 % d'éleuthérosides.

Rappel : Vos suppléments habituels peuvent déjà vous fournir certains dosages – voir p. 181.

Le **zinc** joue un rôle clé dans le processus masculin de la procréation, car il augmente la production de testostérone et augmente le nombre des spermatozoïdes (cependant, le zinc inhibant l'assimilation du **cuivre,** mieux vaut associer ces deux oligoéléments). Les acides gras essentiels fournis par l'**huile de graines de lin** contribuent également à la bonne santé des spermatozoïdes et à celle des tissus des organes génitaux. Quant à l'**arginine,** un acide aminé, elle augmente la motilité des spermatozoïdes et le nombre de ceux-ci ; il faut compter 3 mois de traitement à l'arginine pour corriger une carence.

Enfin, le **ginseng panax** et le **ginseng de Sibérie** stimulent la production de testostérone, et donc de sperme. Faites alterner ces deux plantes à 3 semaines d'intervalle. Le pygeum africanum (100 mg d'extrait normalisé 2 fois par jour) est une autre plante médicinale qui peut être efficace chez les hommes qui ont des problèmes de prostate.

Que faire d'autre ?

☑ Évitez l'alcool et le tabac.

☑ Pratiquez le yoga, la méditation ou toute autre méthode de relaxation.

☑ Introduisez des aliments à base de soja (tofu, lait de soja... dans votre alimentation : leur richesse en stérols végétaux est bonne pour la prostate comme pour la qualité du sperme.

QUOI DE NEUF ?

D'après une récente étude menée sur 30 sujets, la vitamine E contribuerait à favoriser la fécondité masculine. En effet, les spermatozoïdes d'hommes ayant pris quotidiennement une dose de 800 UI de vitamine E pendant 3 mois se montrèrent plus performants que ceux d'individus auxquels on avait administré un placebo pour rejoindre des ovules dans une éprouvette et initier le processus de la fécondation.

—⁓⁓—

La forme des sous-vêtements masculins n'a absolument aucune incidence sur la capacité à procréer. Deux études récentes ont démontré que porter des caleçons ne rendait pas plus fécond, et que les slips moulants, pour leur part, n'augmentaient la température des testicules que de I ou 2 °C, ce qui ne suffit pas pour diminuer la production de sperme. En revanche, les jeans très serrés contribuent certainement à diminuer la fécondité des hommes qui les portent.

LE SAVIEZ-VOUS ?

La vitamine E était autrefois surnommée vitamine antistérilité. Son nom chimique, tocophérol, vient en effet des mots grecs *tokos*, progéniture, et *pherein*, porter.

Insomnie

Une personne sur trois souffre, par périodes, d'insomnie, et ce pour de multiples raisons, pas toujours simples à identifier. En attendant, les insomniaques retrouvent souvent le sommeil grâce à plusieurs remèdes naturels qui ne présentent pas d'effets secondaires.

Symptômes

- *Difficultés à s'endormir.*
- *Phases de veille pendant la nuit.*
- *Fréquents réveils au petit matin.*

CONSULTEZ LE MÉDECIN...

- Si vous souffrez d'insomnie depuis plus de 1 mois sans raison apparente.

- Si vos troubles font suite à un événement grave – deuil ou perte d'emploi par exemple.

- Si vous vous sentez fatigué et que vous somnolez souvent durant la journée.

- Si vous êtes tellement épuisé que vous êtes incapable de mener une vie normale.

ATTENTION : si vous suivez un traitement médical, consultez votre médecin avant de prendre des suppléments.

Qu'est-ce que c'est ?

Le terme insomnie ne désigne pas uniquement l'incapacité à trouver le sommeil ; il s'applique également à des phases nocturnes de veille et à de fréquents réveils prématurés. Lorsque l'insomnie est due à l'angoisse ou à l'énervement, elle disparaît au bout de quelques nuits à quelques semaines. Mais, si elle est chronique, elle peut durer des mois, voire des années.

Quelles en sont les causes ?

Les causes de l'insomnie sont souvent difficiles à identifier. De mauvaises habitudes alimentaires, un mode de vie peu équilibré et même un matelas inconfortable peuvent en être aussi responsables que des douleurs physiques, une maladie grave ou un traitement médical mal toléré. Tension, anxiété et dépression sont très souvent à incriminer. Chercher l'origine de l'insomnie nécessite souvent des investigations complexes.

Les bienfaits des suppléments nutritionnels

Pris 45 min avant le coucher, les suppléments proposés ci-après devraient avoir un résultat immédiat. Essayez-en un à la fois pendant 2 semaines, puis passez à un autre pour éviter l'accoutumance.

De nombreuses études ont démontré les vertus sédatives de la **valériane.** Elle agit d'autant mieux qu'elle est prise en rotation avec la **camomille** ou la passiflore. Sous forme de gélules, de comprimés, de tisane ou de teinture, ces plantes ont un effet relaxant et facilitent l'endormissement. La **mélatonine** peut remplacer la valériane ; c'est une version synthétisée de l'hormone naturelle du sommeil. Elle est particulièrement

La racine séchée de valériane, une plante aux propriétés sédatives, sert à préparer une tisane qui apaise les tensions et facilite l'endormissement. Elle est aussi disponible en gélules.

SUPPLÉMENTS RECOMMANDÉS

Valériane	**Dose :** 150 à 300 mg par jour d'extrait standardisé à 0,8 % d'acide valérique. **À savoir :** débutez par la dose la plus faible ; augmentez au besoin.
Mélatonine	**Dose :** 1-3 mg au coucher. **À savoir :** débutez par la dose la plus faible ; augmentez au besoin.
GABA	**Dose :** 500 mg au coucher. **À savoir :** alternez avec la mélatonine, la valériane et le 5-HTP.
5-HTP	**Dose :** 100 mg de 5-hydroxytryptophane au coucher. **À savoir :** plus efficace si pris avec de la vitamine B6 ou du magnésium.
Calcium/ magnésium	**Dose :** 600 mg de calcium et 600 mg de magnésium par jour. **Attention :** à prendre au coucher avec de la nourriture ; parfois vendus sous forme de supplément unique.
Vitamine B6/ niacinamide	**Dose :** 50 mg de vitamine B6 et 500 mg de niacinamide. **À savoir :** à prendre ensemble au coucher.
Camomille	**Dose :** 1 tasse de tisane dans la soirée. **À savoir :** peut être associée sans danger à d'autres suppléments sédatifs.

Rappel : prenez en priorité les suppléments en bleu ; celui en noir vous sera aussi bénéfique. Vérifiez qu'ils ne vous sont pas déjà apportés par un autre supplément – voir p. 181.

Vérifiez qu'ils ne vous sont pas déjà apportés par un autre supplément – voir p. 181.

bénéfique à ceux que la douleur chronique empêche de dormir. La valériane et la mélatonine peuvent aussi être prises en alternance avec le neurotransmetteur **GABA** (acide gamma-aminobutyrique), qui inhibe les influx nerveux et empêche les messages de stress de parvenir au cerveau, ou avec du **5-HTP**, un acide aminé tryptophane, qui fait augmenter les niveaux de sérotonine, substance chimique aux propriétés somnifères.

Les troubles du sommeil sont parfois dus à des carences alimentaires, notamment en **calcium,** en **magnésium** ou en **vitamine B6 ;** ils peuvent disparaître lorsqu'on prend ces suppléments. La **niacinamide** (vitamine B3) contribue à calmer l'anxiété lorsqu'elle est prise avec la vitamine B6. La combinaison de magnésium ou de vitamine B6 avec le 5-HTP peut donner de bons résultats.

Que faire d'autre

☑ Couchez-vous toujours à la même heure, même pendant le week-end.

☑ Ne vous allongez sur votre lit que pour dormir – ni pour lire, ni pour regarder la télévision.

☑ Faites régulièrement de l'exercice afin de lutter contre le stress, excepté en fin de journée.

☑ Abstenez-vous de consommer alcool, caféine et tabac.

☑ Pratiquez la méditation pendant la journée et à l'heure du coucher.

☑ Prenez un long bain chaud additionné de 10 gouttes d'huile essentielle de lavande avant de vous mettre au lit.

☑ Buvez du lait chaud sucré au miel avant de vous coucher.

QUOI DE NEUF ?

L'efficacité de la valériane contre l'insomnie a fait l'objet de plus de 200 études. Les auteurs suisses de l'une d'elles ont constaté que les personnes qui en prenaient trouvaient le sommeil plus rapidement et dormaient plus longtemps que celles auxquelles on avait donné un placebo.

D'après une étude publiée dans le *Journal of the American Medical Association* et menée pendant 16 semaines sur 43 sujets de 50 à 76 ans en bonne santé mais souffrant de troubles modérés du sommeil, marcher rapidement pendant 40 min 4 fois par semaine aide non seulement à s'endormir rapidement mais à bien dormir toute la nuit.

LE SAVIEZ-VOUS ?

La chair de la dinde est particulièrement riche en tryptophane, un acide aminé qui fait dormir. Rien d'étonnant que l'on somnole après un repas de Noël...

INFOS PLUS

■ Évitez de prendre des remèdes naturels encourageant le sommeil en même temps que des somnifères, vous pourriez être pris de somnolence intempestive.

■ Évitez les plantes stimulantes comme le ginseng, la noix de cola et le gingembre : elles empêchent de dormir.

Insuffisance cardiaque

L'insuffisance cardiaque, cause la plus fréquente d'hospitalisation chez les plus de 65 ans, demande un traitement continu. Associés aux changements de style de vie et aux médicaments, les suppléments peuvent en amoindrir les symptômes.

Symptômes

- *Fatigue extrême et faiblesse.*
- *Souffle court au moindre effort ou en position allongée.*
- *Toux importante.*
- *Battements cardiaques inexplicablement rapides ou irréguliers.*
- *Enflure des extrémités.*

CONSULTEZ LE MÉDECIN...

- **Vous vous sentez régulièrement très fatigué et à court de souffle après un effort peu important.**

- **Le souffle vous manque de manière importante ou vous éprouvez des douleurs à la poitrine, ce qui peut signaler une crise cardiaque : appelez tout de suite une ambulance.**

- **Vous souffrez déjà d'insuffisance cardiaque, vous faites de la fièvre, vos battements cardiaques deviennent irréguliers ou vos symptômes s'aggravent.**

ATTENTION : si vous suivez un traitement médical, consultez votre médecin avant de prendre des suppléments.

Qu'est-ce que c'est ?

En insuffisance cardiaque, le cœur ne pompe pas aussi efficacement qu'il ne le devrait. L'organisme ne reçoit donc pas suffisamment de sang oxygéné. La maladie s'aggrave avec le temps. Tandis que le sang qui sort du cœur ralentit, celui qui y revient s'accumule, ce qui conduit à la « congestion » dans les tissus. Le liquide peut s'accumuler dans les poumons et causer une insuffisance respiratoire, se répandre dans les chevilles et les faire enfler ou causer nombre d'autres symptômes.

Quelles en sont les causes ?

L'infarctus, qui laisse des cicatrices sur le cœur et entrave sa capacité de pomper, entraîne souvent l'insuffisance cardiaque. L'hypertension artérielle, les maladies pulmonaires chroniques, l'abus prolongé de drogues ou d'alcool et les infections du muscle ou des valvules cardiaques peuvent aussi en être responsables.

Les bienfaits des suppléments nutritionnels

Divers médicaments peuvent renforcer l'action de pompe du cœur, dilater les vaisseaux sanguins, accroître le débit sanguin et éliminer l'excès de fluides corporels. De concert avec votre médecin ou un professionnel de la santé et avec les traitements médicaux conventionnels, vous pouvez opter pour tous les suppléments proposés pour freiner la progression de l'insuffisance cardiaque. Les effets bénéfiques se feront sentir en 3 à 4 semaines.

Pour commencer, il serait bon d'ajouter des antioxydants comme la **vitamine C,** la **vitamine E** et la **coenzyme Q10** à votre alimentation quotidienne. Pris régulièrement, ils jouent un rôle important dans la réduction des dommages causés par les radicaux libres qui peuvent affecter le cœur et les autres organes. La coenzyme Q10 possède par ailleurs des propriétés énergisantes. Il est également possible d'ajouter d'autres sup-

Les patients atteints d'insuffisance cardiaque bénéficient souvent des suppléments de thiamine.

Vitamines C/ vitamine E	**Dose :** 500 mg de vitamine C 3 fois par jour ; 400 UI de vitamine E par jour. **Attention :** consultez votre médecin si vous prenez des anticoagulants.
Coenzyme Q10	**Dose :** 100 mg 2 fois par jour. **À savoir :** à prendre avec de la nourriture pour une meilleure absorption.
Aubépine	**Dose :** 100-150 mg 3 fois par jour. **Attention :** normalisée à au moins 1,8 % de vitexin.
Carnitine	**Dose :** 1 000 mg de L-carnitine 2 fois par jour, à jeun. **À savoir :** quand vous en prenez pendant plus d'un mois, ajoutez un complexe d'acides aminés (suivez les instructions de la boîte).
Taurine	**Dose :** 500 mg de L-taurine 2 fois par jour, à jeun. **À savoir :** quand vous en prenez pendant plus d'un mois, ajoutez un complexe d'acides aminés (suivez les instructions de la boîte).
Magnésium	**Dose :** 400 mg par jour en mangeant. **Attention :** n'en prenez pas si vous souffrez d'une maladie du rein.
Ginkgo biloba	**Dose :** 40 mg 3 fois par jour. **Attention :** normalisé à au moins 24 % de glycosides de flavonoïdes.
Thiamine	**Dose :** 200 mg par jour. **À savoir :** également connue sous le nom de vitamine B1.

Rappel : prenez en priorité les suppléments en bleu ; ceux en noir vous seront aussi bénéfiques. Vérifiez qu'ils ne vous sont pas déjà apportés par un autre supplément – voir p. 181.

pléments à ce mélange. L'**aubépine** pourrait s'avérer spécialement efficace au cours des premiers stades de l'insuffisance cardiaque en aidant à dilater les vaisseaux sanguins et en améliorant le débit sanguin dans tout l'organisme. La **carnitine** et la **taurine,** des acides aminés, aident le cœur à battre plus vigoureusement et à abaisser la tension artérielle. Le **magnésium** peut aider à réduire la tension et à prévenir l'arythmie, une complication fréquente.

Enfin, les gens qui souffrent d'insuffisance cardiaque pourraient tirer avantage de deux autres suppléments. L'un d'eux, le **ginkgo biloba,** améliore la circulation sanguine vers le cœur et dans tout l'organisme. Le second est la **thiamine,** une vitamine du complexe B. De nombreuses personnes atteintes d'insuffisance cardiaque présentent en effet des niveaux peu élevés de cette vitamine parce qu'elles prennent le diurétique Lasix (furosémide) pour débarrasser leur organisme des excès de fluides, ce qui affecte à la baisse le niveau de thiamine.

Que faire d'autre ?

☑ Reposez-vous et évitez les activités épuisantes.

☑ Mangez plusieurs petits repas, moins difficiles à digérer.

☑ Réduisez votre apport de sel ; évitez le café, l'alcool et le tabac.

Lupus érythémateux disséminé

L'apparition d'une éruption cutanée en forme de masque de loup – ou en ailes de papillon – sur le visage constitue souvent la première manifestation du lupus érythémateux disséminé, une maladie d'origine auto-immune.

Symptômes

- *Douleurs et inflammation articulaires, éruptions cutanées, fièvre, fatigue, toux ou douleurs thoraciques, chute des cheveux, photosensibilité, troubles de la vision et hypertrophie ganglionnaire.*

- *Il existe de nombreux autres symptômes, parfois difficiles à diagnostiquer dans la mesure où presque tous les organes peuvent être touchés par le lupus. Les premiers signes apparaissent généralement entre 15 et 35 ans.*

CONSULTEZ LE MÉDECIN...

- Si vous souffrez d'une affection persistante inexpliquée, en particulier si elle se manifeste par de la fièvre, des douleurs articulaires, un amaigrissement, des éruptions ou des difficultés respiratoires. Essayez de faire établir le plus tôt possible un diagnostic précis, ce qui exige parfois une certaine persévérance...

ATTENTION : si vous suivez un traitement médical, consultez votre médecin avant de prendre des suppléments.

Qu'est-ce que c'est ?

Le lupus érythémateux disséminé est une maladie inflammatoire chronique qui évolue par poussées entrecoupées de périodes de rémission. Il se traduit par des signes variables, difficiles à diagnostiquer, car il peut atteindre l'ensemble des organes, et notamment la peau, les articulations, le cœur, le cerveau et les reins. C'est une maladie à forte prédominance féminine (8 femmes pour 2 hommes). Quelque 50 000 personnes au Canada sont atteintes de lupus, certaines d'entre elles ne le sachant même pas.

Quelles en sont les causes ?

Le lupus résulte d'un dysfonctionnement du système immunitaire : celui-ci produit des cellules anormales qui, disséminées dans l'organisme, s'attaquent aux tissus sains. Les causes de cette maladie, encore mal connues, sont sans doute liées à des facteurs génétiques, hormonaux et infectieux. Les poussées sont parfois déclenchées par une exposition au soleil, un accouchement, le stress ou certains médicaments.

Les bienfaits des suppléments nutritionnels

La prise en association de plusieurs suppléments nutritionnels sur une période prolongée peut soulager les symptômes de cette maladie et ralentir sa progression, tout en permettant de réduire les doses de médicaments classiques – qui présentent souvent de multiples effets indésirables. Tous ces suppléments peuvent être utilisés conjointement à un traitement classique, mais uniquement sous surveillance médicale, car le lupus érythémateux disséminé est une maladie grave. Les premiers effets s'observent généralement au bout de 1 mois.

Les **vitamines du complexe B** agissent sur l'ensemble de l'organisme pour protéger la peau, les muqueuses, les systèmes sanguin et nerveux, et les articulations. Associées aux **vitamines C** et **E** et au **sélénium,** réputés pour leurs vertus antioxydantes, les vitamines du complexe B peuvent

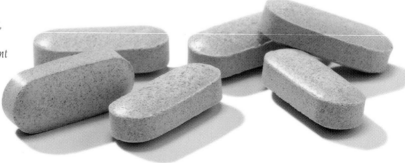

Réputé pour ses vertus antioxydantes, le sélénium joue un rôle protecteur contre les lésions du lupus qui touchent les articulations, le système nerveux, la peau, le cœur et d'autres organes.

SUPPLÉMENTS RECOMMANDÉS

Vitamines du complexe B	**Dose :** I comprimé chaque matin en mangeant. **À savoir :** choisissez un complexe B-50 contenant 50 µg de vitamine B12 et de biotine, 400 µg d'acide folique et 50 mg de toutes les autres vitamines B.
Vitamine C/ vitamine E	**Dose :** 500 mg de vitamine C 3 fois par jour ; 400 UI de vitamine E par jour. **À savoir :** la vitamine C renforce l'action de la vitamine E.
Graines de lin (huile)	**Dose :** I c. à soupe (14 g) par jour. **À savoir :** à prendre le matin ; peut être mélangée à des aliments.
Poisson (huiles)	**Dose :** I 000 mg 3 fois par jour. **À savoir :** à prendre avec de la nourriture.
Onagre (huile)	**Dose :** I 000 mg 3 fois par jour. **À savoir :** vous pouvez la remplacer par I 000 mg d'huile de bourrache I fois par jour.
DHEA	**Dose :** I00 mg le matin. **Attention :** à ne prendre que sous supervision médicale ; à éviter si vous présentez des risques de cancers de type hormonal (sein, prostate, etc.).
Sélénium	**Dose :** 200 µg par jour. **Attention :** toxique à haute dose ; ne dépassez pas 600 µg par jour.
Zinc/cuivre	**Dose :** 20 mg de zinc et I mg de cuivre par jour. **Attention :** n'ajoutez le cuivre que si vous prenez du zinc pendant plus de I mois.

Rappel : prenez en priorité les suppléments en bleu ; ceux en noir vous seront aussi bénéfiques. Vérifiez qu'ils ne vous sont pas déjà apportés par un autre supplément – voir p. 181.

voir p. 181.

QUOI DE NEUF ?

Certaines études ont mis en évidence une corrélation entre des taux de 3 nutriments (les vitamines A et E, et le bêta-carotène) inférieurs à la moyenne et l'apparition, plusieurs années plus tard, du lupus érythémateux disséminé. D'autres travaux devront déterminer si ces déficits sont un facteur déclenchant de la maladie ou s'ils en constituent des symptômes précoces, à un stade où la maladie n'a pas encore de manifestations cliniques.

INFOS PLUS

■ Les médicaments classiques contre le lupus, notamment les stéroïdes à fortes doses et les médicaments contre le cancer, présentent des effets secondaires presque aussi préjudiciables que la maladie tels que l'affaiblissement des os, la cataracte et le diabète. La prise de suppléments peut permettre de réduire les doses, et donc la toxicité, de ces médicaments.

■ Les personnes atteintes de lupus doivent éviter la luzerne (alfalfa) sous toutes ses formes (germes, graines, comprimés, infusions), car elle renferme une substance appelée canavanine, qui semble impliquée dans le déclenchement des poussées.

accélérer la guérison et contribuer à protéger le cœur et les vaisseaux sanguins, les articulations, la peau ainsi que d'autres organes susceptibles d'être atteints par cette maladie inflammatoire. La vitamine E se révèle souvent particulièrement efficace pour soigner les problèmes cutanés et articulaires. Les acides gras essentiels (que contiennent l'**huile de graines de lin**, les **huiles de poisson** et l'**huile d'onagre**) agissent en réduisant l'inflammation des articulations, des reins, de la peau et d'autres organes ; ils peuvent aussi réduire le taux de cholestérol, que la maladie fait parfois monter. Les médecins se rendent compte que le **DHEA** peut réduire les besoins des patients en prednisone, tout en donnant de l'énergie. Le **zinc,** associé à la vitamine C, aide à régulariser le fonctionnement du système immunitaire. Étant donné que le zinc inhibe l'absorption du **cuivre**, il doit être associé à ce minéral lorsqu'il est pris de façon prolongée.

Que faire d'autre ?

☑ Évitez de vous exposer au soleil et, dehors, protégez votre peau avec un écran total.

☑ Reposez-vous le plus possible. Joignez-vous à un groupe de soutien psychologique pour réduire votre stress.

Maigrir

Il est difficile de perdre du poids. Les régimes à la mode qui promettent un succès rapide sans effort dupent de moins en moins de gens. Certains suppléments combinés à une alimentation équilibrée et à un bon programme d'exercice peuvent vous aider à perdre du poids.

QU'EST-CE QUE L'OBÉSITÉ ?

Les kilos en trop commencent à inquiéter quand vous dépassez de 20% votre poids santé. Au Canada, 35% des hommes et 29% des femmes sont obèses. L'obésité est un facteur de risque pour des maladies graves comme le diabète, les cardiopathies, les accidents cérébrovasculaires, l'hypertension et certains types de cancer. L'excès de poids exerce aussi une grande tension sur les articulations et aggrave le risque d'arthrite.

ÊTES-VOUS TROP GROS ?

Faites le point en calculant votre indice de masse corporelle (IMC). Divisez votre poids en kilos par le carré de votre taille en mètre : le rapport obtenu doit se situer entre 20 et 25. Si votre IMC est supérieur à 25, vous devriez peut-être perdre du poids. S'il est égal ou supérieur à 30, vous souffrez d'obésité.

Cet indice ne permet pas de distinguer le poids du muscle de celui de la graisse, mais à moins d'avoir une constitution particulièrement athlétique, il donne une bonne indication sur la masse graisseuse du corps.

La répartition de la graisse influe aussi sur la santé. Si elle est située de façon régulière, essentiellement sur les hanches et les cuisses, vous êtes moins exposé aux maladies cardio-vasculaires que si vous avez un tour de taille important.

EST-CE QUE JE DOIS MAIGRIR ?

C'est une bonne question ! On sait que 95% des gens qui suivent un régime reprennent tout le poids perdu en moins d'un an… Toutefois, si votre surplus de poids risque de vous causer des ennuis de santé (diabète, hypertension, maladies coronariennes), vous devriez maigrir, même si ce n'est que de quelques kilos.

Malgré tout ce qui a pu s'écrire sur le sujet, jouer au yo-yo avec son poids ne serait pas si dangereux. Des études récentes indiquent que perdre et reprendre du poids plusieurs fois ne ralentiraient pas de manière significative le métabolisme ni n'augmente-raient la masse adipeuse. Par contre, cela rendrait plus vulnérable aux problèmes cardiaques. En fait, c'est surtout l'égo qui souffre de ces échecs à répétition. Quand on sait que les personnes obèses ont ten-dance à avoir une piètre estime d'elles-mêmes, cela n'améliore pas la situation. Voici quelques conseils :

UNE RÉVOLUTION : L'IMPÉDANCEMÉTRIE

■ **Un nouveau type de pèse-personne, équipé d'un impédancemètre, permet désormais de mesurer la quantité de graisses contenues dans le corps. Le procédé repose sur la présence d'un très faible courant électrique non perçu qui parcourt l'organisme à des vitesses différentes selon les tissus traversés. Le cadran affiche le poids total et le pourcentage de masse graisseuse, offrant le moyen d'évaluer de près l'efficacité d'un régime alimentaire et d'un programme d'activité physique.**

■ Si vous êtes obèse et en bonne santé, évitez les régimes amaigrissants et concentrez-vous sur l'amélioration de vos habitudes alimentaires et de votre niveau d'activité physique. Certains chercheurs sont persuadés que c'est la sédentarité, bien plus que le fait de manger trop, qui agit sur le gain de poids. Le corps humain est fait pour bouger, pour se dépenser. L'exercice dépense de l'énergie et développe les muscles. Plus votre masse musculaire est importante, plus votre organisme dépense de l'énergie au repos.

■ Si vous décidez de perdre du poids pour votre santé, allez chercher de l'aide. Médecins, psychologues et diététistes peuvent vous aider et vous soutenir dans votre démarche.

GAIN DE POIDS ET MÉDICAMENTS

Si votre gain pondéral est causé par un médicament, consultez un professionnel de la santé avant d'entreprendre un régime. Par exemple, certains médicaments prescrits dans les cas de dépression, de maladies inflammatoires et d'épilepsie peuvent faire engraisser mais sont parfois indispensables pour recouvrer la santé ou avoir une meilleure qualité de vie. Mettez votre énergie à guérir en priorité. Perdre du poids en cours de maladie pourrait entraver votre capacité à recouvrer la santé.

QUE PENSER DES ALIMENTS FAIBLES EN GRAS ?

À poids égal, les matières grasses fournissent deux fois plus de calories que les glucides et les protéines. De plus, le corps humain a beaucoup plus de facilité à convertir en tissu adipeux les matières grasses de l'alimentation plutôt que les glucides ou les protéines. Réduire son apport de lipides est donc à privilégier.

Réduisez en premier lieu les mauvais gras de votre alimenta-tion (produits de boulangerie commerciaux, margarines et graisses hydrogénées, et tous les produits qui en contien-nent, frites et fritures). Choisissez des coupes de viandes maigres et des produits laitiers à moins de 2% de matières grasses. Consommez en petites quantités les bons gras contenus dans les noix et les graines, les huiles (olive, canola, soya, maïs, tournesol) et le germe de blé pour les acides gras essentiels.

Attention aux produits réduits en matières grasses comme les pâtisseries et les biscuits commerciaux, le fromage à la crème, la crème glacée, le beurre, la margarine, les vinaigrettes et la mayonnaise. Certaines enquêtes démontrent que l'on consomme de plus grandes quantités de ces produits quand ils sont sous la forme allégée que sous la forme régulière ! On annule du coup les avantages qu'ils permettent !

COMMENT MANGER MOINS

- **Utilisez des assiettes et des plats de petite taille, et servez-vous des portions réduites.**
- **Mangez le plus lentement possible afin de donner à votre organisme plus de temps pour envoyer des signaux de satiété à votre cerveau et permettre à celui-ci de vous donner l'ordre d'arrêter de manger.**
- **Quel que soit l'aliment, utilisez toujours une assiette, un couteau, une fourchette et une cuillère.**
- **Mangez par petites bouchées, mâchez longuement et posez vos couverts jusqu'à ce que vous ayez avalé.**
- **Prenez toujours votre repas assis à table, sans télévision, radio, journal, livre ni autre distraction, et concentrez-vous sur ce que vous avez dans votre assiette.**
- **Cessez de manger dès que vous n'avez plus faim.**
- **Ne vous sentez pas obligé de terminer votre assiette.**

LE RÔLE DES SUPPLÉMENTS NUTRITIONNELS

Même si les suppléments ne sont pas de petites pilules magiques, ils peuvent faciliter la perte de poids ou réduire l'appétit. Ne dépassez pas les dosages recommandés, cela ne produirait pas de résultats plus rapides et pourrait occasionner des effets secondaires désagréables.

Si vous entreprenez un régime amaigrissant, un supplément de vitamines et minéraux vous aidera à éviter les carences en éléments nutritifs provoquées par la baisse de votre consommation d'aliments. Vous trouverez dans le tableau ci-contre (Suppléments pour régimes amaigrissants) les éléments que doit contenir un bon supplément pour compléter un régime hypoénergétique.

- Le **chrome** aide l'organisme à utiliser le gras pour en tirer de l'énergie et développer les muscles. Il n'entraîne pas de perte de poids spectaculaire. Des études cliniques ont prouvé qu'il améliorait le contrôle du glucose sanguin chez les diabétiques, et certaines recherches encore à leurs débuts suggèrent qu'il aiderait à maigrir. Comme une insuffisance de chrome entraîne des taux de cholestérol élevés et une sensibilité réduite à l'insuline, les suppléments de chrome pourraient améliorer l'état de santé en cas de carence. Les suppléments de multivitamines et minéraux contiennent environ 200 µg de chrome, quantité en principe suffisante. Cette dose peut aller sans risque à 400 µg (sous forme de picolinate de chrome) avec la prise d'un supplément simple.

- En cas d'embonpoint ou d'obésité, les cellules de l'organisme deviennent de moins en moins sensibles à l'insuline. Or, cette hormone aide à réguler les taux sanguins de glucose en permettant à ce dernier de pénétrer dans les cellules pour y être transformé en énergie. Si elle fait défaut, le glucose se convertit en graisse.

- Plus les cellules seront sensibles à l'insuline, mieux elles brûleront le glucose comme carburant plutôt que de le stocker sous forme de graisse. La perte de poids n'en sera que favorisée.

- Enfin, n'oubliez pas que l'activité physique régulière augmente la sensibilité à l'insuline.

SE RASSASIER DE FIBRES

Plusieurs études ont permis de constater que les patients suivant un régime riche en fibres à cause d'un problème digestif ou d'un diabète sont plus rapidement rassasiés. Pour

SUPPLÉMENTS POUR RÉGIMES AMAIGRISSANTS
(concentrations à rechercher)

ESSENTIELS	min.	max.
Vitamine A (UI)	1 600	10 000
Vitamine D (UI)	200	2 000
Vitamine E (UI)	10	800
Vitamine B1 (mg)	0,6	50
Vitamine B2 (mg)	1	200
Vitamine B6 (mg)	1	100
Vitamine B12 (µg)	2	3 000
Acide folique (µg)	200	1 000
Acide pantothénique (mg)	5	1 000
Vitamine C (mg)	20	1 000
Calcium (mg)	500	2 500
Magnésium (mg)	160	350
Fer (mg)	6,5	65
Zinc (mg)	4,5	30
OPTIONNELS		
Vitamine B3 (mg)		35
Phosphore (mg)		4 000

le même nombre de calories, un régime riche en fibres est plus volumineux et semble donc plus copieux qu'un régime pauvre en fibres qui ne comble pas l'appétit.

Rien ne prouve encore que les fibres aident à réduire l'apport calorique, mais elles permettent de calmer les fringales – fréquentes au cours d'un régime amaigrissant – provoquées par la baisse du taux de glucose dans le sang. En effet, elles ralentissent le rythme d'absorption des sucres de l'intestin et limitent les fluctuations du taux de glucose.

Les meilleures sources de fibres restent les fruits, les légumes, les légumineuses et les céréales complètes. C'est difficile d'exagérer dans les légumes ! Faites-leur la belle part dans votre assiette. Le **psyllium** peut aussi aider à améliorer l'apport en fibres. Vous pouvez dissoudre 1 à 3 c. à soupe de poudre de psyllium dans de l'eau et en prendre deux ou trois fois par jour. Prenez-le avant les repas.

N'oubliez pas de boire beaucoup d'eau. Pour prendre du volume, les fibres ont besoin d'eau. Buvez de 6 à 8 verres d'eau par jour. Ajoutez des tisanes, de l'eau gazéifiée pour mettre de la variété. Les soupes aux légumes non grasses aident à réduire l'appétit avant les repas.

Ménopause

Les femmes disposent aujourd'hui de l'hormono-thérapie de substitution pour combattre les symptômes de la ménopause. Mais beaucoup font aussi appel à des remèdes naturels pour soulager certains malaises tels que les bouffées de chaleur et les sueurs nocturnes.

Symptômes

- *Bouffées de chaleur.*
- *Sueurs nocturnes.*
- *Règles irrégulières.*
- *Sécheresse vaginale.*
- *Irritabilité ou état dépressif léger.*

CONSULTEZ LE MÉDECIN...

- Si vous observez des changements dans votre cycle menstruel : un examen médical vous permettra de savoir si ces symptômes sont dus à la ménopause ou à tout autre chose.

- Si vous présentez un risque élevé de maladie cardio-vasculaire ou d'ostéoporose.

- Si les troubles que vous ressentez ne sont pas soulagés par des remèdes naturels.

ATTENTION : si vous suivez un traitement médical, consultez votre médecin avant de prendre des suppléments.

Qu'est-ce que c'est ?

Entre 50 et 55 ans, les ovaires de la femme cessent de produire des ovules et les menstruations s'arrêtent. La ménopause est considérée comme définitive lorsque la femme n'a pas eu de règles depuis 6 mois consécutifs. Elle peut entraîner des troubles déplaisants – règles irrégulières, bouffées de chaleur, irritabilité... – bien avant l'arrêt du cycle menstruel. Après la ménopause, on observe parfois une sécheresse vaginale, une diminution de la densité osseuse et un risque accru de maladies cardio-vasculaires.

Quelles en sont les causes ?

C'est l'interruption progressive de la sécrétion hormonale d'œstrogènes et de progestérone par les ovaires qui est responsable des troubles de la ménopause et du risque accru de maladies cardiovasculaires et d'ostéoporose. Pour y remédier, certaines femmes recourent à une thérapie hormonale de substitution. Toutefois, les risques de cancer du sein liés à cette thérapie à long terme ou d'autres raisons expliquent que l'on puisse préférer des remèdes naturels. Ceux-ci se révèlent également efficaces pour soulager les symptômes de la préménopause, caractérisés par des troubles menstruels, d'autant plus que la plupart des médecins déconseillent, à ce stade, l'hormonothérapie de substitution.

Les bienfaits des suppléments nutritionnels

Si vous ne suivez pas d'hormonothérapie de substitution, prenez les plantes indiquées ci-après ; elles vous permettront de maîtriser les bouffées de chaleur et autres symptômes. Commencez par l'**actée à grappes** et le **gattilier.** Largement utilisées en Europe, ces plantes médicinales aident à stabiliser les taux hormonaux, à réduire les bouffées de chaleur et à atténuer la dépression et la sécheresse vaginale. Quant au **ginseng de Sibérie,** il est considéré comme un excellent tonique féminin et est sans doute doté de nombreux autres effets bénéfiques.

Si cette association de plantes ne vous soulage pas, ajoutez-y du dong quai ou de la racine de réglisse. Certaines études laissent à penser que le **dong quai** seul ne diminue pas les symptômes de la ménopause ; par contre, il potentialiserait les effets des autres plantes. La **réglisse** renfer-

Des suppléments d'isoflavones de soja contribuent à atténuer les troubles de la ménopause.

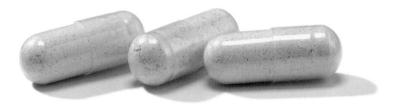

Actée à grappes	**Dose :** 40 mg 2 fois par jour. **À savoir :** normalisée à 2,5 % de triterpènes.
Gattilier	**Dose :** 225 mg d'extrait normalisé 2 fois par jour. **À savoir :** devrait contenir 0,5 % d'agnuside ; aussi appelé vitex.
Ginseng de Sibérie	**Dose :** 100-300 mg par jour. **Attention :** normalisé à au moins 0,8 % d'éleuthérosides.
Calcium/ vitamine D	**Dose :** 600 mg de calcium et 600 UI de vitamine D par jour. **À savoir :** parfois vendus sous forme de supplément unique.
Dong quai	**Dose :** 200 mg, ou 30 gouttes de teinture, 3 fois par jour. **À savoir :** normalisé à 0,8-1,1 % de ligustilide.
Réglisse	**Dose :** 200 mg d'extrait normalisé 3 fois par jour. **Attention :** peut faire monter la tension artérielle ; consultez votre médecin avant d'en prendre.
Isoflavones de soja	**Dose :** 50 mg par jour. **À savoir :** choisissez des produits contenant de la génistéine et de la daidzéine.
Vitamine E	**Dose :** 400 UI 2 fois par jour. **Attention :** consultez le médecin si vous êtes sous anticoagulants.

Rappel : prenez en priorité les suppléments en bleu ; ceux en noir vous seront aussi bénéfiques. Vérifiez qu'ils ne vous sont pas déjà apportés par un autre supplément – voir p. 181.

me des composés végétaux (phyto-œstrogènes) qui exercent une action semblable à celle des œstrogènes sécrétés par la femme. Par ailleurs, certains nutriments contribuent à réduire les risques de maladies cardiovasculaires et d'ostéoporose chez la femme ménopausée. Les aliments à base de soja exercent un rôle protecteur contre les maladies cardiovasculaires, et il est reconnu que les symptômes de la ménopause sont rares dans les pays où le soja est la base de l'alimentation. Vous pouvez opter pour des suppléments d'**isoflavones de soja.**

On sait que la **vitamine E** exerce une action protectrice contre les maladies cardiovasculaires en empêchant le mauvais cholestérol (LDL) d'adhérer aux parois des artères. Chez certaines femmes, des doses élevées de vitamine E contribuent aussi à atténuer les bouffées de chaleur. Un apport de **calcium** est essentiel pour consolider les os et prévenir l'ostéoporose. Vous en favoriserez l'absorption en l'associant à de la **vitamine D**. (La prise de vitamines E et D et de calcium est compatible avec une hormonothérapie de substitution.)

Que faire d'autre ?

☑ Évitez la consommation d'alcool, de chocolat, de café et de plats épicés, qui risquent d'augmenter la fréquence des bouffées de chaleur.

☑ La pratique régulière d'un exercice physique contribue à espacer les bouffées de chaleur et à prévenir les maladies cardiovasculaires. Un entraînement modéré avec de petits haltères renforce la solidité des os.

☑ Plongez-vous dans un bain tiède pendant 20 min chaque matin ; cela peut permettre d'éviter les bouffées de chaleur tout au long de la journée.

Lors d'une étude consacrée aux effets du soja sur les troubles de la ménopause, et effectuée sur des femmes ayant ajouté 2 c. à soupe de protéines de soja en poudre dans leur alimentation quotidienne pendant 6 semaines, on a constaté que celles-ci étaient moins sujettes aux bouffées de chaleur. De plus, leur taux de cholestérol total avait baissé de 10 % et celui du mauvais cholestérol (LDL) de 12 %. Leur tension artérielle diastolique avait diminué de 6 unités.

Selon une autre étude récente, les bienfaits d'une hormonothérapie de substitution sur la densité osseuse sont les mêmes si l'on y a recours dès la ménopause ou entre 60 et 65 ans. Une femme en bonne santé peut donc commencer par les remèdes naturels pour soulager les symptômes de la ménopause et ne recourir à l'hormonothérapie que plus tardivement.

INFOS PLUS

■ La vitamine C et les flavonoïdes pourraient réduire l'abondance du flux menstruel souvent observée à l'approche de la ménopause. Ces nutriments renforcent les parois des vaisseaux capillaires qui sont fragilisés juste avant et pendant les règles. Les flavonoïdes auraient également une action bénéfique sur les bouffées de chaleur et les sautes d'humeur. Certains médecins conseillent de prendre 500 mg de vitamine C associés à 250 mg de flavonoïdes 2 fois par jour.

Menstruations **perturbées**

La plupart des femmes ne ressentent que peu de gêne au moment des menstruations. D'autres, en revanche, souffrent d'irrégularités menstruelles qui sont, chaque mois, à l'origine de fortes douleurs ou de sérieux désagréments.

Symptômes

- *Vives douleurs pelviennes pouvant irradier dans le dos et les jambes au moment des menstruations. Parfois nausées, diarrhée et fatigue.*

- *Menstruations abondantes.*

- *Menstruations irrégulières ou aménorrhée.*

CONSULTEZ LE MÉDECIN...

- Si les douleurs sont invalidantes, durent plus de 3 jours ou surviennent en dehors des menstruations.

- Si vous devez changer votre protection périodique toutes les heures.

- Si vos menstruations sont devenues très douloureuses à l'âge adulte.

- Si vos menstruations sont très douloureuses alors que vous prenez la pilule.

- Si vous n'avez pas eu vos menstruations depuis 3 mois consécutifs alors que vous n'êtes pas enceinte, ou si vos cycles durent plus de 45 jours.

- Si vous perdez du sang en dehors des menstruations (métrorragie) ou après la ménopause.

ATTENTION : si vous suivez un traitement médical, consultez votre médecin avant de prendre des suppléments.

Qu'est-ce que c'est ?

Les anomalies de la menstruation les plus courantes sont les règles douloureuses (dysménorrhée), les règles abondantes et prolongées (ménorragie), et l'irrégularité du cycle menstruel ou l'absence de règles (aménorrhée). Ces troubles apparaissent plutôt lorsque l'organisme est soumis à des changements hormonaux – à l'adolescence ou dans les années qui précèdent la ménopause – mais ils peuvent se manifester à tout moment.

Quelles en sont les causes ?

Les douleurs menstruelles sont déclenchées par les prostaglandines, des substances de nature hormonale qui sont libérées pendant les menstruations par les cellules de la muqueuse utérine (endomètre). On parle de ménorragie lorsque les menstruations sont très abondantes ou durent plus de 7 jours. Elle est souvent due à un déséquilibre hormonal ou nutritionnel, mais peut être causée par une grosseur anormale dans l'utérus (fibrome). De plus, durant cette période, les vaisseaux sanguins de l'utérus sont fragiles et ont tendance à se rompre facilement. L'aménorrhée peut être due à des déséquilibres hormonaux, à un excès d'exercice physique ou à un mauvais régime alimentaire.

Les bienfaits des suppléments nutritionnels

Selon le trouble menstruel, vous prendrez des types de suppléments différents. Ceux qui sont recommandés ici peuvent être associés aux médicaments classiques sur ordonnance ou en vente libre. Pour combattre les douleurs menstruelles, les **acides gras essentiels** de l'huile d'onagre et de l'huile de graines de lin contribuent à inhiber la production de prostaglandines. Le **gattilier** soulage le syndrome prémenstruel en régularisant les sécrétions hormonales ; il est également très efficace pour diminuer la tension mammaire. Le **dong quai** potentialise ses

Le gattilier, le dong quai et l'actée à grappes se retrouvent ensemble avec d'autres plantes médicinales dans des préparations spéciales pour femmes.

Acides gras essentiels	**Dose :** I 000 mg d'huile d'onagre 3 fois par jour ; I c.à soupe (14 g) d'huile de graines de lin par jour. **À savoir :** vous pouvez remplacer l'huile d'onagre par I 000 mg d'huile de bourrache I fois par jour.
Gattilier	**Dose :** 225 mg d'extrait normalisé par jour. **À savoir :** normalisé à 0,5 % d'agnuside. ; aussi appelé vitex.
Dong quai	**Dose :** 200 mg, ou 30 gouttes de teinture, 3 fois par jour. **À savoir :** normalisé à 0,8-1,1 % de ligustilide.
Bourse-à-pasteur	**Dose :** 3 ml (environ 60 gouttes) de teinture-mère 3 fois par jour. **À savoir :** conseillée contre les menstruations abondantes et les saignements en dehors des menstruations.
Fer	**Dose :** 25 mg par jour pendant 6 semaines. **Attention :** faites mesurer votre taux sanguin de fer par une prise de sang après 6 semaines pour déterminer la durée du traitement.
Vitamine A	**Dose :** 10 000 UI par jour pendant 3 semaines, suivis de 5 000 UI par jour. **Attention :** les femmes qui désirent devenir enceintes ne devraient pas dépasser 5 000 UI par jour.
Vitamine C/ flavonoïdes	**Dose :** 500 mg de vitamine C et 250 mg de flavonoïdes 2 fois par jour. **À savoir :** parfois associés dans un même supplément.

Rappel : prenez en priorité les suppléments en bleu ; ceux en noir vous seront aussi bénéfiques. Vérifiez qu'ils ne vous sont pas déjà apportés par un autre supplément – voir p. 181.

effets. Ces suppléments pris ensemble pourraient vous permettre de réduire les doses d'analgésiques, comme l'ibuprofène.

En cas d'aménorrhée, vérifiez avant tout que vous n'êtes pas enceinte. Essayez le gattilier et le dong quai pour favoriser la réapparition des menstruations. Ces plantes peuvent contribuer à corriger un déséquilibre hormonal et à régulariser le cycle menstruel. Sachez toutefois que les effets du traitement n'apparaissent parfois qu'au bout de 6 mois.

Pour traiter la ménorragie, la **bourse-à-pasteur** agit efficacement avec les acides gras essentiels pour diminuer les saignements. Certaines femmes ont également besoin d'une supplémentation en **fer,** car un saignement abondant diminue les réserves de ce minéral et, paradoxalement, un déficit en fer peut favoriser des menstruations abondantes. Toutefois, ne prenez jamais de fer sans avoir préalablement consulté votre médecin. Il est fréquent dans ces situations qu'il y ait aussi un déficit en **vitamine A.** Si c'est le cas, prenez-en. Enfin, la **vitamine C** et les **flavonoïdes** renforcent les minuscules vaisseaux sanguins (capillaires) de l'utérus, réduisant ainsi les risques de rupture et de saignement supplémentaire.

Que faire d'autre ?

☑ Pour soulager les douleurs menstruelles, prenez un bain chaud.

☑ Faites de l'exercice afin de sécréter des endorphines, analgésiques naturels produits par l'organisme.

À l'occasion d'une étude destinée à évaluer l'effet des vitamines sur les anomalies fœtales, on a observé que les femmes qui avaient pris chaque jour un supplément multivitaminique avaient un cycle menstruel plus régulier que celles qui avaient reçu un placebo.

⸻

Des suppléments d'huiles de poisson pourraient atténuer les douleurs menstruelles. Dans une étude réalisée sur des adolescentes – souvent sujettes aux douleurs menstruelles en raison de leurs sécrétions hormonales élevées –, on a constaté que seules celles qui avaient pris des suppléments d'huiles de poisson avaient pu réduire les doses d'analgésiques contre les spasmes utérins. Mais des travaux complémentaires devront confirmer ces résultats.

INFOS PLUS

■ Plusieurs sortes de tisanes ont des effets bénéfiques sur les troubles menstruels. Contre les menstruations douloureuses, essayez l'infusion de camomille ; contre les menstruations abondantes, buvez des infusions de bourse-à-pasteur, de framboise ou d'alchémille ; en cas d'aménorrhée, prenez de l'infusion de *Mitchella repens*. Versez I tasse d'eau bouillante sur I c.à thé de la plante de votre choix, laissez infuser pendant 10 à 15 min, filtrez et buvez.

Migraine

Presque tout le monde souffre de maux de tête occasionnels, mais 3 millions de Canadiens connaissent de véritables migraines. Pour prévenir ces troubles, certains suppléments peuvent s'avérer tout aussi efficaces, et même plus, que nombre de médicaments classiques.

Symptômes

Migraine

- *Violentes douleurs spasmodiques, d'abord dans la région d'un œil et de la tempe, puis dans un côté de la tête ou dans toute la tête.*

- *Nausées et vomissements.*

- *Aversion pour la lumière vive.*

- *Signes précurseurs : troubles visuels appelés aura (éclairs, lignes ondulées) ; fourmillements, tintements d'oreilles, étourdissements ; transpiration, frissons, visage gonflé, irritabilité.*

Migraine sévère

- *Douleurs ininterrompues, unilatérales ou bilatérales.*

- *Sensibilité du cou et de la nuque.*

- *Étourdissements, vertiges.*

CONSULTEZ LE MÉDECIN...

- En cas de maux de tête violents et récurrents.

- Si l'effort physique vous donne de violents maux de tête.

- Si les maux de tête s'accompagnent de fièvre, raideur du cou, confusion, aphasie ou faiblesse d'un côté du corps.

- Si les migraines gagnent en fréquence et en sévérité.

ATTENTION : si vous suivez un traitement médical, consultez votre médecin avant de prendre des suppléments.

Qu'est-ce que c'est ?

Les tensions musculaires sont responsables de 90 % des maux de tête. Quant à la migraine, c'est une douleur spasmodique violente, en général unilatérale, parfois précédée de signes précurseurs. Elle dure de quelques heures à plusieurs jours.

Quelles en sont les causes ?

On ne connaît pas exactement les causes de la migraine, mais on l'attribue à des spasmes des artères qui transportent le sang au cerveau. Ces spasmes seraient liés à un taux insuffisant de sérotonine, une substance chimique produite par le cerveau. Les femmes y sont plus exposées que les hommes, et il s'agit souvent d'un phénomène héréditaire.

Les causes de déclenchement des migraines sont variées : alimentation, stress, manque de sommeil, changements de temps, lumière trop vive... À cela peuvent s'ajouter les fluctuations du taux de sucre sanguin, un mauvais fonctionnement hépatique, des problèmes dentaires, des modifications brutales de l'équilibre hormonal, la pollution et la fumée de cigarette.

Les bienfaits des suppléments nutritionnels

Le rôle des suppléments est essentiellement préventif. Seuls les médicaments classiques ont en général raison des céphalées, surtout en cas de douleurs violentes.

Cependant, un traitement à long terme de **calcium** et de **magnésium,** destiné à fortifier les vaisseaux sanguins et à réduire la tension musculaire, convient aux personnes souffrant de céphalées à répétition ou de migraines. Les taux sanguins de magnésium sont souvent insuffisants chez les

En améliorant la circulation sanguine, la valériane aide à éviter les maux de tête.

SUPPLÉMENTS RECOMMANDÉS

Calcium/ magnésium	**Dose :** 500 mg de calcium et 250 mg de magnésium par jour. **À savoir :** à prendre avec de la nourriture ; parfois vendus sous forme de supplément unique.
5-HTP	**Dose :** 100 mg 3 fois par jour. **Attention :** si vous prenez un antidépresseur, consultez votre médecin.
Riboflavine (vitamine B2)	**Dose :** 400 mg chaque matin. **À savoir :** utile surtout en cas de migraines chroniques.
Grande camomille	**Dose :** 250 mg chaque matin. **Attention :** normalisée à au moins 0,4 % de panthénolide.
Valériane	**Dose :** 250 mg d'extrait 2 fois par jour. **À savoir :** normalisée à 0,5 % d'acide valérénique.
Vitamine C	**Dose :** 500 mg 3 fois par jour. **Attention :** de préférence sous forme d'ascorbate de calcium.
Acide pantothénique (vitamine B5)	**Dose :** 400 mg 2 fois par jour **À savoir :** à prendre au cours des repas

Rappel : prenez en priorité les suppléments en bleu ; ceux en noir vous seront aussi bénéfiques. Vérifiez qu'ils ne vous sont pas déjà apportés par un autre supplément – voir p. 181.

migraineux. Pour la prévention de certaines migraines, essayez le **5-HTP** (5-hydroxytryptophane), une forme de l'acide aminé tryptophane et un des précurseurs de la sérotonine. Certaines études montrent qu'il est aussi efficace dans la prévention des migraines que les médicaments classiques, avec seulement des effets secondaires mineurs (nausées). Les effets secondaires tendent à disparaître en 2 semaines, mais le plein effet thérapeutique peut prendre plusieurs mois.

Si vous êtes sujet à des crises fréquentes, essayez la **riboflavine.** Prise à haute dose, cette vitamine du groupe B semble augmenter les réserves d'énergie des cellules du cerveau et pourrait réduire la fréquence des migraines. La tisane à la **grande camomille,** tonique du système nerveux, combat le stress et soulage la douleur. La **valériane** calme l'angoisse et la douleur et dénoue la tension musculaire.

Si ces remèdes restent sans effet, associez-y des **vitamine C** et **B5,** qui stimulent la production d'hormones palliant les effets négatifs du stress. En outre, l'acide pantothénique stimule la production de sérotonine.

Que faire d'autre

☑ Tentez d'identifier et d'éliminer les facteurs qui provoquent chez vous maux de tête ou migraines.

☑ Essayez de lutter contre le stress en pratiquant la relaxation.

☑ Buvez de 6 à 8 verres d'eau par jour et faites de l'exercice physique régulièrement.

☑ Pratiquez la respiration profonde, qui augmente la quantité d'oxygène fournie au cerveau.

QUOI DE NEUF ?

Des chercheurs belges ont constaté que 400 mg de riboflavine réduisaient d'un tiers la fréquence des migraines (mais hélas ni leur sévérité, ni leur durée) chez les sujets qui en souffrent de façon chronique. Cette vitamine (B2) soulagerait ceux qui connaissent jusqu'à quatre migraines par mois.

LE SAVIEZ-VOUS ?

En abusant de l'aspirine ou d'autres analgésiques en vente libre, on risque d'altérer la capacité naturelle de l'organisme à lutter contre la douleur.

INFOS PLUS

■ Certains aliments et boissons – en particulier ceux contenant des composés azotés appelés amines – sont connus pour déclencher la migraine : oignons, cornichons, noix, charcuterie, vin, bière, pain frais au levain, agrumes, tomates, boissons caféinées et œufs. Bien que le chocolat ait souvent figuré sur cette liste, de nouvelles études indiquent qu'il n'y a probablement pas sa place.

■ Manger du poisson riche en acides gras oméga-3, tels le saumon et le thon, peut être efficace contre la migraine. En effet, en modifiant les rapports entre les corps gras, ces acides réduisent les risques de spasmes des vaisseaux sanguins liés aux migraines.

Musculaires (douleurs)

Bien que sans gravité, les crampes et les douleurs musculaires dues à un effort physique excessif sont très désagréables. Elles menacent aussi bien le paisible randonneur et le jardinier du dimanche que le sportif de haut niveau.

Symptômes

- *Contracture soudaine des muscles lors d'un effort physique.*

- *Douleurs et raideurs musculaires consécutives à une activité physique et survenant souvent 24 à 48 h plus tard.*

- *Crampes nocturnes, généralement dans le mollet.*

- *Muscle dur à la palpation, donnant l'impression d'être noué.*

- *Dans les cas les plus graves, contracture visible du muscle concerné.*

CONSULTEZ LE MÉDECIN...

- Si la douleur ou la contracture se situe au niveau des muscles de la cage thoracique – cela pourrait être le symptôme d'une crise cardiaque.

- Si la douleur provoque un engourdissement ou irradie dans les bras ou les jambes.

- Si ces douleurs musculaires sont fréquentes.

- Si des crampes nocturnes dans le mollet perturbent votre sommeil.

ATTENTION : si vous suivez un traitement médical, consultez votre médecin avant de prendre des suppléments.

Qu'est-ce que c'est ?

On distingue en général deux formes de douleurs musculaires. La première résulte d'une contracture à la suite d'une activité physique excessive ou violente, comme courir un marathon, bêcher son jardin ou simplement porter un gros sac de provisions. Qualifiée de douleur musculaire à retardement (ou courbature, en langage populaire), elle se déclare généralement 1 ou 2 jours après l'effort et peut durer jusqu'à 1 semaine.

La seconde forme porte le nom de crampe : le muscle se contracte brutalement et reste noué. Les crampes se produisent surtout dans les cuisses, les mollets ou les pieds et surviennent de jour comme de nuit.

Quelles en sont les causes ?

Toute activité physique intense et inhabituelle peut entraîner des douleurs musculaires, même si l'on est en bonne condition physique. On pense généralement que ces douleurs sont dues à de microscopiques déchirures musculaires qui guérissent en quelques jours. Elles sont souvent associées à des activités impliquant l'étirement d'un muscle en opposition à une force (par exemple, courir en dévalant une pente ou descendre un objet lourd placé en hauteur).

Les crampes pourraient être provoquées par un déséquilibre des minéraux contrôlant la contraction et le relâchement musculaires (calcium, magnésium, potassium et sodium) ou par une déshydratation. Pratiquer des exercices physiques très intenses dans la journée peut déclencher des crampes nocturnes suffisamment douloureuses pour vous sortir d'un profond sommeil. Porter des talons trop hauts, dormir les pointes de pied tendues ou avec des couvertures trop serrées autour des jambes peuvent avoir le même effet.

Le saule blanc renferme une substance analgésique efficace pour soulager les douleurs musculaires.

SUPPLÉMENTS RECOMMANDÉS

Calcium/ magnésium	**Dose :** 500 mg de calcium et 250 mg de magnésium par jour. **À savoir :** à prendre avec des aliments ; parfois vendus combinés.
Vitamine E	**Dose :** 400 UI par jour. **Attention :** consultez le médecin si vous êtes sous anticoagulants.
Broméline	**Dose :** 500 mg 3 fois par jour, à jeun. **Attention :** il n'y a pas eu d'études cliniques.
Écorce de saule blanc	**Dose :** 1 ou 2 comprimés 3 fois par jour, selon les besoins (suivre les instructions figurant sur la notice). **À savoir :** normalisée à 15 % de salicine.
Créatine	**Dose :** 1 c. à thé (5 g) de monohydrate de créatine par jour. **À savoir :** la forme en poudre est facile à trouver ; peut être mélangée à du jus.
Valériane	**Dose :** 250-500 mg d'extrait normalisé au coucher. **À savoir :** commencez par la dose la plus faible, puis augmentez si nécessaire.

Rappel : prenez en priorité les suppléments en bleu ; ceux en noir vous seront aussi bénéfiques. Vérifiez qu'ils ne vous sont pas déjà apportés par un autre supplément – voir p. 181.

Les bienfaits des suppléments nutritionnels

Pour un bon équilibre des minéraux nécessaires à la contraction musculaire, prenez régulièrement des suppléments de **calcium** et de **magnésium.** (Le sodium et le potassium sont généralement fournis par l'alimentation en quantités suffisantes.) Si vous êtes sujet aux crampes après un effort physique ou aux crampes nocturnes dans les mollets, prenez de la **vitamine E.** Pour combattre les douleurs, pensez à la **broméline** ou à l'**écorce de saule blanc,** qui ont les mêmes propriétés que l'aspirine ou l'ibuprofène, tout en étant moins agressives. La broméline, une enzyme extraite de l'ananas, exerce un effet anti-inflammatoire et facilite l'élimination des liquides en excès dans les muscles atteints, tandis que l'écorce de saule blanc, qualifiée d'aspirine végétale, est un analgésique efficace. Elle a les mêmes effets secondaires potentiels (irritation de l'estomac) que l'aspirine.

Les athlètes qui font de la musculation prennent de la **créatine** pour augmenter leur force ; elle réparerait les déchirures microscopiques. La **valériane,** enfin, est un somnifère naturel appréciable lorsque la douleur empêche de dormir. Prenez ces suppléments seuls ou conjointement jusqu'à disparition de la douleur. À l'exception de l'écorce de saule blanc, ils peuvent être pris en même temps que des médicaments en vente libre.

Que faire d'autre ?

☑ Mangez beaucoup de fruits et de légumes pour leur teneur en potassium et en antioxydants, ainsi que des céréales complètes et des fruits secs pour le magnésium qu'ils renferment.

☑ Buvez beaucoup d'eau avant et pendant l'effort physique.

☑ Échauffez-vous avant de faire du sport et terminez par des étirements pour aider vos muscles à se détendre.

☑ En cas de douleur aiguë, appliquez de la glace sur les muscles.

INFOS PLUS

■ Pour soulager des douleurs musculaires, pensez aux huiles à base de plantes. Mélangez 1 c. à soupe d'huile d'amande douce avec quelques gouttes d'huile essentielle de votre choix : marjolaine, basilic, romarin, eucalyptus, lavande, gingembre ou menthe poivrée.

■ Pour faire disparaître une crampe dans le mollet, mettez-vous debout, placez tout le poids du corps sur la jambe concernée et pliez légèrement le genou. Vous pouvez aussi fléchir le pied, saisir vos orteils et votre plante de pied, puis tirer tout doucement vers vous en vous allongeant. Massez-vous en même temps le mollet pour relâcher le muscle.

■ Des exercices d'étirement permettent de réduire le risque de douleurs musculaires après un effort physique intense. Placez-vous debout à 1 m d'un mur, avancez un pied et poussez sur le mur avec les bras. Gardez les talons en contact avec le sol et maintenez cette position pendant 15 à 20 s pour détendre le mollet. Enchaînez avec l'autre pied.

Nausées et vomissements

Lorsqu'ils sont provoqués par l'ingestion de substances toxiques ou une maladie, les nausées et les vomissements sont des réactions naturelles qui peuvent parfois sauver la vie. Mais ils surviennent aussi sans raison inquiétante.

Symptômes

- *Sueurs et frissons.*
- *Salivation excessive.*
- *Vertiges.*
- *Faiblesse.*
- *Essoufflement.*
- *Douleurs abdominales.*
- *Perte de l'appétit.*

CONSULTEZ LE MÉDECIN...

- Si vous êtes très déshydraté.
- Si vous observez la présence de sang ou de petits grains noirs dans vos vomissements.
- Si vous avez des nausées et de la fièvre.
- Si vous pensez que vos nausées sont dues à un médicament.
- Si des nausées matinales vous empêchent de prendre un petit déjeuner équilibré.

ATTENTION : si vous suivez un traitement médical, consultez votre médecin avant de prendre des suppléments.

Qu'est-ce que c'est ?

Les nausées se manifestent par une sensation de malaise associée à une envie de vomir, qui arrive parfois par vagues. Elles s'accompagnent de sueurs, de frissons et d'une salivation accrue, et souvent de vomissements. Lors de ce processus, les muscles de l'estomac se relâchent et les ondes de contraction qui propulsent normalement la nourriture vers l'intestin grêle s'inversent, renvoyant les aliments vers l'estomac. Ce dernier se contracte et rejette son contenu vers l'œsophage pour l'éjection finale. Le vomissement permet à l'organisme de se débarrasser d'une substance toxique et soulage l'organisme.

Quelles en sont les causes ?

Elles sont nombreuses : une intoxication alimentaire (la nourriture avariée renferme des bactéries nocives), des maladies comme la grippe, certains médicaments – particulièrement ceux utilisés en chimiothérapie – ou l'abus d'alcool. À cela s'ajoutent les repas trop copieux ou trop lourds, les odeurs fortes et persistantes, le stress, l'anxiété et le mal des transports.

Ces désagréments peuvent aussi résulter d'une excitation pathologique des nerfs de l'estomac, qui transmettent au cerveau un signal d'alerte injustifié. On pense, par exemple, que l'augmentation, certes bénéfique, des sécrétions hormonales pendant la grossesse serait à l'origine des nausées matinales. Une élévation des taux d'hormones explique sans doute aussi les nausées associées au syndrome prémenstruel.

L'infusion d'hydraste du Canada contribue à soulager les nausées.

SUPPLÉMENTS RECOMMANDÉS	
Gingembre	**Dose :** 200 mg d'extrait toutes les 4 h, selon les besoins. **À savoir :** normalisé pour contenir des gingérols.
Menthe poivrée (huile)	**Dose :** 1 gélule à enrobage entérique 3 fois par jour. **À savoir :** chaque gélule devrait contenir 0,2 ml d'huile essentielle de menthe poivrée.
Hydraste du Canada	**Dose :** 125 mg d'extrait normalisé toutes les 4 h, au besoin. **Attention :** n'utilisez pas cette plante médicinale pendant la grossesse ou si vous souffrez d'hypertension artérielle.

Rappel : prenez en priorité les suppléments en bleu ; celui en noir vous sera aussi bénéfique. Vérifiez qu'ils ne vous sont pas déjà apportés par un autre supplément – voir p. 181.

Les bienfaits des suppléments nutritionnels

Il n'y a pas grand-chose à faire contre les nausées et l'envie de vomir. Si elles sont dues à une intoxication alimentaire, mieux vaut ne pas combattre cette réaction naturelle, car l'organisme doit se débarrasser des substances toxiques en cause. Toutefois, si les nausées persistent ou sont liées à la grossesse, au mal des transports, au stress, à un traitement médical ou à de fortes odeurs, les remèdes naturels vous apporteront un réel soulagement.

Essayez en priorité le **gingembre,** en gélules ou en infusion. Cette plante doit ses propriétés reconstituantes à ses huiles volatiles, qui favorisent la digestion, calment les muqueuses irritées et tonifient les muscles de l'appareil digestif. Le gingembre stimule la production de la bile par le foie, laquelle contribue à la digestion des graisses, et se révèle particulièrement utile en cas d'excès alimentaire. Pour éviter le mal des transports, prenez une première dose de gingembre 3 ou 4 h avant le départ. Si vous êtes enceinte, vous pouvez utiliser cette plante à faibles doses pour prévenir les nausées matinales, mais prenez d'abord conseil auprès de votre médecin. Si vos nausées sont provoquées par une chimiothérapie, consultez votre médecin ; évitez le gingembre si votre taux de plaquettes sanguines est bas car, à fortes doses, cette plante entrave la coagulation du sang.

L'**huile essentielle de menthe poivrée** réduit les spasmes de l'appareil digestif, d'où son utilité contre les nausées accompagnées de douleurs intestinales. L'huile de menthe ayant une action assez puissante par voie orale, prenez de préférence des infusions de menthe en cas de grossesse. Si le gingembre et la menthe poivrée n'agissent pas et si les nausées ne sont pas dues à une grossesse, essayez les infusions d'**hydraste du Canada,** qui rééquilibrent les sécrétions digestives et soulagent l'estomac et le foie.

Que faire d'autre ?

☑ Pour atténuer les nausées, allongez-vous avec un linge humide posé sur le front et prenez de grandes inspirations.

☑ Après avoir vomi, restez 2 h sans manger, mais buvez le plus possible pour compenser les pertes hydriques. L'eau, les jus de fruits et les boissons sans caféine, bus par petites gorgées, sont les plus indiqués. Si cela déclenche de nouveaux vomissements, sucez des glaçons.

QUOI DE NEUF ?

Une série d'études visant à évaluer l'action des remèdes naturels contre les nausées matinales de la femme enceinte a mis en évidence l'efficacité du gingembre et de la vitamine B6. On ignore toutefois leurs effets sur le fœtus. À des doses allant de 25 à 50 mg par jour, la vitamine B6 est bénéfique et sans toxicité. Le gingembre est également sans danger, à condition de ne pas en abuser. En cas de grossesse, consultez toujours votre médecin avant de prendre des suppléments nutritionnels.

INFOS PLUS

■ Les tisanes qui soulagent les nausées apportent en même temps à l'organisme une quantité appréciable de liquide, d'où leur utilité en cas de vomissements. Essayez les infusions de gingembre, d'hydraste du Canada ou de menthe, à raison de 3 ou 4 tasses par jour. Vous pouvez aussi laisser infuser 1/8 c. à thé de noix muscade et 1 c. à thé de cumin en poudre (ou de cannelle râpée) dans de l'eau très chaude pendant 10 min ; filtrez et buvez, en sucrant à volonté avec du miel.

■ L'acupression peut apaiser les nausées. Placez le pouce droit sur la face interne de votre avant-bras gauche, à 4 ou 5 cm du pli du poignet. Appuyez fermement pendant environ 1 min, puis déplacez le pouce d'environ 1 cm vers le poignet. Exercez de nouveau une pression pendant 1 min ou plus, puis répétez l'opération sur l'avant-bras droit.

Nerveux (troubles du système)

Les fourmillements et l'engourdissement sont des dérèglements bénins du système nerveux, mais ils peuvent annoncer des troubles plus graves. Les suppléments nutritionnels exercent une action bénéfique sur les cellules nerveuses.

Symptômes

- *Engourdissement, fourmillements, douleurs ou faiblesse, généralement ressentis dans les pieds, les mains ou les jambes.*

- *Perte de sensibilité dans les membres.*

- *Douleur lancinante, généralement dans les jambes.*

CONSULTEZ LE MÉDECIN...

■ **Si les crises d'engourdissement, de fourmillements ou de faiblesse sont fréquentes ou persistantes : elles pourraient être le signe d'une maladie non diagnostiquée.**

■ **Si l'engourdissement ou les fourmillements surviennent brusquement et durent plus de 30 min.**

■ **S'ils sont accompagnés d'une sensation de faiblesse, notamment dans le bas du corps et d'un seul côté ; ils peuvent évoquer une attaque cérébrale. Une prise en charge médicale d'urgence s'impose alors.**

ATTENTION : si vous suivez un traitement médical, consultez votre médecin avant de prendre des suppléments.

Qu'est-ce que c'est ?

Ce genre de troubles peut toucher à la fois le système nerveux central, constitué du cerveau et de la moelle épinière, et le système nerveux périphérique, qui communique avec les membres, la peau, l'intestin, le cœur, les glandes, etc. Alors que l'anxiété et l'insomnie sont souvent dues à une réaction excessive du système nerveux central face au stress, les dérèglements qui caractérisent la maladie d'Alzheimer et la maladie de Parkinson sont dus à une diminution importante du nombre de certains neurones. Quant aux névralgies, au zona et à l'engourdissement, ils affectent le système nerveux périphérique.

Quelles en sont les causes ?

Les nerfs sont regroupés et entourés d'une substance lipidique appelée myéline, formant une gaine protectrice. Si cette gaine subit des lésions ou si le nerf lui-même est enflammé, comprimé ou abîmé, on peut ressentir des douleurs, un engourdissement ou des fourmillements persistants. Pour fonctionner correctement, les cellules nerveuses (neurones) ont besoin d'éléments nutritifs adéquats et doivent bénéficier d'une bonne circulation sanguine.

L'engourdissement et les fourmillements n'ont pas de cause évidente. Lorsque l'on parvient à diagnostiquer une maladie, il s'agit souvent de lésions évolutives liées au diabète, comme la neuropathie diabétique, qui affecte principalement les membres inférieurs, notamment les pieds. Un engourdissement et des douleurs dans les mains peuvent être dus au syndrome du canal carpien, causé par la compression ou l'inflammation du nerf médian au niveau du poignet. Un engourdissement et des douleurs courant du haut de la cuisse jusqu'au bas de la jambe peuvent évoquer une hernie discale ou tout autre problème au niveau de la colonne vertébrale entraînant une compression du nerf sciatique, qui innerve les muscles de la cuisse et de la jambe.

Une carence en vitamines B, particulièrement en vitamine B12, peut entraîner engourdissements et fourmillements.

SUPPLÉMENTS RECOMMANDÉS	
Vitamines du complexe B	**Dose :** 1 comprimé 2 fois par jour avec de la nourriture. **À savoir :** choisissez un complexe B-50 contenant 50 µg de vitamine B12 et de biotine, 400 µg d'acide folique et 50 mg de toutes les autres vitamines B.
Vitamine B12/ acide folique	**Dose :** 1 000 µg de vitamine B12 et 400 µg d'acide folique par jour. **À savoir :** parfois conditionnés ensemble ; choisissez le forme sublinguale pour une meilleure absorption.
Thiamine	**Dose :** 50 mg au coucher. **À savoir :** appelée aussi vitamine B1.
Graines de lin (huile)	**Dose :** 1 c. à soupe (14 g) 2 fois par jour. **À savoir :** peut être mélangée à des aliments.
Onagre (huile)	**Dose :** 1 000 mg 3 fois par jour. **À savoir :** peut être remplacée par 1 000 mg d'huile de bourrache 1 fois par jour.
Acide alpha-lipoïque	**Dose :** 200 mg 2 fois par jour. **Attention :** peut modifier les taux sanguins de sucre ; à utiliser avec précaution chez les diabétiques.
Piment (pommade)	**Dose :** appliquez localement 3 ou 4 fois par jour. **À savoir :** normalisée à 0,025-0,075 % de capsaïcine.

Rappel : prenez en priorité les suppléments en bleu ; celui en noir vous sera aussi bénéfique.
Vérifiez qu'ils ne vous sont pas déjà apportés par un autre supplément – voir p. 181.

Les bienfaits des suppléments nutritionnels

Tous les suppléments recommandés peuvent être pris ensemble. Pour tonifier le système nerveux, prenez des **vitamines du complexe B.** Dotée de propriétés anti-inflammatoires, la vitamine B6 est particulièrement indiquée si vous souffrez de neuropathie diabétique ou du syndrome du canal carpien. La **vitamine B12** et la **thiamine,** dont manquent souvent les personnes âgées, servent à diverses fonctions organiques. (Il faut toujours accompagner les hautes doses de vitamine B12 d'**acide folique**). Les acides gras essentiels présents dans les huiles de **graines de lin** et d'**onagre** protègent la myéline et assurent en outre la transmission des messages nerveux entre le cerveau et les neurones. L'acide gamma-linolénique, dans l'huile d'onagre, est également efficace contre la neuropathie diabétique.

En raison de ses puissants effets antioxydants, l'**acide alpha-lipoïque** protége les cellules nerveuses et serait utile dans la neuropathie diabétique, mais on ne sait s'il est plus efficace que d'autres antioxydants moins coûteux, comme la vitamine E. La pommade au **piment** soulage les douleurs d'origine nerveuse. La capsaïcine qu'elle contient bloque la substance P, un neurotransmetteur qui envoie les signaux de douleur au cerveau.

Que faire d'autre ?

☑ Faites de l'exercice pour stimuler la circulation sanguine vers les extrémités et bien irriguer les nerfs.

☑ Ne restez pas longtemps assis sans bouger, car l'immobilité accroît la gêne ressentie au niveau des nerfs.

INFOS PLUS

■ Le poisson, les noix et les graines sont riches en acides gras essentiels, qui exercent une action bénéfique sur les nerfs. Pour profiter de leurs bienfaits, essayez d'en manger au moins 2 fois par semaine.

■ L'acide alpha-lipoïque pourrait vaincre des lésions nerveuses dues au diabète. Dans une étude menée en Allemagne, les chercheurs ont donné à 73 patients ayant des lésions aux nerfs qui contrôlent des fonctions involontaires (battements cardiaques, par exemple) 800 mg d'acide alpha-lipoïque par jour ou un placebo. Au bout de 4 mois, les patients qui avaient pris l'acide alpha-lipoïque présentaient une amélioration de leur fonction nerveuse, alors que l'état des patients sous placebo avait empiré. Il faut poursuivre ces études mais il est clair que l'acide alpha-lipoïque a des effets physiologiques.

■ Grand spécialiste du système nerveux, le neurophysiologiste canadien Serge Marchand a découvert que les odeurs avaient le pouvoir d'influencer la perception de la douleur. Après de nombreuses expériences, il a constaté que les odeurs ressenties comme agréables diminuaient la douleur alors que les odeurs désagréables l'intensifiaient. Il explique que cette relation est due au fait que l'aire du cerveau qui s'occupe des émotions est directement branchée sur les bulbes olfactifs et que la douleur a une grande composante émotionnelle.

Œil (infections de l')

Si vous recourez systématiquement aux gouttes classiques lorsque vous avez les yeux larmoyants, irrités, rouges ou enflammés, vous risquez fort de faire empirer les choses. Il existe des remèdes naturels tout en douceur qui pourraient donner de bien meilleurs résultats.

Symptômes

- Blanc des yeux rose ou rouge.
- Suintement épais, jaune verdâtre ou blanc.
- Larmoiement excessif.
- Formation de croûtes sèches sur les paupières et les cils pendant le sommeil.
- Sensation de sable ou de corps étranger dans l'œil lors des clignements.
- Paupières gonflées ou squameuses.
- Orgelet (petite boule rouge douloureuse à la base d'un cil).

CONSULTEZ LE MÉDECIN...

- Si vos yeux sont rouges ou gonflés, avec des écoulements épais : vous avez peut-être une infection bactérienne à soigner par des antibiotiques.
  Si vous portez des lentilles de contact, retirez-les.

- Si vos yeux sont douloureux ou sensibles à la lumière du soleil, ou s'il vous arrive de voir trouble ou de perdre la vue.

- Si vos pupilles n'ont pas la même taille ou si vous avez un corps étranger dans l'œil.

- Si des symptômes apparemment sans gravité ne commencent pas à s'estomper au bout de 4 jours de soins.

ATTENTION : si vous suivez un traitement médical, consultez votre médecin avant de prendre des suppléments.

Qu'est-ce que c'est ?

La plupart des infections oculaires ont un rapport avec la conjonctivite, inflammation des muqueuses sensibles qui bordent les paupières. La blépharite squameuse (le bord des paupières pèle en permanence) et les orgelets (petites boules rouges douloureuses à la racine des cils) provoquent aussi rougeurs et irritations. Seul un ophtalmologiste peut décider du traitement à adopter et dépister une maladie plus grave, comme le glaucome.

Quelles en sont les causes ?

Ce sont des virus et des bactéries qui sont à l'origine des infections oculaires. L'inflammation et la rougeur résultent parfois aussi de blessures à l'œil, d'allergies ou d'un contact avec des substances irritantes, comme la fumée, les produits de maquillage ou le chlore des piscines.

Les bienfaits des suppléments nutritionnels

Toute infection ou blessure importante de l'œil nécessite une intervention médicale immédiate. Vous pouvez traiter vous-même les infections bénignes avec des remèdes à base de plantes, mais consultez votre médecin si vous ne constatez pas d'amélioration dans les 3 à 4 jours.

Commencez par pratiquer plusieurs fois par jour un bain oculaire aux plantes : l'**euphraise,** au surnom évocateur de casse-lunettes, atténue dans certains cas les rougeurs, gonflements ou irritations de la conjonctivite, de la blépharite, de l'orgelet ou des petites blessures. Les bains de **camomille** ou d'**hydraste du Canada** ont exactement les mêmes effets.

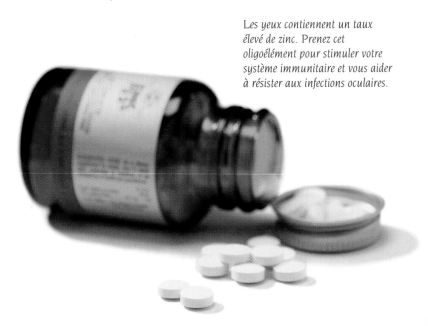

Les yeux contiennent un taux élevé de zinc. Prenez cet oligoélément pour stimuler votre système immunitaire et vous aider à résister aux infections oculaires.

Euphraise	**Dose :** I c .à thé de plante séchée pour 500 ml d'eau chaude. **À savoir :** laissez refroidir et filtrez ; refaites une nouvelle infusion tous les jours. Avec une œillère, baignez l'œil 3 fois par jour.
Vitamine C	**Dose :** I 000 mg 3 fois par jour pendant I mois. **Attention :** réduisez la dose en cas de diarrhée.
Zinc	**Dose :** 30 mg par jour pendant I mois. **Attention :** ne dépassez pas la dose quotidienne totale de 150 mg (c'est-à-dire incluant le zinc d'origine alimentaire).
Camomille	**Dose :** 2 à 3 c. à thé de plante séchée pour I tasse d'eau chaude. **À savoir :** laissez refroidir et filtrez ; refaites une nouvelle infusion tous les jours. Avec une œillère, baignez l'œil 3 fois par jour.
Hydraste du Canada	**Dose :** I c. à thé de plante séchée pour 500 ml d'eau chaude. **À savoir :** laissez refroidir et filtrez ; refaites une nouvelle infusion tous les jours. Avec une œillère, baignez l'œil 3 fois par jour.

Rappel : prenez en priorité les suppléments en bleu ; ceux en noir vous seront aussi bénéfiques. Vérifiez qu'ils ne vous sont pas déjà apportés par un autre supplément – voir p. 181.

Filtrez toujours les bains oculaires à travers une compresse de gaze. Pour protéger la santé de vos yeux, prenez de la **vitamine C,** en association avec du **zinc,** pendant 1 mois. Ces éléments nutritionnels stimulent l'immunité, aident à éliminer l'infection et évitent sa récidive. La vitamine C pourrait accélérer la cicatrisation et protéger l'œil contre les inflammations, et le zinc, dont l'œil présente une forte concentration, augmenter l'efficacité de la vitamine C.

Que faire d'autre ?

☑ Lavez-vous souvent les mains avec un savon antiseptique. Évitez de toucher ou de vous frotter les yeux. Changez fréquemment de taie d'oreiller et de serviette de toilette et ne les partagez avec personne : la plupart des infections oculaires sont extrêmement contagieuses.

☑ Évitez de vous maquiller les yeux ou de porter des lentilles de contact en cas d'infection.

☑ Essuyez les suintements de l'œil infecté avec une compresse que vous jetterez immédiatement pour empêcher l'infection de se répandre.

☑ En cas d'orgelet, appliquez une compresse humide pendant 10 min, 3 ou 4 fois par jour, jusqu'à ce que l'orgelet se résorbe entièrement.

☑ Pour traiter une blépharite squameuse, appliquez une compresse humide chaude pendant 15 min pour détacher la peau morte de la paupière. Frottez ensuite doucement la paupière avec de l'eau contenant un peu de bicarbonate de soude ou avec du shampooing pour bébé très dilué.

☑ Utilisez une compresse ou un bain oculaire distincts pour chaque œil.

Une étude faite en France a constaté que 78 % des patients atteints d'une conjonctivite due à une allergie saisonnière ont présenté une amélioration très nette après un traitement à base de zinc et d'antihistaminiques.

D'après un article récent paru dans un magazine américain spécialisé, les gouttes vendues sans ordonnance pour soulager les yeux rouges et fatigués se révèlent à l'origine de certaines formes de conjonctivite. L'abus des gouttes à effet vasoconstricteur (qui resserrent les vaisseaux sanguins) pour lutter contre les yeux rouges peut entraîner de graves problèmes.

INFOS PLUS

■ Pour éviter d'autres infections, veillez à ce que les infusions que vous employez pour vous baigner les yeux restent stériles : laissez-les refroidir, filtrez-les à travers une gaze ou une mousseline stérile, puis conservez-les dans un récipient hermétique pendant 24 h au maximum.

■ Non seulement les infusions d'euphraise, de camomille ou de fenouil font d'excellents bains pour les yeux, mais vous pouvez en boire, pour faire disparaître vos symptômes, 2 ou 3 tasses par jour.

Ongles (santé des)

Non seulement les ongles protègent l'extrémité de nos doigts et de nos orteils, mais ils fournissent des informations sur notre santé en révélant des maladies qui passeraient inaperçues. Une bonne alimentation est indispensable à leur bonne santé.

Symptômes

■ *Des ongles secs, cassants, qui se dédoublent et poussent lentement sont souvent un signe de carences nutritionnelles.*

■ *Des ongles épais, jaunâtres (souvent ceux des orteils) peuvent révéler une mycose. L'accumulation de débris sous les ongles entraîne parfois leur décollement.*

■ *Tout changement de couleur, de forme ou de consistance des ongles peut correspondre à une maladie non diagnostiquée.*

CONSULTEZ LE MÉDECIN...

■ **Des irrégularités apparaissant sur les ongles peuvent révéler de sérieux troubles de santé ; ainsi, des stries blanches courant sur toute la longueur de l'ongle évoqueront une maladie cardiaque, tandis qu'une teinte bleutée sous l'ongle sera souvent un signe d'asthme ou d'emphysème.**

ATTENTION : si vous suivez un traitement médical, consultez votre médecin avant de prendre des suppléments.

Qu'est-ce que c'est ?

Constitués principalement d'une protéine fibreuse, la kératine, les ongles comptent parmi les tissus les plus durs du corps humain. Ils peuvent cependant pousser trop lentement, se fragiliser ou casser pour de nombreuses raisons, l'une des plus fréquentes étant l'infection fongique.

Quelles en sont les causes ?

La nutrition joue un rôle essentiel dans la croissance et l'aspect des ongles. Par exemple, un apport insuffisant de vitamines B peut provoquer des ridules, tandis qu'un manque de calcium rend les ongles secs et cassants. Une carence en vitamine C ou en acide folique peut être en partie à l'origine des peaux mortes sur le côté des ongles (envies). Un changement de couleur de l'ongle peut venir d'une mauvaise oxygénation due à une maladie telle que l'asthme. De petites taches blanches sous les ongles sont souvent le signe d'un manque de zinc. Enfin, sachez que les produits chimiques dessèchent les ongles et les rendent cassants et fragiles.

Le champignon responsable du pied d'athlète peut aussi infecter les ongles des orteils. Se développant dans les chaussures et les chaussettes humides, il pénètre dans l'ongle par de minuscules fissures apparues à la suite d'une activité physique intense, comme le jogging.

Les bienfaits des suppléments nutritionnels

De nombreux suppléments peuvent être utilisés pour fortifier les ongles. Les premiers résultats s'observent généralement au bout de 8 semaines. La **biotine** et d'autres **vitamines du complexe B,** associées aux **acides aminés** et aux **vitamines C** et **E,** agissent en synergie pour aider l'organisme à produire la kératine et les autres protéines nécessaires à la solidité des ongles. Les complexes d'acides aminés contiennent aussi du soufre, qui est nécessaire à la croissance des ongles.

Une **préparation pour les os** contient du calcium et d'autres minéraux renforçant le squelette et les ongles. Quant aux huiles de **graines de**

La vitamine C (ici, en gélules à libération lente) contribue à la vitalité et à la solidité des ongles.

Biotine	**Dose :** 600 µg 2 fois par jour pendant 8 semaines. **À savoir :** à prendre au cours des repas.
Vitamines du complexe B	**Dose :** 1 comprimé chaque matin avec de la nourriture. **À savoir :** choisissez un complexe B-50 contenant 50 µg de vitamine B12 et de biotine, 400 µg d'acide folique et 50 mg de toutes les autres vitamines du complexe B.
Acides aminés (complexe)	**Dose :** 1 comprimé 2 fois par jour. **À savoir :** à prendre à jeun pour une meilleure assimilation.
Vitamine C/ vitamine E	**Dose :** 500 mg de vitamine C 3 fois par jour et 400 UI de vitamine E 1 fois par jour. **À savoir :** la vitamine C renforce l'effet de la vitamine E.
Préparation pour les os	**Dose :** suivre les instructions figurant sur la boîte. **À savoir :** ce supplément doit apporter au moins 600 mg de calcium, 250 mg de magnésium et 200 UI de vitamine D par jour.
Graines de lin (huile)	**Dose :** 1 c. à soupe (14 g) par jour. **À savoir :** à prendre le matin ; peut être mêlée aux aliments.
Onagre (huile)	**Dose :** 1 000 mg 3 fois par jour. **À savoir :** vous pouvez la remplacer par 1 000 mg d'huile de bourrache 1 fois par jour.
Mélaleuca (huile essentielle)	**Dose :** en cas d'infection fongique, appliquez un peu d'huile sur les ongles malades 2 fois par jour. **Attention :** n'avalez pas l'huile de mélaleuca (arbre à thé).

Rappel : prenez en priorité les suppléments en bleu ; ceux en noir vous seront aussi bénéfiques. Vérifiez qu'ils ne vous sont pas déjà apportés par un autre supplément – voir p. 181.

lin et d'**onagre,** elles sont riches en acides gras essentiels de deux types, qui nourrissent les ongles et les empêchent de se fendiller.

Les infections fongiques de l'ongle (mycoses) sont malheureusement plus difficiles à traiter. La vitamine C, absorbée en association avec de la vitamine E, donne parfois de bons résultats, car elle stimule le système immunitaire et aide l'organisme à lutter contre l'infection. En traitement local, massez l'ongle malade avec de l'**huile essentielle de mélaleuca** (à ne jamais ingérer) ou d'ail, ou une pommade au calendula (souci), deux fois par jour pendant plusieurs mois.

Que faire d'autre ?

☑ Ne coupez pas les cuticules : elles protègent vos ongles contre les champignons et les bactéries.

☑ Portez des gants lorsque vous faites des travaux ménagers ou que vous manipulez des produits chimiques. Appliquez un peu de vaseline sur vos ongles lorsque vos mains ont longtemps trempé dans l'eau.

☑ Coupez-vous les ongles assez court : les ongles longs se cassent facilement. Faites-les tremper dans l'eau avant de les couper pour éviter qu'ils ne se dédoublent et se fendillent.

Oreille (mal d')

Les maux d'oreille sont douloureux, qu'il s'agisse d'une infection de l'oreille moyenne en profondeur ou d'une simple inflammation du canal auditif. S'ils disparaissent parfois d'eux-mêmes, ils guérissent plus vite grâce à certains suppléments.

Symptômes

- *Douleur lancinante ou permanente à l'intérieur de l'oreille ; douleur quand vous tirez sur le lobe.*

- *Pression ou démangeaisons dans l'oreille.*

- *Écoulements sanguinolents, verts, jaunes ou clairs.*

- *Audition assourdie, bruits secs dans l'oreille.*

- *Fièvre, vertiges.*

CONSULTEZ LE MÉDECIN...

- Si les douleurs d'oreille s'accompagnent d'une fièvre supérieure à 38 °C, d'une raideur de la nuque, de forts maux de tête ou de suintements de pus ou autres liquides ; ou encore si l'oreille ou son pourtour sont rouges ou gonflés : il s'agit sans doute d'une infection à soigner par des antibiotiques.

- Si la douleur ou la perte de l'audition sont graves ou empirent malgré vos mesures d'hygiène.

- Si un objet s'est logé dans l'oreille ou si vous ressentez les symptômes d'une perforation du tympan : douleur soudaine, perte partielle de l'audition, saignements ou oreille qui bourdonne.

ATTENTION : si vous suivez un traitement médical, consultez votre médecin avant de prendre des suppléments.

Qu'est-ce que c'est ?

Les maux d'oreille résultent d'une inflammation, d'une infection ou du gonflement soit du canal externe de l'oreille, soit de l'espace qui jouxte le tympan, fine membrane qui sépare l'oreille externe de l'oreille moyenne. La trompe d'Eustache, qui s'étend de l'oreille moyenne à la gorge, draine en principe les liquides issus de l'oreille, assurant sa propreté ; mais une inflammation ou une infection peuvent irriter le canal auditif ou bloquer la trompe d'Eustache, d'où la formation de pus ou autres liquides et l'apparition de douleurs et de divers symptômes déplaisants.

Quelles en sont les causes ?

Les maux d'oreille sont provoqués par des bactéries, des virus ou des champignons, généralement à la suite d'une infection des voies respiratoires supérieures, d'une allergie saisonnière ou d'une rétention d'humidité. Il existe d'autres causes : excès de cérumen, changements brusques de pression atmosphérique, perforation du tympan ou contact avec des produits chimiques irritants (teintures capillaires, peroxyde d'hydrogène).

Les bienfaits des suppléments nutritionnels

Les suppléments recommandés ici peuvent aider à guérir les maux d'oreille et être utilisés en même temps que des antibiotiques, analgésiques et autres médicaments classiques destinés au traitement à court terme d'affections auriculaires légères ou modérées. Mais attention : toute forte douleur devenue persistante ou récurrente nécessite une intervention médicale. Commencez, avec prudence, par des gouttes auriculaires naturelles à base d'**huile essentielle d'ail** ou de **fleurs de**

Quelques gouttes d'huile essentielle d'ail peuvent soulager rapidement les maux d'oreille légers.

bouillon-blanc. Ces huiles aident à lutter contre les microbes et soulagent la douleur et les démangeaisons. Mais excluez leur emploi en cas de douleur importante, accompagnée ou non d'une perte d'audition partielle ou d'écoulements de pus : consultez alors votre médecin, car il peut s'agir d'une perforation du tympan. L'**huile essentielle de lavande,** en massages légers, apaise l'irritation de l'oreille externe. En plus de l'application locale d'huiles essentielles végétales, préparez une inhalation d'**huile essentielle d'eucalyptus,** qui, en facilitant l'ouverture de la trompe d'Eustache, allégera la pression et aidera à drainer les liquides infectieux de l'oreille. Répétez plusieurs fois par jour, jusqu'à disparition de la douleur.

Prenez également des suppléments par voie interne : les stimulants du système immunitaire, comme la **vitamine C,** ont un rôle à la fois curatif et préventif. Prenez la vitamine C en même temps que des anti-inflammatoires à base de plantes, les **flavonoïdes,** qui augmentent son efficacité. L'**échinacée,** plante immunostimulante, donne de bons résultats, surtout lorsque le mal résulte d'une infection des voies respiratoires supérieures.

Que faire d'autre ?

☑ Placez une compresse chaude sur votre oreille : la chaleur soulage rapidement la douleur et facilite la guérison.

☑ N'enfoncez jamais de bâtonnets ouatés dans vos oreilles, ils risquent de perforer le tympan. Et pas de peroxyde d'hydrogène pour les nettoyer.

Ostéoporose

Maladie évolutive caractérisée par une raréfaction de la teneur minérale des os, l'ostéoporose peut pourtant être évitée. Plus tôt vous vous préoccuperez de sa prévention, plus vous multiplierez vos chances d'échapper aux douleurs et aux fractures qu'elle provoque.

Symptômes

- *Peut se manifester par de violentes douleurs dorsales ou une fracture (de la colonne vertébrale, de la hanche ou du poignet).*

- *Tassement progressif de la colonne vertébrale accompagné du développement d'abord imperceptible d'une attitude voûtée (bosse de bison).*

- *Une radiographie des dents pourrait permettre de détecter précocement l'ostéoporose en révélant la perte de densité osseuse de la mâchoire.*

CONSULTEZ LE MÉDECIN...

- Si vous soupçonnez une fracture osseuse.

- Si vous ressentez brutalement de violentes douleurs dorsales : elles pourraient indiquer un tassement du corps vertébral avec microfractures.

- En cas de nettes douleurs osseuses (dans la colonne vertébrale, les côtes ou les pieds) après une blessure.

- Si, malgré l'absence de tout symptôme, vous présentez des facteurs de risques importants : questionnez votre médecin sur la nécessité éventuelle de procéder à une mesure de votre densité osseuse, test rapide et indolore.

ATTENTION : si vous suivez un traitement médical, consultez votre médecin avant de prendre des suppléments.

Qu'est-ce que c'est ?

L'ostéoporose, du grec *osteon*, os, et *poros*, passage, est une maladie évolutive qui entraîne la diminution de la masse (contenu minéral) osseuse et un affaiblissement de sa structure, ce qui expose les os à un risque élevé de fracture. On estime à 1 million le nombre de femmes qui souffrent d'ostéoporose au Canada. Aucune mesure isolée ne suffit à prévenir l'ostéoporose, mais la combinaison de suppléments nutritionnels et de mesures d'hygiène de vie peut permettre de limiter les dégâts.

Quelles en sont les causes ?

Le développement de l'ostéoporose chez les femmes âgées est directement lié à la baisse du taux des œstrogènes après la ménopause : ces hormones aident l'organisme à assimiler le calcium et préservent la solidité des os. Une ménopause précoce, le manque d'exercice et une alimentation pauvre en calcium constituent autant d'autres facteurs de risques. Vous êtes par ailleurs particulièrement exposée à l'ostéoporose si vous avez des os fins, si votre poids est insuffisant, si vous êtes ménopausée, s'il existe des cas d'ostéoporose dans votre famille ou si vous avez pris des stéroïdes ou des anticonvulsivants sur de longues périodes.

Les hommes âgés peuvent aussi être atteints d'ostéoporose, mais la perte osseuse est en général moins grave dans la mesure où ils ont des os plus denses : selon la Société canadienne d'ostéoporose, 400 000 hommes présentent cette maladie au Canada.

Les bienfaits des suppléments nutritionnels

Les suppléments recommandés ici peuvent contribuer à renforcer les os – en traitement de 6 mois au moins. On peut sans danger les prendre ensemble et les associer à des médicaments classiques contre l'ostéoporose, ainsi qu'à un traitement œstrogénique. Certains complexes de

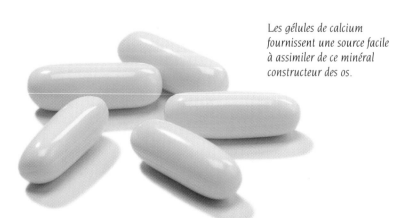

Les gélules de calcium fournissent une source facile à assimiler de ce minéral constructeur des os.

SUPPLÉMENTS RECOMMANDÉS

Calcium	**Dose :** 600 mg 2 fois par jour. **À savoir :** à prendre avec de la nourriture.
Vitamine D	**Dose :** 200 UI 2 fois par jour. **Attention :** très importante en hiver, l'ensoleillement étant limité.
Magnésium	**Dose :** 150 mg 2 fois par jour. **À savoir :** à prendre avec de la nourriture.
Boron	**Dose :** 3 mg par jour. **À savoir :** réduit la perte de calcium ; peut renforcer les effets des œstrogènes.
Vitamine C	**Dose :** 500 mg 2 fois par jour. **Attention :** en cas de diarrhée, diminuez la dose.
Zinc/cuivre	**Dose :** 10 mg de zinc et 1 mg de cuivre par jour. **Attention :** ajoutez le cuivre si le traitement dure plus de 1 mois.
Manganèse	**Dose :** 5 mg 2 fois par jour. **À savoir :** aide à métaboliser les autres minéraux.

Rappel : Vos suppléments habituels peuvent déjà vous fournir certains dosages – voir p. 181.

multivitamines et minéraux permettent de se procurer ces suppléments facilement et à moindres frais ; soyez pourtant prudent si vous prenez des anticoagulants, car ces produits contiennent souvent de la vitamine K, qui est un facteur de coagulation du sang.

Le **calcium** est vital pour la santé des os ; la **vitamine D** assure l'absorption du calcium ; le **magnésium** et le **boron** participent au métabolisme de la vitamine D. Selon une étude récente, la **vitamine C,** antioxydante, agit directement sur la masse osseuse et améliore la formation du collagène, protéine qui consolide les os et le tissu conjonctif. Le **zinc,** le **cuivre** et le **manganèse** – impliqués dans le métabolisme osseux – facilitent l'assimilation des minéraux. Vous pouvez ajouter à cette liste d'autres vitamines et minéraux essentiels tels que silicium, vitamine B6, acide folique...

Que faire d'autre ?

☑ Pratiquez régulièrement un exercice physique, comme la marche ou les haltères, qui renforce la musculation.

☑ Arrêtez de fumer : non seulement cela sera bénéfique pour vos os, mais votre état général s'améliorera aussi.

☑ Limitez votre consommation d'alcool à 1 ou 2 verres par jour.

☑ Si vous arrivez à la ménopause, envisagez de suivre un traitement hormonal de substitution.

☑ Consommez des aliments riches en calcium : produits laitiers pauvres en matières grasses, saumon et sardines en conserve (avec les arêtes).

☑ Mangez beaucoup de fruits et de légumes pour les vitamines et les oligoéléments qu'ils contiennent, et beaucoup de produits au soja pour les isoflavones (genistéine et daidzéine), aux propriétés œstrogéniques.

QUOI DE NEUF ?

Des chercheurs de l'université américaine de Tufts, dans le Massachusetts, ont rapporté que la prise conjointe de 500 mg de calcium et de 700 UI de vitamine D par jour pouvait diviser par deux les risques de fracture osseuse chez les personnes âgées. Une étude française antérieure avait établi que ces mêmes suppléments, en traitement de 2 ans, réduisaient de 43 % les risques de fracture de la hanche chez les femmes âgées.

LE SAVIEZ-VOUS ?

L'organisme n'absorbe que 10 à 30 % du calcium fourni par les aliments : l'alimentation des premiers hommes était sans doute très riche en calcium, de sorte que, pour compenser, l'organisme a réduit son taux d'absorption.

INFOS PLUS

■ Il suffit de 15 min d'exposition au soleil pour stimuler la production de vitamine D par l'organisme. La faiblesse de la lumière hivernale au Canada ou le port d'un écran solaire peuvent freiner ce processus. Cependant, n'oubliez jamais de protéger raisonnablement votre peau contre le soleil.

■ Doubler sa dose de calcium en prenant des suppléments pourrait contrarier le métabolisme – important pour les os – du magnésium, du manganèse et du zinc ; l'excès de zinc peut diminuer l'immunité. Mais les niveaux toxiques sont pratiquement impossibles à atteindre par l'alimentation.

Parkinson (maladie de)

Même si cette affection neurologique à évolution lente demeure incurable, les progrès effectués permettent d'améliorer la qualité de vie des malades. Un traitement précoce pourrait atténuer tremblements, rigidité et autres symptômes invalidants.

Symptômes

- *Agitation ou tremblement des membres avec rigidité des muscles.*

- *Marche lente et traînante.*

- *Posture voûtée.*

- *Expression hébétée et figée, avec de rares clignements des yeux.*

- *Difficulté à avaler et à parler.*

- *Incontinence et constipation.*

- *Anxiété, dépression et, dans les cas sévères, confusion mentale et perte de la mémoire.*

CONSULTEZ LE MÉDECIN...

- Si vous présentez l'un quelconque des symptômes de la maladie de Parkinson.

- Si cette maladie a déjà fait l'objet d'un diagnostic et que vous remarquez de nouveaux symptômes : il peut s'agir d'effets secondaires des médicaments prescrits pour soigner la maladie de Parkinson, faciles à éliminer.

ATTENTION : si vous suivez un traitement médical, consultez votre médecin avant de prendre des suppléments.

Qu'est-ce que c'est ?

La maladie de Parkinson, qui doit son nom au médecin britannique qui l'a identifiée au début du XIX siècle, est l'affection dégénérative du système nerveux la plus fréquente. On pense que 80 000 à 100 000 personnes au Canada en souffrent à des degrés différents. Elle frappe en général après l'âge de 60 ans – environ 15 % des plus de 65 ans en sont atteints – et touche plus d'hommes que de femmes. Les symptômes, d'abord très discrets, s'aggravent en général avec le temps.

Quelles en sont les causes ?

Dans la maladie de Parkinson, les cellules de la région du cerveau dite des « noyaux centraux » meurent peu à peu et cessent de produire de la dopamine, substance chimique qui aide à transmettre les impulsions nerveuses. Le manque de dopamine entraîne progressivement la rigidité, les tremblements et l'absence de coordination nerveuse typiques de la maladie. Les infections cérébrales virales, les médicaments antipsychotiques, ainsi que l'exposition à des herbicides ou à des toxines sont sans doute à l'origine d'un petit nombre de cas, mais les causes sous-jacentes de la maladie de Parkinson restent la plupart du temps indéterminées.

Les bienfaits des suppléments nutritionnels

La gravité de la maladie de Parkinson rend obligatoire une surveillance médicale étroite, et la prise de suppléments nutritionnels ne doit se faire qu'après concertation avec le médecin traitant.

Les suppléments présentés ici peuvent aider à tempérer ou à ralentir la progression des symptômes, en particulier s'ils sont pris dans les premières années de la maladie. Ils donnent parfois des résultats au bout de 2 mois, mais ils doivent le plus souvent se prendre à long terme. Vous

La vitamine E figure parmi les antioxydants capables d'aider à ralentir l'évolution des symptômes de la maladie de Parkinson.

SUPPLÉMENTS RECOMMANDÉS

Vitamine B6	**Dose :** 25 mg 3 fois par jour. **Attention :** ne prenez pas de vitamine B6 si vous suivez un traitement de lévodopa sans association à la carbidopa.
Coenzyme Q10	**Dose :** 30 mg 3 fois par jour. **À savoir :** à prendre avec de la nourriture pour mieux l'assimiler.
NADPH	**Dose :** 5 mg par jour. **À savoir :** à prendre le matin ou entre les repas.
Vitamine E	**Dose :** 400 UI par jour. **Attention :** consultez le médecin si vous êtes sous anticoagulants.
Acides aminés	**Dose :** 1 000 mg de tyrosine, 1 000 mg de méthionine, 500 mg d'acétyl-L-carnitine, 100 mg de phosphatidylsérine 2 fois par jour. **Attention :** cessez après 8 semaines s'il n'y a pas d'amélioration ; si vous allez mieux, ajoutez alors un complexe d'acides aminés.
Ginkgo biloba	**Dose :** 60 mg 3 fois par jour. **À savoir :** normalisé à au moins 24 % de glycosides flavonoïdes.
Vitamine C	**Dose :** 500 mg 2 fois par jour. **Attention :** en cas de diarrhée, réduisez la dose.
Graines de lin (huile)	**Dose :** 1 c. à soupe (14 g) par jour. **À savoir :** à prendre le matin ; peut être mêlée aux aliments.

Rappel : prenez en priorité les suppléments en bleu ; ceux en noir vous seront aussi bénéfiques. Vérifiez qu'ils ne vous sont pas déjà apportés par un autre supplément – voir p. 181.

pouvez les essayer séparément ou en combinaison, mais toujours avec l'accord de votre médecin. Certains, comme la vitamine B6, peuvent en effet interagir avec les médicaments prescrits pour la maladie de Parkinson.

La majorité des suppléments, telle la **vitamine B6** (dont le taux est souvent insuffisant chez les parkinsoniens), contribuent à augmenter la production de dopamine par le cerveau. La **coenzyme Q10**, le **NADPH** (une forme de niacine), la **vitamine E** et la **vitamine C** sont autant d'antioxydants assurant la protection des cellules, y compris celle des cellules cérébrales productrices de dopamine. Les vitamines E et C seraient en particulier efficaces pour les malades qui n'ont pas encore entamé de traitement par les médicaments classiques. Les **acides aminés** (la phosphatidylsérine peut améliorer la fonction mentale et combattre la dépression) et l'**huile de graines de lin** ont sur les nerfs une action « nourrissante » qui peut faire monter le taux de dopamine. Le **ginkgo biloba** augmente la circulation du sang au cerveau, de sorte que la dopamine a plus de chance de s'y rendre.

Que faire d'autre ?

☑ Marchez tous les jours et étirez-vous pour le tonus de vos muscles.

☑ Gardez un esprit alerte : ayez de nouveaux centres d'intérêt et relevez des défis. Des exercices mentaux quotidiens réduiraient les symptômes.

☑ Recherchez une aide psychologique pour maîtriser votre stress.

☑ Demandez à votre médecin traitant de vous adresser à un physiothérapeute et à un orthophoniste, et de vous tenir au courant des nouveaux traitements médicamenteux.

Une étude hollandaise effectuée sur 5 300 sujets de 55 à 95 ans a constaté que beaucoup de vitamine E dans l'alimentation réduisait le risque de maladie de Parkinson. Cela démontre une fois encore le rôle protecteur de cette vitamine antioxydante.

———

Au cours d'une étude autrichienne, le NADPH oxydase a réduit les symptômes de la maladie de Parkinson chez 80 % des participants. Plus le malade était jeune et le diagnostic de la maladie précoce, plus le NADPH (une forme de vitamine) était efficace.

———

Les chercheurs de l'Institut national de la santé des États-Unis travaillant sur le décryptage du génome humain ont identifié un gène rare responsable de la maladie. Cette découverte pourrait mener à de nouvelles thérapies.

INFOS PLUS

■ Levure, germes de céréales, abats, banane, avocat et pomme de terre figurent parmi les meilleures sources alimentaires de vitamine B6.

■ Bien que la maladie de Parkinson soit encore incurable, certaines plantes peuvent renforcer les tissus du cerveau et équilibrer les éléments chimiques impliqués dans la fonction nerveuse. Elles aideraient ainsi le patient à supporter sa maladie, voire à ralentir son évolution. Le ginseng, la passiflore et la valériane comptent parmi les plantes traditionnellement utilisées (en l'absence de tout test clinique) pour traiter la maladie de Parkinson.

Pied d'athlète

La mycose cutanée la plus fréquente se manifeste entre les orteils – d'où le nom de pied d'athlète qu'on lui associe –, provoquant des démangeaisons et de douloureuses crevasses. Divers remèdes naturels peuvent soulager cette affection certes sans danger, mais gênante.

Symptômes

- *Peau qui pèle entre les orteils et, dans les cas les plus graves, crevasses.*

- *Rougeurs, démangeaisons, desquamation et apparition de minuscules ampoules sur les côtés et sous la plante des pieds.*

- *Peau fragile et douloureuse.*

- *Ongles infectés qui épaississent, peuvent se décolorer et devenir friables.*

CONSULTEZ LE MÉDECIN...

- Si vous ne constatez aucune amélioration après un traitement de 1 semaine à 10 jours avec des suppléments.

- Si l'automédication n'aboutit pas à la guérison complète au bout de 4 semaines.

- Si une zone quelconque enfle et devient rouge, ce qui est le signe d'une infection bactérienne plus sérieuse.

ATTENTION : si vous suivez un traitement médical, consultez votre médecin avant de prendre des suppléments.

Qu'est-ce que c'est ?

Le pied d'athlète est le nom populaire d'une infection à champignons appelée *Tinea pedis* (teigne du pied). Ces micro-organismes sont présents sur la peau de tous les êtres humains sous la forme de minuscules cellules, et il leur arrive de se multiplier au point d'échapper à tout contrôle. Ils prolifèrent dans les endroits humides et étroits, tels que les chaussettes et les chaussures. Chez certaines personnes, l'infection siège entre les orteils, où la peau pèle et se crevasse ; chez d'autres, elle apparaît sur les côtés et sous la plante des pieds, affectant aussi les ongles.

Quelles en sont les causes ?

Les agents fongiques les plus communs de cette infection appartiennent au groupe *Trichophyton*. Ils se développent dans les chaussures et les chaussettes, mais ne sont pas contagieux ; marcher pieds nus dans un vestiaire sportif n'est donc pas un facteur de risque.

Les bienfaits des suppléments nutritionnels

Dans les cas persistants, les médecins prescrivent des médicaments antifongiques, généralement efficaces, mais coûteux. Les suppléments sont des moyens moins chers de combattre les infections légères, et ils en viennent généralement à bout en quelques semaines. La **vitamine C** est un antioxydant qui renforce le système immunitaire et aide l'organisme

L'huile essentielle de mélaleuca est un remède peu coûteux avec lequel on peut soigner le pied d'athlète.

Vitamine C	**Dose :** 500 mg 2 fois par jour. **Attention :** une utilisation prolongée pourra éviter les récidives ; en cas de diarrhée, diminuez la dose.
Mélaleuca (huile essentielle)	**Dose :** appliquez 2 fois par jour sur la zone affectée. **Attention :** ne jamais ingérer. Le mélaleuca est aussi connu sous le nom d'arbre à thé.
Ail (huile essentielle)	**Dose :** appliquez 2 fois par jour sur la zone affectée. **À savoir :** peut remplacer l'huile essentielle de mélaleuca.
Calendula	**Dose :** appliquez 2 fois par jour en crème ou en lotion sur la zone affectée. **Attention :** doit contenir au moins 2 % de calendula ; à utiliser avec prudence si vous êtes allergique aux fleurs de la famille des marguerites.

Rappel : prenez en priorité les suppléments en bleu ; ceux en noir vous seront aussi bénéfiques. Vérifiez qu'ils ne vous sont pas déjà apportés par un autre supplément – voir p. 181.

à lutter contre l'infection fongique. Elle peut être prise en même temps que les autres suppléments spécifiques figurant dans le tableau ci-dessus.

L'**huile essentielle de mélaleuca,** un puissant antifongique naturel, modifie l'environnement chimique de la peau et empêche le développement des champignons. Crèmes et gels sont très efficaces, à condition que l'huile en question en constitue l'ingrédient principal. Vous pouvez aussi fabriquer votre préparation en combinant de l'huile essentielle de mélaleuca avec de l'huile d'amande ou toute autre huile neutre, à raison de 2 volumes de la première pour 3 de la seconde. Versez 20 gouttes d'huile essentielle de mélaleuca dans une cuvette d'eau chaude et faites-vous un bain de pieds 3 fois par jour pendant 15 min ; séchez ceux-ci, puis appliquez un peu d'huile essentielle de mélaleuca pure sur les zones affectées. Si elle vous irrite la peau, remplacez-la par le mélange recommandé plus haut.

L'**huile essentielle d'ail** peut jouer un rôle similaire, en application directe sur la peau. L'ail contenant de l'allicine, une substance aux propriétés antifongiques, la poudre d'ail peut avoir un effet semblable. Le **calendula,** tiré du souci, une fleur orange apparentée à la marguerite, et disponible dans la plupart des magasins de produits naturels, soulage les inflammations et a un effet calmant sur la peau.

Que faire d'autre ?

☑ Ayez toujours les pieds propres et secs. Séchez-les au sèche-cheveux. Mettez des chaussettes propres tous les matins. Aérez vos chaussures après les avoir retirées et ne portez pas la même paire tous les jours.

☑ Marchez pieds nus aussi souvent que possible, ou portez des sandales ou des chaussures laissant circuler l'air afin de laisser vos pieds respirer.

☑ Essayez les lotions et les poudres fongicides en vente libre, mais évitez celles contenant de l'amidon de maïs, car elles risquent de favoriser la prolifération des champignons.

☑ Coupez vos ongles de pieds au carré afin d'éviter les infections fongiques.

Piqûres d'insectes

L'été, promenades dans la nature, séances de jardinage ou repas sous la tonnelle sont souvent perturbés par toutes sortes d'insectes volants et rampants. La nature fournit heureusement des antidotes aux piqûres qu'ils infligent.

Symptômes

- *Sentiment de brûlure, démangeaisons, rougeur et enflure de la zone affectée.*

- *Tache circulaire, rouge et irritée, apparaissant quelques jours après la piqûre.*

- *Réaction, allergique ou non, dans le cas de piqûres multiples, se manifestant par un gonflement soudain des yeux, de la langue, des lèvres et de la gorge ; nausées ; palpitations et gêne respiratoire.*

CONSULTEZ LE MÉDECIN...

- **Si vous êtes victime de multiples piqûres ou morsures d'insectes : elles peuvent être dangereuses, même en l'absence d'allergie.**

- **S'il se forme une éruption rouge, gonflée et circulaire ou si la région atteinte apparaît ulcérée ou infectée.**

- **Si vous constatez des difficultés respiratoires, de la fièvre, une douleur intense ou une raideur.**

- **Si vous avez une réaction allergique à une morsure d'insecte, rendez-vous tout de suite à l'urgence. Si vous êtes allergique, équipez-vous d'une trousse de soins d'urgence, disponible sur ordonnance.**

ATTENTION : si vous suivez un traitement médical, consultez votre médecin avant de prendre des suppléments.

Qu'est-ce que c'est ?

Sous nos climats, les piqûres d'insectes sont surtout fréquentes durant les mois d'été – alors que dans certaines régions elles le sont tout au long de l'année. Qu'il s'agisse de piqûres de moustiques, de mouches, de tiques, d'araignées, de fourmis, d'abeilles, de guêpes ou de frelons, elles sont parfois douloureuses et provoquent des démangeaisons. Bien qu'elles ne soient habituellement pas dangereuses, elles peuvent nécessiter un traitement médical. Soyez vigilant, par exemple, en cas de piqûres de tiques, surtout si une zone circulaire rouge et irritée apparaît, car ces insectes peuvent être porteurs de la maladie de Lyme et de la fièvre pourprée des montagnes Rocheuses.

Enfin, si vous êtes de ceux, heureusement rares (environ 1 sur 50), qui sont allergiques aux piqûres d'insectes, particulièrement à celles des abeilles, allez à l'urgence si vous êtes piqué.

Quelles en sont les causes ?

Le venin sécrété par les insectes contient des toxines qui provoquent une boursouflure de la zone affectée, accompagnée d'une sensation de brûlure et de démangeaisons. C'est pour tirer le sang dont ils se nourrissent que les moustiques, les taons et les tiques piquent, alors que les guêpes et les abeilles – à moins qu'elles ne vous prennent pour une fleur… – n'attaquent que lorsqu'elles se sentent menacées. Les risques que vous courez d'être piqué par une guêpe ou une abeille sont donc plus grands si vous gesticulez lorsqu'elles tourbillonnent autour de vous, si vous êtes habillé de couleurs vives, si vous sentez le parfum ou si vous mangez des aliments sucrés ou collants. Et vous aurez affaire aux fourmis et aux araignées si vous vous asseyez trop près de leur habitation.

La vitamine C réduit l'enflure provoquée par la réaction de l'organisme à une piqûre d'insecte.

SUPPLÉMENTS RECOMMANDÉS

Broméline	**Dose :** 500 mg 3 fois par jour à jeun. **À savoir :** il n'y a pas eu d'études cliniques.
Lavande (huile essentielle)	**Dose :** quelques gouttes sur la peau plusieurs fois par jour ou au besoin. **Attention :** 1 ou 2 gouttes toutes les 15 min si nécessaire.
Calendula (crème)	**Dose :** à appliquer en petite quantité sur la peau plusieurs fois par jour ou au besooin. **Attention :** normalisée à au moins 2 % de calendula.
Vitamine C	**Dose :** 500 mg 3 fois par jour. **Attention :** en cas de diarrhée, diminuez la dose.
Quercétine	**Dose :** 500 mg 3 fois par jour, 20 min avant les repas. **À savoir :** efficace si associée à la broméline.
Mélaleuca (huile essentielle)	**Dose :** 1 goutte sur la peau plusieurs fois par jour ou au besoin. **Attention :** cessez en cas d'irritation de la peau ; cette plante est aussi appelée arbre à thé.

Rappel : prenez en priorité les suppléments en bleu ; ceux en noir vous seront aussi bénéfiques. Vérifiez qu'ils ne vous sont pas déjà apportés par un autre supplément – voir p. 181.

Les bienfaits des suppléments nutritionnels

Avant toute chose, retirez le dard s'il y en a un, et lavez la piqûre à l'eau et au savon. Tâchez ensuite d'éviter l'enflure en prenant de la **broméline,** une enzyme tirée de l'ananas qui digère les protéines, jusqu'à ce que les symptômes aient disparu. Certaines huiles comme l'**huile essentielle de lavande** vous permettront d'atténuer la douleur et de calmer les démangeaisons, tout en hâtant la cicatrisation. La **crème au calendula** (une fleur de la famille du souci) possède des effets antiseptiques et prévient l'infection. L'**huile essentielle de mélaleuca** a les mêmes effets.

Si c'est par une abeille ou par un autre hyménoptère (guêpe, frelon…) que vous avez été piqué, prenez en plus des suppléments qui empêcheront l'enflure et soulageront la douleur. La **vitamine C** et la **quercétine,** un flavonoïde, sont des antihistaminiques : elles inhibent la libération de l'histamine, une substance que notre organisme sécrète pour lutter contre l'action du venin de l'insecte, et qui est responsable de l'inflammation. Absorbez ces deux suppléments sitôt après la piqûre et continuez à les prendre jusqu'à la disparition des symptômes.

Que faire d'autre ?

☑ Avant de sortir, enduisez-vous la peau d'un produit contre les insectes : crème au calendula, citronnelle ou huile essentielle de mélaleuca.

☑ N'utilisez ni lotion après-rasage, ni laque, ni parfum, ni crème parfumée quand vous allez dehors, leur senteur attirerait les insectes.

☑ N'essayez pas d'éliminer votre assaillant. Si vous vous retrouvez au milieu d'une nuée d'insectes, éloignez-vous calmement ou étendez-vous par terre en vous couvrant la tête.

☑ Portez des vêtements couvrants blancs ou kaki quand vous êtes à l'extérieur pour protéger votre peau des moustiques et des tiques.

QUOI DE NEUF ?

Quand on s'est fait piquer par une abeille, ce n'est pas la manière dont on retire le dard qui importe, mais le temps que l'on met à le faire, telle est la conclusion à laquelle est récemment arrivé un groupe de chercheurs californiens.

Ainsi, alors qu'il est généralement recommandé d'enlever le dard en grattant légèrement la peau (plutôt qu'en le saisissant avec les doigts ou avec une pince, ce qui libérerait une grande quantité de venin dans la plaie), les auteurs de l'étude en question ont montré que l'enflure restait la même, quelle que soit la méthode employée, et que c'était la rapidité d'exécution qui comptait.

INFOS PLUS

■ Les huiles essentielles ne doivent généralement pas être appliquées directement sur la peau, à l'exception de l'huile de lavande, dont on peut frotter la zone affectée, en évitant toutefois à tout prix le contact avec les yeux.

■ En cas de piqûre d'insecte, la broméline apporte un soulagement immédiat, au même titre que l'huile essentielle de lavande. Il suffit d'ouvrir 2 gélules de cette enzyme, d'en recueillir la poudre et d'en faire une pâte en la mélangeant avec un peu d'eau. Appliquer ensuite sur la zone affectée.

Prémenstruel (syndrome)

Bien des femmes connaissent des symptômes du syndrome prémenstruel. Ce dérèglement, tant physique qu'émotionnel, peut être difficile à diagnostiquer – en dehors du fait qu'il apparaît quelques jours avant les règles et disparaît après.

Symptômes

- Irritabilité, sautes d'humeur, anxiété et dépression.

- Ballonnements, gonflement des mains et des doigts.

- Douleur et sensibilité des seins.

- Fatigue, manque d'énergie et insomnie.

- Maux de tête et de dos ; douleurs articulaires et musculaires.

- Constipation et diarrhée.

- Envies irrésistibles de certains aliments, en particulier de sucres.

CONSULTEZ LE MÉDECIN...

- Si vous présentez des symptômes graves, y compris une dépression profonde ou des douleurs mammaires excessives.

- Si vos symptômes durent tout le mois : d'autres troubles, comme la dépression clinique ou l'hypothyroïdie, peuvent se greffer au syndrome prémenstruel.

ATTENTION : si vous suivez un traitement médical, consultez votre médecin avant de prendre des suppléments.

Qu'est-ce que c'est ?

Une semaine avant leurs règles, les femmes subissent souvent des ballonnements, crises de larmes, envies de sucreries ou accès de colère. Ces symptômes, ainsi que près de 200 autres – dont la fatigue, la dépression, les maux de tête et les douleurs mammaires – caractérisent le syndrome prémenstruel. Leur diversité et leur gravité varient selon les femmes : certaines ne souffrent que de quelques-uns ou n'en sont que légèrement incommodées. Pourtant, dans 5 à 10 % des cas, ce syndrome prend de telles proportions qu'il les empêche de mener une vie normale.

Quelles en sont les causes ?

D'après certains, ce syndrome trouverait son origine dans un déséquilibre des hormones femelles, les œstrogènes et la progestérone, pendant la seconde partie du cycle menstruel, après l'ovulation. Un excès d'œstrogènes et une insuffisance de progestérone seraient dus aux modifications de l'équilibre métabolique du cerveau, qui régit l'humeur et la douleur ; ce dérèglement hormonal peut expliquer les changements d'humeur et les envies de sucré. Les déséquilibres ont aussi un rapport avec la hausse du taux d'une autre hormone, la prolactine, qui provoque la sensibilité mammaire et empêche le foie d'éliminer normalement l'excès d'œstrogènes.

Suivant une autre théorie, les symptômes du syndrome prémenstruel proviennent d'une baisse du taux de sérotonine, neurotransmetteur qui transmet les signaux d'une cellule nerveuse à l'autre. Bien que les résultats d'études cliniques consacrées à la mise en évidence d'un lien entre la sérotonine et le syndrome prémenstruel n'aient rien de probant, de nombreuses femmes affirment que leurs symptômes s'atténuent lorsqu'elles suivent un traitement destiné à rétablir un taux normal de sérotonine. L'amélioration de la production et de l'usage de la sérotonine par l'organisme contribue considérablement à soulager la dépression.

Le gattilier pourrait aider à corriger les déséquilibres hormonaux supposés contribuer au syndrome prémenstruel.

SUPPLÉMENTS RECOMMANDÉS

Gattilier	**Dose :** 225 mg par jour, en dehors des règles. **À savoir :** également nommé vitex ; choisissez un produit normalisé à 0,5 % d'agnuside.
Vitamine B6	**Dose :** 25 mg 2 fois par jour. **Attention :** des doses élevées (200 mg par jour) sur une longue période peuvent provoquer des troubles nerveux.
Onagre (huile)	**Dose :** 1 000 mg 3 fois par jour. **À savoir :** vous pouvez la remplacer par 1 000 mg d'huile de de bourrache 1 fois par jour.
Magnésium	**Dose :** 150 mg 2 fois par jour. **À savoir :** à prendre avec de la nourriture.
Millepertuis	**Dose :** 300 mg 3 fois par jour. **À savoir :** normalisé à 0,3 % d'hypéricine.

Rappel : Vos suppléments habituels peuvent déjà vous fournir certains dosages – voir p. 181.

Les bienfaits des suppléments nutritionnels

La prise de suppléments nutritionnels, pendant une partie ou la totalité du cycle menstruel, peut remédier aux symptômes du syndrome prémenstruel. Si vous suivez déjà un traitement classique dans ce sens, consultez votre médecin avant d'y adjoindre des suppléments.

Le **gattilier,** très utilisé en Europe, agit dans le cerveau sur l'hypophyse, glande qui contrôle la production d'œstrogènes et de progestérone dans l'organisme, et pourrait permettre de corriger les déséquilibres hormonaux. Le dong quai (200 mg 3 fois par jour) peut potentialiser l'effet du gattilier ; les deux sont souvent présentés en association, combinés entre autres à de l'actée à grappes.

Vous pouvez remplacer le gattilier par de la **vitamine B6,** qui aide le foie à traiter les œstrogènes, élève les taux de progestérone et permet au cerveau d'élaborer la sérotonine – certains médecins recommandent l'association du gattilier et de la vitamine B6. Les acides gras essentiels de l'**huile d'onagre** soulageraient la tension mammaire et viendraient à bout des envies de sucre. Souvent, le syndrome prémenstruel correspond à une déficience en **magnésium,** d'où l'intérêt d'en prendre en complément.

Prenez des suppléments depuis l'ovulation jusqu'au début des règles, tous les jours pour le magnésium. Si votre symptôme principal est la dépression ou l'anxiété, ou si les autres suppléments n'ont aucun effet, cela vaut la peine d'essayer le **millepertuis.**

Que faire d'autre ?

☑ Faites de l'exercice plusieurs fois par semaine pour vous remonter le moral et aider votre organisme à évacuer les liquides à l'origine de vos ballonnements et de votre sensibilité mammaire.

☑ Réduisez votre consommation de caféine, d'alcool et de sel.

☑ Tenez un journal de vos symptômes : en contrôlant vos sensations physiques et émotionnelles, vous pourrez établir un diagnostic précis et déterminer le traitement qui vous convient le mieux.

QUOI DE NEUF ?

Selon une étude allemande, le gattilier pourrait être plus efficace que la vitamine B6 dans le syndrome prémenstruel. Les femmes prenant du gattilier ont vu une réduction plus nette des symptômes (sensibilité mammaire, ballonnements, tension, céphalées et dépression) que celles sous vitamine B6. Surtout, 36 % des femmes du groupe du gattilier ont été délivrées de tout symptôme, contre 21 % de celles sous vitamine B6.

Dans une étude américaine sur 500 femmes, la prise de 1 200 mg de calcium par jour réduisait les symptômes du syndrome prémenstruel de 50 %. Comparées aux femmes sous placebo, celles qui prenaient du calcium avaient moins de sautes d'humeur, d'envies alimentaires, de ballonnements et de douleurs menstruelles. Les chercheurs en ont conclu que le manque de calcium pourrait contribuer au déséquilibre hormonal qui est facteur du syndrome.

LE SAVIEZ-VOUS ?

Les plantes médicinales sont peu utilisées au Canada dans le syndrome prémenstruel. Pourtant, huile d'onagre, gattilier et millepertuis, très utilisés en Europe, ont subi avec succès l'épreuve du temps.

INFOS PLUS

■ Des chercheurs se sont aperçus que les femmes qui souffraient du syndrome prémenstruel s'entendaient bien avec leur entourage et avaient bonne mémoire.

Prostate (problèmes de)

À partir de 50 ans, plus de la moitié des hommes souffrent de la prostate. Les thérapies nutritionnelles et végétales permettent d'en alléger les maux et pourraient prévenir ou retarder la nécessité de recourir à des médicaments classiques ou à la chirurgie.

Symptômes

- Besoin d'uriner fréquent et urgent, surtout la nuit.

- Difficulté ou hésitation à uriner, incapacité de vider sa vessie.

- Écoulement de l'urine en petit filet ou goutte à goutte.

- Brûlure à la miction, fièvre, frissons, douleur derrière le scrotum ou éjaculation douloureuse.

CONSULTEZ LE MÉDECIN...

■ Si vous présentez le moindre symptôme d'une maladie de la prostate ; un simple examen et un dosage de PSA (antigène prostatique spécifique) dans le sang permettent de distinguer un trouble bénin d'un cancer de la prostate.

■ En cas de présence de sang dans l'urine ou le sperme.

ATTENTION : si vous suivez un traitement médical, consultez votre médecin avant de prendre des suppléments.

Qu'est-ce que c'est ?

Les problèmes de prostate provoquent généralement des troubles urinaires, car cette glande de la taille d'une noix est située sous la vessie et entoure l'urètre, canal qui évacue l'urine de la vessie. Le dérèglement de loin le plus fréquent est l'hyperplasie prostatique bénigne, hypertrophie non cancéreuse de la prostate qui touche plus de la moitié des hommes au-delà de 50 ans. Cette hyperplasie peut évoluer pendant des années avec, au début, des symptômes rares ou inexistants. Elle ne constitue pas un facteur de risque de développement d'un cancer de la prostate, mais un examen médical est indispensable pour écarter un cancer ou une prostatite (inflammation de la prostate), plus ennuyeux.

Quelles en sont les causes ?

Avec l'âge, la prostate a tendance à se dilater. On ne connaît pas encore avec certitude les causes de ce phénomène, mais il se peut que les hormones sexuelles mâles jouent un rôle. À un certain degré de dilatation, la prostate peut compresser l'urètre et gêner l'écoulement de l'urine, provoquant les symptômes de l'hyperplasie. Plus rarement, il se développe une prostatite, généralement due à une infection bactérienne dont le foyer se situe quelque part dans les voies urinaires, ou un cancer : le gonflement de la prostate ou la croissance d'une tumeur peuvent empêcher la miction.

Les bienfaits des suppléments nutritionnels

Les suppléments recommandés ici agissent surtout dans les cas d'hyperplasie légère ou modérée, et il faut parfois plus de 1 mois pour qu'ils donnent des résultats. Ils peuvent se prendre sans risque sur de longues périodes, parallèlement aux médicaments conventionnels éventuellement

La racine d'ortie, expérimentée depuis 1950, contribue à ralentir l'hypertrophie de la prostate.

ORTIE PIQUANTE
(URTICA DIOICA)

SUPPLÉMENTS RECOMMANDÉS

Zinc/cuivre	**Dose :** 10 mg de zinc et 1 mg de cuivre par jour. **Attention :** n'ajoutez le cuivre que si le traitement dure plus de 1 mois.
Vitamine E	**Dose :** 400 UI par jour. **Attention :** consultez le médecin si vous êtes sous anticoagulants.
Sabal	**Dose :** 160 mg 2 fois par jour entre les repas. **À savoir :** normalisé à 85-95 % d'acides gras et de stérols.
Pygeum africanum	**Dose :** 100 mg 2 fois par jour entre les repas. **À savoir :** normalisé à 13 % de stérols.
Graines de lin (huile)	**Dose :** 1 c. à soupe (14 g) par jour. **À savoir :** à prendre le matin ; peut être mêlée aux aliments.
Ortie (racine)	**Dose :** 250 mg ou 1 ampoule 2 fois par jour. **Attention :** normalisée à au moins 1 % de silica.
Acides aminés	**Dose :** 500 mg de glycocolle, d'alanine et de glutamine par jour. **Attention :** après 1 mois, ajoutez un complexe d'acides aminés.

Rappel : prenez en priorité les suppléments en bleu ; ceux en noir vous seront aussi bénéfiques. Vérifiez qu'ils ne vous sont pas déjà apportés par un autre supplément – voir p. 181.

prescrits par le médecin, que vous devrez consulter tous les 6 mois pour vous assurer de leur efficacité. Les suppléments pourraient également aider au traitement de certains cas de prostatite légère, mais les infections et cancers de la prostate nécessitent une intervention médicale rapide.

Le **zinc**, élément nutritionnel essentiel à la santé de la prostate, réduit l'hyperplasie et ses symptômes. Il faut toujours l'associer à du **cuivre**, dont il limite l'absorption. Un supplément de **vitamine E** peut contribuer à la santé de la prostate : en tant qu'antioxydant, elle neutralise les radicaux libres susceptibles de détériorer l'ADN et d'entraîner un cancer.

Des plantes médicinales peuvent soulager les symptômes de l'hyperplasie bénigne de la prostate et ralentir la progression de l'hypertrophie. Le **sabal** est particulièrement reconnu pour ses effets qui consistent à modifier les taux d'hormones ; il peut également diminuer l'inflammation et le gonflement dans les cas chroniques de prostatite. Si le sabal n'a pas les effets escomptés, ajoutez le **pygeum africanum,** aux propriétés anti-inflammatoires. Les deux peuvent être combinés à la **racine d'ortie.**

Les acides gras essentiels contenus dans l'**huile de graines de lin** aident à prévenir le gonflement et l'inflammation de la prostate. Des **acides aminés** tels que le glycocolle, l'alanine et la glutamine, pris ensemble le matin à jeun, pourraient faciliter la disparition des symptômes, sans ralentir toutefois le grossissement de la prostate.

Que faire d'autre ?

☑ Ne prenez ni décongestionnant ni autre remède en vente libre contre le rhume : ils risquent d'aggraver les symptômes.

☑ Pour aider à réduire les troubles urinaires, évitez la caféine et les boissons alcoolisées, en particulier la bière. Limitez votre consommation de liquide dans la soirée.

Psoriasis

Si cette maladie de peau chronique ne met pas la vie en danger, elle peut se montrer parfois très douloureuse ; 750 000 Canadiens en sont atteints. Bien qu'il n'existe aucun traitement préventif ou curatif connu, on peut tenter de contrôler le psoriasis avec des suppléments.

Symptômes

- *Plaques cutanées boursouflées, rouges et enflammées, avec de petites pellicules blanches.*

- *Démangeaisons.*

- *Ongles des mains ou des pieds détachés, tachetés et décolorés.*

- *Cloques ou crevasses, qui peuvent être douloureuses dans les cas graves.*

- *Douleur et raideur articulaire.*

CONSULTEZ LE MÉDECIN...

- Si l'éruption ne disparaît pas malgré l'automédication.

- Si l'éruption s'étend ou surgit dans de nouvelles zones.

- En cas d'éruption généralisée, accompagnée ou non de fatigue, de douleurs articulaires ou de fièvre, consultez immédiatement le médecin.

ATTENTION : si vous suivez un traitement médical, consultez votre médecin avant de prendre des suppléments.

Qu'est-ce que c'est ?

Le psoriasis est une maladie de peau chronique, non contagieuse, caractérisée par des plaques de peau gonflées et enflammées, généralement couvertes de pellicules blanches. Il survient généralement entre 10 et 30 ans, mais peut se manifester à n'importe quel âge. L'éruption se limite le plus souvent au cuir chevelu, aux coudes, aux genoux, au bas du dos ou aux fesses. Les ongles des mains et des pieds peuvent jaunir ou se tacher. Les crises n'entraînent, dans la plupart des cas, ni douleurs ni démangeaisons, mais 15 % environ des patients souffrent de crises graves généralisées difficiles à supporter. Dans 5 % des cas, le psoriasis entraîne douleurs articulaires et gonflements.

Quelles en sont les causes ?

Dans le psoriasis, les cellules de certaines parties du corps se renouvellent à une vitesse supérieure à la normale : les cellules épidermiques, qui se forment dans les couches profondes de la peau, mettent 28 jours environ à venir à la surface. Dans les zones affectées par le psoriasis, ce processus ne prend que 8 jours, et les nouvelles cellules s'accumulent si vite qu'elles n'ont pas le temps de mûrir. C'est ce qui entraîne la formation de rougeurs et d'inflammations, parsemées de taches squameuses.

La raison de cette accélération reste inconnue, mais, comme un patient sur trois présente au moins un autre cas de psoriasis dans sa famille, certains praticiens en ont conclu que ce trouble aurait un caractère génétique. Certains stimuli (l'alcool, le stress, les coups de soleil, le froid, la sécheresse de l'air, les blessures cutanées, les infections de la gorge et certains médicaments) pourraient également déclencher les crises.

Les bienfaits des suppléments nutritionnels

Tous les suppléments présentés ici pourraient aider à juguler les crises de psoriasis et peuvent être pris en association ; l'amélioration se fait sentir généralement au bout de 1 mois.

Les **acides gras essentiels** oméga-3, présents dans les huiles de poisson et l'huile de graines de lin, paralysent l'action de l'acide arachido-

Sous forme de capsules molles, les huiles de poisson soulagent l'inflammation causée par le psoriasis.

SUPPLÉMENTS RECOMMANDÉS

Acides gras essentiels	**Dose :** 1 000 mg d'huiles de poisson 3 fois par jour ; 1 c. à soupe (14 g) d'huile de graines de lin tous les matins. **Attention :** en cas de diabète, ne dépassez pas 2 000 mg d'huiles de poisson par jour ; les fortes doses peuvent modifier la glycémie.
Pépins de raisin (extrait)	**Dose :** 100 mg 2 fois par jour. **À savoir :** normalisé à 92-95 % de proanthocyanidines.
Acide alpha-lipoïque	**Dose :** 150 mg tous les matins. **À savoir :** peut être pris avec ou sans aliments.
Vitamine A	**Dose :** 10 000 UI par jour pendant 1 mois, puis 5 000 UI par jour. **Attention :** les femmes enceintes ou qui veulent le devenir ne doivent pas dépasser 5 000 UI par jour.
Zinc/cuivre	**Dose :** 10 mg de zinc et 1 mg de cuivre par jour. **Attention :** n'ajoutez le cuivre que si le traitement dure plus de 1 mois.
Chardon-Marie	**Dose :** 150 mg d'extrait 2 fois par jour. **Attention :** standardisé à au moins 70 % de silymarin.

Rappel : Vos suppléments habituels peuvent déjà vous fournir certains dosages – voir p. 181.

nique, substance élaborée par l'organisme qui provoque l'inflammation ; or le taux d'acides gras oméga-3 est souvent bas chez les patients qui font du psoriasis. Les suppléments (pris en association) d'**extrait de pépins de raisin** et d'**acide alpha-lipoïque** sont de puissants antioxydants susceptibles d'empêcher la dégradation des cellules cutanées. Ils contiennent tous les deux des flavonoïdes, qui diminuent l'inflammation.

La **vitamine A** est indispensable à la santé de la peau et des ongles, et le **zinc** favorise la cicatrisation ; en usage prolongé, il faut ajouter un supplément de **cuivre,** car le zinc en entrave l'absorption. Le **chardon-Marie,** plante aux propriétés anti-inflammatoires, pourrait venir à bout des crises et ralentir la prolifération anormale de cellules cutanées.

En cas de poussée de psoriasis, appliquez une crème à l'acide fumarique (en vente dans les magasins de produits naturels) sur les lésions cutanées, 3 fois par jour, pour en réduire l'étendue et apaiser la douleur et les démangeaisons.

Que faire d'autre ?

☑ Mettez-vous au soleil : une exposition de 15 à 30 min par jour suffirait à atténuer les lésions du psoriasis en l'espace de 3 à 6 semaines. Appliquez un écran protecteur à indice 15 au minimum sur les zones saines.

☑ L'hiver, utilisez chez vous un humidificateur d'atmosphère : la sécheresse de l'air pourrait provoquer l'apparition de lésions.

☑ Passez-vous un produit hydratant sur tout le corps, en insistant sur les lésions, pour éviter le dessèchement de la peau et réduire les démangeaisons. Le gel d'aloe vera donne de bons résultats.

☑ Consommez souvent des poissons gras (maquereau, sardine, thon, saumon et hareng). Ou prenez des huiles de poisson en capsules.

Raynaud (maladie de)

Imaginez que le simple fait de sortir dans le froid l'hiver ou de tenir une boisson glacée vous engourdisse les doigts en quelques secondes. C'est ce que vivent couramment les victimes de la maladie de Raynaud, un trouble circulatoire relativement méconnu.

Symptômes

- *Changement temporaire de couleur (d'abord blanche, puis violacée) de la peau des zones affectées, en réaction au froid ou au stress.*

- *Engourdissements, picotements ou chute de la température de la peau dans la région affectée.*

- *Modifications progressives de la texture de la peau.*

- *Dans les stades avancés, plaies au bout des doigts.*

CONSULTEZ LE MÉDECIN...

- Si vous constatez de petites plaies ou si votre peau devient très lisse, brillante ou tendue.

- Si vous ressentez à certains moments une altération de votre dextérité ou de votre sens du toucher.

- Si la gravité ou la fréquence des symptômes augmentent.

ATTENTION : si vous suivez un traitement médical, consultez votre médecin avant de prendre des suppléments.

Qu'est-ce que c'est ?

Identifiée pour la première fois en 1862 par un médecin français, Maurice Raynaud, cette maladie affecte les artérioles, artères minuscules qui irriguent la peau des doigts, des orteils, du nez et des oreilles. Chez certains, les basses températures déclenchent des spasmes qui réduisent la circulation du sang et privent d'oxygène la zone atteinte. Il s'ensuit un changement de couleur de la peau accompagné parfois de picotements ou d'engourdissements. Si gênante soit-elle, la maladie de Raynaud est rarement liée à des problèmes circulatoires plus sérieux.

Quelles en sont les causes ?

Sans connaître les causes exactes de la maladie, certains spécialistes pensent que les vaisseaux sanguins des personnes qui en souffrent réagissent démesurément au froid, peut-être en raison d'une instabilité nerveuse de la zone affectée. Les femmes en sont plus souvent atteintes que les hommes.

La maladie de Raynaud peut survenir seule ou s'accompagner de troubles divers – migraines, polyarthrite rhumatoïde, lupus, athérosclérose ou hypothyroïdie. La découverte d'une cause sous-jacente conduit à parler de « syndrome de Raynaud ». Sortir l'hiver, mettre la main dans le réfrigérateur ou même pénétrer dans une pièce climatisée déclenchent les symptômes, qui peuvent durer de quelques minutes à plusieurs heures. Le stress peut également en être la cause, ainsi que certains médicaments vasoconstricteurs prescrits pour le cœur ou contre la migraine.

Les bienfaits des suppléments nutritionnels

La maladie de Raynaud est souvent chronique, de sorte qu'il vaut mieux utiliser les suppléments en cure de longue haleine. La **vitamine E** améliore la circulation du sang dans les artères. Le **magnésium** exerce sur le système cardiovasculaire de nombreux effets bénéfiques, notamment celui

Pour soulager les symptômes de la maladie de Raynaud, percez une capsule molle d'huile d'onagre avec une épingle et massez-vous les doigts ou les orteils avec son contenu.

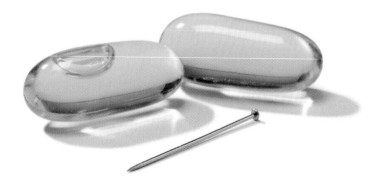

SUPPLÉMENTS RECOMMANDÉS

Vitamine E	**Dose :** 400 UI par jour. **Attention :** consultez le médecin si vous êtes sous anticoagulants.
Magnésium	**Dose :** 150 mg 2 fois par jour. **Attention :** prenez-le avec de la nourriture ; en cas de diarrhée, réduisez la dose.
Inositol hexaniacinate	**Dose :** 500 mg 3 fois par jour. **À savoir :** cette forme de niacine ne cause pas de bouffées congestives.
Ginkgo biloba	**Dose :** 40 mg 3 fois par jour. **Attention :** normalisé à au moins 24 % de glycosides flavonoïdes.
Onagre (huile)	**Dose :** 1 ou 2 capsules molles par jour, en application locale. **À savoir :** vous pouvez remplacer par des capsules d'huile de bourrache.
Poisson (huiles)	**Dose :** 1 000 mg 3 fois par jour. **Attention :** en cas de diabète, ne dépassez pas 2 000 mg d'huiles de poisson par jour ; les fortes doses peuvent modifier la glycémie.

Rappel : prenez en priorité les suppléments en bleu ; ceux en noir vous seront aussi bénéfiques. Vérifiez qu'ils ne vous sont pas déjà apportés par un autre supplément – voir p. 181.

d'atténuer la constriction vasculaire. Vous pouvez envisager de prendre en plus de l'**inositol hexaniacinate,** une forme de niacine et donc de vitamine B, qui augmente le flux de sang vers les extrémités. Ou encore, prenez du **ginkgo biloba,** particulièrement efficace pour élargir les petits vaisseaux sanguins. Une étude a conclu que l'acide gamma-linolénique (GLA) contenu dans l'**huile d'onagre** aidait à soulager les symptômes de la maladie si l'on s'en massait le bout des doigts. Cette huile peut s'utiliser seule ou associée aux autres suppléments. Vous pouvez aussi la remplacer par de l'huile de bourrache, également riche en GLA, et généralement moins coûteuse.

Si ces traitements ne suffisent pas, essayez les **huiles de poisson.** Lors d'une expérimentation en double aveugle sur 32 patients atteints de la maladie de Raynaud, la prise de suppléments d'huiles de poisson a retardé l'apparition des symptômes de 15 min en moyenne. D'autres plantes, ail, aubépine et gingembre, aident à détendre les petits vaisseaux sanguins.

Que faire d'autre ?

☑ Évitez la nicotine et la caféine, qui entraînent une contraction des vaisseaux sanguins.

☑ Pratiquez le biofeedback et des techniques de relaxation.

☑ Faites attention de ne pas blesser les zones affectées.

☑ L'hiver, protégez-vous du froid avec des mitaines (qui gardent mieux les mains au chaud que des gants) et des chaussettes épaisses. Portez des gants pour tout contact, même bref, avec l'intérieur d'un congélateur, chez vous comme au supermarché.

☑ Ne prenez pas de décongestionnants (ils ont un effet vasoconstricteur) et demandez à votre médecin si l'un des médicaments qui vous est prescrit par ailleurs pourrait provoquer vos symptômes.

Rhume et grippe

Le rhume et la grippe sont des affections virales très courantes, qui semblent néanmoins s'acharner sur certains. La vitamine C est certainement le remède naturel le plus connu pour lutter contre ces virus, mais ce n'est pas le seul.

Symptômes

- Congestion de la poitrine et des sinus.

- Toux et éternuements.

- Gorge irritée.

- Écoulement nasal fluide.

- Douleurs musculaires.

- Fièvre et frissons.

- Maux de tête.

- Fatigue.

CONSULTEZ LE MÉDECIN...

- Si votre température dépasse 38° C pendant 3 jours, ou si elle est supérieure à 39° C.

- Si vous avez mal à la gorge et plus de 38° C pendant 24 h : il peut s'agir d'une amygdalite à streptocoques, infection nécessitant un traitement aux antibiotiques.

- Si vos mucosités sont verdâtres, jaune sombre ou brunes : il peut s'agir d'une infection bactérienne des sinus ou des poumons.

- Si vous ressentez des douleurs dans la poitrine ou des difficultés respiratoires : il peut s'agir d'une pneumonie, surtout si vous avez une forte fièvre.

ATTENTION : si vous suivez un traitement médical, consultez votre médecin avant de prendre des suppléments.

Qu'est-ce que c'est ?

Le rhume et la grippe étant des infections des voies respiratoires, il n'est pas toujours facile de les distinguer. En général, le rhume s'installe progressivement, tandis que la grippe frappe soudainement. Les symptômes classiques du rhume (congestion, mal de gorge, éternuements) sont généralement moins sévères que ceux de la grippe, qui provoque de la fièvre, une forte fatigue, des douleurs musculaires et des maux de tête.

Ces deux maladies se distinguent également par leur durée. Un rhume ne dépasse généralement pas 1 semaine, voire seulement 3 ou 4 jours si votre système immunitaire fonctionne bien. La grippe, quant à elle, dure jusqu'à 10 jours et la fatigue qui l'accompagne peut se prolonger pendant 2 à 3 semaines. Enfin, le rhume n'entraîne aucune complication grave, alors que la grippe peut dégénérer en bronchite ou en pneumonie.

Quelles en sont les causes ?

Le rhume comme la grippe sont provoqués par des virus qui se fixent aux muqueuses des narines ou de la gorge et se propagent dans l'appareil respiratoire supérieur, et parfois jusqu'aux poumons. Le système immunitaire réagit par l'envoi massif de globules blancs vers ces organes pour combattre l'infection. C'est précisément cette réaction de l'organisme qui est à l'origine des symptômes du rhume ou de la grippe, et non les virus eux-mêmes. Les deux infections sont plus fréquentes en hiver car le chauffage réduit l'humidité de l'air et assèche les muqueuses nasales, créant ainsi un milieu idéal pour la reproduction des virus.

L'échinacée est l'un des meilleurs remèdes contre les infections virales.

SUPPLÉMENTS RECOMMANDÉS

Vitamine A	**Dose :** 10 000 UI par jour jusqu'à soulagement des symptômes ; après 7 jours, diminuez à 5 000 UI. **Attention :** les femmes enceintes ou qui veulent le devenir ne doivent pas dépasser 5 000 UI par jour.
Vitamine C	**Dose :** 500 mg 3 fois par jour jusqu'à soulagement des symptômes. **Attention :** en cas de diarrhée, diminuez la dose.
Échinacée	**Dose :** 200 mg d'extrait 5 fois par jour. **À savoir :** en traitement préventif, prenez 200 mg par jour durant 3 semaines, puis alternez avec de l'astragale (400 mg par jour).
Zinc	**Dose :** 1 pastille toutes les 3 ou 4 heures, selon les besoins. **Attention :** ne dépassez pas 60 mg de zinc par jour, en incluant les apports venus de l'alimentation.
Ail	**Dose :** 400-600 mg d'extrait 4 fois par jour avec de la nourriture. **Attention :** chaque comprimé doit contenir 4 000 µg d'allicine.
Hydraste du Canada	**Dose :** 125 mg d'extrait normalisé 5 fois par jour pendant 5 jours. **Attention :** déconseillé en cas de grossesse ou d'hypertension.

Rappel : Vos suppléments habituels peuvent déjà vous fournir certains dosages – voir p. 181.

Les bienfaits des suppléments nutritionnels

Les produits indiqués ci-dessus permettent à l'organisme de mieux se défendre contre le rhume et la grippe, mais ils n'en suppriment pas les symptômes. C'est pourquoi vous n'aurez pas forcément l'impression d'une amélioration immédiate, mais votre guérison sera plus rapide. En commençant le traitement très tôt, on peut parfois enrayer le développement de la maladie. Prenez ces suppléments dès l'apparition des premiers symptômes et, sauf indication contraire, continuez jusqu'à la guérison.

La **vitamine A** possède de puissantes propriétés antivirales. Contrairement à la croyance populaire, la **vitamine C** ne prévient pas le rhume, mais elle peut en réduire la durée ou en limiter les symptômes. L'**échinacée** stimule la réponse immunitaire contre le virus. Les pastilles de **zinc** contribuent également à guérir le rhume.

Si vous êtes victime d'infections bactériennes à répétition, comme la sinusite ou la bronchite, à la suite d'un rhume ou d'une grippe, prenez aussi de l'**ail** dès les premiers symptômes : cette plante est réputée pour ses propriétés antiseptiques et anti-infectieuses générales. Pour le traitement (et non la prévention) des rhumes et grippes, vous stimulerez votre système immunitaire en associant l'**hydraste du Canada** à l'échinacée.

Que faire d'autre ?

☑ Lavez-vous souvent les mains pour limiter les risques de contamination.

☑ En hiver, utilisez un humidificateur d'air.

☑ Faites-vous éventuellement vacciner contre la grippe. L'immunisation demande de 6 à 8 semaines ; il faut donc y penser dès l'automne, avant la saison de la grippe. Les virus étant différents tous les ans, vous devrez renouveler le vaccin chaque année.

QUOI DE NEUF ?

Fréquenter ses amis constitue, semble-t-il, une excellente prévention contre le rhume. Une étude portant sur 276 femmes et hommes a montré que ceux qui avaient le plus de relations sociales attrapaient beaucoup moins de rhumes, même lorsque les chercheurs déposaient un virus dans leurs narines !

⸺⚬⚬⚬⸺

Il est prouvé que les fumeurs s'enrhument 2 fois plus que les non-fumeurs.

⸺⚬⚬⚬⸺

Lors d'un test sur la grippe, on a observé une guérison plus rapide chez les patients qui avaient pris des fleurs de sureau : les symptômes se sont améliorés après 2 jours chez 93 % des patients traités avec la plante ; dans le groupe sous placebo, il n'y a pas eu d'amélioration avant 6 jours.

INFOS PLUS

■ Lorsque vous achetez des pastilles de zinc, étudiez-en bien la composition : seuls l'ascorbate, le gluconate et le glycinate de zinc semblent faire effet contre le rhume. Évitez les produits contenant du sorbitol, du mannitol ou de l'acide citrique, qui inhibent l'action du zinc une fois combinés à la salive.

■ Les infusions d'achillée, de menthe poivrée et de fleurs de sureau soulagent les symptômes de la grippe. Mélangez ces plantes en quantités égales ; versez 200 ml d'eau bouillante sur 10 g de ce mélange, laissez infuser 10 min, puis passez. À boire 3 fois par jour. Pour une tisane au gingembre, faites infuser 10 g de racine dans 100 ml d'eau bouillante.

Rosacée

La rougeur d'un visage au teint clair peut être le signe d'une rosacée, un problème de peau courant. Si cette affection chronique reste encore incurable, il existe des moyens d'en neutraliser les symptômes et d'empêcher ses ravages.

Symptômes

- *Rougeur fréquente et durable des joues, du nez, du front et du menton.*

- *Sensation d'une peau fortement tendue sur le visage.*

- *Apparition de minuscules boutons et bosses dans la zone affectée.*

- *Aspérités, rougeurs et grosseurs sur le nez.*

- *Yeux injectés de sang, brûlants ou irrités.*

CONSULTEZ LE MÉDECIN...

- Si vous constatez l'un des symptômes énumérés ci-dessus.

- Si votre peau ne reprend pas rapidement sa couleur normale quand vous rougissez.

ATTENTION : si vous suivez un traitement médical, consultez votre médecin avant de prendre des suppléments.

Qu'est-ce que c'est ?

La rosacée se manifeste d'abord par des plaques rouges récidivantes sur les joues, le nez, le front et le menton, avec la saillie de petits vaisseaux sanguins juste sous la peau. La peau rougit ensuite de plus en plus, puis devient enflammée, éventuellement marquée de petites bosses. Les yeux, parfois atteints, se mettent à brûler et à démanger. À un stade avancé, un excès de tissu peut se former sur le nez.

La rosacée se manifeste chez 1 adulte sur 20 environ, avec une prédilection pour les peaux claires. Les femmes sont trois fois plus touchées, mais les hommes le sont plus gravement. Les fumeurs y sont vulnérables parce que la nicotine perturbe la circulation sanguine. Non traitée, la maladie risque de s'aggraver ; la thérapie conventionnelle repose souvent sur la prise à long terme d'antibiotiques et de dérivés de la vitamine A (rétinol).

Quelles en sont les causes ?

La rosacée résulte de la perte d'élasticité et de la dilatation des vaisseaux sanguins de la peau, parfois permanentes, sous l'influence de facteurs génétiques ou environnementaux, et peut être due, entre autres, à une anomalie des vaisseaux sanguins. Tout ce qui fait rougir peut la déclencher, qu'il s'agisse des boissons ou aliments chauds ou épicés, de l'alcool, de la caféine, du stress, du climat, de l'effort physique, de changements hormonaux (notamment à la ménopause) ou de médicaments (comme la niacine et certains régulateurs de la tension artérielle).

Les bienfaits des suppléments nutritionnels

Dans la mesure où la rosacée est une maladie chronique, les suppléments doivent se prendre sans interruption. L'amorce d'une amélioration visible peut demander un bon mois. Commencez par les vitamines A et B. Ajoutez ensuite la vitamine C, les minéraux et les acides gras essentiels. Le tout

La vitamine A est importante pour une peau en santé et peut limiter les éruptions de rosacée.

SUPPLÉMENTS RECOMMANDÉS

Vitamine A	**Dose :** 10 000 UI par jour pendant 2 mois, puis 5 000 UI par jour. **Attention :** les femmes enceintes ou qui souhaitent le devenir ne doivent pas dépasser 5 000 UI par jour.
Vitamines du complexe B	**Dose :** 1 comprimé chaque matin avec de la nourriture. **À savoir :** choisissez un complexe B-50 contenant 50 µg de vitamine B12 et de biotine, 400 µg d'acide folique et 50 mg de toutes les autres vitamines B.
Riboflavine	**Dose :** 50 mg par jour en plus du complexe B-50. **À savoir :** aussi appelée vitamine B2 ; peut foncer les urines.
Vitamine B12	**Dose :** 1 000 µg par jour en plus du complexe B-50. **À savoir :** la forme sublinguale s'assimile mieux. Prenez toujours avec de l'acide folique (400 µg comme dans le complexe B-50).
Vitamine C	**Dose :** 500 mg 3 fois par jour. **Attention :** en cas de diarrhée, diminuez la dose.
Zinc/cuivre	**Dose :** 10 mg de zinc et 1 mg de cuivre par jour. **Attention :** n'ajoutez le cuivre que si le traitement dure plus de 1 mois.
Acides gras essentiels	**Dose :** 1 000 mg d'huile d'onagre 3 fois par jour ; 1 c. à soupe (14 g) d'huile de graines de lin par jour. **À savoir :** l'huile d'onagre peut être remplacée par de l'huile de bourrache à raison de 1 000 mg 1 fois par jour.

Rappel : Vos suppléments habituels peuvent déjà vous fournir certains dosages – voir p. 181.

peut être utilisé en même temps que les antibiotiques couramment prescrits contre la rosacée.

En cas de carence en **vitamine A**, les cellules de la peau durcissent et il se produit moins de mucus protecteur. La déficience en vitamines B est fréquente chez les sujets atteints, d'où l'utilité de prendre un complexe de **vitamines B.** Il est conseillé d'y ajouter **riboflavine** et **vitamine B12 :** la riboflavine augmente la sécrétion de mucus et facilite l'élimination des cellules mortes ; la vitamine B12 joue un rôle important dans la croissance, la reproduction et la réparation des cellules.

De son côté, la **vitamine C** consolide les parois des vaisseaux sanguins et le tissu conjonctif des cellules cutanées. Elle limite aussi la libération d'histamine, substance chimique qui dilate les vaisseaux sanguins en réaction à une substance allergène. Le **zinc** favorise la cicatrisation de la couche supérieure de la peau (épiderme) et régule le taux sanguin de vitamine A (à long terme, associez-y du **cuivre**). Enfin, les **acides gras essentiels** réduisent l'inflammation, contrôlent l'usage des éléments nutritifs par les cellules et produisent des substances de type hormonal appelées prostaglandines, qui stimulent la contraction des vaisseaux sanguins.

Que faire d'autre ?

- ☑ Employez des produits de maquillage sans alcool et non gras.
- ☑ Tamponnez délicatement votre visage, sans frotter, après la toilette.
- ☑ En tout temps, appliquez un écran solaire à indice de protection 15.

QUOI DE NEUF ?

Une étude menée sur 30 patients atteints de rosacée a révélé chez 25 d'entre eux la présence dans le liquide gastrique d'*Helicobacter pylori*, bactérie responsable des ulcères peptiques. Cela explique pourquoi certains cas de rosacée répondent aux antibiotiques utilisés pour traiter ces ulcères.

LE SAVIEZ-VOUS ?

Certains sujets atteints de rosacée hébergent un nombre très élevé de minuscules acariens qui vivent dans les follicules capillaires humains. Cela est probablement dû à une dépression du système immunitaire.

INFOS PLUS

■ Pour apaiser l'inflammation, aspergez-vous le visage d'une tisane concentrée de camomille et de calendula. Versez 2 tasses d'eau bouillante sur 1 c. à soupe de chacune de ces plantes. Couvrez et laissez infuser 20 min, puis filtrez et laissez refroidir avant d'en mouiller votre visage.

■ Les femmes qui aiment se maquiller peuvent dissimuler une rougeur persistante avec une base verte, à appliquer sous leur fond de teint habituel.

■ Les hommes qui souffrent de rosacée en limiteront les éruptions en se servant d'un rasoir électrique plutôt que mécanique.

Sclérose en plaques

La sclérose en plaques provoque fatigue ainsi que troubles de la vision et des fonctions motrices. Les effets limités des médicaments classiques sur cette maladie incitent à se tourner vers les suppléments nutritionnels.

Symptômes

■ *Les premiers signes peuvent évoquer de nombreuses autres maladies : troubles oculaires (vision floue ou double), fourmillements dans les bras ou les jambes, maladresse, troubles de l'équilibre, et d'autres anomalies des fonctions motrices et sensitives.*

■ *L'évolution de la maladie est très variable. Dans les cas sévères, le sujet peut être atteint d'une fatigue extrême, de paralysies partielles et de tremblements, de troubles de la coordination ou de l'élocution et d'incontinence. La SEP se manifeste généralement par une succession de poussées entrecoupées de périodes de rémission.*

CONSULTEZ LE MÉDECIN...

■ Si vous présentez des troubles inexpliqués de la vision ou de la motricité ; votre médecin sera à même d'exclure d'autres maladies neurologiques, comme une tumeur au cerveau.

■ Si vous souffrez d'une poussée aiguë.

ATTENTION : si vous suivez un traitement médical, consultez votre médecin avant de prendre des suppléments.

Les graines de lin sont la source d'une huile à goût de noix, riche en acides gras essentiels qui protègent les nerfs.

Qu'est-ce que c'est ?

La sclérose en plaques (SEP) est une maladie neurologique dégénérative dont l'évolution est progressive et qui atteint surtout les jeunes adultes. Son évolution est très variable. Certains ont le nerf optique ou d'autres nerfs du cerveau ou de la moelle épinière touchés, ce qui entraîne des troubles de la vision ou de la marche, des difficultés d'élocution, une perte du contrôle de la vessie ou du sphincter, des troubles de l'idéation et une paralysie ; d'autres connaissent de longues périodes de rémission et des poussées peu invalidantes.

Quelles en sont les causes ?

On pense que la SEP est une maladie auto-immune dans laquelle le système immunitaire attaquerait par erreur les tissus nerveux de l'organisme, mais on ignore ce qui déclenche cette maladie : ce pourrait être un virus resté en sommeil pendant des années, y compris un virus ordinaire comme celui de la rougeole ou de l'herpès (*Herpes simplex*).

Les bienfaits des suppléments nutritionnels

Un traitement à base de suppléments nutritionnels doit être entrepris dès qu'une SEP est diagnostiquée. Il a plusieurs buts : renforcer l'activité antioxydante et protéger les cellules nerveuses contre l'action nocive des radicaux libres en excès ; stimuler la production d'acides gras et autres substances qui contribuent à la formation des nerfs ; et, enfin, diminuer l'inflammation des nerfs. Vous pouvez prendre les suppléments recommandés en association, et parallèlement aux médicaments classiques. Les premiers résultats apparaissent généralement au bout de 1 mois. Par leurs

Vitamine C/ vitamine E	**Dose :** 2 000 mg de vitamine C et 400 UI de vitamine E par jour. **À savoir :** la vitamine C renforce l'action de la vitamine E.
Vitamines du complexe B	**Dose :** 1 comprimé 2 fois par jour pendant les accès ; puis 1 comprimé par jour comme dose d'entretien. **À savoir :** choisissez un complexe B-50 contenant 50 µg de vitamine B12 et de biotine, 400 µg d'acide folique et 50 mg de toutes les autres vitamines du complexe B.
Vitamine B 12/ acide folique	**Dose :** 1 000 µg de vitamine B12 et 400 µg d'acide folique par jour. **À savoir :** prenez la forme sublinguale, mieux assimilée.
NAC	**Dose :** 500 mg 3 fois par jour, 1 jour sur 2. **À savoir :** à prendre entre les repas ; alternez avec le zinc/cuivre.
Zinc/cuivre	**Dose :** 15 mg de zinc et 1 mg de cuivre, 1 jour sur 2. **Attention :** n'ajoutez le cuivre que si vous prenez du zinc pendant plus de 1 mois.
Graines de lin (huile)	**Dose :** 1 c. à soupe (14 g) par jour. **À savoir :** à prendre le matin ; peut être mêlée à des aliments.
Onagre (huile)	**Dose :** 1 000 mg 3 fois par jour. **À savoir :** vous pouvez la remplacer par 1000 mg d'huile de bourrache 1 fois par jour.
Ginkgo biloba	**Dose :** 40 mg 3 fois par jour. **Attention :** normalisé à 24 % au moins de glycosides flavonoïdes.

Rappel : prenez en priorité les suppléments en bleu ; celui en noir vous sera aussi bénéfique.
Vérifiez qu'ils ne vous sont pas déjà apportés par un autre supplément – voir p. 181.

propriétés antioxydantes, les **vitamines C** et **E** sont efficaces dans le traitement de la SEP. Les **vitamines du complexe B** ainsi que la **vitamine B 12** et l'**acide folique** exercent également une action bénéfique en contribuant à la formation et à l'entretien des tissus nerveux. Il ressort d'ailleurs de certaines études que les patients atteints de SEP ont des taux peu élevés de vitamine B12 ou n'assimilent pas celle-ci correctement.

Le **NAC** (N-acétylcystéine), un antioxydant, pourrait protéger les cellules nerveuses ; alternez, un jour sur deux, avec du **zinc** et du **cuivre** pour réduire l'inflammation. Complétez par des acides gras essentiels, comme les huiles de **graines de lin** et d'**onagre,** qui réduiront l'inflammation et favoriseront, à long terme, la formation de tissus nerveux sains. Finalement, le **ginkgo biloba** améliore le flux sanguin vers le système nerveux.

Que faire d'autre ?

☑ Une exposition modérée au soleil se révèle parfois efficace contre la sclérose en plaques. Mais attention : les bains de soleil prolongés, l'exercice excessif et les bains très chauds peuvent aggraver les symptômes.

☑ Renseignez-vous auprès de votre médecin sur les traitements à base de suppléments nutritionnels. Des régimes spécifiques ont été mis au point.

☑ Faites de la gymnastique douce pour fortifier vos muscles et améliorer votre souplesse, mais jamais au cours d'une poussée.

L'excès de stress est particulièrement nocif pour les sujets atteints de SEP ; une étude a montré qu'un stress violent (qu'il résulte de l'accumulation des soucis quotidiens ou d'événements marquants) déclenchait de nouvelles lésions nerveuses dans leur cerveau.

Des travaux récents ont mis en évidence un aspect jusqu'alors inconnu de la SEP : elle détruit les cellules cérébrales selon un processus semblable à celui qui caractérise les maladies d'Alzheimer et de Parkinson. Les médecins envisagent donc d'appliquer aux malades atteints de SEP les traitements qui se sont révélés efficaces contre ces deux maladies.

Des recherches menées sur les animaux ont montré qu'un taux élevé de vitamine D pourrait protéger de la SEP, rare dans les pays tropicaux (où le soleil stimule la production de vitamine D) et sur les côtes norvégiennes (où l'on consomme beaucoup de poissons riches en vitamine D). Ces études doivent néanmoins être confirmées et l'on déconseille actuellement aux sujets souffrant de SEP de prendre un apport supplémentaire de vitamine D, celle-ci pouvant être toxique à fortes doses.

INFOS PLUS

■ Un soutien psychologique peut être utile aux patients atteints de SEP ainsi qu'à leur entourage familial. L'ergothérapie et la physiothérapie aident aussi les malades.

Seins : nodules

La moitié des femmes de moins de 50 ans présentent des petites boules dans les seins et ressentent des douleurs mammaires qui augmentent avant les règles. Des suppléments nutritionnels et un régime alimentaire peuvent atténuer ces symptômes.

Symptômes

- Boules ou nodules dans les seins pouvant être douloureux ou non.

- Augmentation de la taille des nodosités ou de la sensation d'inconfort environ 1 semaine avant les règles.

CONSULTEZ LE MÉDECIN...

- Si une grosseur apparaît, surtout si vous n'avez pas habituellement de kystes mammaires.

- Si la boule durcit, grossit ou ne diminue pas après les règles.

- Si vous constatez un écoulement au niveau du mamelon.

- Si la douleur mammaire est aiguë.

ATTENTION : si vous suivez un traitement médical, consultez votre médecin avant de prendre des suppléments.

L'acide gras essentiel contenu dans l'huile d'onagre soulage l'inflammation des seins.

Qu'est-ce que c'est ?

La densité et la texture des seins varient tout au long de la vie d'une femme. Avant la ménopause, les seins sont constitués de tissus plus denses, ce qui peut les rendre plus fermes et favoriser l'apparition de grosseurs ; passé ce cap, les seins comportent plus de tissus adipeux. Certaines femmes présentent des kystes ou des tissus fibreux (seins fibro-kystiques) qui deviennent douloureux juste avant les règles. Si ces tensions ou douleurs restent généralement supportables, elles peuvent faire souffrir au point que la vie quotidienne en est affectée.

Ces changements prémenstruels sont appelés maladie kystique du sein ou maladie de Reclus. Si ces kystes ne présentent pas de risque d'évolution maligne, ils peuvent en revanche rendre la détection d'une tumeur cancéreuse plus difficile. On les distingue généralement des tumeurs malignes grâce à leur mobilité et à leur changement de taille tout au long du cycle menstruel.

Quelles en sont les causes ?

L'apparition de nodules fibro-kystiques dans les seins est due aux changements hormonaux qui se produisent durant le cycle menstruel. Un taux d'œstrogènes particulièrement élevé, auquel s'ajoute une faible sécrétion de progestérone après l'ovulation, prédispose à ce trouble. Ces deux facteurs sont associés à un taux élevé de prolactine, l'hormone qui déclenche la lactation après l'accouchement, mais qui augmente la tension mammaire chez les femmes qui ne sont pas en période d'allaitement. De nombreux chercheurs pensent que la caféine favorise l'apparition de ces nodules ou de ces kystes (certaines femmes constatent une amélioration en éliminant cette substance), mais d'autres affirment qu'il n'existe pas de corrélation entre la consommation de caféine et la sensibilité mammaire.

SUPPLÉMENTS RECOMMANDÉS

Vitamine E	**Dose :** 400 UI 2 fois par jour. **Attention :** consultez le médecin si vous êtes sous anticoagulants.
Gattilier	**Dose :** 225 mg d'extrait normalisé chaque matin. **À savoir :** normalisé à 0,5 % d'agnuside ; aussi appelé vitex.
Acides gras essentiels	**Dose :** 1 000 mg d'huile d'onagre 3 fois par jour ; 1 c. à table (14 g) d'huile de graines de lin par jour. **À savoir :** vous pouvez remplacer l'huile d'onagre par 1 000 mg d'huile de bourrache 1 fois par jour.
Magnésium	**Dose :** 300 mg par jour. **Attention :** à prendre avec de la nourriture ; réduire la dose en cas de diarrhée.
Vitamine B6	**Dose :** 100 mg par jour pendant 1 semaine. **Attention :** ne prenez cette quantité que pendant la semaine précédant les menstruations ; vous pouvez également prendre un complexe B-50 de polyvitamine B.

Rappel : prenez en priorité les suppléments en bleu ; celui en noir vous sera aussi bénéfique. Vérifiez qu'ils ne vous sont pas déjà apportés par un autre supplément – voir p. 181.

Les bienfaits des suppléments nutritionnels

Tous les suppléments recommandés ci-dessus peuvent être utilisés conjointement et aussi longtemps que nécessaire ; on constate généralement une amélioration au bout de 1 à 2 mois. De nombreuses femmes disent moins souffrir en prenant de la **vitamine E.** On ne sait pas exactement pourquoi, mais certains médecins pensent que cette vitamine inhiberait l'action de la caféine sur les tissus des seins.

Le **gattilier** réduit le taux de prolactine et restaure l'équilibre hormonal entre œstrogènes et progestérone, ce qui permet d'atténuer les modifications mammaires au cours du cycle menstruel. Les **acides gras essentiels** sont dotés de propriétés anti-inflammatoires et semblent en outre favoriser l'assimilation de l'iode, dont la carence pourrait conditionner l'apparition de nodules fibro-kystiques. Le **magnésium** contribue également à réduire l'inflammation et à calmer la douleur. La **vitamine B6** semble bénéfique pour les femmes souffrant d'un syndrome prémenstruel associé à des douleurs mammaires ; elle aide en outre le foie à assimiler l'excès d'œstrogènes.

Que faire d'autre ?

☑ Ayez une alimentation équilibrée, comportant des céréales complètes, des légumes et des fruits.

☑ Éliminez la caféine et voyez si cela vous aide. Les principales sources en sont le café et le thé, mais on en trouve aussi dans le chocolat, les boissons à base de cola et divers médicaments en vente libre. Soyez patiente, car il peut s'écouler 6 mois avant qu'une amélioration se fasse sentir.

☑ Portez un soutien-gorge qui maintienne bien la poitrine lorsque vos seins commencent à vous faire souffrir.

Sida

Alors que de nouveaux médicaments donnent un espoir de guérir cette maladie, le rôle des remèdes naturels fait l'objet de vives discussions. Des recherches laissent entendre que certains suppléments, associés à un traitement classique, seraient d'une grande utilité.

Symptômes

- *Le plus souvent aucun chez les personnes séropositives.*

- *Fatigue persistante, douleurs articulaires ou musculaires ; fièvre récurrente ou prolongée, avec d'éventuelles sensations de froid ou une transpiration nocturne.*

- *Maux de gorge à répétition, glandes gonflées, toux, rhumes, boutons de fièvre, candidoses et autres types d'infection.*

- *Manque d'appétit, perte de poids, diarrhées fréquentes.*

- *Éruptions cutanées ou décoloration de la peau inhabituelle, apparition de marques violacées (sarcome de Kaposi).*

CONSULTEZ LE MÉDECIN...

- Si vous présentez l'un des symptômes ci-dessus.

- Si vous craignez d'avoir été exposé au VIH, le virus du sida.

- Si vous êtes séropositif et que les symptômes s'aggravent soudainement.

ATTENTION : si vous suivez un traitement médical, consultez votre médecin avant de prendre des suppléments.

Qu'est-ce que c'est ?

Le sida (syndrome d'immunodéficience acquise) se déclare chez les sujets séropositifs, c'est-à-dire contaminés par un virus appelé VIH (virus de l'immunodéficience humaine). Il peut se passer des années avant que le virus attaque le système immunitaire et que le sujet atteint présente les signes de la maladie. Celle-ci prend alors des formes diverses telles que pneumonie, infections parasitaires et certains cancers. Il n'existe à ce jour ni vaccin contre le sida, ni réel moyen de le guérir. Cependant, les trithérapies (association de trois médicaments actifs sur le virus) permettent d'obtenir de très longues rémissions qui ressemblent à des guérisons.

Quelles en sont les causes ?

Une fois dans le corps, le virus est transporté par les divers fluides organiques – sang, sperme, sécrétions vaginales, lait maternel. Il se transmet par ces mêmes fluides, lors des rapports sexuels, par exemple, et par le sang, notamment chez les drogués utilisant la même aiguille. La contagion n'a lieu que par contact direct car le virus meurt très vite après avoir quitté son hôte. Il ne se répand ni dans l'air ni dans l'eau et, contrairement à d'autres virus, s'attrape très rarement par la salive et jamais par les voies respiratoires supérieures.

Les bienfaits des suppléments nutritionnels

Les suppléments conseillés ici ont pour but de renforcer le système immunitaire et doivent être pris ensemble. Ils peuvent sans danger être associés aux médicaments classiques prescrits contre le sida et feront l'objet d'un traitement prolongé. Leurs effets ne se font généralement sentir qu'au bout de 1 mois.

Les antioxydants semblent retarder l'évolution de la maladie et fortifier le système immunitaire. Parmi eux, la **vitamine C,** prise à fortes doses, lutterait contre les virus et infections fongiques et posséderait en outre des propriétés anti-inflammatoires. La **coenzyme Q10** peut améliorer l'énergie chez les sidatiques. Elle a aussi un effet antioxydant, comme la **vita-**

Les effets énergisants de la coenzyme Q10 peuvent aider les sidatiques à retrouver de la vigueur.

SUPPLÉMENTS RECOMMANDÉS

Vitamine C/ vitamine E	**Dose :** 500 mg de vitamine C 3 fois par jour ; 400 UI de vitamine E par jour. **À savoir :** la vitamine C renforce l'action de la vitamine E.
Coenzyme Q10	**Dose :** 100 mg 2 fois par jour. **À savoir :** à prendre aux repas pour une meilleure assimilation.
Zinc/cuivre	**Dose :** 15 mg de zinc et 1 mg de cuivre par jour. **Attention :** n'ajoutez le cuivre que si vous prenez du zinc pendant plus de 1 mois.
NAC/complexe d'acides aminés	**Dose :** 500 mg de N-acétylcystéine 3 fois par jour ; pour les acides aminés, respectez la posologie indiquée sur la notice. **Attention :** à prendre à jeun mais pas en même temps.
Curcuma/ broméline	**Dose :** 400 mg d'extrait de curcuma et 500 mg de broméline 3 fois par jour. **Attention :** la broméline doit fournir 6 000 GDU ou 9 000 MCU par jour.
Acides gras essentiels	**Dose :** 1 000 mg d'huile d'onagre 3 fois par jour ; 1 c. à soupe (14 g) d'huile de graines de lin par jour **À savoir :** vous pouvez remplacer l'huile d'onagre par 1 000 mg d'huile de bourrache 1 fois par jour.
DHEA	**Dose :** 100 mg tous les matins. **Attention :** à ne prendre que sous supervision médicale. À éviter si vous présentez un risque de cancer hormonal (seins, prostate).
Champignons reishi/maitake	**Dose :** 500 mg de reishi et 200 mg de maitake 3 fois par jour. **Attention :** évitez le reishi si vous prenez des anticoagulants.

Rappel : vos suppléments habituels peuvent déjà vous fournir certains dosages – voir p. 181.

mine E et l'acide alpha-lipoïque. Le **zinc** joue un rôle essentiel dans le fonctionnement du système immunitaire, contribue au maintien du poids et aide à lutter contre une éventuelle pneumonie ou des infections fongiques. Du **cuivre,** dont il épuise les réserves dans l'organisme, doit lui être associé. Notons qu'une dose excessive de zinc peut, paradoxalement, porter atteinte au système immunitaire.

Pris avec un mélange équilibré d'**acides aminés,** l'acide aminé **NAC** (N-acétylcystéine) joue le rôle d'antioxydant ; il stimule le système immunitaire, contribue à la réparation des tissus et permet de lutter contre une perte de poids excessive. Il semble que le NAC empêche la réplication des virus, y compris celui du sida. Le **curcuma,** mieux assimilé s'il est associé à la **broméline,** semble renforcer les défenses de l'organisme. Les **acides gras essentiels** exercent eux aussi une action favorable sur le système immunitaire et le **DHEA,** une hormone, réduit la fonte musculaire qui accompagne le sida. Certains champignons chinois comme le **maitake** et le **reishi** aideraient l'organisme des malades du sida à lutter contre certaines formes de cancer liées à la maladie.

Que faire d'autre ?

☑ Prenez régulièrement de l'exercice et arrêtez de fumer.

☑ Évitez le stress. Envisagez méditation, yoga ou groupe de soutien.

INFOS PLUS

■ Des plantes – échinacée, hydraste du Canada, astragale, griffe-du-chat – sont intéressantes pour stimuler les défenses immunitaires et combattre l'asthénie des malades du sida. Les médecins qui les recommandent suggèrent de les prendre en rotation (une à la fois pendant 2 à 3 semaines) pour éviter l'accoutumance.

■ Une alimentation saine renforce l'action des médicaments prescrits contre le sida. Adoptez un régime équilibré. Évitez l'alcool, la caféine, le grignotage et le sucre. Pour conserver votre énergie, mangez une grande variété d'aliments, par petites quantités, et plusieurs fois par jour.

Sinusite

Les sinus produisent un mucus lubrifiant qui assure la propreté du système respiratoire. L'inflammation ou l'obstruction des sinus empêche la circulation du mucus, donnant des symptômes parfois douloureux. Plus de 350 000 Canadiens souffrent de sinusite tous les ans.

Symptômes

- Pression ou mal de tête au-dessus des yeux.

- Sensation de congestion du visage.

- Douleur accrue lorsque la tête est penchée en avant.

- Sensibilité au-dessus des sinus.

- Difficultés à respirer par le nez.

- Écoulement de mucus dans l'arrière-gorge.

- Sécrétions nasales d'un jaune verdâtre.

- Douleurs dentaires ou fièvre.

CONSULTEZ LE MÉDECIN...

- Si les symptômes ne disparaissent pas au bout de 1 semaine ou s'ils s'accompagnent de sécrétions sanguinolentes.

- Si votre sinusite se manifeste plus de 3 fois par an.

- Si vous avez les yeux rouges, douloureux, bouffis ou paralysés : vous pourriez être atteint de cellulite périorbitaire, affection susceptible d'endommager les nerfs de l'œil et de la face ; demandez d'urgence une intervention médicale.

ATTENTION : si vous suivez un traitement médical, consultez votre médecin avant de prendre des suppléments.

Qu'est-ce que c'est ?

La sinusite est provoquée par l'encombrement des sinus. Ceux-ci se composent de quatre paires de cavités situées, dans la partie frontale de la boîte crânienne, au-dessus des yeux, de chaque côté du nez, derrière l'arête du nez et derrière les pommettes. Ils sont entourés d'une fine membrane qui sécrète du mucus, lequel s'écoule dans le nez à travers les sinus (entraînant sur son passage poussière, pollen, germes et autres substances inhalées) avant d'être évacué dans l'arrière-gorge, où il est avalé. La majorité des bactéries nocives sont ensuite détruites par l'acide gastrique.

Il arrive que la muqueuse des sinus s'enflamme, d'où une production plus abondante ou plus épaisse de mucus et l'obstruction des minuscules passages dans les sinus. Le drainage s'effectue mal, provoquant des maux de tête, une sensation de congestion du visage et l'écoulement, dans l'arrière-gorge, d'une quantité excessive de mucus qui fournit un terrain de culture pour les bactéries.

Quelles en sont les causes ?

La sinusite peut être la complication d'une infection des voies respiratoires supérieures, rhume ou grippe par exemple, ou être provoquée par la fumée, la pollution de l'air ou une allergie. Enfin, des malformations nasales – déviation de la cloison ou polypes notamment – pourraient en accroître les risques.

Les bienfaits des suppléments nutritionnels

Certains cas de sinusite, en particulier les infections bactériennes, exigent un traitement antibiotique. Mais la médecine conventionnelle commence à douter de l'usage universel de ces médicaments, surtout lorsqu'il s'agit de sinusites chroniques dont l'origine n'est pas forcément bactérienne. En outre, les antibiotiques n'ont aucune action préventive.

Les suppléments peuvent aider à venir à bout d'une affection aiguë, même avec un traitement antibiotique. Les vitamines et plantes recommandées ici conviennent spécialement aux cas chroniques de sinusite et

La vitamine C est un stimulant de l'immunité, qui combat l'inflammation provoquée par la sinusite.

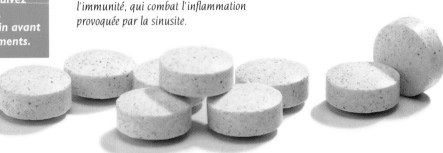

SUPPLÉMENTS RECOMMANDÉS

Échinacée	**Dose :** 200 mg d'extrait 4 fois par jour. **Attention :** extrait normalisé à 3,5 % au moins d'échinacosides.
Astragale	**Dose :** 200 mg 2 fois par jour entre les repas. **À savoir :** doit fournir 0,5 % de glucosides et 70 % de polysaccharides.
Griffe-du-chat	**Dose :** 250 mg d'extrait normalisé 2 fois par jour. **Attention :** à prendre entre les repas ; déconseillé aux femmes enceintes.
Champignons reishi/maitake	**Dose :** 500 mg de reishi ou 200 mg de maitake 3 fois par jour. **Attention :** évitez le reishi si vous prenez des anticoagulants.
Vitamine C/ flavonoïdes	**Dose :** 500 mg de vitamine C et 250 mg de flavonoïdes 3 fois par jour. **Attention :** en cas de diarrhée, diminuez la vitamine C.
Eucalyptus	**Dose :** 3 à 5 tasses d'infusion par jour à raison de 1 c. à soupe de feuilles séchées pour 250 ml d'eau bouillante.

Rappel : prenez en priorité les suppléments en bleu ; celui en noir vous sera aussi bénéfique. Vérifiez qu'ils ne vous sont pas déjà apportés par un autre supplément – voir p. 181.

voir p. 181

n'entraînent pas les effets secondaires (comme la sécheresse de la bouche) provoqués par les décongestionnants et les médicaments classiques.

L'un des meilleurs moyens de prévenir et de guérir la sinusite est de renforcer les défenses de l'organisme. Choisissez l'un des végétaux suivants, stimulants de l'immunité : **échinacée, astragale, griffe-du-chat, eucalyptus** ou encore **champignons reishi** ou **maitake.** En cas de sinusite chronique, essayez de les prendre en alternance par cycles de 2 semaines pour renforcer durablement votre immunité. En revanche, en cas de crise aiguë, prenez une seule de ces plantes jusqu'à disparition de l'infection.

Prenez de la **vitamine C** et des **flavonoïdes,** stimulants de l'immunité particulièrement bénéfiques à ceux dont les crises d'allergie évoluent en sinusite. Ces substances réduisent les effets de l'histamine, substance inflammatoire produite par les cellules en réaction aux pollens ou à d'autres allergènes.

Que faire d'autre ?

☑ Évitez la fumée de cigarette et la poussière.

☑ Buvez beaucoup pour liquéfier le mucus.

☑ Utilisez un humidificateur d'intérieur.

☑ Appliquez-vous sur le visage des compresses chaudes pour favoriser l'ouverture des sinus.

☑ Lavez-vous les sinus avec du sérum physiologique. (Il se vend en pharmacie et dans les magasins de produits naturels des irrigateurs de sinus.)

QUOI DE NEUF ?

On accuse souvent le lait d'augmenter la production de mucus et certains le déconseillent formellement pendant les crises de sinusite. Pourtant, une étude menée récemment sur des participants sains qui buvaient environ 350 ml de lait par jour n'a révélé aucune augmentation notable de congestion ou d'épaississement du mucus.

LE SAVIEZ-VOUS ?

En terminologie médicale, le suffixe -ite (comme dans sinusite, notamment) signifie inflammation.

INFOS PLUS

■ Pour décongestionner vos sinus, faites des inhalations à l'eucalyptus. Versez quelques gouttes d'huile essentielle d'eucalyptus dans un grand bol d'eau bouillante. Recouvrez votre tête et le bol d'une serviette, et inspirez la vapeur par les deux narines. Mouchez-vous fréquemment.

■ Certains médecins affirment que les aliments piquants, comme le raifort, le wasabi, le poivre de Cayenne ou l'ail, peuvent aider à dégager des sinus congestionnés. Cette théorie ne repose cependant sur aucune étude scientifique sérieuse.

Stress

La vie moderne, souvent épuisante pour les défenses naturelles de l'organisme, expose facilement au stress et à son cortège de problèmes de santé. Il existe des suppléments nutritionnels pour vous aider à en venir à bout, et des plantes pour vous rendre la sérénité.

Symptômes

- Fatigue, insomnie, difficultés de concentration.

- Nervosité, agitation, excitabilité inhabituelles.

- Manque d'appétit, nausées, troubles gastriques, diarrhée ou constipation.

- Maux de tête.

- Perte de l'appétit sexuel.

- Irritabilité, irascibilité, susceptibilité, apathie, pessimisme.

CONSULTEZ LE MÉDECIN...

- Si vous présentez des symptômes de stress durables ou marqués : ils affaiblissent votre système immunitaire et vous exposent à des risques accrus de problèmes de santé – maladies cardiovasculaires, hypertension artérielle, troubles digestifs, ulcère, migraines, voire cancer.

- Si les symptômes de stress perturbent vos relations sociales, votre travail, vos activités quotidiennes, ou vous prenez trop de médicaments : vous avez peut-être besoin d'un traitement contre la dépression.

ATTENTION : si vous suivez un traitement médical, consultez votre médecin avant de prendre des suppléments.

La racine séchée de ginseng panax aide l'organisme à se constituer des défenses contre le stress.

Qu'est-ce que c'est ?

Le stress est la réaction d'un individu à des exigences physiques, émotionnelles ou intellectuelles accablantes. L'organisme dispose des moyens de faire face à des crises brèves, mais un stress important qui se prolonge peut porter gravement atteinte à la santé physique et mentale.

Quelles en sont les causes ?

Toutes sortes de facteurs engendrent un stress important : discorde familiale, problèmes financiers, pressions professionnelles, blessure, maladie, événements traumatisants… Et l'organisme a pour réaction première de se préparer au danger qui menace : deux glandes surrénales (situées chacune au sommet d'un rein) libèrent de l'adrénaline et autres hormones de stress, qui déclenchent une explosion instantanée d'énergie et de force, que l'organisme met à profit pour affronter l'ennemi ou pour fuir le danger.

Cette réaction est normale et saine mais, si le stress persiste, elle présente des risques. Des taux d'hormones de stress chroniquement élevés finissent par tarir les réserves de l'organisme et entraînent un état d'épuisement général. La tension artérielle et le taux de cholestérol augmentent, avec des conséquences parfois fâcheuses pour le cœur et les vaisseaux. L'estomac sécrète trop d'acide, et la production d'hormones sexuelles baisse. Enfin, le cerveau manque de glucose, sa seule source d'énergie, ce qui altère les facultés mentales. Ces troubles soumettent à un surcroît de pression le système immunitaire, qui, dans certains cas, s'affaiblit au point que l'organisme n'arrive plus à résister aux infections et aux maladies.

Les bienfaits des suppléments nutritionnels

En période de stress, les préparations de multivitamines et minéraux jouent un rôle essentiel. Ainsi, les **vitamines du complexe B** stimulent les systèmes nerveux et immunitaire et permettent de lutter contre la fatigue. Le **calcium** et le **magnésium** diminuent la tension musculaire et renfor-

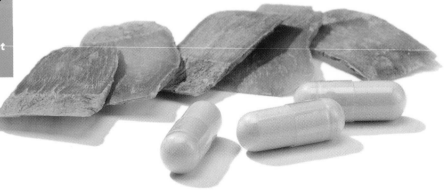

SUPPLÉMENTS RECOMMANDÉS

Vitamines du complexe B	**Dose :** I comprimé par jour avec de la nourriture. **À savoir :** choisissez un complexe B-50 contenant 50 µg de vitamine B12 et de biotine, 400 µg d'acide folique et 50 mg de toutes les autres vitamines B.
Calcium/ magnésium	**Dose :** 500 mg de calcium et 250 mg de magnésium par jour. **À savoir :** à prendre avec de la nourriture ; également commercialisés sous forme de suppléments simples.
Ginseng de Sibérie	**Dose :** 100-200 mg 3 fois par jour. **Attention :** extrait normalisé à 0,8 % au moins d'éleuthérosides.
Ginseng panax	**Dose :** 100-200 mg 2 fois par jour. **Attention :** extrait normalisé à 7 % au moins de ginsénosides.
Mélatonine	**Dose :** I-3 mg avant le coucher. **À savoir :** débutez par la plus petite dose et augmentez au besoin.
Millepertuis	**Dose :** 300 mg 3 fois par jour. **À savoir :** normalisé à 0,3 % d'hypéricine.

Rappel : prenez en priorité les suppléments en bleu ; ceux en noir vous seront aussi bénéfiques. Vérifiez qu'ils ne vous sont pas déjà apportés par un autre supplément – voir p. 181.

cent le cœur. Quant au **ginseng de Sibérie** et au **ginseng panax,** ils stimuleraient les glandes surrénales. Ces végétaux antistress sont parfois qualifiés d'adaptogènes – parce qu'ils aident l'organisme à s'adapter aux épreuves – ou de toniques – parce qu'ils tonifient l'organisme et le rendent plus résistant. Vous pouvez associer ces suppléments en toute sécurité.

D'autres plantes ou suppléments peuvent être ajoutés dans des situations bien définies, seuls ou combinés ensemble ou aux précédents. Essayez la **mélatonine** si l'inquiétude vous empêche de dormir et le **millepertuis** si le stress s'accompagne d'une légère dépression.

Que faire d'autre ?

☑ Faites régulièrement de l'exercice et tournez-vous vers les techniques de relaxation – exercices de respiration, yoga, tai-chi, méditation, massages ou biofeedback.

☑ Supprimez ou réduisez votre consommation de caféine et d'alcool : ils peuvent contribuer à accentuer votre anxiété et accroître vos insomnies.

☑ Envisagez un recours psychologique et une thérapie pour vous aider à mieux affronter les situations de stress important.

☑ Entretenez des rapports sociaux. Un réseau de parents et d'amis – y compris la présence d'un animal de compagnie – est vital pour se garder en bonne santé.

QUOI DE NEUF ?

D'après un chercheur américain, les effets de certaines thérapies alternatives pourraient venir en partie de leur aptitude à réduire le stress : c'est le cas de la thérapie par les cristaux disposés sur certains centres d'énergie du corps. Faire baisser le degré de stress produit des modifications notables dans le cerveau et le système immunitaire, lesquels augmentent la résistance de l'organisme.

Souffrir de stress pendant plus de I mois double les risques d'attraper un rhume. Parmi les événements de la vie courante, ce sont les soucis professionnels, les déménagements et les problèmes d'ordre privé qui ont l'impact le plus fort sur le degré de stress.

LE SAVIEZ-VOUS ?

Une étude rapporte que 31 % des Américains et 43 % des Américaines ont perdu tout intérêt pour l'activité sexuelle. Le stress, beaucoup plus que leur santé physique, serait directement lié à cet état.

INFOS PLUS

■ Les préparations antistress vendues dans les magasins de produits naturels constituent un bon remède contre le stress : elles contiennent des vitamines B, de la réglisse, du ginseng de Sibérie et d'autres substances apaisantes.

Tabagisme

Il n'est jamais trop tard pour s'arrêter de fumer, même si la dépendance au tabac est très difficile à vaincre. Augmentez vos chances de réussite en prenant des suppléments qui vous aideront à affronter le manque et à atténuer l'anxiété liée au sevrage.

Symptômes

Dus au tabac

- *Toux persistante ou accès répétés de bronchite ou de pneumonie.*

- *Enrouement, gorge irritée, mauvaise haleine et jaunissement des dents.*

- *Grisonnement, perte de cheveux et rides précoces.*

- *Chez certains hommes, impuissance.*

Dus au sevrage du tabac

- *Anxiété, dépression, sensation de manque, fringales, nervosité et irritabilité.*

- *Somnolence, fatigue, maux de tête, toux productive et constipation.*

CONSULTEZ LE MÉDECIN...

- **Si vous constatez les signes d'une maladie sérieuse en relation avec le tabac** : douleurs dans la poitrine ou le haut du dos, respiration asthmatique ou toux chronique, mucus rose ou sanglant, ulcérations ou taches blanches persistantes dans la bouche, sur la langue ou dans la gorge.

- **Si vous avez besoin d'aide pour vous arrêter de fumer.**

ATTENTION : si vous suivez un traitement médical, consultez votre médecin avant de prendre des suppléments.

La tension nerveuse provoquée par le sevrage du tabac accroît les besoins de l'organisme en vitamine B5.

Qu'est-ce que c'est ?

Même si elle n'est pas considérée comme une maladie, l'habitude de fumer a des conséquences fâcheuses sur la santé. Dans les minutes qui suivent l'allumage d'une cigarette, d'une pipe ou d'un cigare, la tension artérielle du fumeur s'élève, son pouls s'accélère et son taux d'oxygène baisse. Au bout de quelques mois, des symptômes peuvent apparaître tels que toux, fatigue, congestion des sinus et essoufflement. À long terme, fumer peut entraîner un cancer, des troubles pulmonaires chroniques, des maladies cardiovasculaires et des accidents cérébrovasculaires.

Quelles en sont les causes ?

Le tabac crée une dépendance extrêmement forte. Non seulement la nicotine – la drogue à l'origine de cette accoutumance – a des effets physiques sur l'organisme, mais elle parvient presque directement au cerveau, procurant une impression de bien-être temporaire et calmant l'anxiété. L'arrêt du tabac faisant chuter le taux de nicotine, il provoque des sentiments d'angoisse et toutes sortes de troubles physiques.

Les bienfaits des suppléments nutritionnels

Il existe, pour arrêter de fumer, des suppléments qui ont un effet sur le plan nerveux et atténuent les sensations de manque. Ils peuvent être pris pendant des semaines ou des mois en association avec des produits de désintoxication au tabac, tels les gommes à mâcher ou les patchs à la nicotine et, sous surveillance médicale, avec des antidépresseurs.

Commencez par augmenter votre apport en **vitamines B, C** et **E,** dont les réserves sont épuisées par le tabac. Les vitamines du complexe B améliorent la résistance nerveuse et peuvent atténuer l'anxiété. Les vitamines C et E possèdent un effet antioxydant, c'est-à-dire qu'elles ont la capacité de détruire une partie des radicaux libres en excès engendrés par la fumée du tabac. Les fumeurs ont tout intérêt à prendre ces vitamines des aliments plutôt que des suppléments : certaines études tendent à démontrer que les aliments seraient plus efficaces pour contrer les effets nocifs du tabac. Un minimum de 5 portions de fruits et légumes

SUPPLÉMENTS RECOMMANDÉS

Vitamines du complexe B	**Dose :** 1 comprimé par jour avec de la nourriture. **À savoir :** choisissez un complexe B-50 contenant 50 µg de vitamine B12 et de biotine, 400 µg d'acide folique et 50 mg de toutes les autres vitamines B.
Vitamine C	**Dose :** 110 à 125 mg par jour sous forme naturelle de fruits et légumes.
Bicarbonate de soude	**Dose :** 1 c. à thé dans 1 verre d'eau 2 fois par jour. **Attention :** à éviter en cas d'ulcère ou de diète faible en sodium..
Extrait d'avoine	**Dose :** 1/2 c. à thé de teinture 4 fois par jour. **À savoir :** également appelé *Avena sativa*, il s'agit d'un produit à base d'alcool.
Vitamine E	**Dose :** 10 à 30 UI par jour sous forme naturelle de noix, graines, huiles de bonne qualité, germe de blé.
Vitamine B5	**Dose :** 5 à 7 mg par jour sous forme naturelle de champignons shiitake séchés, levure de bière, germe de blé, graines de tournesol, foie de veau ou de bœuf.

Rappel : prenez en priorité les suppléments en bleu ; celui en noir vous sera aussi bénéfique. Vérifiez qu'ils ne vous sont pas déjà apportés par un autre supplément – voir p. 181.

par jour vous apporteront la vitamine C nécessaire. Pour la vitamine E, le germe de blé, les noix, les graines et les huiles de bonne qualité sont de bons choix. Seulement de petites quantités sont requises (15 ml par jour sont suffisants). Enfin, la vitamine B5, ou acide pantothénique, stimule la production d'hormones antistress par les glandes surrénales. Champignons shiitake séchés, levure de bière, germe de blé, graines de tournesol ainsi que foie de bœuf ou de veau en sont de bonnes sources.

D'autres éléments nutritionnels, absorbés seuls ou combinés, peuvent aussi diminuer l'envie de fumer. Le **bicarbonate de soude** peut soulager à court terme : les essais cliniques montrent qu'il diminue l'envie de fumer en augmentant le pH urinaire, ralentissant ainsi l'élimination de la nicotine présente dans le corps. L'**extrait d'avoine** est utilisé depuis toujours en Inde par les guérisseurs pour mettre fin à la dépendance à l'opium. Une étude a montré que ce produit réduisait considérablement l'impression de manque : il atteindrait probablement dans le cerveau les zones où se situent les substances chimiques responsables de la dépendance.

Que faire d'autre ?

☑ Consommez beaucoup de fruits frais et oléagineux et de légumes pour réduire les effets nocifs de la fumée du tabac sur l'organisme. Préférez les légumes verts à feuilles, les carottes, les petits fruits : tous ces aliments aident à prévenir le cancer.

☑ Pour vous aider à lutter contre le manque, envisagez de recourir aux gommes ou patchs à la nicotine, à l'acupuncture ou à l'hypnose.

☑ Pour oublier votre anxiété, faites de l'exercice. Une promenade d'un pas alerte peut aussi vous aider à surmonter une sensation intense de manque, qui ne dure généralement que quelques minutes.

Thyroïde (troubles de la)

On estime à un sur vingt le nombre de Canadiens affectés de troubles de la thyroïde, les femmes l'étant cinq fois plus que les hommes. Si de nombreux cas passent inaperçus, une fois diagnostiqués les problèmes de la thyroïde se soignent très bien.

Symptômes

Hyperthyroïdie

- *Sautes d'humeur, agitation, anxiété, troubles du sommeil.*

- *Perte de poids malgré une augmentation de l'appétit ; diarrhée ; tachycardie ; transpiration importante ; sensation de chaleur excessive.*

- *Goitre (hypertrophie indolore de la gorge) ; gonflements et irritations oculaires ; faiblesse musculaire ; aménorrhée ou règles très peu abondantes.*

Hypothyroïdie

- *Fatigue, léthargie ou ralentissement des mouvements ; dépression ; troubles de la mémoire.*

- *Prise de poids ; constipation ; sensation de froid excessive.*

- *Assèchement de la peau et des cheveux ; goitre ; yeux boursouflés ; règles abondantes.*

Qu'est-ce que c'est ?

La thyroïde est une glande constituée de deux grands lobes situés à la base de la gorge et qui sécrète des hormones indispensables au fonctionnement et à l'entretien de toutes les cellules de l'organisme. Lorsque cette glande produit une quantité excessive d'hormone thyroïdienne (hyperthyroïdie), le métabolisme s'emballe. À l'inverse, si la thyroïde sécrète trop peu d'hormone (hypothyroïdie), le métabolisme tourne au ralenti. Dans les deux cas, les symptômes apparaissent très vite ou au contraire progressivement, et ont souvent l'apparence d'une dépression légère mais prolongée.

Quelles en sont les causes ?

La plupart des troubles thyroïdiens résultent d'une maladie auto-immune dans laquelle le système immunitaire de l'organisme attaque la glande thyroïde. Des facteurs génétiques, des troubles hormonaux affectant d'autres régions du corps, une opération chirurgicale, des rayonnements ou un traitement médicamenteux peuvent également déclencher ces troubles. L'hypothyroïdie peut aussi être due à un déficit en iode.

Les bienfaits des suppléments nutritionnels

Les suppléments nutritionnels décrits ci-après exercent une action efficace contre les troubles de la thyroïde, y compris chez les malades qui suivent déjà un traitement classique. Il est toutefois indispensable de consulter votre médecin avant d'en prendre, car certains nutriments peuvent modifier la réponse de votre organisme aux médicaments prescrits sur ordonnance. Les effets bénéfiques des suppléments se ressentent au bout de 1 mois environ.

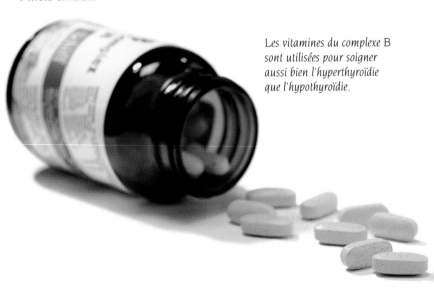

Les vitamines du complexe B sont utilisées pour soigner aussi bien l'hyperthyroïdie que l'hypothyroïdie.

SUPPLÉMENTS RECOMMANDÉS

Vitamine C	**Dose :** I 000 mg par jour. **À savoir :** utile à la fois contre l'hyperthyroïdie et l'hypothyroïdie.
Vitamines du complexe B	**Dose :** I comprimé chaque matin contre l'hyperthyroïdie ou l'hypothyroïdie. **À savoir :** choisissez un complexe B-50 contenant 50 µg de vitamine B12 et de biotine, 400 µg d'acide folique et 50 mg de toutes les autres vitamines B.
Fucus	**Dose :** 10 grains d'algues laminaires en poudre par jour. **À savoir :** devrait apporter environ 300 µg d'iode.
Tyrosine	**Dose :** I 000 mg de L-tyrosine par jour. **Attention :** au bout de I mois de traitement, ajoutez un complexe d'acides aminés mélangés.
Zinc/cuivre	**Dose :** 15 mg de zinc et I mg de cuivre par jour. **Attention :** ajoutez le cuivre seulement si vous prenez du zinc pendant plus de I mois.
Forskoline	**Dose :** 50 mg 2 fois par jour. **Attention :** peut faire baisser la pression artérielle ; à éviter si vous êtes sous antihypertenseurs ; normalisé à 18 % de forskoline.

Rappel : prenez en priorité les suppléments en bleu ; ceux en noir vous seront aussi bénéfiques. Vérifiez qu'ils ne vous sont pas déjà apportés par un autre supplément – voir p. 181.

La **vitamine C** et les **vitamines du complexe B** traitent l'hyperthyroïdie et l'hypothyroïdie, car elles jouent un rôle essentiel dans l'amélioration de toutes les fonctions de la glande thyroïde et du système immunitaire.

Si vos sécrétions thyroïdiennes sont insuffisantes, consultez le médecin pour qu'il vous prescrive des suppléments appropriés. Si l'hypothyroïdie est liée à une carence en iode, ce qui est rare au Canada, on pourra associer aux médicaments classiques du **fucus,** qui en contient des quantités appréciables. Votre médecin peut aussi vous recommander la **tyrosine,** un acide aminé qui entre dans la composition de l'hormone thyroïdienne. Un supplément de **zinc** (à associer à du **cuivre** en cas de prise prolongée) peut être nécessaire pour stimuler la fonction thyroïdienne. Enfin, la **forskoline,** tirée du *Coleus forskohlii,* une plante utilisée dans la médecine traditionnelle amérindienne, stimule la sécrétion d'hormone thyroïdienne.

Que faire d'autre ?

☑ Palpez régulièrement la région de votre cou située juste au-dessous de la pomme d'Adam pour vérifier qu'elle n'est pas enflée, ce qui pourrait être un signe de troubles de la thyroïde.

☑ Si vous souffrez d'hyperthyroïdie, mangez beaucoup de légumes crucifères crus, comme les brocolis, choux de Bruxelles, choux, choux-fleurs et choux frisés, qui renferment une substance naturelle inhibant le fonctionnement de la thyroïde. Évitez le sel iodé et les aliments contenant de l'iode, comme les poissons de mer et les coquillages.

☑ Si vous souffrez d'hypothyroïdie, évitez les légumes crucifères, utilisez du sel iodé et mangez des aliments riches en iode tels que du poisson, des fruits de mer et des algues.

Toux

Des remèdes simples sont souvent suffisants pour se débarrasser de sa toux. Ils contribuent à décontracter les muscles des voies respiratoires et aident l'organisme à chasser la cause de l'irritation ou à calmer la douleur et l'inflammation sévissant dans la gorge.

Symptômes

■ La toux n'est qu'un symptôme : elle traduit généralement une infection respiratoire ou une irritation de la gorge, des poumons ou des voies respiratoires.

■ La toux peut être sèche (improductive) ou grasse (productive).

CONSULTEZ LE MÉDECIN...

■ Si vous toussez jour et nuit. Si la toux vous épuise ou si elle est accompagnée d'une gêne respiratoire (essoufflement, sifflement), d'une douleur dans la poitrine, d'une perte de poids ou de violents maux de tête.

■ Si votre température atteint ou dépasse 38 °C.

■ Si vous avez mal en respirant.

■ Si du mucus marron, rose, vert, jaune ou sanguinolent accompagne votre toux.

■ Si cette toux persiste depuis plus de 1 semaine.

ATTENTION : si vous suivez un traitement médical, consultez votre médecin avant de prendre des suppléments.

Qu'est-ce que c'est ?

La toux remplit une fonction vitale pour l'organisme. Sans s'en rendre compte, on tousse probablement 1 ou 2 fois par heure pour s'éclaircir la voix et éliminer les poussières des voies respiratoires. La toux n'est pathologique que lorsqu'elle devient incontrôlable du fait d'une maladie ou d'une substance irritante présente dans l'environnement. Elle peut être sèche et improductive – ce qui signifie qu'elle n'est pas accompagnée de sécrétions ou de crachats – ou grasse et productive, permettant l'expulsion du mucus et des germes ou substances irritantes qu'il renferme.

Quelles en sont les causes ?

Lorsqu'une substance irritante pénètre dans le système respiratoire, de minuscules récepteurs situés dans la gorge, les poumons et les voies respiratoires activent la sécrétion de quantité de mucus. Ce phénomène stimule les terminaisons nerveuses et déclenche un processus d'expulsion, par la bouche, d'air et de corps étrangers : la toux. De nombreux facteurs peuvent provoquer cette réaction. Des bactéries ou des virus, tels ceux de la grippe ou du rhume, entraînent une production excessive de mucus, qui déclenche une toux réflexe, en particulier la nuit, quand les sinus s'assèchent. L'asthme, la bronchite, le rhume des foins et les divers polluants de l'environnement provoquent aussi la toux. Une indigestion peut faire tousser lorsque l'acide gastrique remontant par l'œsophage brûle et irrite la gorge. La toux peut encore être un effet secondaire de certains médicaments classiques, comme les hypotenseurs. Une toux persistante est parfois le signe d'une tumeur des poumons, de la gorge ou du larynx, ou peut être liée à la présence, due à une insuffisance cardiaque, de liquide dans les poumons.

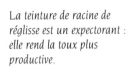

La teinture de racine de réglisse est un expectorant : elle rend la toux plus productive.

Orme rouge	**Dose :** en infusion, 1 à 3 tasses par jour au besoin. **À savoir :** comptez 1 c. à thé de plante séchée par tasse d'eau chaude.
Guimauve	**Dose :** en infusion, 1 à 3 tasses par jour au besoin. **À savoir :** comptez 2 c. à thé de plante séchée par tasse d'eau chaude ; peut être mélangée avec de l'orme rouge.
Réglisse	**Dose :** 45 gouttes de teinture ou 1 tasse de tisane 3 fois par jour. **À savoir :** diluez la teinture dans de l'eau ou dans une tisane contre la toux ; ou encore faites infuser 1 c. à thé de plante séchée dans de l'eau chaude additionnée d'orme rouge ou de guimauve.
Marrube blanc	**Dose :** en infusion, 1 à 3 tasses par jour au besoin. **À savoir :** faites infuser 1 à 2 c. à thé de plante séchée dans 1 tasse d'eau chaude. Cette plante peut être utilisée seule ou mélangée avec les 3 autres.

Rappel : vos suppléments habituels peuvent déjà vous fournir certains dosages – voir p. 181.

Les bienfaits des suppléments nutritionnels

Le traitement de la toux varie selon qu'il s'agit d'une toux productive ou improductive. Une toux productive ne doit pas être stoppée. On doit simplement prendre des expectorants qui fluidifient le mucus et facilitent son expulsion. Cela permet à l'organisme de chasser la substance irritante et aide la muqueuse à guérir. Une toux improductive, en revanche, doit être jugulée, surtout si elle est douloureuse ou perturbe le sommeil.

L'infusion d'**orme rouge** adoucit la gorge et calme la toux sèche. On peut y ajouter des feuilles de **guimauve** qui, plongées dans l'eau, libèrent du mucilage (substance végétale visqueuse) qui tapisse la gorge et apaise les récepteurs de la toux. Si vous préférez, vous pouvez lui substituer des fleurs de bouillon-blanc, qui produisent aussi du mucilage. La teinture de **réglisse** (un expectorant très efficace), associée à ces tisanes, décontracte les bronches et fluidifie le mucus nasal et pharyngé. (Au-delà de 3 semaines d'utilisation, la réglisse risque d'élever la tension artérielle.) Le **marrube blanc** en infusion a les mêmes propriétés que la réglisse sans les effets hypertenseurs. Différents mélanges en sachets existent dans le commerce. Si vous n'aimez pas les infusions, vous pouvez aussi utiliser ces plantes sous forme de teinture. Il suffit de suivre les instructions figurant sur la boîte ou de diluer la teinture de votre choix dans un verre d'eau chaude et de boire ce mélange 3 fois par jour.

Des inhalations à base d'huile essentielle d'eucalyptus ou de camomille dégagent les sinus et les voies respiratoires, tout en réduisant les spasmes bronchiques. Les gouttes pour la toux et les pastilles à l'eucalyptus, à la menthe, à l'anis ou au fenouil augmentent la sécrétion salivaire, ce qui fait déglutir plus souvent et supprime le réflexe de toux.

Que faire d'autre ?

☑ Buvez beaucoup d'eau, de thé, de bouillon chaud, ainsi que des jus de fruits ou de légumes à température ambiante, pour fluidifier le mucus.

☑ Installez chez vous un humidificateur d'air.

☑ Ne fumez pas et évitez le contact des vapeurs ou fumées irritantes.

HISTOIRE VÉCUE

La bonne recette

Virginie P. attrapait régulièrement les rhumes de ses enfants, ce qui la faisait tousser sans arrêt. Après avoir lu sur les effets calmants des tisanes, elle décida d'établir une liste des plantes médicinales pouvant être prises en infusion. L'ayant montrée à son médecin pour s'assurer que les plantes étaient sans danger, elle commença à créer ses propres compositions afin de trouver la recette idéale qui ferait taire sa toux.

À l'issue de nombreux essais, elle mit au point le bon mélange et ne jure plus aujourd'hui que par lui. Chaque fois qu'elle est enrhumée ou qu'elle tousse, elle prépare l'infusion qui suit et en boit 1 ou 2 tasses par jour.

Ingrédients

1 C. À THÉ D'ORME ROUGE
2 C. À THÉ DE GUIMAUVE
1 C. À THÉ D'HYSOPE
45 GOUTTES DE TEINTURE D'ÉCHINACÉE
45 GOUTTES DE TEINTURE DE RÉGLISSE
MIEL

Préparation

METTEZ LES HERBES DANS UNE THÉIÈRE ET VERSEZ-Y L'EAU FRÉMISSANTE. LAISSEZ INFUSER 20 MIN, FILTREZ. AJOUTEZ LES TEINTURES ET SUCREZ AVEC DU MIEL.

INFO PLUS

■ Le plantain lancéolé *(Plantago lanceolata)* est efficace contre la toux. Toutefois, méfiez-vous car certaines préparations au plantain contiennent en réalité de la digitaline, substance qui peut entraîner des troubles cardiaques. Évitez les préparations qui ne précisent pas le nom botanique du plantain. Ne confondez pas non plus le plantain lancéolé avec le fruit en forme de banane *Musa paradisiaca*.

Transports (mal des)

Le mal des transports et les effets du décalage horaire peuvent provoquer des troubles digestifs passagers. En revanche, les étourdissements et les vertiges sont des troubles plus tenaces auxquels les remèdes naturels apportent un soulagement.

Symptômes

■ *Nausées, vomissements et diarrhée.*

■ *Étourdissements, faiblesse générale, troubles de l'équilibre ou malaises.*

■ *Sueurs froides.*

■ *Sensation de fatigue, bâillements et somnolence.*

CONSULTEZ LE MÉDECIN...

■ Si les sensations de nausée persistent, ce qui pourrait être un signe de troubles hépatiques.

■ Si les étourdissements sont accompagnés d'engourdissements, d'une accélération du rythme cardiaque, de troubles de la vision, si vous avez des difficultés d'élocution ou si vous perdez conscience.

■ Si les étourdissements apparaissent brutalement, surtout s'ils sont accompagnés de nausées et de vomissements.

■ Si les étourdissements deviennent plus fréquents ou persistants.

ATTENTION : si vous suivez un traitement médical, consultez votre médecin avant de prendre des suppléments.

Qu'est-ce que c'est ?

Nombre de voyageurs sont un jour victimes d'étourdissements ou de nausées lors d'un déplacement en voiture, en avion ou en bateau. Toute personne ayant pris un vol long-courrier connaît la sensation de fatigue et les troubles du sommeil occasionnés par le décalage horaire. Alors que la diarrhée du voyageur permet à l'organisme de se débarrasser des toxines nocives et ne dure généralement que quelques jours, les sensations de perte d'équilibre ou de malaise et les vertiges sont plus persistants.

Quelles en sont les causes ?

Le mal des transports survient lorsque les yeux tentent de se fixer sur un paysage en mouvement et que l'oreille interne, qui abrite les organes de l'équilibre, transmet au cerveau des signaux contradictoires. Les troubles dus au décalage horaire apparaissent lorsque l'horloge biologique de l'organisme n'est plus synchronisée avec l'heure réelle : l'épiphyse sécrète de la mélatonine, qui règle notre cycle de sommeil et de veille en fonction de certains paramètres comme la lumière, et cette fonction est perturbée lorsque l'on traverse plusieurs fuseaux horaires. Enfin, la diarrhée est généralement causée par la consommation d'aliments ou d'eau contaminés.

Les bienfaits des suppléments nutritionnels

Le **gingembre** peut agir relativement vite, parfois en quelques minutes, contre les étourdissements et les nausées associés au mal des transports ou au vertige léger. Dans certaines études, cette plante a eu des résultats plus efficaces et plus durables que des médicaments en vente libre. Par ailleurs, le gingembre ne présente aucun des effets secondaires – somnolence ou troubles de la vision – des médicaments classiques.

Si vous souffrez de vertiges ou d'étourdissements persistants, vous devez consulter un médecin pour éliminer l'éventualité d'une maladie

Le gingembre, frais ou confit, contribue à soulager les sensations de nausée provoquées par le mal des transports.

Gingembre	**Dose :** 100 mg d'extrait normalisé toutes les 4 h si nécessaire. **À savoir :** vous pouvez essayer la racine fraîche de gingembre (tranche de 1 cm ou moins), le thé au gingembre (1/2 c. à thé de racine par tasse d'eau chaude) ou le gingembre en poudre (1 g) – chacun à prendre 3 fois par jour. La bière au gingembre peut aussi être efficace, à raison de 240 ml 3 fois par jour, si elle est fabriquée à partir de cette plante (et non pas de succédanés).
Ginkgo biloba	**Dose :** 40 mg 3 fois par jour. **Attention :** normalisé à 24 % au moins de glycosides de flavonoïdes.
Vitamine B6	**Dose :** *contre le mal des transports*, 25 mg 1 h avant le voyage ; 25 mg 2 h plus tard ; *contre les étourdissements*, 25 mg 3 fois par jour. **Attention :** une dose quotidienne de 200 mg peut, à long terme, provoquer des lésions nerveuses.

Rappel : vos suppléments habituels peuvent déjà vous fournir certains dosages – voir p. 181.

grave. Votre médecin vous prescrira peut-être des médicaments, quoique d'autres suppléments, en plus du gingembre, puissent aussi être bénéfiques. Une étude faite en France a montré que le **ginkgo biloba,** qui favorise le flux sanguin vers le cerveau, avait amélioré l'état de près de la moitié des patients atteints de vertige chronique. Cependant, les effets du ginkgo peuvent mettre entre 8 et 12 semaines avant de se faire sentir. La **vitamine B6,** essentielle au bon fonctionnement du système nerveux et cérébral, aide à soulager les sensations de nausée et peut être utile dans certains cas d'étourdissements chroniques. Enfin, pour lutter contre la fatigue due au décalage horaire, le ginseng chinois, ou ginseng panax, est un bon tonique et un antistress qui peut être associé à d'autres remèdes.

Que faire d'autre ?

Contre le mal des transports

☑ Évitez de bouger la tête et limitez les stimulations visuelles. Les respirations profondes et l'air frais peuvent aider. Desserrez votre ceinture.

☑ Mangez léger et évitez les graisses, de même que tous les aliments pouvant provoquer des troubles digestifs.

☑ Buvez des infusions de camomille pour soulager les maux d'estomac.

Contre les troubles dus au décalage horaire

☑ Inhaler de l'huile essentielle de romarin peut soulager les symptômes.

☑ Peu après le décollage, réglez votre montre à l'heure locale de votre destination et adaptez votre comportement – notamment en matière d'alimentation et de sommeil – en conséquence.

☑ Évitez l'alcool et les boissons caféinées. Buvez beaucoup d'eau.

Contre les étourdissements ou les vertiges

☑ Ne faites pas de mouvements brusques, surtout quand vous passez de la station allongée à la station debout, ni de mouvements vifs de la tête.

☑ Réduisez votre consommation de caféine, de nicotine et de sel, car ces substances peuvent réduire l'irrigation du cerveau.

LE SAVIEZ-VOUS ?
L'anxiété ou le stress peuvent aggraver le mal des transports. La pratique du yoga ou de la relaxation, associée à la prise de suppléments, donne de bons résultats.

INFOS PLUS

■ Prévenir le mal des transports est plus facile que de le traiter. Pensez à prendre un remède avant l'apparition des symptômes. Prenez, par exemple, du gingembre au moins 2 heures avant votre départ – et toutes les 4 heures ensuite.

■ Rester assis dans un avion pendant plus de 4 h augmente considérablement le risque de formation de caillots sanguins dans les jambes en raison du ralentissement de la circulation sanguine et de la sécheresse de l'air ambiant. Déplacez-vous aussi souvent que possible pendant le vol et buvez beaucoup. Si vos jambes sont gonflées ou douloureuses à l'arrivée, consultez un médecin.

■ Vous pouvez vous reposer lorsque vous êtes très fatigué par le décalage horaire, mais les siestes de plus de 2 h rendent difficile l'adaptation à un nouveau fuseau horaire.

Troisième âge

Il n'est jamais trop tard pour profiter des avantages d'une vie saine. Quel que soit votre âge, les suppléments nutritionnels peuvent tenir un rôle dans les divers moyens de rester en forme.

■ Plus on vieillit, plus il importe de respecter de bonnes habitudes alimentaires et d'avoir une activité physique régulière.

■ L'âge altère le corps. Les os se fragilisent, les dents se déchaussent, la masse musculaire diminue, et l'assimilation des aliments est plus difficile.

■ Les cellules vieillissantes contrôlent moins bien les molécules instables appelées radicaux libres, dont le nombre croissant accélère le processus du vieillissement.

■ On conseille des suppléments à base de plusieurs vitamines et minéraux à toutes les personnes âgées, mais surtout à celles qui sont exposées à un ou plusieurs des facteurs ci-contre.

■ Des suppléments nutritionnels ont été spécialement conçus pour les plus de 50 ans : ils contiennent de grandes quantités de vitamines B ainsi que des antioxydants, dont la teneur reste toutefois inférieure aux apports recommandés.

■ Si vous suivez un traitement médical, consultez le médecin avant de prendre des suppléments.

LA SOLIDITÉ DES OS

La densité osseuse diminue avec le temps, ce qui augmente peu à peu le risque de fractures.

La ménopause provoque une chute du taux d'œstrogènes, hormones qui aident les os à fixer le calcium. Les femmes ménopausées sont donc plus exposées à l'ostéoporose, affection qui rend les os plus friables et poreux. Une ménopause précoce ou des antécédents personnels ou familiaux de fractures sont des facteurs aggravants.

Des suppléments de calcium et de vitamine D, auxquels on associe souvent du magnésium,

LES FACTEURS DE DÉSÉQUILIBRE ALIMENTAIRE

■ *Handicap physique* : l'arthrite et la sénilité, entre autres, contribuent à rendre les tâches quotidiennes difficiles à exécuter.

■ *Mauvaise denture* : elle peut réduire le choix des aliments pour les personnes âgées.

■ *Alcool* : au-delà d'un verre par jour, il risque de remplacer les aliments et autres boissons.

■ *Dépression* : la solitude et l'isolement font parfois perdre l'appétit. De plus, le sens du goût s'estompe avec l'âge, de sorte que le plaisir de passer à table diminue.

■ *Faibles revenus* : les fruits et les légumes frais, la viande et le poisson sont considérés comme des produits chers. Ils se voient remplacés par des aliments « bourratifs » bon marché, comme le pain, les pâtes et le riz.

peuvent lutter contre l'ostéo-porose. Des exercices réguliers contribuent également au main-tien de la masse osseuse.

UNE ALIMENTATION ÉQUILIBRÉE

Pour rester en bonne santé au fil des années, privilégiez les aliments suivants :
■ Fruits et légumes, pour les fibres, phytonutriments et vitamines.
■ Produits à base de céréales complètes pour l'énergie.
■ Viande, poisson, céréales enrichies pour petit déjeuner et œufs bien cuits pour le fer.
■ Produits laitiers pour le calcium.
■ Œufs pour la vitamine D, poissons gras – saumon, thon ou truite – pour la vitamine D et les acides gras essentiels.
■ ... et buvez beaucoup pour éviter la déshydratation et la constipation.

VITAMINES ET MINÉRAUX

Pour les personnes âgées dont l'ingestion d'aliments est insuffi-sante à cause d'une maladie chronique, d'une prothèse den-taire, de problèmes psycholo-giques, de perte d'autonomie ou de faibles revenus, un supplé-ment peut s'avérer utile. Le tableau ci-dessus vous indique les concentrations à rechercher dans un supplément destiné aux personnes âgées.

VITAMINES ANTIOXYDANTES

Les vitamines C et E et le bêta-carotène aident à contrôler les radicaux libres. Un apport élevé de ces vitamines contribue à

SUPPLÉMENTS POUR LES PERSONNES ÂGÉES
(concentrations à rechercher)

ESSENTIELS	MIN.	MAX.
■ Vitamine D (UI)	600	2 000
■ Vitamine E (UI)	10	800
■ Vitamine B1 (mg)	0,6	50
■ Vitamine B6 (mg)	1	2 500
■ Vitamine B12 (µg)	2,4	3 000
■ Acide folique (µg)	400	1 000
■ Acide pantothénique (mg)	5	1 000
■ Calcium (mg)	600	2 500
■ Magnésium (mg)	160	350
■ Zinc (mg)	4,5	30
OPTIONNELS		
■ Vitamine A (UI)		10 000
■ Vitamine B2 (mg)		200
■ Vitamine B3 (mg)		35
■ Vitamine C (mg)		1 000
■ Fer (mg)		65
■ Phosphore (mg)		3 000
■ Sélénium (µg)		400

prévenir les maladies cardiaques, le cancer et la cataracte.
La vitamine E renforce en outre le système immunitaire.

MINÉRAUX ANTIOXYDANTS

Les personnes en maison de retraite risquent une carence en zinc qui affaiblirait leur système immunitaire et leur faculté de cicatriser. Le sélénium figure rarement en quantité suffisante dans l'alimentation, et ce quel que soit l'âge.
Or cet oligoélément protège les tissus contre les dégâts des radicaux libres et agit sur la peau, les cheveux et la vision.

CALCIUM

Si la consommation de lait et produits laitiers est faible, un supplément s'impose.

VITAMINES DU COMPLEXE B

La vitamine B12 participe à la formation de la myéline, la gaine

blanche qui recouvre les nerfs, et une carence peut entraîner des troubles neurologiques. Un taux trop bas d'acide folique et de vitamines B6 et B12 accroît le risque de maladie cardiaque. L'acide folique sert à la formation du sang et au métabolisme cellulaire. Son propre métabolisme pouvant être affecté par les diurétiques et les anti-inflammatoires, les sujets âgés soumis à ces traitements prendront chaque jour un supplément d'acide folique. Il en va de même pour ceux atteints de dépression.

VITAMINE D

Le processus de synthétisation de la vitamine D par le soleil devenant moins efficace avec le temps et les personnes âgées s'exposant moins, il peut leur être nécessaire de prendre un supplément de cette vitamine, indispensable aux os.

Ulcérations buccales

Malgré leur petite taille, les aphtes peuvent être très douloureux. Des gestes simples peuvent vous aider à éviter ces ulcérations déplaisantes, tandis que des suppléments contribueront à réduire leur fréquence et à accélérer leur cicatrisation.

Symptômes

■ *Petites ulcérations blanches ou jaunâtres, entourées d'une aréole rouge, siégeant sur langue, gencives, voile du palais ou face interne des lèvres et des joues.*

■ *Brûlure, démangeaisons ou picotements précédant l'apparition de l'ulcération.*

■ *Douleur vive gênant la mastication et l'élocution, plus aiguë les premiers jours.*

CONSULTEZ LE MÉDECIN...

■ Si la douleur est telle qu'elle vous empêche même d'absorber tout liquide.

■ Si vous avez plus de 4 ulcérations en même temps.

■ Si les ulcérations n'ont pas disparu au bout de 2 semaines.

■ Si vous avez plus de 38 °C de température.

■ Si vous avez des poussées plus de 2 ou 3 fois par an.

ATTENTION : si vous suivez un traitement médical, consultez votre médecin avant de prendre des suppléments.

Qu'est-ce que c'est ?

Bien qu'il s'agisse d'une affection anodine, les aphtes, ou ulcérations buccales, peuvent provoquer des douleurs vives et entraîner une gêne pour parler, manger, boire ou embrasser. Touchant davantage les femmes que les hommes, ces ulcérations légèrement saillantes apparaissent dans la bouche de façon isolée ou par petits groupes. Leur taille varie de celle d'une tête d'épingle à 1 cm de diamètre. Elles apparaissent plutôt soudainement et guérissent en 1 à 3 semaines. Fort heureusement, on peut soulager la gêne qu'elles entraînent.

Quelles en sont les causes ?

La bouche est souvent le premier organe à présenter les signes d'une carence nutritionnelle, car les cellules de sa muqueuse se renouvellent rapidement. Les aphtes sont favorisés par différents facteurs, tels que l'irritation de la cavité buccale par un plombage saillant, une dent ébréchée ou le port d'un dentier inadapté. Ils peuvent aussi survenir lorsque l'on se mord involontairement ou inconsciemment l'intérieur de la joue, qu'on utilise une brosse à dents à soies très dures ou que l'on se brosse les dents trop vigoureusement. Divers aliments (noix, gruyère, tomate, agrumes, piments, cannelle, fruits secs ou chips) peuvent déclencher une poussée.

Certains spécialistes pensent que les ulcérations buccales récidivantes résultent d'une réaction allergique aux conservateurs alimentaires (tels que l'acide benzoïque, le méthylparabène ou l'acide sorbique) ou à un constituant spécifique d'un aliment. Le gluten, protéine présente dans le blé et d'autres céréales, est l'une des substances souvent mises en cause.

Une forme liquide d'hydraste du Canada peut favoriser la cicatrisation en application locale.

SUPPLÉMENTS RECOMMANDÉS

Lysine	**Dose :** 500 mg de L-lysine 3 fois par jour. **À savoir :** à prendre à jeun ; arrêtez à la guérison.
Échinacée	**Dose :** 200 mg 2 ou 3 fois par jour dès l'apparition d'un aphte. **À savoir :** commencez par une dose plus élevée, puis réduisez-la lorsque l'aphte commence à guérir ; à titre préventif, prenez-en 200 mg chaque matin pendant 3 semaines par mois.
Vitamine C/ flavonoïdes	**Dose :** 500 mg de vitamine C et 250 mg de flavonoïdes 3 fois par jour. **Attention :** en cas de diarrhée, diminuez la vitamine C.
Réglisse	**Dose :** mâchez 1 ou 2 pastilles (380 mg) 3 ou 4 fois par jour. **À savoir :** à prendre entre les repas.
Hydraste du Canada	**Dose :** appliquez localement 3 fois par jour. **Attention :** attendre au moins 1 heure avant de manger.
Zinc (pastilles)	**Dose :** 1 pastille aux 4 heures pendant 3 ou 4 jours. **Attention :** ne dépassez pas 4 pastilles de 10 g de zinc par jour.
Vitamines du complexe B	**Dose :** 1 comprimé chaque matin avec de la nourriture. **À savoir :** choisissez un complexe B-50 contenant 50 µg de vitamine B12 et de biotine, 400 µg d'acide folique et 50 mg de toutes les autres vitamines B.

Rappel : prenez en priorité les suppléments en bleu ; ceux en noir vous seront aussi bénéfiques. Vérifiez qu'ils ne vous sont pas déjà apportés par un autre supplément – voir p. 181.

Les bienfaits des suppléments nutritionnels

À l'apparition des ulcérations buccales, essayez un ou plusieurs des suppléments suivants. Commencez par la **lysine** : une carence en cet acide aminé a été associée avec les ulcérations buccales. L'**échinacée** renforce le système immunitaire et, prise à petites doses (200 mg chaque matin pendant 3 semaines par mois), peut également stopper la formation des aphtes. La **vitamine C** stimule l'immunité et favorise la cicatrisation de la muqueuse buccale ; son efficacité est renforcée par les **flavonoïdes.** Les pastilles de **réglisse** forment une couche protectrice sur les aphtes, qui, en les isolant des substances irritantes, contribue à accélérer leur guérison. L'**hydraste du Canada,** qui a une action cicatrisante, sera appliquée sous une forme liquide directement sur les lésions ; vous pouvez la remplacer par des pastilles de **zinc,** qui renforceront en outre votre résistance. Les personnes sujettes aux aphtes présentent parfois des carences en **vitamines B :** prenez un complexe de vitamines B en prévention.

Que faire d'autre ?

☑ Ayez une bonne hygiène bucco-dentaire : brossez-vous les dents et nettoyez-les au fil dentaire au moins 2 fois par jour. Utilisez une brosse douce et brossez sans vigueur excessive.

☑ Consultez votre dentiste si un problème dentaire vous irrite la bouche.

☑ Si vous mâchonnez l'intérieur de vos joues, perdez cette habitude.

☑ Ne mangez pas d'aliments épicés si vous êtes sujet aux aphtes récidivants. Évitez le café, la gomme à mâcher et d'autres substances irritantes.

LE SAVIEZ-VOUS ?
Les Grecs de l'Antiquité connaissaient déjà les tourments des aphtes. C'est Hippocrate, le père de la médecine, qui forgea, au IVe siècle av. J.-C., le terme désignant les aphtes : *aphthous stomatitis.*

INFOS PLUS

■ Contrairement à certaines croyances populaires, les oignons, loin de provoquer des aphtes, pourraient au contraire les prévenir : ils renferment en effet des composés soufrés dotés de propriétés antiseptiques, et sont une source essentielle de quercétine, un flavonoïde qui inhibe la production de substances inflammatoires par l'organisme en réponse aux allergènes.

■ Un grand nombre de dermatologues conseillent d'appliquer sur les aphtes un sachet de thé noir mouillé. Celui-ci contient du tanin, dont les propriétés analgésiques sont souvent surprenantes.

■ Alors que les aliments très salés peuvent provoquer des ulcérations buccales chez certains, chez d'autres un rinçage au sel les traite. L'efficacité en est très variable mais c'est une solution tellement bon marché qu'elle vaut la peine d'être essayée. Faites dissoudre 1 c. à thé de sel dans 1 tasse d'eau tiède. Gargarisez-vous et rincez-vous la bouche pendant 1 minute avant de recracher l'eau.

Ulcère

Affection douloureuse, l'ulcère gastro-duodénal bénéficie d'un traitement médicamenteux classique qui se révèle généralement aussi rapide qu'efficace. Cependant, grâce à leur action bénéfique sur l'appareil digestif, des remèdes naturels accélèrent le processus de cicatrisation.

Symptômes

Symptômes typiques

■ *Douleur sourde ou suraiguë au niveau de l'estomac avant les repas, pouvant s'apparenter à des brûlures d'estomac et s'accompagner d'une indigestion, de nausées ou de vomissements. Elle peut être soulagée par la prise d'antiacides, la consommation d'aliments sans irritants gastriques ou de lait.*

Symptômes graves

■ *Des selles noires, du sang dans les selles ou le vomissement de sang ou de particules noires ressemblant à des grains de café peuvent être les signes d'une hémorragie interne. Une violente douleur abdominale surgissant brusquement peut correspondre à une perforation intestinale. Ce sont là des urgences médicales pouvant mettre en danger la vie du sujet.*

CONSULTEZ LE MÉDECIN...

■ Si vous présentez les symptômes d'un ulcère.

■ Si vous présentez les signes d'une hémorragie interne ou d'une perforation. Une prise en charge médicale immédiate s'impose.

ATTENTION : si vous suivez un traitement médical, consultez votre médecin avant de prendre des suppléments.

Qu'est-ce que c'est ?

Un ulcère est une perte de substance, en forme de cratère, de la paroi protectrice de l'estomac ou du duodénum (segment initial de l'intestin grêle). En temps normal, les glandes de l'estomac sécrètent des substances qui favorisent la digestion, notamment des acides et une enzyme, la pepsine. Parallèlement, l'estomac et le duodénum sécrètent du mucus qui protège leur paroi contre l'agression de ces sucs gastriques. L'ulcère apparaît lorsqu'il y a rupture de cet équilibre et que les sucs commencent à s'attaquer à la paroi stomacale ou intestinale.

Quelles en sont les causes ?

Récemment encore, on pensait que l'apparition de l'ulcère était exclusivement due à un mode de vie stressant et un régime riche en graisses et en mets épicés. En fait, on sait aujourd'hui que la plupart des ulcères sont causés par une bactérie connue sous le nom d'*Helicobacter pylori*. Lorsque le système digestif est infecté par cette bactérie, la fonction protectrice de la muqueuse s'amoindrit, et des quantités, même faibles, de sucs digestifs peuvent alors entamer la paroi intestinale. Une fois que l'ulcère est apparu, certaines conditions secondaires comme le stress, l'alimentation, l'alcool, la caféine et le tabac peuvent en effet constituer des facteurs aggravants. Il existe aussi d'autres facteurs déclenchants, notamment l'hérédité (les ulcères ont souvent un terrain familial), la prise prolongée d'aspirine, d'ibuprofène ou d'autres anti-inflammatoires non stéroïdiens (AINS).

Le jus d'aloe vera contient un gel astringent, présent dans les feuilles de la plante, qui favorise la cicatrisation des ulcères.

Vitamine A	**Dose :** 10 000 UI par jour pendant 7 jours, puis 5 000 UI par jour. **Attention :** les femmes enceintes ou qui veulent le devenir ne devraient pas dépasser 5 000 UI par jour.
Vitamine C	**Dose :** 1 000 mg 2 fois par jour. **Attention :** à prendre sous forme tamponnée pour ne pas irriter l'estomac.
Zinc/cuivre	**Dose :** 15 mg de zinc et 1 mg de cuivre par jour. **Attention :** n'ajoutez le cuivre que si le traitement au zinc dure plus de 1 mois.
Réglisse	**Dose :** 1 ou 2 pastilles à la réglisse (DGL) de 380 mg chacune 3 fois par jour. **À savoir :** à prendre 30 min avant les repas.
Glutamine	**Dose :** 500 mg de L-glutamine 3 fois par jour pendant 1 mois. **À savoir :** à prendre à jeun.
Gamma-oryzanol	**Dose :** 150 mg 3 fois par jour pendant 1 mois. **À savoir :** à prendre à jeun ; aussi appelé huile de son de riz.
Aloe vera (jus)	**Dose :** 125 ml de jus 3 fois par jour pendant 1 mois. **Attention :** le jus doit contenir 98 % d'aloès mais pas d'aloïne ni d'aloe-émodine.

Rappel : vos suppléments habituels peuvent déjà vous fournir certains dosages – voir p. 181.

Les bienfaits des suppléments nutritionnels

Si l'ulcère est causé par *Helicobacter pylori*, le médecin vous prescrira des antibiotiques et d'autres médicaments. Avec ou sans bactérie, les remèdes naturels indiqués ici peuvent être utilisés sans risque (et avec les médicaments classiques) et pourront accélérer le processus de cicatrisation. La douleur s'estompe généralement au bout de 1 semaine, mais la guérison de l'ulcère peut nécessiter jusqu'à 8 semaines.

La **vitamine A** protège la paroi de l'estomac et de l'intestin grêle, aidant ainsi à la cicatrisation des ulcères. La **vitamine C** peut inhiber directement la prolifération de la bactérie H. *pylori*. Le **zinc** (pris avec du **cuivre**) et les pastilles de **réglisse** favorisent la cicatrisation. Prenez celles-ci pendant 3 mois pour une cicatrisation optimale, en surveillant votre tension artérielle. La **glutamine,** un acide aminé, contribue au processus de guérison en apportant des éléments nutritifs aux cellules qui tapissent le système digestif ; le **gamma-oryzanol,** un extrait de son de riz, semble aussi avoir un effet bénéfique.

Le **jus d'aloe vera** réduit les sécrétions acides de l'estomac et soulage les symptômes. Cette plante populaire contient également des composés astringents pouvant prévenir la survenue d'une hémorragie interne. Enfin, essayez des tisanes de guimauve, d'orme rouge, de reine-des-prés ou de souci, qui apaisent les muqueuses irritées.

Que faire d'autre ?

☑ Adoptez un régime alimentaire riche en fibres douces bien tolérées.

☑ Évitez l'alcool, le café, les boissons au cola et les jus de fruits acides.

☑ Essayez de ne pas fumer. Le tabagisme peut retarder la guérison.

QUOI DE NEUF ?

Plusieurs études démontrent que la réglisse est plus efficace que les antiacides dans un traitement d'entretien comme de courte durée.

—◦◦◦—

Des études in vitro et sur l'animal indiquent que la vitamine C pourrait inhiber directement la bactérie *Helicobacter pylori* responsable des ulcères. Elle joue donc un rôle essentiel dans la prévention et le traitement des maladies ulcéreuses.

—◦◦◦—

Des chercheurs du Royaume-Uni ont montré que le mastic naturel *(Pistacia lentiscus),* présent en région méditerranéenne et utilisé en médecine dans la Grèce antique, détruisait *Helicobacter pylori.* Des études ont été entreprises pour déterminer s'il pouvait constituer un traitement bon marché des ulcères.

LE SAVIEZ-VOUS ?

Depuis longtemps, la médecine populaire préconise le jus de chou pour traiter les ulcères ; le chou est en effet riche en glutamine, un acide aminé favorisant la cicatrisation.

INFOS PLUS

■ Les antibiotiques sont sans aucun doute le meilleur moyen d'éliminer la bactérie *Helicobacter pylori,* mais la plupart des suppléments présentent moins d'effets secondaires que la majorité des autres médicaments classiques, voire aucun.

Varices

Les varices sont souvent inesthétiques et douloureuses. On peut éviter les actes chirurgicaux invasifs en corrigeant son alimentation et son mode de vie, ainsi qu'en prenant des vitamines et des plantes qui renforcent les vaisseaux sanguins et empêchent le gonflement des veines.

Symptômes

- *Veines bleutées, gonflées et sinueuses, généralement situées au niveau du mollet, derrière le genou ou sur la face interne de la cuisse.*

- *Jambes douloureuses, surtout après une station debout prolongée.*

- *Dans les cas sérieux, chevilles enflées.*

CONSULTEZ LE MÉDECIN...

■ Si la zone autour des varices devient rouge, car cela pourrait signaler une grave inflammation des veines.

■ Si la douleur est telle que vous éprouvez des difficultés à marcher.

■ Si la peau autour de la veine est décolorée ou pèle.

■ Si une petite plaie persistante se développe sur une varice.

■ Si vos chevilles sont enflées, ce qui peut être un signe de rétention d'eau.

ATTENTION : si vous suivez un traitement médical, consultez votre médecin avant de prendre des suppléments.

Qu'est-ce que c'est ?

Lorsque les veines sont saines, leurs valvules s'ouvrent et se referment pour que la circulation sanguine se fasse dans une seule direction. Si ces valvules s'affaiblissent, le sang reflue et s'accumule, ce qui provoque l'apparition de veines saillantes, communément appelées varices. Elles sont pratiquement toujours localisées au niveau des jambes (les hémorroïdes sont, en fait, des varices situées dans la région anale).

Les varices n'occasionnent le plus souvent qu'une légère gêne. Dans les cas sérieux, du sang et d'autres liquides s'échappent des veines pour se répandre dans les tissus conjonctifs, ce qui provoque l'apparition de squames et de démangeaisons, ou un gonflement des chevilles dû au liquide qui s'est accumulé dans les jambes. Celles-ci peuvent aussi être lourdes ou douloureuses, particulièrement à la suite de longues périodes passées debout. Non soignées, les varices s'aggravent avec le temps.

Quelles en sont les causes ?

L'apparition de varices est favorisée par des facteurs héréditaires et hormonaux. Si elle touche plus particulièrement certaines familles, elle reste quatre fois plus fréquente chez la femme que chez l'homme.

L'obésité, le soulèvement répété de lourdes charges et la grossesse sont des situations où une pression excessive s'exerce sur les veines. La grossesse entraîne, de plus, des changements hormonaux qui affaiblissent les veines des jambes. Ce problème tend à toucher les personnes qui passent beaucoup de temps debout ou qui ont l'habitude de croiser les jambes, ou encore celles qui font trop peu d'exercice physique. Les maladies du foie ou une mauvaise circulation sanguine sont également des facteurs qui favorisent l'apparition des varices.

La centella fortifie les cellules des parois des vaisseaux sanguins.

VitamineC/ flavonoïdes	**Dose :** 500 mg de vitamine C et 250 mg de flavonoïdes 3 fois par jour. **Attention :** en cas de diarrhée, diminuez la dose de vitamine C.
Vitamine E	**Dose :** 400 UI 2 fois par jour. **Attention :** consultez le médecin si vous êtes sous anticoagulants.
Centella (gotu kola)	**Dose :** 200 mg d'extrait ou 400-500 mg de plante 3 fois par jour. **À savoir :** extrait normalisé à 10 % d'asiaticosides.
Myrtille	**Dose :** 80 mg 3 fois par jour. **À savoir :** normalisée à 25 % d'anthocyanosides.
Marron d'Inde	**Dose :** 500 mg d'extrait chaque matin. **À savoir :** normalisé à 16-21 % d'aescine.
Fragon épineux	**Dose :** 150 mg 3 fois par jour. **À savoir :** normalisé à 9-11 % de ruscogénine.

Rappel : prenez en priorité les suppléments en bleu ; ceux en noir vous seront aussi bénéfiques. Vérifiez qu'ils ne vous sont pas déjà apportés par un autre supplément – voir p. 181.

Les bienfaits des suppléments nutritionnels

La **vitamine C,** associée à des **flavonoïdes** (qui aident l'organisme à utiliser cette vitamine), et la **vitamine E** peuvent améliorer la circulation sanguine et renforcer les parois des veines et des vaisseaux capillaires.

En complément de ces vitamines, la **centella (gotu kola)** améliore la circulation sanguine, augmente la tonicité du tissu conjonctif entourant les veines et contribue à leur souplesse. La **myrtille** renforce les effets de la centella : les deux plantes sont d'ailleurs souvent associées dans un même supplément nutritionnel. L'extrait de **marron d'Inde** peut les remplacer ; il aide à maîtriser les phénomènes d'inflammation et de gonflement, et à réduire l'accumulation de liquide. À défaut, recourez au **fragon épineux.**

Les oligomères procyanidoliques que l'on trouve dans l'extrait de pépins de raisin peuvent aussi être bénéfiques pour les varicosités, à raison de 150-300 mg par jour. Vous pouvez prendre les suppléments et les plantes qui vous conviennent le mieux aussi longtemps que vous le désirez. Sachez pourtant qu'il faut compter jusqu'à 3 mois avant d'en ressentir les effets.

Que faire d'autre ?

☑ Faites de l'exercice, mais évitez les activités physiques intenses : préférez la marche, le vélo ou la natation au jogging. Si vous pratiquez l'haltérophilie, ne soulevez pas de poids trop lourds.

☑ Surélevez vos jambes aussi souvent que possible afin d'empêcher le sang de s'accumuler dans vos veines.

☑ Évitez de rester assis ou debout longtemps et ne croisez pas les jambes.

☑ Veillez à ne pas porter de vêtements serrés – ce conseil vaut également pour les chaussures, les collants (sauf les bas de contention) ou les ceintures, dans la mesure où ils compriment les veines des jambes et peuvent empêcher le sang de circuler facilement.

Dans une étude italienne récente menée sur 87 volontaires, on a observé une amélioration bien plus nette du fonctionnement des veines chez les sujets qui avaient pris de la centella pendant 2 mois que chez ceux qui avaient reçu un placebo. De plus, aucun effet indésirable n'a été noté.

———

Les bas de contention soulagent les symptômes des varices, mais ils sont chers et rarement agréables à porter. Une étude allemande récente a montré que l'extrait de marron d'Inde procurait les mêmes bienfaits que ces bas.

HISTOIRE VÉCUE

De nouvelles jambes

Peu de temps après ses 40 ans, Caroline S. remarqua les premiers signes de varices sur ses jambes, problème qui empoisonnait la vie d'autres femmes de sa famille depuis fort longtemps. Ayant décidé de ne pas en arriver au même point, elle commença à faire de l'exercice régulièrement. Elle acheta des bas de contention, modifia son régime alimentaire et veilla à ne pas croiser les jambes ni rester debout trop longtemps. Elle prit régulièrement de la centella, de la myrtille ainsi que d'autres suppléments recommandés afin de conserver des veines en pleine santé.

Aujourd'hui âgée de 45 ans, Caroline n'a pratiquement plus de varices. Lorsqu'elle se regarde dans un miroir, elle ne peut s'empêcher de penser : « Sans aucun doute, ces changements tout simples ont sauvé la vie de mes jambes. »

Verrues

Ces excroissances gênantes, et parfois inesthétiques, touchent environ 10 % de la population canadienne. Même si de nombreuses verrues disparaissent spontanément, les suppléments nutritionnels peuvent accélérer le processus de guérison.

Symptômes

- **Verrues vulgaires :** *elles sont très courantes et apparaissent généralement sur les mains.*

- **Verrues plantaires :** *grosseurs plates ou légèrement saillantes, localisées sur la plante du pied et ressemblant à des durillons.*

- **Condylomes génitaux :** *excroissances d'un rose rougeâtre pouvant prendre l'aspect d'un chou-fleur et apparaissant dans les régions anale et génitale.*

CONSULTEZ LE MÉDECIN...

- Si vous remarquez une tumeur cutanée inhabituelle, ou si une excroissance change de couleur ou de volume.

- Si une verrue apparaît après l'âge de 45 ans.

- Si une verrue saigne, si elle devient aussi grosse qu'une noisette, qu'elle est douloureuse ou vous gêne dans vos tâches quotidiennes, ou encore si elle est localisée dans la région génitale.

- Si une verrue ne disparaît pas au bout de 12 semaines d'automédication.

ATTENTION : si vous suivez un traitement médical, consultez votre médecin avant de prendre des suppléments.

Qu'est-ce que c'est ?

Les verrues, généralement bénignes, sont des zones cutanées qui se sont développées plus rapidement que le reste de la peau et ont accumulé de la kératine (matière dure et imperméable du revêtement cutané) sous l'action d'un virus. Elles revêtent de multiples formes, comme les verrues vulgaires, généralement situées sur les mains, et les verrues plantaires, sur les pieds. Les condylomes génitaux sont plus graves, car ils présentent un risque de cancer de la peau, du col de l'utérus et du pénis.

Quelles en sont les causes ?

Les verrues se forment lorsqu'un virus du type *papillomavirus* envahit la couche supérieure de la peau. Transmis par contact direct, celui-ci s'installe par le biais d'une coupure ou d'une écorchure. La verrue n'apparaît parfois qu'après plusieurs mois, voire plusieurs années d'incubation du virus, ce qui signifie qu'un sujet peut être contagieux sans pour autant présenter des verrues. Le condylome génital est la forme la plus courante des maladies sexuellement transmissibles.

Les bienfaits des suppléments nutritionnels

Les verrues se développant souvent à la suite d'une défaillance du système immunitaire, il est conseillé de prendre plusieurs suppléments : de la **levure de bière** pour sa richesse en vitamines B, ainsi que des **vitamines A** et **C,** qui renforcent l'immunité, favorisent la disparition des excroissances et préviennent les récidives si on les prend de façon prolongée.

En traitement local, appliquez les produits suivants : **vitamine E,** qui accélère la guérison, huiles essentielles d'**ail** et de **mélaleuca,** teinture

Mélangée à un peu d'eau et appliquée sur une compresse, la vitamine C en poudre peut favoriser la disparition des verrues.

Levure de bière	**Dose :** 2 gélules de 450 mg 2 fois par jour. **À savoir :** il vaut mieux utiliser de la levure de bière revivifiable.
Vitamine A	**Dose :** 5 000 UI 2 fois par jour pendant 10 jours. **Attention :** les femmes enceintes ou qui veulent le devenir ne doivent pas dépasser 5 000 UI par jour.
Vitamine C	**Dose :** 500 mg 3 fois par jour. **À savoir :** vous pouvez également mélanger 1/2 c. à thé de vitamine C en poudre à un peu d'eau et appliquer la préparation sous forme de compresse 2 fois par jour.
Vitamine E	**Dose :** versez le contenu d'une gélule sur une compresse. **À savoir :** appliquez-la au coucher et retirez-la le matin, jusqu'à guérison des verrues.
Ail (huile essentielle)	**Dose :** humectez-en une compresse. **À savoir :** appliquez-la au coucher et retirez-la le matin, jusqu'à guérison des verrues.
Mélaleuca (huile essentielle)	**Dose :** versez-en plusieurs gouttes sur une compresse. **À savoir :** appliquez-la au coucher et retirez-la le matin, jusqu'à guérison des verrues.
Hydraste du Canada	**Dose :** imbibez une compresse de teinture. **À savoir :** appliquez-la au coucher et retirez-la le matin, jusqu'à guérison des verrues.
Aloe vera (gel)	**Dose :** mettez 1 noisette de gel sur une compresse **À savoir :** utilisez des feuilles fraîches d'aloès ou un gel vendu dans le commerce ; procédez comme pour les autres compresses.

Rappel : prenez en priorité les suppléments en bleu ; ceux en noir vous seront aussi bénéfiques. Vérifiez qu'ils ne vous sont pas déjà apportés par un autre supplément – voir p. 181.

d'**hydraste du Canada** ou gel d'**aloe vera,** qui contiennent des antiviraux, plus vitamine C en poudre diluée dans de l'eau. Essayez un de ces suppléments : s'il ne donne pas de résultats, passez à un autre. En cas d'irritation de la peau, diluez la préparation avec de l'eau ou de l'huile végétale, et protégez les zones cutanées entourant les verrues avec de la vaseline. La dilution est impérative lors d'une application sur la région génitale. Changez les compresses tous les jours. Même si les premiers effets apparaissent au bout de 3 ou 4 jours, le traitement doit être maintenu jusqu'à la guérison complète. Enfin, vous pouvez aussi utiliser de l'huile de ricin (mélangée à un peu de bicarbonate de soude) et de l'huile essentielle de clou de girofle, également en usage externe. Demandez toutefois l'avis de votre médecin, surtout en cas d'application sur un condylome génital.

Que faire d'autre ?

☑ Portez des sandales dans les salles de sport ou à la piscine : certains virus se transmettent par contact avec le sol.

☑ En cas de verrues persistantes, le traitement par cryothérapie, par électrocautérisation ou par laser sera pratiqué par un médecin.

QUOI DE NEUF ?

La consommation d'alcool augmenterait-elle les prédispositions aux condylomes génitaux ? Après avoir étudié les habitudes alimentaires, sexuelles, et d'autres facteurs favorisant le développement des verrues, des chercheurs américains ont découvert que le risque de condylome génital était doublé chez les sujets absorbant 2 à 4 boissons alcoolisées par semaine. Ces risques augmentent avec le nombre de verres supplémentaires.

Une autre étude récente indique que le tabagisme favoriserait aussi l'apparition des condylomes génitaux chez la femme. Ainsi, chez les fumeuses, le risque de développer ce type de verrues serait cinq fois plus élevé que chez les non-fumeuses.

INFOS PLUS

■ Les remèdes classiques contre les verrues peuvent être efficaces, mais utilisez-les avec précaution, sans jamais les appliquer sur les zones génitales. Ils contiennent souvent des agents chimiques agressifs qui risquent d'irriter la peau beaucoup plus que les suppléments naturels.

■ Pour vous épiler le visage ou les jambes, utilisez un rasoir électrique ou une crème dépilatoire plutôt qu'un rasoir mécanique. Écorcher une verrue peut en effet la faire saigner et déclencher une infection avec la formation d'une cicatrice. Cela favorise également la propagation des verrues.

■ L'excision d'une verrue n'entraîne pas sa disparition, car le virus reste dans la peau.

Vieillissement

À mesure que l'on avance en âge, le fonctionnement des organes ralentit et le risque de maladie augmente. S'il est impossible d'arrêter le temps, on peut vieillir en bonne santé avec une bonne hygiène de vie et l'aide des suppléments nutritionnels.

Symptômes

- Ralentissement des facultés cognitives : mémoire défaillante et difficultés à se souvenir de nouveaux visages ou d'événements récents.

- Détérioration sensorielle : diminution du pouvoir d'accommodation visuelle et de la perception des sons aigus.

- Affaiblissement des défenses immunitaires : vulnérabilité accrue au rhume, à la grippe et à d'autres maladies.

- Diminution de la masse osseuse.

- Risques accrus de maladies cardiovasculaires et de cancer.

CONSULTEZ LE MÉDECIN...

- À partir de 50 ans, vous devez passer un examen médical complet tous les ans ; cependant, n'hésitez pas à voir votre médecin si les maladies liées à l'âge vous inquiètent.

ATTENTION : si vous suivez un traitement médical, consultez votre médecin avant de prendre des suppléments.

Les suppléments d'acide folique et de vitamine B12 sont parfois nécessaires aux personnes âgées de plus de 50 ans.

Qu'est-ce que c'est ?

Le vieillissement est un processus qui affecte l'organisme tout entier : les cheveux virent au gris, la peau se ride, les articulations et les muscles se raidissent, les os se fragilisent, la mémoire diminue, la vue baisse et le système immunitaire s'affaiblit.

Quelles en sont les causes ?

Le mécanisme de la division et du remplacement des cellules ralentit à mesure que l'on avance en âge, causant une détérioration progressive de l'organisme. Bien que celle-ci soit normale, il semble, d'après nombre de chercheurs, que des molécules portant un électron « célibataire », appelées radicaux libres, l'accélèrent. D'où la possibilité de ralentir le vieillissement en évitant les facteurs favorisant la production excessive de ces radicaux libres – tabac, pollution, abus d'alcool, exposition au soleil, médicaments chimiques – et en stimulant celle d'antioxydants, défenseurs naturels de l'organisme. Ceux-ci, fabriqués par les cellules et fournis par l'alimentation, sont des armes puissantes contre les radicaux libres.

Les bienfaits des suppléments nutritionnels

Les **vitamines C** et **E** sont des antioxydants qui combattent les effets des radicaux libres. La vitamine C et les **flavonoïdes** agissent au sein même des cellules, tandis que la vitamine E protège la membrane graisseuse qui les entoure ; elle fortifie le système immunitaire des personnes âgées, éloignant ainsi le risque d'affections liées au vieillissement, telles les maladies cardiovasculaires, certaines formes de cancer et, peut-être, la maladie d'Alzheimer. D'autres antioxydants sont sans doute encore plus efficaces : le **thé vert** (vanté depuis longtemps pour ses effets sur la longévité), le sélénium (40 µg 2 fois par jour) et l'extrait de pépins de raisin (100 mg 2 fois par jour), qui contient de nombreux flavonoïdes antioxydants.

L'**acide folique**, vitamine du complexe B, maintient le taux de globules rouges dans le sang, protège le cœur et contribue au bon fonctionnement du système nerveux. Son action est favorisée par les **vitamines B6** et **B12 :** cette dernière contribue en plus au bon fonctionnement du cerveau. Les personnes âgées ont intérêt à prendre cette vitamine en supplément,

Vitamine C/ flavonoïdes	**Dose :** 500 mg de vitamine C et 250 mg de flavonoïdes 2 fois par jour. **Attention :** en cas de diarrhée, diminuez la dose de vitamine C.
Vitamine E	**Dose :** 400 UI par jour. **Attention :** consultez le médecin si vous êtes sous anticoagulants.
Thé vert	**Dose :** 250 mg d'extrait 2 fois par jour. **Attention :** normalisé à 50 % au moins de polyphénols.
Acide folique/ vitamine B12	**Dose :** 400 µg d'acide folique et 1 000 µg de vitamine B12 1 fois par jour. **À savoir :** la forme sublinguale est mieux assimilée.
Vitamine B6	**Dose :** 10 mg de vitamine B6 1 fois par jour. **Attention :** non recommandée en cas de maladie de Parkinson traitée à la lévodopa.
Onagre (huile essentielle)	**Dose :** 1 000 mg 3 fois par jour. **À savoir :** vous pouvez remplacer l'huile d'onagre par 1 000 mg d'huile de bourrache 1 fois par jour.
Glucosamine	**Dose :** 500 mg de sulfate de glucosamine 2 fois par jour. **À savoir :** prenez-en 3 fois par jour si vous faites de l'arthrose ; à prendre en mangeant pour diminuer l'irritation gastrique. **Attention :** contre-indiquée aux diabétiques.
Ginkgo biloba	**Dose :** 40 mg 3 fois par jour. **Attention :** normalisé à 24 % au moins de glycosides flavonoïdes.

Rappel : prenez en priorité les suppléments en bleu ; ceux en noir vous seront aussi bénéfiques. Vérifiez qu'ils ne vous sont pas déjà apportés par un autre supplément – voir p. 181.

car beaucoup d'entre elles n'assimilent plus les vitamines apportées par les aliments. Or, une carence en vitamine B12 risque de causer des troubles nerveux, accompagnés de dépression. L'**huile essentielle d'onagre** contient de l'acide gamma-linolénique (GLA), qui est essentiel à plusieurs fonctions corporelles. En vieillissant, le corps perd sa faculté de convertir les graisses alimentaires en GLA.

De plus, certains suppléments visent à aider des capacités spécifiques. C'est le cas de la **glucosamine,** qui peut renforcer le cartilage au niveau des articulations et soulager la douleur arthritique. Enfin, parce qu'il favorise le flux sanguin, le **ginkgo biloba** peut améliorer certains états qui sont la conséquence du vieillissement : étourdissements, impuissance et perte de mémoire.

Que faire d'autre ?

☑ Protégez-vous du soleil : il accélère le vieillissement de la peau.

☑ Essayez d'arrêter de fumer. Le tabac accélère la détérioration des os, des poumons et de la vessie.

☑ Efforcez-vous de maintenir votre masse osseuse et musculaire en faisant des exercices appropriés comme la marche, la bicyclette...

☑ Mangez beaucoup de fruits et de légumes – riches en antioxydants – ainsi que des poissons gras, qui contiennent des acides gras oméga-3.

La vitamine E pourrait prolonger la durée de la vie humaine. Une étude menée par l'Institut américain de gérontologie a montré que les risques de mourir d'une maladie cardiovasculaire étaient moitié moindres chez les personnes prenant des suppléments de vitamine E. D'après une autre étude, cette vitamine fortifie le système immunitaire des individus de plus 65 ans. Des comparaisons entre des individus ayant pris 200 UI de cette vitamine (d'origine chimique) pendant 4 mois et d'autres ayant pris une dose différente ou un placebo ont permis de constater des améliorations significatives chez les premiers.

Une étude menée sur un groupe de personnes âgées a démontré l'existence d'un lien entre la présence dans le sang de fortes doses d'antioxydants (bêta-carotène et vitamine C) et une meilleure capacité de mémorisation.

LE SAVIEZ-VOUS ?
À l'âge de 75 ans, le corps humain renferme 30 % moins de cellules qu'il n'en avait.

INFOS PLUS
■ L'exercice physique, notamment la marche pratiquée à raison de 4 à 5 km par jour, est l'un des meilleurs moyens de lutter contre le vieillissement.

Zona

Après une varicelle, le virus responsable reste enfoui dans les cellules nerveuses et peut se réveiller plus tard, provoquant les cloques terriblement douloureuses du zona. Par bonheur, les remèdes naturels permettent souvent de soulager cette maladie parfois persistante.

Symptômes

- Brûlures et picotements intenses dans une région du corps, suivis au bout de 2 ou 3 jours d'un rougissement de la peau. Parfois, maux de tête et fièvre.

- Grappes de vésicules emplies de liquide se formant sur une bande de peau enflammée, généralement sur le torse ou les fesses, mais parfois sur le visage ou les bras.

- Douleur et démangeaisons intenses aux alentours des vésicules, qui se dessèchent en croûtes au bout de 10 jours. La douleur subsiste en principe pendant 2 ou 3 semaines, mais peut dans certains cas durer pendant des mois, voire des années.

CONSULTEZ LE MÉDECIN...

- Si vous constatez les symptômes décrits ci-dessus ; pour agir efficacement, les médicaments antiviraux doivent être pris très tôt.

- Si vous éprouvez une sensation de contusion sur un côté du visage ou du corps.

- Si les lésions du visage atteignent le tour des yeux.

- Si une zone enflammée s'infecte ou reste plus de 10 jours sans amélioration notable.

- Si la douleur est intolérable.

ATTENTION : si vous suivez un traitement médical, consultez votre médecin avant de prendre des suppléments.

Qu'est-ce que c'est ?

Le zona (Herpes zoster) est une forme de l'infection par le virus herpétique également responsable de la varicelle. Lorsque l'on a contracté la varicelle dans l'enfance, le virus ne meurt pas, mais reste à l'état dormant dans les cellules nerveuses. Il peut se réactiver plus tard dans la vie, provoquant alors des vésicules cutanées extrêmement douloureuses. Le zona n'est pas contagieux en soi, mais ses vésicules ouvertes peuvent transmettre la varicelle aux jeunes enfants ou aux adultes qui ne l'ont jamais eue.

Quelles en sont les causes ?

Le virus responsable du zona se trouve sans doute réactivé lorsque le système immunitaire est affaibli par l'âge, le stress ou la grippe, ou encore par certains médicaments ou une maladie immunodépressive. Personne ne connaît pourtant avec certitude les raisons qui expliquent pourquoi ce virus resurgit.

Les bienfaits des suppléments nutritionnels

Les thérapies contre le zona sont conçues pour traiter les crises aiguës et la douleur qu'elles provoquent, et qui peuvent s'installer en permanence pendant des mois, voire des années (névralgies postzostériennes). Les suppléments destinés aux crises de zona aiguës (à prendre ensemble) se divisent en deux groupes : les traitements locaux, appliqués directement sur les lésions, et les traitements par voie orale, susceptibles de stimuler le système immunitaire et de favoriser la cicatrisation de la peau et des nerfs enflammés. Un traitement local avec du **gel d'aloe vera** combiné à de l'huile de **vitamine E** peut procurer un soulagement immédiat. Ils font office d'émollient apaisant, soulagent la douleur et les démangeaisons, améliorent la cicatrisation et réduisent les risques d'infection des lésions. On peut aussi appliquer une crème à la mélisse ou à la réglisse.

Appliquée doucement sur la peau, la vitamine E aide à cicatriser les lésions du zona.

SUPPLÉMENTS RECOMMANDÉS	
Aloe vera (gel)	**Dose :** appliquez largement le gel sur la peau au besoin. **À savoir :** utilisez de la feuille fraîche d'aloès ou un gel préparé.
Vitamine E	**Dose :** appliquez sous forme d'huile topique lors des accès. **À savoir :** pour la douleur postzostérienne, prenez-en 400 UI par voie orale 2 fois par jour.
Vitamine C/ flavonoïdes	**Dose :** 500 mg de vitamine C et 250 mg de flavonoïdes 3 fois par jour. **Attention :** en cas de diarrhée, diminuez la dose de vitamine C.
Vitamine A	**Dose :** 10 000 UI, par jour lors des accès, sans dépasser 10 jours. **Attention :** les femmes enceintes ou qui veulent le devenir ne doivent pas dépasser 5 000 UI par jour.
Échinacée/ hydraste du Canada	**Dose :** 200 mg d'échinacée et 125 mg d'hydraste 4 fois par jour **Attention :** à utiliser uniquement en phase aiguë ; les deux produits existent en association.
Lysine (acide aminé)	**Dose :** 1 000 mg de L-lysine 3 fois par jour en phase aiguë uniquement. **À savoir :** prenez-la à jeun et sans lait.
Sélénium	**Dose :** 400 µg par jour pendant les phases aiguës uniquement. **Attention :** le sélénium est toxique à haute dose ; ne dépassez pas 400 µg par jour.
Graines de lin (huile)	**Dose :** 1 c. à soupe (14 g) par jour lors des phases aiguës. **À savoir :** à prendre le matin ; peut être mêlée aux aliments.

Rappel : prenez en priorité les suppléments en bleu ; ceux en noir vous seront aussi bénéfiques. Vérifiez qu'ils ne vous sont pas déjà apportés par un autre supplément – voir p. 181.

Lors des poussées, la **vitamine C,** les **flavonoïdes** et la **vitamine A** sont des antioxydants protecteurs des cellules qui s'utilisent en traitement interne. Associés à l'**échinacée** et à l'**hydraste du Canada,** ils stimulent le fonctionnement du système immunitaire et lui permettent de lutter contre le virus herpétique et les infections bactériennes cutanées. La **lysine** (acide aminé), le **sélénium** (minéral) et l'**huile de graines de lin** rendent la peau saine et accélèrent la cicatrisation.

Pour traiter les douleurs résiduelles consécutives à un zona, fiez-vous aux suppléments qui vous ont réussi pendant la phase aiguë ; ajoutez-y de la vitamine E (400 UI 2 fois par jour) pour protéger les cellules, de la vitamine B12 (1 000 µg de B12 et 400 µg d'acide folique tous les matins) afin de nourrir les gaines protectrices des nerfs.

Que faire d'autre ?

☑ Maintenez les régions affectées propres et sèches. Ne grattez jamais les cloques et n'essayez pas non plus de les percer : vous pourriez déclencher une infection bactérienne.

☑ Calmez l'inflammation et la douleur avec des compresses humides fraîches ou de la glace. Vous pouvez aussi appliquer une lotion à la calamine.

Interactions médicamenteuses

La prise de vitamines, minéraux et autres suppléments nutritionnels n'est pas toujours sans risque. Certains peuvent interférer avec des médicaments en vente libre ou sur ordonnance, car ils en augmentent l'action et s'accompagnent parfois d'effets secondaires. Bien que les doses préconisées dans cet ouvrage ne soient que très rarement susceptibles d'entraîner des interactions médicamenteuses, il convient de rester prudent lorsqu'il s'agit de combiner un supplément, quel qu'il soit, avec un médicament.

Vous trouverez dans ce chapitre les principales catégories de médicaments et les réactions pouvant survenir avec certains suppléments. Pour plus de détails concernant les suppléments présentés ici, reportez-vous aux entrées de la partie qui leur est consacrée, page 24 à 179.

DÉTERMINER LES INTERACTIONS

Si vous devez prendre un médicament pour une raison médicale spécifique, consultez les catégories répertoriées ci-après par ordre alphabétique pour vérifier si un supplément ne lui est pas contre-indiqué.

Seuls les membres les plus courants de chaque catégorie sont présentés, sous leur nom générique. Vous ne les trouverez donc pas tous. Sachez cependant que tous les médicaments appartenant à une même catégorie ont probablement des interactions similaires : même si le vôtre ne figure pas sur la liste, il aura les mêmes interactions que ceux de sa catégorie. En cas de doute, interrogez votre médecin ou votre pharmacien.

CONSULTER LE MÉDECIN

Sauf sur recommandation médicale, évitez les médicaments et les suppléments à effets identiques. Ainsi, si vous prenez de la passiflore ou de la valériane pour mieux dormir, vous risquez l'hypersomnie (excès de sommeil) en les associant à un somnifère traditionnel ou à un médicament entraînant une somnolence – analgésique narcotique, antihistaminique –, ainsi qu'à l'alcool.

De même, si vous êtes sous antidépresseur, ne prenez aucun supplément nutritionnel agissant sur les éléments chimiques du cerveau et sur l'humeur (5-HTP, mélatonine) sans avis médical. Si vous souffrez d'une maladie, quelle qu'elle soit, consultez toujours votre médecin ou votre pharmacien avant d'essayer un supplément, fût-il à base de plantes a priori inoffensives. N'arrêtez jamais un traitement sur ordonnance sans l'accord de votre médecin.

PRÉCAUTIONS GÉNÉRALES

La prise des suppléments ci-dessous associée à certains médicaments classiques nécessite des précautions particulières.

■ **GABA** Peut provoquer de l'hypersomnie (excès de sommeil) si elle est associée à des sédatifs.

■ **GYMNEMA SYLVESTRE** Peut modifier les dosages requis d'insuline ou d'un traitement oral contre le diabète ; consultez le médecin avant de prendre ce supplément avec un médicament contre le diabète (antidiabétique).

■ **MÉLATONINE** Affecte les taux d'hormones dans le cerveau. La prudence s'impose quand elle est utilisée avec des antidépresseurs ou avec des hormones. Peut provoquer de l'hypersomnie (excès de sommeil) si elle est associée à des sédatifs.

■ **PSYLLIUM** Ne doit pas être absorbé dans les 2 h qui précèdent ou suivent la prise d'un médicament, car il risque d'en retarder l'absorption.

■ **RÉGLISSE** Peut faire monter la tension artérielle et ne doit pas être prise avec des médicaments hypotenseurs ou tout autre traitement modifiant la tension artérielle.

■ **VALÉRIANE, PASSIFLORE** Peuvent provoquer de l'hypersomnie si elles sont associées à des sédatifs.

ANALGÉSIQUES NARCOTIQUES

Acétaminophène
Codéine
Hydrocodone
Interactions avec les suppléments nutritionnels suivants :

■ **5-HTP, GABA,** MÉLATO-NINE, PASSIFLORE, VALÉ-RIANE Pris avec des myorelaxants ou des analgésiques, ils peuvent provoquer une somnolence excessive.

ANTIACIDES
Tous les antiacides
Interactions avec le supplément nutritionnel suivant :
■ **ACIDE FOLIQUE** Son assimilation est diminuée par les antiacides ; prenez les suppléments d'acide folique 2 h avant ou après un antiacide.

ANTIACNÉIQUES
Isotrétinoïne
Autres antiacnéiques
Interactions avec le supplément nutritionnel suivant :
■ **VITAMINE A** Prise avec des antiacnéiques, peut faire monter le taux sanguin de vitamine A et augmenter ainsi les risques d'effets secondaires.

ANTIBIOTIQUES
Tous les antibiotiques oraux
Interactions avec le supplément nutritionnel suivant :
■ **FER** Peut réduire l'efficacité des antibiotiques ; prenez les suppléments de fer 2 h avant ou après le médicament.

Amoxicilline
Doxycycline
Minocycline
Tétracycline
Interactions avec les suppléments nutritionnels suivants :
■ **BROMÉLINE** Augmente parfois l'absorption de l'amoxicilline, ce qui n'est pas forcément mauvais.
■ **CALCIUM** Peut diminuer l'assimilation du médicament ; prenez-le 1 à 3 h avant ou après l'un des antibiotiques cités plus haut.

■ **FER** Peut réduire l'efficacité de l'antibiotique ; prenez les suppléments de fer 2 h avant ou après le médicament.
■ **MAGNÉSIUM** Peut réduire l'efficacité de l'antibiotique ; veillez à prendre les suppléments de magnésium 1 à 3 h avant ou après le médicament.
■ **PSYLLIUM** Peut réduire l'efficacité de l'antibiotique ; consultez le médecin.
■ **VITAMINE C** Augmente parfois l'absorption de la tétracycline, ce qui n'est pas forcément mauvais.
■ **ZINC** Peut réduire l'efficacité de l'antibiotique ; prenez les suppléments de zinc 2 h au moins après le médicament.

ANTICOAGULANTS
Enoxaparine
Warfarine
Autres anticoagulants
Interactions avec les suppléments nutritionnels suivants :
■ **AIL** Peut augmenter l'effet fluidifiant du médicament sur le sang ; consultez le médecin avant de les associer.
■ **CHAMPIGNONS ASIATIQUES** Les reishi peuvent augmenter l'effet fluidifiant du médicament sur le sang ; consultez le médecin.
■ **HUILES DE POISSON** À utiliser avec prudence, car elles augmentent l'effet fluidifiant du médicament sur le sang ; entraînent un risque de saignement prolongé ou, à doses exagérément élevées, d'hémorragie interne.
■ **MILLEPERTUIS** Peut augmenter l'activité hépatique et, éventuellement, réduire l'efficacité des anticoagulants ; consultez impérativement le médecin avant de prendre cette plante.

■ **VITAMINE E** Peut augmenter l'effet fluidifiant du médicament sur le sang ; consultez le médecin avant de les associer.

ANTIDÉPRESSEURS
Fluoxétine (Prozac®)
Autres antidépresseurs
Interactions avec les suppléments nutritionnels suivants :
■ **5-HTP** N'en prenez pas dans les 4 semaines qui précèdent ou suivent la prise d'un inhibiteur de la mono-amine oxydase (IMAO). Consultez votre médecin si vous prenez des antidépresseurs ; peut causer de l'anxiété, de la confusion et d'autres effets secondaires graves.
■ **GINSENG PANAX** Consultez le médecin si vous prenez un inhibiteur de la monoamine-oxydase (IMAO).
■ **MÉLATONINE** Consultez votre médecin. On a fait état d'effets secondaires chez des sujets sous antidépresseurs.
■ **MILLEPERTUIS** En association avec des antidépresseurs conventionnels, peut entraîner des réactions indésirables ; consultez le médecin.

ANTIDIABÉTIQUES
Insuline
Antidiabétiques oraux
Interactions avec les suppléments nutritionnels suivants :
■ **CHROME** Peut modifier les dosages requis d'insuline ou d'autres antidiabétiques ; consultez le médecin.
■ **GINSENG PANAX** La prise prolongée de ce supplément peut nécessiter la modification du traitement à base d'insuline ou d'autres remèdes antidiabétiques.
■ **GINSENG DE SIBÉRIE** À utiliser avec prudence ; pourrait augmenter l'effet hypoglycémiant du glipizide,

une substance qui favorise la sécrétion de l'insuline.
■ **GRIFFE-DU-CHAT** À éviter si vous prenez du glipizide ; on a constaté des effets secondaires.
■ **PISSENLIT** À utiliser avec prudence ; pourrait augmenter l'effet hypoglycémiant du glipizide, une substance qui favorise la sécrétion de l'insuline.

ANTIHISTAMINIQUES
Interactions avec les suppléments nutritionnels suivants :
■ **5-HTP, GABA,** MÉLATO-NINE, VALÉRIANE Risquent de provoquer de la somnolence en association avec des antihistaminiques sédatifs.

ANTI-INFLAMMATOIRES NON STÉROÏDIENS
Étodolac
Ibuprofène
Kétoprofène
Naproxène
Autres anti-inflammatoires non stéroïdiens
Interactions avec les suppléments nutritionnels suivants :
■ **PHOSPHORE** Son association avec des phosphates contenant du potassium peut augmenter le risque d'hyperkaliémie (excès de potassium dans le sang) et entraîner de graves effets secondaires ; consultez le médecin.
■ **POTASSIUM** Son association avec ces médicaments peut augmenter le risque d'hyperkaliémie (excès de potassium dans le sang) et entraîner de graves effets secondaires ; consultez le médecin.

Aspirine
Interactions avec les suppléments nutritionnels suivants :
■ **AIL** Intensifie l'effet anticoagulant de l'aspirine dans le sang lorsqu'elle est

prise en traitement à long terme ; consultez le médecin.

■ **CHAMPIGNONS ASIATIQUES** Les reishi peuvent intensifier l'effet anticoagulant de l'aspirine dans le sang lorsqu'elle est prise en traitement à long terme ; consultez le médecin.

■ **GINKGO BILOBA** Intensifie l'effet anticoagulant de l'aspirine dans le sang lorsqu'elle est prise en traitement à long terme ; peut entraîner des hémorragies.

■ **HUILES DE POISSON** Intensifient l'effet fluidifiant de l'aspirine sur le sang lorsqu'elle est prise en traitement à long terme ; à doses exagérément élevées, peuvent entraîner des hémorragies.

ANTIVIRAUX CONTRE LE SIDA
Indinavir
Nelfinavir
Ritonavir
Interactions avec le supplément nutritionnel suivant :

■ **CHARDON-MARIE** À forte dose, peut inhiber une enzyme hépatique qui contribue à l'élimination du produit et en augmenterait la toxicité.

CŒUR ET TENSION ARTÉRIELLE
Tous les antihypertenseurs
Interactions avec les suppléments nutritionnels suivants :

■ **AIL** Peut renforcer l'action des médicaments contre l'hypertension ; consultez le médecin.

■ **AUBÉPINE** Peut intensifier les effets des antihypertenseurs ; une réduction du dosage du médicament peut être conseillée ; consultez le médecin.

■ **CALCIUM** Peut faire baisser la tension artérielle ; consultez le médecin.

■ **GINSENG PANAX ET GINSENG DE SIBÉRIE** Consultez le médecin si vous prenez des médicaments antihypertenseurs.

■ **RÉGLISSE** Peut neutraliser les effets des anti-hypertenseurs.

■ **VITAMINE D** Peut faire baisser la tension artérielle ; consultez le médecin.

1. Les inhibiteurs calciques
Amlodipine
Diltiazem
Vérapamil
Autres inhibiteurs calciques
Interactions avec les suppléments nutritionnels suivants :

■ **FLAVONOÏDES** En cas de traitement par un inhibiteur calcique, ne prenez pas de préparation bioflavonoïde d'agrumes contenant de la naringine – flavonoïde présent dans le pamplemousse (non dans l'orange).

2. Les inhibiteurs de l'enzyme de conversion de l'angiotensine (ECA)
Bénazépril
Enalapril
Fosinopril
Autres inhib. de l'ECA
Interactions avec les suppléments nutritionnels suivants :

■ **PHOSPHORE** Son association avec ces médicaments est déconseillée ; pris avec des phosphates contenant du potassium, il peut augmenter le risque d'hyperkaliémie (excès de potassium dans le sang) et entraîner de graves effets secondaires.

■ **POTASSIUM** Son association avec ces médicaments est déconseillée ; il peut augmenter le risque d'hyperkaliémie (excès de potassium dans le sang) et entraîner de graves effets secondaires.

3. Les digitaliques
Digitoxine
Digoxine
Interactions avec les suppléments nutritionnels suivants :

■ **AUBÉPINE** Peut intensifier l'effet antihypertenseur du médicament, d'où la nécessité éventuelle d'en réduire les doses ; consultez le médecin.

■ **GINSENG DE SIBÉRIE** Nécessite une modification du dosage du médicament ; consultez le médecin avant d'en prendre en même temps que des digitaliques.

■ **PHOSPHORE** Son association avec des phosphates contenant du potassium peut augmenter le risque d'hyperkaliémie (excès de potassium dans le sang) et entraîner de graves effets secondaires ; consultez le médecin.

■ **POTASSIUM** Son association avec ces médicaments peut augmenter le risque d'hyperkaliémie (excès de potassium dans le sang) et entraîner de graves effets secondaires ; consultez le médecin.

■ **RÉGLISSE** Peut neutraliser l'effet antihypertenseur des digitaliques.

4. Les nitrates
Isosorbide (dinitrate)
Nitroglycérine
Interactions avec le supplément nutritionnel suivant :

■ **NAC (N-ACÉTYL-CYSTÉINE)** Évitez l'association avec ces substances ; elles peuvent provoquer de violents maux de tête.

DIURÉTIQUES
1. Les diurétiques d'épargne potassique
Amiloride
Spironolactone
Triamtérène
Interactions avec les suppléments nutritionnels suivants :

■ **PHOSPHORE** En association avec des phosphates contenant du potassium, il peut augmenter le risque d'hyperkaliémie (excès de potassium dans le sang) et provoquer de graves effets secondaires ; consultez le médecin avant de les prendre ensemble.

■ **POTASSIUM** N'en prenez pas avec des diurétiques ; cela peut augmenter le risque d'hyperkaliémie (excès de potassium dans le sang) et provoquer de graves effets secondaires.

2. Les diurétiques de l'anse
Acide éthacrynique
Bumétanide
Furosémide
Torsémide
Interactions avec les suppléments nutritionnels suivants :

■ **GINSENG PANAX** Si vous l'associez au furosémide, il risque d'en accentuer les effets antihypertenseurs.

■ **GLUCOSAMINE** Il sera peut-être nécessaire d'augmenter les doses du diurétique.

■ **PISSENLIT** À forte dose, risque d'amplifier les effets diurétiques de ces médicaments.

3. Les thiazidiques
Chlorothiazide
Hydrochlorothiazide
Indapamide
Interactions avec les suppléments nutritionnels suivants :

■ **CALCIUM** Peut entraîner des taux de calcium excessifs, voire toxiques, dans l'organisme, avec un risque d'insuffisance rénale ; consultez le médecin.

■ **GLUCOSAMINE** Il sera peut-être nécessaire d'augmenter les doses du diurétique.

■ **PISSENLIT** À forte dose, risque d'amplifier les effets diurétiques de ces médicaments.

- **POTASSIUM** Si vous l'associez à un diurétique thiazidique, n'interrompez pas brutalement la prise de celui-ci. Peut augmenter le risque d'hyperkaliémie (excès de potassium dans le sang) et provoquer de graves effets secondaires.

- **RÉGLISSE** Peut faire baisser dangereusement les taux de potassium dans le corps.

- **VITAMINE D** Peut entraîner des taux de calcium excessifs, voire toxiques, dans l'organisme, avec un risque d'insuffisance rénale ; consultez le médecin.

HYPOLIPIDÉMIANTS
Atorvastatine
Lovastatine
Simvastatine
Autres « -statines »
Interactions avec les suppléments nutritionnels suivants :

- **FIBRES SOLUBLES** Une consommation excessive peut réduire l'absorption de ces médicaments.

- **NIACINE** Peut causer douleurs et inflammation musculaire ; dans les cas graves, peut entraîner une insuffisance rénale. Consultez votre médecin.

MYORELAXANTS
Carisoprodol
Cyclobenzaprine
Autres relaxants musculaires
Interactions avec les suppléments nutritionnels suivants :

- **5-HTP, GABA, MÉLATO-NINE, VALÉRIANE** Pris avec des myorelaxants, ils peuvent provoquer une somnolence excessive.

NORMOTHYMIQUES/ ANTIÉPILEPTIQUES
Carbamazépine
Gabapentine
Phénytoïne
Autres anticonvulsifs

Interactions avec le supplément nutritionnel suivant :

- **ACIDE FOLIQUE** Interfère avec certains anticonvulsifs lorsqu'il est pris à une dose supérieure à 1 mg par jour ; dans tous les cas, informez votre médecin et ne dépassez pas la dose prescrite.

OBSTÉTRIQUE/ GYNÉCOLOGIE
Œstrogènes
Œstroprogestatifs
Autres hormones femelles
Interactions avec les suppléments nutritionnels suivants :

- **FLAVONOÏDES** Consultez le médecin avant de prendre une préparation bioflavonoïde d'agrumes contenant de la naringine – flavonoïde présent dans le pamplemousse (non dans l'orange) – avec des œstrogènes.

- **MILLEPERTUIS** Peut stimuler la fonction hépatique et faire baisser ainsi le taux d'œstrogènes dans le sang ; consultez le médecin avant de prendre cette plante.

Contraceptifs oraux
Interactions avec les suppléments nutritionnels suivants :

- **GATTILIER** À proscrire chez les femmes sous traitement hormonal, incluant les œstrogènes, parce qu'il modifie la production d'hormones.

- **MILLEPERTUIS** Peut stimuler la fonction hépatique et faire baisser ainsi le taux d'œstrogènes dans le sang ; consultez le médecin avant de prendre cette plante.

PARKINSON (MALADIE DE)
Lévodopa
Interactions avec le supplément nutritionnel suivant :

- **VITAMINE B6** Peut nuire à l'efficacité du médicament.

PSYCHIATRIE
Antipsychotiques
Interactions avec le supplément nutritionnel suivant :

- **GINSENG PANAX** Consultez le médecin avant toute association éventuelle.

Buspirone (anxiolytique)
Interactions avec le supplément nutritionnel suivant :

- **5-HTP** Peut causer anxiété, confusion et autres effets secondaires graves ; consultez votre médecin.

Lithium (PMD)
Ne prendre aucun supplément nutritionnel pendant un traitement au lithium, que celui-ci soit de longue ou de courte durée.

PSYCHOSTIMULANTS
Méthylphénidate
Autres stimulants du système nerveux
Interactions avec les suppléments nutritionnels suivants :

- **FLAVONOÏDES** Soyez prudent si vous prenez une préparation bioflavonoïde d'agrumes contenant de la naringine – flavonoïde présent dans le pamplemousse (non dans l'orange) – avec du méthylphénidate.

- **GINSENG PANAX** Augmente le risque d'hyperstimulation du système nerveux et de troubles gastriques.

SÉDATIFS/ TRANQUILLISANTS
Somnifères
Autres sédatifs
Interactions avec les suppléments nutritionnels suivants :

- **5-HTP, GABA, MÉLATO-NINE, PASSIFLORE, VALÉRIANE** Associés avec n'importe quelle catégorie de sédatif, ces suppléments risquent de provoquer une somnolence excessive.

STÉROÏDES
Béclométasone
Méthylprednisolone
Prednisone
Autres stéroïdes oraux
Interactions avec les suppléments nutritionnels suivants :

- **GINSENG PANAX** À utiliser avec prudence ; peut potentialiser certains effets secondaires des stéroïdes (rétention d'eau).

- **MÉLATONINE** Consultez le médecin : effets secondaires potentiels.

- **PHOSPHORE** Consultez le médecin. L'utilisation concomitante de corticostéroïdes et de phosphates contenant du sodium peut accroître le risque d'œdème.

THYROÏDE
Méthimazole
Propylthiouracile
Interactions avec les suppléments nutritionnels suivants :

- **FUCUS** À haute dose, il risque d'apporter trop d'iode et d'interférer avec l'action de ces médicaments.

- **IODE** Peut réduire l'efficacité de ces médicaments et des autres agents antithyroïdiens.

TRANSPLANTATION
Cyclosporine
Autres médicaments immunosuppressifs
Interactions avec les suppléments nutritionnels suivants :

- **FLAVONOÏDES** Ne prenez pas de préparation bioflavonoïde d'agrumes contenant de la naringine – flavonoïde présent dans le pamplemousse (non dans l'orange) – avec un traitement immunosuppresseur.

- **MILLEPERTUIS** Peut stimuler la fonction hépatique et réduire le taux de l'immunosuppressif ; consultez le médecin avant de prendre cette plante.

Autres suppléments

ACIDE ALPHA-LIPOÏQUE
L'acide alpha-lipoïque est un antioxydant protecteur des cellules qui renforce l'activité d'autres antioxydants. Il sert à traiter les lésions nerveuses qui accompagnent le diabète. Il aide le foie à éliminer les toxines en cas d'hépatite, d'alcoolisme ou d'empoisonnement alimentaire.
Note : Peut entraîner un changement de la médication d'insuline et d'autres antidiabétiques.

ACTÉE À GRAPPES Plante indigène d'Amérique du Nord, l'actée à grappes (*Cimicifuga racemosa*) est utilisée depuis plus d'un siècle. C'est la racine que l'on utilise pour diminuer les bouffées de chaleur de la ménopause.
Note : À ne pas utiliser par les femmes enceintes ou allaitantes, ou qui prennent des médicaments à base d'hormones. Consultez le médecin si vous prenez des antihypertenseurs.

AIGREMOINE Plante sauvage à fleurs jaunes, l'aigremoine (*Agrimonia eupatoria*) croît dans les prairies d'Europe. Elle se prend par voie orale pour traiter mauvaise digestion, brûlements d'estomac et diarrhée. Elle est utilisée localement pour nettoyer les blessures et les yeux rouges.
Note : Peut augmenter la photosensibilité et aggraver la constipation.

ARNICA Vivace à fleurs jaunes et à feuilles ovales qui pousse dans les montagnes. L'arnica (*Arnica montana*) s'applique localement sous forme de pommade dans le cas d'entorses et de foulures.
Note : Il ne faut ni l'ingérer ni l'appliquer sur des blessures ouvertes.

AVOINE (EXTRAIT) Dérivé du fourrage commun et aussi connu sous le nom latin (*Avena sativa*) de la plante. L'extrait d'avoine calme l'envie de fumer.
Note : On l'utilise en Inde depuis des siècles pour traiter la dépendance à l'opium.

BICARBONATE DE SOUDE
Il sert à soulager à court terme l'envie de nicotine.
Note : À proscrire avec les médicaments en vente libre qui contiennent déjà du bicarbonate de soude, comme l'Alka-Seltzer. À ne pas prendre avec du lait ou des produits laitiers. Le bicarbonate de soude contrecarre l'effet de nombreux médicaments (antibiotiques, analgésiques). Si vous êtes porteur d'une maladie quelconque, consultez votre médecin avant d'en prendre.

BOSWELLIA Extrait de la résine gommeuse d'un arbre (*Boswellia serrata*) que l'on trouve dans les collines sèches de l'Inde. Il diminue l'inflammation et aide à reconstruire le cartilage chez les personnes atteintes d'arthrite.
Note : Quelques effets secondaires rares : rash cutané, nausées, diarrhée.

BOUILLON-BLANC (FLEURS) Plante laineuse dont les fleurs jaunes ont un parfum de miel. Le bouillon-blanc ou molène (*Verbascum thapsus*) est originaire de l'Amérique du Nord. En application locale, l'huile essentielle aide à soulager la douleur et les démangeaisons des maux d'oreille ; en infusion, elle soulage les maux de gorge et la toux.
Note : N'utilisez que la variété *Verbascum thapsus*.

BROMÉLINE Enzyme dérivée de l'ananas, qui réduit l'inflammation, l'œdème et la douleur faisant suite à une chirurgie, une blessure sportive ou de l'arthrose.
Note : À prendre à jeun. À proscrire en cas d'ulcère.

BUSSEROLE Plante fleurie à baies rouges, la busserole ou raisin-d'ours (*Arctostaphylos uva-ursi*) pousse dans les climats les plus froids du Nord. On l'utilise contre les infections des voies urinaires.
Note : Déconseillée en cas de maladie des reins, de grossesse ou pendant plus d'une semaine à la fois. Évitez d'utiliser la plante plus de 5 fois par an. N'associez pas la busserole à des substances qui acidifient l'urine, comme la vitamine C ou la canneberge. Peut déclencher nausées, embarras gastriques légers et coloration verdâtre de l'urine.

CACTUS À GRANDES FLEURS Appelée aussi cereus nocturne, cette plante aide à stabiliser rythme et fréquence des battements cardiaques.
Note : Peut entraîner des diarrhées légères. Ne pas utiliser en association avec un antidépresseur de type IMAO ou si vous souffrez d'hypertension.

CALENDULA Les fleurs orangées ou jaunes de *Calendula officinalis* sont présentes dans les jardins sous le nom de souci. En application locale, en tisane ou en suppositoire vaginal, le calendula soulage inflammations cutanées, morsures d'insectes, coupures, brûlures, ulcères, pied d'athlète, mycoses des ongles et candidoses.
Note : Déconseillé aux personnes allergiques aux plantes de la famille de la marguerite.

CHAMAELIRIUM LUTEUM
Vivace à fleurs blanc verdâtre qui pousse à l'état sauvage à l'est du Mississippi. Elle stimule l'ovulation et est utilisée dans le traitement de l'infertilité féminine.
Note : De fortes doses peuvent entraîner nausées et vomissements. Ne l'utilisez pas si vous êtes menstruée, enceinte ou allaitante. Elle est souvent associée au gattilier.

CHARBON ACTIVÉ Substance très absorbante, utilisée comme antidote de divers poisons, qui aide à diminuer les flatulences.
Note : Possibilité de selles noires, goudronneuses, et de nausées. Le charbon peut modifier l'assimilation de tout médicament : espacer d'au moins 2 heures la prise de médicaments et de charbon. Sous forme de poudre diluée dans l'eau, boire avec une paille pour éviter de tacher les dents.

CITRONNELLE Plante dont les fleurs blanches ont un parfum de citron, la citronnelle (*Melissa officinalis*) est originaire du sud de l'Europe ; aussi appelée mélisse. En application locale, elle soigne l'herpès et le zona. En infusion, elle calme les embarras gastriques et les troubles diverticulaires.
Note : En usage interne, elle est déconseillée en cas de grossesse ou de problèmes thyroïdiens.

CRÉATINE Supplément nutritionnel de type acide aminé, qui est produit naturellement par le foie, le pancréas et les reins et que l'on retrouve dans les muscles. Il aide à réparer les déchirures musculaires microscopiques à la suite d'un effort ou d'une blessure, et peut augmenter la masse musculaire.
Note : Attention aux doses élevées et à leurs effets secondaires : gain de poids, crampes et déchirures musculaires, troubles gastriques, déshydratation, diarrhée.

CURCUMA Plante vivace de la famille du gingembre, le curcuma (*Curcuma longa*) a des fleurs jaunes. Il est utilisé depuis longtemps dans la médecine ayurvédique et sert aussi en cuisine comme condiment. En association avec la broméline, il potentialise les effets anti-inflammatoires de celle-ci et peut soulager la douleur du syndrome du tunnel carpien. Il pourrait avoir des effets antiviraux contre le VIH.
Note : À proscrire si vous avez des problèmes de coagulation du sang, si vous êtes enceinte ou essayez de le devenir, ou avez des pro-

blèmes d'infertilité. Les plus de 65 ans devraient prendre la plus petite dose possible.

EUCALYPTUS (HUILE ESSENTIELLE) Huile extraite d'un arbre aux feuilles persistantes d'un vert-jaune (*Eucalyptus globulus*) originaire d'Australie. L'huile essentielle diluée s'utilise en application locale pour des massages contre les douleurs musculaires ; en inhalation ou en pastilles contre la toux, elle débloque les sinus et les voies respiratoires, soulage la toux et l'asthme.
Note : En usage externe seulement, sauf lorsqu'elle n'est présente qu'en petites quantités comme dans les pastilles pour la toux ou les bonbons. Ne l'utilisez que durant des périodes limitées à quelques jours.

EUPHRAISE Avec ses fleurs mauves ou blanches teintées de rouge qui ressemblent à des yeux injectés de sang, l'euphraise (*Euphrasia officinalis*) est originaire des prairies d'Europe. En bain d'yeux, elle sert à traiter les infections oculaires. On peut aussi l'utiliser sous forme de tisane ou de teinture-mère.
Note : Peut déclencher des démangeaisons et des nausées. Assurez-vous que la solution pour les yeux reste stérile pour éviter toute infection. Pour cette même raison, ne l'utilisez pas en compresses sur les yeux.

FORSKOLINE Petite plante de la famille de la menthe, qui pousse sur les contreforts secs de l'Inde, du Népal, du Sri Lanka et de la Thaïlande, la forskoline (*Coleus forskolii*) est utilisée

dans l'hypothyroïdie, et parfois aussi dans le traitement de l'asthme et de la maladie cardiovasculaire.
Note : À éviter en cas d'ulcère duodénal et d'hypotension. Soyez prudent si vous prenez des médicaments classiques contre l'asthme et l'hypotension.

FOS Fructo-oligosaccharides, glucides indigestes présents dans certains aliments, ils stimulent la flore intestinale en augmentant les bonnes bactéries. Pris oralement, ils aident à soulager les flatulences et le syndrome du côlon irritable. En suppositoire vaginal, ils peuvent aider à traiter la candidose.
Note : Souvent associés à l'acidophilus et au bifidus. Peuvent déclencher des diarrhées.

FRAGON ÉPINEUX Petite plante méditerranéenne, épineuse, à feuilles persistantes ressemblant à celles de l'asperge. Le fragon épineux (*Ruscus aculeatus*) s'utilise en application locale ou par voie interne pour diminuer l'inflammation et réduire les hémorroïdes et les varicosités.
Note : Pas d'effet secondaire connu.

FRAMBOISIER/MÛRIER (FEUILLES) Ronces arbustives indigènes en Amérique du Nord. En infusion, les feuilles servent à traiter la diarrhée et à soulager les crampes menstruelles. En Europe, on s'en sert aussi pour prévenir une fausse couche et soulager les nausées matinales.
Note : On n'a fait état d'aucun effet secondaire grave.

GABA Acide gamma-aminobutyrique ; acide aminé qui agit comme un neurotransmetteur en stimulant les impulsions nerveuses au cerveau. Il sert d'adjuvant au traitement de l'épilepsie et de l'insomnie.
Note : Une surdose de GABA peut entraîner des engourdissements, des picotements ou de l'anxiété.

GAMMA-ORYZANOL Antioxydant extrait de l'huile de riz, le gamma-oryzanol semble avoir un effet sur le contrôle de la digestion par le système nerveux central. On l'utilise dans le traitement des ulcères et des brûlements d'estomac parce qu'il contrôle le niveau des sucs digestifs.
Note : Pas d'effets secondaires connus.

GRANDE CAMOMILLE Chou palmiste indigène dans le sud des États-Unis, le sabal (*Serenoa repens*), en particulier ses fruits séchés, est un remède puissant contre les troubles de l'hyperplasie bénigne de la prostate.
Note : Consultez le médecin en cas de cancer de la prostate ou de traitement hormonal, car le sabal modifie les taux hormonaux.

GUIMAUVE Plante aux fleurs rose pâle, la guimauve (*Althaea officinalis*) fréquente les lieux humides d'Europe et d'Amérique du Nord. En infusion, elle facilite la digestion et apaise les toux, maux de gorge, ulcères, brûlures d'estomac et le syndrome du côlon irritable. En comprimé, associée au gingembre, elle peut soulager les allergies.
Note : Trempée dans l'eau,

elle libère du mucilage, une substance gélatineuse qui soulage la toux en tapissant les parois de la gorge et du larynx.

KU-DZU (*Pueraria lobata*) Plante grimpante, originaire de Chine et du Japon, qui diminue l'envie d'alcool, dans le traitement de l'alcoolisme
Note : Pas d'effets secondaires connus.

LAVANDE (HUILE ESSENTIELLE DE) Huile extraite de la lavande (*Lavandula officinalis*), plante vivace originaire de la région méditerranéenne. En application locale, elle soigne les inflammations cutanées, les coupures, les coups de soleil, les maux d'oreille, les piqûres d'insectes et les muscles endoloris.
Note : Ne pas prendre en usage interne.

LEVURE ROUGE *Monascus purpureus*, levure fermentée sur du riz qui contient un ingrédient actif, la lovastatine. Elle empêche l'accumulation de cholestérol dans les artères.
Note : Déconseillée si : vous prenez des hypocholestérolémiants (« statines ») ; vous êtes enceinte ; vous souffrez d'une maladie du foie ou d'une infection grave ; vous êtes en convalescence après une chirurgie ; vous consommez plus de 2 portions d'alcool par jour. Cessez d'en prendre si vous ressentez douleurs ou sensibilité musculaire inexpliquées, faiblesse – accompagnées des symptômes de la grippe.

LYSINE Un des acides aminés essentiels, indispensables aux cellules du corps. La lysine entretient et répare muscles, tendons, peau, ligaments, organes, glandes, ongles et cheveux.
Note : N'est pas en vente libre au Canada. Les suppléments d'acides aminés individuels ne doivent pas être utilisés pendant plus de trois mois sans la surveillance d'un médecin.

MARRUBE BLANC Plante herbeuse aromatique vivace, le marrube blanc (*Marrubium vulgare*) fait partie de la famille de la menthe. Présent dans les pastilles contre la toux, il s'utilise aussi en tisane. C'est un expectorant qui soulage la toux et l'asthme.
Note : À éviter si vous souffrez de cardiopathie. À fortes doses, il peut déclencher de l'arythmie. Déconseillé aux femmes enceintes.

MUIRA PUAMA (*Ptychopelatum olacoides*) Cet arbuste d'Amazonie sert à traiter l'impuissance.
Note : Il est considéré comme un aphrodisiaque depuis fort longtemps.

N-ACÉTYLCYSTÉINE
Dérivé de l'acide aminé cystéine, elle stimule la production d'antioxydants et pourrait en être un elle-même. Grâce à ses propriétés, elle participe à la réparation des cellules endommagées et renforce le système immunitaire. Elle pourrait aussi être utile pour traiter les problèmes neurologiques ou cérébraux consécutifs à des maladies comme la sclérose en plaques.
Note : N'est pas en vente libre au Canada. Dans certains cas, le pharmacien est autorisé à en vendre sans ordonnance.

NADH Nicotinamide adénine dinucléotide : il s'agit d'une coenzyme apparentée à la vitamine B (niacine). Elle élève les taux de dopamine dans le cerveau, ce qui permet de soulager les symptômes de la maladie de Parkinson. Elle est aussi à l'étude dans le cas du syndrome de fatigue chronique.
Note : À prendre à jeun. Des doses élevées peuvent entraîner de l'agitation.

ORME ROUGE Arbre originaire des forêts humides de l'est du Canada, de l'est et du centre des États-Unis, l'orme rouge (*Ulmus rubra*) possède une écorce à usage médicinal. En infusion, elle facilite la digestion, apaise les maux de gorge et les brûlures d'estomac, et sert à soigner les ulcères, le syndrome du côlon irritable et la diverticulite.
Note : Possède un léger effet laxatif.

PABA Il s'agit de l'acide para-aminobenzoïque, une vitamine B, qui peut prévenir la chute des cheveux et soulager les maladies intestinales inflammatoires.
Note : Ne pas utiliser avec des sulfamides. Dans de rares cas, de fortes doses ont causé des lésions hépatiques.

PATIENCE CRÉPUE (*Rumex crispus*) Ses racines servent à faire des extraits médicinaux riches en fer. C'est pourquoi on l'utilise dans l'anémie ferriprive.
Note : Le médecin doit d'abord déterminer la cause de l'anémie avant que vous ne vous mettiez à prendre ce supplément.

PYGEUM AFRICANUM Cet arbuste, comme son nom l'indique, vient des forêts d'Afrique. Il aide à soulager les problèmes de prostate.
Note : Peut causer de légers dérangements intestinaux.

ROMARIN (HUILE) (*Origanum majorana*) Herbe très parfumée que l'on peut appliquer localement pour soulager douleur et enflure.
Note : Le romarin s'utilise aussi en cuisine.

SABAL Chou palmiste indigène dans le sud des États-Unis, le sabal (*Serenoa repens*), en particulier ses fruits séchés, est un remède puissant contre les troubles de l'hyperplasie bénigne de la prostate.
Note : Consultez le médecin en cas de cancer de la prostate ou de traitement hormonal, car le sabal modifie les taux hormonaux.

VITAMINES DU COMPLEXE B Mélange équilibré de vitamines B : thiamine (B1), riboflavine (B2), niacine, inositol hexaniacinate ou niacinamide (B3), acide pantothénique (B5), B6 (pyridoxine), B12, biotine, acide folique, choline et acide para-aminobenzoïque (PABA). Les vitamines du complexe B entretiennent la santé des nerfs, de la peau, des cheveux, des yeux, du cerveau, des intestins et d'autres organes.
Note : Parfois prescrites en association à une vitamine B individuelle pour garantir un bon équilibre vitaminique (surtout pour les personnes âgées).

Glossaire

ABSORPTION Assimilation par l'organisme d'un supplément nutritionnel, d'un médicament ou d'une autre substance par l'appareil digestif, la peau ou les muqueuses.

ACÉROLA Petite cerise d'Amérique du Sud très riche en vitamine C. On la trouve séchée : à prendre sous forme de tisane.

ACIDE AMINÉ Substance chimique présente dans les aliments ou produite par le corps et utilisée pour fabriquer des protéines.

ACIDE GRAS ESSENTIEL Élément constitutif des graisses. Pour rester en bonne santé, le corps doit absorber divers acides gras essentiels provenant de l'alimentation ou de suppléments (huiles de poisson ou huile de graines de lin).

AIGU Brusque, violent, non chronique ; désigne toute maladie qui ne dure pas plus d'une semaine ou deux.

ANALGÉSIQUE Médicament utilisé pour calmer ou supprimer la douleur.

ANÉMIE PERNICIEUSE Carence rare et grave en vitamine B12 qui peut entraîner une diminution importante des globules rouges et endommager le système nerveux.

ANTIBIOTIQUE Médicament qui détruit les bactéries infectieuses ou entrave leur action.

ANTICOAGULANT Médicament qui empêche le sang de coaguler ; souvent utilisé lors de risques de maladie cardiovasculaire.

ANTICONVULSIF Médicament qui prévient les crises d'épilepsie et sert à soigner cette maladie.

ANTIFONGIQUE Médicament utilisé contre le pied d'athlète ou d'autres infections à champignon.

ANTIHISTAMINIQUE Médicament ayant pour fonction de s'opposer à l'action de l'histamine, substance naturelle déclenchant les effets de l'allergie.

ANTI-INFLAMMATOIRE Médicament ou supplément qui combat les inflammations consécutives à une blessure ou à une irritation, caractérisées par rougeurs, chaleur, enflure et douleur.

ANTI-INFLAMMATOIRE NON STÉROÏDIEN (AINS) Médicament comme l'aspirine ou l'ibuprofène qui réduit la douleur et l'inflammation en bloquant la production des prostaglandines.

ANTIOXYDANT Substance qui protège les cellules des dommages causés par les radicaux libres. Les antioxydants sont soit fabriqués par le corps, soit, comme les vitamines C et E, puisés dans l'alimentation ou les suppléments.

ANTISEPTIQUE Substance qui combat l'infection.

ANTISPASMODIQUE Médicament ou supplément qui prévient les spasmes ou les crampes du système digestif, par exemple.

APPORT NUTRITIONNEL RECOMMANDÉ (ANR) Niveau d'apport quotidien en vitamines et en minéraux essentiels pour répondre aux besoins de personnes en bonne santé. L'ANR doit être considéré comme une recommandation moyenne sur une période d'environ une semaine. Les normes sont définies par Santé Canada.

ASSIMILATION Absorption par le système digestif, la peau ou les muqueuses d'un supplément, d'un médicament ou d'une autre substance.

ATHÉROSCLÉROSE Accumulation de cholestérol et d'autres substances sur les parois artérielles, responsable de troubles ou de crises cardiaques, d'angine, d'infarctus, d'accident cérébrovasculaire et d'autres maux.

BÊTA-BLOQUANT Médicament qui agit sur le cœur, les vaisseaux sanguins et d'autres régions ; souvent prescrit dans le traitement de l'hypertension ou de l'angine de poitrine.

BIOFEEDBACK Méthode de relaxation qui utilise des stimulations visuelles ou auditives.

CARTILAGE Tissu conjonctif élastique présent dans les articulations, la colonne vertébrale et d'autres régions du corps. Sans être aussi dur que les os, il joue un rôle de protection et de soutien.

CHOLESTÉROL Substance semblable à une graisse qui circule dans le sang ; des niveaux trop élevés augmentent les risques d'infarctus.

CHOLESTÉROL HDL Protéine du sang qui récupère le cholestérol dans les tissus et le renvoie au foie pour retraitement, aussi connue sous le nom de « bon » cholestérol.

CHOLESTÉROL LDL Protéine du sang contenant un taux élevé de cholestérol et de triglycérides, aussi appelée « mauvais » cholestérol.

CHRONIQUE Persistant ou de longue durée ; définit une maladie ou un état qui nécessite souvent des mois ou des années de traitement.

COENZYME Substance qui aide les enzymes à accélérer les réactions chimiques de l'organisme.

COLLAGÈNE Protéine résistante et fibreuse qui sert à renforcer diverses parties du corps et aide à la formation des os, cartilage, peau, articulations et autres tissus.

COMPLEXE Désigne un mélange de vitamines, de minéraux, de plantes ou d'autres nutriments. Complexe B, complexe lipotrope ou complexe d'acides aminés en sont des exemples.

DÉMENCE Trouble mental consécutif à la maladie d'Alzheimer ou à une autre déficience cérébrale.

DÉTOXICATION Neutralisation du pouvoir toxique de certaines substances par leur combinaison avec d'autres molécules (au niveau du foie) ou par l'action des vitamines, oligoéléments et antioxydants (au niveau cellulaire).

DIURÉTIQUE Substance qui favorise l'élimination d'eau par le corps et augmente le volume d'urine sécrété.

DOSE THÉRAPEUTIQUE Quantité de vitamine, minéral, plante, supplément ou médicament requise pour obtenir la guérison désirée (par opposition au minimum nécessaire, comme l'ANR, pour prévenir une carence).

DOUCHE VAGINALE Mélange d'infusion de plantes, d'acidophilus et d'eau, par exemple, utilisé pour irriguer le vagin ; parfois recommandé en cas d'infection.

ENDORPHINE Analgésique naturel sécrété par l'hypophyse produisant un effet similaire à celui des analgésiques narcotiques.

ENZYME Protéine qui accélère certaines réactions chimiques et fonctions du corps, comme la digestion ou la production d'énergie.

EXTRAIT Teinture ou autre préparation qui contient une concentration, généralement normalisée, des ingrédients actifs d'une plante.

EXTRAIT NORMALISÉ Dose normalisée des ingrédients actifs concentrés d'une plante. La normalisation permet de garantir la régularité des dosages d'une récolte de plantes à une autre. Les extraits normalisés n'existent que pour certaines plantes, sous forme de comprimés, de teintures ou autres.

FERMENTS LACTIQUES Cultures de bactéries « bienfaisantes » en principe présentes dans l'intestin. La consommation de ferments lactiques (acidophilus, bifidus) permet d'améliorer la digestion en multipliant et en restaurant la population bactérienne normale de l'intestin.

ISOFLAVONES Molécules représentant l'un des deux groupes de phytoœstrogènes, et transformées par les bactéries intestinales en ginestéine et daidzéine, qui ont des actions régulatrices sur les œstrogènes.

GASTRORÉSISTANT Qui résiste à l'action des sucs gastriques et permet à un comprimé de passer l'estomac pour se dissoudre dans l'intestin grêle où ses principes actifs sont assimilés.

HÉMOGLOBINE Élément des globules rouges qui transporte l'oxygène. Composée de fer et de protéines, l'hémoglobine transporte l'oxygène des poumons aux cellules et le dioxyde de carbone des cellules aux poumons.

HOMOCYSTÉINE Substance qui ressemble à un acide aminé ; à haute dose, elle entraîne parfois des cardiopathies.

HORMONE Substance chimique produite par les glandes : surrénales, hypophyse, thyroïde, ovaires, testicules et autres glandes. Les hormones contrôlent toutes les fonctions du corps : croissance, réparation des tissus, métabolisme, reproduction, tension artérielle et réponse du corps au stress.

HORMONOTHÉRAPIE DE SUBSTITUTION Traitement des troubles de la ménopause à l'aide de suppléments d'œstrogène et de progestérone, qui sont des hormones sexuelles féminines. L'hormonothérapie pourrait aider à prévenir l'ostéoporose et les maladies cardiovasculaires.

HUILE ESSENTIELLE Extrait concentré d'huile de plante, parfois nommé essence.

HYPERKALIÉMIE Augmentation du taux de potassium dans le sang.

IMAO (INHIBITEUR DE LA MONOAMINE OXYDASE) Classe de médicaments utilisés pour le traitement de la dépression, qui peuvent provoquer des interactions avec divers aliments, médicaments ou suppléments.

INSULINORÉSISTANT Incapacité des cellules du corps à répondre de manière adéquate à l'insuline, une hormone. Peut hausser le taux des glucides, augmenter la production d'insuline par le pancréas et, éventuellement, déclencher le diabète.

INTERFÉRON Protéine à action antivirale produite par le corps, elle stimule la réponse immunitaire.

LIPOTROPE Se dit de substances telles que la choline, la méthionine ou le chardon-Marie, dont l'action est de protéger les cellules du foie. On appelle composé ou complexe lipotrope une combinaison de ces substances.

MACROPHAGE Type de globule blanc qui peut absorber et détruire les bactéries et autres microbes responsables des maladies.

MALADIE AUTO-IMMUNE Affection comme le lupus ou la polyarthrite rhumatoïde, dans laquelle le système immunitaire attaque par erreur les tissus sains,.

MÉDECINE INTÉGRATIVE Traitement qui intègre des aspects de la médecine conventionnelle et des médecines douces. On l'appelle aussi médecine complémentaire.

MÉTABOLISME Succession de réactions chimiques qui permet au corps de transformer les aliments en réserves énergétiques qu'il utilise ou emmagasine.

MICROGRAMME (MCG, μG) Unité de masse des dosages. Un milligramme (mg) contient 1000 mcg.

MILLIGRAMME (MG) Unité de masse des dosages. Un gramme contient 1000 mg.

MINÉRAL Substance inorganique présente dans la croûte terrestre qui joue un rôle essentiel, entre autres dans la fabrication des enzymes par le corps, la régulation du rythme cardiaque, la formation des os et la digestion.

NEUROPATHIE DIABÉTIQUE Endommagement du système nerveux lié au diabète qui se traduit par la perte des sensations, des engourdissements, des picotements ou des brûlures, souvent localisés dans les membres.

NEUROTRANSMETTEUR Substance chimique présente dans le cerveau et dans tout le corps qui assure la transmission des signaux entre les cellules nerveuses.

NOM BOTANIQUE Le nom scientifique, ou latin, des plantes.

OLIGOMÈRE PROANTHOCYANIDIQUE (OPC) Groupe de substances antioxydantes présent dans l'écorce de pin, l'extrait de pépins de raisin, le thé vert, le vin rouge et dans d'autres substances, qui peut protéger contre les maladies cardiovasculaires.

PHYTONUTRIMENT Substance présente dans les fruits, légumes, graines, herbes et plantes, et qui pourrait contribuer à protéger contre le cancer, les maladies cardiaques et autres pathologies.

PHYTO-ŒSTROGÈNE Composé présent dans le soja et d'autres plantes dotées de propriétés œstrogéniques légères. Il contribue à soulager les symptômes d'un déséquilibre hormonal chez la femme et pourrait réduire les risques de certains cancers.

PLACEBO Substance qui ne contient aucun principe actif médicinal. Souvent utilisé pour vérifier l'efficacité des recherches scientifiques en comparant ses résultats à ceux d'un médicament ou d'un supplément à l'étude.

PLANTE MÉDICINALE Plante ou partie de plante (feuilles, tige, racines, écorce, bourgeons ou fleurs) qui peut avoir un usage médicinal.

PROBIOTIQUE Bactérie « compagne ». *Voir* Ferments lactiques.

PROSTAGLANDINES Éléments chimiques de type hormonal produits naturellement par l'organisme en réaction à un stimulus. Les prostaglandines ont des effets multiples : provoquer l'inflammation, stimuler les contractions utérines pendant l'accouchement et protéger la paroi stomacale.

PSYLLIUM Plante dénommée scientifiquement *Plantago ovata*. Ses graines, récoltées à maturité, sont utilisées pour traiter la diarrhée et la constipation.

QUERCÉTINE Flavonoïde, ou pigment naturel, contenu dans de nombreux légumes, fleurs ou écorces d'arbres. C'est un antioxydant et un anti-inflammatoire puissant.

RADICAUX LIBRES Molécules d'oxygène instables hautement réactives, sécrétées par le corps, qui peuvent endommager les cellules et déclencher des cardiopathies, des cancers ou d'autres maladies. Les antioxydants aident à limiter leurs agressions.

RÉPONSE IMMUNITAIRE Système de défense naturel du corps contre les microbes infectieux, y compris les bactéries responsables des maladies, les virus et les cellules cancéreuses.

SANTÉ CANADA Agence gouvernementale canadienne qui réglemente et contrôle la sécurité des aliments, des médicaments et des suppléments.

STÉROÏDE Appellation courante des corticostéroïdes, médicaments antiinflammatoires parfois prescrits en traitement des réactions allergiques, de l'asthme, des irruptions cutanées, de la sclérose en plaques, du lupus, etc.

SUBLINGUAL Certains suppléments, comme la vitamine B12, sont conçus pour se dissoudre dans la bouche, ce qui accélère l'assimilation par le sang sans faire appel aux acides gastriques.

SUPPLÉMENT NUTRITIONNEL Minéral, vitamine, extrait de plantes ou autre – d'origine naturelle ou synthétisés en laboratoire – utilisé en vue d'améliorer l'équilibre nutritionnel ou à des fins médicales.

TANIN Substance astringente dérivée des plantes qui peut contracter les vaisseaux sanguins et les tissus musculaires.

TEINTURE-MÈRE Liquide généralement obtenu en faisant macérer la plante entière ou certaines de ses parties dans de l'eau et de l'alcool éthylique (comme la vodka). L'alcool favorise l'extraction des principes actifs de la plante, leur concentration et leur conservation.

TONIQUE Plante, ou mélange de plantes, utilisée pour « tonifier » le corps, ou un organe particulier, et lui apporter plus de force ou de vitalité.

TRIGLYCÉRIDE Forme la plus courante du gras dans le corps. Des niveaux trop élevés dans le sang augmentent les risques de maladie cardiovasculaire.

UNITÉ INTERNATIONALE (UI) Dose normalisée qui contient une quantité déterminée d'un supplément particulier, comme la vitamine A, D ou E.

VAISSEAU CAPILLAIRE Minuscule vaisseau sanguin qui relie les veines et les artères. Les vaisseaux capillaires transfèrent l'oxygène et les nutriments du sang dans les cellules et se débarrassent des résidus.

VENTE LIBRE (EN) Médicament qui peut être vendu sans ordonnance d'un médecin.

VITAMINE Substance organique qui joue un rôle essentiel dans la régulation des fonctions cellulaires de tout le corps. La plupart des vitamines doivent être ingérées parce que le corps ne peut pas les fabriquer.

Adresses utiles

N'hésitez pas à vous renseigner sur la diététique et la phytothérapie auprès de l'un ou l'autre des organismes suivants ; ils peuvent aussi vous donner le nom d'un praticien autorisé.

Académie des praticiens en médecines douces

1876, boul. des Laurentides, bureau 201
Vimont, Laval, QC H7M 2P6
Téléphone : (450) 667-3343
Télécopieur : (450) 962-3343
Courriel : info@apdmq.qc.ca
Internet : http://apdmq.qc.ca

Association des allergologues et immunologues du Québec

2, Complexe Desjardins,
porte 3000
Case postale 216,
Succursale Desjardins
Montréal, QC H5B 1G8
Téléphone : (514) 350-5101
Télécopieur : (514) 350-5151
Internet : www.allerg.qc.ca

Association des diplômés en naturopathie du Québec (ADNQ)

1250, rue Rodolphe-Forget,
bureau 300
Sillery, QC G1F 3V7
Téléphone : (418) 682-8622
ou (819) 371-2336
ou (514) 385-4269
1 877 682-8622 (sans frais)
Internet : www.adnq.qc.ca

Association québécoise des phytothérapeutes

3805, rue Bélair
Montréal, QC H2A 2C1
Téléphone : (514) 722-8888
Télécopieur : (514) 722-5164

Canadian Association of Herbal Practitioners

400, 1228 Kensington Road NW
Calgary, Alb. T2N 3P5
Téléphone : (403) 270-0936
Télécopieur : (403) 283-0799

Collège des médecines douces du Québec

1120, rue Bélanger Est
Montréal QC H2S 1H4
Téléphone : (514) 990-5229
1 800 663-8380 (sans frais)
Télécopieur : (514) 990-5229
Internet : http://cmdq.com

Collège des médecins du Québec

2170, boul. René-Lévesque Ouest
Montréal, QC H3H 2T8
Téléphone : (514) 933-4441
1 888 MÉDECIN (sans frais)
Télécopieur : (514) 933-3112
Courriel : info@cmq.org
Internet : www.cmq.org

Corporation des intervenants en médecines alternatives (CIMA)

Case postale 25088
Succursale King Ouest
Sherbrooke, QC J1J 4M8
Téléphone : (819) 564-3944
1 800 434-3944 (sans frais)
Télécopieur : (819) 564-7081
Internet : www.cima-q.qc.ca

Ordre des naturothérapeutes du Québec

319, rue Saint-Zotique Est
Montréal, QC H2S 1L5
Téléphone : (514) 279-6641
1 800 363-6641 (sans frais)
Télécopieur :(514) 279-2691
Internet : www.anaq.net

Ordre des pharmaciens du Québec

266, rue Notre-Dame Ouest
Montréal, QC H2Y 1T6
Téléphone : (514) 284-9588
1 800 363-0324 (sans frais)
Télécopieur : (514) 284-3420
Internet : www.opq.org

Ordre professionnel des diététistes du Québec

1425, boul. René-Lévesque Ouest, bureau 703
Montréal, QC H3G 1T7
Téléphone : (514) 393-3733
Télécopieur : (514) 393-3582
Courriel : opdq@opdq.org
Internet : www.opdq.org

Index

LA SANTÉ PAR LES VITAMINES ET LES MINÉRAUX
Publié par Sélection du Reader's Digest